U0512393

| 菿汉丛书 |

章太炎研究中心 主编

訄书译注

梁涛 魏忠强——译注

上海人民出版社

本成果受到中国人民大学
中央高校建设世界一流大学（学科）和特色发展引导专项资金支持

章太炎研究中心

顾问(按姓氏音序排列)

学术委员会(按姓氏音序排列)

工作指导委员会

刘　颖　王　华　温泽远　倪伟俊　吴伟强
王乐芬　李松涛　倪满芬　孙　瑜　徐娟妹
俞建新　陆春松　章明徕

常务联系人

章明徕　章志宏　费　杰　孟　琢　张钰翰

总　序

余杭章太炎先生是中国近代首屈一指的革命家、思想家、学问家，德业文章，世所景仰。太炎先生哲思深湛，接续吾华国故之统绪，洞达小学、经学，为乾嘉汉学之殿军；更承先启后，熔铸西学、佛学之精微。洋洋大观，径行独往，卓然成一家之言。其所试图重构的思想和文化，其所试图重新阐释的中国传统，是有着普遍主义的价值的。它是“国学”，却又远远超出“国学”的范畴。我们以为，太炎先生的思想和学术，不仅属于中国，也属于世界。

章太炎是故乡余杭的一张“金名片”，太炎先生故居、太炎中学、太炎小学、太炎路(街)等都体现了余杭对太炎先生的崇高敬意与深厚感情。长期以来，余杭对太炎先生相关的研究、普及、出版等工作都给予了大力支持。在余杭的支持下，2017 年，《章太炎全集》由上海人民出版社出齐，标志着章太炎研究进入了一个新的阶段。

太炎先生嫡孙章念驰先生，多年来持续关注、支持“章学”的出版与研究工作。近年来，他将家藏的大量珍贵文物捐赠给余杭章太炎故居纪念馆，并提出“以捐助研”的新理念，希望进一步推动章太炎相关研究。这一想法得到了余杭区委、余杭区政府、余杭区文广旅体局等单位的大力支持，并由章太炎故居纪念馆负责落实具体事务。

经过一系列筹备工作，在各方的支持与配合下，章氏后裔、余杭区委、余杭区政府、余杭区文广旅体局、余杭章太炎故居纪念馆、上海人民出版社及学术界相关章学研究学者成立章太炎研究中心。中心主编《章太炎研究》集刊，推出以太炎先生及其弟子相关研究为主的“菿汉丛书”，定期联合海内外研究机构组织召开章太炎学术研讨会、学术工作坊，希望可以不断推动“章学”研究的拓展与深化，传承并发展太炎先生的学术、思想与精神。

章太炎研究中心

2023 年 10 月

序

作为国学大师、古文经学的集大成者，章太炎在近代学术史上的重要性不言而喻。但太炎先生的文章却因诘屈聱牙、晦涩难懂而使人望而却步；太炎先生的著作更是被视为天书，若能读懂十分之一，便已经是了不起的学问。1996年，我从西北大学中国思想文化研究所博士毕业后，曾用两年的时间撰写了《訄书评注》一书。当时撰写此书，主要是被动参与了一个近代学术史的课题，被分配研究章太炎，需要从熟悉资料做起，故硬着头皮、尝试着为太炎先生的代表作《訄书》作一注疏。书稿完成后，又不断完成、修订，特别是徐复先生的《訄书详注》出版后，我又对着徐著将书稿校读一遍。2003年，《訄书评注》由陕西人民出版社出版，这时我已到了中国社会科学院历史研究所，研究领域也转到了出土文献。

徐复先生的《訄书详注》与拙作《訄书评注》的出版，为阅读《訄书》提供了一定的便利。但说实话，对于一般读者而言，想借助两部注疏读懂《訄书》还是相当困难的。故多年前，中华书局的一位女编辑联系我，想请我将《訄书》翻译为白话，列入中华书局的白话翻译丛书中，我欣然同意。毕竟，我之前已经做了相关研究，花了不少心血。但当时我工作繁忙，加之已离开了章学研究领域，故将这一工作委托给魏忠强博士来完成。魏忠强是我在中国人民大学国学院带的第一位博士，毕业后任教于燕山大学。他的博士论文是研究孟子经学思想，对传统经学及章太炎的思想有一定的基础和了解。接受任务后，忠强用了一年的时间，认真研读前人的注疏，同时加以个人的理解，拿出了初稿。阅读书稿后，我请忠强来北京相见，一起将书稿过了一遍。忠强回去后，又用了一年的时间，写出了第二稿。但这时那位女编辑从中华书局离职了，出版之事便延宕，一拖便是十余年。

2023年，澳门大学的林少阳先生来人大国学院作"章学三讲"的学术报告，我主持第一讲。林先生研究章太炎多年，成果卓著。当他得知我曾与学生翻译了《訄书》后，当即表示愿意推荐到上海人民出版社出版。很快上海人民出版社的张钰翰编辑联系我，说《訄书译注》已列入"葑汉丛书"系列，计划在今年出版。于是我又花了两个多月的时间，对书稿作了完善，现在这部书稿在经历一波三折后，终于可以与读者见面了。

写到这里，想起一件事。前不久黑龙江大学的魏义霞教授送给我她关于康有为、谭嗣同、梁启超的多部专著，我开玩笑说：下一步该写章太炎了。魏教授却连连摆手，说章太炎的书太难读了，不敢研究啊。这虽然是魏教授的谦虚之词，但也道出了学者的一种普遍忧虑。记得我开始注《訄书》时，刘宝才教授曾说过，章太炎文字的难度不在《尚书》之下。以我的经验，章书难读，一是文笔古奥，由于特殊的学术训练和经历，他没有顺应当时文字通俗化的潮流，反而一味返古，模拟上古文风；二用典繁多，而且对于典故不一定用其原义，需要根据文义作灵活的理解。以上两点难倒了众多读者，但不是不可以克服的。二十多年的出土文献研究，特别是长期带领人大国学院的学生阅读《尚书》《易经》《诗经》等经典，太炎先生的文字对我们已经没有太大的障碍，反而有一种亲切感。至于太炎先生大量使用的典故，由于网络的发达以及各种数据库的出现，检索起来也非难事。只要找到出处，搞清楚原义，理解起来并不困难。只是这一工作过于琐碎、复杂，不是所有想阅读太炎先生著作的人都有时间、没有精力去做，而这部《訄书译注》只是为大家做了这一工作而已。所以我建议，对于想阅读《訄书》的读者，不妨直接去看白话翻译，对太炎先生这部曾产生广泛影响的著作有一大致、整体的了解，然后再去读原文和注疏，也不失为一种有针对性的学习方法。

由于《訄书》文字难度大，涉及问题又多，我仅用了两个月对旧稿作了修订，故错误在所难免，敬请读者朋友批评指正。

梁　涛

2024 年 11 月 8 日

凡　例

章太炎(1869～1936),名炳麟,字枚叔,浙江余杭人。

章太炎是近代中国的著名思想家和民主革命家。章太炎所著《訄书》是其代表性的学术著作。此书有三个版本,《訄书》初刻本、《訄书》重订本、《检论》。处于清末民初的时代变局中,他的思想也随之发生许多变化,而《訄书》三个版本的结集,正是他不同时期思想变化的体现。

一、本书是以流传较广的《訄书》重订本为底本,逐篇进行评注并作译文。作者于2003年曾在陕西人民出版社出版《〈訄书〉评注》。本书是在作者前书的基础上,进行再整理,并对全文添加译文。

二、每篇前有题解,对本篇写作背景及内容作总括式介绍。

三、本书在注、译过程中,对于不同版本有歧义之处,采用通行本,在原文上直接进行了改正。全书未列校勘记,异文需要注明时,在注释中进行标注。

四、注释包括注音和释词两部分。本书对生僻字进行了拼音标注,对于难理解的字词及部分文化常识性内容进行了注释。译文中清楚表明文意的地方,未加注。对于多音节的词,本书先释其全义;如其中有需注的单字词,随后进行了注释。

五、本书对生僻字、生僻词、专有名词进行了注释。虚词一般未作注。

六、本书注释中，对于典故，基本是以白话文简要叙述，未作过多引文。

七、本书对《訄书》全文所作译注，以解释为主，未对文字展开考证。

八、本书中的通假字，采用“某通某”；异体字和古今字，用“某同某”。

章太炎的文字向来以晦涩艰深闻名，因此作者对《訄书》的注、译，尤其是译文以直译为主，难免有不确之处，敬请读者指正。

总　目

《訄书》前录　目录

《訄书》重订本　目录

《訄书》前录

《客帝》匡谬

[说明]翻开1904年《訄书》重刻本，赫然映入眼帘的是作为《訄书》前录的《〈客帝〉匡谬》和《〈分镇〉匡谬》两文。作者将这两篇自我否定的文章列于《訄书》重刻本之前，是有其原因的。

《客帝》发表于1899年5月，当时戊戌维新运动刚刚失败，下一步怎么办？章太炎陷入迷惘之中。在《客帝》一文中，他设计了一套防止"逐加于满人，而地割于白人"的政治方案，称只要清朝皇帝承认民族压迫的历史错误，拥戴孔子后裔做中国的虚君，自己退居为齐桓、晋文式的霸主，发愤变法，则反满情绪自然平息，图强的目的必然达到。显然，这时的章太炎仍处在康有为"纪孔保皇"主张的影响之下。

八国联军的入侵，击破了章太炎的"客帝"梦。清朝统治者镇压义和团的卑劣手段令他愤慨，一些汉族官僚乃至市民对于外国侵略者的顺从态度更令他吃惊。现实迫使他不得不承认，"尊清"和"崇教"正是唤起民众爱国心和抵抗力的主要障碍。因而，他对自己过去的主张深感痛心，在修订《訄书》时，便将《客帝》录存卷首，附以"匡谬"，公开承认错误。

自古以用异国之材为客卿(1)，而今始有客帝(2)。客帝者何也？曰：如满洲之主中夏是也。夫整军之将，司税之吏，一切假客卿于欧美，则以鸡林、靺鞨之宾旅[3]，而为客帝于中国也，何损？知是，而逐满之论，殆可息矣[4]。

【注释】

(1) 客卿，战国时用他国之人为卿曰客卿。《史记·楚世家》："秦乃遣客卿通将兵救楚。"

(2) 客帝，用外族人为帝，是类比客卿的说法，此指满洲。

(3) 鸡林，古国名，即新罗。唐龙朔三年(663年)置新罗为鸡林州，满人祖先曾活动于此。靺鞨，古民族名，满族的前身。

(4) 章氏在本文提出，把满洲皇室看作入主中原，暂时行使管理权的"客帝"，其地位类似齐桓、晋文式的霸主，而尊孔子后裔为华夏的共主。作者认为这样既可以让清廷作出让步，又可以平息反满的情绪，是作者在当时提出的解决社会矛盾的政治方案。

【译文】

自古有用他国人才作为臣属的所谓客卿，而今始有客帝。何谓客帝？如满洲皇室入主中原便是。治军的将领，掌税的官吏，一切皆可用欧美人才作客卿，而以满洲羁旅之人作为中国的客帝，有何不可？若能如此理解，那些排满之言便可近于平息了。

抑夫客卿者，有用之者也。客帝者，孰为之主，而与之玺绂者乎？明堂、大微[5]，不司其勋；岱山、梁父[6]，不载其德。盗沃土于中夏，而食其赋税。既无主矣，而客于何有[7]？曰：已矣！弗复道矣。《咸池》之均[8]，弗可以入里耳矣。必若言之，吾则曰：中夏之共主，自汉以来，二千余年，而未尝易其姓也[9]。

【注释】

(5) 明堂，星宿名。《史记·天官书》："东官苍龙，房，心。心为明堂。"索隐引《春秋说题辞》："房、心为明堂，天王布政之宫。"大微，即太微，星垣名。《史记·天官书》："南宫朱鸟，权，衡。衡，太微，三光之廷。"索隐："宋均曰：太微，天帝南宫也。"

(6) 岱山，即泰山。梁父，也作梁甫，泰山下的一座小山。《史记·封禅书》："管仲曰：古者封泰山禅梁父者七十二家。"

(7) 而客于何有，章氏认为将满人看作客帝，必须承认华夏有一个真正的共主，否则客帝便无从谈起。

(8)《咸池》，古乐名。《周礼·春官·大司乐》："舞《咸池》以祭地示。"

(9) 未尝易其姓也，章氏认为自汉代以来，孔子及其后代已被尊为华夏真正的统治者，这种情况二千年来一直未有改变。这是章氏对汉代今文经学"素王"说的推衍、阐发。

【译文】

若说客卿，须有任用他们的人。对于客帝，谁能为之主，谁又能授予他们象征国家大权的印玺呢？明堂、太微，做不了主；泰山、梁父，也不能司其责。因此谁夺取了中原之地，谁便食用中国的赋税。既然无从做主，又何来客帝之说？答：不对，不要再讲了。古乐《咸池》的音韵，已经听不到了。若一定要说，我便说：中国的共主，自汉代以来两千多年，从未改易过。

昔者《春秋》以元统天(10)，而以春王为文王(11)。文王孰谓？则王愆期以为仲尼是已(12)。欧洲纪年以耶稣(13)，卫藏纪年以释迦(14)，而教皇与达赖剌麻者，皆尝为其共主。中夏之共主，非仲尼之世胄则谁乎？梅福之讼王章也(15)，见新室盗汉之朕而塞之也；及王章不可讼，而上绍殷之议，其指归则以圣庶夺嫡为臬(16)。是何忘汉之社稷，而为此阔疏之计邪？夫固曰：素王不绝(17)，黑绿之德不弛(18)，则中夏之域，亘千百世而有共主。若夫摄斧扆(19)、掌图籍者，新乎？汉乎？则犹菌鹤马蜩之相过乎前而已矣(20)。由福之说，苟言大同(21)，必有起于侧陋，握石椎而怀神珠者，吾民以为可恃，然后君之。斯固拥戴也，亦不得世及矣(22)。若犹是世及也，冠冕未裂，水土未亟(23)，则中夏之共主，其必在乎曲阜之小邑(24)，而二千年之以帝王自号者，特犹周之桓、文，日本之霸府也[25]。苟如是,则主其赏罚,而不得尸其名位[26]。中夏有主,则为霸府于丰镐、秣陵、汴、洛、北平者[27],汉乎?满乎?亦犹菌鹤马蜩之相过乎前而已矣。苟摄之者不得其指[28],而自以镇抚九有[29],若天之有摄提大角[30],斯犹大夫之胪岱[31],其罪不赦。此汉唐之所以为天囚非命,而客帝之所以愈迫民以攘逐也[32]。

【注释】

(10) 以元统天,《春秋·隐公元年》首句:"元年春王正月。"儒者认为这几个字大有深意,其中元为"君之始年也",代表君承天而立命。参见《春秋公羊传》。

(11) 春王为文王,《公羊传·隐公元年》:"王者孰谓? 谓文王也。"对于文王具体所指,后儒多有争论,或认为孔子,或认为周文王。

(12) 王愆期,晋代学者,著有《公羊注》,"以为《春秋》制文王谓孔子耳,非周昌(注:周文王)也"。(宋魏了翁《尚书要义》卷十)

(13) 欧洲纪年以耶稣,指欧洲以耶稣诞生为公元元年。

(14) 卫藏,西藏。以释迦,指藏历以释迦牟尼的诞生为元年。

(15) 梅福,西汉经学家。字子真,九江寿春(今属安徽)人。少学于长安,明《尚书》《谷梁春秋》。成帝时,继匡衡之后,建言宜立孔子后以奉汤祀。汉绥和元年(前8年),以《左传》《谷梁传》《世本》《礼记》相明,封孔子后为殷绍嘉公。讼王章,指梅福上言立孔子后以奉汤祀。新室,指王莽建立的新朝。此句意为,梅福看到王莽试图篡汉的迹象,因而提出立孔子后以阻止他。

(16) 绍,继承。圣庶,指孔子后人。夺嫡,亦作"夺適"。封建社会君位世袭,以庶子嗣位而废其嫡子者,谓之"夺嫡"。《汉书·梅福传》:"诸侯夺宗,圣庶夺適。"颜师古注:"適读曰嫡。"这里指让孔子之后取代帝王作华夏正统。臬,目标,准的。以上几句意为,梅福上言立孔子之后以奉汤祀没有成功,便提出封孔子后为殷绍嘉公,他的目的是让孔子之后取代帝王作华夏正统。

(17) 素王,有帝王之德而无帝王之位的人。指孔子。

(18) 黑绿之德,指孔子之德。《孝经援神契》:"丘为制法祖,黑绿不代苍黄。"注曰:"言孔子黑龙之精,不合代周家木德之苍也。"又《春秋元命苞》:"殷,黑帝之子;周,苍帝之子。"孔子为殷人后,故称其德为黑绿之德。

(19) 斧扆,状如屏风,以绛为质,高八尺,东西当户牖之间,屏风上绣为斧文,故名。《逸周书·明堂解》:"天子之位,负斧扆南面立。"

(20) 菌鹤,《逸周书·王会》所记南方诸侯国所献奇物。马蜩,虫名。

《尔雅·释虫》:“蛐,马蜩。”注:“蜩中最大者为马蜩。”

(21) 大同,基本相同。《庄子·在宥》:“颂论形躯,合乎大同。”注:“论其形貌,合乎人群,不自立异。”

(22) 世及,犹世袭。《礼记·礼运》:“大人世及以为礼。”

(23) 垔(yīn 阴),堵塞。《说文》:“垔,塞也。《商书》曰:鲧垔洪水。”后作“堙”。

(24) 曲阜,孔子故居,在今山东。

(25) 桓、文,齐桓公、晋文公。春秋时霸主。霸府,即幕府。日本封建时代将军的官署。此指割据诸侯。

(26) 不得尸其名位,意为不得主持共主的地位。尸,主持。《尔雅·释诂》:“尸,主也。”

(27) 丰镐,在今陕西西安附近。为西周国都。秣陵,在今江苏南京。楚威王以其地有王气,埋金镇之,号曰金陵。汴,在今河南开封。北宋以此为都。洛,在今河南洛阳。东汉及唐以此为都。北平,即今北京。明、清以此为都。

(28) 摄之者,指历代国君。章氏认为由于尊孔子之后为华夏共主,历代国君实际只是代为摄政。不得其指,指历代国君没有认识到他们只是摄政。指,同“旨”。

(29) 九有,九州,泛指中国。

(30) 摄提大角,星名。《史记·天官书》:“大角者,天王帝廷,其两旁各有三星,鼎足句之,曰摄提。”

(31) 大夫之胪岱,犹言僭越。胪,同“旅”。祭名。岱,泰山。古代只有天子可旅祭泰山,大夫旅祭为僭越。《汉书·叙传》:“大夫胪岱,侯伯僭畤。”

(32) 天囚,东周王室衰微,公羊家以周王为天囚,后用以贬称帝王。汉何休《春秋公羊传序》:“以无为有。”唐徐彦疏:“解云:《公羊经传》本无以周王为天囚之义,而公羊说及庄颜之徒以周王为天囚,故曰以无为有也。”迫民以攘逐也,以上两句意为,这就是为什么汉唐君主自以为天王是错误的,而清廷越来越迫使民众来驱逐它。也即他们自认为真命天子,而忘记他们只是代为摄政。

【译文】

从前《春秋》以元统天,认为春王指文王。何谓文王?王愆期认为是指孔子。欧洲以耶稣纪年,西藏以释迦牟尼纪年,而教皇与达赖喇嘛,都曾为其共主。中国的共主,不是孔子后裔还会是谁?

梅福上书主张立孔子之后以奉汤祀，是看到王莽篡夺汉室政权的先兆而试图阻止他；看到无法立孔子之后以奉汤祀，又上书建议立孔子之后承继殷祀，其用意是让孔子的后人取代帝王作华夏正统。为何他不顾念汉的社稷，而发出如此迂阔空疏的议论呢？他定会说：孔子之祀不绝，孔子之德不弛，那么泱泱华夏，就会历千百世而有共主。至于居君位、掌图籍的，不论是新莽还是汉室，都只不过如同菌鹤、马蜩飞过眼前那样短暂而已。根据梅福所说，如果我们持与其相同的说法，那么，必有起于僻陋之处或出身卑微的贤者，手握石椎而身怀明珠，民众认为此人值得信赖，然后尊其为君。尽管受人拥戴，君位也不能世代相传。若还是要世代相传的话，冠冕未坏，水源未堵，中国的共主，必定是在曲阜小城中，而两千多年间那些以帝王自号的，只是犹如周时齐桓、晋文，日本的幕府一般。即便如此，也只是主其赏罚，而不得身居共主的地位。中国有共主，那么在西安、南京、开封、洛阳、北京的类似幕府的政权，不论是汉还是满，也只是如同菌鹤、马蜩飞过眼前那样匆匆而已。假若摄政的历代君王没有意识到自己只是摄政，而自以为拥有中国，犹如天上的摄提星冲犯大角星，又如大夫陈列祭品以祭泰山，其罪不赦。这也是汉唐君主错误地认为自己是天王，而清廷越来越引起民众排斥的原因所在。

难者曰：今之衍圣公(33)，其爵则九命，其册封则必于京室。今倒植其分，霸其封之者，而帝其受之者，其左夫(34)？

【注释】

(33) 衍圣公，孔子后裔世袭的封号。

(34) 左，不当。这里意为，历史上是帝王赐与孔子封号，而章氏主张以孔子为共主，颠倒了二者的身份，故难之曰不当。

【译文】

辩难者会反问:如今的衍圣公,其爵位为一品,必须得到王室的册封。如果将二者的位置颠倒过来,将授封者称为霸,将受封者称为帝,这不是出现偏差了吗?

曰:已矣!弗复道矣。吾固曰《咸池》之均,弗可以入里耳矣。《繁露》有言(35):“天子不臣二代之后,而同时称王者三(36)。”是则杞、宋之在周世(37),其名则公,其实则王也。《书·梓材》:“以厥臣达王惟邦君。”《正义》曰:“郑以王为二王之后(38)。”夫以胜国之余蘖,不立其图法,不用其官守,然犹通三统而王之(39)。况朝野皆奉其宪典,以纲纪品庶者欤(40)?名曰衍圣公,其实泰皇也(41)。

【注释】

(35)《繁露》,即《春秋繁露》,十七卷,汉董仲舒著,较为全面论说了《公羊》学的基本理论,是汉代《公羊学》的代表作。引文见《三代改制质文》。

(36) 不臣二代之后,意为不把前两朝的后人当臣子看待,如周不臣夏、商之后。同时称王者三,前两朝之后与本朝可同时称王。

(37) 杞,夏人灭亡后保留的封国。宋,殷人的封国。

(38)《正义》,指《尚书正义》。二十卷,唐孔颖达等撰。郑,指郑玄,东汉著名经学家。此句意为,据《正义》,郑玄认为上一句中的王是指夏商二王之后。

(39) 三统,亦称“三正”,即三代之正朔。“正”指一岁之首,即农历正月;“朔”指一月之始,即初一日。正朔有黑、白、赤三统,如夏朝为黑统,商朝为白统,周朝为赤统,如此循环不已。以上几句意为,对于被战胜国家的后人,不施行他的法令,不任用他的官员,然而仍然根据三统的原则承认他们为王。

(40) 纲纪,统纪。品庶,众百姓。《说文》:“品,众庶也。”

(41) 泰皇,帝王最尊贵者。《史记·秦始皇纪》:“古有天皇,有地皇,有泰皇,泰皇最贵。”

【译文】

答曰:不是的,只是大道已隐而已!我已经说过,古乐《咸池》

的音韵，已经听不到了。

《春秋繁露》曾说："周天子不将夏、商两朝的后人看作臣子，而是与前两朝的后人同时称王。"虽然杞国、宋国在周代名义上称公，其实是王。（《尚书·梓材》记载："从他们的官员到王和国君。"《正义》认为："郑玄以王为二王之后。"）对于被战胜国家所遗留的后代，不施行他们的图录和法令，不任用他们的官吏，然而仍然根据三统的原则承认他们为王。何况朝野上下都以儒家为典范，以此来治理平民百姓呢？名义上称衍圣公，其实是最尊贵的帝王。

若夫锡命之典，自汉之封绍嘉以至于今(42)，更十七姓，七十有余主，而不能以意废黜之。夫非一代之主所得废黜者，则亦非一代之主所得册封也。虽微册封，于孔氏之位何损？其册封，则骜主媚臣之自为僭滥(43)，亦犹乾隆之世，英吉利曾一通聘，而遽书之以为入贡之藩云尔(44)。且昔者成周之末，王赧之虏(45)，而东周特畿内之侯也。其于七王(46)，爵位固不相若，亦侍祠贡献惟谨，且听其黜陟焉。宋氏之于金、元，亦尝至乎称臣称侄矣(47)，然而言神州之王统者，终不以彼而夺此。苟以是为比，则衍圣当帝，而人主之当比于桓、文、霸府也，岂顾问哉？

【注释】

(42) 封绍嘉，指封孔子之后为殷绍嘉公，参见本篇注(15)。

(43) 骜，通"傲"。僭滥，犹僭越。以上几句意为，即使没有册封，于孔子的地位有何损失？若册封，则是傲主媚臣的僭越行为。

(44) 遽，遂，就。入贡之藩云尔，16 世纪以来，西方先后有 15 个使团来华，一律被视作"贡使"。1793 年英使马嘎尔尼来华，乾隆将其看作入贡之藩，要求行跪拜礼。

(45) 王赧，周赧王，东周君主。公元前 314 至前 256 年在位。当时周已分裂为东周、西周两个小国，赧王虽名为天子，实则寄居西周。前 256 年，秦攻灭西周，郝王被俘，不久死去。

(46) 七王,指战国七雄:齐、楚、燕、韩、赵、魏、秦。

(47) 称臣,宋绍兴十一年(1141 年)十一月,南宋与金签订和约,规定南宋向金称臣,皇帝由金册封。称侄,宋隆兴二年(1164 年)冬,南宋与金签订和约,宋不再向金称臣,改为叔侄关系。宋嘉定元年(1208 年)三月,南宋与金签订和议,改伯侄之国。

【译文】

至于天子赐予诏命的典礼,从汉代封孔子后人为绍嘉公时起至于今日,经历了十七个朝代,七十多位君王,而不能以自己的好恶而废黜之。这不是一代的君主所能废黜的,也不是一代的君主所能册封的。即使没有册封,对孔子之位又能有什么影响呢?即使有所册封,也不过是傲主媚臣的僭越行为,如同乾隆年间,英吉利曾有一次派遣使节欲与清交好,就书之以为入贡之藩而已。况且以前东周末年,周赧王已经被虏,而东周只相当于畿内之侯。相比于战国七雄,爵位虽然不相当,还要谨慎小心地陪从祭祀、进奉祭礼,且听其进退升降。宋朝相对于金、元,也曾至于称臣称侄的地步,然而华夏的王统,终不以彼而夺此。若以此而论,衍圣公当为帝王,而君王只相当于齐桓、晋文、幕府,难道还有问题吗?

虽然,此犹千载之盅事,臧于石室(48),史官儒生,得守空文以持其义,而世主未尝既其实也(49)。土著之后(50),逆取顺守,尚已。方其盛时,持重万钧,环天下而为臣妾,虽临辟雍(51),固不欲捐其黄屋(52),以朝孔氏之尝酎(53),斯已泰矣。及夫陵夷积弱(54),处逃债之台,被窃鈇之言(55),大枋既失(56),势侪于家人(57),宁奉表以臣敌国,而犹岿然自谓尊于玄圣之裔(58),岂不忸哉(59)!

【注释】

(48) 盅事,故事,旧有之事。《尚书大传》:“乃命五史以书五帝之盅事。”

石室，藏图书档案之室。《史记·太史公自序》："紬史记石室金匮之书。"索隐："案石室金匮，皆国家藏书之处。"章氏认为尊孔子后裔为虚君是儒生久已有之的想法，只是无法实现。

(49) 世主，国君。《商君书·算地》："凡世主之患，用兵者不量力，治草莱者不度地。"既其实，尽其实。指承认孔子为中夏共主。

(50) 土著，世代定居于一地。此指取得统治权。

(51) 辟雍，周王朝为贵族子弟所设的大学，取四周有水，形如璧环为名。此泛指学校。

(52) 黄屋，帝王车盖，以黄缯为盖里，故名。借指帝王之车。

(53) 尝酎，祭祀时尝饮新酒。《左传·襄公二十二年》注："酒之新熟，重者为酎，尝饮新酒为尝酎。"

(54) 陵夷，山陵颓替。比喻国事衰落。

(55) 处逃债之台，相传周赧王曾因逃债避居宫内台上，周人名为逃债台。此用以借指国君的不幸境地。窃鈇，指王权失落。《汉书·诸侯王表》："自幽平以后，日以陵夷，至乎阸陿河洛之间，分为二周，有逃债之台，被窃鈇之言。"注："鈇钺，王者以为威，用斩戮也。言周室衰微，政令不行于天下，虽有鈇钺，无所用之，是谓私窃隐藏之耳。"

(56) 大枋，大权。枋，通"柄"，指权柄。

(57) 侪，等同。家人，仆役。《史记·栾布传》："始梁王彭越为家人时，尝与布善。"注："家人，言僮仆之属。"

(58) 玄圣，指孔子。

(59) 忸，惭愧。

【译文】

即使如此，这就如同千年之前的典章制度，藏在石室，史官儒生，得以守其空文而持其义，然而国君却并不承认孔子为中夏共主。世代定居本地的当权者，以武力夺取天下，而修文教以治理天下，一直如此。当其兴盛时，持重万钧，极有威仪，将全天下人看作是他的臣子，即使驾临辟雍，也不愿意下车来祭祀孔子，傲慢至极。到了国势衰微的时候，处于逃债之台，政令不行于天下，权柄已经丧失，势力仅相当于臣仆，宁愿上表臣服敌国，却还岿然自称比孔子的后裔尊贵，难道不羞愧吗？

乃夫宾旅侵突而为君者(60)，故迩梁远(61)，以华夏为异类，蜂刃所抵，类祃厥宗(62)，而无所愍痛。杨州之屠(63)，嘉定之屠(64)，江阴之屠(65)，金华之屠(66)，啗肉也如黑鹫，窃室也如群麀(67)。其他掊发窖臧，掘冢坏陵，而取其金鼎玉杯，银尊珠襦之宝以为储臧者，不可以簿籍计也。及统一天下，六官犹耦(68)，防营犹设，明末马、阮筑板矶城为西防(69)。左良玉叹曰(70)："今西何所防？殆防我耳!"今之驻防，则谁防乎？名不正，言不顺，二百年泄泄然而不改，异夫！托不加赋以为美名，而以胡骑之餫饟刓敝府库(71)；迮有狱讼，则汉民必不可以得直；迮有剧寇，汉臣贤劳而夷其难(72)；创夷既起(73)，又置其同族于善地以乱其治。吾义士之谋攘逐者，亦宁有过职乎(74)？

【注释】

(60) 宾旅侵突而为君者，外来者靠武力征服而成为君主。宾旅，指外来者。

(61) 故迩梁远，指远离故族旧人。故迩，故旧。

(62) 类祃厥宗，指灭绝其宗族。类，古祭名，祭天。祃，古代行军于所止处祭神。

(63) 杨州之屠，清顺治二年(1645 年)四月，清兵攻扬州，全城军民进行抵抗。城破后清兵曾大肆屠杀十天，史称"扬州十日"。

(64) 嘉定之屠，清顺治二年(1645 年)，清军下江南，在嘉定(今属上海)进行三次屠杀，又称嘉定三屠。

(65) 江阴之屠，清顺治二年(1645 年)七月，清廷令江阴百姓三日薙发，江阴百姓回答："头可断，发不可薙。"推典史陈明遇为城主，宣布抗清，激战三天，城破后，清军进行大肆屠杀。

(66) 金华之屠，清顺治二年(1645 年)，金华百姓拒绝薙发进行抗清斗争。清军进行大肆屠杀。

(67) 窃室，盗人妻室。麀(yōu)，牝鹿。《礼记·曲礼上》："夫唯禽兽无礼，故父子聚麀。"

(68) 六官犹耦，指清廷实行的满汉双员制。规定六部长官分别由满汉官吏担任，汉族官吏一般只担任副职。

(69) 马，马士英。明末贵州贵阳人。万历进士。曾拥立福王于南京，专国政，起用阉党阮大铖，排挤东林党人，后被清军所杀。阮，阮大铖。安徽怀宁人。南明弘光时马士英执政，任兵部尚书，对东林、复社诸人进行打击，后降清。

(70) 左良玉，明末山东临清人。因镇压农民军升大元帅，封宁南伯。南明政权成立，马士英等执政，与东林党人互相倾轧。他因袒护东林党人而遭排挤。

(71) 餫饟，给部队运送的补给。餫(yùn 运)，运送粮食。饟，"饷"的异体字。刓敝(wán 完—)，毁损。《史记·淮阴侯列传》："人有功当封爵者，印刓敝，忍不能予。"

(72) 夷其难，平治其难。《诗·小雅·出车》："赫赫南仲，玁狁于夷。"毛传："夷，平也。"

(73) 创夷，同"疮痍"。《汉书·淮南王传》："野战攻城，身被创痍。"

(74) 过职，超过常理。《尔雅·释诂》："职，常也。"

【译文】

外来者靠武力征服而成为君主，他们远离故族旧人，以华夏为异类，兵刃所到之处，就灭人宗族，不会感到任何的忧伤悲痛。清军屠杀了扬州、嘉定、江阴、金华的百姓，犹如吃人肉的黑鹫一般残暴，占人妻室犹如禽兽一般无耻。其他的暴行如盗掘地窖中埋藏的财物，毁坏天子陵寝，获取其中的金鼎、玉杯、银尊及贯珠为饰的短衣等宝物据为己有，此类事件数不胜数。等到满人统一天下，官制实行满汉双员制，仍设置防守地方的军队，(明末马士英、阮大铖修筑板矶城作为南京西部的防御据点。左良玉感叹道："如今西边防备谁，就是防备我啊！"而今清廷驻扎防守，那是防备谁呢？名不正，则言不顺，两百年间弛缓而不改，真是奇怪！)谎称不增加赋税来换取美名，而以胡骑给部队运送粮饷以毁损国民财物；突发诉讼案件，那么汉民一定得不到公正判决；突发叛乱，也是由汉臣遭受劳苦来平定祸乱；战祸动乱既起，又要将其同族迁到安全地区以乱其治。我们的义士谋求驱逐清廷，难道违背常理了吗？

逐加于满人，而地割于白人，以是为神州大诟(75)。夫故结肝下首不欲逞，非其丧志，鉴于蜀、宋也。蜀相之结荆杨也[76]，非忘报也，彼惎曹氏[77]，则吴不得怨；故覆于南郡[78]，烬于白帝[79]，再挫之忿，而不敢复焉。宋与女真，宗祢之痛也[80]，引蒙古以灭之，终自戕败[81]，庙算失也[82]。故地处其逼，势处其陧[83]，九世之仇，而不敢复焉。何者？荦牛之斗，玄熊呴怒以格其间，则二牛皆脔也[84]。

【注释】

(75) 訽，同“诟”。耻辱。

(76) 蜀相之结荆杨，指诸葛亮采取的联合孙权，对抗曹操的政策。蜀相，指诸葛亮。荆杨，荆州、扬州，此指孙吴。

(77) 惎(jì 计)，憎恨。曹氏，指曹魏政权。

(78) 覆于南郡，公元 219 年，关羽兵败临沮被杀。参见《正葛》第三十六注(1)。南郡，治在今湖北公安。

(79) 烬于白帝，公元 222 年，刘备为报关羽被杀之仇，率军东下，讨伐孙吴。吴大将陆逊采用火攻，大破蜀军四十余营，刘备逃至白帝城(今四川奉节东北)，次年病死。

(80) 宗祢，祖庙和父庙。宗祢之痛，指亡国之痛。

(81) 终自戕败，公元 1279 年，南宋联络元共同进攻金朝。元在灭金后趁势攻灭南宋。

(82) 庙算，朝廷制定的克敌谋略。

(83) 陧(niè 聂)，危，不安。

(84) 荦牛，毛色不纯的牛。脔，割碎。

【译文】

遭到满人的驱逐凌辱，而又被西方列强割地，这是华夏的奇耻大辱。之前结肝俯首而未施展排满之志，并非丧失了这一志向，只是鉴于蜀和宋的教训。诸葛亮联合孙权来对抗曹操，并非忘掉了怨仇，他憎恨曹魏，就不能怨恨孙吴；后关羽兵败被杀，刘备又败于吴，两次兵败受挫于吴的怨恨，却不敢报复。宋与女真，有亡国之恨，宋人用蒙古人势力来灭金，最终南宋又败于蒙古，谋略有所失。

所以处于窘迫之地，势力衰微，九世之仇，而不敢报复。为什么？两头牛在打架，有黑熊阻隔在两头牛之间怒吼，而这两头牛也只是待宰割的肉而已。

且夫今世则又有圣明之客帝，椎匈啮臂[85]，以悔二百五十年之过矣[86]。彼疏其顽童[87]，昵其地主[88]，以百姓之不得职为己大耻[89]，将登荐贤辅，变革故法，使卒越劲，使民果毅，使吏精廉强力，以御白人之侮。大东辛颛之胄，且将倚之以为安隐，若是又可逐乎[90]？虽然，弗逐，则高义殆乎格，配天之志殆乎息矣[91]。决胜负于一朝，两族皆偾[92]，而不顾其后者，日莫涂远之所计[93]，虽非少康[94]，犹之伍员也[95]。中夏虽坏败，宁无其人邪？其攘逐满洲也，在今日；其不攘逐满洲也，亦在今日。客帝诚圣明，则必取谟于陆贽[96]，引咎降名，以方伯自处[97]。《唐书·陆贽传》：德宗议更益大号，贽奏言若以时屯[98]，当有变革，不若引咎降名，以祇天戒。禘郊之祭，鸡次之典[99]，天智之玉[100]，东序之宝[101]，一切上之于孔氏，彤弓黄钺，纳陛秬鬯[102]，一切受之于孔氏。退而改革朝官，皆如宗人府丞[103]。朝官皆满汉二员，独宗人府丞，则只一汉员。圈地之满、蒙，驻防之八旗，无置马甲，而除其名粮[104]，一切受治于郡县。自将军以至佐领，皆退为散秩[105]。大政既定，奏一尺书，以告成于孔氏。吾读《伊尹书》[106]，有九主[107]，有素王。吾读《中候》[108]，至于霸免，郑注："霸犹把也，把天子之事。"有受空之帝[109]。郑注：谓楚义帝。今以素王空帝，尸其名位，而霸者主其赏罚，则吾中夏所君事者，固圣胄已。其建霸府于域中，则师不陵正，而旅不逼师[110]，臣民之视客帝，非其后辟[111]，其长官也。霍光也[112]，金日磾也[113]，李晟也[114]，浑瑊也[115]，其种系不同，而其役使于王室也若一，则部曲之翼戴之也[116]。汉乎？满乎？亦犹菌鹤马蜩之相过乎前而已矣。君臣不属，则报志可以息(117)，虽弗攘逐，无负于高义。然则二族皆宁，而梅福之大义，且自今始既其实焉。以是流衍于百王，而为宪度，其有成劳于中夏也，亦大矣！

【注释】

(85) 匈，同"胸"。

(86) 二百五十年之过，指满族入主中原统治华夏以来的过错。

(87) 顽童，指愚昧无知的人。《尚书·伊训》："敢有侮圣言，逆忠直，远耆德，比顽童，时谓乱风。"

(88) 地主，当地的主人，指中原华夏族。

(89) 不得职，不被任用。

(90) 若是又可逐乎？以上几句是说，只要满族统治者励精图治，抵御外来的侵略，使远方的民众得到庇护，这样满人就不会被驱逐了。大东，极东。指偏远之地。辛颛，指高辛氏帝喾和高阳氏颛顼。

(91) 配天之志殆乎息矣，以上两句是说，这样民众驱逐清廷统治的思想和热情就会逐步平息下来。高义，指驱逐清廷统治的政治理想。格，被阻遏。配天之志，指反抗清廷统治的政治热情。

(92) 偾，毁坏。

(93) 日莫涂远，指穷途末路。《史记·伍子胥列传》："吾日暮途远，吾故倒行而逆施之。"莫，同"暮"。涂，同"途"。

(94) 少康，传说中夏代君主，姒姓。他联合同姓部族攻灭寒浞，夺回其祖太康时失去的王位，史称"少康中兴"。

(95) 伍员，伍子胥。春秋时吴国大夫。名员，字子胥。其父伍奢原为楚国大夫，后被杀。他历经艰难逃至吴国。助阖闾夺取王位后不久，他带吴军攻破楚国，鞭楚王尸以泄恨。后被吴王赐死。

(96) 取谟，获取谋略。谟(mó 磨)，谋画。陆贽(754～805 年)，唐大臣。字敬舆，苏州嘉兴(今属浙江)人。大历进士。德宗即位，任为翰林学士，参与机谋。唐贞元八年(792 年)任宰相。

(97) 方伯，一方诸侯之长。《礼记·王制》："千里之外设方伯。"

(98) 时屯，时世艰难。《说文》："屯，难也。象草木之初生屯然而难。"

(99) 鸡次，楚法典名。《战国策·楚策》："吴与楚战于柏举，三战入郢……(蒙谷)负鸡次之典，以浮于江，逃于云梦之中。"注："楚国法也。鸡亦作'离'。"

(100) 天智，美玉名。《逸周书·世俘》："商王纣取天智玉琰缝身厚以自焚。”注:“天智,玉之上美者也。”

(101) 东序,古代学校名。《礼记·王制》:“夏后氏养国老于东序。”注:“东序,东胶,亦大学。在国中王宫之东。”

(102) 彤弓,朱红色的弓。天子以赐有功诸侯。黄钺,以黄金为饰之钺。纳陛,凿殿基为登升的陛级,纳之于檐下,不使露而升,故名。为古代赐与有特殊功勋者的“九赐”之一。秬鬯,古代祭祀用的香酒。

(103) 宗人府丞,管理皇室宗族事务的机构。

(104) 马甲,马身披的铠甲。名粮,按户籍应纳的粮款。

(105) 散秩,闲散而无一定职守的官职。

(106)《伊尹书》,《尚书·序》称伊尹作《汝鸠》《汝方》《汤誓》《咸有一德》《伊训》《肆命》《组后》《太甲》。今《尚书》有《汤誓》《咸有一德》《伊训》《太甲》等篇,其余都已亡佚。

(107) 九主,《史记·殷本纪》:“汤使人聘之(伊尹),五反然后肯往从汤,言素王及九主之事。”集解引刘向《别录》:“九主者,有法君、专君、授君、劳君、等君、寄君、破君、国君、三岁社君,凡九品,图画其形。”索隐则称“九主者,三皇、五帝及夏禹也”。章氏在这里用九主附会他的客帝主张。

(108)《中候》,纬书。《尚书序》孔疏引《尚书纬》:“孔子求书,得黄帝玄孙帝魁之书,迄于秦穆公,凡三千二百四十篇。断远取近,定可以为世法者百二十篇。以百二篇为《尚书》,十八篇为《中候》,去三千一百二十篇。”

(109) 受空之帝,名义上的帝。

(110) 师不陵正,而旅不逼师,指不以下犯上。师,军队编制,二千五百人为师。正,通“政”。旅,军队编制,五百人为旅。

(111) 后辟,天子、君主。

(112) 霍光(?~前68年),西汉大臣。字子孟,河东平阳(今山西临汾西南)人。昭帝年幼即位,他与桑弘羊等受武帝遗诏辅政,前后执政二十一年。

(113) 金日磾(—mì秘 dī低),西汉大臣。字翁叔。本匈奴休屠王的太子,武帝时归汉,任侍中。昭宣即位,与霍光、桑弘羊等同受遗诏辅政,被封为秺侯。

(114) 李晟(727~793年),唐代将领。字良器,洮州临潭(今属甘肃)人。德宗时率军讨伐藩镇,朱泚叛据长安,他回师讨平,收复长安。

(115) 浑瑊(736~799年),唐代将领。本名日进。先世属铁勒族浑部,世为唐将。朱泚叛乱,他保护德宗,坚守奉天(今陕西乾县),又与李晟等收复京师。

(116) 部曲,古时军队的编制单位。此指军队。翼戴,拥戴。

(117) 报志,报仇之志。

【译文】

若今世有圣明的客帝，捶胸咬臂以表诚信，悔改其入主中原以来两百五十年间的过错。他疏远愚顽小人，亲昵中原之人，以百姓不得任用为自己的耻辱，将选用贤明的辅相，变革旧法，使将士轻捷强健，使民众果敢坚毅，使官吏清廉坚韧，共同抵御白人的欺侮。东方帝喾和颛顼的后裔，要依靠他获得安稳，如果是这样又怎么会被驱逐呢？若不驱逐，排满的理想和热情就会停息下来。若决胜负于一时，两族都会损伤，如不顾后果，采取极端的做法，即使不像少康，也会如同伍子胥一样。中国虽然衰败，难道就没有人才吗？攘逐满人，在于今日；不攘逐满人，也在于今日！客帝若确实圣明的话，就应当向陆贽学习谋略，将过失归于自己，自贬名号，以地方长官的身份自处。(《唐书·陆贽传》记载：德宗议论变更帝号，陆贽上奏说若因时世艰难，有所变更，不如引咎贬降名号，以敬慎天戒。)祭祀始祖和天神的禘郊之祭，鸡次之典，天智之玉，东序之宝，一切上交于孔氏；朱红色的弓，以黄金为饰的钺，纳陛及祭祀用的香酒，一切受之于孔氏。退而改革朝官，就像宗人府丞一般。(朝官都是满汉各一员，唯独宗人府丞只有一位汉员。)圈地的满、蒙，驻防的八旗，不再设置兵丁，废除空额粮饷，一切受治于郡县。从将军到佐领，全部退为没有一定职守的散官。国家政务确定之后，奏一尺书，以告成于孔氏。我读《伊尹书》，有九主，有素王。我读《中候》，至于霸免，(郑注："霸如同把，掌管天子之事。")有名义上的帝。(郑注："指楚义帝。")今以孔子为名义上的帝，居其名位，而霸者主其赏罚，那么中国的为政者，一定是圣人的后裔了。再在国中设置幕府，从而达到上下有礼、不相欺凌逼迫的局面，臣民看待客帝，不再是他们的君主，而是他们的长官。霍光、金日磾、李晟、浑瑊，这些人的部族世系虽不同，然而他们役使于王室是相同的，为军队部属所拥戴。不论是汉还是满，都只不过如同菌鹤、马蜩飞过眼前那样短暂而已。君臣不属，那么报复之志可以平息了，即使不驱逐，也无负于“排满”的理想。那么两族都得以安宁，而梅福所论的大义，至今才得以成为现实吧。以此流传于后世，使形成法度，能在中国建立的功勋，也将是伟大的！

难者曰：今中国羸病(118)，炊之则僵(119)，犁五稔必仆(120)。虽尊崇孔氏，以息内讧，其何瘳乎(121)？曰：尚观明堂合宫之法(122)，官天下则帝孔氏，百世丕天之大律，非独为滑夏之代而已(123)。且夫发愤为天下雄，则百稔而不仆；怠惰苟安，则不及五稔而亦仆。吾所议者，为发愤之客帝言也，非为怠惰苟安者言也。夫苟怠惰苟安，虽采椽茅茨(124)，若自处于臣虏，可以亡国；发愤而为雄，而后以降名尊主为可恃也(125)。不然，则一饭之顷(126)，已涣然离逷矣(127)，安能五稔？

【注释】

(118) 羸病(léi 雷—)，瘦弱多病。羸，瘦，弱。

(119) 炊之则僵，吹口气就会倒毙。《荀子·仲尼》：“可立而待也，可炊而僨也。”杨倞注：“炊与吹同。僨当为僵，言可以气吹之而僵仆。”

(120) 犁，比及。《史记·晋世家》：“犁二十五年，吾冢上柏大矣。”五稔，五年。稔(rěn 忍)，谷物成熟。因谷物一年一成熟，也称年为稔。

(121) 瘳(chōu 抽)，救治。

(122) 明堂，古代帝王宣明政教的地方。凡朝会、祭祀、庆赏、选士、养老、教学等大典，均在此举行。合宫，相传为黄帝的明堂。张衡《西京赋》：“必以肆奢为贤，则是黄帝合宫，有虞总期，固不如夏癸之瑶台，殷辛之琼室也。”

(123) 百世丕天之大律，非独为滑夏之代而已，以上两句意为，客帝的主张是通行百代及天下的根本大法，不仅仅限于异族扰乱华夏的时代。滑夏，扰乱华夏。滑(gǔ 古)，乱。

(124) 采椽，采，通“棌”，柞木。以柞木作椽，不加削斫，言其俭朴。茅茨，茅草屋顶。《韩非子·五蠹》：“尧之王天下世，茅茨不剪，采椽不斫。”

(125) 降名尊主，即作者在文中主张的请孔子后裔作华夏共主，清帝自降为霸主。

(126) 一饭之顷，一顿饭的时间，形容时间短。

(127) 离逿(—tì 替)，离开，离散。《左传·襄公十四年》："岂敢离逿。"逿，同"逖"，远。

【译文】

辩难者问：如今的中国衰弱多病，吹口气就能吹倒的样子，不及五年就有灭亡的危险。即使尊崇孔子，以平息内部冲突，对挽救大局而言又有何用呢？答道：考察明堂合宫之法，官天下就应当以孔子为帝，客帝的主张是通行百代普及天下的根本大法，不仅限于异族扰乱华夏的时代。如能发愤图强，立志成为天下强国，即使百年也不会灭亡；如果是怠惰苟安，用不了五年就会灭亡。我所主张的，是对于发愤图强的客帝而言的，不是为怠惰苟且偷安者来说的。假若怠惰苟且偷安，即使极为卑微谦逊，自处于臣仆俘虏的位置，也会亡国；发愤图强成为强国，之后再降名号、尊共主就可以长治久安。不然的话，顷刻之间，就要毁灭离散了，哪还用五年？

共和二千七百四十一年(128)，章炳麟曰：余自戊、己违难(129)，与尊清者游(130)，而作《客帝》(131)。饰苟且之心，弃本崇教，其违于形势远矣！且汉帝虽孱弱，赖其同胤(132)，臣民犹或死之。满洲贱族，民轻之，根于骨髓，其外视亡异欧、美。故联军之陷宛平(133)，民称"顺民"，朝士以分主五城(134)，食其廪禄。伏节而死义者，亡一于汉种。非人人阘茸佣态(135)，同异无所择，孰甘其死(136)？由是言之，满洲弗逐，欲士之爱国，民之敌忾，不可得也。浸微浸削(137)，亦终为欧、美之陪隶已矣(138)。今弗能昌言自主，而以责宣尼之主祏(139)，面欺(140)！著之以自劾录(141)，而删是篇。

【注释】

(128) 共和二千七百四十一年，即公元 1900 年。

(129) 戊、己，夏历戊戌、己亥年，即公元 1898 年和 1899 年。戊戌政变后，章太炎被清廷缉拿，于 1898 年亡命台湾，任台湾《日日新报》记者；复因撰文抨击日本侵台当局，被迫于 1899 年 6 月离台赴日。

(130) 与尊清者游，章太炎亡命台湾期间，与康有为、梁启超通信往来，并时有诗文刊于梁启超主编的《清议报》。

(131)《客帝》，1899 年 5 月 20 日发表于《清议报》第十五册，题为《客帝论》，署名"台湾旅客来稿"。也即前文。

(132) 同胤，同为汉族子孙。

(133) 陷宛平，指 1900 年八国联军攻占北京。宛平，北京。

(134) 五城，清廷把首都分东、西、南、北、中五城，每城设巡城御史。八国联军侵占北京后，将北京分割成一个个占领区，设立"协巡公所"，起用投降的清朝官员充当走狗。

(135) 阘茸，卑贱。《史记·贾谊传》："阘茸尊显兮，谗谀得志。"佣态，庸俗的样子。佣，通"庸"。

(136) 孰甘其死，以上两句意为，在汉人看来满人和洋人并无根本区别，谁甘心为他而死？

(137) 浸微浸削，逐渐衰落被分割。浸，逐渐。

(138) 陪隶，仆隶之仆隶。最末等的奴隶。

(139) 宣尼，指孔子。西汉平帝元始元年（公元元年），追谥孔子为褒成宣尼公，见《汉书·平帝纪》。封建时代因习称孔子为宣尼。祏，宗庙内藏神主的石室。责宣尼之主祏，即《客帝》中所主张的，承认孔子为开创"神州之王统"，尊崇孔子的世胄为"中夏之共主"。

(140) 面欺，当面欺骗。

(141) 劾录，定罪之意。劾，定罪；录，拘捕。

【译文】

公元 1900 年，章炳麟说：我从戊戌、己亥年避难在外，与尊清者有所往来，从而作《客帝》篇。掩饰苟且之心，丢弃根本，推崇孔教，远离了现实。汉帝虽然孱弱，凭着本是同族，臣民尚能为之而死。对于满洲贱族，百姓的厌弃之心根植于骨髓，看待他们如同看待欧美异族一般。所以八国联军攻陷北京时，百姓自称"顺民"，愿意归附侵略者，北京被划分为五个城区，各有官员负责，食其俸禄，为节义而殉身的，没有一个汉人。并非人们都卑微庸俗，在汉人看来，满人和洋人并无根本区别，谁甘心为他而死呢？由此而言，若不推翻清廷，想要士大夫爱国，百姓同仇敌忾，那是办不到的。随着国势逐渐衰落而被分割，最终也只会沦落成为欧美的奴隶而已。如今不能倡言自主，却要提倡尊孔子为天下共主，这是当面欺骗！如今记在这里以进行自我批判，从而删去《客帝》篇。

《分镇》匡谬

[说明]与《客帝》相联系,《分镇》提出了维新运动失败后,改革地方行政的政治方案。作者认为,中国面临着被西方列强瓜分的危局,而清政府又昏庸无能,无力进行抵抗。在这种形势下,与其"瓜分而授之外人,孰与瓜分而授之方镇?"因此他主张分权与方镇,让他们像唐代的藩镇那样,形成国中之国,以此来抵御列强的入侵。

然而八国联军的入侵,打破了章太炎的"分镇"梦。他寄予厚望的封疆大吏,不仅不对列强的入侵进行积极抵抗,反而与列强暗中签订条约,进行所谓的"东南互保"。现实终于使章太炎认识到,"分镇"不仅不能阻止列强的入侵,反而成为列强瓜分中国的跳板。痛定思痛,他毅然写下这篇"匡谬",放在《訄书》重订本前,表示与过去的思想决裂。作者在文末专门提到"提挈方夏在新圣",说明他已把目光投向以孙中山为代表的革命党身上,这无疑是他思想上的一个飞跃。

与不得已,官制不及改,则莫若分镇(1)。

【注释】

(1) 分镇,指分权于各方镇,使其实行自治。这是章太炎在维新运动失败后提出的政治主张。

【译文】

若不得已,官制来不及改,那么不如实行分镇。

分镇尚已[(2)]。昔唐大宗欲世授节度[(3)]，而马周、李百药之伦[(4)]，则谓亲属且不可以领土宇。其后淮朔不宾[(5)]，柳宗元祖述其意，作《封建论》[(6)]，盖惧镇将世及，尾大蹠戾[(7)]，黜陟将自主。属时清明，未有外侮，其论议固足以自守也。宋之季，而祸发于穹庐[(8)]，州郡破碎，墓无完槥[(9)]，里无完室，则李纲始有分镇之议[(10)]。虽不竟行，南宋卒赖是以自完其方部。然后知封建有其韪[(11)]，而郡县有其非也。

【注释】

(2) 尚已，久远。

(3) 唐大宗，即唐太宗。世授节度，指让节度使世袭相传。节度，节度使，唐初沿北周及隋旧制，于重要地区设总管，总揽数州军事。唐睿宗景云二年(711年)，拔延嗣为凉州都督充河西节度使，始有节度使的称号。安史之乱后，内地也多设节度使。节度使权力很大，传位于子孙或部下，不奉朝命，世称藩镇。

(4) 马周(601～648年)，唐初大臣。字宾王，博州茌平(今属山东)人。唐贞观三年(629年)，代常河为疏，所论二十余事，得到太宗赏识。后任监察御史，累官至中书令。李百药(565～648年)，唐初史学家。字重规，安平(今属河北)人。唐贞观元年(627年)奉诏撰《齐书》，据父旧稿，兼采他书，经十年，成五十卷，今称《北齐书》。《资治通鉴》贞观四年载其议封建事。

(5) 淮朔不宾，指淮西、河朔等藩镇拥兵自重，不臣服唐中央王朝。

(6) 柳宗元(773～819年)，唐文学家、政治家。字子厚，河东人。参与王叔文为首的政治改革活动，失败后贬为永州司马。擅长诗文，与韩愈同为古文运动的倡导者。所作《封建论》，力陈封建之弊，认为“封建，非圣人意也”。

(7) 蹠戾，乖张，暴虐。

(8) 穹庐，毡帐。《史记·匈奴传》：“匈奴父子乃同穹庐而卧。”此指女真等北方少数民族。

(9) 槥，粗陋的小棺材。

(10) 李纲(1083～1140年)，宋大臣。字伯纪，邵武(今属福建)人。高宗时任宰相，主张用两河义军抗金，在职七十天，即被投降派排斥。

(11) 韪，是。

【译文】

分镇的历史久远。从前唐太宗时想要设节度使并世袭相传,然而马周、李百药等人,却认为亲属尚且不可以领疆土(何况设立外姓的节度使呢)。之后淮西、河朔诸藩镇叛乱,柳宗元祖述其意,作《封建论》,就是担忧藩镇主将世代相袭,藩镇势力强大而不听从调度指挥,自主提拔、贬黜将领。当时恰逢政治清明,没有外侮,柳宗元的议论尚足以使中国自保。到了宋代末年,战祸起于北方少数民族,州郡破碎,以至于陵墓中都没有完整的棺木,乡里没有完整的人家,这时李纲又开始提倡分镇。虽然最终没有完全实行,但南宋还是凭此得以保全州郡。然后才知道封建制有其长,郡县制也有其短。

定倾之道(12),一彼而一此。轩辕大角之兽不见(13),则王者不能以革故。及阳节既尽(14),必守前世故常之论,以外重内轻为足以亏国家之大柯(15),此文俗吏之所乐,而知时者故未以是为权概也(16)。

【注释】

(12) 定倾,安定危局。《国语·越语下》:"夫国家之事,有持盈,有定倾,有节事。"韦昭注:"定,安也;倾,危也。"

(13) 轩辕大角之兽,指祥瑞之兽。古代人认为圣人出,必有祥瑞之兽出现。

(14) 阳节,指阳刚的势力、节度。《国语·越语下》:"尽其阳节,盈吾阴节而夺之。"韦昭注:"彼阳势已尽,阴节盛满,则能夺之。"

(15) 外重内轻,指地方势力强于中央政府。大柯,大柄。指权柄。柯,柄。

(16) 权概,指标准。《礼记·月令》:"日夜分,则同度量,钧衡石,角斗甬,正权概。"注:"秤锤曰权,概,平斗斛者。"

【译文】

转危为安之道,有时彼此转换。祥瑞之兽不出现,则王者不能革除旧物。等到阳刚之气运将尽时，必定守前世故常之论，认为地方权势重而中央政权势轻足以威胁国家存亡，这是拘守礼法的平庸小吏所乐于陈述的，而通达者是不会以此作为准则的。

自明以来，行省则有布政使(17)，主用人治赋，不得操兵柄。其后以疆宇廖巟(18)，非能正众之丈人(19)，使之节制将吏，不足以为治，于是有以大臣为督抚者(20)。当明之衰，直隶一隅，有总督三人；十有三行省，其巡抚乃至二十有九(21)。威权虽众著，然所驭乃不过数郡。土宇既狭，不足行其意。终于流寇票突(22)，外患躡迹(23)，如决瀣池而臬之天阏(24)。此无佗，劫于马、李、柳氏之论(25)，常惧方镇屈强(26)，不用朝命，故宁削弱其土，使局促不得自展，至于疆宇坼裂而不悔也(27)。

【注释】

(17) 布政使，明洪武九年(1376 年)撤销沿自元代的行中书省，除南北两京外，分全国为十三承宣布政使司，每司设左、右布政使各一人，为一省最高行政长官。

(18) 廖巟(chǐ 尺 huāng 荒)，广大。廖，《说文 · 广部》：“广也。”巟，《说文 · 巛部》：“水广也。”

(19) 正众，服众。丈人，指官吏。

(20) 督抚，明代后期，为了加强统治，专设总督、巡抚等官，取代布政使成为地方最高长官。清代布政使已降为督、抚的属官。

(21) 总督，官名，明始设。清代正式以总督为地方最高长官，辖一省或二、三省，综理军民要政。巡抚，官名，明代始置，与总督同为地方最高长官。清代以巡抚为省级地方长官，总揽一省的军事、吏治、刑狱等。

(22) 票突，迅猛凌犯。票，通“飘”。

(23) 躡迹，接踵。《说文》：“躡，蹈也。”

(24) 天阏，阻止。

(25) 劫，迫。马、李、柳氏之论，指马周、李百药、柳宗元等人反对封建的言论。

(26) 方镇，镇守一方的军事长官。屈强，亦作“倔强”。桀骜不驯。《汉书·陆贾传》:“乃欲以新造未集之越,屈强于此。”颜师古注:“屈音其勿反。屈强,谓不柔服也。”

(27) 坼裂,分裂。

【译文】

自明代以来,行省则有布政使,主管人事与赋税,不能掌握兵权。之后因所辖疆域广大,若不是有威望能服众的官吏来节制军队将领,就不足以治理好,于是开始有大臣作为督抚。当明朝衰落后,仅直隶一地,就有三位总督;十三个行省,竟有巡抚二十九人。威权虽然显著,然而所统治的只不过几个郡而已。疆土既已变得狭小,不足以形成大的势力。最终流寇暴乱,外患接踵而至,犹如江河决堤一发不可收拾。导致这一结果的原因没有别的,那就是囿于马周、李百药、柳宗元等人反对封建之论,时常惧怕方镇桀骜不驯,不服从朝廷命令,所以宁可削减其辖地,使其局促不得施展,以至于疆域分裂也不后悔。

满洲起朔方,因袭明旧,稍省督抚,小者不损一行省(28),使教令所下,渐及泰远。然犹禀命于六部(29),不敢自擅。咸丰之季(30),汉帝已立(31),重以外寇,孤清之命,阽阽如累九丸(32)。赖大酋明圣,枢臣善方略,一昔举缄縢扃鐍之智而破碎之(33);自征自抚,自生自杀,自予自夺,一切属其权于疆吏。是时知兵之臣,威令振肸(34),或出其竟外,而上不以文法制之,卒能戬灭大平(35),盗其天球(36)。

【注释】

(28) 小者不损一行省,指清廷减少督抚的人数,使督抚所辖地区小的也不少于一行省。

(29) 六部,封建时代中央行政机构中吏、户、礼、兵、刑、工各部的总称。

(30) 咸丰,清文宗奕詝年号(1851～1861年)。

(31) 汉帝已立，指洪秀全于1853年定都南京，建立太平天国农民政权，自称天王。

(32) 阽阽，危险貌。

(33) 缄縢扃鐍之智，指防止盗贼的智慧。《庄子·胠箧》："将为胠箧探囊发匮之盗而为守备，则摄缄縢，固扃鐍，此世俗之所谓知也。"缄縢，绳索。扃鐍，加在门窗或箱箧的锁。

(34) 振肸，震动散布。

(35) 戬灭（jiǎn 剪—），剪除，消灭。大平，指太平天国。大，同"太"。

(36) 天球，美玉名。《尚书·顾命》："大玉、夷玉、天球、河图，在东序。"疏："天球，雍州所贡之玉，色如天者。"此指玉玺。

【译文】

满洲兴起于东北，因袭明代的制度，稍稍减少督抚的人数，使督抚所辖地区小的也不少于一个行省，使命令能下达到地方，渐及边远的地区。然而督抚仍听命于六部，不敢自作主张。咸丰年间，洪秀全所建立的太平天国已经定都南京，加之有列强欺凌，清廷的命运危如累卵。幸亏统治者明智圣哲，宰辅重臣善于谋略，一时间用包围、隔绝的策略攻下南京；自主决定是征还是抚，自主掌握生、杀、予、夺的大权，将一切权力下放给地方官吏。那时通晓军事的大臣，威名远播，有的甚至影响到境外，而中央不以法令来限制他们，最终能够歼灭太平军，攻灭其政权。

由此言之，内外之重轻，所以为利害者，断可知矣。今方镇藾弱(37)，而四裔乘其敝(38)，其极至于虚猲政府(39)，使从而劫疆吏，一不得有所阻桡，割地输币，无敢有异议。彼所以钳束者，则外轻之效(40)，非乎？

【注释】

(37) 藾弱，虚弱。

(38) 四裔，指西方列强。

(39) 虚猲，虚张声势，进行威吓。

(40) 则外轻之效,章氏认为,西方列强之所以能控制中国,就是因为方镇势力弱小的结果。

【译文】

由此而言,中央与地方权势的轻重,其影响有何利害,自然明白可知。如今方镇疲软虚弱,而西方列强乘机侵扰,极力虚张声势、威吓政府,从而得以挟持地方官吏,使其一点不得阻止、反抗,割地赔款,也不敢有任何异议。列强之所以能控制中国,就是因为地方势力弱小导致的,难道不是吗?

与不得已,官制不及改,则莫若以封建、方镇为一。置燕、齐、晋、宋及东三省为王畿(41),注措无所变(42)。其余置五道:曰关陇(43),附以新疆;曰楚蜀(44),附以西藏;曰滇黔桂林;曰闽粤,曰江浙。谓三江、浙江(45)。道各以督抚才者制之,冠名以地,无以虚辞美称;行政署吏,惟其所令;岁入贡于泉府者数十万(46),毋有缺乏;扶寸地失,惟斯人是问。一受其爵,非丧土缺贡,终其身无所易;死则代以属吏,荐于故帅,而锡命于朝。其布于邻国,则曰:斯吾附庸之国也(47),交会约言在是,天室弗与知(48)。案:联邦之制虽同等,联邦外交固在中央政府也(49)。不同等联邦无论。然清室之于朝鲜,任自遣使,既尝破其例矣。若是,则外人不得挟政府以制九域(50),冀少假岁月以修内政,人人亲其大吏,争为效命,而天下少安矣。

【注释】

(41) 燕、齐、晋、宋,指今河北、山东、山西、河南。分别为春秋时期燕、齐、晋、宋的故地。王畿,指由中央政府直接统治的地区。

(42) 注措,亦作"注错"。安排处置。《荀子·荣辱》:"则君子注错之当,而小人注错之过也。"杨倞注:"注错,与措置义同。"

(43) 关陇,陕西、甘肃。

(44) 楚蜀,湖北、四川。

(45) 三江,江苏、安徽、江西。

(46) 泉府,中央政府的财库。

(47) 附庸之国,名义上保有一定主权,但在内政、外交和经济等方面实际从属并受制于他国的国家。

(48) 天室,指中央政府。以上两句意为,方镇对外来往和订立条约,中央政府不予干预。

(49) 固在中央政府也,章氏认为分镇与联邦制度有相似之处,只是联邦的外交权在中央政府。

(50) 九域,九州。指中国。

【译文】

如不得已,官制来不及改,那么不如将封建、方镇合二为一。将燕、齐、晋、宋的故地及东三省作为畿辅地区,设置不加改变。其余地区设置五道,即:关陇道,附以新疆;楚蜀道,附以西藏;滇黔桂林道;闽粤道;江浙道(指三江、浙江)。这五道各以有才能的督抚来治理,以地方名称来冠名,不设虚辞美称;行政官吏,任由督抚任命;每年上缴国库数十万的赋税,不能减少;若丧失尺寸之地,直接追究督抚的责任。督抚一旦领受这一爵位,只要不是丧失疆土、缺乏上缴中央的赋税,就终身不变;督抚死后,其下属官吏来接替此职,由原督抚推荐,再由中央任命。中央政府对外宣称,方镇为自己的附庸国;方镇对外交往及订立条约,中央政府不加以干预。(案:西方的联邦制虽然与此相似,然而联邦制国家外交权仍在中央政府手中。这一点与联邦制是不同的。但清廷对于朝鲜,任自遣使,已突破了常例。)若能如此,外来势力就不可能以中央政府的名义来控制中国,而我们就可以有一些时间来整治国家内部事务了。人人拥护他们的督抚,争着为其效命,这样天下就能稍稍安定了。

夫清世名位至滥(51),独爵号乃重于灵鼍之鼓(52),蒙古而外,非宗室无有处王位者,虽五等亦非勋臣不得与。此其法昉于汉、明之制(53)。然明永历讨不庭也(54),何腾蛟则以中湘王封墓(55)。

其后若金声桓、李定国数子(56)，皆剖青圭而正王位(57)，其膏不屯(58)，其印不刓(59)，何者？遭值丧乱，则守文之制，固运而往矣(60)。且古者上公九命(61)，子男特五命耳，其位乃下于列卿。是故成周之典，足以度越千世。其在中叶，惟唐制最中绳(62)。其秩，亲王正一品(63)，与三公三司同(64)；嗣王郡王，则不过从一品；降及男国，则不过五品。故宰相皆公，而将帅以郡王封者三十余辈。以李光弼之部(65)，王者至十校(66)。今俄、英之相，多以王公称者。远则唐制，而近则西邻，以此崇重方镇，夫何牵于往日之制乎？

【注释】

(51) 名位，名号地位，即官职。《左传·庄公十八年》："名位不同，礼亦异数。"

(52) 爵号，爵位。分公、侯、伯、子、男五等。

(53) 昉(fǎng 访)，开始。

(54) 明永历，即朱由榔，南明永历皇帝。讨不庭，讨伐不朝于朝廷者。此指抵抗清军。

(55) 何腾蛟(1592～1649 年)，南明大臣。字云以。贵州黎平卫(今黎平)人。曾联络李自成旧部进行抗清活动，后在湘潭兵败被俘而死。

(56) 金声桓(?～1649 年)，明及清将领。字虎臣，辽东(今辽宁辽阳)人。初属左良玉，后降清。因受排挤，遂举江西投南明桂王。不久，清军围攻南昌，城破而死。李定国(1621～1662 年)，明清之际农民军将领。字宁宇，陕西榆林(或作延安)人。十岁参加张献忠农民军。献忠死后，与孙可望等移屯云贵，联明抗清。一度攻入湖南、四川等地。

(57) 剖青圭，指得到封赏。正王位，得到王位。

(58) 其膏不屯，指不吝于施与恩泽。膏，恩泽。屯，吝啬。《易·屯》："屯其膏。"

(59) 其印不刓，指不吝于赐予官印。刓(wán 完)，棱角磨损。《史记·郦生陆贾列传》："(项王)为人刻印，刓而不忍授。"

(60) 守文，遵守成法。文，法度。《史记·外戚世家》："自古受命帝王及继体守文之君，非独内德茂也，盖亦有外戚之助也。"以上几句意为，在遭受战乱时，遵守前代的成法，就显得过时了。

(61) 九命，周代的官爵分为九个等级，称九命。参阅《周官·春官·典命》《礼记·王制》。

(62) 中绳,符合标准。

(63) 一品,古代官吏的等级。从第一品到第九品,共分九等;北魏时每品始各分正、从,第四品起正、从品又各分上、下阶,共为三十等。唐宋文职与北魏同,武职自三品起即分上下。

(64) 三公,指丞相、太尉、御史大夫。三司,太尉、司徒、司空。

(65) 李光弼(708～764年),唐大将。营州柳城(今辽宁朝阳南)契丹族人。安禄山叛乱,任河东节度使,与郭子仪进攻河北,收复十余郡。又在太原击败史思明。

(66) 十校,以十计算,言数量多。校(jiào 较),计数。

【译文】

清朝的官职与品级繁多,唯独爵位最为尊贵。除蒙古人以外,非皇室宗亲不可能有王爵之位,即使爵分五等,不是功臣也不可能被授予爵位。这一做法是仿效汉代、明代的制度。然而明永历年间抵抗清军时,何腾蛟死后被封为中湘王。之后如金声桓、李定国等人,都得到了奖赏而封王爵之位,明朝不吝于施与恩泽,不吝于赐予官印。为什么?在遭遇政局动乱之时,遵循先王成法,就显得不合时宜了。且古时上公有九等,子男尚有五个等级,其爵位已是低于列卿。因此成周时的制度,足以影响千世。在中期,只有唐代官制最符合这一标准。唐代官秩,亲王为正一品,与三公三司同等;嗣王郡王,则不过从一品;降至男国,则不过五品。所以宰相都称公,而将帅被封为郡王的有三十多人。以李光弼一部为例,封为王的以十计算。如今俄国、英国的首相,多称为王公。若久远一些就效法唐代官制,近一些就效法西邻,以此尊崇方镇,何必拘泥于往日的制度?

或以唐世河北失驭(67),其端自方镇之有功始。此皆愚儒无知,惩既成之事,顾不知其谋始之所以难也。使唐无方镇,十道且不能保[68]，奚翅失河北而已[69]！其卒旅拒抗命者，以武夫骍突之将，勇于趋利，而未尝知方，故侵寻至不可制[70]。今以文臣，而惧其跳踉为桀寇[71]，自唐以来，其孰觌之哉[72]？

【注释】

(67) 河北，指黄河以北地区。失驭，失去控制。

(68) 十道，唐初将全国分为10个行政区域，计有关内、河南、河东、河北、山南、淮南、江南、陇右、剑南、岭南十道。

(69) 奚翅，何止。《孟子·告子下》："取食之重者与礼之轻者而比之，奚翅色重？"

(70) 侵寻，逐渐。

(71) 跳踉，跳跃。桀寇，凶暴的敌寇。

(72) 觌(dí 笛)，见。

【译文】

有人认为唐代黄河以北地区失去控制，就是从方镇势力崛起开始的。这都是昧于事理的儒者的无知之见，只知征于既成的史事，却不知道设计谋略时慎重考虑的艰难。假若唐不设方镇，十道尚且不能保全，何止是失去黄河以北地区而已！其士卒聚众抗拒君命，是由于任用凶悍的武夫为将，勇于趋利，却不知礼义，所以逐渐发展到不可控制的地步。今以文臣，而惧其跋扈者为凶暴的敌寇，自唐代以来，又有谁看到了这一点？

夫法不外操，而兵不中制[73]。今自九服以内[74]，旬始未出[75]，而瓜分固已亟矣。瓜分而授之外人，孰与瓜分而授之方镇？方镇虽不肖，尚略得三四人，其他或愿悫无雄略[76]。吾闻晚明之将帅，史可法最劣[77]，其次有瞿式耜[78]，其次有李定国，其次有郑成功、张煌言[79]。后出益倞[80]，则习于戎事故也。始虽愿悫，而代之者必雄略矣，其愈于中制者亦远矣。

【注释】

(73) 外操，由外人操纵。中制，从中控制。以上两句意为，法令不可由外人操纵，军队不可派人从中控制。

(74) 九服，相传古代天子所住京都以外的地方按远近分为九等，叫九服。方千里称王畿，其外每五百里分别称侯服、甸服、男服、采服、卫服、蛮服、夷服、镇服和藩服。见《周礼·夏官·职方氏》。此指全国。

(75) 旬始，星名。《史记·天官书》："旬始，出于北斗旁，状如雄鸡。其怒，青黑，象伏鳖。"后用作妖孽的征象。

(76) 愿悫，谨慎朴实。《荀子·君道》："材人，愿悫拘录，计数纖啬而无敢遗丧，是官人史吏之材也。"

(77) 史可法(1601～1645 年)，明末大臣。字宪之，号道邻，河南祥符人。早年镇压农民起义。明亡后，在南京拥立福王(弘光帝)，后为清军所杀。

(78) 瞿式耜(1590～1650 年)，南明大臣。字起田，号稼轩，常熟(今属江苏)人。万历进士。南明弘光帝时任广西巡抚。主张联合农民起义军共同抗清，未被采纳。后为清军杀害。

(79) 郑成功(1624～1662 年)，初名森，字大木，明唐王赐姓朱，改名成功。父芝龙叛降清，成功不屈，遁入海岛。桂王立，封为延平郡王，招讨大将军。永历十五年(1661 年)进兵台湾，驱逐荷兰殖民者，收复全岛。张煌言(1620～1664 年)，南明大臣。字玄著，号苍水，浙江鄞县(今属宁波)人。弘光元年(1645 年)与钱肃乐等起兵抗清，奉鲁王监国，据守浙东山地和沿海一带。后鲁王政权覆灭，兵败被杀。

(80) 倞(jìng 敬)，强。

【译文】

法制不可操纵于外人，而军队不可从中干预。如今国家范围内，妖孽的征象还未呈现，而瓜分中国的危险却已十分紧急。被西方列强瓜分，还不如自行瓜分而授权给方镇。方镇即使再不堪，也能略得三四人，其余的或许只是谨慎诚实、没有雄才大略者。我听说晚明的将帅，史可法最弱，之后有瞿式耜，后又有李定国，再后还有郑成功、张煌言。越是后出的将帅越强大，这是由于对战争越来越熟悉的缘故。即使开始的督抚谨慎诚实，而接替他的一定会有雄才大略的，这样做远远胜过了从中妄加干预军事行动的做法。

且夫利不过幅(81),则用足也;思不出位(82),则虑周也;兵不外募,则士附也;吏不旁掣,则功立也。当裔夷之竞(83),而求之剽末(84),以觊自全,使烝民有立(85),政府缓带(86),舍是则无长计矣(87)。若其检式群下(88),和齐县内(89),微革更官制,则犹篆车之无轒(90)。而丁时者或未意是也(91)。《颂》曰:"皇以间之(92)!"

【注释】

(81) 利不过幅,利益不超出一定的幅度。

(82) 思不出位,思虑不超出自己的职位。《易·艮》:"象曰:兼山,艮。君子以思不出其位。"

(83) 当裔夷之竞,指清廷与西方列强互相竞争。

(84) 剽末,末梢。此指分镇。

(85) 烝民,众民。《诗·大雅·烝民》:"天生烝民,有物有则。"

(86) 缓带,缓束衣带,形容从容、安舒。《谷梁传·文公》十八年:"一人有子,三人缓带。"

(87) 舍是则无长计矣,指除实行分镇外,没有计谋行得通。

(88) 检式,法式、法度。此作动词。

(89) 和齐,和协齐同。县内,天子所居之地。《礼记·王制》:"天子之县内,方百里之国九。"郑玄注:"县内,夏时天子所居州界名也。"

(90) 篆车,雕刻有花纹的车。轒,舆下方木,亦称钩心木。在车轴中央,使舆与轴相钩连不脱离。

(91) 丁时,遭逢其时。丁,当。

(92)《颂》曰,指《诗·周颂·桓》:"於昭于天,皇以间之。"毛传:"间,代也。"郑笺:"纣为天下之君,但由于恶,天以武王代之。"

【译文】

况且逐利不超过一定幅度,就会财用富足;考虑事情不超出自己的职分,就能思虑周全;兵卒不募集于外,则军心团结;官吏不从一旁互相牵制,则可成就功业。正值清廷与西方列强竞争之时,实行分镇以希望能自我保全,使民众能安定下来,政府能从容不迫,除此以外,恐怕没有更好的谋略能行得通。如果想给群下设立法度，使天下完全听命于自己，只是稍微变更官制，那就如同雕刻有花纹的车却没有连结车身与车轴的木条。（那是十分危险的。）然而却没有意识到这一点。《颂》曰："武王将代替纣了！"

共和二千七百四十一年，章炳麟曰：怀借权之谋(93)，言必凑是(94)。今督抚色厉中干，诸少年意气盛壮(95)，而新用事者(96)，其葸畏又过大耋旧臣(97)，虽属以一道(98)，弗能任。传曰：负且乘，盗之招也(99)。纵满洲政府能弃，若无收者何(100)？夫提挈方夏在新圣(101)，不沾沾可以婨取(102)。鉴言之莠(103)，而删是篇。

【注释】

(93) 借权之谋，指维新派试图借助督抚的力量，以推行变法。

(94) 凑是，指形成以上《分镇》的观点。

(95) 诸少年，指革命党人。

(96) 新用事者，指发动戊戌政变后再出"训政"的慈禧等人。

(97) 葸畏，畏惧貌。

(98) 道，行政单位。清代在省、府之间设置的监察区。

(99) 传，指《易·系辞》。负且乘，扛东西的人却坐于车上。指小人居君子之位。盗之招，招来盗贼。

(100) 若无收者何，以上两句意为，即使清廷能放弃统治，如果没有人能来接替领导怎么办？

(101) 方夏，四方之夏。指中国。《尚书·武成》："诞膺天命，以抚方夏。"新圣，指以孙中山为代表的革命党领袖。

(102) 婨取，窃取。婨，同"偷"。

(103) 鉴言之莠，鉴于以上言论的错误。

【译文】

公元一九〇〇年，章炳麟说：想着借助督抚的势力以谋大事的人，一定会赞成上述分镇之说。如今的督抚外表强大、内心怯懦，诸少年又意气盛壮，而新掌权的执政者比那些年老旧臣的内心还要恐惧，即使是委任他们掌管一个省，也不能胜任。《传》曰：背着东西而乘车，一定会引来盗贼想要抢夺。即使清廷能放弃统治，若没有能接替的人怎么办？能够拯救中国的在于新圣，而不是那些沾沾自得于能窃取政权的人。鉴于以上言论的失当，因而删去原《分镇》篇。

《訄书》重订本

原学第一

[**说明**]本文作于1902年，为《訄书》重刻本第一篇。1902年章太炎亡命日本期间，接触大量西方社会学著作，开始尝试从社会历史角度探讨学术思想的发展演变，本文即是这一思想的总结。作者认为地理环境(地齐)、政治风俗(政俗)和个人才能(才性)是影响古代学术思想的三个重要因素。但在今天，交往在扩大，天才不出世，因而“地齐”“才性”已愈来愈不能决定学术的发展。因此，影响古代学术的有三种因素，而在今天，探讨学术的发展则主要从社会“政俗”入手。

本篇名为《原学》，实为作者的“学术概论”，以下到《通谶》各篇，就是在这一“概论”的原则下，对从古到今的各种学术问题进行讨论。

视天之郁苍苍，立学术者无所因(1)。各因地齐、政俗、材性发舒(2)，而名一家。

【注释】

(1) 无所因，得不到根据。因，根据、依据。

(2) 地齐，地理环境。政俗，政治风俗。材性，才能个性。发舒，发展。

【译文】

天空浩渺，漫无边际，立学术者本无固定范式。各自依随地理环境、政教风俗、才能个性而发展，自成一家。

希腊言[(3)]：海中有都城曰韦盖[(4)]，海大神泡斯顿[(5)]，常驰白马水上而为波涛。《宗教学概论》[(6)]中国亦云[(7)]。此非宾海者弗能虑造是也[(8)]。伯禹得龟文，谓之九畴[(9)]。惟印度亦曰：鸿水作，韦斯拏化鱼[(10)]。视摩奴以历史，实曰《鱼富兰那》[(11)]。二谶之迹，国有大川，而馈饷其诬[(12)]。寒冰之地言齐箫[(13)]，暑湿之地言舒绰[(14)]，瀛隝之地言恢诡[(15)]，感也[(16)]。故正名隆礼兴于赵[(17)]，并耕自楚[(18)]，九州五胜怪迂之变在齐稷下[(19)]。地齐然也。

【注释】

(3) 希腊言，指古希腊神话传说。

(4) 海，指爱琴海。韦盖，希腊神话中海王的都城。

(5) 泡斯顿(Poseidon)，希腊海神，今通译波塞冬。

(6)《宗教学概论》，日本学者姊崎正治撰。

(7) 中国亦云，指中国亦有类似的神话。

(8) 宾，同“滨”。虑造，谋虑、编造。

(9) 伯禹，即夏禹。龟文，指“洛书”。据《尚书》伪孔安国传，禹治洪水时，洛水中有神龟背负图书出现，禹根据它制定了统治天下的大法。九畴，《尚书·洪范》：“天乃锡禹洪范九畴。”刘歆认为洛书即洪范九畴，《洪范》中解释九畴的“初一曰五行”等65字，就是“洛书”本文，见《汉书·五行志》。这里即综合刘歆和伪孔安国传的说法。

(10) 鸿，通“洪”。韦斯拏(Vishnu)，今译毗湿奴，意译为“遍入天”，古印度宗教神话中的三大神之一。根据古印度传说，宇宙起源于水，梵天等诸神均从水中生。

(11) 摩奴，梵文manu的音译。印度神话中的人类始祖，据说有14世，每世为435万年。《鱼富兰那》，即《鱼往世书》。为印度古代神话传说总集《往世书》的一部分。这里意为，古印度人把有关摩奴的传说看成实在的历史，记载在《鱼往世书》中。

(12) 二谶，指伯禹得龟文和韦斯拏化鱼的传说。馈饷，馈赠，指天赐禹洪范九畴等。这三句意为，以上两种传说产生的背景，都是因为那里有大河大川，只是说天对人的各种馈赠是虚妄不实的。

(13) 言齐箫,说话严肃。箫,通“肃”。

(14) 言舒绰,说话徐缓。

(15) 瀛隝之地,海岛地区。言恢诡,说话夸张怪异。

(16) 感,感应、反应。这里指受地理环境的影响。

(17) 正名隆礼,纠正错误概念,尊崇礼仪制度,战国时荀况的学说。赵,战国时赵国,荀况的故乡。

(18) 并耕,君臣并耕,战国时农家代表许行的主张。楚,战国时楚国,许行的故乡。

(19) 九州,大九州说。指世界由九个大州组成,每个大州下又有九个小州,中国(赤县神州)仅为世界八十一州之一。五胜,五行相胜,指王朝更替必由自然界的土、木、金、火、水五行中某一行占优势而预报出来。这些都是战国时阴阳家代表邹衍的理论。稷下,战国时齐国接待各国“文学游说之士”的稷下学宫,因在齐国都城临淄稷门之下而得名,邹衍曾在此著书立说。

【译文】

希腊神话称:海中有一都城名韦盖,海神波塞冬常在水上骑着白马,兴起波涛。(《宗教学概论》)中国也有类似的神话。不在大海边生活的人是编造不出这样的神话故事的。夏禹得洛书,称之九畴。印度也称洪水大作,毗湿奴化为鱼。古印度人把有关摩奴的传说看作是实在的历史,记载在《鱼往世书》中。以上两种传说产生的背景,都是因为那里有大河大川,只是强调上天对人的各种馈赠是虚妄不实的。寒冷地区的人说话急促迅速,湿热地区的人说话舒缓宽和,海岛地方的人说话荒诞怪异,这是受地理环境的影响。所以在赵国有荀子正名隆礼之说兴起,在楚国有农家许行君臣并耕之说兴起,在齐国稷下有九州之说、五行相胜等怪异诡诞的变化学说兴起。这些都是由地理环境所决定的。

七雄构争,故宋钘、尹文始言别宥[(20)],“以聏合驩,以调海内”[(21)]。雅典共和之政衰,贵族执政,而道益败。故柏拉图欲辨三阶[(22)]:以哲学者操主权,德在智;其次军士,德在勇;其次农工商，德在节制。柏拉图生于贵族，素贱平民主义，至是又惩贵族主义[23]，故构此理想政体。周室坏，郑国乱[24]，死人多而生人少。故列子一推分命[25]，归于厌世，“御风而行”，以近神仙。希腊之末，甘食好乐，而俗淫湎。故斯多葛家务为艰苦[26]，作“自裁论”[27]，冀脱离尘垢，死而宴乐其魂魄。此其政俗致之矣。

【注释】

(20) 宋钘，战国时宋国人。尹文，战国时齐国人。他们是宋尹学派代表人物，提倡“见侮不辱”，制止民间私斗；号召“禁攻寝兵”，反对诸侯间的兼并战争。别宥，《庄子·天下》：宋钘、尹文“接万物以别宥为始，语心之容，名之曰心之行，以聏合欢，以调海内”。成玄英疏：“宥，区域也。”指去除隔蔽。章氏则释“宥”为“宽”，意为分别界限，宽恕过失（见《庄子解故》）。

(21) 聏，“而”的借字。驩，同“欢”。以上两句意为，对万事万物要承认它的界限，宽恕它的过失，用这种方法使彼此接近而皆大欢喜，以调和世界上各种纷争。

(22) 柏拉图（前427～前347年），古希腊著名哲学家。著有《理想国》。他认为社会由贵族、武士、平民三个阶层组成，每一阶层均有相应的道德准则。辨之阶，辨明社会上三个等级的功能和职责。

(23) 惩贵族主义，接受贵族主义失败的教训。惩，惩戒。《玉篇·心部》：“惩，戒也。”唐玄应《一切经音义》：“改革前失曰惩也。”

(24) 郑国乱，公元前464年郑声公死后，郑国发生贵族争权而长期大乱。

(25) 列子，列御寇，战国时郑国人。他主张生死都是由命决定，死不足忧，生不足欢。分命，指命运。

(26) 斯多葛，希腊晚期哲学流派之一，由芝诺（约前3世纪初）创立，信奉宿命论，提倡禁欲主义。

(27) 自裁论，自杀论。

【译文】

战国七雄相争，所以宋钘、尹文开始提倡要区分甄别，“对万事万物要承认各自的界限，宽恕其过失，用这种方法使彼此接近而皆大欢喜，以调和世界上各种纷争”。雅典共和之政衰微，贵族执政，而国家形势越发衰败。所以柏拉图想要辨明社会上贵族、武士、平民三个等级的功能和职责：以哲学王掌握主权，其德在于智慧；其次是军士，其德在于勇敢；再次是农工商，其德在于节制。（柏拉图出身贵族阶层，向来贬斥平民主义，后来又吸取贵族主义失败的教训，所以形成这一理想政体。）周王室衰败，郑国局势混乱，死的人多而生的人少。所以才有了列子主张生死由命，归于厌世，“乘风飞行”，接近于神仙。希腊末年，人们贪图安逸享乐，沉迷于酒色。所以才有了斯多葛派提倡艰苦朴素，作“自裁论”，希望脱离尘世，死后能够使灵魂得以安宁。这些都是由政教风俗所决定的。

倍根性贪墨(28)，为法官，以贿败(29)。以是深观，得其精和，故能光大冥而倡利己(30)。路索穿窬脱纵(31)，百物无所约制。以是深观，得其精和，故能光大冥而极自由。庄周曰，封侯与治絖者，其方同也，惟其材性也(32)。

【注释】

(28) 倍根，即弗兰西斯·培根(1562～1626年)，英国经验论哲学家。贪墨，贪财好贿。《左传·昭公十四年》：“贪以败官为墨。”注：“墨，不絜之称。”

(29) 以贿败，培根任英国国家大法官时，曾因受贿被下院禁止参加政治活动，被迫辞去国家公职。

(30) 光大冥，揭露黑暗。大冥，指黑暗。倡利己，宣扬利己是人的本性。

(31) 路索，即卢梭(1712～1778年)，法国思想家。著有《社会契约论》，主张主权在民。穿窬，掘壁洞、爬墙头，指行窃。窬，通“踰”。脱纵，即纵脱。《庄子·天下》：“纵脱无行，而非天下之大圣。”这里指卢梭年青时因贫困而偷窃过东西。

(32) 庄周曰，见《庄子·逍遥游》：“宋人有善为不龟手(防冻裂)之药者，世世以洴澼絖(漂丝絮)为事。”后有人将药方买下，献给吴王。“越有难，吴王使之将。冬与越人水战，大败越人，裂地而封之”。以上几句意为，得到封侯和漂丝，所使用的药方是相同的，这种不同的结果是由于才性的差异造成的。

【译文】

培根生性贪财好利，作为法官，因为受贿而身败。沿着这一路向深入，得其精义，所以能驱除蒙昧昏暗而倡导利己是人的本性。卢梭曾有偷窃行为，放纵自己不受拘束，百物无所约束。沿着这一路向深入，得其精义，所以能驱除蒙昧而发扬自由观念。庄子说，获得封侯或与漂洗丝絮，所使用的药方是相同的，只是这不同的结果是由于人的才性的差异造成的。

夫地齐限于不通之世，一术足以杚量其国民[(33)]。九隅既达[(34)]，民得以游观会同[(35)]，斯地齐微矣。材性者，率特异不过一二人，其神智苟上窥青天，违其时则舆人不宜[(36)]。故古者有三因，而今之为术者，多观省社会、因其政俗，而明一指[(37)]。

【注释】

(33) 杚(gū 估)，摩平。杚量，估量。这里意为，在交通不发达的时代，从地齐一种因素就足以了解一国之情况。

(34) 隅，边远的地区。九隅，指世界各地。

(35) 会同，古代诸侯以事朝见帝王曰会，众见曰同。此指相会、聚会。

(36) 舆人，众人。不宜，不赞同。

(37) 指，通"旨"。一指，指政俗。

【译文】

地理环境的影响限于交通不发达的时代，通过地理环境这一个因素就足以了解一国的情况。世界各地既已通达，人们得以四处游览聚集，到这时地理环境因素的影响越来越微弱了。才能禀性，特别优异的大概不过一二人，其智慧即使能上窥青天，若不合时宜的话众人也不会赞同。所以在古代学术的依据有三种因素，而如今的学术，多观察社会、考量其政教风俗，也只有这一个主旨了。

订孔第二

[**说明**]本文完成于1902年，首次收入《訄书》重刻本。订者，平议也，就是要对孔子的历史地位及学术思想作一客观历史的评价。

作者以历史学家的眼光，把孔子这一传统社会的精神偶像从神坛上请下来，还他以真实的面貌。他认为孔子是古代一位优秀的史学家，他删定六艺，整理古代文献，对保存古代文化是有贡献的。六艺作为古代保存下来的典籍，是儒、道、墨诸家共同拥有的，本来道、墨也可以删定六艺，然而这一任务最终由孔子来完成，这就使其成为中国上古时代一位文化的集大成者，确立了他在中国历史中的特殊地位。作者把孔子看作一位历史学家，认为他的贡献在于整理古代文献，是古文经学的一贯看法。本文的特殊之处在于对孔子提出正面批评，认为孔子的理论、学说并非完美无缺，孟子、荀子都有超出孔子的地方。历代统治者一味颂扬孔子和孔学，而摒弃荀子学说，导致各种恶劣后果，妨碍了社会的进步与文明的发展。本文发表后，在社会上产生巨大反响，"孔子遂大失其价值，一时群言多攻孔子矣"。

本文收入《检论》时，从内容到观点都作了较大改动，反映了作者思想的转变，可参看。

远藤隆吉曰(1)："孔子之出于支那，实支那之祸本也(2)。夫差第《韶》《武》[3]，制为邦者四代[4]，非守旧也。处于人表[5]，至严高，后生自以瞻望弗及，神葆其言[6]，革一义，若有刑戮，则守旧自此始。故更八十世而无进取者[7]，咎亡于孔氏[8]。祸本成，其胙尽矣[9]。”远滕氏《支那哲学史》。

【注释】

（1）远藤隆吉（1874～1946年），日本学者。著有《支那哲学史》《中国思想发展史》等。

（2）祸本，祸根。

（3）差第（cī疵—），区别第级。此指正乐。《韶》《武》，韶乐与武乐，分别为舜和武王之乐。《论语・八佾》：“子谓《韶》尽美矣，又尽善矣；谓《武》尽美矣，未尽善矣。”

（4）四代，指虞（舜）、夏、商、周。此句意为从虞夏商周四代制度中寻找治国方略。

（5）人表，人的表率。《三国志・魏・刘馥传》：“宜高选博士，取行为人表、经任人师者，掌教国子。”

（6）神葆，神化，神异。《检论》作“重神”。葆，通“宝”。

（7）世，古代以三十年为一世，八十世为二千四百年。

（8）咎亡于孔氏，过错不在于孔子。

（9）胙，福祐。《国语・周语下》：“天地所胙。”

【译文】

远藤隆吉说：“孔子出于中国，实为中国的祸根。孔子对《韶》《武》区分等第，从虞、夏、商、周四代制度中寻找治国方略，这并不是守旧。孔子处于万世师表的位置，极为崇高，后辈子孙自以为只能仰望而达不到他的境界，神化他的言论，更改一处经义，就可能有受刑戮的危险，那么守旧就从此开始了。所以经历了2400多年而没有进取，过错不在于孔子。祸根已成，而福祚尽。”（远藤隆吉《支那哲学史》）

章炳麟曰：凡说人事，固不当以禄胙应塞。惟孔氏闻望之过情有故[10]。曰:六艺者[11],道、墨所周闻。故墨子称《诗》《书》《春秋》,多太史中秘书[12]。女商事魏君也[13],衡说之以《诗》《书》《礼》《乐》,纵说之以《金版》《六韬》[14]。《金版》《六韬》,道家大公书也,故知女商为道家。异时老、墨诸公,不降志于删定六艺,而孔氏擅其威[15]。遭焚散复出,则关轴自持于孔氏[16],诸子却走,职矣[17]。

【注释】

(10) 闻望,名誉声望。过情,超过实际情况。

(11) 六艺,指《诗》《书》《礼》《易》《乐》《春秋》六种典籍。《检论》作"六籍"。

(12) 太史,官名。三代为史官及历官之长,多掌藏书。中秘书,宫廷藏书。

(13) 女商,魏武侯宠臣。魏君,指魏武侯。《庄子·徐无鬼》:"徐无鬼因女商见魏武侯,……徐无鬼出,女商曰:'先生独何以说吾君乎?吾所以说吾君者,横说之则以《诗》《书》《礼》《乐》,从说则以《金版》《六韬》,奉事而大有功者不可为数,而吾君未尝启齿。'"

(14)《金版》《六韬》,古兵书名。相传为吕望(姜太公)所作。一说《周书》篇名。

(15) 异时,往时。

(16) 关轴,关键,主导。

(17) 却走,退走,甘拜下风。职矣,正常的。

【译文】

章炳麟说:凡是说人事,本不应当以福禄来搪塞。只是孔子的名誉声望超过实际是有原因的。称述六艺,道家、墨家也是普遍如此。故而墨子称《诗》《书》《春秋》,多是太史掌管的宫廷藏书。女商事奉魏武侯,横说之以《诗》《书》《礼》《乐》,纵说之以《金版》《六韬》。(《金版》《六韬》,为道家姜太公之书,故可知女商是道家。)从前老子、墨子等人,没有集中精力去修订六艺,结果使孔子独享威名。遭遇始皇焚书,典籍散落后复出,从而文化传播的关键掌握在孔子之手,其他诸子隐退,也是正常的了。

《论语》者晻昧[18],《三朝记》与诸告饬、通论[19],多自触击也[20]。下比孟轲,博习故事则贤,而知德少歉矣[21]。

【注释】

(18)《论语》,孔子弟子、再传弟子所记孔子及其弟子言行。共二十篇。内容涉及孔子谈话、答弟子问及弟子间的谈话,为研究孔子思想的重要材料。晻昧,昏暗。章氏认为,《论语》一书非一人一时编定,内容多有舛伪,故称其"晻昧"。

(19)《三朝记》,即《孔子三朝记》,又作《孔子三朝》,《汉书·艺文志》有《孔子三朝》七篇,颜师古注曰:"今《大戴礼》有其篇,盖孔子对(鲁)哀公语也。三朝见公,故曰三朝。"告饬,告诫弟子的语录。通论,指《礼记》中属于"通论"的各篇,如《檀弓》《礼运》《哀公问》等。

(20)触击,矛盾,相左。

(21)孟轲,即孟子,名轲。战国时思想家,儒家代表人物。故事,旧事。《史记·太史公自序》:"余所谓述故事,整齐其世传,非所谓作也。"

【译文】

《论语》记载的内容昏暗不明,《孔子三朝记》与各种告诫弟子的语录及《礼记》中"通论"各篇,多有相矛盾之处。孔子与孟轲相比,在熟悉掌故方面要强一些,而在才智和德行方面稍有欠缺。

荀卿以积伪俟化治身[22],以隆礼合群治天下。不过三代[23],以绝殊瑰[24];不贰后王[25],以綦文理[26]。百物以礼穿敹[27],故科条皆务进取而无自戾[28]。《荀子·王制》上言:"道不过三代,法不贰后王。"下言:"声,则凡非雅声者举废;色,则凡非旧文者举息;械用,则凡非旧器者举毁,夫是之谓复古。"二义亦非自反。雅声、旧文、旧器,三代所用,人间习识。若有用五帝之音乐[29]、服器于今,以为新异者,则必毁废。故倞注曰[30]:"复三代故事,则是复古不必远举也。"其正名也[31],世方诸仞识论之名学[32],而以为在琐格拉底、亚历斯大德间[33]。桑木严翼说。[34]由斯道也,虽百里而民献比肩可也[35]。其视孔氏,长幼断可识矣[36]。

【注释】

(22) 荀卿，即荀子，名况，字卿。战国后期思想家，儒家代表人物。伪，《荀子·性恶》："人之性恶，其善者伪也。"又《礼论》："性者，本始材朴；伪者，文理隆盛也。"积伪俟化，指以后天的积习改造先天本性。

(23) 不过三代，《荀子·王制》："道不过三代。"杨倞注："论王道不过夏、商、周之事，过则久远难信。"

(24) 殊瑰，特殊奇伟。

(25) 不贰后王，《荀子·王制》："法不贰后王。"杨倞注："言以当世之王为法，不离贰而远取之。"

(26) 綦(qí 棋)，极、甚。綦文理，亦作期文理。《荀子·富国》："致忠信，期文理。"杨倞注："期，当为綦。极文理，谓有条贯也。"

(27) 敹(liáo 聊)：缝缀。《尚书·费誓》："善敹乃甲胄。"孔颖达疏引郑玄云："敹，谓穿彻之。"以礼穿敹，指以礼贯穿万物。

(28) 科条，法规条令。自戾，自相矛盾。

(29) 五帝，指黄帝、颛顼、帝喾、唐尧、虞舜。均在三代之前。参见《史记·五帝本纪》。

(30) 倞，即杨倞，唐代学者，曾注释《孙卿新书》，并将书名改为《荀子》。

(31) 正名，荀子有《正名》篇，对概念、判断、推理等逻辑学问题进行了讨论。

(32) 世，人们。方诸，比之于。仞，通"认"。仞识论，即认识论。名学，即逻辑学。此两句意为，人们将荀子的"正名"比作西方认识论中的逻辑学。

(33) 琐格拉底、亚历斯大德，即苏格拉底、亚里士多德。古希腊哲学家及逻辑学家。

(34) 桑木严翼(1874～1946 年)，日本哲学家，引语见其《荀子的论理说》一文。

(35) 民献，民之贤者。《尚书·大诰》："民献有十夫。"传："四国人贤者有十夫。"

(36) 长幼断可识矣，高下可以区别了。章氏十分推崇荀子，曾作《尊荀》，收入《訄书》初刻本。

【译文】

荀子以积伪化性治身，以隆礼合群治天下。取法不超过三代，以绝奇异；不背离后王，以有条理。以礼贯穿万物，故法规条令都务于进取而不自相矛盾。(《荀子·王制》有言："道不过三代，法不贰后王。”后面又说：“声，则凡不是雅声的全都废掉；色，则凡不是旧文的全都废弃；械用，则凡不是旧器的全都毁掉：这就是所谓的复古。”这两句的意思并不矛盾。雅声、旧文、旧器，是三代所用，这是人们所熟知的。今天若有用五帝时期的音乐、服饰器物，刻意标新立异的，那么一定要将其毁废。所以杨倞注解说：“恢复三代的典章制度，则复古不必举出更早的。”）他所说的正名，人们将其比作西方认识论中的逻辑学，从而认为荀子的地位相当于在西方的苏格拉底、亚里士多德之间。（桑木严翼的观点。）使用这种方法，即使百里之地贤者也会很多。其与孔子相比，高下很容易判断了。

夫孟、荀道术皆踊绝孔氏(37)，惟才美弗能与等比，故终身无鲁相之政，三千之化(38)。才与道术，本各异出，而流俗多视是崇堕之(39)。近世王守仁之名其学，亦席功伐已(40)。曾国藩至微末，以横行为戎首(41)，故士大夫信任其言，贵于符节章玺。况于孔氏尚有踊者！孟轲则踬矣(42)，虽荀卿却走(43)，亦职也。荀卿学过孔子，尚称颂以为本师。此则如释迦初教本近灰灭，及马鸣、龙树特弘大乘之风(44)，而犹以释迦为本师也。

【注释】

(37) 踊绝，超出、超过。踊绝孔氏，超过孔子。

(38) 鲁相之政，三千之化，指孔子为鲁司寇，摄鲁相及教化三千弟子。

(39) 视是崇堕之，指根据一个人的才能来褒贬其道术。

(40) 王守仁(1472～1528年)，明代哲学家，心学的代表人物。字伯安，浙江余姚人。世称阳明先生。亦席功伐已，指王阳明平定宁王朱宸濠叛乱而取得盛名。参见《王学》第十注(1)。席，凭借。伐，攻伐，讨伐。

(41) 曾国藩(1811～1872年)，清大臣。字涤笙，号伯涵，湖南湘乡人。道光进士。曾组织湘军，镇压太平天国。戎首，军队主帅。

(42) 踬(zhì)，跌倒，困顿。

(43) 却走，退避，退走。

(44) 马鸣(约公元一至二世纪间)，音译“阿湿缚窭沙”。古印度大乘佛教著名论师。龙树(约三世纪),亦译"龙猛""龙胜",古印度大乘佛教中观学派创始人。

【译文】

孟子、荀子的学说都已超过孔子,只是才美无法与孔子相比,所以终生没有居鲁相之位,没有教化三千弟子。才能与道术,本来不是一回事,而流俗多根据一个人的才能来褒贬其道术。近世王守仁的学说得以闻名,也是凭借功业而已。曾国藩起初十分卑微,凭借在战场上纵横驰骋成为军队的主帅,因此士大夫信任他说的话,胜过符节官玺。何况人们对于孔子的崇拜,有过之而无不及呢!这样,孟子当然要被比下去了,即使是荀子也要退避三舍,也属正常了。(荀子的学说高过孔子,尚且称颂孔子,把他看作是祖师。这就如同释迦牟尼设教之初近于消散泯灭,等到马鸣、龙树光大大乘佛教,而仍以释迦牟尼作为祖师一样。)

夫自东周之季,以至禹,《连山》息[(45)],《汩作》废,《九共》绝[(46)],墨子支之[(47)],只以自陨。老聃丧其征藏[(48)],而法守亡,五曹无施[(49)]。惟荀卿奄于先师[(50)],不用[(51)]。名辩坏,故言淆;进取失,故业堕,则其虚誉夺实以至是也[(52)]。

【注释】

(45)《连山》,古易名。《周礼・春官・太卜》:"掌三易之法,一曰连山,二曰归藏,三曰周易。"郑玄《易赞》称:"夏曰连山,殷曰归藏,周曰周易。"

(46)《汩作》(gǔ 古一)、《九共》,《尚书・虞书》篇名。已失传。《尚书・舜典》:"帝釐下土,方设居方,别生分类,作《汩作》《九共》九篇。"今《尚书大传》仅记其逸文。伏胜称《九共》记诸侯来朝,各述土地所生美恶,人民好恶,为之贡赋政教。

(47) 墨子支之,指墨子支持、利用《连山》《汩作》等夏禹时的文献。

(48) 老聃丧其征藏,章太炎在《论诸子学》中曾认为,老子作为征藏史是为周王朝负责保存档案的,但孔子借问学之机窃取了这些典籍。

(49) 五曹,指分职治事的官署或部门。五曹无施,无法给各部门颁布法度。

(50) 奄,覆盖、包括。此指继承。章氏认为墨子一味复古,老子则忽视了对传统的继承,唯荀子提倡"法后王",符合时代要求。

(51) 不用,不被任用。

(52) 虚誉夺实,名实不副。

【译文】

自东周末年上推至大禹的这一时期,《连山》消失了,《汩作》废弃了,《九共》灭绝了,墨家以此为宗,最终也只得随之消沉。老子丧失了可资凭借的典藏,从而法度消亡,无法颁布给各部门。只有荀子继承了先师,可惜不被重视。形名之辩毁坏了,因此言论混淆;进取心丧失了,因此事业荒废;以至于名实不副到了如此地步。

虽然,孔氏,古良史也。辅以丘明而次《春秋》(53),料比百家,若旋机玉斗矣(54)。谈、迁嗣之(55),后有《七略》(56)。孔子死,名实足以伉者,汉之刘歆(57)。

【注释】

(53) 丘明,左丘明。春秋时鲁国人。传曾任鲁国太史,据《春秋》著《左传》,又传《国语》亦出其手。次《春秋》,指删定、修改《春秋》。

(54) 旋机,亦作"璇玑"。北斗前四星,也叫"魁"。玉斗,北斗星,以色明朗如玉而称。

(55) 谈、迁,指司马谈、司马迁父子。

(56)《七略》,汉刘歆作。我国最早的图书目录分类著作。《汉书·艺文志》:"成帝时……诏光禄大夫刘向校经传诸子诗赋……辄条其篇目,撮其旨意,录而奏之。会向卒,哀帝复使向子侍中奉东都尉歆卒父业。歆于是总群书而奏其《七略》。"原书已佚,《汉书·艺文志》依《七略》分类,可以见其概略。

(57) 刘歆(?～23年),西汉经学家。字子骏,西汉末年改名秀,沛(今江苏沛县)人。成帝时与父刘向领校秘书。著成《七略》。哀帝时建言为《左氏春秋》《毛诗》《逸礼》《古文尚书》置博士,王莽新朝为国师。后谋诛王莽,事泄被杀。

【译文】

即使如此，孔子仍可谓一位能秉笔直书、记事信而有征的称职史官。在左丘明的辅助下而编次《春秋》，与诸子百家相比，如同北斗星一般。司马谈、司马迁父子继孔子之后而起，之后又有刘歆的《七略》。孔子去世后，名实足以相当的人，要数汉代的刘歆了。

白河次郎曰(58)："纵横家持君主政体(59)，所谓压制主义也(60)。老庄派持民主政体，所谓自由主义也。孔氏旁皇二者间，以合意干系为名，以权力干系为实(61)，此儒术所以能为奸雄利器。使百姓日用而不知，则又不如纵横家明言压制也。"案：所谓旁皇二者间者，本老氏之术，儒者效之，犹不若范蠡、张良为甚(62)。庄周则于《马蹄》《胠箧》诸论，特发老氏之覆(63)。老、庄之为一家，亦犹输、墨皆为艺士(64)，其攻守则正相反，二子亦不可并论也(65)。故今不以利器之说归曲孔子(66)。余见《儒道》篇。

【注释】

(58) 白河次郎(1875～1919年)，日本学者、新闻记者。曾与国府种德合著《支那文明史》。这里即引用该书的观点。

(59) 纵横家，战国时从事合纵连横活动的人，代表人物有公孙衍、张仪、苏秦等。

(60) 压制主义，即专制主义。

(61) 合意，合乎民意。干系，关系。以上几句意为，孔子处于专制主义和民主主义之间，以合乎民意为名，以权力统治为实。

(62) 范蠡，春秋末年越国大夫。字少伯，曾助越王勾践灭吴。张良，汉初大臣。字子房，足智多谋，为刘邦战胜项羽立下大功。

(63) 发老氏之覆，揭示老子的秘密。章氏认为，庄子于《马蹄》《胠箧》揭示了老子的阴谋权术思想。

(64) 输、墨，公输班与墨子。公输班，春秋时鲁国工匠，亦称鲁班。墨子，名翟，战国时鲁国人，墨家的创始者。

(65) 不可并论也，章氏认为，老、庄虽同为道家，但二者的主张、观点相差较大，不可相提并论。这一看法在以后产生一定影响，胡适等人对此有进一步阐发。

(66) 归曲，归咎。

【译文】

白河次郎认为：“纵横家主张君主政体，即所谓专制主义。老庄一派主张民主政体，即所谓自由主义。孔子摇摆于二者之间，以合乎民意为名，以权力统治为实，这是儒术之所以能成为奸雄利器的原因。儒家使百姓日常生活在专制之中而觉察不出，还不如纵横家光明正大地谈专制主义压迫呢。”案：所谓彷徨于二者之间，本是老子之术，而儒家效法之，做得尚不如范蠡、张良为甚。庄子在其《马蹄》《胠箧》诸篇中，特地揭示老子的思想。老子、庄子虽然同为道家，但就像公输班、墨子都是有技能，其主张、观点相差很大，不可相提并论。所以如今不以奸雄利器之说归咎于孔子。其他未尽之言可见《儒道》篇。

儒墨第三

[说明]章太炎是近代诸子学研究的开创者之一。他曾著《论诸子学》一文，对诸子各派的源流、思想进行了讨论。章太炎研究诸子思想时，往往把诸子各家和儒家放在一起进行比较，以客观的态度对其得失进行评价。这一特点，在下面一组分别命名为《儒墨》《儒道》《儒法》《儒侠》《儒兵》的论文中，鲜明地反映出来。这说明章太炎试图打破儒家独尊的陈旧观念，他这种平等、客观的研究态度对以后产生深远影响。

本篇对墨家思想进行了讨论。作者认为墨家的错误并不在于提出了"兼爱"的主张，相反，墨家的兼爱与宋明儒"理一分殊"之旨有相通之处，后人以"无父"诋墨家，有失公允；墨家的缺点在于他们提倡"非乐""短丧"，使人们情感得不到表达，产生了"自擗以擗人"的后果。

本文与《儒法》第五同时发表于1897年9月17日出版的《实学报》第三册上，后收入《訄书》初刻本，收入《检论》时改为《原墨》。

《春秋》《孝经》，皆变周之文，从夏之忠(1)，而墨子亦曰"法禹"(2)。不法其意而法其度，虽知三统(3)，不足以为政。戾于王度者(4)，非乐为大(5)。彼苦身劳形以忧天下，以若自觳(6)，终以自堕者，亦非乐为大。

【注释】

(1) 从夏之忠,章氏著有《孝经本夏法说》(收入《太炎文录》卷一),认为"《春秋》《孝经》同出于夏法也"。二书"皆述禹道"。

(2) 亦曰"法禹",《淮南子·要略》:"墨子学儒者之业,受孔子之术,以为其礼烦扰而不说,厚葬靡财而贫民,久服伤生而害事,故背周道而用夏政。"又《墨子·节葬》:"吾上祖述尧舜禹汤文武之道。"

(3) 三统,夏、商、周三代的正朔。

(4) 戾,违背,违反。王度,先王的法度。

(5) 非乐,反对使用音乐,墨子的观点。见《墨子·非乐》。

(6) 觳(què 确),瘠薄。《庄子·天下》:"今墨子独生不歌,死不服,桐棺三寸而无椁……其生也勤,其死也薄,其道大觳。"

【译文】

《春秋》《孝经》,都有别于周代尚文,反依从于夏代尚忠,而墨子也说"效法大禹"。不效法其意而只效法其法度,即使知晓三统,也不足以为政。违背先王法度的,首推"非乐"的主张。墨家人物苦身劳形,使自己疲惫不堪还要心忧天下,如此艰苦朴素,最终伤害了自身,主要也是因为"非乐"的主张。

何者?喜怒生杀之气,作之者声也。故湩然击鼓,士忾怒矣。鎗然撞錞于[7],继以吹箫,而人人知惨悼。儒者之颂舞,熊经猿攫[8],以廉制其筋骨,使行不愆步,战不愆伐[9],惟以乐倡之,故人乐习也。无乐则无舞,无舞则薾弱多疾疫,不能处憔悴。将使苦身劳形以忧天下,是何以异于腾驾蹇驴,而责其登大行之阪矣?嗟乎!钜子之传[10],至秦汉间而斩。非其道之不逮申、韩、商、慎[11],惟不自为计,故距之百年而堕。夫文始五行之舞[12],遭秦未灭。今五经犕可见[13],《乐书》独亡,其亦昉于六国之季[14],墨者昌言号呼以非乐,虽儒者亦鲜诵习焉。故灰烬之余,虽有窦公、制氏[15],而不能记其尺札也。乌乎!佚、翟之祸[16],至自獘以獘人[17]，斯亦酷矣。

【注释】

(7) 錞于，军乐器。即《周礼》之金錞。也作淳于。

(8) 熊经，熊攀树而悬。猿攫，猿伸爪取物。形容舞蹈姿势。

(9) 愆步、愆伐，失去步伐的节奏。

(10) 钜子，又称巨子，墨家学派的领袖。由学派内贤者担任，往往由上代巨子指定，代代相传。

(11) 申、韩、商、慎，即申不害、韩非、商鞅、慎到。均为战国时期法家代表人物。

(12) 文始五行之舞，秦汉时乐舞名。《汉书・景帝纪》元年："奏武德文始五行之舞。"注："五行舞，冠冕衣服法五行色。"

(13) 觕，"粗"的异体字。

(14) 六国之季，战国时期。

(15) 窦公，魏文侯乐人。曾献书于汉文帝，"乃周官大宗伯之大司乐章"。见《汉书・艺文志》。制氏，《汉书・礼乐志》："汉兴，乐家有制氏，以雅乐声律世世在大乐官，但能记其铿锵鼓舞，而不能言其义。"

(16) 佚、翟，史佚和墨翟。史佚，一作尹佚，又作尹逸，相传为周初武王、成王的太师。《汉书・艺文志》墨家类有《尹佚》二篇。

(17) 欒，同"毙"。

【译文】

为什么呢？喜怒生杀之气，需要音乐来调动。所以说听到击鼓声，士兵的怒气就被激发起来。听到敲钟的声音，再加上吹箫的声音，人们都会生发凄惨悲痛之情。儒家的颂舞，动作如熊攀树悬挂、如猿伸爪取物，以舒缓约束其筋骨，要使行走时步调不乱，战斗时步伐节奏不失，也要借助音乐声来实现，所以人们时常修习音乐。没有音乐就没有舞蹈，没有舞蹈就会使人疲软瘦弱而时常生病，经受不住憔悴折磨。墨家将使苦身劳形以忧天下，这与骑着瘦弱的毛驴还要强迫它登上太行山的山间小道有什么不同呢？可叹！墨家巨子一代代相传，到秦汉之间就断绝了。这并不意味着墨家道术不如申不害、韩非、商鞅、慎到等法家，而是因为他们不为自己考虑，所以持续百年时间就衰落了。而《文始》《五行》这样的乐舞，遭遇秦乱仍然没有断绝。如今《五经》大体可见，而唯独《乐》书佚失，应始于战国时期，墨家大声疾呼以倡导非乐，以至于即使儒者也很少诵习了。所以遭遇秦始皇焚书以后，虽然有窦公、制氏这样的乐人，但是仍不能记下一点有关《乐》书的内容。可悲啊！尹佚、墨翟所造成的祸害，至于自毙而且毙人，这多么残酷！

诋其"兼爱"而谓之"无父"，则末流之嚆言(18)，有以取讥于君子，顾非其本也。张载(19)之言曰："凡天下疲癃残疾鳏寡惸独(20)，皆吾兄弟之颠连而无告者。"或曰："其理一，其分殊(21)。"庸渠知墨氏兼爱之旨(22)，将不一理而殊分乎？夫墨家宗祀严父，以孝视天下，孰曰无父？详《孝经本夏法说》(23)，此不具疏。

【注释】

(18) 嚆言（xiè 谢—），过甚之言，虚夸不切实际之言。《说文·口部》："嚆，高气多言也……《春秋传》曰：嚆言。"

(19) 张载（1020～1077 年），北宋理学家。字子厚，凤翔眉县（今陕西眉县）横渠镇人，世称横渠先生。引语见《正蒙·乾称》。

(20) 惸独（qióng 琼—），孤独无依靠。《周礼·秋官·大司寇》："惸独老幼。"郑玄注："无兄弟曰惸，无子孙曰独。"

(21) 其理一，其分殊，即理一分殊。宋明理学用语。北宋程颐称张载《西铭》是"明理一而分殊"。即仁爱之理是普遍的，但落实到不同身份人身上又是不同的。

(22) 庸渠，岂，怎么。《庄子·齐物论》："庸渠知吾所谓知之非不知也。"

(23)《孝经本夏法说》，章太炎作，收入《太炎文录初编》卷一。

【译文】

指责墨家的"兼爱"主张而贬之为"无父"，这是末世弊俗所发出的虚夸之言，易引起君子的讥讽，也没有抓住其本质。张载有言称："凡是天下苦难多病的、残疾的、鳏夫、寡妇、孤独无依靠的人，都是我穷困不堪且孤苦无助的兄弟。"又说："道理具有普遍性，而具体到不同人身上是有差别的。"那么如何知道墨家倡导的"兼爱"主张就不是能理一而分殊呢？墨家宗祀严父，以孝治天下，怎能说他们无父呢？（详见《孝经本夏法说》一文，在此不具体陈述。）

至于陵谷之葬，三月之服(24)，制始于禹。禹之世，奔命世也(25)。墨翟亦奔命世也。伯禽三年而报政(26)，曰：革其故俗，丧三年乃除(27)。大公反之(28)，五月而报政。然则短丧之制，前倡于禹，后继踵于尚父。惟晏婴镌之(29)，庐杖衰麻，皆过其职。墨子以短丧法禹，于晏婴则师其孅啬(30)，而不能师其居丧，斯已左矣(31)。

【注释】

(24) 三月之服，为父母守丧三月。短丧的一种。《韩非子·显学》："墨者之葬也，冬日冬服，夏日夏服，桐棺三寸，服丧三月。"

(25) 奔命世，指奔走应命的时代。《左传·成公七年》："余必使尔疲以奔命而死。"

(26) 伯禽，周公之子，曾代周公前往鲁国受封，受封三年后回京师向周公汇报政事。见《史记·鲁周公世家》。

(27) 除，除服。古人守丧毕，换上平时服装。

(28) 大公，周初姜太公吕尚。《史记·鲁周公世家》："太公亦封于齐，五月而报政周公。"则太公主张守丧五月。

(29) 晏婴，春秋时齐国大夫，字平仲（一说谥平仲），以节俭力行著称。镌，镌刻，引申为重视、强调。

(30) 孅啬，亦作"纤啬"。吝啬。

(31) 左，偏差。

【译文】

至于葬于陵谷，为父母守丧三月，这种丧制始于大禹时代。大禹之时，是人们疲于奔命的时代。墨翟所处的也是个疲于奔命的时代。伯禽用了三年时间才向周公汇报政绩，说：革除了当地的旧风俗，要守丧三年才能脱去丧服。与此相反，姜太公施政五个月就向周公汇报政绩去了。然而短丧之制，之前有大禹倡导，之后又有姜太公相从。晏婴非常重视短丧，居庐舍、丧服带杖、衰衣麻绖，皆不同于寻常。墨子效法大禹的短丧，对于晏婴则效法他的节俭吝啬，而没有效法其守丧的方式，这样就有偏差了。

虽然，以短丧言，则禹与大公皆有咎，奚独墨翟？以蔽罪于“兼爱”，谓之“无父”，君子重言之。又案《水经·淇水注》：《论语比考谶》曰(32)：“邑名朝歌(33)，颜渊不舍(34)，七十弟子掩目，宰予独顾，由蹷堕车(35)。”宋均曰：“子路患宰予顾视凶地，故以足蹷之，使堕车也。”寻朝歌回车，本墨子事(36)，而《论语谶》以为颜渊。此六国儒者从墨非乐之证也(37)。至于古乐，亦多怪迂，诚有宜简汰者。然乐则必无可废之义。

【注释】

(32)《论语比考谶》，纬书，已佚。

(33) 朝歌，殷都。在今河南淇县。纣死于此。

(34) 不舍，不住宿。

(35) 由，仲由，字子路，孔子弟子。蹷，通“蹴”，用足踢。

(36) 本墨子事，邹阳《狱中上书自明》：“故里名圣母，曾子不入；邑号朝歌，墨子回车。”(见《昭明文选》)记为墨子事。

(37) 从墨非乐之证也，此段意为，纣喜淫乐，故墨子过朝歌而回车；战国时儒生却将此事依托于颜渊，由此可证儒家也接受了墨子非乐思想。

【译文】

即使如此，对于短丧而言，大禹与姜太公都有责任，为何单单指责墨翟呢？因其主张“兼爱”而遭到批判，责骂其“无父”，君子反复地申说。(又案《水经·淇水注》：《论语比考谶》说：“名为朝歌的都邑，颜渊是不会住在那里的，七十弟子也遮住眼睛不去看它，只有宰予看了一眼，被子路一脚踢下车子。”宋均说：“子路嫌弃宰予回头看凶险之地，所以用脚踢他，把他踢下车去。”路过朝歌而回转车子，这事指的本是墨子，而《论语谶》认为是颜渊。这是战国时期儒者认同墨家非乐的一个例证。至于那些古乐，有许多怪诞迂阔的，的确应当裁减一部分。然而没有古乐必须废除的道理。）

儒道第四

[**说明**]本文通过对儒道两家的比较，对道家学说进行了评论。作者把道家看作南面之术的倡导者，认为《老子》"五千言"为"后世阴谋者法"，是"伪道"。这一观点在以后一直产生影响。

本文与《儒兵》第七同时发表于1897年9月7日出版的《实学报》第二册，后收入《訄书》初刻本。今《检论》卷三收入《道本》一篇，对于老子思想的评论，已与此篇不同，可参看。

学者谓黄老足以治天下(1)，庄氏足以乱天下(2)。

【注释】

(1) 黄老，指黄老之学，道家分支之一。盛行于战国秦汉之际。以传说中之黄帝与老聃相配，故名。主张"文武并用"，"刑德相养"。

(2) 庄氏，指庄周，战国时道家学者，言论见《庄子》。

【译文】

学者称黄老足以治天下，而庄周足以乱天下。

夫庄周愤世湛浊，己不胜其怨，而托卮言以自解(3)，因以弥论万物之聚散(4)，出于治乱，莫得其耦矣(5)。其于兴废也何庸？

【注释】

(3) 卮言，随人意而变，缺乏主见之言。《庄子·寓言》："卮言日出，和以天倪。"

(4) 弥论，通"弥纶"。包罗，统括。《易·系辞上》："《易》与天地准，故能弥论天地之道。”疏:“弥谓弥缝补合,论谓经论牵引。”

(5) 莫得其耦,莫得其对。指与治乱无关。耦,对。

【译文】

庄周愤恨世间污浊,他自己无法承受这一怨愤,于是依托顺随世俗之言以自解,综括万物之聚散,本意是为了治乱,却又与治乱无关。这对于天下兴废又有何用?

老氏之清静,效用于汉(6)。然其言曰(7):“将欲取之,必固与之。”其所以制人者,虽范蠡、文种(8),不阴鸷于此矣(9)。故吾谓儒与道辨,当先其阴鸷,而后其清静。韩婴有言(10):“行一不义,杀一不辜,虽得国可耻。”儒道之辨,其扬榷在此耳(11)。

【注释】

(6) 效用于汉,指汉初推行黄老之术,与民休息,恢复生产。

(7) 其言曰,引语见《道德经·第三十章》。

(8) 范蠡,春秋越国大夫。文种,春秋末年越国大夫。字少禽(一作子禽)。曾献计越王勾践,到吴贿赂太宰嚭,使围困越的吴军撤退。后助勾践灭吴国。

(9) 阴鸷,阴险凶狠。

(10) 韩婴,汉时燕人。文帝时为博士。景帝时为常山王刘舜傅,推《诗》之意,著《韩诗内传》《韩诗外传》数万言。今惟《外传》行世。

(11) 扬榷,约略,举其大概。

【译文】

老子倡导的清静,在西汉初期发挥过效用。然而老子所说:“将欲取之,必先与之。”他对付人的手段,即使范蠡、文种也没有如此阴险凶狠。所以我认为儒道之辨,当先关注道家的阴险凶狠,然后是清静无为。韩婴曾说:“哪怕是做一件不义的事,杀一个无辜的人,那样做了即使可以拥有一个国家也是一种耻辱。”儒道之辨,举其大概就在于此吧。

然自伊尹[12]、大公，有拨乱之才，未尝不以道家言为急。《汉·艺文志》，道家有《伊尹》五十一篇，《大公》二百三十七篇。迹其行事，与汤、文王异术，而钩距之用为多[13]。今可睹者，犹在《逸周书》[14]。老聃为柱下史，多识故事，约《金版》《六韬》之旨，著五千言[15]，以为后世阴谋者法。其治天下同，其术甚异于儒者矣。故周公诋齐国之政，而仲尼不称伊、吕，抑有由也[16]。

【注释】

(12) 伊尹，商初大臣。名伊，一说名挚。原为有莘氏女的陪嫁之臣，汤委以国政，后助汤攻灭夏桀。

(13) 钩距，《汉书·赵广汉传》注引晋灼："钩，致也；距，闭也。使对者无疑，若不问而自然，众莫觉所由以闭，其术为距也。"此指权术。

(14)《逸周书》，旧题《汲冢周书》。谓晋太康二年(281年)汲郡人得于魏安釐王冢中。然有学者称此书汉时已有。《汉书·艺文志》有《周书》七十一篇。唐初仅存四十五篇，而今本有六十一篇，当经后人窜补。

(15) 五千言，指《道德经》，约五千字。

(16) 抑有由也，确是有原因的。

【译文】

然而上自伊尹、姜太公，他们有平定祸乱的才能，未尝不被看作是道家学说之功。(《汉书·艺文志》记载，道家有《伊尹》五十一篇，《太公》二百三十七篇。)考察他们的行为事迹，与汤、文王不同，而更多地体现在使用权谋上。至今可看到的，在《逸周书》中尚有记载。老聃为柱下史，熟悉典故，提炼兵书《金版》《六韬》的主旨，作《道德经》五千言，为后世崇尚阴谋的人所效法。他们以治天下为目标，这与儒家是相同的，但是方法却大不同。所以周公指责齐国的政治，而孔子不称道伊尹、吕尚，的确是有原因的。

且夫儒家之术，盗之不过为新莽[17]；而盗道家之术者，则不失为田常、汉高祖[18]。得本不求赢[19]，财帛妇女不私取[20]，其始与之而终以取之，比于诱人以《诗》《礼》者，其庙算已多。夫不幸污下以至于盗，而道犹胜于儒。

【注释】

(17) 新莽，王莽。字巨君，原为汉元帝皇后侄，后篡夺西汉政权，建立新朝。

(18) 田常，即陈成子。春秋时齐国的大臣。名恒，一作常。他杀简公，立平公，自任相国，齐国从此由陈氏专权。汉高祖，即刘邦。于公元前206年建立汉朝。

(19) 得本不求赢，指田常在齐国用大斗借贷，小斗收债，以此收买人心。本，成本。赢，赢利。

(20) 财帛妇女不私取，指汉高祖攻入咸阳，不掠夺秦宫的财物美女。

【译文】

至于儒家之术，盗用之也不过是成为王莽；而盗用道家之术，则会成为田常、汉高祖。只保成本不求赢利，不掠夺财物与美女，一开始时给予而最终是为了获取，这与儒家用《诗》《书》来诱人相比，其谋划已略胜一筹。即使不幸位处卑贱以至于为盗，而道家仍胜于儒家。

然则愤鸣之夫，有讼言“伪儒”，无讼言“伪道”，固其所也。虽然，是亦可谓防窃钩而逸大盗者也(21)。

【注释】

(21) 窃钩，《庄子・胠箧》：“彼窃钩者诛，窃国者为诸侯。”《释文》：“钩，谓带钩也。”喻小的过失。

【译文】

那些愤慨疾呼的人，有公开指责“伪儒”的，没有公开指责“伪道”的，也是很自然的事了。即使如此，也只算得上是防范了小偷而释放了大盗。

儒法第五

[**说明**]本文对儒、法两家的关系及思想进行了讨论。作者认为，儒、法两家在历史上存在着密切的联系。儒家离不开法家，法家也从儒家典籍中吸取养分。这一看法无疑是符合事实的，也得到以后学者的认同。作者指出，法家主张严刑峻法，表面看十分残酷，但它的目的却是要保障法律的统一；相反，儒家学者如董仲舒等“援附经谶”，造成法律条文的分歧，使得裁断刑狱的官吏“得以因缘为市”，给社会造成更大的不幸和祸害。

本文曾收入《訄书》初刻本，收入《检论》时改题《原法》，并增补大量内容。本篇仅相当于《原法》的前半篇。

自管子以形名整齐国(1)，著书八十六篇(2)，而《七略》题之曰：“道家”。然则商鞅贵宪令(3)，不害主权术(4)，见《韩非·定法篇》。自此始也。道其本已，法其末已！

【注释】

(1) 管子(?～前645年)，春秋初期政治家。名夷吾，字管仲。齐桓公任命为卿，进行改革，使齐国成为春秋时第一个霸主。今存《管子》主要为战国时齐国稷下学者的著作。形名，亦作刑名。原指形体和名称的关系，管子等法家主要从政治和法律的意义上讲形名，把“名”引申为法令、名分、言论等，主张通过“循名责实”，考察人臣的言行(“形”)是否与其官位(“名”)相符，以定赏罚。

(2) 著书八十六篇，指《管子》。原本八十六篇，今佚十篇。近人多认为是战国秦汉时人假托之作，非成于管子一人之手。

(3) 商鞅(约前 390～338 年),战国前期法家人物。卫国人,亦称卫鞅。受秦孝公重用,推行变化,“废井田,开阡陌”,促进了秦国经济的发展。宪令,法令。

(4) 不害,申不害(约前 385～前 337 年),战国中期法家人物。郑国京(今河南荥阳东南)人。其学本于黄老,而重“术”。《韩非子·定法》:“今申不害言术,而公孙鞅为法。术者,因任而授官,循名而责实,操杀生之柄,课群臣之能者也,此人主之所执也。法者,宪令著于官府,刑罚必于民心,赏存乎慎法,而罚加乎奸令者也,此臣之所师也。”

【译文】

自从管仲用形名之学治理齐国,著书八十六篇,而刘歆《七略》将其归于“道家”。又有商鞅注重法令,申不害主张权术(见《韩非子·定法》),法家自此为开端。道为其本,法为其末。

今之儒者,闻管仲、申、商之术,则震栗色变,曰:“而言杂伯(5),恶足与语治?”尝试告以国侨(6)、诸葛亮,而诵祝冀为其后世(7)。噫!未知侨、亮之所以司牧万民者,其术亦无以异于管仲、申、商也。

【注释】

(5) 杂伯,掺杂有霸道,不纯是王道。伯,同“霸”,指霸道。《孟子·公孙丑上》:“以力假仁者霸,……以德行仁者王。”

(6) 国侨,又名公孙侨,字子产。春秋时郑国人,曾为郑国执政。

(7) 诵祝,即颂祝。称颂祝愿。冀,希望。后世,后代。

【译文】

如今的儒者,一听到管仲、申不害、商鞅的学说,就会震惊而神情严肃地说:“他们的学说里掺杂着霸道,何足以讨论治国平天下?”尝试与这些儒者谈论郑国大夫子产、诸葛亮,他们就会称颂其功德并希望成为其后学。岂不知子产、诸葛亮之所以能够治理百姓,其办法也无异于管仲、申不害、商鞅啊!

然则儒者之道，其不能摈法家，亦明已。今夫法家亦得一于《周官》(8)，而董仲舒之《决事比》(9)，引儒附法，则吾不知也。

【注释】

(8)《周官》，又名《周礼》。儒家经典之一。搜集周王室官制和战国时代各国制度，添附儒家政治思想，增减排比而成。分《天官冢宰》《地官司徒》《春官宗伯》《夏官司马》《秋官司寇》《冬官司空》。今《冬官司空》已佚，补以《考工记》。

(9)《决事比》，即《春秋决狱》。《汉书·董仲舒传》："仲舒在家，朝廷如有大义，使使及廷尉张汤就其家而问之，其对皆有明法。"王先谦《汉书补注》引应劭说，董仲舒以所对著《春秋决狱》二百三十二事，皆依据《春秋》经义决断刑狱与朝廷大事。

【译文】

然而儒家之道，不能完全排斥法家思想，这是很明显的。法家思想部分来源于《周礼》，而董仲舒的《春秋决狱》，引儒而附于法，对此我就不知道了。

夫法家不厌酷于刑，而厌歧于律(10)。汉文帝时，三族法犹在(11)，刑亦酷矣。然断狱四百，几于兴刑措之治者(12)，其律壹也。律之歧者，不欲妄杀人，一窃著数令(13)，一伤人著数令，大辟之狱差以米(14)，则令诛。自以为矜慎用刑，民不妄受戮矣。不知上歧于律，则下遁于情，而州县疲于簿书之事，日避吏议，娖娖不暇给(15)。故每蔽一囚(16)，不千金不足以成狱，则宁过而贯之(17)。其极，上下相蒙，以究于废弛。是故德意虽深，奸宄愈因以暴恣，今日是也。

【注释】

(10) 歧于律，法律不统一。

(11) 三族法，指一人犯法，牵连三族。三族，指父族、母族、妻族。

(12) 刑措，置刑法于不用。《汉书·刑法志》："及孝文即位，……是以刑罚大省，至于断狱四百，有刑措之风。”

(13) 一窃著数令，同样是偷窃，却有几种不同的惩罚标准。

(14) 大辟，死刑。差以米，小的差错。米，米粒。《吕氏春秋·察微》：“夫弩机，差以米则不发。”

(15) 娖娖，矜持拘谨貌。

(16) 蔽一囚，审判一名囚犯。蔽，审断，判决。《小尔雅·广言》：“蔽，断也。”

(17) 贳(shì 事)，赦免。

【译文】

法家不以刑罚严酷为不足，而以法律不统一为憾。汉文帝时，三族法尚在，刑罚也很严酷。然而刑狱只有四百件，几乎达到置刑罚于不用的境地，其原因在于法律统一。法律逐渐变得不统一，是因为不想轻率杀人，同样是偷窃罪，却有几种不同的惩罚标准；同样是伤害罪，也有几种不同的惩罚标准；死刑处理稍有不当，则将执法者杀掉。统治者自以为这是谨慎用刑，民众就不会过分遭受刑戮了。殊不知，上有法律不一，下就会有欺诈而徇私枉法，州县的执法人员疲于处理官署中的文书卷宗，每日奔忙于关于如何定罪的拟议，谨慎矜持而无暇他顾。所以每审判一名囚犯，涉案不到千金不足以定为刑狱案件的，就宁可赦免他。这种情况发展到极端，上下相互蒙骗，法律几乎废弃。所以说，执法者仁德之心虽然深远，但作奸犯法之人却愈加残暴放纵，如同今天的情形一般。

仲舒之《决事比》，援附经谶[18]，有事则有例[19]，比于酇侯《九章》[20]，其文已冗，而其例已枝。已用之，斯焚之可也！著之简牍，拭之木觚[21]，以教张汤[22]，使一事而进退于二律。后之廷尉[23]，利其生死异比，得以因缘为市[24]，然后弃表埻之明[25]，而从縿游之荡[26]。悲夫！儒之戾也，法之斁也[27]。

【注释】

(18) 经谶,经文和图谶。谶指预言吉凶得失的文字、图记。汉儒常以经义文饰图谶之说,附会人事,预言吉凶。《后汉书·郅恽传》:“(王)莽大怒,即收系诏狱,劾以大逆,犹以恽据经谶,难即害之。”

(19) 有事则有例,董仲舒以经义制法,根据经籍中的事例引申出法规条例。这样容易形成主观任意发挥,破坏法律的统一。

(20) 酂(cuó)侯,即萧何。汉初大臣,沛县(今属江苏)人。曾为沛县令,秦末佐刘邦起义,任丞相,后封为酂侯(一作鄼侯)。《九章》,《九章律》,萧何作,今佚。

(21) 拭,谓揩去可以再写。木觚,木简。《急就篇》一注:“觚者,学书之版,或以记事,削木为之。盖简之属。”

(22) 张汤,西汉大臣。杜陵(今陕西西安东南)人。武帝时历任廷尉、御史大夫等职,为著名的酷吏。曾受武帝指派,向董仲舒学习《春秋决狱》。

(23) 廷尉,官名。秦始置,掌刑狱。此指法官。

(24) 得以因缘为市,指互相勾结以谋取财利。《汉书·刑法志》:“奸吏因缘为市,所欲活则傅生议,所欲死则予死比,议者咸冤伤之。”

(25) 表埻(zhǔn 准),目标、标准。

(26) 縿游,旗上的飘带。《说文》:“縿,旌旗之游也。”又“游,旌旗之流也。”

(27) 法之獘也,以上两句意为,儒家在法令条文上前后不统一,造成法令无法施行。獘,同“毙”。

【译文】

董仲舒的《春秋决狱》,援引依附经文和图谶,有一事则有一例,与萧何的《九章》相比,其文字已属冗长,而事例也显得枝蔓。既已用完,则焚毁即可!然而著于简牍上,又写在木简上,以此教给张汤,使得一个案件却有两种法律规定。之后的廷尉之官,利用掌握囚犯生死、处罚轻重的便利,互相勾结以谋取钱财,随后抛弃了处罚的明确标准,左右摇摆、从心所欲。可悲啊!儒家在法令条文上前后不统一,造成法令无法施行。

吾观古为法者,商鞅无科条(28),管仲无五曹令(29)。其上如流水[30]，其次不从则大刑随之。律不亟见，奚有于歧者？子弓曰[31]：“居敬而行简，以临其民。”乌乎！此可谓儒法之君矣。

【注释】

(28) 科条，法令条文。章氏认为商鞅等法家只制定一般的法律，而不经常发布政令，这样就可以保证法律的统一。

(29) 五曹令，给五曹颁定的法令。五曹，尚书省下分职治事的五个官署。此指具体的部门。

(30) 流水，喻顺从。《汉书·晁错传》：“是以天下乐其政，归其德，望之若父母，从之若流水。”

(31) 子弓，战国楚人，亦称馯臂子弓。孔子弟子卜商之门人，又曾从孔子弟子商瞿学《易》，《荀子·非十二子》将其与孔子并列。一说孔子弟子仲弓。

【译文】

古代以法为治者，商鞅不经常颁布法令条文，管仲没有给五曹颁定法令。其上顺从者如流水，其次若有不顺从者，就用大刑处罚。不屡次出台或更订法律，哪里会有分歧？子弓说：“心存敬意而又简单行之，以此来治理民众。”这真是儒法之君啊！

儒侠第六

[**说明**]本文探讨了儒与侠的关系。作者认为侠源于孔门的漆雕氏之儒，侠与儒有着渊源关系。侠具有一种大无畏的精神，他们置自己的生命于不顾，手持利刃，刺杀民贼，正体现了儒者“杀身成仁”“除国之大害，捍国之大患”的精神。因此，“世有大儒，固举侠士而并包之。”古代儒者兼具儒、侠的气象，今天的儒者则只给人以柔弱的形象。因此，作者提出要以《礼记・儒行》篇重新培养儒者的刚毅独立精神。作者如此看重侠的作用，显然与他倡导革命、立志排满是密切相关的。

在本文的附论中，作者通过史书中一段往往不被人们注意的记载，说明被司马迁称为“妇人好女”的张良也具有侠的气象，反映了作者细致入微的治学风格。

本文发表于1897年9月26日出版的《实学报》第四册上，后收入《訄书》初刻本，收入《检论》时删除了本文后的附论，而增加了关于盗跖的讨论，可参看。

漆雕氏之儒废(1)，而闾里有游侠。《韩非・显学》：漆雕氏之儒，“不色挠，不目逃(2)，行曲则违于臧获(3)，行直则怒于诸侯。”是漆雕氏最与游侠相近也。

【注释】

(1) 漆雕氏之儒，孔子之后，儒家所分的八派之一。见《韩非子・显学》。或谓漆雕氏即孔子弟子漆雕开。

(2) 不色挠,不为辞色而退却。挠,却。不目逃,人刺其目,不转睛逃避。

(3) 违,避开。臧获,古代对奴婢的贱称。杨雄《方言》卷三:"荆、淮、海岱之间,骂奴曰'臧',骂婢曰'获'。"

【译文】

漆雕氏之儒消失了,于是街头巷尾的游侠多起来。(《韩非子·显学》:漆雕氏之儒,"不会显露胆怯的神色,人刺其目也不会转睛逃避,做事理亏即使是奴婢也会避让,做事有理则敢于怒对诸侯"。漆雕氏与游侠最为相近。)

侠者无书,不得附九流(4),岂惟儒家摈之,八家亦并摈之。然天下有亟事(5),非侠士无足属(6)。侯生之完赵也(7),北郭子之白晏婴也(8),见《吕氏·士节篇》。自决一朝,其利及朝野。其视聂政,则击刺之萌而已矣(9)。

【注释】

(4) 九流,先秦学术流派儒、道、阴阳、法、名、墨、纵横、杂、农九家。见《汉书·艺文志》。

(5) 亟事,急事。亟,通"急"。

(6) 属,托付。

(7) 侯生,即侯嬴。原为大梁门吏,后献计于信陵君,窃得虎符,却秦救赵。见《史记·魏公子列传》。

(8) 北郭子,北郭骚。春秋齐国人。曾因无力养母而向晏婴乞食,晏婴赐其金与粟,取粟而遗金。后晏婴见疑于齐君,他自刎令其友奉其头颅向齐君进言,使晏婴重新得到重用。见《吕氏春秋·士节》。白,高诱注:"明也。"指证明。

(9) 聂政,战国时轵人。严仲子与韩相侠累有隙,求政刺侠累。政因母在,不许。母死,乃独行仗剑刺杀侠累,然后毁形自杀。击刺之萌,指刺客。萌,通"氓"。以上两句意为,在侠士眼里,聂政不过是一个刺客而已。下文说:"大侠不世出,而击刺之萌兴。"则章氏认为侠士高于刺客。

【译文】

游侠没有书籍传于后世,难以附于九流,何止是儒家排斥他们,其他八家也同样排斥。然而天下若有危难,非侠士不足以托付。侯嬴保全了赵国,北郭骚证明了晏婴的清白(见于《吕氏春秋·士节篇》),一旦自杀,也可惠及于朝野。在侠士眼中,聂政不过是个刺客而已。

且儒者之义,有过于"杀身成仁"者乎?儒者之用,有过于"除国之大害,捍国之大患"者乎?夫平原君(10),僭上者也,荀卿以为"辅"(11);信陵君(12),矫节者也,荀卿以为"拂"。(13)见《荀子·臣道篇》。世有大儒,固举侠士而并包之。而特其感慨奋厉,矜一节以自雄者(14),其称名有异于儒焉耳。

【注释】

(10) 平原君,即赵胜。战国时赵国贵族。惠文帝之弟,封于东武(今属山东),号平原君。他曾篡改君命,求救于魏,却秦救赵。

(11) 荀卿以为"辅",《荀子·臣道》:"率群臣百吏而相与强君矫君,君虽不安,不能不听,遂以解国之大患,除国之大害,成于尊君安国,谓之辅。"

(12) 信陵君,即魏无忌。战国时魏贵族。魏安釐王之弟。封于信陵(今河南宁陵),号信陵君。他曾窃兵符,击杀将军晋鄙,夺取兵权,救赵胜秦。

(13) 荀卿以为"拂",《荀子·臣道》:"有能抗君之命,窃君之重,反君之事,以安国之危,除君之辱,功伐足以成国之大利,谓之拂。"

(14) 矜,谨守。自雄,自以为了不起。

【译文】

儒者的道义,有比"杀身成仁"还高的吗?儒者的功用,有比"除去国家大害,防御国家大患"更大的吗?平原君赵胜,曾违背君命,而荀卿认为这是"辅佐";信陵君魏无忌,曾窃取兵符,而荀卿认为这是"辅弼"。(见于《荀子·臣道》)世上有大儒,也一定是包含了侠士的精神。只是侠士过于感慨奋激,谨守气节而自以为了不起,他们的名声与儒有所不同罢了。

大侠不世出，而击刺之萌兴。虽然，古之学者，读书击剑，业成而武节立(15)，是以司马相如能论荆轲(16)。《艺文志》杂家："《荆轲论》五篇，轲为燕刺秦王不成而死，司马相如等论之。"天下乱也，义士则狙击人主，其他藉交报仇(17)，为国民发愤，有为鸱枭于百姓者(18)，则利剑刺之，可以得志。当世之平，刺客则可绝乎？文明之国，刑轻而奸谀恒不蔽其辜(19)，非手杀人，未有考竟者也(20)。康回滔天之在位(21)，贼元元无算(22)，其事阴沈，法律不得行其罚，议官者廑而去之(23)。虽去，其朋党众，讙于井里(24)，犹櫐疑沮事(25)。当是时，非刺客而钜奸不息，明矣。

【注释】

(15) 武节，武德。节，气节、节操。

(16) 司马相如(前179～前118年)，西汉文学家。字长卿，蜀郡成都(今属四川)人。著有《子虚》《上林》《大人》等赋，以讽喻为名。荆轲，战国时齐人。好读书击剑。燕太子丹客之。献图于秦王，图穷匕现，击秦王不中，被杀。

(17) 藉交：即藉于交。指为朋友所借。藉，借；交，友。

(18) 鸱枭，鸱为猛禽，枭传说食母，古人以为皆恶鸟。这里借指恶行。

(19) 蔽其辜，断其罪。蔽，《小尔雅·广言》："蔽，断也。"辜，罪。

(20) 考竟，经审讯定为死罪。《释名·释丧制》："狱死曰考竟，考得其情，竟其名于狱也。"

(21) 康回，即共工。《楚辞·天问》："康回冯怒，地何故以东南倾?"注："康回，共工名也。"《淮南子》言共工与颛顼争为帝，"不得，怒而触不周之山，天维绝，地柱折，故东南倾也。"滔天，漫天。《尚书·益稷》："洪水滔天，浩浩怀山襄陵，下民昏垫。"后借以形容罪恶、灾祸或权势的巨大。《尚书·舜典》："象恭滔天。"传："言共工……貌若恭敬而心傲狠若滔天。"

(22) 贼元元无算，残害平民无数。元元，平民。《战国策·秦策》："制海内，子元元。"

(23) 廑而，仅能。廑，同"仅"。而，能。《玉篇·而部》："而，能也。"去之，使之去。指剥夺官位。

(24) 讙(huān 欢)，喧哗。《说文·言部》："讙，譁也。"井里，乡里。

(25) 櫐疑沮事，《说文·木部》："櫐，众盛也。……《逸周书》曰：'櫐疑沮事，犹云蓄疑败谋。'"櫐疑(shēn 申—)，多疑。沮，阻。

【译文】

大侠毕竟少有，而刺客却不断出现。即便如此，古时的学者往往读书与击剑兼顾，学业有成而武德已立，所以司马相如能评论荆轲。（《汉书·艺文志》杂家：“《荆轲论》五篇，荆轲为燕太子丹刺杀秦王，没有成功而被杀，司马相如等论之。”）当天下大乱时，侠士会刺杀君主，或者为朋友复仇，为国民发泄怨恨，对于鱼肉百姓的恶人，就用利剑刺死，这时侠士可以大有作为。当天下太平时，难道就不需要刺客了吗？文明的国家，由于刑罚轻，奸邪之人常常不能被定罪，不是亲手杀人的，往往就不能审判定为死罪。罪大恶极之人在位，残害平民无数，其罪行很隐蔽，而法律不能惩罚，监察官也仅能剥夺其官位。虽然恶人被剥夺官位，但他的朋党众多，喧闹于乡里，使人心怀疑惧又无计可施。这个时候，若没有刺客就无法除掉奸恶之人，这是很清楚的。

故击刺者，当乱世则辅民，当治世则辅法。治世知其辅法，而法严诛于刺客，何也？训曰：大臣能厚蓄积者，必浚民以得之(26)，如子孙之善守，是天富不道之家也。故不若恣其不道以归于人(27)。本《唐书·卢坦传》载坦语(28)。彼攻盗亦捋取于不道矣(29)，法则无赦，何者？盗与刺客冒法抵禁者众，则辅法者不得独贳以生。哲王者知其裨补于政令(30)，而阴作其气，道之以义方已矣(31)。

【注释】

(26) 浚民，榨取民众。《国语·晋语九》：“浚民之膏泽以实之。”韦昭注：“浚，煎也。”

(27) 恣其不道以归人，更易其不义之财与众人。恣，更易。

(28) 卢坦，唐大臣。字保衡，洛阳人。宪宗时累迁户部侍郎，判支度。因忤逆宰相李吉甫，出为东川节度使。坦原文为：“凡居官廉，虽大臣无厚蓄，其能积财者，必剥下以致之。如子孙善守，是天富不道之家，不若恣其不道以归于人。”

(29) 彼，指侠客。捊取（póu—），攫取。《礼记·礼运》疏：“捊，谓以手抔聚。”

(30) 哲王，贤明的君主。《诗·大雅·下武》：“下武维周，世有哲王。”裨补，补益。

(31) 道之以义方已矣，以上几句意为，贤明君主知道侠士有补于政令，便暗中为他们打气，用道义激励他们。道，同导。

【译文】

因此刺客于乱世可保护百姓，于治世可维护法纪。明白了刺客在治世可维护法纪的道理，但是法律却严惩刺客，这是为什么呢？古训说：大臣中能积聚巨额财富的，一定是榨取百姓之财，如果其子孙善于守业，就好像是上天使这些不道之家富有。因此不如剥夺其不义之财分与众人。（本于《唐书·卢坦传》卢坦所言。）他们行侠仗义也是取于不道之家，法律却不赦免其罪，这是为什么？盗贼与刺客违法犯禁的多了，那么能起到维护法纪作用的侠士也就不能单独赦免了。贤明的君主知道侠士有补于政令，便暗中鼓励他们，用道义引导他们。

今之世，资于孔氏之言者寡也，资之莫若十五儒(32)，“虽危起居，竟信其志”；“引重鼎不程其力，鸷虫攫搏不程勇”者。凡言儒者，多近仁柔。独《儒行》记十五儒，皆刚毅特立者。窃以孔书泛博，难得要领。今之教者宜专取《儒行》一篇，亦犹古人专授《孝经》也(33)。

【注释】

(32) 十五儒，指《礼记·儒行》篇以孔子答鲁哀公问的形式，列举儒者十五种德行。章氏十分重视《儒行》篇，曾著有《儒行大意》，单独刊行。

(33)《孝经》，儒家典籍，旧传为曾子所作，宣传孝道，收入《十三经注疏》。

【译文】

当今时代，取用孔子之言的很少了，若用之莫如倡导儒者的十五种德行，“虽身处危险，也要努力施展抱负”；“扛举重鼎不估量自己的力量，与猛禽野兽搏斗不估量自己的胆量。”（一般谈论儒者，多提及仁爱和柔顺。只有《礼记·儒行》记载的儒者十五种德行，均是刚毅独立。窃以为孔子之言宽泛而广博，难以得其要领。今日之传道者应专门取出《儒行》一篇，如同古人专门传授《孝经》一样。）

附：上武论征张良事(1)

(1) 上武，尚武。上，通“尚”。张良，字子房，传为城父（今安徽亳县东南）人。刘邦重要谋士，被称为“运筹帷幄之中，决胜千里之外”。汉朝建立，封留侯。

《楚汉春秋》曰(2)：淮阴武王反(3)，上自击之(4)，淮阴武王，韩信也。汉世诸王，诛死者亦有谥。燕剌王是其比矣(5)。言上自击之者，即伪游云梦事，古史文不甚明瞭耳。张良居守。上体不安，卧辒车中，行三四里，留侯走东追上，簪堕被发，敢辒车排户，曰：案：《说文》：“敢，使也，从攴，耴省声。”此非其字，当是揖之或字。《说文》：“揖，推擣也，从手，茸声。”此则从攴，茸省声。“揖辒车者，推启其窗。”“陛下即弃天下(6)，欲以王葬乎？以布衣葬乎？”上骂曰：“若翁天子也(7)，何故以王及布衣葬乎？”良曰：“淮南反于东(8)，淮阴害于西，案：反，害，字当互讹。时淮南未反也。淮阴王楚，亦在长安东南，视淮南则在西矣。恐陛下倚沟壑而终也。”引见《御览》三百九十四(9)。世读《太史公书》(10)，言留侯如妇人好女，皆念以为运谋深婉，不兆于声色间。观其簪堕被发，一何厉也？秦汉间游侠之风未堕，良又素习于椎击者(11)。下邳受书而后(12)，优游道术以自持，忍也。而轻侠蹈厉之气(13)，遇亟则亦显暴(14)，固与诸葛亮、谢安之徒异矣(15)。武德衰，学士慕良，乐闻其阔缓宁靖，其材性则莫之崇法也。是故登为大帅，而不任举一佩刀；谋于轩较之下，目可瞻马(16)。

【注释】

(2)《楚汉春秋》，西汉陆贾著。记刘邦、项羽以及汉惠帝至文帝时事。《汉书·艺文志》著录九篇。唐以后散佚，有辑本。

(3) 淮阴武王，即韩信，秦末淮阴人。初从项羽，后归刘邦。战绩卓著，封楚王。高祖六年(前 201 年)，有人告发谋反，高祖伪游云梦，执之，后被吕后所杀。

(4) 上，皇上。指汉高祖刘邦。

(5) 燕剌王，燕剌王刘旦，武帝之子。元凤元年(前 80 年)坐谋反自杀。是其比，是其类。即诛死后有谥号。

(6) 弃天下，指去世。

(7) 若翁，汝翁。高祖自称。

(8) 淮南，即英布。亦称黥布。汉初大臣，封淮南王。因与韩信、彭越谋反，被诛。

(9)《御览》，《太平御览》。类书名。宋太宗命李昉等辑。1000 卷，分 55 门。引书浩博，多至 1690 种。其中不少为现在不传之书。

(10)《太史公书》，即《史记》。《史记·留侯世家》："太史公曰：……余以为其人计魁梧奇伟，至见其图，状貌如妇人好女。盖孔子曰：'以貌取人，失之子羽。'留侯亦云。"

(11) 习于椎击者，据《史记·留侯世家》，张良曾结交刺客，在博浪沙(今河南原阳)以椎击杀秦始皇，未中。

(12) 下邳受书，传说张良刺秦始皇失败后，逃亡下邳，遇老人于圯桥上，授以《太公兵法》。见《史记·留侯世家》。

(13) 轻侠，轻生侠义之人，此指侠义。《汉书·何并传》："侍中王林卿通轻侠，倾京师。"蹈厉，奋发昂扬。

(14) 亟，通"急"。显暴，显露。

(15) 谢安(320～385 年)，东晋政治家。字安石，陈郡阳夏(今河南太康)人。孝武帝时位至宰相，率军抗击前秦，取得淝水之战的胜利。

(16) 轩，有帷幕而前顶较高的车，为卿大夫及诸大夫所用。《说文·车部》徐锴系传："轩，大夫车也。"较(jué 觉)，车厢两旁板上的横木。目可瞻马，《荀子·非相》："且徐偃王之状，目可瞻马。"杨倞注："言不能俯视细物，远望才见马。"以上两句意为，身居高位，见识短浅。

【译文】

《楚汉春秋》记载：淮阴武王谋反，高祖亲自去平定（淮阴武王，即韩信。汉代诸王，被诛杀的也同样有谥号。燕剌王就是类似的例子。说高祖亲自去平定，即谎称游云梦这件事，古史记载不甚明白罢了。）张良留守。高祖身体不适，躺在卧车里，走了三四里，留侯张良向东跑着追高祖，簪子掉了披散着头发，推（敢）开卧车的门，说：（案：《说文》："敢，使也，从攴，耳省声。"这里不是此字，或当是揖字。《说文》："揖，推捣也，从手，茸声。"该字则从攴，茸省声。揖辒车者，推启其窗。）"陛下如果去世，是以王的身份下葬呢？还是以百姓的身份下葬呢？"高祖骂道："我是天子，为何要以王或百姓的身份下葬呢？"张良说："淮南王英布在东方谋反，淮阴王韩信在西方作乱（案：反、害，二字当互讹。当时淮南王还没有谋反。淮阴王于楚地，也在长安东南，与淮南相比则在西方了。），恐怕陛下可能会躺在沟渠中死去呢。"（引见《太平御览》三百九十四）世人读《史记》，称留侯张良貌如妇人美女，皆以为他深谋远虑，不显露于声色之间。观其簪子坠地披头散发，何其厉害！秦汉之间游侠之风尚未衰落，张良又是平素练习椎击之术的。张良于下邳受黄石公书之后，游心于道术以自处，这是在隐忍。而他侠义昂扬的气度，在遇到危急时就显露出来，本就与诸葛亮、谢安等人是有所不同的。武德衰微，学士仰慕张良，乐于听说其从容宁静，而他的材性就无人效法了。所以后世才有了这样的现象，身为大帅，而不能举佩刀；身居高位，却目光短浅。

儒兵第七

[**说明**]本文名为《儒兵》，实是讨论治兵之道。作者批判了儒者“不禽二毛，不鼓不成列”的主张，提出“治兵之道，莫径于治气”，认为孟子、荀子和王守仁等人的养气方法都可以用于治兵中。

本文收入《訄书》初刻本，收入《检论》时改题《本兵》，内容增删大半。

甚矣！《阴符经》之谬也(1)。其言曰：“天发杀机，龙蛇起陆；人发杀机，天地反覆。”以为杀机之蛰，必至是而后起也(2)。夫机之在心也，疾视作色，无往而非杀，无杀而非兵。兵也者，威也；威也者，力也。民之有威力，性也。武者不能革(3)，而工者不能移，岂必至于折天柱、绝地维哉(4)！

【注释】

(1)《阴符经》，又称《黄帝阴符经》。道教经典。北魏寇谦之著。《新唐书·艺文志》始见著录。凡一卷。全书主要谈道家修养，亦涉及纵横、兵家言。

(2) 蛰，潜藏。至是，指达到天地反覆。以上两句意为，认为潜藏的杀机，要达到可以使天地反覆时才表现出来。

(3) 革，更改。

(4) 天柱，神话传说中顶天立地的大柱；地维，古代认为地是方的，有四角，以大绳维系，故叫地维。传说共工氏触不周山，折天柱，绝地维。

【译文】

《阴符经》的谬误简直过分！其文说："上天显露杀机，龙蛇腾跃；人显露杀机，天地翻转。"书中认为潜藏的杀机，一定要达到这种地步才能表现出来。杀机存在于心中，怒视而色变，所到之处无不是杀戮，所杀之处无不用兵。兵，就是威武；威，就是力量。人具有威力，这是天性决定的。尚武者不能改变，擅工者不能移易，何必要达到折天柱、绝地维的地步呢！

儒者曰："我善御寇，'不禽二毛[(5)]，不鼓不成列。'虽文王之用师，莫我胜也。"君子曰：田儓[(6)]！其一曰[(7)]："我善御敌，仰屋以思[(8)]；为兵法百言。虽以不教民战可也。"君子曰：黠而愚，隅差智故而騃[(9)]。

【注释】

(5) 禽，同"擒"。二毛，人老头发斑白，指老人。《左传·僖公二十二年》："君子不重伤，不禽二毛。"

(6) 田儓(—tái 台)，古代对农夫的蔑称。《方言》第三："儓，农夫之丑称也。南楚反骂庸贱谓之田儓。"

(7) 一，另，又。

(8) 仰屋，仰卧床上，望其屋脊。形容苦思冥想之状。

(9) 黠，聪慧，指小聪明。隅差，衣服的斜角。《淮南子·本经训》："衣无隅差之削。"高诱注："隅，角也；差，邪也。古者质，皆全幅为衣裳，无有邪角。"引申为偏邪不正。智故，巧诈。騃(sì 肆)，愚笨。

【译文】

儒者说："我善于防御敌寇，'不俘虏老人，敌军不成列就不发动进攻。'即使是文王用兵，也不能超过我。"君子说：浅陋！他又说："我善于防御敌寇，仰望屋顶思考，写成兵法百言。即使不教导民众作战也是可以的。"贤君子说：狡猾又愚蠢，偏邪狡诈又愚笨。

夫治兵之道，莫径治气[(10)]。以白挺遇刃[(11)]，十不当二；以刃遇火器，十不当一；以火器遇火器，气不治，百不当一。治气者，虽孟、荀与穰苴[(12)]，犹是术也。有本有末而已矣！

【注释】

(10) 治气，养气。《孙子兵法·军争》："三军可夺气，将军可夺心。是故朝气锐，昼气惰，暮气归。善用兵者，避其锐气，击其惰气，此治气者也。"

(11) 白挺，大木杖。《汉书·诸侯王表》："陈、吴奋其白挺，刘、项随而毙之。"颜师古注引应劭曰："白挺，大杖也。"亦从木作梃。刃，指铁制兵器。

(12) 穰苴，即司马穰苴。春秋时齐国大夫。官司马，深通兵法。齐威王使大夫追论古者司马兵法，附穰苴所著于其中，号曰《司马穰苴兵法》。见《史记·司马穰苴列传》。

【译文】

治兵之道，莫如先整饬士气。用木棍对抗利刃，十不能敌二；以利刃对抗枪炮，十不能敌一；以枪炮对抗枪炮，不整饬士气，一百不能敌一。整饬士气，即使是孟子、荀子和司马穰苴，一样会强调这种方法。只是有本有末而已！

末而末者，可以撢其本[(13)]。故《蹴鞠》列于技巧[(14)]，《汉·艺文志》兵家有《蹴鞠》二十五篇。《棋势》《皇博》列于术艺[(15)]，《隋·经籍志》兵家有《棋势》四卷，《皇博法》一卷。案，今德意志教陆军有兵棋，其来远矣。不知者以为嬉戏也。其知者，以为民性有兵，不能旦旦而用于寇，故小作其杀机，以鼓其气。与儒者之乡射[(16)]，其练民气则同。虽孟、荀与穰苴，犹是术也。此兵之本也。

【注释】

(13) 撢(tàn 炭)，同"探"。

(14) 蹴鞠(cù 促 jū 拘)，古代军中习武之戏，类似今之足球。刘向《别录》："蹴鞠，兵执也，所以讲武知有材也。"

(15) 皇博，古代棋艺的一种。

(16) 乡射,周代地方上举行的射礼。分三年一度和每年春秋两季各一度两种,前者主要是选拔贤能,推荐于君;后者则属于常规的射礼。均射于州序。凡乡人均可参见,庶民百姓均可观看。

【译文】

末而又末的事物,也可以探其本。故《蹴鞠》列于技巧(《汉书·艺文志》兵家有《蹴鞠》二十五篇),《棋势》《皇博》列于技术(《隋书·经籍志》兵家有《棋势》四卷,《皇博法》一卷。案,如今德意志国教授陆军有军棋,其渊源久远),不了解的人以为是在游戏。理解的人,知道人的本性中有好斗喜兵的一面,不能时时用来对付贼寇,故而稍微疏解人们的杀机,鼓舞他们的士气。如同儒者的乡射礼,同样都可以用来培养民众的勇气。即使是孟子、荀子和司马穰苴,也会对这种方法予以肯定。这是用兵之根本。

若夫临敌之道则有矣。方机动时,其疾若括镞(17);非先治气,则机不可赴;赴机以先人,而人失其长技矣(18)。故曰:智者善度,巧者善豫,羿死桃棓不给射(19),庆忌死剑不给搏(20)。王守仁知气,此所以成胜。

【注释】

(17) 括镞,箭头。

(18) 失其长技矣,以上几句意为,不先治气,心中杀机无法表现出来,如果将心中的杀机先表现出来,他人的长技也就失去作用。

(19) 羿,即后羿,亦称夷羿。传说中夏时东夷族首领。以善射闻名。桃棓(—bàng 棒),桃木做的棒子,用作箭靶。不给射,来不及射。

(20) 庆忌,春秋吴王僚之子。以勇武著称。参阅《吴越春秋·阖闾内传》)。《淮南子·说山训》:“巧者善度,知者善豫。羿死桃棓不给射;庆忌死剑锋不给搏。”

【译文】

应对敌寇的方法是有的。当杀机萌动时,其速度之快如同射出之箭;不先整饬士气,则心中杀机无法表现出来;如果将心中的杀机先表现出来,而他人的长技也就失去作用了。所以说:智者善于谋划,巧者善于防备,后羿死于桃木棒而来不及射,庆忌死于利剑而来不及搏。王守仁懂得士气的可贵,这是他所以取胜的原因。

学变第八

[**说明**]本文是近代学术史上较早全面、系统探讨汉晋学术发展的文章。汉晋五百年间在中国学术思想史上占有重要地位，中国学术思想史上的一些重要事件如“罢黜百家，独尊儒术”等就发生在这一时期。汉晋学术思想经历了哪些变化？如何理解和评价这些变化？这些无疑是关心中国学术思想发展的人们关心的问题。

作者在本文以宏观的眼光对汉晋学术的发展进行了扫描，提出汉晋学术经历了五次大的变化：西汉初年，董仲舒将儒学与阴阳五行相结合，“以阴阳定法令，垂则博士”，自己俨然以教皇自处，将儒家神学化、宗教化，这是第一变。董仲舒“独尊儒术”政策的提出，使学者“碎义逃难”，成为只知追求利禄的蠹虫，产生了恶劣的后果。于是杨雄著《法言》，体裁摹拟《论语》，意在恢复儒学正统，是为二变。杨雄在当时学者中是较为突出的，但也遭到一些学者的批评，如王逸作《正部论》，认为《法言》“杂错无主”，然而自己也没有什么高见。于是到王充时学术思想又发生了变化。王充著《论衡》，提出“正虚妄、审乡背”，以理性的怀疑精神对汉代的各种社会现象尤其是谶纬迷信进行了批判。矛头所指，不避孔子，达到前人未达到的高度，“汉得一人焉，足以振耻”。但王充过于喜欢指责议论他人，思想又缺乏一核心，因而往往流于琐碎。东汉末年，社会动乱，儒家学说难以适应现实的需要，法家开始受到人们的重视。这是学术思想的又一大变化。王符著《潜夫论》,仲长统著《昌言》,崔寔著《政论》,即反映了这一变化。法家提倡严刑峻法,认为人性忮悍,不以严刑威逼,则不会自觉从善。从汉末到吴、魏,法家的影响越来越大,统治的罗网也越来越严密,终于引起孔融、杜恕等人的不满,到三国魏末,嵇康、阮籍等人"非汤武而薄周公",崇法老庄,宣扬厌世思想,由此引发玄学思潮,这是第五变。

章太炎的这篇文章虽然文字简略,分析论述不够详尽,但却有重要意义。以往学者讨论汉代学术往往只注重汉代的经学,对经学以外思想家则重视不够。章太炎则打破经学正统的陈旧观念,他在文中发掘并表彰了杨雄、王充、王符、仲长统、崔寔等一大批学者,并对其中的王充等人给予高度评价,这些都对以后产生重要影响。侯外庐先生在其所著《中国思想通史》第二卷中即吸收了章太炎文中的一些观点,有兴趣者可比较参看。

本文为《訄书》重刻本的新增篇目,收入《检论》时有增补。

汉晋间,学术则五变。

董仲舒以阴阳定法令(1),垂则博士(2),教皇也(3)。使学者人人碎义逃难(4),苟得利禄,而不识远略。故杨雄变之以《法言》(5)。

【注释】

(1) 董仲舒(前197～前114年),西汉思想家,今文经学大师。广川(今河北景县)人。专治《春秋公羊传》。曾任博士、江都相、胶西相。汉武帝时曾进《举贤良对策》,建议:"诸不在六艺之科,孔子之术者,皆绝其道,勿使并进。"为汉武帝采纳,开此后两千年封建社会以儒学为正统的先声。其学以儒家为中心,杂以阴阳五行,著作有《春秋繁露》等。

(2) 垂则,颁布法则。博士,汉代学官名。汉武帝时设五经博士,掌经学传授。

(3) 教皇,《检论》作"神人大巫"。

(4) 碎义逃难,用烦琐破碎的解释逃避他人的责难。《汉书·艺文志》:

“后世经传既已乖离,博学者又不思多闻阙疑之义,而务碎义逃难。”

(5) 杨雄(前53～后18年),一作扬雄。西汉思想家、文学家。字子云,蜀郡成都(今属四川)人。成帝时为给事黄门郎。王莽时,校书天禄阁,官为大夫。著有《太玄》《法言》等。《法言》,十三卷,体裁摹拟《论语》。内容以儒家传统思想为中心,兼收道家思想。

【译文】

汉晋之间,学术有五变。

董仲舒以阴阳制定法令,给博士颁布法则,俨然是一个教皇。使学者人人致力于支离破碎的解说而逃避责难,贪求利禄,而没有长远的谋略。于是杨雄改变这种学术风气而作《法言》。

《法言》持论至剀易(6),在诸生间,陖矣(7)。王逸因之为《正部论》(8),以《法言》杂错无主,然已亦无高论。《正部论》元书已亡,诸书援引犹见大略,下论亡书准此。顾猥曰(9):颜渊之箪瓢(10),则胜庆封之玉杯(11)。《艺文类聚》七十三(12),《御览》七百五十九引。欲以何明?而比拟违其伦类,盖忿狷之亢辞(13)也。

【注释】

(6) 剀易(kǎi 凯一),通晓,平易。

(7) 陖,同“峻”。《说文·𨸏部》:“陖,陗高也。”

(8) 王逸,东汉南郡宜城(今属湖北)人。字叔师。元初中为校书郎。顺帝时为侍中。著有《楚辞章句》及《正部论》八卷。

(9) 顾猥曰,却鄙陋地说。猥,鄙陋。

(10) 颜渊,孔子弟子,即颜回。颜渊之箪瓢,《论语·雍也》:“一箪食,一瓢饮,在陋巷。人不堪其忧,回也不改其乐。贤哉,回也!”指生活贫因而精神快乐。

(11) 庆封,春秋时齐国贵族,齐景公时为相,以生活荒淫腐化闻名。庆封之玉杯,指生活奢靡腐化。

(12)《艺文类聚》,类书名。唐高祖命欧阳询等辑。一百卷。收录古书达一千四百多种。

(13) 忿狷,愤恨。狷,通“悁”。《说文》:“悁,忿也。”亢辞,过激之语。

【译文】

《法言》持论十分平易，在西汉众儒生的作品中，是很突出的。王逸针对《法言》作《正部论》，认为《法言》错综杂乱而缺少主干，但他自己也并无高论。（《正部论》原书已经亡佚，其他书籍征引此书，犹可见其大略，下面论及已经亡佚之书，同样以此为标准。）他却鄙陋地说：颜渊安贫乐道，一箪食一瓢饮，也胜过庆封奢华的生活。（引自《艺文类聚》七十三，《太平御览》七百五十九）这是要说明什么呢？这种比较是不合理的，大概是愤恨的过激之辞罢了。

华言积而不足以昭事理(14)，故王充始变其术(15)，曰："夫笔著者，欲其易晓而难为，不贵难知而易造；口论，务解分而可听，不务深迂而难睹也(16)。"作为《论衡》(17)，趣以正虚妄，审乡背(18)。怀疑之论，分析百端。有所发擿，不避孔氏(19)。汉得一人焉，足以振耻(20)。至于今，亦未能逮者也。然善为蜂芒摧陷，而无枢要足以持守(21)，斯所谓烦琐哲学者。惟内心之不充颎(22)，故言辩而无继。充称桓君山素丞相之迹(23)，存于《新论》(24)。《定贤篇》。《新论》今亡，则桓、王之学亦绝。或曰：今之汉学，论在名物，不充其文辩，其正虚妄，审乡背，近之矣(25)。

【注释】

(14) 华言，浮华之言。昭，彰明。

(15) 王充(27～约97年)，东汉思想家。字仲任，会稽上虞(今属浙江)人。出身"细门孤族"，做过"吏属"性的小官。晚年罢职家居，从事著述。自称"虽违儒家之说，合黄老之意"。

(16) 不务深迂而难睹，引文见《论衡·自纪》。意为：书面语言，希望做到容易理解却难以写出来，不崇尚难以理解却容易写出来；口头语言，力求内容清楚一听就明白，不求意思深奥难以理解。解分，剖析明白。

(17)《论衡》，东汉王充著。全书三十卷，八十五篇(现缺《招致》一篇)。书中对当时社会上流行的谶纬迷信进行了批判。

(18) 虚妄,指当时流传的各种谶纬迷信。乡背,即向背。趋向和背弃。

(19) 发擿,发难指责。不避孔氏,指王充在《问孔》《刺孟》等篇中对儒家传统观点进行了批评、指责。

(20) 振耻,拭除耻辱。《广雅·释诂一》:"振,弃也。"《解辫发》有"振刷是耻",意与此同。

(21) 枢要,中心。《荀子·富国》:"人君者,所以管分之枢要也。"以上两句意为,他善于批评他人,自己却没有一个中心可以持守。

(22) 充颎(—jiǒng 窘),充实。《尔雅·释言》:"颎,充也。"

(23) 桓君山,即桓谭(约前 24～56 年)。东汉思想家、经学家。沛国相(今安徽宿县符离集西北)人。《后汉书·桓谭冯衍列传》称其"遍习五经,皆训诂大义,不为章句"。东汉光武帝时因反对谶纬,几遭处斩,后贬为六安郡丞。素丞相,指有丞相之德而无丞相之位。《论衡·定贤》:"孔子不王,素王之世,在于《春秋》。然则桓君山素丞相之迹,存于《新论》者也。"

(24)《新论》,东汉桓谭著。《后汉书·桓谭传》:"著书言当时行事二十八篇,号曰《新论》。"《隋书·经籍志》著录《桓子新论》十七卷,又云:"梁有《桓谭集》五卷,亡。"今存系后人辑本。辑文对谶纬神学、灾异迷信进行了批判。

(25) 汉学,指清代的考据学。名物,即名号物色,指事物的名称、特点。文辩,文词辩论。近之矣,此段意为,清代学术注重考辨名物制度,而不重视浮言华词,其订正虚妄,审查向背,与桓谭、王充是接近的。

【译文】

华而不实的文风越来越盛却不足以彰明事理,于是王充想要改变这一学术风气,他说:"文字著述,贵在易解而难作,不以难解而易作为贵;口头表达,务求解析明白而易于理解,不追求艰深迂阔而难以理解。"王充作《论衡》,就是希望矫正虚妄,辨别向背。其怀疑的言论,分析透彻,有所发难指责,就算是对孔子也不避讳。汉代有此一人,足以洗刷耻辱。直到今天,仍可谓无人能及。然而他虽善于显露锋芒出言攻击,但自己并无中心足以持守,这就如同所谓的烦琐哲学。由于内心不够充实,所以言论辩说无法持续。王充称桓谭"素丞相"的事迹,存于《新论》。(《定贤篇》)《新论》今已亡佚,那么桓谭、王充之学也就断绝了。有论者称:今天的汉学,其所论在于辨明物理，而不重视能文善辩，其订正虚妄，审查向背，与桓谭、王充是接近的。

东京之衰[26]，刑赏无章也[27]。儒不可任，而发愤者变之以法家。王符之为《潜夫论》也[28]，仲长统之造《昌言》也[29]，崔寔之述《政论》也[30]，皆辨章功实[31]，而深嫉浮淫靡靡，比于“五蠹”[32]；又恶夫以宽缓之政，治衰敝之俗。《昌言》最恢广。上视杨雄诸家，牵制儒术，奢阔无施，而三子闳达矣[33]。法家之教，任贤考功，期于九列皆得其人[34]，人有其第，官有其伍[35]，故姚信《士纬》作焉[36]。乱国学者，盛容服而饰辩说，以贰人主之心[37]，“修誉不诛，害在词主”。[38]二语即《阮子正论》之言，见《意林》四引[39]。故阮武《正论》作焉[40]。自汉季以至吴、魏，法家大行，而钟繇、陈群[41]、诸葛亮之伦，皆以其道见诸行事，治法为章[42]。然阔疏者苟务修古[43]，亦欲以是快其佚荡[44]。故魏衰而说变。

【注释】

(26) 东京，指东汉首都洛阳。东京之衰，公元 190 年，袁绍、孙坚等起兵讨伐董卓，卓挟献帝西迁长安，纵火焚烧洛阳周围数百里，洛阳自此衰落。

(27) 无章，不循规章。

(28) 王符(约 85～162 年)，东汉思想家。字节信，安定临泾(今甘肃镇原)人。一生未仕，隐居著书，以讥当时得失。《潜夫论》，现存三十六篇。书中对东汉末年的“衰世之务”，从政治、经济到军事边防、风俗教化的各种弊端进行了广泛的评析。

(29) 仲长统(180～220 年)，东汉末思想家。字公理，山阳高平(今山东邹城市境内)人。曾官尚书郎，后参丞相曹操军事。《后汉书·仲长统传》：“统每论说古今及世俗行事，恒发愤叹息，因著论名曰《昌言》，凡三十四篇，十余万言。”原书已佚，《后汉书》本传“简撮其书有益政者略裁之”三篇，即《理乱》《损益》和《法械》。

(30) 崔寔(?～约 170 年)，东汉政治家、思想家。字子真，涿郡安平(今属河北)人。官至尚书，著有《政论》《四民月令》。《政论》，凡五卷，现存一卷。

主张儒家的“德教”与“刑罚”并用。

(31) 功实，实际的功效。《史记·六国年表》：“夫作事者必于东南，收功实者常于西北。”

(32) 五蠹，五种害虫。《韩非子·五蠹》把“学者”“言谈者”“带剑者”“患御者”“工商”斥为五蠹。

(33) 而三子闳达矣，以上几句意为，与杨雄等人受儒家思想束缚，议论宏大却无实际用途相比，王符、仲长统、崔寔三人则显得渊博通达。牵制，受束缚。闳达，渊博通达。

(34) 九列，九卿之位。《晋书·刘颂传》：“秦汉以来，九列执事，丞相总管。”此泛指官位。

(35) 人有其第，人有考核的等第。官有其伍，官有上下的编属。

(36) 姚信，三国吴人。字元道。曾官太常。著作有《昕天论》《士纬》《姚氏新书》等。《士纬》是姚信评论当时人物的作品，《隋书·经籍志》列入名家。

(37) 贰，疑。《尔雅·释诂下》：“贰，疑也。”邢昺疏：“贰者，心疑不一也。”

(38) 修誉，追求声誉。词主，擅长文词之人。

(39)《意林》，唐马总编，五卷。南朝梁庾仲容取周秦以来诸子杂家一百零七家，摘录其要语，辑为三十卷，名《子钞》，总以为繁略失当，加以增删，名《意林》。此书多有佚脱，现仅存七十一家。

(40) 阮武，三国时魏人。《正论》，又称《阮子正论》，原书已散失，据残留的片断看，他主张法治。

(41) 钟繇(151～230年)，三国魏大臣。字元常，颍川长社(今河南长葛西)人。曹操时为侍中守司隶校尉，持节督关中诸军。曹丕代汉，任廷尉。明帝即位，迁太傅。工书法，与晋王羲之并称“钟王”。陈群(?～236年)，三国魏大臣。字长文，颍川许昌(今属河南)人。初为刘备别驾，后归曹操，任司空掾。曹丕时任尚书，建议选任官吏，实行九品中正制，得到采纳。

(42) 治法，治国的法制。章，彰明。

(43) 修古，遵循古制。《商君书·更法》：“汤武之王也，不修古而兴。”《韩非子·五蠹》：“是以知圣人不期修古，不法常可。”

(44) 佚荡，超脱，无拘束。

【译文】

东汉衰落后，赏罚也就没了规章。儒学不堪任用，从而发愤图强者引入法家来改变这一学风。王符作《潜夫论》，仲长统作《昌言》，崔寔著《政论》，都是要辨别实际功效，而对骄虚奢靡之风深恶痛绝，视之为“五害”；又厌恶用宽柔缓和之政来整治衰敝的习俗。《昌言》最为广大宏富。上比杨雄等人拘泥于儒术，议论宏大却无实际用途，王符、仲长统、崔寔三人则显得渊博通达。法家之教，任用贤能而又考核政绩，期望九卿之职皆能得其人，人有品级，官职有属员，故姚信作《士纬》。动乱时代的学者，重视仪容服饰而掩饰辩说，以迷惑人主之心，“追求名誉而不被责罚，定有玩弄文辞之人生出祸害”(这两句是《阮子正论》里的话，见于《意林》卷四所引)，所以阮武作了《正论》。自汉末以至吴、魏，法家大行其道，而钟繇、陈群、诸葛亮之辈，都是以法家思想见于行事，治国的法制才得以彰显。然而迂阔者往往想去遵循古制，以达到自在快乐、无拘无束。因此曹魏衰落后学术又发生变化。

当魏武任法时[45]，孔融已不平于酒几[46]，又著论驳肉刑[47]。及魏，杜恕倜傥任意[48]，盖孟轲之徒也。凡法家，以为人性忮驛[49]，难与为善，非制之以礼，威之以刑，不肃。故魏世议者言：“凡人天性多不善，不当待以善意，更堕其调中[50]。”惟杜恕惎闻之，而云：己得此辈[51]，当乘桴蹈仓海，“不能自谐在其间也。”《魏志·杜恕传》注引《杜恕新书》。恕为《兴性论》[52]，其书不传。推校之，则为主性善者。其作《体论》[53]，自谓疏惰饱食，“父忧行丧[54]，在礼多愆，孝声不闻。”引见《意林》五。荀卿所谓顺情性而不事礼义积伪者也。盖自魏武审正名法[55]，钟、陈辅之[56]，操下至严[57]。文、明以降[58]，中州大夫厌检括苛碎久矣[59]。势激而迁，终以循天性、简小节相上[60]，固其道也。会在易代兴废之间，高朗而不降志者，皆阳狂远人[61]。礼法浸微，则持论又变其始。

【注释】

(45) 魏武,魏武帝曹操。魏武任法,指曹操颁布《举贤勿拘品行令》《论吏士行能令》等,主张"举贤勿拘品行","取士勿废偏短","揽申商之法术",明赏罚,行耕战,实行法治,推行法家政策。

(46) 孔融(153～208 年),东汉末鲁人。孔子二十世孙。字文举。献帝时为北海相。融言好讥讽,为武帝曹操不容。后因讪谤孙权使者,被曹操所杀。不平于酒儿,《三国志·魏志·崔毛徐何邢鲍司马传》引张璠《汉纪》曰:"太祖(曹操)制酒禁,而融书嘲之曰:'天有酒旗之星,地列酒泉之郡,人有旨酒之德,故尧不饮千钟,无以成其圣。且桀纣以色亡国。今令不禁婚姻也?"酒儿,酒禁。

(47) 著论驳肉刑,指孔融撰《肉刑议》,借口反对肉刑以反对魏武的法治主张。

(48) 杜恕,三国时魏大臣。字务伯,京兆杜陵(今陕西西安东南)人。曾任弘农太守、河东太守、幽州刺史等职。好儒术,"论议亢直",曾上疏曰:"今之学者,师商、韩而上法术,竟以儒家为迂阔,不周世用,此最风俗之流弊,创业者之所致慎者也。"(《三国志·魏志·杜恕传》)倜傥,卓异不凡。任意,任凭己意。

(49) 忮鞸,狠毒凶悍。鞸,通"悍"。

(50) 调中,和中。《说文·言部》:"调,和也。"《礼记·中庸》:"喜怒哀乐之未发谓之中,发而皆中节谓之和。"随其调中,指听任性情的自然发抒。

(51) 此辈,指主张人性忮悍的法家人物。

(52)《兴性论》,一篇。杜恕除官赵郡,在章武所作。《魏志·杜恕传》称:"盖兴于为己也。"

(53)《体论》,八篇。与《兴性论》同时而作。"以为人伦之大纲,莫重于君臣;立身之基本,莫大于言行;安上理民,莫精于政法;胜残去杀,莫善于用兵。夫礼也者,万物之体也,万物皆得其体,无有不善,故谓之《体论》。"(《魏志·杜恕传》引《杜氏新书》)

(54) 父忧,居父丧。

(55) 名法,名分和法治。《尹文子·审道下》:"政者,名法是也,以名法治国,万物所不能乱。"

(56) 钟、陈,即钟繇、陈群。

(57) 操下,操执臣下。《史记·酷吏列传》:"为人上,操下如束湿薪。"

(58) 文、明以降,指自魏文帝曹丕和魏明帝曹睿以来。

(59) 检括,亦作"检栝"。条教约束。

(60) 简小节,不拘小节。相上,相尚。上,通“尚”。
(61) 阳狂远人,假装痴狂,远离人群。阳狂,亦作佯狂。

【译文】

当魏武帝曹操倡导法治时,孔融已不满于酒禁,又著书论说反对肉刑。至曹魏时,杜恕卓异不凡、任凭己意,大有当年孟子的风范。凡法家之见,认为人性狠毒凶悍,难以为善,如果不以礼法来束缚,不以刑罚来威慑,不可整肃。故而魏时议论者说:“人的天性多是不善的,不应当以善意来对待,以免使其堕于恶的天性中而任意妄为。”杜恕听到后,愤恨地说:“我遇到这种人,就当乘着小筏子遨游于沧海,绝不会与他们共处。”(《魏志·杜恕传》注中引《杜恕新书》)杜恕作《兴性论》,此书没有流传后世。不难推断出,他的主张当是人性善。杜恕作《体论》,自称疏懒而饱食,“于父亲去世居丧之时,礼仪上多有不当,孝的名声并不闻于外”。(引见《意林》五)他也只是个荀卿所谓的顺乎人的情性而不事礼义积伪的人。大体而言,自魏武帝审正名分、主张法治,钟繇、陈群辅助之,控制臣民甚严苛。魏文帝曹丕、魏明帝曹睿之后,中原士大夫对教条约束苛刻烦琐而早已产生厌弃之心。形势随之发生转变,终是以顺乎天性、不拘小节相尚,本为此道而已。当时恰在改朝换代、兴废沉浮之际,高超美善而又不欲降身辱志的人,都假装痴狂疯癫而避开世俗。礼法逐渐衰微,则持论又有转变。

嵇康、阮籍之伦(62),极于非尧、舜,薄汤、武,载其厌世(63),至导引求神仙(64),而皆崇法老庄,玄言自此作矣(65)。魏晋间言神仙者,皆出于厌世观念,故多籍老庄抒其愤激。独葛洪笃信丹药(66),而深疾老庄,恶放弃礼法者如仇雠。观《抱朴》外篇《疾谬》《诘鲍》(67),其大旨在是矣。盖吴士未遭禅让,无所忿恚,故论多守文。及其惑于仙道,根诸天性,亦视愤世长往者为甚也(68)。

【注释】

(62) 嵇康(223～262 年),三国魏玄学家、文学家。"竹林七贤"之一。字叔夜,祖籍会稽(今浙江绍兴)。官至中散大夫,也称嵇中散。长好《老》《庄》。与阮籍齐名。因不满司马氏集团执政,遭钟会构陷,以"言论放荡,非毁典谟"的罪名为司马昭所杀。阮籍(210～263 年),三国魏玄学家、文学家。"竹林七贤"之一。字嗣宗,陈留尉氏(今属河南尉氏)人。因任步兵校尉,世称"阮步兵"。纵酒谈玄、蔑视礼法。不满司马氏集团,但态度谨慎,因而得以免于祸患。

(63) 载,行。《小尔雅·广言》:"载,行也。"

(64) 导引,也作"道引"。古医家的一种养生术。"道气令和,引体令柔"的意思。《庄子·刻意》:"吹呴呼吸,吐故纳新,熊经鸟申,为寿而已矣,此道引之士,养形之人。"

(65) 玄言,指魏晋时期以《周易》《老子》《庄子》为内容,崇尚虚无,空谈名理的言论。

(66) 葛洪(284～364 年),东晋道士。字雅川,号抱朴子,丹阳句容(今属江苏)人。三国方士葛玄的重孙。少好神仙导引之术,从葛玄的弟子郑隐学道。司马睿为相,用为掾,后迁伏波将军,赐爵关内侯。咸和(326—334 年)初,闻交趾出丹砂,求为勾漏令。携子侄经广州,止于罗浮山炼丹,在山积年而卒。

(67)《抱朴》,又称《抱朴子》。葛洪自号抱朴子,因以名其书。分内外篇。内篇二十卷,论"神仙方药";外篇五十卷,论"人间得失,世事臧否",反映了作者内神仙外儒术的思想。

(68) 禅让,指公元 266 年,司马炎逼迫魏元帝曹奂让位给自己,以禅让的形式从曹魏手里篡夺了政权。长往,死亡的婉词。以上几句意为,孙吴的士大夫没有经历司马氏与曹魏的夺权斗争,所论有所不同。他们又迷恋仙道,视嫉世愤俗、牺牲生命为过激的行为。

【译文】

嵇康、阮籍之辈,用其极于非毁尧、舜,而轻薄汤、武,行其厌世之风,以至于导气引体以求成为神仙,都是在尊崇效法老、庄,玄学自此兴起了。(魏晋间言说神仙的,都是出于厌世的观念,所以多是凭借老、庄以抒发其激愤之情。唯独葛洪笃信丹药,而极厌恶老、庄,对那些放弃礼法的人如同仇敌一般痛恨。读《抱朴子》外篇

《疾谬》《诘鲍》,他的主张就大体可见。吴地之人受到司马氏逼迫曹魏禅让的影响,没有什么怨愤,所以议论更多的是延续旧时风气。他们又迷恋仙道,从人的本性来说,他们往往视嫉世愤俗、牺牲生命为过激的行为。)

凡此五变,各从其世。云起海水,一东一西,一南一北,触高冈,象林木而化。初世雄逸,化成于草昧(69),而最下矣。

【注释】

(69) 雄逸,雄伟、奇逸。草昧,原始未开化的状态。《易·屯》:“天造草昧。”孔颖达疏:“草谓草创,昧谓冥昧。言天造万物,万物于草创之始,如在冥昧之中。”

【译文】

学术经此五变,各因于其世事变迁。海上水汽蒸腾而起成为云,一东一西,一南一北,触高冈,像林木而变化消散。事物开始时雄壮飘逸,经过演化,就变成草昧状态,这是最下等的。

然著书莫易以杂说援比诸家。故季汉而降,其流不绝。汉时周生烈已为《要论》(70)。其后蒋济作《万机论》(71),谯周作《法训》(72);顾谭作《新语》(73),陆景作《典语》(74),杜夷作《幽求新书》(75),杨泉作《物理论》(76),秦菁、唐滂(77)之徒,皆有论著,或称杂家,或缘儒老。上者稍见行事兴坏,其次乃以华言相耀。惟荀悦、徐幹为愈(78)。《申鉴》温温,怀宝自珍。《中论》朴质理达矣。殷基曰(79):“质胜文,石建(80);文胜质,蔡邕(81);文质彬彬,徐幹庶几也(82)。”

【注释】

(70) 周生烈,三国魏经学家。字文逸,本姓唐,敦煌(郡治今甘肃敦煌市西)人。历官郎中。注经传,颇传于世。何晏《论语集解》有他所作的义例。

著有《周生烈子》十三卷，已佚。现存本为清张澍从《太平御览》中辑出。《要论》，即《周生烈子》。

(71) 蒋济，三国魏大臣。字子通，平阿（今安徽怀远县西北）人。曾任护军将军、太尉等职。《万机论》，《隋书・经籍志》著录八卷，今佚。《全三国文》及《玉函山房辑佚书》有辑录，认为政治关键在于选拔人材，符合民意和符合时势。对选拔人材讨论尤为精要。

(72) 谯周（201～270 年），三国蜀大臣。字允南，巴蜀西充（今四川阆中西南）人。通经学，善书札。诸葛亮领益州牧，任其为劝学从事。后劝蜀主刘禅降魏，受魏封为阳城亭侯。著有《法训》《五经论》《古史考》等。

(73) 顾谭，三国吴大臣。字子默，吴郡（今江苏苏州）人。曾任太常。《新语》，《隋书・经籍志》作《顾子新语》，列入儒家。

(74) 陆景，三国吴大臣。字士仁，吴郡（今江苏苏州）人。曾任中夏督。《典语》，《隋书・经籍志》列入儒家，今存残篇。

(75) 杜夷，西晋时学者。字行齐，庐江灊（qián 潜）（今安徽霍山县东北）人。《幽求新书》，又称《幽求子》，《隋书・经籍志》列入道家。

(76) 杨泉，魏晋之际思想家、无神论者。字德渊，梁国（治今河南商丘南）人。一生隐居著书，终身不仕。对天文、地理、历法、医学等均有研究。著有《物理论》《太玄注》等，均佚。清孙星衍《平津馆丛书》辑有《物理论》一卷。

(77) 秦菁，三国时吴人。著有《秦子》，《隋书・经籍志》列入杂家。唐滂，三国时吴人。著有《唐子》，《隋书・经籍志》列入道家。

(78) 荀悦（148～209 年），东汉末年思想家、史学家。颍川颍阴（今河南许昌）人。与从弟荀彧、名士孔融俱侍讲宫中。著有《申鉴》五篇，主张“法”“教”并举。另以编年体改写《汉书》，撰成《汉纪》三十卷。徐幹（171～218 年），汉魏之际思想家、文学家。“建安七子”之一。字伟长，北海郡（治今山东潍坊西南）人。主张“凡学者，大义为先，物名为后。大义举，而物名从之”。（《中论・治学》）对魏晋重义理、鄙章句的治学方法有较大影响，著有《中论》二十余篇，现存本为上下两卷，二十篇。

(79) 殷基，当为“殷兴”。晋大臣。曾任尚书左丞。著有《通语》。以下六句引自《意林》卷四。

(80) 质胜文，《论语・雍也》：“质胜文则野（粗野）。”石建，西汉温（今河南温县西）人。任郎中令，以谨慎守法著名。

(81) 文胜质，《论语・雍也》：“文胜质则史（虚浮）。”蔡邕（132～192 年），东汉文学家、书法家、经学家。字伯喈，陈留圉（今河南杞县南）人。灵帝时拜郎中，与杨赐等奏定《六经》文字，立碑太学门外。好辞章，精音律，又工书画。

著有《独断》等。后因董卓同党死狱中。

(82) 文质彬彬,《论语·雍也》:“文质彬彬,然后君子。”郑注:“彬彬,杂半貌也。”庶几,接近,差不多。

【译文】

著书没有比引用杂家学说比附于诸家更容易的了。所以自汉末以后,这一风气一直不断。汉时的周生烈已作《要论》。之后的蒋济作《万机论》,谯周作《法训》,顾谭作《新语》,陆景作《典语》,杜夷作《幽求新书》,杨泉作《物理论》。秦菁、唐滂等人,也都有论著,或称为杂家,或依附于儒、老。好一些的还能稍稍体现世事兴衰,差一些的只能以浮华的言辞相互夸耀。只有荀悦、徐幹较为突出。《申鉴》温文平和,怀宝自珍;《中论》平实质朴,条理通达。殷基说:“质朴胜过文采,是石建;文采胜过质朴,是蔡邕;文质兼备的,徐幹接近于此。”

学蛊第九

[说明]欧阳修和苏轼是北宋两位有影响的文人和学者，他们在学术上的一个共同特点是不遵从传统的治学方法，而注重个人意见的阐发。欧阳修怀疑《易传》为孔子所著，开疑经思潮的先河；苏轼融合儒、佛、道，创立的蜀学在当时也独树一帜。后世学者对于二人一直存有不同的评价。章太炎在本文提出了自己的看法。

章氏认为欧阳修不研习六艺及前人注疏，而根据个人意见解说经义，自以为得道，实际却违背了正确的治学方法，助长了学者束书不观，自以为是的不良风气。苏轼在学术上没有一定的是非标准，专门以反驳他人为务，为了取胜他人，故意用言玄妙，使人摸不着头脑，二人在学术上都产生了极坏的影响。近代以来人们对程朱多有批判，并把各种社会弊端归罪于他们，章太炎对此持有不同看法。他认为程朱在学术上虽然未尽完善，但他们都有一种求是的精神，不像欧阳修浮夸，也不像苏轼没有是非标准。人们常常认为愚忠是程朱的发明，其实并非如此。唐末以来，盛均、孙郃等人就著书提倡愚忠；到了宋代，持此说的更是大有人在，欧阳修就是一位，程朱的忠君思想即是受欧阳修的影响，把愚忠的帽子扣在程朱头上既不公正，也不符合历史实际。

本文首次收入《訄书》重刻本，未收入《检论》。

宋之余烈[(1)]，蛊民之学者[(2)]，程、朱亡咎焉[(3)]，欧阳修、苏轼其孟也[4]。

【注释】

(1) 余烈,余祸。烈,祸害。《汉书·董仲舒传》:"其遗毒余烈,至今未灭。"

(2) 蛊民,迷惑民众。蛊,迷惑。《玉篇·虫部》:"蛊,或(惑)也。"

(3) 程、朱,指北宋学者程颢、程颐兄弟和南宋学者朱熹。程颢(1032～1085年),字伯淳,北宋洛阳人,学者称明道先生。程颐(1033～1107年),字正叔,学者称伊川先生。二人同为北宋理学的奠基人,人称"二程"。因居洛阳,其学派称"洛学"。其言论著述后人编为《二程遗书》《二程外书》等。朱熹(1130～1200年),南宋著名理学家。字元晦,号晦庵,徽州婺源(今属江西)人。侨寓建阳(今属福建),其学称"闽学"。著有《四书章句集注》《周易本义》等。亡咎,没有过错。

(4) 欧阳修(1007～1072年),北宋文学家、史学家。字永叔,号醉翁,又号六一居士,吉水(今属江西)人。天圣进士。曾任枢密副使、参政知事。打破《易传》为孔子所作的传统看法,认为《易传》解说不一,非一人之言,与孔子思想不同。这种疑经思想对后世影响很大,也受到包括章太炎在内的一些学者的批评。苏轼(1037～1101年),北宋文学家、思想家。字子瞻,眉山(今属四川)人。谪居黄州(今湖北黄冈)时筑室于东坡,自号东坡居士。其思想糅合儒、佛、道,但更多受到佛教的影响。孟,排行居长。此指责任最大。

【译文】

宋学的遗毒,迷惑民众的学者,程颐、朱熹没有多少过错,而数欧阳修、苏轼危害最大。

修不通六艺[5],《正义》不习[6],而瞍以说经[7],持之无故,譏譏以御人[8],辞人也[9]。不辨于名理,比合训言[10],反覆其文,自以为闻道,遭大人木强[11],而已得尸其名[12],以色取仁,居之不疑矣[13]。

【注释】

(5) 修,欧阳修。六艺,指《诗》《书》《礼》《乐》《易》《春秋》六经。因《乐》亡,实为五经。

(6)《正义》,经史的注释。此指唐孔颖达等编定的《五经正义》。

(7) 瞍(sǒu 叟),瞎,盲目。

(8) 諓諓(jiàn 践—),巧言、能言善辩。御人,应对人。《论语·公冶长》:“焉用佞,御人以口给,屡憎于人。”皇侃疏:“御,犹对也。”

(9) 辞人,善作诗歌辞赋之人。

(10) 比合,旧时术数家以天干、地支中五行同位的为比和。如天干甲乙与地支寅卯,在五行中同属于木,则二者为比和。比合训言,指根据形式上的联系以推测文义。

(11) 大人,有德之人。木强,质直刚强。《史记·绛侯周勃世家》:“勃为人木强敦厚,高帝以为可属大事。”

(12) 尸其名,享有其名。

(13) 以色取仁,居之不疑,《论语·颜渊》:“夫闻也者,色取仁而行违,居之不疑;在邦必闻,在家必闻。”何晏集解引马融曰:“此言佞人假仁者之色,行之则违,安居其伪而不自疑。”

【译文】

欧阳修不能精通六经,不研习《五经正义》,而一味盲目地解说经典,持论并无根据,却能言善辩与人争论,只是一个擅于作辞赋的人。他不辨析事物的名和理,只根据形式上的联系推测文义,反复其文辞,自以为得道,遇到敦厚刚强有德之人,才得以享有名声,只是表面上爱好仁德,而自己竟也以仁人自居不加质疑。

轼之器(14),尽于发策决科(15),上便辞以耀听者(16);义之正负,朝莫之间,不皇计也(17)。又飞钳而善刺也(18),审语默以自卫也(19),不知者一,宁墨藏其九;知不合一也,九合者不言。导人于感忽之间、疑玄之地以取之(20),故终身言谈无衅(21)。且听辩之道,甲乙是非,本以筹策较计少多而断优绌(22)。斯道少衰,惟后胜以为倞(23),故轼之诘人,专以后起伏击,无问其得失盈于算数未也(24)。

【注释】

(14) 轼,苏轼。

(15) 发策决科,命题考试。策,试题。决科,应科举试。

(16) 上便辞,崇尚巧辩之辞。上,通“尚”。便,巧辩。《论语·季氏》郑玄注:“便,辩也。”

(17) 朝莫,朝暮。莫,同“暮”。不皇,亦作“不遑”。不暇。《诗·小雅·四牡》:“王事靡盬,不遑启处。”毛传:“遑,暇也。”

(18) 飞钳,研究人之好恶,俟其竭情无隐,因而钳持之。《周官·春官·典同》贾公彦疏:“《鬼谷子》有《飞钳》《揣摩》之篇,皆言纵横辩说之术。飞钳者,言察是非语,非而钳持之。”

(19) 审语默以自卫也,考虑是用回答还是用沉默进行自卫。审,考察、研究。语默,或言语,或沉默。《易·系辞上》:“君子之道,或出或处,或默或语。”

(20) 惑忽,恍惚,不可捉摸。《荀子·议兵》:“善用兵者,感忽悠暗,莫知其所从出。”疑玄,迷惑,玄妙。

(21) 无衅,无过错。《汉书·佞幸传》:“国多衅矣。”颜师古注:“衅,谓间隙也。”

(22) 甲乙是非,犹言谁是谁非。本以筹策较计少多而断优绌,本来以计算符合事实的多少为优劣。筹策,古代计算用具。

(23) 后胜,以后息为胜。《韩非子·外储说左上》:“郑人有相与争年者。一人曰:‘吾与尧同年。’其一人曰:‘我与黄帝之兄同年。’讼此而不决,以后息者为胜耳。”倞,同“劲”。

(24) 无问其得失盈于算数未也,不问是否合于道理。

【译文】

苏轼的才能,全用在了命题考试上,崇尚巧辩之辞以炫耀于听众;其中意义如何,朝暮之间,不暇去计较。他又研究人的好恶,待其竭情无隐,因而钳持之,且善于刺探,考虑是用回答还是用沉默进行自卫,有一分不知,宁可沉默藏匿其他九分;知有一处不相合,其他九处相合者也不说。他引导别人处于心神恍惚不宁、疑惑迷乱之时以取之,所以终身言谈无过错。况且考察辩论的方法,判断谁是谁非,本应以计算符合事实的多少作为判断优劣的标准。这一方法衰落之后，只能是最后停止辩论的人成为胜利者，所以苏轼诘问责难他人时，专门后发制人，而不论是否符合事实。

夫程朱虽未竟竘眇[(25)]，犹审己求是；夸不若修[(26)]，无寻常丈墨检式不若轼[(27)]。修之烈，令专己者不学而自高贤，自谓以文辞承统[(28)]，正体于上，玄圣素王[(29)]。轼也使人跌逿而无主[(30)]，设两可之辩[(31)]，仗无穷之辞，遁情以笑[(32)]，谓道可见端，而不睹其尾，谓求学皆若解闭者，以不解解之也[(33)]。孔子曰："亡而为有，虚而为盈，难乎有恒矣！"[(34)]巫医尚不可作[(35)]，况朴学百艺邪[(36)]？

【注释】

(25) 竘眇（qǔ 取—），雄壮高远。眇，通"渺"。

(26) 夸不若修，不及欧阳修浮夸。

(27) 无寻常丈墨检式不若轼，不像苏轼没有一定的原则。寻常丈墨，皆长度单位。《国语·周语下》韦昭注："五尺为墨，倍墨为丈，八尺为寻，倍寻为常。"检式，法式，法度。

(28) 以文辞承统，用文辞承接道统。

(29) 玄圣，古指有治天下之德而不居其位的人，意与"素王"同。

(30) 跌逿，同"跌荡"。放荡无拘束。

(31) 两可，可此可彼，无所可否。刘向《别录》："邓析者，郑人也。好刑名。操两可之说，设无穷之辞，当子产之世，数难子产为政。"

(32) 遁情，犹隐情。不露出真情。

(33) 以不解解之也，知道不可解就是解。《吕氏春秋·君守》："鲁鄙人遗宋元王闭。元王号令于国，有巧者皆来解闭，人莫之能解。兒说之弟子请往解之。乃能解其一，不能解其一。且曰：'非可解而我不能解也，固不可解也。'问之鲁鄙人，鄙人曰：'然，固不可解也，我为之而知其不可解也。今不为而知其不可解也，是巧于我。'故如兒说之弟子者，以'不解'解之也。"高诱注："闭，结不解者。"

(34) 孔子曰，引文见《论语·述而》。

(35) 巫医尚不可作，《论语·子路》："子曰：南人有言曰：'人而无恒，不可以作巫医。'善夫！"

(36) 朴学，指文字训诂、名物考证之学。百艺，泛指一切技艺。

【译文】

程颐、朱熹虽未达到高妙的境界，但仍能审查自己、务以求是；没有欧阳修那么浮夸，不像苏轼那样没有一定的原则。欧阳修的消极影响，会使得一些固执己见的人不学习却自以为是，自称以文辞承继道统，正道体于上，犹如有治天下之德而不居其位的玄圣素王一般。苏轼使人放荡不羁、无拘无束，设两可之辩，用无穷之辞，不露真情而以笑应之，告诉他人说大道可见其端而不睹其尾，又说求学之人如同去解那解不开的结子，以不解来解之。孔子说："本来没有却装作有，本来空虚却装作充实，这样的人难以保持一定的操守！"连巫医尚且作不得，何况考据训诂之学及百工技艺呢？

幸有顾炎武、戴震以形名求是之道约之(37)，然犹几不能胜。何者？淫文破典，軵靡者众(38)。今即诮士人以程、朱(39)，辄勃然，以为侏儒鄙生我矣；诮以修、轼，什犹七八驩舞(40)。校其乡背之数，学之不讲，谁之咎也？

【注释】

(37) 顾炎武(1613～1682年)，明清之际思想家、学者。初名绛，字宁人。学者称亭林先生，江苏昆山人。治经侧重考据，开清代朴学风气，对后来重考据的吴派、皖派都有影响。著有《日知录》《天下郡国利病书》等。戴震(1723～1777年)，清代思想家、学者。字慎修，又字东原，安徽休宁人。博闻强记，对经学、语言文字学等有重要贡献，尤擅名物训诂。著作有《原善》《原象》《孟子字义疏证》等。形名，循名责实。求是，实事求是。为顾炎武、戴震倡导的为学宗旨。

(38) 軵靡，附和。軵，通"附"。

(39) 诮，讥笑。

(40) 驩，通"欢"。

【译文】

幸亏有顾炎武、戴震以循名责实、实事求是之道来约束之，然而还是难以从根本上扭转。为什么？淫浮的文辞，变乱旧章，而附和随从的人众多。如今若讥笑某位读书人是程颐、朱熹那样的人，他就会立马变脸色，认为在嘲笑他是个乡野儒生、不达事理的人；若讥笑他是欧阳修、苏轼那样的人，十之七八会欢欣鼓舞。考量其中的向背之别，学问之不讲，是谁之过呢？

《易说》曰(41)："阴羽之鸣(42)，其子和之，不如翰音(43)，丧其中孚(44)；中孚之丧，不如大风，噫气落山(45)；风之噫而山材落也，款言所以为蛊也(46)。"嗟乎！赫赫皇汉(47)，博士黯之(48)。自宋以降，弥又晦蚀。来者虽贤，众寡有数矣。不知新圣哲人，持名实以遍诏国民者，将何道也？又不知齐州之学(49)，终已不得齿比于西邻邪(50)？

【注释】

(41)《易说》，清惠士奇著，六卷，杂释卦爻，专宗汉学，以象为主。

(42) 阴羽，指鹤。见《逸周书·王会》孔晁注。取《易·中孚》"鸣鹤在阴，其子和之"之义。

(43) 翰音，《易·中孚》："上九，翰音登于天，贞凶。"王弼注："翰，高飞也。飞音者，音飞而实不从之谓也。"或说翰音为鸡之别名，翰音登于天，喻庸才居高位。

(44) 中孚，六十四卦之一。兑下巽上。《易·中孚》"象曰：泽上有风，中孚。"疏："风行泽上，无所不周，其犹信之被物，无所不至。"后称施与恩泽为中孚。

(45) 噫气，吐气出声。《庄子·济物论》："夫大块噫气，其名为风。"

(46) 款言，空言。蛊，事也。

(47) 皇汉，大汉。指汉朝。

(48) 博士，指汉代的经学博士。黯之，默然无声。

(49) 齐州，中州。《尔雅·释地》郭璞注："齐，中也。"邢昺疏："中州，犹言中国也。"齐州之学，指中华学术。

(50) 齿比，与人相比。

【译文】

《易说》有言:“鹤鸣声声,其子和之,不如高飞之音,丧其中孚;丧其中孚,不如大风,吐气出声落于山;风之叹息而山材落,空言所以为蛊。”唉!显赫的汉朝,经学博士黯然失声;自宋代以降,境况愈下。后来者虽然不乏贤才,但数量多少有限。不知今日之新圣哲人,持循名责实之论以遍告国民,将要走什么道路呢?又不知中华学术,最终能与西方各国相比吗?

世言尊君卑臣,小忠为教[51],至程、朱始甚,此则未是。唐末说《春秋》者日众,要以明其事君尽谄之义。盛均作《仲尼不历聘解》[52],孙郃作《春秋无贤臣论》[53],皆持此旨。宋人张之,亦其势也。然程、朱犹有是非然否之辨。程于妇人有“饿死事小,失节事大”之说[54],盖一言以为不智尔。欧阳则壹任名分[55],无复枉直可辨,其于孙复[56],颂美不尽,正以所见翕合故也[57]。朱元晦亦言明复《春秋尊王发微》[58],推言治道,凛凛可畏[59]。此则欧阳之余烈,已流及朱学矣。吾不谓程、朱绝无瑕疵,然即小忠为教一言,其祸首亦非程、朱也。

【注释】

(51) 小忠,愚忠。

(52) 盛均,字子材,唐末泉州南安人。著有《十三家帖》《仲尼不历聘解》等。见《新唐书·艺文志》。

(53) 孙郃,字希韩,唐末明州奉化(今浙江宁波)人。著有《春秋无贤臣论》及《孙子文纂》《孙氏小集》等。见《新唐书·艺文志》。

(54) 程,指程颐。引语见《二程遗书》卷二十二。

(55) 名分,指人们的名位和应守的职分,即身份等级。

(56) 孙复(992～1057 年),北宋初学者。字明复,晋州平阳(今山西临汾)人。和胡瑗、石介并称“宋初三先生”。治经注重探寻本义,开宋代以义理解经的风气。著作有《春秋尊王发微》和《睢阳子集》。

(57) 翕合，符合，一致。

(58) 朱元晦，朱熹的字。《春秋尊王发微》，北宋孙复著。现存十二卷。原有《春秋总论》三卷，已佚。全书对《春秋》有贬无褒，自周王、诸侯、大夫，无一人一事而不加诛绝，强调天子权力“专而行之”的重要。

(59) 凛凛，亦作“懔懔”。畏惧貌。

【译文】

世人多称尊君卑臣，教人愚忠，至程颐、朱熹愈演愈烈，恐怕不是这样。唐朝末期讲《春秋》的越来越多，主要是阐明事君媚上之义。盛均作《仲尼不历聘解》，孙郃作《春秋无贤臣论》，都是持这一主张。宋儒张大其说，也是形势使然。但是程颐、朱熹仍有是非然否之辨。程颐曾提出妇女“饿死事小，失节事大”的说法，只是这一句惹来无数非议。欧阳修则单单尊崇名分，而不再有是非曲直之辨；他对于孙复，赞颂有加，正因为他们所持观点有相一致之处。朱熹也曾论孙复《春秋尊王发微》，推言治世之道，懔懔然使人敬畏。由此可见欧阳修的影响，已经波及朱学了。我并不是说程颐、朱熹绝对没有瑕疵，然而就教人愚忠这一点，其祸首也并非程颐、朱熹。

王学第十

[**说明**]章太炎是西方近代经验主义的倡导者和传播者之一，重经验、重实证是他一贯的主张，也是他评价古今学术的标准之一。明代中后期，王阳明以“致良知”相号召，他所倡导的心学在当时儒林震动一时。如何评价这一学派的学术和思想？章太炎从经验主义的立场出发，给出了自己的回答。

他认为王阳明提倡“致良知”，一切诉诸直觉，其立义“至单也”，过于简单了。虽然他也有一些高明的见解，但他并没有提出一套如何获得正确思想的方法，他的学说到了弟子那里只能是“缦简粗觕”“徒以济诈”了。章太炎还从考证《周官》《庄子》等古籍入手，认为中国古代也存在着“以参为验，以稽为决”的经验主义方法，只是“其后废绝”，从此中夏之科学也衰落下去。另外，对于王阳明“不读书”的问题，本文也作了探讨。

本文首次收入《訄书》重刻本，收入《检论》时改名为《议王》，有增删。

王守仁南昌、桶冈之功[1]，职其才气过人[2]，而不本于学术。其学术在方策矣[3]，数传而后，用者徒以济诈，其言则只益缦简粗觕[4]。何也？王守仁之立义，至单也[5]。

【注释】

(1) 王守仁(1476～1529年)，明代著名理学家，心学派的代表人物。字伯安，谥文成，学者称阳明先生，浙江余姚人。主张“致良知”，著有《传习录》《大学问》等。南昌、桶冈之功，指正德十四年（1519 年），王守仁奉旨巡视福建时，于南昌平定宁王朱宸濠叛乱；及明正德十二年（1517 年），王守仁任南赣巡抚时，平定桶冈、横水、左溪三寨农民起义。

(2) 职，惟，只。

(3) 方策，同“方册”。《礼记・中庸》：“文武之政，布在方策。”注：“方，版也。策，简也。”

(4) 缦简粗觕，简单粗陋。缦，无文饰。觕，“粗”的异体字。

(5) 至单也，章太炎受西方经验主义的影响，强调学术研究必须以经验实证为基础。王阳明倡导“致良知”，重视直觉体悟，故章太炎认为他立义“过于简单了”。

【译文】

王守仁在南昌、桶冈的功劳，依仗的是他过人的才能气魄，而不是本于学术。他的学术存于典籍中，传于后世，用之者只是以此欺世盗名，所说皆是简单粗陋之言。为什么？王守仁的立义，太单薄了。

性情之极，意识之微，虽空虚若不可以卷握，其䚡理纷纭[6]，人鬓鱼网[7]，犹将不足方物[8]。是故古之为道术者[9]，“以法为分[10]，以名为表[11]，以参为验[12]，以稽为决[13]，其数一二三四是也[14]。”《庄子・天下篇》语。《周官》《周书》既然[15]，管夷吾[16]、韩非犹因其度而章明之。其后废绝，言无分域，则中夏之科学衰。况于言性命者[17]，抱蜀一趣[18]，务为截削省要，卒不得省，而几曼衍，则数又亡以施。故校之浮屠诸论[19]，泰西惟心合理之学说[20]，各为条牒，参伍以变者[21]，蛰之与昭、跛之与完也[22]。

【注释】

(6) 䚡理（sāi 腮—），角上之纹理。此指义理。《说文・角部》：“䚡，角中骨也。”

(7) 人鬓鱼网，笔和纸的代称。人鬓，人的鬓须。因人的鬓须可做笔，故称。见《太平御览》卷六百五引《岭表录异》。又《后汉书·蔡伦传》:“伦乃造意,用树肤、麻头及敝布、鱼网为纸。”故用鱼网代称纸。

(8) 方物,辨别名状。《国语·楚语》下:“民神杂糅,不可方物。”注:“方,犹别也。物,名也。”

(9) 道术,指治道方法。《庄子·天下》:“天下之治方术者多矣。”成玄英疏:“方,道也。自轩顼已下,迄于尧舜,治道之术方法甚多。”

(10) 以法为分,依据事物的法则而作出区分。

(11) 以名为表,给予名称作为表示。表,借为“标”。

(12) 以参为验,以众多的实事来验证。参,借为“三”,表示多数。

(13) 以稽为决,严密考虑而后决定。稽,考查。

(14) 其数一二三四是也,其法则好像一二三四一样清楚明白。数,规律、法则。

(15)《周官》,即《周礼》。参见《儒法》第五注(8)。《周书》,《尚书》组成部分之一。相传是记载周代史事之书。今本存有《牧誓》《洪范》等三十二篇。其中《泰誓》以下十三篇是伪《古文尚书》。

(16) 管夷吾,即管仲。参见《儒法》第五注(1)。

(17) 性命,中国古代哲学重要概念。一般指天命与人性。《孟子·尽心上》:“存其心,养其性,所以事天也。夭寿不贰,修身以俟之,所以立命也。”认为命是由人事外的天所决定的,而性则是天道在人或物身上的具体体现。以后各代思想家对此均有讨论,成为中国哲学中特有的内容。

(18) 抱蜀,抱独。蜀,独。一说祠器。《管子·形势》:“抱蜀不言,而庙堂既修。”一趣,一趋。趣,同“趋”。

(19) 浮屠,梵语佛的音译,指佛教。论,佛教经典经、律、论之一。

(20) 泰西惟心合理之学说,指西方的先验唯心哲学。泰西,极西。泛指欧洲、美洲各国。

(21) 参伍以变,语出《易·系辞上》:“参伍以变,错综其数。”参,通“三”。周易断卦时,三变而成一爻,一挂两揲两扐为“五岁再闰”,故曰“参伍以变”。原指爻位的错综变化,这里指事物的复杂变化。

(22) 蛰之与昭,阴暗与光明。蛰,伏藏不出。昭,昭苏。跛之与完,跛足与身体完好。以上两句皆喻反差极大。

【译文】

性情之玄奥,意识之微妙,玄虚无状而碰不到、握不着,其义理纷纭,虽大费笔墨,仍将不能辨别名状。所以古代治道术之人,“依据事物的法则而作出区分，命以名称作为标示，以众多的实事来验证，经周密考虑而后决定，好像一二三四那样明白”。（《庄子·天下》语）《周礼》《尚书》就是如此，管仲、韩非也是循此法度并且加以发扬。在此后这一传统断绝，言语含混无法区分，从而中华科学由此衰微。何况言天命、人性者，往往抱有成见，目标专一，务求减省以做到简明扼要，最终无法减省，就曲解其意而随意发挥，失去了客观性。所以如果与佛教诸论、西方的先验唯心哲学相较，其各有条理，变化复杂，犹如阴暗与光明、跛足与身体完好。

夫浮屠不以单说成义，其末流禅宗(23)者为之。儒者习于禅宗，虽经论亦不欲睹，其卒与禅宗偕为人鄙。义窭乏而尚辞(24)，固韰质也(25)。

【注释】

(23) 禅宗，中国佛教宗派之一。以禅定作为全部修习而得名。主张不立文字，教外别传，直指人心，见性成佛。因修持方法简易而流行日广。

(24) 窭乏(jù 据—)，贫寒匮乏。窭，贫寒。

(25) 韰质(xiè 谢—)，内容贫乏。《汉书·杨雄传上》：“何文肆而质韰！”韰，狭。

【译文】

佛教不以单薄之说而成其义理，但其末流禅宗流于此弊。儒者修习禅宗，即使是不去诵读佛家经论典籍，最终也会与禅宗一起为世人所鄙视。义理匮乏而崇尚言辞，最终必然是内容贫乏。

尝试最观守仁诸说，独“致良知”为自得，其他皆采自旧闻，工为集合，而无组织经纬。

夫其曰“人性无善无恶”，此本诸胡宏(26)，胡宏曰：“凡人之生，粹然天地之心，道义完具，无适无莫(27)，不可以善恶辨，不可以是非分。”又曰：“性者，善不足以言之,况恶邪?”而类者也,陆克所谓“人之精神如白纸”者也(28)。

【注释】

(26) 胡宏(1105~1155 年),南宋学者。字仁仲,崇安(今属福建)人。胡安国季子。学者称五峰先生。著作有《五峰集》《知言》等。

(27) 无适无莫,语出自《论语・里仁》:“君子之于天下也,无适也,无莫也,义之与比。”有多种理解,或为“无亲疏厚薄”,或为“无可无不可”,或为“无所为仇,无所羡慕”,此为第一义。

(28) 陆克,今译洛克(1632~1704 年)。英国经验论哲学家。提出著名的“白板说”,认为知识起源于感觉经验,批判了“天赋观念”论。

【译文】

我曾试着通观王守仁的学说,认为其中只有“致良知”是独创,其他的皆采自前人旧说,又进行加工合成,并不成严密体系。

王守仁所说“人性无所谓善也无所谓恶”,这是本于胡宏之说。(胡宏说:“人之生成,是集天地之心,道义生来就是完备的,并没有亲疏厚薄之分,不可用善恶来辨别,不可以是非来区分。”又说:“人性,不足以用善来言说,何况恶呢?”)与此相类似的,是洛克曾说“人的心灵如同白纸”。

其曰“知行合一”,此本诸程颐,程颐曰:“人必真心了知,始发于行,如人尝噬于虎,闻虎即神色乍变。其未噬者,虽亦知虎之可畏,闻之则神色自若也。又人人皆知脍炙为美味,然贵人闻其名而有好之之色,野人则否。学者真知亦然。若强合于道,虽行之必不能持久。人性本善,以循理而行为顺,故烛理明,则自乐行。”案:此即知行合一之说所始。而紊者也,徒宋钘所谓“语心之容,命之曰心之行”者也(29)。案:以色变为行,是即以心之容为心之行也。此只直觉之知,本能之行耳。自此以上,则非可以征色发声,遽谓之行也。然程说知行,犹有先后。希腊琐格拉底倡知德合一说(30),亦谓了解善为何物,自不得不行之。并有先后可序。王氏则竟以知行为一物矣。卒之二者各有兆域(31),但云不知者必不能行,可也;云知行合流同起,不可也。虽直觉之知,本能之行,亦必知在行先,徒以事至密切,忘其距离,犹敂钟而声发(32),几若声与敂同起。然烛而暗除,不见暗为烛所消。其实声浪、光浪,亦非不行而至,其间固尚有忽微也。要之程说已滞于一隅,王氏衍之,其谬滋甚。

【注释】

(29) 紊,乱。指改变。章氏认为王阳明的“知行合一”实来自程颐,所不同的只是接受了宋钘将心的感受看作是心的行为的看法。心之容,心的容受。

(30) 琐格拉底,今译苏格拉底(前469~前399年)。古希腊哲学家。主张“美德即知识”。认为一个人不行善是因为无知,一旦具有了善的知识,自然会行善。参见亚里士多德《尼各马可伦理学》Ⅵ2。

(31) 兆域,界域。兆,坟墓的界址。

(32) 敂,“叩”的异体字。

【译文】

王守仁说“知行合一”,这是本于程颐。(程颐说:“人必是真心地‘知’了,才能开始‘行’。如同有人曾被虎咬伤,那么他以后就会谈虎色变。那些没有被虎咬伤过的人,虽然也知道虎是可怕的,但听到之后还是神色自若。又如人人都知道烤肉是美味,然而富贵之人听到烤肉会表现出喜欢的神色,贫贱之人就不会。学者达到真正‘知’的境界,也是同样道理。若勉强合于道,虽然也能试图去践行,但终不能持久。人性本善,以遵循此理而践行则顺畅,所以真正明于此理,则自然乐于去践行。”案:这是知行合一之说的源头。)而有所不同的是,王守仁也接受了宋钘所谓“称心的表现,名之为心的行为”的观点。(案:认为色变也是行,即是以心的表现为心的行为。这只是直觉的“知”,人的本能行为而已。自此以前,是不可以把神色、声音之变,匆忙认作是“行”的。然而程颐所说的知行,尚还有先后之分。希腊的苏格拉底倡导“知德合一”之说,即认为一旦了解了什么是善,自然就会去践行,同样有先后之分。王守仁竟然认为知与行是一回事。总结来说,知、行二者是各有分别的,若说不知者一定不能践行,可以;若说知与行同源而一起发生,是不可以的。虽说人有直觉之“知”，有本能之“行”，但也一定是“知”在“行”先，只以事物的联系很密切，忽视了其距离、差别，如同敲钟而后发出声响，看上去几乎是同时发生的一样。燃起烛光而后黑暗消除，竟不明白黑暗是被烛光所驱散的。其实声波、光线，也并不是不“行”而到达的，只是行与至之间有极其微小的间隙而已。总的来说，程颐之说已经有所偏失了，王守仁仍步其后而进一步发挥，其谬误就更甚了。）

其于旧书雅记邪(33)，即言“尧舜如黄金万镒，孔子如黄金九千镒”，则变形于孔融者。融为《圣人优劣论》曰：“金之优者，名曰紫磨，犹人之有圣也。”《御览》八百十一引。即言人心亡时而不求乐，虽丧亲者，蓄悲则不快，哭泣擗踊(34)，所以发舒其哀，且自宁也，则变形于阮籍者。籍为《乐论》曰：“汉顺帝上恭陵(35)，过樊濯，闻鸟鸣而悲，泣下横流，曰：‘善哉鸟鸣！使左右吟声若是，岂不佳乎？’此谓以悲为乐也。”《御览》三百九十二引。

【注释】

(33) 旧书雅记，古代的典籍正史。

(34) 擗踊，亦作“辟踊”。擗，用手指胸；踊，以脚顿地，形容极度悲哀。《晋书·刘元海载记》：“七岁遭母忧，擗踊号叫，哀感旁邻。”

(35) 恭陵，东汉安帝刘祜（汉顺帝刘保的父亲）的陵寝，在今河南洛阳西北十五里。

【译文】

王守仁所言涉及古代典籍正史的，如所说“尧舜好比黄金万镒，孔子好比黄金九千镒”，则是从孔融之说演变而来。孔融作《圣人优劣论》，说：“黄金中品质最优的，称作紫磨金，犹如人之中的圣人。”（引自《御览》八百一十一）王守仁所说的，人心无时无刻不在追求乐，即使是处于丧亲之痛中，悲伤不已，捶胸顿足地哭号，也是为了发泄、舒缓内心的悲痛，以达到自身的安宁，此说是从阮籍之言演变而来。阮籍作《乐论》，说："汉顺帝要到他父亲的陵寝——恭陵，路过樊濯，听见鸟鸣而生悲，痛哭流涕，说：'鸟鸣之声很好啊！若使身边人的声音也是如此，岂不很好吗？'这是以悲为乐。"(引自《御览》三百九十三)

夫其缀辑故言如此其众，而世人多震慑之，以为自得。诚自得邪？冥心孑思以成于眇合者(36)，其条支必贯(37)，其觬理必可以比伍(38)。今读其书，顾若是无组织经纬邪？守仁疾首以攻朱学。且朱学者，恒言谓之支离矣(39)。泛滥记志而支离，亦职也(40)。今立义至单，其支离犹自若(41)。

【注释】

(36) 冥心孑思，潜心独思。眇合，即妙合。神妙的契合。

(37) 条支，条理，指思路逻辑。贯，贯通，前后一致。

(38) 比伍，用事实、功效验证。《韩非子·八经》："参伍之道，行参以谋多，揆伍以责决。"

(39) 支离，宋明理学中陆九渊、王阳明攻击朱熹为学方法用语，与陆、王"易简"方法相对。陆九渊曾作诗："易简工夫终究大，支离事业竟浮沉。"

(40) 职，正常的。

(41) 支离犹自若，章氏认为王阳明立义简单，但由于缺乏条理，因而同样让人感到支离。

【译文】

王守仁征引编辑前人之言是如此之多，然而世人多震慑于他的名望，以为是他自创。果真为自得吗？如若真是潜心独思而契合到如此神妙的地步，那么其思路逻辑必定前后一贯，其文理必可以与事实、功效相验证。今读王守仁之书，为何让人感到这样无组织无条理呢？王守仁痛心疾首以攻击朱熹之学。而朱熹之学，总被讥为支离破碎。泛滥典籍，记取其内容而显得支离破碎，也属正常。如今王学立义单薄,同样让人感到支离。

悲夫!一二三四之数绝,而中夏之科学衰。故持一说者,傀卓于当年(42),其弟子无由缘循干条以胜其师,即稍久而浸朽败。自古皇汉先民以然,非独守仁一人也。丘震曰:王氏自得之义,独“致良知”说。此固不可推究以极其辞,何者?良知不可言“致”,受“致”则非良知,当言“致可能性”尔。王氏胶于《大学》致知之文。以是傅会,说既违于论理,推究之则愈难通。宜其弟子无由恢扩也(43)。

【注释】

(42) 傀卓(guī 龟—),超然独立。

(43) 恢扩,发扬光大。

【译文】

可悲!好像数一二三四那样清楚明白的方法断绝了,中华科学也趋于衰败。故持一家之言者,或超然独立于当时,其弟子不能够根据其学理以超越老师,学说就会随着时间而僵化衰败。自古先贤君子皆是如此,并非王守仁一人。(丘震说:王守仁自创之义,只有“致良知”一说。这是不可以推理探究而说得明白的,为什么这样说呢?良知不可以“致”来论说,受于“致”则不是良知了,当说是“致可能性”而已。王守仁潜心于《大学》致知之文,以是推衍附会,其说既已违于说理,进一步探究则愈加难以厘清。王氏的弟子后学不能够将王学发扬光大,也就在情理之中了。)

抑吾闻之,守仁以良知自贵,不务诵习,乃者观其因袭孔、阮,其文籍已秘逸矣。将钩沈捃啧以得若说(44),而自讳其读书邪?夫不读书以为学,学不可久,为是阴务诵习,而阳匿藏之。自尔渐染其学者,若黄宗羲、李绂(45),皆博览侈观,旁及短书(46)。然宗羲尚往往以良知自文(47)。章言不饰(48),李绂始为之。

【注释】

(44) 捃啧,搜集,拾取。

(45) 黄宗羲(1610～1695年),明清之际思想家、史学家。字太冲,号南雷,学者称梨洲先生,浙江余姚人。师事刘宗周。与孙奇逢、李颙并称三大儒。学问极博,于天文、算术、乐律,经史百家以及释、道之书,无不研究。在哲学上接受"致良知"说并有所发展。李绂(1675～1750年),清初学者。字巨来,号穆堂,江西临川人。治陆王心学。著有《穆堂类稿》《陆子学谱》《朱子晚年全编》《阳明学录》等。

(46) 短书,指小说杂记之书,与经传对称。《论衡・骨相》:"在经传者,转著可信;若夫短书俗记,竹帛胤文,非儒者所见。"

(47) 文,文饰,掩饰。

(48) 章言不饰,指明言自己读书,而不隐饰。

【译文】

就我所闻,王守仁倍加推崇"良知"之说,不以诵读修习为要务,前已述及他因袭孔融、阮籍之言,其文辞极其隐蔽。钩沉、搜集前人旧说,而又刻意为自己读书作掩饰吗?不读书以治学,其学不可长久,为此而私下诵读修习典籍,表面上却又去掩饰。自此浸染其学说者,如黄宗羲、李绂,都是博览而广学,甚至涉猎小说杂记之书。只是黄宗羲还时常以良知之说自我掩饰。明言自己读书而不加掩饰的,当始自李绂了。

颜学第十一

[**说明**]颜元是清初一位颇有影响的学者,他反对程朱、陆王空谈心性的不良学风,提倡习行、践履,主张从实事实物中入手,具有重经验、重习行的特点。但颜元的思想又具有狭隘落后的一面,如他因反对脱离实际的死读书而主张不读书、不著书,以有用无用作为评价知识的标准等。在本文中,章太炎从经验主义认识论出发,对颜元这位复杂人物进行了分析和评价。他一方面肯定了颜元重习行、重实践的积极意义,认为“自荀卿而后,颜氏可谓大儒矣”,同时又指出颜元不懂得概念抽象的作用,不懂得理性思维和间接知识的重要性,因而他的观点是落后的、倒退的。

需要指出的是,章太炎在批评颜元时,十分注重数学推理的重要性,认为数学推理有独立于经验的特点,这表明章氏的经验论实际是融合了西方经验论和唯理论二者的思想。本文立论客观、公允,以后对颜元的评价基本没有超出章氏的观点。

本文首次收入《訄书》重刻本,收入《检论》时改题《正颜》,有增删。

明之衰,为程、朱者痿弛而不用(1),为陆、王者奇觚而不恒(2)。诵数冥坐与致良知者既不可任(3),故颜元返道于地官(4),以乡三物者,德、行、艺也(5),斯之谓格物(6)。案:以习行三物为学,无为傅会格物。傅会则“格”字训诂,终不可通(7)。保氏教六艺者(8),自吉礼以逮旁要三十六凡目也(9)。更事久,用物多,而魂魄强,兵农、水火、钱谷、工虞(10),无不闲习。辅世则小大可用,不用而气志亦日以奘驵(11),安用冥求哉?观其折竹为刀,以胜剑客;磬控驰射(12),中六的也(13)。当明室颠覆,东胡入帝(14),而不仕宦,盖不忘乎光复者。藉在輓近(15),则骑飙而动旝也(16)。故曰:"勇,达德也。"又数数疢心于宋氏之亡(17),儒生耆老痛摧折才士,而不用其尚武,则义之所激已。然外敕九容、九思(18),持之一跬步而不敢堕《曲礼》(19),自记言行,不欺晦冥(20),持志微眇若是,斯所以异于陈亮也(21)。苦形为艺(22),以纾民难;其至孝恻怆,至奔走保塞(23),求亡父丘墓以归;讲室列弦匏弓矢,肆乐而不与众为觳(24),斯所以异于墨子也(25)。形性内刚,孚尹旁达(26),体骏驵而志齐肃(27),三代之英(28),罗马之彦(29),不远矣!

【注释】

(1) 为程、朱者,指研治程朱理学的人。痿弛,痿缩、废弛。

(2) 陆、王,陆九渊和王阳明。陆九渊(1139～1193 年),南宋理学"心学"派的开创者。字子静,学者称象山先生,抚州金溪(今属江西)人。著作有《象山集》。奇觚,奇特。觚,通"独"。《庄子·大宗师》成玄英疏:"觚,独也。"不恒,不能长久。

(3) 诵数,犹诵说。《荀子·劝学》:"故诵数以贯之。"俞樾平议:"诵数,犹诵说也。凡称说必一一数之,故即谓之数。"冥坐,冥目而坐。指打坐。诵数冥坐,为程朱倡导的修养方法。致良知,为陆王强调的思想方法。

(4) 颜元(1635～1704 年),清初思想家、教育家。字易直,又字浑然,号习斋,博野(今属河北)人。注重实学,强调"习行""习动""践形",反对死读书,对程朱理学尤多抨击。世称其及学生李塨为"颜李学派"。著作有《四书正误》《四存编》等。地官,指《周礼·地官》。地官职掌邦教,又名教官。返道于地官,谓取法于地官。

(5) 乡三物,《周礼·地官·大司徒》:"以乡三物教万民,而宾兴之。一曰六德:知、仁、圣、义、忠、和;二曰六行:孝、友、睦、姻、任、恤;三曰六艺:礼、乐、射、御、书、数。"《检论·正颜》此句改为:"乡三物者,谓乡学之三件。"

(6) 格物,中国古代哲学概念。《礼记·大学》:"致知在格物。"对于格物的含义，历来有不同解释。颜元训格为“手格猛兽之格”，训物为“乡三物”。“周先王以‘三物’教万民，凡天下之人、天下之政、天下之事未有外于物者也。”（《习斋记余》卷九）

(7) 终不可通，章氏认为，“德、行、艺”三物不可用“格物”来傅会，否则“格”字在训诂上讲不通。《检论·正颜》对此说明较详细，可参看。

(8) 保氏，《周礼·地官·保氏》：“保氏掌谏王恶，而养国子以道，及教之以六艺。一曰五礼，二曰六乐，三曰五射，四曰五驭，五曰六书，六曰九数。”六艺，指上引礼、乐、射、御（驭）、书、数六种技能。

(9) 三十六凡目，即五礼、六乐、五射、五驭、六节、九数，共三十六目。

(10) 水火，指烹饪之事。《周礼·天官·亨人》：“掌其鼎镬以给水火之齐。”工虞，指工匠技艺及管理山泽之事。虞，官名，管理山泽。

(11) 奘驵，壮大。《尔雅·释言》：“奘，驵也。”郭璞注：“今江东呼大为驵，驵犹麤也。”麤，同“粗”。

(12) 磬控，驾马。《诗·郑风·大叔于田》：“抑磬控意。”毛传：“驰马曰磬，止马曰控。”

(13) 六的，靶子、鹄的。

(14) 东胡，指满族。

(15) 輓近，晚近。輓，通“晚”。

(16) 骑飌（—fān 帆），骑马和舟行。飌，古帆字。动旝（—kuài 快），挥动旌旗。旝，古代旗的一种。《左传·桓公五年》，杜预注：“旝，旃也，通帛为之，盖今大将之麾也，执以为号令。”

(17) 疢心（chēn 衬—），痛心。疢，热病。

(18) 勑，“敕”的异体字。九容，九种容貌。《尚书·洪范》：“五事：一曰貌，二曰言，三曰视，四曰听，五曰思。貌思恭。”注：“貌，容貌。”九思，《论语·季氏》：“君子有九思：视思明，听思聪，色思温，貌思恭，言思忠，事思敬，疑思问，忿思难，见得思义。”清刘宝楠《论语正义》：“此章言君子有九种之事当用心思虑使合礼义也。”

(19)《曲礼》，《礼记》篇名。杂记春秋前后贵族饮食、起居、丧葬等各种礼制的“细节”。堕《曲礼》，指违背《曲礼》中规定的仪节。

(20) 不欺晦冥，指独自一人时仍言行一致，意同“慎独”。

(21) 陈亮（1143～1194 年），南宋思想家、文学家，永康学派的创始人。字同甫，婺州永康（今属浙江）人。世称龙川先生。注重功利，主张“王霸并用，义利双行”。著作有《龙川文集》。

(22) 艺，准的。

(23) 保塞，堡垒、要塞。保，同“堡”。

(24) 肄乐(yì 觳—)，学习音乐。肄，习。觳，瘠薄。

(25) 异于墨子，指与墨子主张“非乐”的观点不同。

(26) 孚尹旁达，《礼记·聘义》：“夫昔者，君子比德于玉焉……孚尹旁达，信也。”郑玄注：“孚读为浮，尹读如竹箭之筠。浮筠，谓玉采色也。采色旁达，不有隐翳，似信也。”

(27) 骏驵(—zù 驻)，俊伟粗大。《诗·商颂·长发》郑玄注：“骏之言俊也。”

(28) 三代之英，三代的英才。三代，夏、商、周三个朝代，古代所谓盛世。

(29) 罗马之彦，罗马的贤士。彦，美士，才德杰出的人。

【译文】

明朝衰亡之际，研治程朱理学的人废弛而不能用事，研治陆王心学的人奇特而不能长久。既然背诵冥坐与致良知者不能胜任，故而颜元取法于《周礼·地官司徒》。以乡学中的三事来教万民，所谓“三事”就是指六德、六行、六艺，这就是格物。(案：以修习实行这三事为学，不必牵强附会格物这一概念。比附则“格”字的训诂，终是解不通。)教育国子的保氏所教的礼、乐、射、御、书、数六种技能，从吉礼到旁要共三十六目。经历的世事久，奉养的物品多，人的体魄自然强健，兵农、烹饪、赋税、工匠技艺及管理山泽之事，没有不精通熟习的。辅佐世人则大事、小事都能用得上，不被任用而志气也会日益壮大，何需暗中探求呢？看他折竹为刀，战胜了剑客，善驾马骑射，能中靶的。正值明朝衰亡之时，满洲入主中原，而颜元不到清廷出仕为官，是不忘要光复大明。如果是在晚近，早就震动一时了。所以说：“勇敢，是常行不变的美德。”他又常常痛心于宋朝的灭亡，作为儒生耆老，他痛心有才德的人遭受打压，而不任用他们以崇尚勇武，则是被道义所激励啊。然而外敕九种容貌、九种思虑，坚守着而不敢有一点违背《曲礼》中所规定的仪节；自己约束言行，独处时仍言行一致，持志精微要妙如此，这就是他不同于陈亮的地方。以苦行为目标，来解除民难；他极尽孝道而哀伤，以至于奔走要塞，寻得亡父的坟墓而归；讲堂陈列着弦乐器及弓箭，练习奏乐而认为民众在这方面贫乏简陋，这是他之所以不同于墨子的地方。性情刚正，品德如美玉般晶莹发亮，身体健壮而意志庄重，此近于夏、商、周三代的英才及罗马的贤士！

独恨其学在物，物物习之(30)，而概念抽象之用少。其讥朱熹曰："道犹琴也，本作"《诗》《书》犹琴也"，与前后文义皆不合，今以意更正。明于均调节奏之谱，可谓学琴乎？故曰以讲读为求道，其距千里也。即又有妄人指谱而曰：'是即琴也，辨音律，协声均，理性情，通神明。'无越于是谱，果可以为琴乎？故曰以书为道，其距万里也。千里万里，何言之远也！亦譬之学琴然：歌得其调，抚娴其指(31)，弦求中音，徽求中节(32)，声求协律，是之谓学琴矣，未为习琴也。指从志，音从指，清浊疾徐有常节，鼓有常度，奏有常乐，是之谓习琴矣，未为能琴也。弦器可手制也，音律可耳审也，诗歌惟其所欲也，志与指忘，指与弦忘，私欲不作，而大和在室(33)，感应阴阳，化物达天，于是乎命之曰能琴。今指不弹，志不会，徒以习谱为学琴，是渡河而望江也，故曰千里也。今目不睹，耳不闻，徒以谱为琴，是指蓟丘而谈滇池也(34)，故曰万里也。"录颜说。

【注释】

(30) 物物，每一物。

(31) 抚娴，熟练弹奏。

(32) 徽，琴徽。系弦的绳。后指琴面表示音节的标志。

(33) 大和，即太和。乐名。魏明帝太和年间(227～232 年)改汉《上邪》曲为太和。吴称玄化，晋称大晋。

(34) 蓟丘，在今河北。滇池，在今云南。

【译文】

唯独遗憾的是颜元之学拘泥于物，每一物都试图去学习了解，而使用较少抽象概念。他讥讽朱熹说：“道如同琴（本来是“《诗》《书》如同琴”，与前后文义都不合，这里是根据文意更正。），通晓了韵律节奏的乐谱，就能称得上学琴了吗？所以说以讲读的方式来求道，与道还相差千里呢。又有无知狂妄的人指着乐谱说：‘这就是琴，可以辨识音律，协调声韵，调理性情，感通神明。’如果做不到超越乐谱，真可以弹好琴吗？所以说从书中求道，相差万里呢。怎么说相差千里万里这么远呢？就如同学琴：歌声能符合音调，手指能熟练弹奏，琴弦能切中音调，琴徽能切中音节，琴声能协于音律，这可以称得上是学琴，但称不上是习琴。手指听从于意志，琴音听从于手指，清浊缓急有一定的节奏，鼓有一定的法度，奏有一定的旋律，这可以称得上是习琴，但算不上能琴。乐器可以亲手制作，耳朵可以审明音律，诗歌能够从心所欲，意志与手指相忘，手指与琴弦相忘，不夹杂一点私欲，而天地间冲和之气充盈于室内，感应阴阳，化育万物以达于天，这才称得上是能琴。如今手指不弹奏，意志没有领悟，只是将学习乐谱当作是学琴，就如同渡黄河而望长江，所以说相差千里呢。而今眼睛不会看，耳朵不会听，只是把乐谱当作琴，就如同指着蓟丘而谈论滇池，所以说相差万里呢。”（这是节录颜元所说的话。）

夫不见其物器而习符号，符号不可用。然算术之横纵者[(35)]，数也。数具矣，而物器未形，物器之差率，亦即无以跳匿[(36)]。何者？物器丛繁，而数抽象也。今夫舍谱以学琴，乃冀其中协音律，亦离于抽象，欲纤息简而数之也[(37)]。算者，谱者，书者，皆符号也。中国自六经百家以逮官书，既不能昭晢如谱[(38)]，故胶于讲读者，貤缪于古人而道益远[39]。非书者不可用，无良书则不可用。今不课其良不良，而课其讲读不讲读，即有良书，当一切废置邪？良书废，而务水火工虞，十世以后将各持一端以为教。昔管子明水地[40]，以为集于天地，藏于万物，产于金石，集于诸生，故曰水神。惟佗流士希腊人。亦谓宙合皆生于水[41]。海克德斯[42]，希腊人。明神火播于百昌[43]，则为转化，藏于匈中[44]，乾暵者为贤人[45]，润湿者为愚人。此皆嵬琐于百物之杪枝[46]，又举其杪枝以为大素[47]，则道术自此裂矣。故曰滞于有形，而概念抽象之用少也。

【注释】

(35) 横纵，指运算。

(36) 跳匿，逃匿。跳，通“逃”。以上几句意为，只要数确定了，器物即使没有形成，器物的比率也就无从逃匿了。

(37) 欲纤息简而数之也，对任何细小的事物都要考虑在内。纤息，当为“纤悉”。详备。简，选择。数，计算。

(38) 昭哲(—zhé 浙)，明晰，光明。《说文》：“晢，昭晰，明也。”

(39) 貤(yì)，重，又。缪，通“谬”。错误。

(40) 明水地，指《管子·水地》提出水地为“万物之本原”的思想。水神，指水产生万物的神奇功能。《管子·水地》：“水者何也？万物之本源也。”

(41) 佗流士，今译泰勒斯(约前 624～约前 547 年)，古希腊哲学家，米利都学派的创始人。古希腊“七贤”之一。认为“水”是万物的本源。宙合，天地四方。

(42) 海克德斯，今译赫拉克利特(约前 540～约前 480 年与前 470 年之间)。古希腊哲学家，爱非斯学派的创始人和主要代表。认为“火”是万物的本源，用火的燃烧和熄灭来说明宇宙的生灭变化。

(43) 百昌，指各种生物。《庄子·在宥》：“今夫百昌，皆生于土，而反于土。”成玄英疏：“夫百物昌盛，皆生于地，及其彫落，还归于土。”

(44) 匈，同“胸”。

(45) 乾暵(—hàn 汉)，干燥。

(46) 嵬琐，犹猥琐。杪枝，细枝末节。杪，细树枝。《方言》第二：“杪，小也。木细枝谓之杪。”

(47) 大素，指万物的本源，根本。

【译文】

至于不见其器物而只是学习符号，符号又不可用。然而算术中的运算，是数。只要数确定了，器物即使没有形成，器物的比率也就无从逃匿。为什么这样说呢？器物是繁杂的，而数是抽象的。对于舍弃乐谱来学琴，仍希望能切中音律与之协调，同样是远离了抽象，想要对任何细小的事物都考虑在内。算术，乐谱，书籍，都属于符号。中国自六经百家以至官府的文书，既不能明晰如乐谱，所以拘泥于讲读的人，又悖谬于古人而离大道越来越远。并不是说书籍不可用，若没有好的书籍则不可用。如今不考查书籍好不好，而只是考查讲读不讲读，即使有好的书籍，也应当一切废置吗？良书废，而只去追求烹饪、工匠技艺及管理山泽之事，十世之后将各自持守一个领域来教学。从前管子阐明水地为万物本原，认为水是集于天地、藏于万物、产生于金石之间，集合于各种生物体内，所以称为水神。另有泰勒斯(希腊人)也认为天地四方都生于水。赫拉克利特(希腊人)阐明神火播于各种生物，则开始转化，藏于胸中，干燥的成为贤人，湿润的成为愚人。这都是在琐碎地计较百物的细枝末节，又列举其细枝末节认为是万物的根本，道术从此开始分裂了。所以说拘泥于有形的事物，而抽象概念的使用就会少。

颜氏讥李颙不能以三事三物使人习行[48]，顾终身沦于讲说。其学者李塨、王源[49]，亦皆惩创空言[50]，以有用为臬极[51]。周之故言，仕、学为一训。《说文》：仕，学也。何者？礼不下庶人，非宦于大夫，无所师。故学者犹从掾佐而为小史[52]。秦法以吏为师，此革战国之俗，而返之三代也。九流所萌蘖，皆畴人之法，王官之契也[53]。然更岁月久，而儒、道、形名，侵寻张大[54]，以为空言者，社会生生之具至爻错[55]。古者更世促浅，不烦为通论[56]。渐渍二三千岁，不推其终始，审其流衍，则维纲不举，故学有无已而湊于虚[57]。且御者必辨于骏良、玄黄[58]，远知马性，而近人性之不知；射者必谨于往镞拟的，外知物埻，而内识埻之不知[59]，此其业不火驰乎[60]？其学术不已憔顇乎[61]？

【注释】

(48) 李颙(1617～1705年)，明清之际哲学家。字中孚，号二曲，陕西盩厔(今周至)人。与孙奇逢、黄宗羲并称三大儒。著作有《四书反省录》《二曲全集》等。

(49) 李塨(1659～1733年)，清初思想家。字刚主，号恕谷。保定蠡县(今属河北)人。少时师事颜元，与颜元同创"颜李学派"。著作有《大学辨业》《恕谷后集》等。王源(1648～1710年)，清初学者。字昆绳，别字或庵，顺天府大兴(今北京)人。康熙进士，著有《平书》《居业堂文集》《兵论》等。

(50) 惩创，惩戒。空言，指抽象而无实际效用的理论学说。

(51) 臬极(niè 涅)，标准、准的。臬，射箭的靶子，或曰测日影的标杆。

(52) 掾佐(yuàn 怨—)，古代属官的通称。

(53) 萌蘖，植物的萌芽。此指萌生。畴人，古代王官中掌握历算及其他知识的人。《史记·历书》："幽厉之后，周室微，陪臣执政，史不记时，君不结朔，故畴人子弟分散。"王官，王朝的官员。契，书契。章氏从《汉书·艺文志》说，认为儒、墨、道、法、阴阳等九流皆出自王官，是对王官学术的继承和发展。

(54) 侵寻，渐进。《史记·汉武帝本纪》："是岁，天子始巡郡县，侵寻于泰山矣。"索隐："侵寻即侵淫也。"

(55) 生生之具，养生之具。爻错，杂乱，复杂。

(56) 通论，贯通诸经之论。此指概括、一般性的论述。

(57) 学有无已而湊于虚，于是学术向抽象的方面发展。虚，指抽象。

(58) 骏良、玄黄，良马和病马。《尔雅·释诂》："玄黄，病也。"孙炎注："玄黄，马更黄色之病。"

(59) 往镞拟的，指向着箭靶发射。拟，向。物埻，指外界的标准。识埻，指内心的标准。埻，箭靶的中心。

(60) 火驰，迅速发展。《庄子·天地》："方且本身而异形，方且尊知而火驰。"成玄英疏："驰骤奔逐，其速如火矣。"

(61) 不已……乎，表示肯定。不已，同"不亦"。憔顇，也作"憔悴"。瘦弱萎靡貌。

【译文】

颜元讥讽李颙不能用正德、利用、厚生三事及德、行、艺三物使人习行，只是终身沦于讲说。颜元的后学李塨、王源，也都批评那些抽象而无实际效用的理论学说，以有用作为追求的目标。周时的旧语认为，仕与学是一个意思。(《说文》:“仕，就是学。”)为什么？礼不下庶人，除非是得到大夫的举荐而出仕，否则无所师承。所以学者尚需跟从辅佐的官吏做小史。(秦代的法度规定以吏为师，以此革除战国时的风气，从而欲返之夏、商、周三代。)儒、墨、道、法、阴阳、农、名、纵横、杂家九个流派的起源，都是出自王官，是对王官之学的继承和发展。然而经过较长时期后，儒、道、形名诸家逐渐发展壮大，以前认为是抽象无用的理论，现在是社会养生的方法而发展得非常复杂。古人经历的世代并不短促，尚不需要作出概括、抽象。等到经历了两三千年之后，若再不去推演其终始，考查其流传，就会导致纲纪不举，于是学术逐渐向抽象的方面发展。况且驾驭者还一定会去分辨良马和病马，知道远处的马性，却不知道近处的人性；射者一定会谨慎对待箭靶，知道外物的标准，却不知道内心的标准；其所从事的事业岂不是要很快消逝吗？其学术岂会不凋零衰败吗？

观今西方之哲学，不齑万物为当年效用(62)，和以天倪(63)，上酌其言，而民亦沐浴膏泽。虽玄言理学，至于浮屠，未其无云补也(64)。用其不能实事求是，而艗理紊紾者多(65)。又人人习为是言，方什伯于三物(66)，是故文实颠偾(67)，国以削弱。今即有百人从事于三物，其一二则以爱智为空言，言必求是，人之齐量，学之同律，既得矣(68)！虽无用者，方以冥冥膏泽人事，何滞迹之有？

【注释】

(62) 不葥万物为当年效用，指不破坏万物的本来功用、面貌。葥，杂碎。此做动词。

(63) 天倪，事物本来的差别。《庄子·齐物论》："和之以天倪。"郭象注："天倪者，自然之分也。"

(64) 无云，无有。《尔雅·释诂一》："云，有也。"

(65) 紊紾，紊乱、错杂。紾，纹理粗糙。

(66) 什伯，十倍百倍。《老子·八十章》："虽有什佰之器而不用。"

(67) 文实，名实。颠偾(—fèn 奋)，颠倒破坏。

(68) 既得矣，以上几句意为，今天若有百人从事实践德、行、艺三物，其中一两人继承西方爱智的传统，又能做到实事求是，学术的根本就得到了。空言，虚而不实之言。

【译文】

察看如今的西方哲学，不为一时的效用而分裂万物，恢复事物的本来面貌，在上者择善而行，而百姓也能普遍得到恩惠。即使魏晋间的玄学、宋明时的理学，以至于佛教学说，未必无所补益。只是因其不能实事求是，条理紊乱的情况居多而已。又加之人人诵习其学说，已达到十倍百倍于德、行、艺三物，所以名、实颠倒而遭毁坏，国家日渐削弱。如今若只有百人从事实践德、行、艺三物，其中有一两人能继承西方爱智的哲学传统，又能做到实事求是，人类的共同标准、学术的根本法则就能达到了。即便是无用的，能在无形中造福人类，又有何妨呢？

颜氏徒见中国久淹于文敝(69)，故一切地官为事守，而使人无窈窕旷间之地。非有他也，亦不知概念抽象则然也。虽然，自荀卿而后，颜氏则可谓大儒矣。案：《荀子·解蔽》云："空石之中有人焉(70)，其名曰觙。其为人也，善射以好思(71)。耳目之欲接，则败其思；蚊虻之声闻，则挫其精；是以辟耳目之欲(72)，而远蚊虻之声，闲居静思则通。思仁若是，可谓微乎？孟子恶败而出妻(73)，可谓能自强矣；有子恶卧而焠掌(74)，可谓能自忍矣，未及好也。辟耳目之欲,可谓能自强矣,未及思也。蚊虻之声闻则挫其精,可谓危矣,未可谓微也。夫微者,至人也。至人也,何强?何忍?何危?故浊明外景,清明内景(75),圣人纵其欲,兼其情,而制焉者理矣。夫何强?何忍?何危?故仁者之行道也,无为也。圣人之行道也,无强也。仁者之思也恭,圣人之思也乐,此治心之道也。"据是,则至人无危,其次犹有闲居静思、辟欲远声者。以此思仁,是非李侗所谓"默坐澄心(76)、体认天理"者邪?故知此事无与禅宗。特以藏息自治,任人自为,不容载诸学官律令,故师保诸职(77),未有一言及此。颜氏谓非,全屏此功,亦视思仁之道大轻矣,斯其不逮荀子者也。

【注释】

(69) 久淹,长久滞留。《广韵·盐韵》:"淹,久留也。"文敝,崇尚文辞而引起的弊端。

(70) 空石,孙诒让注:"空石,当是地名,疑即穷石之借字。《左传》襄公四年云:'羿迁穷石。'即其地。"(《札迻》卷六)

(71) 射,射匿。古代方术的一种,通过精神感应猜测外物。《汉书·艺文志》蓍龟家有《随曲射匿》五十卷。俞樾《荀子诗说》:"覆而匿之,人所不知,以意悬揣而期其中,此射之义也。"

(72) 辟,屏除。

(73) 败,败德,败坏道德。出妻,休妻。

(74) 有子,孔子弟子有若。焠,灼。恶其寝卧而灼掌,与针刺股同意。

(75) 外景、内景,《大戴礼记·曾子天圆》:"明者吐气者也,是故外景;幽者含气者也,是故内景,故火、日外景,而金、水内景。""吐气",指发光于外;"含气",反光于内;景,同"影"。火、日发光,照事物形影于外,金、水所成之镜反光,照事物形影于内。荀子用"外景"表示用心于外,考察外物;用"内景"表示用心于内,反求诸己。浊明外景,指能"自强""自忍""自危"者,只是勉力为之,没有达到精微的境界。清明内景,指至人的涵养工夫达到精微的境界。

(76) 李侗(1093～1163年),南宋学者。字愿中,学者称延平先生。南剑州剑浦(今福建南平市)人。程颐三传弟子,朱熹曾从游其门。其语录由朱熹编为《延平答问》。

(77) 藏息,《礼记·学记》:"君子之于学也,藏焉,修焉,息焉,游焉。"郑玄注藏为"怀抱之",指立志为学。息指休息。章氏用藏息指闲暇休息。师保,古代担任教导贵族子弟的官,有师有保,统称"师保"。

【译文】

颜元只看到中国长久沉溺于崇尚文辞的弊端,所以一切以《周礼·地官司徒》为应当遵守的法度，而使人没有娴静豁达的余地。没有其他的缘故，只是因为他不知道使用抽象概念。即使如此，颜元也可称得上是自荀子以后的大儒了。（案：《荀子·解蔽》记载："穷石这个地方，有一个名字叫觙的人。这个人善于猜度，喜好思考。声色之欲相接，就会破坏他的意念；蚊虻之声相闻，就会妨碍他专心致志；于是他努力排除耳目之欲，远离蚊虻之声，避开人群独居，静思则通。难道像这样思索'仁'，就可称得上精微吗？孟子因为厌恶败坏自己的德操而休妻，这可以称得上是能自强了；若因为厌恶自己打瞌睡而用火灼手掌，这可以称得上是能自忍了，但还达不到喜好的程度。去除耳目之欲，可以称得上能自强，但还达不到好思的程度。听到蚊虻之声就会妨碍做到专心致志，可以称得上是危惧，但还达不到精微的程度。能达到精微的，是掌握道而达到最高境界的至人。既是至人了，何需再讲自强之心？何需再讲自忍之心？何需再讲危惧之心？自忍、自强的人就像火光、太阳那样将事物的影子照在外，达到精微的人像铜镜、水面那样将事物的影子照在内，圣人从其欲，尽其情，又能用理加以控制，又讲什么自强之心？又讲什么自忍之心？又讲什么危惧之心？所以仁者践行道，不刻意去做一些事情。圣人践行道，不勉强去做一些事情。仁者之思也恭，圣人之思也乐，这才是治心的办法。"依据这一说法，则至人没有危惧之心，其次犹能闲居静思、去除欲望、远离声音。用这种方式思索什么是仁，岂不是像李侗所说的"默坐澄心、体认天理"吗？所以可知此事与禅宗无关。只是闲暇休息时的自我修养，可以由人自己安排，不必记载于学官制度，所以师保这类人，没有一句论及于此的。颜元认为是错误的，全部摒弃修养的功夫，就会把思仁之道看得太轻，这也是他不及荀子之处。）

清儒第十二

[说明]由于学术渊源的关系，清代学术自近代以来一直受到人们的关注。这方面有影响的成果有梁启超的《清代学术概论》《中国近三百年学术史》及钱穆的《中国近三百年学术史》等，而章太炎的这篇《清儒》则是其中较早的一篇。

作者在本文回顾了清代学术的发展历程，对清代乾嘉考据学中的吴、皖二派，重视史学研究的浙东学派，主要由文学家组成的桐城派以及常州今文学派的思想主旨，为学方法、学术传承作了分析和评价。作者认为，清初顾炎武、阎若璩等人考订音韵、辨伪古书，奠定了清代学术的规模，但直到乾嘉时期的吴、皖二派，清代学术才趋于成熟完善。吴派代表人物为惠栋，其学术特点是"好博而尊闻"。惠氏在其著作中广泛搜罗汉人经说，加以排比罗列，而很少发表自己的意见。除六经外，还兼及史集，涉猎很广。惠栋弟子有江声、余萧客等，著名学者王鸣盛、钱大昕也受其影响。他二人曾教于扬州，汪中、刘台拱、贾田祖等人"以次兴起"。皖派始于戴震，其学术特点是"综形名、任裁断"，即主张实事求是，在训诂考证的基础上阐发自己的观点。戴震在乡里时，即有金榜、程瑶田、凌廷堪、三胡与其论学；后教于京师，任大椿、卢文弨、孔广森皆从其问学。而弟子中最知名的有段玉裁、王念孙，二人的《说文》和《广雅》研究达到当时的最高水平。

浙东学派始于清末，特点是重视史学研究，代表人物有万斯大、万斯同兄弟以及邵晋涵、全祖望等，而到章学诚时达到高峰。章氏著《文史通义》和《校雠通义》，成就超过唐代刘知几。浙东学派还十分重视礼学研究，这方面以黄式三、黄以周父子的成果最有代表性。

清代桐城派文士与戴震等朴学家的争论在士林曾震动一时。章太炎认为这是因为文士善治文辞而轻视经术，他们这种浮华的学风往往遭到朴学家的蔑视。加之桐城派诸子尊奉程朱，而戴震著《孟子字义疏证》，对程朱多有指责，遂使二者交恶，互相攻击。

桐城诸子虽遭到戴震等人的批评，但其浮夸的学风却被常州今文学派继承下来。常州今文学派宗《公羊春秋》、齐《诗》和伏生所传《今文尚书》，而以《公羊春秋》为主。他们立意奇特，文辞华丽，与朴学家质朴的学风迥然有异，而受到文士的欢迎。常州今文学始于与戴震同时的庄存与，后经刘逢禄、宋翔凤得到进一步发展。道光时，魏源、龚自珍、邵懿辰治今文经学，三人好为“姚易卓荦”之辞，利用经术表现文采，又不守家法，故其所论往往陷于支离。

需要指出的是，章太炎是站在古文经学的立场来评论清代学术发展的，因而对清代今文经学的评价不够客观公正。这一点也曾被后人指出。但总体来说，作者对清代学术发展线索的梳理，对各派学术特点的分析，对清代学术成果的总结基本还是符合实际的，许多论点也被后人接受。作者指出，古文学家“不以经术明治乱，故短于风议，不以阴阳断人事，故长于求是”。说明他并非一味偏袒古文，还是有求实精神的。作者反对用六经为后世“制法”，要求把六经当作古代历史看待，把一贯至高无上的儒家经典还原为一批据以研究古代社会发展和变革的珍贵资料，并以此来认识古代社会的发展，了解人类文明的进步，这可以说是章氏研究经学的最后心得和最终结论。这一观点虽出自章学诚的“六经皆史”，但与后者相比，无疑大大向前发展了一步。

本文首次收入《訄书》重刻本，收入《检论》时有增删。

古之言虚，以为两櫨之间，当其无櫨(1)。本《墨子·经上》。櫨，即栌，柱上小方木也。六艺者，凡言六艺，在周为礼、乐、射、御、书、数，在汉为六经。此自古今异语，各不相因，言者各就便宜，无为甘辛互忌。古《诗》积三千余篇，其佗益繁，觿触无协(2)；仲尼剟其什九(3)，而弗能贯之以櫨间(4)。故曰：“达于九流，非儒家擅之也(5)。”

【注释】

(1) 当其无櫨，《墨子·经上》：“櫨间，虚也。”王引之注：“云櫨间虚也者，两柱间谓其无木者也。”

(2) 其佗(—tuō 脱)，其他。觿触，犹抵触。《说文·角部》：“觿，角有所触发也。”

(3) 剟其什九，删除十分之九。《史记·孔子世家》：“古者《诗》本三千余篇，去其重，取其可施于礼仪者三百五篇。”剟(duō 多)，削，删除。

(4) 弗能贯之以櫨间，《检论·清儒》作：“弗能专施于一术。”即不能为儒家专有。

(5) 非儒家擅之也，意谓六艺通用于墨、道、阴阳各家，非儒家专有。

【译文】

古时形容虚，认为梁上两个短柱之间没有木头，这就是虚。(本《墨子·经上》。櫨，即栌，柱上的小方木。对于六艺，凡称六艺，在周代时指礼、乐、射、御、书、数，在汉代时指六经。这是由于古代不同时期的称法不同，各不相关，称者各自根据便利来说，并不是彼此不相容的。)古《诗》积累有三千多篇，其他的更加繁琐，互相抵触并不协调。孔子删削古《诗》的十分之九，而不能为儒家专有。所以说：六艺通用于墨、道、阴阳各家，并不是儒家专有。

六艺，史也。上古以史为天官[(6)]，其记录有近于神话，《宗教学概论》曰："古者祭司皆僧侣，其祭祀率有定时，故因岁时之计算，而兴天文之观测；至于法律组织，亦因测定岁时，以施命令。是在僧侣，则为历算之根本教权，因掌历数，于是掌纪年、历史记录之属。如犹太《列王纪略》《民数纪略》并列入圣书中[(7)]。日本忌部氏亦掌古记录[(8)]。印度之《富兰那》[(9)]，即纪年书也。且僧侣兼司教育，故学术多出其口，或称神造，则以研究天然为天然科学所自始[(10)]，或因神祇以立传记，或说宇宙始终以定教旨，斯其流浸繁矣。"案：此则古史多出神官，中外一也。人言六经皆史，未知古史皆经也。学说则驳。

【注释】

(6) 天官，《礼记·曲礼下》："天子建天官，先六大。"掌祭祀鬼神，治历算等职。

(7)《列王纪略》即《旧约·列王纪》。记述以色列人从大卫死后、所罗门登基为王，到耶路撒冷沦亡之间大约 400 年的漫长历史。《民数纪略》，即《旧约·民数纪》。"摩西五经"的第 4 卷。记录以色列人在西奈旷野所经历之事。

(8) 忌部氏，日本古代氏族。大化改新(645 年)前与中臣氏并列掌管宫廷祭祀。

(9)《富兰那》，即《往世书》，参见《原学》第一注(11)。

(10) 天然，自然。天然科学，自然科学。

【译文】

六经是记载古代历史的书籍。上古时期以史官为天官，他们的记录接近于神话，(《宗教学概论》说："古时的祭司都是僧侣，他们祭祀是有一定时间的，所以因为要计算一年的时间，便产生天文观测；至于法律制度，也是因为要测定岁时，以发布命令。所以，僧侣掌握着历算的根本教权，又因他们负责历数，于是也掌管纪年、历史记录一类事情。如犹太《列王纪略》《民数纪略》一起列入圣经中。日本的忌部氏也掌管古代记录。印度的《富兰那》，就是一本纪年书籍。且僧侣同时负责教育，所以学术多出于这类人之口，有的或说是神灵的创造，而研究自然就成为自然科学的源头，或用神灵讲述人物传记，或用宇宙的始终来确定教旨。这样其演变就逐渐繁复。”案：可知古史多出于神官，中外都是如此。有人说六经皆史，却不知古史皆经。）因此学说就很驳杂。

《易》之为道：披佗告拉斯家希腊学派。以为(11)，凡百事物，皆模效肤理(12)，其性质有相为正乏者十种(13)：一曰有限无限，二曰奇耦，三曰一多，四曰左右，五曰牝牡，六曰静动，七曰直线曲线，八曰昏明，九曰善恶，十曰平方直角。天地不率其秩序(14)，不能以成万物，尽之矣。案：是说所谓十性，其八皆《周易》中恒义。惟直线曲线、平方直角二性，《易》无明文。庄中白棫《周易通义》曰(15)：曲成万物，在《周髀》为句股弦(16)，引伸之为和为较(17)，言得一角则诸角可以推也。《易》不言句股弦，而言曲成，何也？句股弦不能尽万物，故一言“曲成万物”，又言“不遗”也。天之运行十二辰，曲成也；地之山川溪涧，曲成也；人物之筋脉转动，曲成也。故言“曲成”可以该《周髀》，言《周髀》不可以该“曲成”也(18)。

【注释】

(11) 披佗告拉斯，今译“毕达哥拉斯”（约前580～约前500年），古希腊哲学家、数学家。毕达哥拉斯学派创始人。认为数是万物的本源，一切事物的基础。

(12) 肤理，指万物中的“数”或“理念”。

(13) 正乏，正反。

(14) 率，遵循，顺着。《诗・大雅・假乐》：“率由旧章。”

(15) 庄中白棫，庄中白，名棫。清江苏丹徒人。治《易》《春秋》，为曾国藩幕客。著有《周易通义》《易纬通义》等。

(16) 曲成万物，《易・系辞上》：“曲成万物而不遗。”注：“曲成者，乘变以应物，不系一方者也。”《周髀》，即《周髀算经》，《算经十书》之一。西汉或更早期的天文历算著作，最早记载勾股定理。句股弦，直角三角形的三边。底边为句，底上之垂线为股，对直角边为弦。以上两句意为，《易传》中所说的“曲成万物”，具体到《周髀算经》中就是指句股弦。这是庄氏对《周易》的附会。

(17) 为和为较，指加法、减法。和，加法所得的合数。较，减法所得的余数。

(18) 不可以该“曲成”也,章氏认为“曲成”是广义的说法,而勾股弦是狭义的说法,故“曲成”可以概括《周髀》中的勾股定理,而勾股定理不能概括“曲成”。

【译文】

《易》之为道:毕达哥拉斯学派(希腊学派)认为,世间万物,都仿效数,其性质相反的有十对:一是有限与无限,二是奇数与偶数,三是少数与多数,四是左与右,五是雌与雄,六是静与动,七是直线与曲线,八是昏暗与光明,九是善与恶,十是平方与直角。天地不遵循一定的秩序,就不能生成万物,一切皆如此。(案:上述所谓十种物性,其中八对都在《周易》中有体现。只有直线曲线、平方直角二种性质,《周易》中没有明确涉及。庄中白《周易通义》说:曲成万物,在《周髀算经》中为勾股弦,引申这一定理为加法、减法,称得知一角则其他角就可以推知。《周易》没有提到勾股弦,而说曲成,为什么?因为勾股弦不能包涵万物,所以说成“曲成万物”,又说“不遗”。上天运行有十二时辰,可谓曲成;大地有山川、溪谷,可谓曲成;人物有筋脉转动,也可谓曲成。所以说“曲成”可以涵盖《周髀》,而说《周髀》不可以涵盖“曲成”。)

《诗》若《薄伽梵歌》(19),《书》若《富兰那》神话,下取民义,而上与九天出王(20)。惟《乐》,犹《傞马》、吠陀歌诗。《黑邪柔》吠陀赞诵祝词及诸密语,有黑白二邪柔。矣(21)。鸟兽将将,天翟率舞,观其征召,而怪迂侏大可知也(22)。

【注释】

(19)《薄伽梵歌》,古印度史诗《摩诃婆罗多》的一个片断。文中以下凡大神的口吻讲述一些宗教、哲学理论,鼓吹崇拜“薄伽梵”。

(20) 九天,指上帝。出王,出往。指上天与民进出来往。王,通“往”。《诗·大雅·板》:“昊天曰明,及尔出王。”

(21) 吠陀,梵文 Veda 的音译,古印度婆罗门经典的总称。分《黎俱》、《傞马》(即《娑摩》)、《耶柔》(也作《夜珠》)、《阿闼婆》四部。约分别成书于两千年至一千年前。

(22) 将将,亦作“跄跄”。舞蹈貌。天翟,长尾野鸡。率舞,相率而舞。征召,当为“征兆”。事先显示的迹象。怪迂,怪诞不实。侏大,肥大。

【译文】

《诗经》如同《薄伽梵歌》,《尚书》如同《富兰那》神话,下可取民义,而上可与九天来往。只有《乐》,如《傞马》(吠陀歌诗)、《黑邪柔》(吠陀赞诵祝祠及相关密语,有黑白两邪柔)。鸟兽将将,长尾野鸡相率而舞,观其征兆,可知其怪诞不实。

《礼》《春秋》者,其言雅驯近人世,故荀子为之隆礼义,杀《诗》《书》(23)。礼义隆,则《士礼》《周官》与夫公冠、奔丧之典(24),杂沓并出而偕列于经。《诗》《书》杀,则伏生删百篇而为二十九(25)。《尚书大传》明言“六誓”、“五诰”(26),其篇俱在伏书。伏书所无,如《汤诰》者,虽序在百篇,而“五诰”不与焉。以是知二十九篇伏生自定,其目乃就百篇杀之,特托其辞于孔子耳。谓授读未卒遽死者(27),非也。知杀《诗》《书》之说,则近儒谓孔子本无百篇,壁中之书(28),皆歆、莽驾言伪撰者(29),亦非也。《齐诗》之说五际、六情(30),庋《颂》与《国风》(31),而举二《雅》。迮鹤寿曰(32):“十五《国风》(33),诸侯之风也;三《颂》(34),宗庙之乐也;唯二《雅》述王者政教(35),故四始、五际专用二《雅》(36),不用《风》《颂》。案:刘子骏《移大常博士》曰(37):“一人不能独尽其经,或为《雅》,或为《颂》,相合而成。”盖过矣。三家《诗》皆杀本经(38),而专取其一帙;今可见者,独《齐诗》。《齐诗》怪诞,诚不可为典要,以证荀说行于汉儒尔。虽然,治经恒以诵法讨论为剂。诵法者,以其义束身,而有隆杀;讨论者,以其事观世,有其隆之,无或杀也。西京之儒(39),其诵法既狭隘,事不周浃而比次之(40),是故齵差失实(41),犹以师说效用于王官,制法决事,兹益害也。

【注释】

(23) 隆礼义、杀《诗》《书》，实践礼义为首要，记诵《诗》《书》为次要。杀，省、差。

(24)《士礼》，又称《礼》《仪礼》。儒家经典之一。古代礼制的汇编，十七篇。一说是周公制作，一说为孔子订定，也有人认为成书于战国时代。公冠，指公冠礼。冠礼的一种，实行于诸侯之间。奔丧，《礼记·奔丧》孔颖达疏："案郑《目录》云，名曰《奔丧》者，以其居他国，闻丧奔归之礼。"初并非专指奔亲丧，随着后代沿用，即专指奔亲丧。

(25) 伏生，即伏胜。西汉今文《尚书》的最早传授者。济南(郡治今山东章丘南)人。曾任秦博士。《史记·儒林列传》："秦时焚书，伏胜壁藏之。其后兵大起，流亡，汉定，伏生求其书，亡数十篇，独得二十九篇，即以教以齐鲁之间。"今本《今文尚书》即由他传授而存。

(26)《尚书大传》，旧题西汉伏生撰，可能是伏生弟子张生、欧阳生或更后的博士们杂录所闻而成。其中除《洪范五行传》首尾完备外，其余各卷只存佚文。"六誓""五诰"，指《尚书》中《甘誓》《汤誓》《牧誓》《费誓》《秦誓》《泰誓》和《大诰》《康诰》《召诰》《洛诰》《汤诰》。"誓"为告诫将士的言辞，"诰"为告诫诸侯大臣的言辞。

(27) 授读未卒遽死者，指汉文帝时，派晁错向伏生学《尚书》，伏生未讲授完而去世。有人认为晁错因此只记录下《尚书》二十九篇，其余各篇则失传。

(28) 壁中之书，指"孔壁古文"或"壁经"。《汉书·艺文志》："古文尚书者，出孔子壁中。武帝末，鲁共王坏孔子宅，欲以广其宫，而得《古文尚书》及《礼记》《论语》《孝经》凡数十篇，皆古字也。"

(29) 歆、莽，刘歆、王莽。驾言，传言。清代一些学者如万斯大、刘逢禄、邵懿辰、魏源等一直对孔壁古经持怀疑态度。康有为更是撰《新学伪经考》，对古文经进行了系统考辨，认为是刘歆、王莽伪造。章氏对以上两说均持否定态度。

(30)《齐诗》，《诗》今文学派之一。汉初齐人辕固生所传。景帝时，立为博士。喜引谶纬，以阴阳灾异推论时政。五际，汉代齐《诗》学派的说法，以卯、酉、午、戌、亥当阴阳终始际会之时，政治上就必然发生大变动。六情，《诗》学认为《诗》有六情。《毛诗正义》孔颖达疏："六情者，则《春秋》云：喜、怒、哀、乐、好、恶是也。《诗》既含此五际六情，故郑(玄)于《六艺论》言之。"宋均以为六情即风、赋、比、兴、雅、颂六义。

(31) 庋(guǐ 鬼)，放置，收藏。

(32) 迮鹤寿(约 1773～1836 年),字青崖,清江苏吴江人。道光进士。著有《齐诗翼氏学》等。

(33) 十五《国风》,《诗经》“风”以国分篇。共十五国,故名。有《周南》《召南》《邶风》《鄘风》《卫风》《王风》《郑风》《齐风》《魏风》《唐风》《秦风》《陈风》《桧风》《曹风》《豳风》。

(34) 三《颂》,《诗经》中《周颂》《鲁颂》《商颂》的合称,用于宗庙祭祀。

(35) 二《雅》,《诗经》中的《小雅》与《大雅》,为西周京城丰镐(今西安市西)一带的作品。因其为周代最通行的诗歌,公认为正声,故命之为“雅”。

(36) 四始,《诗》学术语。《诗纬·泛历枢》:“《大明》在亥,水始也;《四牡》在寅,木始也;《嘉鱼》在巳,火始也;《鸿雁》在申,金始也。”

(37) 刘子骏,即刘歆(?～23 年)。字子骏。参见《订孔》第二注(57)。《移大常博士》,即《移太常博士书》。汉哀帝时,刘歆建议将《左氏春秋》《毛诗》《逸礼》《古文尚书》列于学官,遭五经博士反对,刘歆移书予以责难。书见《汉书·刘歆传》。

(38) 三家《诗》,汉代今文学《鲁诗》《齐诗》《韩诗》的合称。西汉时皆立学官,置经学博士。

(39) 西京之儒,指西汉长安的今文经学博士。

(40) 周浃,周济,遍及。《荀子·君道》:“古者先王审礼以方皇周浃于天下。”

(41) 齵差(yú 鱼—),参差不齐。《说文》:“齵,齿不正也。”

【译文】

《礼》《春秋》,其文字典雅切近人世,所以荀子提倡尊崇礼义,减省《诗》《书》。尊崇礼义,则《仪礼》《周礼》与那些记载公冠礼、奔丧礼的典籍,纷杂并出都列于经。减省《诗》《书》,结果伏生从百余篇中删减到只剩下二十九篇。(《尚书大传》明言“六誓”“五诰”,其篇目都存于伏生书中。伏生《尚书》所没有的,如《汤诰》,虽然百篇尚书序中有,但是“五诰”中不包括。由此可知《尚书》二十九篇是伏生所定的目录,就是从百篇中选出的,只是假托于孔子。所谓授书还没有完成就突然去世的说法,是不对的。如减省《诗》《书》之说,则近儒称孔子时本没有百篇,鲁壁所出之书,都是刘歆、王莽托言伪作的,这种说法也是不对的。)《齐诗》所说的五际、六情,弃置

《颂》与《国风》，而举二《雅》。（迮鹤寿说：十五《国风》，是各诸侯国的民间诗歌；三《颂》，是庙堂祭祀时所用的舞曲歌辞；只有《小雅》《大雅》是叙述王者政教，所以四始、五际专用二《雅》，不用《风》《颂》。案：刘歆的《移让太常博士书》说："一人不能独尽其经，有的为《雅》，有的为《颂》，相合而成。"这一说法不太恰当。鲁、齐、韩三家《诗》都删减自本经，而专取其中一部分；如今可见的，只有《齐诗》。《齐诗》怪诞，实在不可成为可靠的依据，以证荀子所说行于汉儒。）即使如此，治经应常以诵法、讨论为准则。诵法，是指以经义来约束自己，从而有所尊崇、减省；讨论，是指以其所载史事来反观当今之世，尚存的就尊崇，消失的就减省。西汉时的儒者，其诵法既已狭隘，事不周到就依次比附，所以参差不齐、有不合乎事实之处，仍以师说效劳于王官，制法以决断公务，这样危害更大。

杜、贾、马、郑之伦作(42)，即知"挎国不在敦古(43)"，博其别记，稽其法度，核其名实，论其社会以观世，而"六艺"复返于史(44)。神话之病(45)，不渍于今，其源流清浊之所处，风化芳臭气泽之所及，则昭然察矣。乱于魏晋，及宋明益荡(46)。继汉有作，而次清儒。

【注释】

(42) 杜，杜子春（约前30～58年），东汉经学家。河南缑氏（今河南偃师）人。初治《公羊传》，后治《左传》，兼治《周礼》。所注《周礼》，为郑玄采用。曾给郑众、贾逵等传授《周礼》。或说为杜林。贾，贾逵（30～101年），东汉经学家。字景伯，扶风平陵（今陕西咸阳西北）人。官至侍中。治经以古文为主，兼治《谷梁》等今文经。撰有《周官解诂》《左氏传解诂》《国语解诂》等。马，马融（79～166年），东汉经学家。字季长，扶风茂陵（今陕西兴平东北）人。教养弟子千数，性好音乐，达生任性，不拘受儒家仪节，住房服饰器用奢侈。著《三传异同说》，又注《孝经》《论语》《诗》《易》《三礼》《尚书》等。郑，郑玄（127～200年），东汉经学家。字康成，北海高密（今属山东）人。曾入太学学今文

《易》和公羊学，又从张恭祖学《古文尚书》《周礼》《左传》等，最后从马融学古文经。后因党锢事被禁，潜心著述，以古文经说为主，兼采今文经说。遍注群经，成为汉代经学的集大成者，人称郑学。今通行的《十三经注疏》中《毛诗》《三礼》注，即采用郑注。

(43) 抟国不在敦古，治国在不于推崇古法。《管子·霸言》："抟国不在敦古。"尹知章注："在于合今之宜。抟，聚也。"

(44) "六艺"复返于史，指把"六艺"当作古代史料看待。六艺，六经。

(45) 神话之病，指西汉今文经学与谶纬迷信相结合而产生的各种荒诞说法。

(46) 乱于魏晋，及宋明益荡，指魏晋和宋明时期出现了玄学和理学，使东汉以来的古文经学治学方法遭到破坏。

【译文】

杜子春、贾逵、马融、郑玄之辈兴起，即知"治国在不于推崇古法"，扩充其别记，考查其法度，考核其名实，论其社会以反观今世，而六艺复归于史。今文经学及谶纬迷信各种荒诞说法的弊病，今天已不再受其害，而其源流清浊的演进轨迹，对于风俗教化的正、反作用，也变得十分清晰了。古文经学的治经方法乱于魏、晋，到宋、明时期毁坏更甚。继承汉代而兴起的，就是清儒。

清世理学之言，竭而无余华；多忌，故歌诗文史楛[47]；愚民，故经世先王之志衰。三事皆有作者[48]，然其弗逮宋明远甚。家有智慧，大凑于说经[49]，亦以纾死[50]，而其术近工眇踔善矣[51]。

【注释】

(47) 楛，粗劣，不精致。

(48) 三事，指理学、歌诗文史和经世之学。

(49) 大凑，集中在一起。

(50) 纾死，延缓死亡。纾，延缓。

(51) 工眇，奇妙。眇，通"妙"。踔善，超绝。桓谭《新论·琴道》："此以工妙踔善，故藏隐不传焉。"

【译文】

清代的理学，已经衰落不再有光彩；忌讳太多，所以诗歌文史也衰败了；民众被愚弄，所以经世先王的志向也衰亡了。（这三个方面各自都出现过有所成就之人，只是远不及宋明时期。）家中有智慧的人，就凑在一起解说经书，也只是以此消磨余生，而其术又近乎奇巧超绝。

始故明职方郎昆山顾炎武，为《唐韵正》《易诗本音》(52)，古韵始明，其后言声音训诂者禀焉(53)。大原阎若璩撰《古文尚书疏证》(54)，定东晋晚书为作伪，学者宗之；济阳张尔岐始明《仪礼》(55)；而德清胡渭审宗地望，系之《禹贡》(56)，皆为硕儒。然草创未精博，时糅杂宋明谰言(57)。其成学著系统者，自乾隆朝始。一自吴，一自皖南。吴始惠栋(58)，其学好博而尊闻(59)。皖南始戴震(60)，综形名，任裁断(61)，此其所异也。

【注释】

(52) 顾炎武，见《学蛊》第九注。《唐韵正》，《音学五书》之一，名为改正唐宋韵书，实为《诗本音》的详细注解。《易诗本音》，指《易音》和《诗本音》，《音学五书》中的两部。前者专讲《易经》用韵，后者考证《诗经》古音。

(53) 禀，继承，接受。

(54) 阎若璩(1636～1704年)，清初经学家。字白涛，号潜丘，山西太原人，迁居江苏淮安。曾与胡渭等帮助徐乾学修《大清一统志》。长于考据，撰《古文尚书疏证》八卷，证明东晋梅赜(一作梅颐、枚颐)所献《古文尚书》为伪。其他撰著有《四书释地》《潜丘札记》。

(55) 张尔岐(1612～1678年)，清初经学家。字稷若，号蒿庵，济阳(今属山东)人。对《仪礼》有精深研究，著有《仪礼郑注句读》十七卷。

(56) 胡渭(1633～1714年)，清代经学家。初名渭生，字朏明，号东樵，浙江德清人。曾与阎若璩、顾祖禹助尚书徐乾学修《大清一统志》。精于地理考证，撰有《禹贡锥指》二十卷，阐述《尚书·禹贡》，为研究中国地理沿革的重要参考书。

(57) 谰言,诬妄之言。

(58) 惠栋(1697～1758年),清代吴派经学的奠基人。字定宇,号松崖,吴县(今属江苏苏州)人。传祖父惠周惕、父惠士奇之学。搜集汉儒经学,加以编辑考订,以详博见长。撰有《周易述》《古文尚书考》《九经古义》等。

(59) 尊闻,指尊从古训。清钱大昕云:“宋、元以来说经之书盈屋充栋,高者蔑古训以夸心得,下者袭人言以为己有。独惠氏世守古学,而栋所得尤精。”

(60) 戴震,清代学者。参见《学蛊》第九注(37)。

(61) 综形名,任裁断,重视对事物的反映认识,并阐述己见。

【译文】

最初曾做过明朝职方郎的昆山人顾炎武,作《唐韵正》《易音》《诗本音》,自此古韵得以明晰,之后研治声韵训诂者皆取法于此。太原阎若璩撰《古文尚书疏证》,判定东晋梅赜所献《古文尚书》为作伪之作,为学者所重;济阳张尔岐始明《仪礼》;而德清胡渭审察地理,在此基础上研究《禹贡》,这几位都是大儒。然而此时尚处于草创时期还未达到精深、博大,时而杂糅宋明时无根据之言。为学称得上有系统者,是从乾隆朝开始的。一为吴派,一为皖派。吴派始于惠栋,其学好广博而尊汉儒旧说;皖派始于戴震,分析事物的实与名,并能作出裁断,这是他们的不同之处。

先栋时有何焯、陈景云、沈德潜(62),皆尚洽通(63),杂治经史文辞。至栋,承其父士奇学(64),揖志经术,撰《九经古义》《周易述》《明堂大道录》《古文尚书考》《左传补注》(65),始精眇,不惑于謏闻(66);然亦泛滥百家,尝注《后汉书》及王士祯诗(67),其余笔语尤众。栋弟子有江声、余萧客(68)。声为《尚书集注音疏》(69),萧客为《古经解钩沉》(70),大共笃于尊信,缀次古义,鲜下己见。而王鸣盛、钱大昕亦被其风(71),稍益发舒。教于扬州,则汪中、刘台拱、李惇、贾田祖(72),以次兴起。萧客弟子甘泉江藩,复缵续《周易述》(73)。皆陈义尔雅，渊乎古训是则者也。

【注释】

(62) 何焯，清代学者，字屺瞻，号茶仙，长洲（今属江苏苏州）人。学者称义门先生。精于校书，所校定《两汉书》《三国志》，考证尤精核。康熙曾命撰《四书章句集注》，有《读书记》五十八卷行于世。陈景云，清代学者，字少章，著有《读书纪闻》《纲目辨误》《两汉订误》《三国志校误》《韩文校误》《柳文校误》《文选校正》《通鉴胡注正误》。沈德潜，清代学者，字确士，号归愚，长洲（今属江苏苏州）人。乡试十七次不第，有诗名，其诗受高宗赏识，召入南书房，授礼部尚书。

(63) 洽通，洽闻通达。《汉书・刘向传》："唯孟轲、荀况、董仲舒、司马迁、刘向、杨雄，此数公者，皆博物洽闻，通达古今。"指多闻博识。

(64) 士奇，惠士奇（1671～1741年），清代经学家。惠栋父亲，字仲孺，一字天牧，长洲（今属江苏苏州）人。早年兼治经史，晚年尤深于经学，于《易》力矫王弼以来空疏说经之弊，于《礼》《春秋》也有较深研究。著作有《春秋说》《礼说》《大学说》等。

(65)《九经古义》，惠栋著，十六卷，广采古人之书，互相参证，对古义多所发明，亦偶有爱博嗜奇之弊。《周易述》，二十三卷，其中以采汉代荀爽、虞翻《易》说为主，兼及郑玄各家之说，予以疏解注释。未完成，其再传弟子江藩沿其体例成《周易述补》。

(66) 謏闻，小的声誉、名望。《礼记・学记》："发宪虑，求善良，足以謏闻，不足以动众。"

(67) 王士祯（1634～1711年），清代诗人。山东新城（今桓台）人。治诗创神韵说，其诗多抒写个人情怀，七绝较胜，在当时负有盛名。有《带经堂集》等。

(68) 江声（1721～1799年），清代经学家。字叔沄，晚年自号艮庭，元和（今属江苏苏州）人。师事惠栋，为《尚书》之学，精于训诂，长于旁搜博引。著有《尚书集注音疏》《六书说》《论语质》等。余萧客（1732～1778年），清代经学家。字仲林，又字古农，吴县（今属江苏苏州）人。治经宗惠栋之学，崇汉唐古训，致力于提倡古学，发扬惠氏学风。著作有《古经解钩沉》《注雅别抄》等。

(69)《尚书集注音疏》，十四卷，清江声著。此书在阎若璩《尚书古文疏证》与惠栋《古文尚书考》的基础上，搜集汉儒诸说，以注《尚书》。汉儒经说不备的，则参考他说，而不取梅赜所献伪古文《尚书》与《尚书孔氏传》，是一部研究《尚书》故训的专书。

(70)《古经解钩沉》，三十三卷，清余萧客著。从唐以前的古书中摘取训释《周易》《尚书》《毛诗》《周礼》《仪礼》《礼记》《左传》《公羊》《谷梁》《孝经》《论语》《孟子》《尔雅》诸书的旧注，按《十三经注疏》的次序编排，并加叙录，对研究唐以前儒家经学有重要价值。

(71) 王鸣盛(1722～1797 年)，清代经学家。字凤喈，一字礼堂，又字西庄，晚年号西沚，江苏嘉定(今属上海)人。著有《尚书后案》三十卷，并有《西沚居士集》等。钱大昕(1728～1804 年)，清代经学家、史学家。字晓徵，号辛楣，又号竹汀，嘉定(今属上海)人。精研群经，于经史、音韵、训诂、典章制度、职官、氏族、金石、历算等，莫不精通。著有《唐石经考异》《经典文字考异》及《廿二史考异》《潜研堂文集》等。

(72) 汪中(1745～1794 年)，清代经学家。字容甫，江都(今属江苏扬州)人。早年丧父失学。十四岁受雇于书商，贩书之余，浏览经史百家之书，卓然成家。著有《大戴礼正误》一卷，并撰《荀卿子通论》一篇，制《荀卿子年表》一部，肯定荀学为经学真传。刘台拱，清代经学家，字端临。江苏宝应人。1770 年中举，后屡试吏部不第。与朱筠、王念孙、戴震等交游，旦夕讨论，稽经考古。其学长于考订，对于声音文字的研究尤其精深。著有《论语补注》《汉学拾遗》和《荀子补注》《国语补校》等。李惇(1734～1784 年)，清代经学家。字成裕，又字孝臣，高邮(今江苏高邮)人。乾隆进士，博学多才，悉通经学。著有《左传通释》《群经识小》及《说文引书字异考》。贾田祖，清代学者。字稻孙，又字礼耕，江苏高邮人。十三岁即补博士弟子，好学，多所涉猎，尤嗜《左氏春秋》。工为诗，著作很少传世，其学深受汪中推许。

(73) 江藩(1761～1830 年)，清代经学家。字子屏，号郑堂。甘泉(今属江苏扬州)人。少年从学于惠栋弟子江声和余萧客等经学大师，博综群经，长于训诂。把经学分为汉学和宋学两大派，而尊崇汉学。在惠栋《周易述》基础上撰成《周易述补》。另著有《国朝汉学师承记》《国朝宋学师承记》。

【译文】

在惠栋之前有何焯、陈景云、沈德潜，都是崇尚博学通达之人，杂治经史文辞。到惠栋时，他承袭父亲惠士奇之学，潜心于经术，撰《九经古义》《周易述》《明堂大道录》《古文尚书考》《左传补注》，始精微奥妙，不惑于声望；然亦泛滥百家，曾注《后汉书》及王士祯诗，其余的文字著述还有很多。惠栋的弟子有江声、余萧客。江声作《尚书集注音疏》，余萧客作《古经解钩沉》，大多是笃于尊信，辑录古义，很少列出个人见解。另有王鸣盛、钱大昕也受其影响，阐发稍多一些。二人教于扬州，则汪中、刘台拱、李惇、贾田祖，依次兴起。余萧客的弟子甘泉江藩，又继续《周易述》的研究，撰成《周易述补》。这些都是陈义雅正、真正效法古训的学者。

震生休宁，受学婺源江永[(74)]。治小学、礼经、算术、舆地，皆深通。其乡里同学，有金榜、程瑶田[(75)]，后有凌廷堪、三胡[(76)]——三胡者，匡衷、承珙、培翚也[(77)]，皆善治《礼》。而瑶田兼通水地、声律、工艺、谷食之学。震又教于京师，任大椿、卢文弨、孔广森[(78)]，皆从问业。弟子最知名者，金坛段玉裁、高邮王念孙[(79)]。玉裁为《六书音韵表》以解《说文》[(80)]，《说文》明。念孙疏《广雅》[(81)]，以经传诸子转相证明，诸古书文义诘诎者皆理解。授子引之，为《经传释词》[(82)]，明三古辞气，汉儒所不能理绎。其小学训诂，自魏以来，未尝有也。王引之尝被诏修《字典》[(83)]。今《字典》缪妄如故，岂虚署其名邪？抑朽蠹之质不足刻彫也？近世德清俞樾、瑞安孙诒让[(84)]，皆承念孙之学。樾为《古书疑义举例》，辨古人称名抵牾者，各从条列，使人无所疑眩，尤微至。世多以段、王、俞、孙为经儒，卒最精者乃在小学，往往近名家者流，非汉世《凡将》《急就》之侪也[(85)]。凡戴学数家，分析条理，皆参密严瑮[(86)]，上溯古义，而断以己之律令，与苏州诸学殊矣[(87)]。

【注释】

(74) 江永(1681～1762年)，清代经学家。字慎修，江西婺源人。学识渊博，贯通古今。专心于《十三经注疏》，对于《三礼》的研究尤其精深。在学术上对戴震影响很大，后人称江戴。著作较多，主要有《周礼疑义举要》《礼记训义择言》《仪礼释例》《礼书纲目》等。

(75) 金榜(1735～1801年)，清代经学家。字辅之，一字蕊中，号檠斋，安徽歙县人。性淡泊，工文词，以才华著称。师事江永，与戴震友善，治礼宗郑玄，博采旧闻，摭密撷要。著有《礼笺》《周易考占》等。程瑶田(1725～1814年)，清代经学家。初名易，字瑶田，后更字易田。与戴震、金榜同学于江永。

以授馆为生，笃志治经。长于旁搜曲证，不为经传注疏所束缚。著有《禹贡三江考》《宗法小记》等。

(76) 凌廷堪(1755～1809 年)，清代经学家。字次仲，安徽歙县人。慕其乡人江永、戴震之学，遂究心经史，长于考辨，对六书、历算、古今疆域沿革、职官之异同无不通达。尤精于礼，撰有《礼经释例》及《燕乐考原》等。

(77) 匡衷，即胡匡衷。清代经学家。安徽绩溪人。著有《周易传义》《三礼札记》《周礼井田图说》等。承珙，胡承珙(1776～1832 年)。清代经学家。字景孟，号墨庄，安徽泾县人。著有《仪礼古今文疏义》。另对《毛诗》也有精深研究。撰《毛诗后笺》。培翚，胡培翚(1782～1849 年)。清代经学家。字载屏，一字竹村，安徽绩溪人。传祖匡衷之学，又学于凌廷堪。主讲钟山、惜阴两书院。精于《礼》，认为唐贾公彦疏解《仪礼》多有失误，乃积四十余年之力，纂述《仪礼正义》，书未成而卒。由弟子杨大堉续成。

(78) 任大椿(1738～1789 年)，清代经学家。字幼植，又字子田，江苏兴化人。长于对《礼》的名物研究。著有《深衣释例》《弁服释例》等。卢文弨(1717～1795 年)，清代经学家。字召弓，号抱经。浙江余姚人。与戴震、段玉裁交善，潜心研究汉学。校刊《抱经堂丛书》，合经史子集三十八种，摘字而注，辑成《群书拾补》。孔广森(1752～1786 年)，清代经学家。字众仲，山东曲阜人。孔子七十代孙，袭衍圣公。师戴震、姚鼐。博涉群经，尤长于《春秋公羊传》。著有《春秋公羊通义》等。

(79) 段玉裁(1735～1815 年)，清代经学家、文字学家。字若膺，号茂堂。江苏金坛人。师事戴震。潜心著述，治学广泛，尤精于小学。以《说文解字注》影响最大。又有《古文尚书撰异》《毛诗故训传》等。王念孙(1744～1832 年)，清代经学家。字怀祖，号石臞。江苏高邮人，少通《尚书》，世称神童，受业于戴震，精音韵、文字训诂。著有《群经字类》《读书杂志》《逸周书杂志》等。

(80)《六书音韵表》，清段玉裁著。共有五表，即“今韵古分十七部表”“古十七部谐声表”“古十七部合用类分表”“诗经韵分十七部表”“群经韵分十七部表”。今本《说文解字注》后列有此表。

(81) 疏《广雅》，指王念孙所著《广雅疏证》。凡三十卷，搜罗汉魏以前古训，详加考证。

(82) 引之，王引之(1766～1834 年)，清代经学家。王念孙之子。字伯申，号曼卿，江苏高邮人。幼承父学，与其父并称为“高邮王氏父子”。发展其父的文字训诂之学，取得极高成就。著有《经传释词》《经义述闻》及《周秦古字训解》等。《经传释词》，十卷。王引之著。共释经传中虚字 160 个，对正确训解经文有相当价值。

(83)《字典》,指《康熙字典》。张玉书、陈廷敬等编撰。康熙五十五年(1716 年)印行。共收字 47035 个,另附古文字 1995 个。修《字典》,指道光年间,王引之奉命作《字典考证》,改正该书引书讹错 2588 条。

(84) 俞樾(1821～1907 年),清代经学家。字荫甫,号曲园,浙江德清人,迁居仁和(今浙江杭州)。治经宗王念孙父子,力倡通经致用。学问渊博,对群经、诸子、语言、训诂及小说等,皆有著述。著有《经说》《群经平议》《诸子平议》《古书疑义举例》等。孙诒让(1848～1908 年),清代经学家。字仲容,浙江瑞安人。潜心于经学和文字的研究,著有《周礼正义》《周礼政要》《墨子间诂》等。

(85)《凡将》《急就》,皆古字书名。《凡将》,汉司马相如撰。《说文》常引其说。《隋书・经籍志》《新唐书・艺文志》作一卷,已佚。有辑本。《急就》,汉元帝时黄门令史游作,也称《急就章》。为蒙童识字课本。今本三十四章,2144 字。(末 128 字为汉以后人所加)。按姓名、衣服、饮食、器用等分类,成三言、四言、七言韵语,首句有“急就”二字,因以名篇。

(86) 参密,稠密。《说文》:“参,发稠也。”严瑮,严密。

(87) 苏州诸学,即吴学。因惠栋为苏州人,故称。

【译文】

戴震出生于安徽休宁,受学于婺源江永。戴震研治小学、礼经、算术、地理,都十分精通。他的乡里同学,有金榜、程瑶田,以后又有凌廷堪和号称“三胡”的胡匡衷、胡承珙、胡培翚,都善治《礼》学。而程瑶田兼通地理形势、声律、工艺、谷食之学。戴震又教于京师,任大椿、卢文弨、孔广森,都曾追随他学习。弟子中最知名的当属金坛段玉裁、高邮王念孙。段玉裁作《六书音韵表》来解《说文》,从此《说文》变得明晰。王念孙作《广雅疏证》,以经传诸子之学转相证明,从而各古书中文义晦涩曲折之处都易于理解了。王念孙授学给儿子王引之,王引之撰《经传释词》,阐明了古代的虚辞,这些是连汉儒都没有弄清的。他在小学训诂方面的造诣,是自魏以来未曾有的。(王引之曾受诏命修《字典》,如今《字典》的错误依旧还在,难道只是虚署其名吗?还是腐朽之质不足雕刻呢?)近世德清俞樾、瑞安孙诒让,都是承继王念孙之学。俞樾撰《古书疑义举例》，辨别古人所用称号相矛盾之处，制订条例尤为细致，使人不再有疑惑迷乱之感。世人多认为段玉裁、王念孙、俞樾、孙诒让是经学大儒，结果最精者却在小学方面，往往接近于名家所为，不同于汉代《凡将》《急就》篇之类。戴震一派各家，分析问题有条理，都做到了缜密严谨，他们上溯古义，再以自己的见解作出决断，与吴派各家不同。

然自明末有浙东之学，万斯大、斯同兄弟(88)，皆鄞人，师事馀姚黄宗羲(89)，称说《礼经》，杂陈汉、宋，而斯同独尊史法。其后馀姚邵晋涵、鄞全祖望继之(90)，尤善言明末遗事。会稽章学诚为《文史》《校雠》诸通义(91)，以复歆、固之学(92)，其卓约过《史通》(93)。而说《礼》者羁縻不绝，定海黄式三传浙东学(94)，始与皖南交通。其子以周作《礼书通故》(95)，三代度制大定。唯浙江上下诸学说(96)，亦至是完集云。

【注释】

(88) 万斯大(1633～1683年)，清代经学家。字允宗，晚号跛翁，学者称褐夫先生，鄞县(今属浙江宁波)人。从父万泰之令，师从黄宗羲治学。精于《礼》学，著《周官辨非》，认为《周礼》非周公作，疑后人伪托之作。另有《仪礼商》《礼记偶笺》《学礼质疑》等。斯同，万斯同(1638～1702年)，清代经学家、史学家。字季野，学者称石园先生。以布衣入史局，手定"明史"，于经史皆博通，尤长于史。有《历代史表》《历代宰辅汇考》等。

(89) 黄宗羲，明清之际思想家。

(90) 邵晋涵(1743～1796年)，清代经学家。字与桐，号二云，又号南江，浙江余姚人。博闻强识，深于训诂，亦长于史，搜集明末遗事，撰有《南都事略》等。全祖望(1705～1755年)，清史学家、文学家。字绍衣，学者称谢山先生，浙江鄞县(今属宁波)人。学术上推崇黄宗羲，并受万斯同的影响。所著《鲒埼亭集》收明清之际碑传极多，富有史料价值。另续修黄宗羲《宋元学案》。

(91) 章学诚(1738～1801年)，清代思想家、史学家。字实斋、号少岩，会稽(今浙江绍兴)人。继承清初“通经致用”的传统,提出“六经皆器”“六经皆史”说,主张考证史料和发挥义理相结合,把治经引向治史,开学术思想摆脱经学传统束缚的风尚。《文史》,即《文史通义》。八卷,分内篇五卷,外篇三卷。内篇多半泛论文史,《易教》等十一篇阐明“六经皆史”之旨,认为六经是古代典章制度的记载。外篇论修志体例,阐述甚详。《校雠》,即《校雠通义》。三卷。总结刘向以来目录学的丰富经验,对郑樵的学说有所纠正和发展。创言“辨章学术、考镜源流”,为研究目录学的门径。并提出“互著”“别裁”等方法,是古代目录学的名著之一。

(92) 歆、固,刘歆,班固。刘歆著有《七略》,班固修《汉书》列有《艺文志》,为文献目录之学的倡导者。

(93)《史通》,二十卷四十九篇。唐刘知几撰。内篇三十六篇,多论史书源流,体例和编撰方法;外篇十三篇,多论史官建置沿革和史书得失。认为史家必须兼有“史才”“史学”“史识”三长,而特别重视史识。对当时官修史书的弊病,曾多所揭发,是中国第一部有系统的史学论著。

(94) 黄式三(1789～1862年),清代经学家。字薇香,浙江定海人。博通群经,尤精三礼之学。著有《论语后案》《周季编略》等。

(95) 以周,黄以周(1828～1899年),清经学家。式三子。本名元同,后改以周,而以元同为字。浙江定海人。精于三礼之学,撰《礼书通故》一百卷,博采众说,论述精核。另有《礼说》《礼说略》《礼易通诂》等。

(96) 淛江,今浙江。

【译文】

自明代末年有浙东之学,万斯大、万斯同兄弟二人都是浙江鄞县人,师事余姚黄宗羲,称说《礼经》,杂陈汉、宋,而万斯同独长于史学。之后有余姚邵晋涵、鄞县全祖望继其后,尤其善于论述明末遗事。会稽章学诚撰《文史通义》《校雠通义》,力图恢复刘歆、班固之学,其精卓简要超过刘知几的《史通》。而说《礼》者接连不绝,定海黄式三传浙东之学,始与皖派有所往来。他的儿子黄以周作《礼书通故》,从此三代制度大体可确定。浙东学派各家学说,到此也已经完备了。

初,大湖之滨[97],苏、常、松江、大仓诸邑,其民佚丽。自晚明以来，喜为文辞比兴，饮食会同[98]，以博依相问难[99]，故好浏览而无纪纲，其流风遍江之南北。惠栋兴，犹尚该洽百氏[100]，乐文采者相与依违之。及戴震起休宁，休宁于江南为高原，其民勤苦善治生，故求学深邃，言直覈而无温藉[101]，不便文士。震始入四库馆[102]，诸儒皆震竦之，愿敛衽为弟子[103]。天下视文士渐轻，文士与经儒始交恶。而江淮间治文辞者，故有方苞、姚范、刘大櫆[104]，皆产桐城，以效法曾巩、归有光相高[105]，亦愿尸程朱为后世[106]，谓之桐城义法[107]。震为《孟子字义疏证》[108]，以明材性[109]，学者自是薄程朱。桐城诸家，本未得程朱要领，徒援引肤末[110]，大言自壮。案：方苞出自寒素，虽未识程朱深旨，其孝友严整躬行足多矣。诸姚生于纨绔绮襦之间[111]，特稍恬淡自持，席富厚者自易为之，其他躬行，未有闻者。既非诚求宋学，委蛇宁靖[112]，亦不足称实践，斯愈庳也[113]。故尤被轻蔑。范从子姚鼐，欲从震学，震谢之，犹亟以微言匡饬[114]。鼐不平，数持论诋朴学残碎。其后方东树为《汉学商兑》[115]，徽章益分[116]，阳湖恽敬、陆继辂[117]，亦阴自桐城受义法。其余为俪辞者众，或阳奉戴氏，实不与其学相容。俪辞诸家，独汪中称颂戴氏，学已不类。其他率多辞人，或略近惠氏。戴则绝远。夫经说尚朴质，而文辞贵优衍；其分涂自然也。

【注释】

(97) 大湖，太湖。

(98) 会同，古代诸侯朝见天子的通称。《周礼·春官·大宗伯》："时见曰会，殷见曰同。"这里指聚会。

(99) 博依，广泛地取助于比喻。《礼记·学记》："不学博依，不能安诗。"郑玄注："博依，广譬喻也。"

(100) 该洽，全部通晓。该，通"赅"。百氏，指诸子百家。

(101) 直覈，直接真实。覈，"核"的异体字。《汉书·司马迁传》："其文直，其事核，不虚美，不隐恶，是故谓之实录。"温藉，亦作"蕴藉"。宽容涵盖。《汉书·酷吏传》颜师古注："少温藉，言无所含容也。"

(102) 四库馆,即四库全书馆。清乾隆于 1772 年(乾隆三十七年)根据御史王应綵和安徽学政朱筠的建议,下诏征求国内所有的存书,次年指派军机大臣为总裁官,设馆整理编纂,题名为《四库全书》,至 1782 年(乾隆四十七年)完成。全书共 79330 卷,3503 种。缮写七套分藏于北京大内文渊阁、圆明园文源阁、奉天文溯阁、热河文津阁、镇江文宗阁、扬州文汇阁、杭州文澜阁。

(103) 敛衽,犹敛袂,整一整衣袖。《国策・楚策一》:"一国之众,见君莫不敛衽而拜,抚委而服。"

(104) 方苞(1668～1749 年),清代散文家。字灵皋,号望溪,安徽桐城人。康熙进士。论文提倡"义法",为"桐城派"创始人。所作散文,多为经说及书序碑传之属,立论大抵本程、朱学说,有《方望溪先生全集》。姚范(1702～1771 年),清代文学家,字南青,号薑坞,安徽桐城人。乾隆进士,官编修。持论对其侄姚鼐颇有影响。有《援鹑堂文集》《援鹑堂笔记》等。刘大櫆(1698～1779 年),清代散文家。字才甫,一字耕南,号海峰,安徽桐城人。官黟县教谕。提倡古文,要求作品阐发程朱理学。有《海峰文集》《诗集》等。

(105) 曾巩(1019～1083 年),北宋散文家,字子固,南丰(今属江西)人。嘉祐进士,官至中书舍人。散文平易,为"唐宋八大家"之一。有《元丰类稿》。归有光(1507～1571 年),明代散文家。字熙甫,江苏昆山人。人称震川先生。嘉靖进士。推崇唐宋名家,与王慎中、唐顺之、茅坤等,被称为"唐宋派"。有《震川先生集》。

(106) 尸程朱为后世,意谓祭拜程朱于后世。尸,尸祝。

(107) 桐城义法,清桐城派所提出写作古文的准则。"义"指"言有物",即作品要有符合儒家传统的内容,"法"指"言有序",要求文章在组织形式上根据"四书""五经"《史记》及唐宋古文家的文章规范,达到"雅洁"的标准。

(108)《孟子字义疏证》,三卷,清戴震著。借释《孟子》字义,对宋儒所言的性、理、道、才、诚、明、权、仁义礼智、智仁勇都进行了否定,认为非六经与孔孟之言,而是用异学杂糅而成的观念,提出了血气心知的人性论,肯定了人欲在人性中的正当性。

(109) 材性,又作"才性"。指人的自然本性。与宋明理学所言天理之性相对。

(110) 肤末,肤浅微末。

(111) 诸姚,指姚范、姚鼐、姚莹。姚鼐(1732～1815 年),清代散文家。姚范之侄。乾隆进士。有《惜抱轩全集》等。姚莹(1785～1853 年),清代文学家。姚鼐侄孙。嘉庆进士,有《中复堂全集》。纨绔绮襦,指富贵人家。

(112) 委蛇宁靖,随顺恭敬。委蛇,随顺貌。

(113) 庳,低下。

(114) 匡饬,告诫,匡正。

(115) 方东树(1772～1851年),清代学者。字植之,安徽桐城人。师从姚鼐。初好文学,中年后宗主宋学,力辟汉学。《汉学商兑》,三卷,方东树著。此书为反驳江藩《汉学师承记》而作。书中罗列自顾炎武以来数十家治汉学者之说,先列原文,次溯根源,论列是非。皮锡瑞在《经学历史》中斥其"纯以私意肆其漫骂"。

(116) 徽章,标志。

(117) 恽敬(1757～1817年),清代文学家。字子居,号简堂。江苏阳湖(今常州)人。以诗文著名,世称阳湖派。著有《大云山房文稿》。陆继辂(1772～1834年),清代文学家、诗人。字祁孙,一作祁生。江苏阳湖(今常州)人。善诗文,工诗曲。著有《崇百药斋诗文集》《合肥学舍札记》及传奇《洞庭缘》。

【译文】

太湖之滨的苏州、常州、松江、太仓等地,其民众往往俊美又有文才。自晚明以来,此地之人喜好文辞比兴,宴会之时,常以诗互相问难,喜好广泛涉猎而缺少纲领,这种风气影响到长江南北。惠栋兴起后,仍崇尚博通百家,喜好华丽文辞者与其相互应和。等到戴震兴起于休宁,休宁在江南属高原,这里的人民勤劳辛苦,善于营生,故求学深邃,言辞率真而不含蓄,不适于产生文士。戴震刚入四库馆,儒生都感到震惊,恭敬地愿意成为他的弟子。天下人开始渐渐轻视文士,从此文士与经儒开始互相憎恶。而江淮之间治文辞者,本有方苞、姚范、刘大櫆,都出自桐城,争相效法曾巩、归有光,同时也愿祭拜程朱于后世,将此奉为桐城派古文家著文应遵循的准则。戴震作《孟子字义疏证》,阐明材性,学者从此轻视程朱。桐城派各家,本没有得程朱要领,只是引用肤浅微末的见解,夸大言辞以自壮,(案:方苞出身寒微,虽然未识程朱深旨,但他事父母孝顺、对兄弟友爱、谨严躬行足以称美。姚范、姚鼐、姚莹生于富贵之家,只是稍微清静淡泊、自我持守,凭借雄厚的物质财富做到的自然容易做到，其他方面身体力行并无多少可称道之处。既然不是心志专一地追求宋学，随顺恭敬，也就不足以称为实践，越发低下了。）所以他们尤其被人轻蔑。姚范的侄子姚鼐，想要跟随戴震学习，戴震谢绝了他，还屡次用隐微之辞来教训他。姚鼐感到不满，多次诋毁朴学支离残破。其后有方东树作《汉学商兑》，汉学的标志性特征逐渐区分清楚，阳湖恽敬、陆继辂也暗自接受桐城派义法。其余好为文辞者还有许多，有的阳奉戴震，事实上与戴震之学不相容。（俪辞诸家，唯独汪中称颂戴震，为学却不相似。其他的大多只是辞人，或略近于惠栋，与戴震则差别极大。）经说尚质朴，而文辞贵以繁复，二者产生分歧也是自然的了。

文士既已熙荡自喜(118)，又耻不习经典，于是有常州今文之学(119)，务为瑰意眇辞(120)，以便文士。今文者：《春秋》，公羊(121)；《诗》，齐(122)；《尚书》，伏生(123)；而排斥《周官》《左氏春秋》《毛诗》、马、郑《尚书》(124)。然皆以公羊为宗。始，武进庄存与与戴震同时(125)，独喜治公羊氏，作《春秋正辞》(126)，犹称说《周官》。其徒阳湖刘逢禄(127)，始专主董生、李育(128)，为《公羊释例》(129)，属辞比事，类列彰较，亦不欲苟为恢诡(130)。然其辞义温厚，能使览者说绎(131)。及长洲宋翔凤(132)，最善傅会，牵引饰说，或采翼奉诸家(133)，而杂以谶纬神秘之辞。翔凤尝语人曰："《说文》始一而终亥，即古之《归藏》也(134)。"其义瑰玮(135)，而文特华妙，与治朴学者异术，故文士尤利之。

【注释】

(118) 熙荡，嬉乐游荡。

(119) 常州今文之学，亦称常州学派。清代今文经学派，其创始人庄存与、刘逢禄为常州人，从地名而称常州学派。该学派以发挥《公羊传》为主，推尊公羊学大师董仲舒、何休。龚自珍、魏源、康有为等受其影响，在清末产生极大社会影响。

(120) 瑰意，奇异的思想。眇辞，美妙的言辞。

(121)《春秋》，公羊，指《春秋公羊传》。汉代传授《春秋传》的有今文、古文之分。今文有《公羊传》和《谷梁传》，古文有《左传》。《公羊传》因由公羊高所传而得名，起初为口头流传授受，汉初由公羊寿与胡毋生写成著作。书起自鲁隐公元年(前722年)，终于鲁哀公十四年(前481年)。重在阐发《春秋》微言大义。

(122)《诗》，齐，指《齐诗》。汉代传授《诗》有今文、古文之分。今文经有鲁、齐、韩三家，古文经有《毛诗》。《齐诗》因创始人为齐人辕固生而得名。景帝时立为博士。以善说阴阳灾异，推论时政著称。

(123)《尚书》，伏生，指《今文尚书》。汉代传授《尚书》有今文、古文之分。《今文尚书》二十八篇，由伏生传授，用当时流行的隶书抄写。另有相传汉武帝末年，鲁恭王刘余从孔宅壁中发现有《古文尚书》。

(124)《周官》，即《周礼》。见《儒法》第五注(9)。《左氏春秋》，简称《左传》。解释《春秋》的古文经传。因相传其作者为左丘明而得名。所记起于鲁隐公元年(前722年)，终于鲁悼公四年(前464年)，比《春秋》多出十七年。记事翔实，多用事实解释《春秋》经文。与《公羊》《谷梁》专释"春秋"之义理有异。《毛诗》，《诗》古文学派。相传为西汉初毛亨和毛苌所传。据称其学出于孔子弟子子夏。《汉书·艺文志》著录《毛诗》二十九卷，《毛诗故训传》三十卷。《毛诗》在西汉时未立于学官，东汉时郑众、贾逵、马融、郑玄等都治《毛诗》。魏晋以后，今文三家诗散亡或无传者，《毛诗》独盛。至唐孔颖达定《五经正义》，《诗》取毛、郑，更为后世所崇尚。马、郑《尚书》，指东汉马融作传、郑玄作注的《古文尚书》。

(125) 庄存与(1719～1789年)，清代经学家，常州学派的创始人。字方耕，号养恬，阳湖(今属江苏常州)人。精通《六经》，长于《春秋》，提倡今文经学，不拘文字训诂，力主公羊家所谓"微言大义"，但也不排斥古文经学。著有《春秋正辞》《易说》《毛诗说》等。

(126)《春秋正辞》，十一卷，清庄存与著。除正文外，又有《举例》《要旨》各一卷，实十三卷。其中以阐发西汉公羊学派的"微言大义"为宗，是清代常州公羊学派第一部较为系统阐发今文经学的著作。

(127) 刘逢禄(1774～1829年)，清代经学家，常州学派的奠基人。字申受，江苏常州人。少年时从学于外祖父庄存与和舅父庄述祖。1814年中进士，曾任礼部主事。在部十二年，常以经义决疑事，为众钦服。其学精于《公羊春秋传》，以何休《公羊解诂》为主，创通条例，贯串群经，发挥今文经学的

“微言大义”。著作较多,计有《公羊何氏释例》《公羊何氏解诂笺》等。

(128) 董生,指董仲舒。见《学变》第八注(1)。李育,东汉今文经学家。字元春,扶风漆(今陕西彬县)人。少习《春秋公羊传》,为班固所器重,常隐居教授,门徒数百人。建初四年(79年),参与白虎观议五经同异,以《春秋公羊传》诘难古文经学家贾逵,著《难左氏义》四十一条。

(129)《公羊释例》,刘逢禄著,全称《公羊经何氏释例》,十卷,主要阐发何休《公羊解诂》中的微言大义及《公羊》学的“例”(原则)。

(130) 恢诡,亦作“恢恑”。怪异。《庄子·齐物论》:“故为是举莛与楹,厉与西施,恢恑谲怪,道通为一。”

(131) 说绎,同“悦怿”。喜悦。《诗·小雅·頍弁》:“既见君子,庶几说怿。”

(132) 宋翔凤(1779～1860年),清代经学家,庄存与的外孙,字于庭,江苏长洲(今属苏州)人。治今文经学,是常州学派的代表人物之一。所撰《论语说义》十卷,认为《论语》是孔子言性与天道的“微言”所在。另有《周易考异》《尚书略说》《四书释地辨证》等。

(133) 翼奉,字少君,东海下邳(今江苏睢宁西北)人。西汉经学家。师后苍,以治《齐诗》闻名于世。

(134) 始一而终亥,指《说文》部首排列“立一为端”“毕终于亥”的原则。即以“一”部开始,而以“亥”部终结。《归藏》,三《易》之一。杜子春说是黄帝之《易》;郑玄说是殷人之《易》;归藏以坤为第一卦,坤代表地,万物皆归藏于地,故名。

(135) 瑰玮,奇传,卓异。曹植《酒赋序》:“余览杨雄《酒赋》,辞甚瑰玮。”

【译文】

文士既喜好嬉戏游荡,又耻于不通晓经典,于是有了常州的今文经学派,刻意追求奇异的思想、美妙的言辞,以方便文士。今文经学:《春秋》,指公羊学;《诗经》,指《齐诗》;《尚书》,伏生口授的《今文尚书》;而排斥《周礼》《左氏春秋》《毛诗》以及马融作传、郑玄作注的《古文尚书》。常州学派都崇尚公羊学。起初,武进庄存与与戴震同时,唯独喜好研治《春秋公羊传》,作《春秋正辞》,也称说《周官》。庄存与的弟子阳湖刘逢禄,开始时只注重董仲舒、李育,作《公羊释例》,连缀文辞、排比史事,依类列举、彰明显著,并不想苟且而为荒诞怪异之论。然而他的文辞温和敦厚，能使读者喜悦。到长洲宋翔凤，最善于附会，引证以修饰其学说，或采翼奉等人之说，而又掺杂谶纬神秘之辞。宋翔凤曾对人说："《说文》始于一部而终于亥部，即古代的《归藏》。"他的著述较为奇特怪异，然而文辞又特别美妙，与那些治朴学的风格迥异，所以非常符合文士的喜好。

道光末，邵阳魏源(136)，夸诞好言经世(137)，尝以术奸说贵人(138)，不遇，晚官高邮知州，益牢落(139)，乃思治今文为名高，然素不知师法略例，又不识字，作诗、书《古微》(140)。凡《诗》今文有齐、鲁、韩，《书》今文有欧阳、大小夏侯(141)，故不一致。而齐、鲁、大小夏侯，尤相攻击如仇雠。源一切混合之，所不能通，即归之古文，尤乱越无条理。仁和龚自珍(142)，段玉裁外孙也，稍知书，亦治《公羊》，与魏源相称誉。而仁和邵懿辰为《尚书通义》《礼经通论》(143)，指《逸书》十六篇、《逸礼》三十九篇为刘歆矫造，顾反信东晋古文(144)，称诵不衰，斯所谓倒植者(145)。要之，三子皆好为姚易卓荦之辞(146)，欲以前汉经术助其文采，不素习绳墨，故所论支离自陷，乃往往如讕语(147)。惟德清戴望述《公羊》以赞《论语》(148)，为有师法。而湘潭王闿运并注五经(149)，闿运弟子，有井研廖平传其学(150)，时有新义，以庄周为儒术(151)，说虽不根，然犹愈魏源辈绝无伦类者。

【注释】

(136) 魏源(1794～1856 或 1857 年)，清代思想家、经学家、文学家。字默深，邵阳(今属湖南)人。治经宗西汉今文学派，力主通经治用。诗文与龚自珍齐名，时称龚魏，著作繁多，计有《书古微》《诗古微》《董氏春秋发微》《春秋繁露注》等。

(137) 经世，治理世事。

(138) 以术奸说贵人，当指魏源于道光二年(1822 年)入江苏布政使贺长龄及江苏巡抚陶澍幕府，并对二者多有建议。奸说，干求、游说。奸，通“干”。

(139) 牢落，孤寂落寞。

(140) 诗、书《古微》，指《诗古微》和《书古微》。《诗古微》，十七卷，以阐发今文《诗》为主旨，而多下以己见。《书古微》十二卷，以阐发西汉《今文尚书》为主旨，认为不仅东晋时出现的《古文尚书》和《尚书孔氏传》是伪书，连东汉马融作传、郑玄作注的《古文尚书》也不可信。

(141) 欧阳、大小夏侯，汉代传授《尚书》的今文经有欧阳、大小夏侯三家。皆列于学官，立为博士。欧阳指欧阳生。字和伯，千乘（今山东高青县高苑镇北）人。师事伏生，习《尚书》，形成汉代《尚书》欧阳一派。大夏侯，即夏侯胜，字长公，鲁东平（今属山东）人。先后师事夏侯始昌、简卿、欧阳氏，创立《尚书》大夏侯学。精《洪范五行传》，善说灾异。著有《尚书说》《论语说》，已佚。清陈乔枞辑有《尚书欧阳夏侯遗说考》，收入《皇清经解续编》。小夏侯，指夏侯胜从兄子夏侯建。字长卿。师事夏侯胜及欧阳高，左右采获，又从诸儒问与《尚书》相关的问题，牵引以作《章句》。宣帝时，夏侯建之学被立于学官，为博士，是为《尚书》小夏侯之学。

(142) 龚自珍(1792～1841 年)，清代经学家、文学家。名巩祚，字璱人，号定盦。仁和（今属浙江杭州）人。一生困厄，博通经史。工诗文，与魏源齐名，时称龚魏。初曾受乾嘉以来考据学代表人物戴（震）、段（玉裁），二王（念孙、引之）的影响，后又受同代《春秋》公羊学派庄存与、刘逢禄的影响，是嘉道间提倡“通经致用”的今文经学派的重要人物。有《尚书序大义》《春秋决事比》及《定盦文集》等。

(143) 邵懿辰(1810～1861 年)，清代经学家。字位西，仁和（今属浙江杭州）人。经学宗李光地、方苞等人，兼通汉儒经注。认为《仪礼》十七篇并无残缺，以古文《逸礼》三十九篇为西汉刘歆伪作；并称“乐本无经”，“乐之源在《诗》三百篇中，乐之用在礼十七篇中”。著有《礼经通论》《尚书传授同异考》《尚书通义》等。

(144)《逸书》十六篇，指汉代发现的《古文尚书》。《汉书·艺文志》说是得于孔壁之中，较《今文尚书》二十九篇多十六篇，对汉代《古文尚书》，古文经学家皆信其事，但所多十六篇却“绝无师说”。今文经家则以二十八篇为备，不信《古文尚书》之说。《逸礼》三十九篇，即《古文逸礼》。汉代发现的《仪礼》十七篇外的部分，共三十九篇，与《逸书》十六篇同出于孔壁之中，由孔安国献于朝廷。经学史上古文经学都相信《逸礼》之说，而今文经以《仪礼》十七篇为备，故否认在十七篇外有所谓《逸礼》的存在。东晋古文，指东晋梅赜所献伪造的《古文尚书》。

(145) 倒植，即“倒置”。与正常情况相反。

(146) 姚易，轻浮妖媚。卓荦，卓特不受拘束。

(147) 讝语，呓语。

(148) 戴望(1837～1873年)，清代经学家。字子高，德清(今属浙江)人。先好颜元之学，继师从陈奂学音韵训诂，后向宋翔凤学《公羊春秋》(一说学治《尚书》今文学)。为常州学派继承人。著有《论语注》《管子校正》《颜氏学记》等。

(149) 王闿运(1833～1916年)，清代经学家、文学家。字壬秋。湖南湘潭人，咸丰举人。太平天国起义时，曾为曾国藩幕僚。后被聘讲学于江西、湖南、四川等地。清末，授翰林院检讨。辛亥革命后任清史馆馆长。经学治《诗》《礼》《春秋》，宗法《公羊》。著有《周易说》《尚书大传补注》《尚书笺》《诗经补笺》《周官笺》《礼记笺》《春秋公羊传笺》等。

(150) 廖平(1852～1932年)，清末经学家。原名登廷，后改名平，字季平，先后自号四益(译)先生、五译先生、六译先生。四川井研人。清光绪进士。早年信奉宋学，后受王闿运影响。又改从今文经学。一生学经六变。六变中的第一变解决了经学史上二千多年未决的今古之分，最有学术价值；第二变的代表作《知圣篇》《辟刘篇》，则启悟了康有为《孔子改制考》与《新学伪经考》的成书，影响最大。廖平一生著述一百五十余种，大部分收集在《六译馆丛书》中，其中《今古学考》《谷梁古义疏》是其代表作。

(151) 庄周为儒术，廖平在其《孔经哲学发微・道家出于六经》一文中说，“六经为古道家所主，《诗》《易》之天学，关尹、老聃闻而慕之”，“古之道术有在于是者，庄周闻而慕之”。

【译文】

道光末年，邵阳魏源虚妄夸诞，喜好提倡经世致用，曾以此术游说贵人，没有受到礼遇，晚年才得以任高邮知州，越发孤寂寥落，于是想研今文经学以求声誉，然而向来不知何为师法略例，又不精于文字训诂，作《诗古微》《书古微》。凡《诗经》今文有齐、鲁、韩三家，《尚书》今文有欧阳生、大小夏侯，因此观点并不一致。而齐、鲁、大小夏侯，彼此攻击尤其激烈，如冤家仇人一般。魏源将其全都混合在一起，有所不通之处，就归为古文经，更是散乱没有条理。仁和龚自珍，是段玉裁的外孙，初读书时，就治《公羊》，与魏源相互称扬赞誉。而仁和邵懿辰作《尚书通义》《礼经通论》，认为《逸书》十六篇、《逸礼》三十九篇是刘歆伪造，反而相信东晋梅赜所献《古文尚书》，称颂不断，正可谓本末倒置。总之，这三人都好为轻浮媚俗、不受拘束的文辞，欲以西汉时的经术助其文采，平素不能熟习法度，故所论支离且自相矛盾，常常像是病中说胡话。只有德清戴望论述《公羊》以赞《论语》，是有师法的。而湘潭王闿运兼注五经，王闿运的弟子，有井研廖平继承其学说，时有新义，以庄周为儒术，所说虽没有根据，然而仍超过了毫无条理次序的魏源之辈。

大氐清世经儒[152]，自今文而外，大体与汉儒绝异。不以经术明治乱，故短于风议[153]；不以阴阳断人事，故长于求是[154]。短长虽异，要之皆徵其文明[155]。何者？传记通论，阔远难用，固不周于治乱。建议而不雠，夸诬何益[156]？鬵鬼、象纬、五行、占卦之术[157]，以宗教蔽六艺，怪妄！孰与断之人道，夷六艺于古史[158]，徒料简事类[159]，不曰吐言为律[160]，则上世社会污隆之迹[161]，犹大略可知。以此综贯，则可以明进化；以此裂分，则可以审因革。故惟惠栋、张惠言诸家[162]，其治《周易》，不能无捃摭阴阳[163]，其他几于屏阁[164]。虽或琐碎识小，庶将远于巫祝者矣。

【注释】

(152) 大氐，大抵。

(153) 风议，放言议论。《诗·小雅·北山》："或出入风议，或靡事不为。"

(154) 求是，求得符合实际。《汉书·河间献王刘德传》："修学好古，实事求是。"注："务得事实，每求真是。"

(155) 皆徵其文明，《检论》作"皆徵其通雅"。指对经文作出合理的解释。

(156) 不雠，得不到响应。《说文·言部》："雠，犹譍也。"《玉篇·言部》："雠，对也。"以上两句意为，对治国提出建议，却没有实际效果，夸大其辞是没有用处的。

(157) 禨鬼(qí 奇—),侍奉鬼神。《说文·鬼部》:“禨,鬼俗也。《淮南传》曰:‘吴人鬼,越人禨。’”段玉裁注:“谓好事鬼成俗也。”象纬,象数谶纬。

(158) 夷六艺于古史,把六艺看作古史。夷,放置。

(159) 料简,亦作“料拣”。品评选择。汉蔡邕《太尉杨公碑》:“沙汰虚冗,料简贞实。”

(160) 吐言为律,指根据经义制定法律。吐言,发言。

(161) 污隆,亦作“隆污”。指世道的盛衰或政治的兴替。《晋书·后妃传序》:“晋承其末,与世污隆。”

(162) 张惠言(1761～1802 年),清代经学家。字皋文,武进(今属江苏常州)人。嘉庆四年(1799 年)进士。精研《易》,深钻《礼》。言《周易》宗虞翻,论《仪礼》主郑玄。撰《周易虞氏义》《虞氏易言》《仪礼图》《读仪礼记》等。

(163) 捃摭,摘取,搜集。《史记·十二诸侯年表》:“荀卿、孟子、公孙固、韩非之徒,各往往捃摭《春秋》之文以著书。”

(164) 屏阁,排斥,屏弃。

【译文】

一般来说清代的经儒,除今文以外,大体上与汉儒全然不同。清儒不以经术明治乱,故短于议论世事;不以阴阳决断人事,故长于实事求是。汉儒、清儒之长短虽然各异,但总的来说都努力追求文教昌盛发达。为什么?传记通论,广阔深远难以应用,在治乱方面本不周全。对治国提出建议却没有实际效果,夸大其词又有何用?信奉鬼神以求福祉、象数谶纬、以五行生克推算命运的占卦之术,用宗教来遮蔽六艺,真是怪诞虚妄!不如以人道来决断世事,把六艺看作古史,只需考察、评论具体事情,不强调根据经义制订法律,那么古代社会的兴衰之迹,就能知其大略了。以此来总括贯通,就可以通晓进化与发展;以此来区分考察,就可以熟知因袭与变革。故只有惠栋、张惠言诸家,研治《周易》,不能不搜集阴阳,其他方面几乎都舍弃。虽然略显琐碎,见识狭小,但也远远超过掌管占卜祭祀的巫祝了。

晚有番禺陈澧(165),当惠、戴学衰,今文家又守章句(166),不调洽于他书,始知合汉、宋(167),为诸《通义》及《读书记》,以郑玄、朱熹遗说最多,故弃其大体绝异者,独取小小翕盍(168),以为比类。此犹揃豪于千马(169),必有其分刌色理同者。澧既善傅会,诸显贵务名者多张之。弟子稍尚记诵,以言谈剿说取人(170)。仲长子曰(171):"天下学士有三奸焉,实不知,详不言(172),一也;窃他人之说,以成己说,二也;受无名者,移知者(173),三也。"见《意林》五引《昌言》。

【注释】

(165) 陈澧(1810～1882 年),清代经学家。字兰甫,号东塾,广东番禺(今属广州)人。道光举人。遍览群经,不囿于汉学和宋学的门户。撰《东塾读书记》,详述经学源疏,为学者推崇。另有《汉儒通义》《经训比义》等。

(166) 章句,古代经学家以分章析句来解说经义的一种著作文体。

(167) 知合,聚集,集合。

(168) 翕盍,相合。

(169) 揃(jiǎn),剪断,分割。豪,毫毛。

(170) 剿说,抄袭别人的言论。《礼记 · 曲礼上》:"毋剿说,毋雷同。"

(171) 仲长子,即仲长统。参见《学变》第八注(29)。

(172) 详不言,装着不说。详,通"佯"。假装。

(173) 受无名者,接受无名人物的说法。移知者,改变知名人物的说法。《玉篇 · 禾部》:"移,易也。"

【译文】

其后有番禺陈澧,值惠栋、戴震之学衰微,今文经学家又守章句,不协调于其他典籍,始集合汉、宋作各《通义》及《读书记》,更多的是集取郑玄、朱熹的遗说,放弃他们在根本不同的内容,只取小小相合的,以进行整理比较。这就如同在一千匹马中剪取一些鬃毛,其颜色和纹理必定会有一点点相同的。陈澧既善于附会,而显达尊贵、追求名声的人又多推崇他。他的弟子重视记诵,抄袭他人的言论以为己说。仲长统说:"天下做学问的人有三种劣行为人所不齿,其实不知,却假装知道,是第一种;窃取他人之说,当作是自

己的，是第二种；接受无名人物的说法，改变知名人物的说法，是第三种。”(见《意林》卷五引《昌言》)

自古今文师法散绝，则唐有五经、《周礼》《仪礼》诸疏，宋人继之，命曰《十三经注疏》[174]。然《易》用王弼，《书》用枚赜，《左氏春秋》用杜预[175]，《孝经》用唐玄宗，皆不厌人望[176]。枚赜伪为古文，仍世以为壁藏于宣父[177]，其当刊正久矣。毛、郑传注无间也[178]，疏人或未通故言[179]，多违其本。

【注释】

(174)《十三经注疏》，南宋以来开始合刻，共416卷。《周易》用魏王弼，韩康伯注，唐孔颖达正义；《尚书》用伪孔安国传，孔颖达正义；《毛诗》用汉毛公传、郑玄笺，孔颖达正义；《周礼》用郑玄注、唐贾公彦疏；《礼记》用郑玄注，孔颖达正义；《春秋公羊传》用汉何休注，唐徐彦疏；《春秋谷梁传》用晋范宁注，唐杨士勋疏；《春秋左传》用晋杜预注，孔颖达正义；《论语》用魏何晏注、宋邢昺疏；《孝经》用唐玄宗注，邢昺疏；《尔雅》用晋郭璞注，邢昺疏；《孟子》用汉赵岐注，宋孙奭疏。

(175) 王弼(226～249年)，魏晋玄学的创始者之一。字辅嗣，三国魏山阳高平(今山东金乡)人。著有《周易略例》《老子注》等。枚赜，一作梅颐、梅赜。东晋经学家，字仲真，汝南(今属湖北武汉)人。官豫章内史。献伪《古文尚书》及伪《尚书孔氏传》，立于学官。杜预，晋经学家、史学家。字元凯，京兆杜陵(今陕西西安)人。拜镇南大将军，封当阳县侯。著《春秋左氏传集解》。

(176) 不厌人望，有负众望。厌，满足。人望，众人所望。也指众望所归的人。

(177) 仍世，累代。宣父，指孔子。汉平帝追谥孔子为“褒成宣尼公”，故尊称“宣父”。

(178) 无间(—jiàn)，无暇隙，指完善。

(179) 疏人，作疏的人。注是解经的文字，疏是对注的解释。

【译文】

自古今文经学师法散乱，唐代有《周易》《毛诗》《尚书》《礼记》《春秋左传》五经及《周礼》《仪礼》各书的疏，宋人继之，称为《十三经注疏》。然而《易》用王弼注本,《书》用梅赜所献的,《左氏春秋》用杜预注本,《孝经》用唐玄宗注本,都有负众望。梅赜作《伪古文尚书》,历代认为是鲁壁所藏的孔子所定之书,这一认识早就应当校正了。毛亨、郑玄所作传注比较完善,后人所作的疏解,有的不能精通训诂,多有与原意相违背之处。

至清世为疏者,《易》有惠栋《述》(180),江藩、李林松《述补》(181),用荀、虞二家为主(182),兼采汉儒各家及《乾凿度》诸纬书(183)。张惠言《虞氏义》(184)。《书》有江声《集注音疏》(185),孙星衍《古今文注疏》(186)。皆削伪古文。其注,孙用《大传》《史记》,马、郑为主。江间入己说。然皆采自古书,未有以意鉔析者(187)。《诗》有陈奂《传疏》(188)。用毛《传》,弃郑《笺》(189)。《周礼》有孙诒让《正义》(190)。《仪礼》有胡培翚《正义》(191)。《春秋左传》有刘文淇《正义》(192)。用贾、服注(193);不具,则兼采杜解(194)。《公羊传》有陈立《义疏》(195)。《论语》有刘宝楠《正义》(196)。《孝经》有皮锡瑞《郑注疏》(197)。《尔雅》有邵晋涵《正义》(198),郝懿行《义疏》(199)。《孟子》有焦循《正义》(200)。《诗》疏稍胶(201)。其佗皆过旧释。用物精多,时使之也。惟《礼记》《谷梁传》独阙(202)。将孔疏翔实(203),后儒弗能加,而谷梁氏淡泊鲜味,治之者稀,前无所袭,非一人所能就故。

【注释】

(180) 惠栋《述》,指惠栋所著《周易述》。参见本篇注(65)。

(181) 李林松,字仲熙,清江苏上海县人。嘉庆进士。官户部主事。有《周易述补》五卷。《补述》,《周易述补》。另参见本篇注(73)。

(182) 荀、虞,指荀爽、虞翻。荀爽(128～190年),东汉经学家。一名諝,字慈明。颍川颍阴(今河南许昌)人。精于《易》,著有《易传》,其侄荀悦称其据爻象承应阴阳变化之义,以十翼之文解说经义,兖、豫言《易》者全传其学。其书早佚,清马国翰《玉函山房辑佚书》、孙堂《汉魏二十一家易注》皆辑有佚文。虞翻(164～233年),三国吴学者。字仲翔,会稽余姚(今属浙江)人。传西汉今文孟氏《易》，将八卦与天干、五行、方位相配合，推论象数。撰有《易注》九卷，已散佚。唐李鼎祚《周易集解》曾采录，清黄奭《汉学堂丛书》、孙堂《汉魏二十一家易注》亦有辑录。

(183)《乾凿度》，《周易乾凿度》。二卷，郑玄注。为汉代《易纬》的一篇。对《易》旨也多所发明。自东汉迄唐李鼎祚《周易集解》，征引最多。纬书，对"经书"而言。汉代用神学附会儒家经典的书，有《诗》《书》《礼》《乐》《易》《春秋》《孝经》七经的纬书，总称七纬。又有《论语谶》及《河图》《洛书》等，合称"谶纬"。

(184) 张惠言《虞氏义》，指张惠言著《周易虞氏义》。参见本篇注(162)。

(185)《集注音疏》，即《尚书集注音疏》。参见本篇注(69)。

(186) 孙星衍(1753～1818 年)，清代经学家、文学家。字渊如，又字伯渊，号季述。阳湖(今江苏常州)人。早年以诗名于世，袁枚称其为"天下奇才"，后穷心于经史、文字、音训之学，旁及诸子百家、金石碑版，尤精于校勘。《今古文注疏》，指《尚书今古文注疏》。三十卷，采辑汉、魏、隋、唐、清代诸有关注释和研究成果而成。唯不取宋、元、明诸儒之说，以其无师传，恐滋臆说。是清代学者有关《尚书》注解中较为完备的一种。

(187) 鎃析(pì 譬—)，裁断，决断。《方言》二："鎃，裁也。梁、益之间，裁木为器曰鎃。"

(188) 陈奂(1786～1863 年)，清代经学家。字硕甫，号师竹，晚号南园，长洲(今属江苏苏州)人。敏而好学，在京与王念孙、王引之父子及郝懿行、胡培翚等人交。专治《诗经》，著有《毛诗传疏》《释毛诗音》《毛诗说》《毛诗传义类》等。

(189) 毛《传》，《毛诗故训传》的简称。《汉书・艺文志》著录三十卷。相传为大毛公亨所作。训诂大多以先秦学者见解为说，因而保存了很多古义。郑《笺》，指郑玄所作的《毛诗笺》。

(190) 孙诒让《正义》，指《周礼正义》。八十六卷，清孙诒让著。广采汉以来关于《周礼》的各种注疏，及清人的训解，根据《尔雅》与《说文》辨正文字训诂，又依《仪礼》《礼记》《大戴礼记》考证制度，对文字、制度多有发明。

(191) 胡培翚《正义》，指《仪礼正义》。四十卷，清胡培翚著。以郑玄注为主，采集汉以来各家之说，加以补订申说。取材广博，考订精详，是较有系统注释《仪礼》的专书。

(192) 刘文淇(1789～1856 年)，清代学者。字孟瞻。江苏仪征人。博通群经，尤其致力于《左传》的研究。搜集贾逵、服虔、郑玄三家的注疏，并广采唐以前各家之说予以疏证，辑成《春秋左传旧注疏证》。对晋杜预注多所驳正，主张“释《春秋》必以《周礼》明之”，故对典章制度、姓氏地理、历法天算、鸟鱼虫兽、饰服器用等训释尤详。《正义》，当指《春秋左传旧注疏证》。

(193) 贾、服注，指贾逵《左氏传解故》和服虔《春秋左氏传解》。贾逵，东汉经学家。参见《清儒》第十二注(42)。服虔，东汉经学家。字子慎，河南荥阳人。除《春秋左氏传解》外，又据《左传》驳何休所论汉事六十余条。

(194) 杜解，指晋杜预所作《春秋左氏经传集解》。三十卷。引刘歆、贾徽、贾逵、许淑、严容诸家之说，是唐以前有关《左传》最重要的著作。唐修《五经正义》，《春秋》即用杜预注为底本。

(195) 陈立(1809～1869 年)，清代经学家。字卓人、默斋，江苏句容人。少年客居扬州，师刘文琪等受《公羊传》、许慎《说文》、郑玄《礼》，而致力于《公羊传》。博采唐以前公羊家言与清代学者孔广森、刘逢禄等有关《公羊传》之著作，撰成《公羊义疏》七十六卷。另有《白虎通疏证》《尔雅旧注》等。

(196) 刘宝楠(1791～1855 年)，清代经学家。字楚桢，号念楼，江苏宝应人。专治《论语》。以宋代邢昺疏解《论语》颇多芜陋，于是详采各家之说，并吸取清代学者对《论语》考订训释的成果，撰《论语正义》，未完，由其子恭冕续成。

(197) 皮锡瑞(1850～1908 年)，清代经学家。字鹿门。善化(今属湖南长沙)人。曾主讲湖南龙潭书院、江西经训书院。1898 年，因赞成变法，受到封建顽固势力的攻击。宗今文经学，敬仰西汉传今文《尚书》的伏生，署所居曰“师伏堂”，学者称为师伏先生。主张《易》《礼》为孔子作，五经经过孔子整理后，使经学包含特有的“微言大义”，始成为经。除《孝经郑注疏》外，还撰有《经学通论》《经学历史》等。

(198)《正义》，指《尔雅正义》。二十卷，清邵晋涵著。该书以郭璞《尔雅注》为主，兼采各家，自谓此书苦心，不难博征而难于别择之中有所割爱。为清代《尔雅》注疏中精当者。

(199) 郝懿行(1755～1825 年)，清代经学家。字恂九，号兰皋。山东栖霞人。嘉庆进士。长于名物训诂考据之学，于《尔雅》用力最久。著有《尔雅义疏》二十卷，在郭璞《尔雅注》的基础上，广采各家之说，吸收清人成果而成。

(200) 焦循(1763～1820 年)，清代学者、经学家。字理堂，一字里堂，晚年号里堂先生。博采强识，对经、史、历、算、声韵、训诂之学都有研究。阮元誉为“通儒”。《正义》，《孟子正义》，三十卷，焦循及其子焦廷琥撰。其书多推阐赵岐之注，而“于赵氏之说或有所疑，不惜驳破相规正”。对其他各家之说，采录达六十余家之多。是清代关于《孟子》最详备的注解著作。

(201)《诗》疏，指陈奂《诗毛氏传疏》。胶，指固守师法。章氏《太炎文录·癸卯与刘光汉书》:“陈硕甫(即陈奂,号硕甫)之疏《毛》,惠定宇之述《易》,皆因执守师传,以故拘挛少味,仆窃以为过矣。”

(202)《礼记》,包括《小戴礼记》和《大戴礼记》。儒家经典之一。战国至西汉初儒家各种礼仪著作选集,是研究古代礼制、儒家思想的重要资料。《谷梁传》,亦称《春秋谷梁传》或《谷梁春秋》,儒家经典之一。专门解释《春秋》经文。起于鲁隐公元年(前 722 年),终于鲁哀公十四年(前 481 年)。

(203) 将,疑问词,抑或。孔疏,指唐孔颖达《礼记正义》。

【译文】

到清代所作的注疏,《易》有惠栋的《周易述》,江藩、李林松的《周易述补》,(用荀爽、虞翻二家的注为主,兼采汉儒各家及《乾凿度》诸纬书。)张惠言的《虞氏义》。《书》有江声的《尚书集注音疏》、孙星衍的《尚书今古文注疏》。(这些都抄自伪古文。其注,孙星衍用《大传》《史记》,以马融、郑玄的注为主。江声的《尚书集注音疏》掺入己说。然而多是采自古书,没有以意分析的。)《诗》有陈奂的《诗毛氏传疏》。(用毛亨《传》,弃郑玄《笺》。)《周礼》有孙诒让的《周礼正义》。《仪礼》有胡培翚的《仪礼正义》。《春秋左传》有刘文淇的《春秋左传旧注疏证》。(用贾逵、服虔注;不完备的,再兼采杜预注。)《公羊传》有陈立的《公羊义疏》。《论语》有刘宝楠的《论语正义》。《孝经》有皮锡瑞的《孝经郑注疏》。《尔雅》有邵晋涵的《尔雅正义》、郝懿行的《尔雅义疏》。《孟子》有焦循《孟子正义》。陈奂的《诗毛氏传疏》稍显拘泥,固守师法。其他的都超过了旧注。成果精多,是时代使然。只有《礼记》《谷梁传》空缺,或许是由于孔颖达《礼记正义》注疏翔实,后儒不能增益,而谷梁氏淡泊寡味,研治的人极少,前无所承袭,不是一人所能成就的原因吧。

他《易》有姚配中,著《周易姚氏学》(204)。《书》有刘逢禄,著《书序述闻》《尚书今古文集解》(205)。《诗》有马瑞辰、著《毛诗传笺通释》(206)。胡承珙。著《毛诗后笺》(207)。探啧达旨(208)，或高出新疏上。若惠士奇、段玉裁之于《周礼》，惠有《礼说》(209)，段有《汉读考》(210)。段玉裁、王鸣盛之于《尚书》，段有《古文尚书撰异》(211)，王有《尚书后案》(212)。刘逢禄、凌曙、包慎言之于《公羊》(213)，刘有《公羊何氏释例》及《解诂笺》(214)。凌有《公羊礼疏》(215)。包有《公羊历谱》(216)。惠栋之于左氏，有《补注》(217)。皆新疏所本也。焦循为《周易释》(218)，取诸卦爻中文字声类相比者，从其方部(219)，触类而长，所到冰释。或以"天元一"术通之(220)，虽陈义屈奇，诡更师法，亦足以名其家。黄式三为《论语后案》(221)，时有善言，异于先师，信美而不离其枢者也。《谷梁传》惟侯康为可观(222)，著《谷梁礼证》(223)。其余大氐疏阔。《礼记》在三《礼》间，故无专书训说。陈乔枞、俞樾并为《郑读考》(224)，江永有《训义择言》(225)，皆短促不能具大体。其他《礼经纲目》(226)，江永著。《五礼通考》(227)，秦蕙田著(228)。《礼笺》(229)，金榜著。《礼说》(230)，金鹗著(231)。《礼书通故》黄以周著。诸书(232)，博综三《礼》，则四十九篇在其中矣(233)。

【注释】

(204) 姚配中(1792～1844 年)，清代经学家。字仲虞，安徽旌德人。道光时诸生。博览群书，旁通百家之言，尤善《易》。善张惠言《虞氏义》，苦其简略，推之成《周易言象》，又为论十篇，后删之为三，移冠编首，题曰《周易姚氏学》。

(205)《书序述闻》，一卷，清刘逢禄著。因记述闻于外祖父庄存与而题名曰《述闻》，间附己意，则曰谨案别之。书中喜知人论世，而不重名物训诂，与当时考据著作有所不同。《尚书今古文集解》，三十卷，清刘逢禄著。该书多本其外祖父庄存与之说，同时博采众家，《续修四库全书总目提要》称其有"择焉不精之憾"。

(206) 马瑞辰(1782～1853 年)，清代经学家。字元伯，安徽桐城人。嘉庆进士。曾历主江西白虎洞书院，山东峄山书院，安徽庐阳书院讲席。博研经籍，尤精于《诗》，著有《毛诗传笺通释》三十二卷。

(207)《毛诗后笺》，三十卷，清胡承珙撰。该书主要申明《毛传》之义，未完成,《泮水》以下由陈奂所补。书中有些见解也有与《毛诗》不符者。

(208) 探啧,探索奥秘。啧,通"赜"。达旨,表达意旨。

(209)《礼说》,十四卷,清惠士奇著。为考辨《周礼》的专书,但不载《周礼》原文,唯标举有所考证辩驳的内容,各为之说,依原文次序排列条目。

(210)《汉读考》,即《周礼汉读考》,六卷,清段玉裁著。本书重点在于考定汉人"作注发疑正读"之例,即"'读如''读若'者,拟其言;'读为''读曰'者,易其字。'当为者',定为字之误、声之误而改其字"。书中摘经文及注,为之疏通证明。

(211)《古文尚书撰异》,三十三卷,清段玉裁著。该书对《说文》中所录古文尚书文句,进行考证,力证古文胜于今文。

(212)《尚书后案》,三十卷,清王鸣盛著。书中遍采群籍,搜罗郑玄之注,其残缺的地方,取马融、王肃传疏补义。又列案以解说郑玄之义,对马融、王肃异同,折中于郑玄。

(213) 凌曙(1775～1829 年),清代经学家。字晓楼,一字子升。江苏江都(今属扬州)人。少贫,以佣佃为生。年二十,为塾师。初治《礼》,后闻公羊学派之说,转治《公羊》,专主董仲舒、何休之说。广征博引各家之说,有《春秋公羊礼疏》等。包慎言,清代学者,字孟开,安徽泾县人。有《春秋公羊历谱》《温故录》等。

(214)《公羊何氏释例》及《解诂笺》,指《公羊何氏释例》及《公羊何氏解诂笺》,刘逢禄著。参见本篇注(127)。

(215)《公羊礼疏》,指《春秋公羊礼疏》,凌曙著。

(216)《公羊历谱》,指《春秋公羊历谱》,十一卷,包慎言著。此书在于以历证经,据殷历,将"润余、月朔、三正冬至,无润有润之法,列诸简端,自隐元年至哀十四年,详为表谱"。(《续修四库总目提要》)

(217)《补注》,指《春秋左传补注》,惠栋著。

(218)《周易释》,即《易通释》,二十卷。该书为焦循《易学三书》之一。全书以数之比例求《易》之比例。同时举经传之文,会而通之,字字求其贯彻。

(219) 方部,指类别、部类。

(220)"天元一"术,我国古代建立数字系数方程的方法。焦循曾用"天元一"术释《易》。

(221)《论语后案》,二十卷,清黄式三著。此书前列何晏《集解》、朱子《集注》,后加案语,以别同异,明是非,仿王鸣盛《尚书后案》之例,名《论语后案》。

(222) 侯康(1789～1837 年),清代经学家。原名廷楷,字君模,广东番禺

(今属广州)人。道光举人,与同乡陈澧最为友好,深研注疏、群经,长于《春秋》之说。

(223)《谷梁礼证》,二卷,侯康著。以为典礼莫备于左氏,义理莫精于《谷梁》,据《谷梁》以证三礼。以《公羊》杂出众师,时多偏骇,排诋《公羊》独多。

(224)陈乔枞(1808～1869年),清代经学家。字朴园,福建闽县(今属福州)人,一说福建侯官(今属福州)人。传其父陈寿祺之学,以西汉今文经学为宗,长于辑佚,疏理源流,而不重思想发挥。博通诸经,主治《诗》《书》及《礼记》。有《礼记郑读考》,另有《三家诗遗说考》《四家诗异文考》等。郑读考,指《礼记郑读考》。有陈乔枞著六卷和俞樾著一卷两种,对郑玄《礼记注》中“读为、读若之例”,详加考定。

(225)《训义择言》,即《礼记训义择言》。八卷,清江永著。此书从《礼记》的《檀弓》至《杂记》,于诸家注说中选择一种以为准。《四库全书总目提要》谓其不免“臆度,终不如郑注为得。然全书持义公允,非深于古义者不能也”。

(226)《礼经纲目》,即《礼书纲目》,八十五卷,清江永著。分为嘉礼、宾礼、凶礼、吉礼、军礼、通礼、曲礼、乐八大门,仿朱熹《仪礼经传通解》之例,参考群经,对朱熹的误说、不足多所补正。

(227)《五礼通考》,二百六十二卷,清秦蕙田著。清初徐乾学著《读礼通考》,只详丧礼一门。秦蕙田依徐书体例,补吉、凶、嘉、宾四礼,共五礼七十五个门类。其书考证经史,详密精核,井井有条,为研究古代礼制的重要著作。

(228)秦蕙田(1702～1764年),清代经学家。字树峰,号味经,金匮(今属江苏无锡)人。乾隆进士。专精三礼,继徐乾学《读礼通考》后作《五礼通考》。又著有《周易象义日笺》。

(229)《礼笺》,三卷,清金榜著。分别讨论三礼,其中《周礼》十五篇,《礼经》十七篇,《戴礼》十六篇。

(230)《礼说》,即《求右录礼说》,十六卷,清金鹗著。

(231)金鹗,清代经学家。字风荐,浙江临海人。其学长于礼,除《求右录礼说》外,另有《解遗》《乡党正义》等。

(232)《礼书通故》,一百卷,清黄以周著。此书博通三礼,分礼制、学制、封国、职官、田赋、名物、乐律、刑法、占卜等四十九类,博采汉唐至清各家之说,详加考释。其后九卷,为《仪礼图》《名物图》等。全书考辨详细,是清代研究三礼的重要著作。

(233)四十九篇,指《小戴礼记》,共四十九篇。以上三句意为,以上诸书,综合三礼,而《礼记》四十九篇体现于其中。三礼中《礼记》讲礼的原理,故章氏有此言。

【译文】

此外,《易》有姚配中(著《周易姚氏学》),《书》有刘逢禄(著《书序述闻》《尚书今古文集解》),《诗》有马瑞辰(著《毛诗传笺通释》。)、胡承珙(著有《毛诗后笺》)。其探索奥义、表达意旨,或高出新疏之上。如惠士奇、段玉裁对于《周礼》(惠有《礼说》,段有《周礼汉读考》),段玉裁、王鸣盛对于《尚书》(段有《古文尚书撰异》,王有《尚书后案》),刘逢禄、凌曙、包慎言对于《公羊》(刘有《公羊何氏释例》及《公羊春秋何氏解诂笺》,凌有《公羊礼疏》,包有《公羊历谱》),惠栋对于《左传》(有《左传补注》),都是新疏所本。焦循作《易通释》,取之于卦爻中文字声类相近的,从其部类,接触相类事物而长,所到之处疑点、隔阂都完全消除。有的地方用"天元一术"来疏通文义,虽然陈述大义显得奇异,变更了师法,也足以名家。黄式三作《论语后案》,多有善言,与先师不同,信美而又不离其中心。《谷梁传》只有侯康值得关注(著《谷梁礼证》),其余的大多显得疏略迂阔。《礼记》在三礼中,一直没有专书训说。陈乔枞、俞樾都作有《礼记郑读考》,江永有《礼记训义择言》,都篇幅短小不能具备大体。其他《礼经纲目》(江永著)、《五礼通考》(秦蕙田著)、《礼笺》(金榜著)、《礼说》(金鹗著)、《礼书通故》(黄以周著)等书,博通三礼,《礼记》四十九篇都在其中了。

然流俗言"十三经"。《孟子》故儒家,宜出[234]。唯《孝经》《论语》,《七略》入之六艺[235],使专为一种,亦以尊圣泰甚,徇其时俗。六艺者,官书,异于口说。礼堂六经之策,皆长二尺四寸。《盐铁论·诏圣篇》,二尺四寸之律,古今一也。《后汉书·曹褒传》:《新礼》写以二尺四寸简。是官书之长,周、汉不异。《孝经》谦半之[236]。《论语》八寸策者,三分居一,又谦焉。本《钩命决》及郑《论语序》(237)。以是知二书故不为经，宜隶《论语》儒家，出《孝经》使傅《礼记》通论。凡名经者，不皆正经，贾子《容经》(238)，亦《礼》之传记也。即十三经者当财减也(239)。

【注释】

(234) 宜出，章氏经的本义是指古代官书，以二尺四寸竹简抄写。而《孟子》《孝经》《论语》本为子书，故不当列入十三经中，下文即对此展开论述。

(235)《七略》入之六艺，指《七略》将《孝经》《论语》列入六艺略。《七略》，见《订孔》第二注(56)。

(236) 谦半之，减少一半。谦，通“减”。

(237)《钩命决》，即《孝经·钩命决》。纬书，已佚。《后汉书·方术·樊英传》李贤注：“孝经纬，援神契，钩命决。”郑《论语》序，指郑玄《论语注》前的序言。《论语注》原书已失，清刘逢禄、臧庸有辑本。

(238)《容经》，贾谊《新语》中的一篇。主要记录立、坐、行、趋时的仪容仪表。

(239) 财减，裁减。财，通“裁”。

【译文】

然而世人常说“十三经”，《孟子》本属诸子之一的儒家，应当剔出。只是《孝经》《论语》，《七略》将其归于六艺略，使其专为一种，也是为显示十分尊崇圣人，依从世俗。六艺是官书，不同于口耳相传的言论。礼堂六经的简策，都是长二尺四寸。(《盐铁论·诏圣篇》记载，律令所用简长二尺四寸，古今都是如此。《后汉书·曹褒传》：《新礼》用二尺四寸的简来书写。可见官书所用简的长度，周代、汉代是一样的。)《孝经》所用简长度减半。《论语》为八寸简策，只是官书长度的三分之一，又减少一些。(本于《钩命决》及郑玄《论语序》。)由此可知，这两部书原本不在经的行列，应将《论语》隶属为诸子略中的儒家，剔出《孝经》使其附为《礼记》通论。(凡称为经的，并不都是正经，贾谊的《新书·容经》，也是《礼》的传记。)也就是说，“十三经”应当裁减。

至于古之六艺，唐、宋注疏所不存者，《逸周书》则校释于朱右曾[240]；《尚书》欧阳、夏侯遗说，则考于陈乔枞[241]；三家《诗》遗说，考于陈乔枞[242]；《齐诗》翼氏学，疏证于陈乔枞[243]；《大戴礼记》，补注于孔广森[244]；《国语》疏于龚丽正、董增龄[245]。其扶微辅弱，亦足多云。及夫单篇通论，醇美确固者，不可胜数。一言一事，必求其征，虽时有穿凿，弗能越其绳尺，宁若计簿善承，㠭视而不惟其道[246]，以俟后之咨于故实而考迹上世社会者，举而措之，则质文蕃变，较然如丹墨可别也。然故明故训者，多说诸子[247]，唯古史亦以度制事状征验。其务观世知化，不欲以经术致用，灼然矣。

【注释】

(240)《逸周书》，原名《周书》，连序共七十一篇，有人说以为与《竹书纪年》一起出土，误称为《汲冢周书》，多数出于战国时拟周代诰誓辞命之作，其中《克殷》《世俘》《度邑》《作雒》等篇，记录周初事迹，当有所根据。书中文字多脱误。今存晋孔晁注本。朱右曾，清代经学家。字尊鲁，又字亮甫，嘉定（今属上海）人。道光进士。其学精于训诂。著有《逸周书集训校释》《汲冢纪年存真》等。

(241)《尚书》欧阳、夏侯遗说，则考于陈乔枞，指陈乔枞著《欧阳夏侯遗说考》《今文尚书经说考》，使久已失传的西汉欧阳（生）、大小夏侯（胜、建）《尚书》经说，大略可知。

(242) 三家《诗》遗说，考于陈乔枞，指陈乔枞著《三家诗遗说考》，《四家诗异文考》，搜集古书中保存的有关三家诗的解说，使其约略可知。

(243)《齐诗》翼氏学，疏证于陈乔纵，指陈乔枞著《齐诗翼氏学疏证》，对《齐诗》“四始五际”之说进行疏解。

(244) 补注于孔广森，指孔广森著《大戴礼记补注》。

(245) 龚丽正，清代学者。字旸谷，浙江仁和（今属杭州）人。嘉庆进士。为段玉裁女婿，著有《国语韦昭注疏》。董增龄，清代学者。字庆千，浙江归安（今湖州）人。撰有《国语正义》二十一卷。疏于龚丽正、董增龄，指龚、董所著《国语韦昭注疏》和《国语正义》。

(246) 㠭视，仔细察视。㠭，“展”的古字。《说文·㠭部》：“㠭，极巧视之也。”

(247) 故训,旧时的典章、遗训。多说诸子,指多引用诸子之书,如王念孙《读书杂志》引《墨子》《管子》《荀子》等;俞樾《诸子平议》引《管子》《老子》《庄子》《韩非子》等。

【译文】

至于古代的六艺,不存于唐、宋注疏之中的,《逸周书》由朱右曾校释;《尚书》欧阳、夏侯遗说,由陈乔枞考释;鲁、齐、韩三家《诗》遗说,考于陈乔枞;《齐诗》翼氏学,也由陈乔枞疏证;《大戴礼记》,由孔广森补注;《国语》,由龚丽正、董增龄疏证。他们扶助微弱,很值得称赞。至于单篇通论,醇美确凿的,不可胜数。一言一事,必定要寻求其依据,即使有时显得牵强,也不能违反其法度,宁可像计吏登记户口、赋税、人事的簿籍般繁琐,仔细查看,以待咨于典故而考察古代社会的后人,举而措之,即使质文多变,也可以清楚明白地辨别了。然之前精通旧时典章、遗训的,多是引用诸子之书,而古史也是以制度事实来作为验证。他们追求的是考察世事以通晓事物变化之理,不欲以经术来治用,是非常清楚了。

若康熙、雍正、乾隆三世,纂修七经,辞义往往鄙倍,虽蔡沈、陈澔为之臣仆而不敢辞(248);时援古义,又椎钝弗能理解(249),譬如薰粪杂糅,徒睹其污点耳(250)。而徇俗贱儒,如朱彝尊、顾栋高、任启运之徒(251),瞢学冥行,奋笔无怍,所谓乡曲之学,深可忿疾,譬之斗筲(252),何足选也!

【注释】

(248) 蔡沈(1167～1230 年),宋代学者,字仲默,建阳(今属福建南平)人。少学于朱熹,因隐居九峰山,学者称为九峰先生。著有《书集传》,并存今古文,为元代科举所采用。陈澔(1260～1341 年),宋代学者,字可大,号云庄,又号北山,都昌(今属江西)人。著有《礼记集说》,明清两代并行于世。清代学者多有批评。

(249) 椎钝,愚笨。亦作"钝椎"。《史记·绛侯周勃世家》司马贞索隐引颜游秦曰:“俗称愚为钝椎。”

(250) 薰粪,香草和粪便。污点,玷污侮辱。

(251) 朱彝尊(1629～1709年),清代学者、经学家。字锡鬯,号竹垞。浙江秀水(今属嘉兴)人。其学精于金石考证和古文诗词。著有《经义考》《曝书亭集》等。顾栋高(1679～1759年),清代学者、经学家。字震沧,又字复初,号左畬,江苏无锡人。研习经学,尤长《左传》,积十年之力著《春秋大事表》五十卷,又有《毛诗类释》《尚书质疑》等。任启运,清代学者、经学家。字翼圣,世称钓台先生,荆溪(今属江苏宜兴)人。雍正进士,历任庶吉士、编修、宗人府府丞等职。其学精于《仪礼》的研究。著有《宫室考》《肆献祼馈食礼》等。

(252) 斗筲,斗,容十升;筲,竹器,容斗二升。斗筲都是容量很小的量器,因此用来比喻人之才识短浅,器量狭窄。《论语·子路》:“斗筲之人,何足算也。”

【译文】

若康熙、雍正、乾隆三朝,编纂七经,文辞往往浅陋背理,即使是宋人蔡沈、陈澔这样没有才学的人请求做其臣仆,也不敢不接受;不时援引古义,又愚钝不能理解,如同香草与粪便掺杂在一起,只能使人看到秽迹而已。而顺从时俗的贱儒,如朱彝尊、顾栋高、任启运之辈,其学懵懂昏昧,犹如在黑暗中行走,挥笔疾书竟也毫不羞愧,正所谓偏僻村野的鄙陋之学,令人忿恨憎恶,如此才识短浅,哪里值得选取呢!

学隐第十三

［**说明**］戴震是章太炎十分推崇的经学大师，曾尊其为清代配称大儒的两位学者之一。但戴震又是清代考据学的代表人物，在他及惠栋等人的影响下，清代学者争治汉学，锢天下智慧于无用，对此又该如何理解呢？

章太炎认为，戴震生当天崩地解、乾坤易位的"无望之世"，学者出则只能助寇为虐，改变现状又不可能。在这种情况下，不注疏古书，埋首故纸堆又能去做什么呢？更重要的是，久处不良的环境中，学者养成趋炎附势、阿谀奉承、贪图利禄的恶劣习气。戴震有鉴于此，故以汉学相号召，使学者绝去仕禄之心，为华夏保住一脉学术的传承，这才是戴震倡导汉学的真实用心。

本文初次收入《訄书》重刻本，收入《检论》时有增补，本文仅相当《检论·学隐》的前半篇。

魏源默深为《李申耆传》(1)，称乾隆中叶，惠定宇、戴东原、程易畴、江叔沄、段若膺、王怀祖、钱晓徵、孙渊如及臧在东兄弟(2)，争治汉学，锢天下智惠为无用。包世臣慎伯则言东原终身任馆职(3)，然揣其必能从政(4)。二者交岐，由今验之，魏源则信矣。

【注释】

(1) 默深，魏源的字。参见《清儒》第十二注(136)。李申耆，清江苏阳湖(今常州武进)人。嘉庆十年(1805 年)进士。长于舆地之学。著有《养一斋集》《历代地理沿革图》《皇朝一统舆图》等。《李申耆传》即《武进李申耆先生传》，收入《古微堂外集》卷四。

（2）惠定宇，即惠栋。定宇为字。参见《清儒》第十二注（58）。戴东原，即戴震，字东原。参见《学蛊》第九注（37）。程易畴，即程瑶田，字易畴，参见《清儒》第十二注（75）。江叔沄，即江声，字叔沄。参见《清儒》第十二注（68）。段若膺，即段玉裁，字若膺。参见《清儒》第十二注（79）。王怀祖，即王念孙，字怀祖。参见《清儒》第十二注（79）。钱晓徵，即钱大昕，字晓徵。参见《清儒》第十二注（71）。孙渊如，即孙星衍，字渊如。参见《清儒》第十二注（186）。臧在东兄弟，指臧庸和臧礼堂。臧庸（1767～1811 年），字在东，号拜经，江苏武进人。师事卢文弨，并从钱大昕、段玉裁等讨论学术。曾助浙江巡抚阮元汇辑《经籍纂诂》。治学严谨，长于校勘、释义，有《拜经日记》《拜经文集》等。臧礼堂（1776～1805 年），字和贵，学者私谥孝节先生。庸弟，初从其兄学，后师事钱大昕，著有《说文引经考》《尚书集解案》等。

（3）包世臣（1775～1855 年），清代学者、书法家。字慎伯，号倦翁，安徽泾县人。曾任江西新喻县知县，对农政、漕运、盐政、货币等都有论述。其书法在咸丰、同治年间较有影响。著有《安吴四种》，共三十六卷。任馆职，指戴震任四库全书馆纂修，授庶吉士。

（4）然揣其必能从政，然而推测他有从政的能力，与魏源“锢智慧为无用”说相反。

【译文】

魏源作《李申耆传》，称乾隆中叶，惠栋、戴震、程瑶田、江声、段玉裁、王念孙、钱大昕、孙星衍及臧庸、臧礼堂兄弟，争相研治汉学，将天下智慧禁锢在为无用之学上。包世臣则认为戴震虽终身任四库全书馆纂修之职，然而揣度他也必有从政的才能。二者观点有分歧，从今人的判断来看，魏源的观点较为可信。

吾特未知其言用者，为何主用也？处无望之世，衒其术略，出则足以佐寇。反是，欲与寇竞，即罗网周密，虞候迦互[5]，执羽籥除暴[6]，终不可得。进退跋疐[7]，能事无所写[8]，非施之训诂，且安施邪？古者经师如伏生、郑康成、陆元朗[9]，穷老笺注，岂实泊然不为生民哀乐？亦遭世则然也。今观世儒，如李光地、汤斌、张廷玉者(10)，朝读书百篇，夕见行事，其用则贤矣。若夫袁宏之颂荀彧者曰(11)："始救生人，终明风概(12)。"数子其能瞻望乎哉！故曰："大儒胪传，小儒压颡(13)。"《诗》、礼之用则然。比度于无用者，孰贤不肖？则较然察矣。

【注释】

(5) 虞候，古官名，掌管山泽。此指侦察、巡逻的人。迦互，相互牵制，令不得行。《说文·辵部》："迦，迦互，令不得行也。"徐锴系传："迦互，犹犬牙左右制也。"

(6) 羽籥，古代舞者所执的舞具和乐器。《周礼·春官·籥师》："掌教国子舞羽吹籥。"

(7) 跋疐，跋前疐后，比喻进退两难。《诗·豳风·狼跋》："狼跋其胡，载疐其尾。"毛传："老狼有胡，进则躐其胡，退则跆其尾，进退有难。"

(8) 能事，擅长之事。写，同"泻"。倾泻、施用。

(9) 伏生，参见《清儒》第十二注(25)。郑康成，即郑玄。参见《清儒》第十二注(42)。陆元朗，即陆德明(约550～630年)，唐代经学家。名元朗，以字行，苏州吴(今江苏苏州)人。善言名理，其经学思想倾向于"南学"。采集汉、魏，六朝音切，凡二百三十余家，又兼采诸儒训诂，辨证各本异同，考证经学传授源流，撰《经典释文》三十卷，开唐代义疏之先河，是研究中国经籍版本及音韵、文字的重要参考书。

(10) 李光地(1642～1718年)，清初大臣，经学家。字晋卿，号厚庵、榕村，福建安溪人。康熙进士，官至吏部尚书、文渊阁大学士。博学谙世，精研诸经，兼及音韵、律吕，一生恪守宋学，以阐发义理为己任。主持编纂《周易折中》及《性理精义》，并著《周易通论》《周易观象》等。参见《别录》第六十二《许二魏汤李》。汤斌(1627～1687年)，清初大臣，学者。字孔伯，河南睢州(今睢县)人。顺治进士，曾从孙奇逢学。任江苏巡抚时禁止民间书坊刻印小说，令诸州县立社学，讲《孝经》等儒家典籍，治程朱理学，提倡"身体力行"，康熙帝指出他并"不能践其书中之言"。有《洛学篇》《睢州志》等。参见《别录》第六十二《许二魏汤李》。张廷玉(1672～1755年)，清初大臣，字衡臣，安徽桐城人，康熙进士。官至保和殿大学士、军机大臣，加太保。雍正时设军机处，规制均出其手。著有《传经堂集》。

(11) 袁宏(328～376年)，晋代文学家。字彦伯，小字虎，阳夏(治所在河南太康)人。少孤贫,有逸才,文章绝美。撰集《后汉纪》三十卷,与范晔《后汉书》并传。入《晋书·文苑传》。荀彧(163～212年),三国魏大臣。字文若,颍川颍阳(今河南许昌)人。初依附袁绍,继归曹操,为司马。建议迎汉献帝都许,使曹操取得有利的政治形势。后因反对曹操称魏公,饮药自尽。

(12) 风概,节操。《宋书·蔡兴宗传》:"兴宗幼立风概,家行尤谨。"

(13) 大儒胪传,小儒压顪,大儒只是传达圣上的旨意,小儒则闭口不言。胪传,传语。《庄子·外物》:"大儒胪传曰:'东方作矣,事之若何?'"成玄英疏:"从上传句告下曰胪,胪,传也。"顪(huì),颔下须,"接其鬓,压其顪"。司马彪注:"顪,颐下毛。"

【译文】

我不知道那些大谈致用的人,是指哪种用呢?处于令人绝望的时代,夸耀其权谋韬略,若出仕则足以助清廷为虐。反之,若想与清廷相抗,则罗网密布,特务侦伺,犹如拿着舞具和乐器却想去除残暴,最终是不可能实现的。这样进退两难的境地,擅长之事却不能做,不去做章句训诂,还能做什么呢?古时的经师如伏生、郑玄、陆德明,穷尽毕生精力于笺注,难道是真的不顾及生民的痛苦吗?同样也是遭遇时事变故才如此的。如今的士人儒者,如李光地、汤斌、张廷玉等,博览群书于前,其后即可见诸行事,其致用之功也是突出的。又如袁宏赞颂荀彧时所说的:"始于救助黎民,最终其风范节操得以彰明于世。"那些大谈致用的人岂能看到这一点!所以说在混乱的时代"大儒只是传达圣上的旨意,小儒则闭口不言",《诗经》、《礼》经的作用也只能是如此。相较于认为读经是无用的,孰高孰下,已是很清楚的了。

定宇殁,汉学数公,皆拥树东原为大师。其识度深浅,诚人人殊异。若东原者,观其遗书,规摹闳远,执志故可知。当是时,知中夏黗黯不可为(14),为之无鱼子虮虱之势足以藉手(15),士皆思偷惕禄仕久矣(16)。则惧夫谐媚为疏附,窃仁义于侯之门者,故教之汉学，绝其恢谲异谋，使废则中权[17]，出则朝隐[18]，如是足也！借使中用如魏源，能反其所述《圣武记》以为一书[19]，才士悉然，东原方承流奔命不给，何至槁项自縶，缚汉学之拙哉[20]？

【注释】

(14) 黦黯(yuè 月—)，黑暗。

(15) 鱼子虮虱之势，比喻微小的势力。藉手，借助。

(16) 偷愒(—kài 忾)，贪慕。愒，贪。

(17) 中权，合乎权变之道。《论语·微子》："身中清，废中权。"何晏集解引马融曰："清，纯洁也。遭乱世自废弃以免患，合于权也。"

(18) 朝隐，虽任官职，却不争名逐利，与隐居无异。《法言·渊骞》："或问：柳下惠非朝隐者与？"

(19)《圣武记》，十四卷，清魏源著。书成于道光二十二年(1842 年)，后经多次修订。书中记述清王朝自开国至道光年间重大军事活动，颂扬盛世武功，其意在推求盛衰之理，筹划海防之策及练兵筹饷之道。反映了鸦片战争时期究心经世一派人的思想。

(20) 缚汉学之拙哉，以上几句意为，假使每个士人都能像魏源那样受到重用，完成《圣武记》这样的著作，戴震奔走应命惟恐不及，哪还会槁面自束，用汉学来束缚人们呢？

【译文】

惠栋去世后，研治汉学的几位大儒，都推尊戴震为大师。他们的见识深浅，又是人人殊异。如戴震，以他的《戴氏遗书》来看，格局、范围宏大深远，传授汉学之志易可知。当是时，他知道中国政治腐败、社会黑暗难以有所作为，想改变现状又没有任何可以借助的势力用来援手；士人都在想着如何贪图高官厚禄且时日已久，戴震担心他们把谄媚当作归附，在当权者之门获取仁义，所以教授汉学，断绝其荒诞不合理的想法，使他们退可以合乎权变之道，进也可以大隐于朝，如此就足够了！如果能像魏源一样受到重用，完成《圣武记》那样的著作，戴震奔走应命惟恐不及，其何至于槁面自束，用汉学来束缚人们呢？

或曰：弁冕之制，绅舄之度[21]，今世为最微；而诸儒流沫讨论[22]，以存其概略，是亦当务之用也。任幼植著《弁服释例》[23]。幼植之学，出自东原。张皋文著《仪礼图》[24]。皋文学出金辅之[25]，辅之与东原亦最相善。

【注释】

(21) 弁冕，古代男子冠名。绅舄(—xì)，绅带和鞋。

(22) 流沫，流口水。

(23) 任幼植，即任大椿，字幼植，参见《清儒》第十二注(78)。

(24) 张皋文，即张惠言。参见《清儒》第十二注(162)。

(25) 金辅之，即金榜。参见《清儒》第十二注(75)。

【译文】

有人说：礼帽的形制，绅带和鞋的规格，数当下最为衰微不明；而诸儒生热烈讨论，以存其大概，这也是当务之用了。(任大椿著《弁服释例》。任大椿之学，出自戴震。张惠言著《仪礼图》。张惠言之学出自金榜，金榜与戴震关系也是最为亲近的。)

订实知第十四

［说明］什么是真正的知？这是作者在文中讨论的问题。

孔子承认有上智有下愚，章太炎也承认圣人与常人的差别。但他认为圣人并不神秘，《说文》解释圣为“通”，说明圣人只是比常人的知识更全面更深入罢了。像历史上的詹何懂得相牛，杨翁仲懂得相马，樗里子懂得相地，他们在其擅长的领域都可称为“圣”。圣人不过是融会了各个方面，更为全面而已。当然，圣人的知不主要表现在“相牛”“相马”上，他们认识了历史的规律（“三统之复”），因而上知千世，下知千世；了解了政治的兴衰，因而“尧知稷、契后皆王”。至于那些借助星历、图谱来猜测姓名人物地理就更是圣人所不为了。可见章太炎强调的是对历史、政教的知，认为这才是真正的知。章太炎的这一主张是和荀子把认知的对象限定为人伦、礼义，强调学者“所止”的思想一脉相承的。但他夸大圣人的认识能力，肯定圣人能够“藉物而知”，使他的思想中又包含了神秘主义的成分。

本文曾收入《訄书》初刻本，经修订后收入《检论》，作为《原教》的一节，可参看。

号钟[(1)]，乐之至和也。弹以穆羽[(2)]，惟中期能辨其律者[(3)]，非号钟为中期调，为他人流嘶也[(4)]。千岁之青龟，三代宝之，非格人则不兆[(5)]，是孰为神灵哉？夫孔子吹律而知其姓[(6)]，占鼎折足而知鲁人之胜越也[7]，亦若此矣。王充曰："圣人不前知，藉于物也。"尝试截解谷之管[8]，使充以中声吹之[9]，能知己姓所出乎？

【注释】

(1) 号钟，琴名。汉刘向《九叹・愍命》："破伯牙之号钟兮，挟人筝而弹律。"

(2) 穆羽，温和的羽音。羽，古代五音之一。《周礼・春官・大师》："皆文之以五声：宫、商、角、徵、羽。"

(3) 中期，古代乐师，以善调音律闻名。《韩非子・难三》："且中期之所官，琴瑟也。弦不调，弄不明，中期之任也。"

(4) 流嘶，声音沙哑。

(5) 格人，至人。《尚书・西伯戡黎》："天既讫我殷命，格人元龟，罔敢知吉。"疏："格训为至。至人，谓至道之人，有所识解者也。"或谓格人当读为椵人，指能传天意以告人者。不兆，不显示征兆。兆，古代占卜时，在龟板或兽骨上出现的预示吉凶的裂纹。

(6) 孔子吹律而知其姓，王充《论衡・实知》："孔子生不知其父，若母匿之，吹律，自知殷宋大夫子氏之世也。"

(7) 占鼎折足而知鲁人之胜越也，《论衡・卜筮篇》："鲁将伐越，筮之，得'鼎折足'，子贡占之以为凶，何则？'鼎而折足，行用足，故谓之凶。'孔子占之以为吉，曰：'越人水居，行用舟，不用足，故谓之吉。'鲁伐越，果克之。"

(8) 解谷之管，没有竹节的乐管。《汉书・律历志上》："黄帝使泠纶，自大夏之西，昆仑之阴，取竹之解谷。"注："孟康曰：'解，脱也。谷，竹沟也。取竹之脱无节沟者。'"一说，解谷，谷名。

(9) 中声，和谐之声。《国语・周语下》："古之神瞽，考中声而量之以制。"

【译文】

号钟之琴，是乐器中最调和的。弹出五音中温和的羽音，只有中期能辨明它的音律，并不是号钟只为中期发出和谐的音调，而为他人却声音沙哑。千年的宝龟，三代都以为宝，不是善于预见的至人它就不显示征兆，是谁更为神灵呢？孔子吹律定声以别其姓，占到鼎卦"鼎折足"爻辞而知鲁国能够战胜越国，正是如此。王充说："圣人并不是未卜先知，只是凭借各种事物的征兆来判断。"假若截取没有竹节的乐管，使王充用和谐之声来吹奏，能知道己姓从何而出吗?

夫不藉物而知,谓之鬼神[(10)];如童谣鸟鸣之属,皆通言鬼神,非谓天神人鬼。藉于物而知,谓之圣人。《周礼·大司徒》:"知、仁、圣,义、中、和。"圣本一德,《毛诗·凯风》传:"圣,睿也。"《说文》:"圣,通也。"故昭朗万形,不滞一隅者,谓之圣人,亦犹今言通人而已。春秋时称臧武仲为圣人[(11)],非为过情之誉。若后世言神圣者,无所取尔。若上中仁智以下,虽藉物犹不知也。《古今人表》列上中仁人[(12)],上下智人。然非以其德慧材性区分,徒以仁智标目而已。今用其义。詹何圣于牛[(13)],杨翁仲圣于马[(14)],樗里子圣于地[(15)],其术皆圣也。抟精一思,不足以旁通[(16)],至于圣人则具矣。虽然,其末也。

【注释】

(10) 鬼神,指高超的认识能力。

(11) 臧武仲,春秋时鲁大夫。臧孙氏,名纥。官为司寇。在贵族中有"圣人"之称。鲁襄公二十三年(前550年),因帮助季武子得罪于孟孙氏,孟孙氏告他将叛乱,他出奔到邾,不久死于齐。

(12)《古今人表》,指《汉书·古今人表》。举古今人物,分上上、上中、上下、中上、中中、中下、下上、下中、下下共九等。其中上上为圣人,上中为仁人,上下为智人。

(13) 詹何,战国时人,善术数。相传其在室内闻牛鸣而知牛之形态。见《韩非子·解老》。

(14) 杨翁仲,汉代广汉(今属四川)人,善相马。相传其听马鸣而知其目眇。见《论衡·实知》。

(15) 樗里子(?～前300),战国时秦国贵族。秦惠王的异母弟,名疾,居于樗里(在今陕西渭南),因称樗里子,为人滑稽多智,秦人称为"智囊"。相传其预见有天子宫殿将建于其墓上。见《论衡·实知》。

(16) 旁通,四方通达。指通晓其他事物。

【译文】

不凭借事物的征兆而预知的,称为鬼神;(如童谣鸟鸣之类,都称为鬼神,不是说天神人鬼。)凭借事物的征兆而知道的,称为圣人。(《周礼·大司徒》:"知、仁、圣、义、中、和。"圣本是六德中的一德,《毛诗·凯风》传:“圣,即睿智。”《说文》:“圣,即通达。”所以能遍识万形,不局限于一隅的,可以称为圣人,如同今天所说的通人而已。春秋时期称臧武仲为圣人,并非言过其实的赞誉。像后世所说的神圣,就不足取了。)那些仁智水平处于上、中以下的,即使凭借事物的征兆也不会知道。(《古今人表》列上中为仁人,上下为智人,然而并不是以其德慧材性来区分的,只是以仁、智来标示名目而已。今用其义。)詹何以善于相牛显其圣,杨翁仲以善于相马显其圣,樗里子以善于相地显其圣,他们的技艺都可称为圣。专心一志,不足以遍晓事物,而圣人却做到了。虽然如此,也只是末。

夫三统之复,文质之变,圣人以上知千世、下知千世,则不藉于物矣。尧知稷、契后皆王,周公知齐、鲁强弱,孰与高祖之测吴濞犁五十年[17]?故挈万祀之风教[18],而射之崇朝者[19],非圣哲莫能也。既知政教,又以暇游艺,藉物以诇其姓名人地[20],则《绿图》《幡薄》自此作[21]。虽然,其粝者在姓名人地[22],而凿者在政教[23],则圣人所以作《绿图》《幡薄》者,其本末可知。

【注释】

(17) 吴濞,吴王刘濞(前 215～前 154 年),西汉诸侯王。沛县(今属江苏)人。刘邦侄。封吴王。联合楚、赵等国,引发七国之乱,不久失败,被杀。犁五十年,延续及五十年。犁,比,及。

(18) 万祀,万年。殷代称年曰祀。

(19) 射之崇朝者,在很短时间内作出判断。射,猜测。崇朝,从天亮到早饭之间。喻时间短促。《诗·卫风·河广》:“谁谓宋远,曾不崇朝。”

(20) 诇(xiòng),刺探,诇其姓名人地,指探求图薄所暗示的人物和地方。

(21)《绿图》,古代传说江河所出的图录皆为绿色,故别称为绿图。《墨子·非攻下》:“河出绿图,地出乘黄。”幡薄,簿册。《吕氏春秋·观表》:“绿图幡薄,从此生矣。”注:“幡亦薄也。”薄,通“簿”。

(22) 粝者,粗米。指粗略、不确切。

(23) 凿者,精米。指精细、确切。

【译文】

三统往复，文质递变，圣人可以上知千世、下知千世，而不凭借事物的征兆。尧知道稷、契以后皆可王天下，周公知道齐、鲁立国以后的强弱形势，谁会赞同高祖刘邦关于吴王刘濞能延续五十年的推测呢？所以举一万年的风俗教化，能在很短的时间内作出判断的，不是圣哲是做不到的。既熟知政教，又有闲暇游憩于六艺之中，想凭借事物的征兆来探求人物和地理，由此产生《绿图》《幡薄》。即使如此，其粗略而言在于探究姓名人物地理，而精于知政教，那么圣人作《绿图》《幡薄》的目的，自然可知了。

《楼炭》也(24)，《万岁历祠》也，《隋·经籍志》五行家，有《万岁历祠》二卷。《皇极经世》也(25)，算人之藉物，亦以知来，其凿在彼不在此(26)，是以非圣人之知也。今夫荧惑之占(27)，填星之课(28)，无益于民物，而巫咸好之(29)，然其昭朗则不在是。知此者，可以知圣人之知矣！

【注释】

(24)《楼炭》，佛经名。章氏《菿汉微言》："乃如佛藏《楼炭》等经，所说世界成立现状，皆非诚谛，亦由随顺彼土故言也。"

(25)《皇极经世》，十二卷，北宋邵雍著。一至六卷用《易经》六十四卦说明世界治乱；七至十卷讲"律吕声音"，称为内篇；十一、十二卷为《观物外篇》。借"易卦"推衍，建立他的象数之学的体系。

(26) 在彼不在此，指在姓名人地而不政教。

(27) 荧惑之占，星占的一种。荧惑，火星的别名。因隐现不定，令人迷惑，故名。

(28) 填星之课，星占的一种。填星，土星的别名。我国古代认为土星每二十八年运行一周天，每年填满二十八宿中的一宿，所以叫"填星"。

(29) 巫咸，古代传说神巫名。此指占卜之人。

【译文】

如《楼炭》、《万岁历祠》(《隋书·经籍志》五行家,有《万岁历祠》二卷)、《皇极经世》,是算命占卜者所凭借之物,也可以预知未来,然而其根本在于知姓名人物地理而不在知政教,所以这不是圣人之知。如今的占星术,如占荧惑、填星等,无益于民物,而占卜之人却喜好,但是真正的高明不在这里。知道这些,就可以明白圣人之知了!

通谶第十五

[说明]谶是古代一种预测吉凶的文字、图录，它在秦汉时期曾广为流传。谶虽然形式荒诞，可它的一些预言在历史上却往往得到应验，对此又该如何理解呢？

作者认为谶虽然形式荒诞，它表达的情感、愿望却是真实的。历史上的一些谶往往反映了人心所向，因而得到人们的响应，统治者为顺应民心，也不得不按照谶的预言行事，结果使谶最终得到应验。作者由此进一步指出，一般经验论者往往视理想、欲求为空幻，这种看法是不正确的。他们不理解理想、欲求实乃创造的动力和根源，是世界的本质所在。理想、欲求发动人的精神、作用人的行为，由精神到物质，最终使自己得到实现。因此，它是真实而不是虚幻的。

学界往往把章太炎看作中国近代经验实证主义的代表，但章太炎的经验论有一重要特点，即他肯定主观理想、欲求的真实性，这是他不同于一般经验论者的地方。章太炎后期接受佛法、创立宗教哲学可以说即是他这一思想的延续和发展。

《訄书》初刻本有《独圣》一篇，内容文字与本篇基本相同。本文经修订后收入《检论》，作为《原教》的一节。

“积爱为仁，积仁为灵。”《说苑·修文篇》语(1)。夫灵，何眩谲奇觚之有(2)？以其隐衷(3)。人偶万物(4)，而视以己之发肤。发肤有触，夫谁不感觉？是故其疴养则知之[5]，其怖怒哀喜则知之，其微声如蛂如蟋蟀则知之[6]，其积算至不可布筹则知之[7]。

【注释】

(1)《说苑》，西汉刘向编撰。原二十卷，后仅存五卷，经宋曾巩搜辑，复为二十卷。内分君道、臣术、建本、立节等二十门，分类纂辑先秦至汉代史事，杂以议论，大都以儒家思想为旨归，阐明国家兴亡，政治成败之理。《修文》为其中一篇。

(2) 眩谲，惑乱、怪诞。奇觚，奇特。

(3) 隐衷，隐藏的真实情感。

(4) 偶，相亲、相接。

(5) 疴养，亦作"苛痒"。瘙痒。《礼记·内则》："疾痛苛痒，抑而搔之。"郑玄注："苛，疥也。"

(6) 蛂，甲虫，俗称金龟子。

(7) 布筹，计算。

【译文】

"积爱为仁，积仁为灵。"(《说苑·修文》中的语句。)灵，有何怪诞奇特呢？不过是隐藏的真实情感。人与万物相亲近，将其看作自己的头发、皮肤。头发、皮肤有所感触，谁会觉察不到呢？所以有瘙痒会感知到，有恐怖、哀乐会感知到，有如同甲虫、蟋蟀发出的轻微声音也会感知到，其数目多到不能计算的程度同样可以感知到。

泰上之谶[8]，运而往矣[9]。其次生于亡国逸民，将冒白刃，湛九族[10]，以赴难而不可集[11]，内恕孔悲[12]，以期来者。惟爱恶之相攻取，而亦诇谍于千年[13]。故史者为藏往，谶者为知来。凡纬书豫言来事，征验实众，前史所书，不可诬也。然其说经往往讹谬。诚以用在知来，而藏往非其所事尔。近世诸谶，文义鄙倍，多出明末遗贤。其言来事，亦信多验，而往者所不言也。

【注释】

(8) 泰上，最上。

(9) 运而往矣，指发生久远。《庄子·天运》："予年运而往矣。"

(10) 湛(chēn沉)，通"沉"。指诛灭。

(11) 不可集，无所成就。集，成就。《尚书·泰誓》："肃将天威，大勋未集。"

(12) 孔悲，十分悲伤。孔，甚。

(13) 诇谍(xiòng—)，猜测，考查。

【译文】

最好的讖，出现已经很久远了。其次产生于亡国之民中，将有杀身之祸，甚至是诛灭九族，以赴难而无所成就，心存善念却十分悲伤，只能期望于后来人。因而他们的爱恨情仇，即使千年之后也能体察到。所以史家认为是记藏往事，讖者则认为是所预见未来。(凡纬书预言未来之事，的确有许多得到应验，史书上有所记载，不是胡编乱造的。然而用讖来解说经书却往往出现差错，所以它只可用于预知未来，而记藏往事却非其所长。近世的讖书，文义粗鄙而悖谬，多出于明末遗贤之手。它们预言的未来之事，也确实有很多得到应验，对于往事却不提及。)

其次假设其事，已不知来，而后卒有应者。如王莽时，道士西门君惠言刘秀当为天子[14]。此非定知为刘秀也，而光武因讖而命名，则应之；刘歆因讖而命名，则不应[15]。佛书言"释迦去后，弥勒出世"，此亦无与中夏革命之事，而凡谋反者，皆喜自称弥勒。及韩山童以是鼓众[16]，其子林儿卒称号十有二年[17]。事虽不集，香军皆奉其正朔[18]。虽明祖亦俟林儿殁后，始建吴元[19]，亦可谓帝王之符矣。良由讖记既布，人心所归在是，而帝者亦就其名以结人望[20]。故始虽假设，卒应于后也。何者？金木、毒药、械用、接构[21]，皆生于恶，恶生于爱；眴栗愀悲[22]，亦生于爱，爱而几通于芴漠矣[23]！《宗教学概论》曰：热情憧憬，动生人最大之欲求。是欲求者，或因意识，或因半意识，而以支配写象，印度人所谓佗祏斯者也[24]。以此，则其写象界中所总计之宗教世界观，适应人人程度，各从其理想所至，以构造世界。内由理想，外依神力，期于实见圆满。若犹太诗篇所载预言，从全国人心之敬畏，以颂美邪和瓦(25)。每饭弗谖(26)，辄曰“何时得见弥塞亚也(27)”。其在支那，是等宗教观念之预言，亦甚不少。“周虽旧邦，其命惟新(28)”，亦冀望成就之辞也。然则世界观之本于欲求者，无往而或异。下逮琐末鄙事，宁能遁是？勿论何人，勿执何时，有不亲历其境者乎？亦有不以神力天助之憧憬佐其欲求者乎？是皆反省而可知也。世之实验论者(29)，谓此欲求世界观与设定世界观，梦厌妄想(30)，比于空华(31)。然不悟理想虽空，其实力所掀动者，终至实见其事状，而获遂其欲求，如犹太之弥塞亚，毕竟出世，由此而动人信仰者，固不少矣。

【注释】

(14) 道士西门君惠言刘秀当为天子，《汉书·王莽传下》：“先是，卫将军王涉素养道士西门君惠。君惠好天文谶记，为涉言：‘星孛扫宫室，刘氏当复兴，国师公姓名是也。’涉信其言。”于是与刘歆等密谋策反，后事泄被杀。

(15) 光武因谶而命名，《后汉书·光武纪》：“谶记曰：‘刘秀发兵捕不道，卯金修德为天子。’”刘歆因谶而命名，据《汉书·刘歆传》，刘歆为了应验谶言，曾改名刘秀。则不应，以上几句意为，同样是谶纬预言，在刘秀身上就灵验了，在刘歆身上则不灵验。

(16) 韩山童(?～1351年)，元末农民起义领袖。原为栾城(今属河北)人，其祖父因传授白莲教，被谪徙永年(今属河北)白鹿庄。他继续宣传教义，倡言天下将大乱，弥勒佛降生，明王出世，后在家乡宣誓起义，以红巾为号，自奉为明王。

(17) 林儿，韩林儿(?～1366年)，元末红巾军领袖。韩山童之子。韩山童被杀后，随母逃至武安山中，后被刘福通迎至亳州(今安徽亳县)，拥立为小明王，国号宋，年号龙凤，后被朱元璋派人杀死。

(18) 香军，元末韩山童、刘福通等利用白莲教组织的起义军，以烧香拜弥勒佛得名。正朔，一年的第一天。古时改朝换代，新王朝须重定正朔，表示“承天应运”。

(19) 吴元，朱元璋于龙凤二年(1356年)称吴国公，龙凤十二年改称吴王。

(20) 人望，众人所仰望。

(21) 接构，交接、冲突。《庄子·齐物论》：“与接为构，日以心斗。”

(22) 眴栗(xuàn 绚—)，震惊恐惧。

(23) 芴漠，寂寞。《庄子·天下》：“芴漠无形、变化无常。”

(24) 写象，指人的观念。佗拓斯，未详。

(25) 邪和瓦，今译“耶和华”。犹太教和基督教中的上帝。

(26) 谖(xuān 轩)，忘。

(27) 弥塞亚,希伯来文 mahsiah 的音译,一译“默西亚”,犹太人期望中的复国救世主。

(28) “周虽旧邦,其命惟新”,语出《诗经 · 大雅 · 文王》。

(29) 实验论,指法国哲学家孔德开创的实证论。

(30) 梦厌,即“梦魇”。

(31) 空华,亦作“空花”。空幻的花,比喻妄念。《圆觉经》:“如众空华,灭于虚空,不可言说。”

【译文】

其次是假设一件事情,自己并不知结果,而后来终于应验了。(比如王莽时,道士西门君惠曾预言刘秀当为天子。其实谶语说的刘秀并不一定就是指光武帝刘秀,而光武帝因为这一谶言说到刘秀当为天子,就应验了;刘歆因为这一谶语而改名刘秀,则没有应验。佛书上有句话“释迦去后,弥勒出世”,这与中国革命之事本不相关,然而凡是谋反的人,都乐于称自己是弥勒。到韩山童用此来鼓动众人,他的儿子韩林儿最终有了十二年的封号。事情虽然没有成功,元末起义军却都尊他为领袖,奉行其历法。即使明太祖朱元璋也是等到韩林儿死后,才建元称吴王,此真可谓帝王之符了。这在很大程度上是因为谶语既已广为散布,人心所归在于此,而欲称帝者也以其名来表达众人之所望。所以,开始虽然只是一个假设,最终却应验了。)为什么?兵刃、毒药、器械、冲突,都源生于恶,恶生于爱;痛苦悲伤,也生于爱,爱又通于寂寞。(《宗教学概论》说:热情憧憬,引发人最大的欲求。人的欲求,或因意识,或因下意识,而以支配人的观念,印度人所谓的佗揭斯就是如此。因此,观念中可以想到的所有宗教世界观,适应人们的程度,都是各自根据其理想,以构造精神世界。内部基于理想,外部依托神力,以期于实现圆满。如同犹太诗篇所记载的预言,顺从全国人的敬畏之心,以歌颂赞美耶和华。每一餐之前都不忘记,说“什么时候能够见到弥塞亚”。即使是在中国，这类宗教观念中的预言，同样有不少。“周虽旧邦，其命维新”，也是期望有所成就的话语。然而世界观以人的欲求为本，无论到哪里都大同小异。下到琐碎细微的小事，能够跳出欲求的范围吗？不论是何人，不论在何时，有从未亲临其境的吗？有不憧憬神力天助来实现其欲求的吗？这都是通过反省而可以知道的。当今的实验论者，认为欲求世界观与设定世界观，就如梦幻、妄想。然而却不知理想虽然虚空，但其实际产生的影响，最终可呈现于事实之中，而其欲求也可得到满足，如犹太的弥塞亚，毕竟是会出世的，由此而动人信仰者，原本是不少的。）

爱之精者，口耳勿能谕，假于星历五行以为旌旗，算术之有代数，则然也(32)。好方者滞其名象(33)，欲一切以是推究来者，是以其言凶悍而不娄中(34)。

【注释】

(32) 星历，天文历法。五行，《汉书·艺文志·术数略》有天文、历谱、五行、蓍龟、杂占、形法等六类，五行指“五常之形气也”。术数家将水、火、木、金、土五行与仁、义、礼、智、信五常相配，以自然比附人事，根据自然现象推断吉凶灾祥，为君王施政提供参考。

(33) 好方者，好方术者。滞其名象，指拘泥于星历五行等具体的占筮手段。

(34) 娄中，即“屡中”。每每猜中。《论语·先进》：“赐不受命而货殖焉，亿则屡中。”

【译文】

爱之真切，无法通过口耳来表达，只好借助星历五行等占筮的形式，就像算术通过数字运算一样。好方术者拘泥于具体的占筮形式，想一切都以此来推究未来，所以他们言论凶悍而不能言中。

章炳麟曰：京房、张衡、谯周、郭璞之伦(35)，僵尸千祀(36)，不再起矣。黄道周哉(37)，于以求之(38)，于林之下。

【注释】

(35) 京房(前 77～前 37 年)，西汉今文易学“京氏学”的开创者。本姓李，字君明。东郡顿丘(今河南清丰西南)人。曾学《易》于孟喜的门人焦延寿，以“通变”说“易”，好言灾异。元帝时立为博士。另在乐律方面也有贡献。著作今存《京氏易传》三卷。张衡(78～139 年)，东汉经学家、天文学家。河南南阳西鄂(今河南南召县南)人。少善属文，游京师，入太学，通五经，贯六艺。作浑天仪、候风地动仪，在科技史上影响极大。著有《周官训诂》。谯周，三国蜀经学家。参见《学变》第八注(72)。郭璞(276～324 年)，东晋经学家。字景纯，闻喜(今山西省闻喜县)人。博学有高才，通晓天文、卜筮之术，擅长诗赋。著有《周易髓》《周易洞林》《山海经注》等。

(36) 千祀，千年。

(37) 黄道周(1585～1646 年)，明代学者。字幼平，号石斋，漳浦(今治所福建漳浦县)人。忠鲠负节气，崇祯时，屡廷争不屈，因上疏指责大学士周廷儒、温体仁，斥为民。后为清兵所杀。著有《易象正》《石斋集》等。章氏认为京房等人的学说只有黄道周继承传播。

(38) 于以求之，即于何求之。以，何。语见《诗经·邶风·击鼓》。

【译文】

章炳麟说：京房、张衡、谯周、郭璞之辈，成为僵尸已经千年，不复再起。黄道周，于何处求之？于山林之下。

原人第十六

[**说明**]章太炎曾具有强烈的“排满”思想，一直关注民族问题。《訄书》重刻本中收录的《原人》和《序种姓》上、下即系统地反映他这方面的思想。

章太炎民族思想的一个重要特点是他突出、强调了文明与野蛮的差别和对立。他将传统的夷夏观念和西方社会进化论相结合，提出了他关于人的独特定义。在文中，他把人类形成的自然史当作民族史的出发点，论证了物种从无生命到有生命、从原始的生物到高级的生物的进化过程，指出所有种族的人，都是从鱼一步步进化而来的，进化较早而较快的民族比较文明，而进化较晚并较缓的民族则比较野蛮。这样便出现了文明民族与野蛮民族的区别。据此，作者把世界诸民族分作文明民族与野蛮民族两类，并认为只有那些文明民族才可算作是人，而那些野蛮民族只可归于兽一类。

章太炎夸大文明与野蛮的差别，目的在于说明满族作为落后的戎狄民族没有权力统治先进的文明民族，他们虽然凭借武力征服、统治了中国，但这种统治是不合法的。作者在文中还讨论了这样一个问题，野蛮的“戎狄”君临于中国为不合理，文明的欧美民族统治中华民族是否就合理呢？章太炎作了断然否定。这是因为欧美与中国作为文明民族是相同的，但作为种族则是不同的。中国，是中华民族的中国，对于征服者“安论其戎狄与贵种哉？其拒之一矣”。

本文收入《訄书》初刻本及《检论》。

赭石赤铜著乎山(1)，莙藻浮乎江湖(2)，鱼浮乎薮泽，果然玃狙攀援乎大陵之麓(3)，求明昭苏而渐为生人(4)。

【注释】

(1) 赭石(zhě 者—)，指铁矿石。《管子·地数》："上有赭者下有铁。"

(2) 莙藻，水藻名。《尔雅·释草》："莙，牛藻。"郭璞注："似藻，叶大，江东呼为马藻。"

(3) 果然玃狙，果然，亦作"猓然"，即长尾猿。见《本草纲目·兽部拾遗》。玃狙(jué 觉 jū 居)，猿猴。玃，通"貜"，大母猴。《尔雅·释兽》："玃父善顾"，郝懿行义疏："玃当作貜。"

(4) 求明昭苏，指自然进化。求明，祈求光明。昭苏，苏醒，《礼记·乐记》："蛰虫昭苏。"生人，犹言众人。

【译文】

铁矿石、纯铜储藏于大山中，水藻浮于江湖上，鱼游在水草茂密的沼泽湖泊中，长尾猿、猿猴攀援在大山脚下的树林里，经过自然进化而出现了人类。

人之始，皆一尺之鳞也(5)。化有早晚而部族殊，性有文犷而戎夏殊。含生之类(6)，不爪牙而能言者，古者有戎狄，不比于人，而輓近讳之(7)。

【注释】

(5) 一尺之鳞，指鱼。章太炎接受近代进化论观点，认为人是由低等生物进化而来。他曾著《菌说》一文，认为生物起源于死物，有生命物体来自非生命物体；最简单的微生物变成草木，草木变水母，水母变蛤蜊，蛤蜊变虾蟹，虾蟹变鱼，鱼变鸟，鸟变兽，兽变猴子，猴子变人。

(6) 含生，佛教名词。泛指一切有生命者。亦称"含类"。《大唐西域记》卷一："含生之畴，咸被凯泽。"

(7) 輓近讳之，指近代以来人们不再把"戎狄"等落后民族当作"非人"看待。

【译文】

人类最初，是从鱼类进化来的。进化有早晚之分，从而氏族部落文明程度有不同；本性有文明和野蛮之分，从而有戎夷和华夏之别。在有生命之物中，无爪牙且能说话的，如古时有戎狄，不同于人类，而近世不再把落后民族看作非人类。

余以所闻：名家者流，斥天下中央，则燕之北、越之南是已(8)。然则自大瀛海以内外，为潬洲者五(9)。赤黑之民，冒没轻儳(10)，不与论气类。如欧美者，则越海而皆为中国(11)。其与吾华夏黄白之异，而皆为有德慧术知之氓(12)。是故古者称欧洲曰大秦，大秦即罗马。其曰大秦者，明非本称，乃实中国所号，犹彼土以震旦称我也。明其同于中国，异于荤鬻、貑戎之残忍(13)。彼其地非无戎狄也。处冰海者，则有哀斯基穆人(14)。烬瑞西、普鲁士而有之者(15)，则尝有北狄。俶扰希腊及于雅典者(16)，则尝有黑拉古利夷族(17)。夫孰谓大地神皋之无戎狄(18)？而特不得以是杌白人耳(19)。戎狄之生，欧、美、亚一也。

【注释】

(8) 燕之北、越之南，战国时名家惠施的十个论题（后被称为“惠施十事”）之一：“我知天下之中央，燕之北、越之南是也。”

(9) 潬洲者五，即指世界亚、非、欧、美洲及大洋洲。

(10) 冒没轻儳，举止轻率，没有礼节。《国语・周语中》：“夫戎翟冒没轻儳，贪而不让。”韦昭注：“冒，抵触也；没，入也；儳，进退上下无列也。”

(11) 越海，隔海。皆为中国，指与中国一样是文明国家。

(12) 德慧术知，指德行智慧。氓，民。

(13) 荤鬻、貑戎，古代北方部族名。荤鬻，亦作荤允、薰育、薰鬻等。《史记・五帝本纪》索隐：“匈奴别名也。唐虞以上曰山戎，亦曰熏粥，夏曰淳维，殷曰鬼方，周曰玁狁，汉曰匈奴。”

(14) 哀斯基穆人，今译“爱斯基摩人”。

(15) 烬，毁灭。瑞西，今译“瑞士”。欧洲中部小国。普鲁士，欧洲中世纪王国,今德国的前身。有之,占领、占有。

(16) 俶扰,骚乱动扰。《宋史·安丙传》:"今蜀道俶扰,未宽顾忧。"

(17) 黑拉古利夷族,古代希腊北方的落后少数民族。

(18) 神皋,神圣的土地。皋,水边地。

(19) 而特不得以是杚白人,意为不能认为白人中就没有落后的戎狄民族。杚(gū 估),摩平。此作估量。

【译文】

我曾听闻:名家中的惠施,称天下的中央,就在燕国的北面、越国的南面。然而在大洋内外,有五大洲。未开化的民族,举止轻率没有长幼尊卑之分,与我们不是同类气质的人。欧美国家,与中国隔海而都是如中国一样的文明国家。他们与我们中国人的肤色有黄和白的差别,但都是有道德智慧的人。所以古时称欧洲为大秦(大秦即罗马。称之为大秦,并不是它原来的名字,只是中国对它的称呼,就如同别国称我们为震旦一样),可知他们与中国相类,不同于匈奴、貘戎民族那样残暴。他们所处的区域并不是没有落后民族。在北冰洋,有爱斯基摩人。烧毁瑞士、普鲁士而占据其地的,曾有北狄。骚扰希腊和雅典的,曾有黑拉古利夷族。谁又能说神圣的土地上没有戎狄?不能认为白人中就没有落后的戎狄民族。有戎狄的存在,对于欧洲、美洲、亚洲都是一样的。

在亚细亚者,旧国亡。亚细亚巴比伦、亚述之属[20]。礼义冠带之族,厥西曰震旦,东曰日本,佗不著录。冈本监辅曰:"朝鲜者,靺鞨之苗裔[21]。"余以营州之域[22],自虞氏时著图藉矣[23],卒成于箕子、卫满[24];文教之盛,与上国同风[25],宜不得与靺鞨为一族。意者,三韩、濊貉之种姓[26],杂处其壤,则犹俄之有鲜卑,西伯利亚,或作锡伯,即鲜卑。奥之有匈牙利欤?即匈奴。总之,傅于禹籍者近是[27]。其他大幕之南北蒙古厄鲁特之窟[28],袤延几万里,犬种曰狄，亦自谓出于狼鹿。凡犬种等名，皆野人自号，及此方以相鄙夷者。然其犷悍蚩贱，不异禽雀，故因其可以非人。而非人之说，详《序种姓》上篇。东北绝辽水，至乎挹娄(29)，豸种曰貉。瓯越以东(30)，滇、交趾以南(31)，内及荆楚之深山，蛇种曰蛮、闽。河湟之间(32)，驱牛羊而食，湩酪而饮(33)，旃罽而处者(34)，羊种曰羌。羯亦从羊，然与羌异义。《日知录》三十二曰(35)："羯本地名，上党武乡县羯室，晋时匈奴别部入居之，后因号胡戎为羯"。是羯为地名，非种类名。与羌之言羊种人胻者(36)，殊矣。自回鹘之入(37)，则羌稍陵迟衰微，亦混淆不得析。是数族者，在亚细亚洲则谓之戎狄。其化皆晚，其性皆犷，虽合九共之辩有口者(38)，而不能予之华夏之名也。惟西南焦侥(39)，从人，长三尺，莫知其谁氏？要之，印度印度本白种。自吠陀以来，哲学实胜中夏，而丘冈之族，至今尚称蛮民，亦文野半也。卫藏与西域三十六国(40)，皆犹有顺理之性，则神农、黄帝所不能外。亦其种类相似，与震旦比，犹艾之与蒿，犹橘之与枳(41)。

【注释】

(20) 巴比伦，古代两河流域文明国家。最早为两河流域的巴比伦城市国家，后发展为古巴比伦王国和新巴比伦王国。亚述，古代西亚文明国家。约公元前3000年末兴起于底格里斯河中游，公元前8至9世纪形成东起伊朗高原、西达地中海的军事帝国。公元前7世纪后国势转衰。

(21) 鞑靼，本靺鞨别部，唐末始见其名，后为蒙古别称。元亡，其宗族走漠北，去元之国号，称鞑靼。

(22) 营州，古十二州之一。相传禹治水后，分中国为九州：冀、兖、青、徐、荆、扬、豫、梁、雍。舜又从冀州分出幽州、并州，从青州分出营州。秦汉时置为辽西郡，为乌桓、鲜卑等所居。

(23) 虞氏，即舜。著图籍，指划入版图。

(24) 箕子，商代贵族。纣王的诸父，官太师。曾劝谏纣王，纣王不听，将他囚禁。周武王灭商后，将他封于今东北及朝鲜半岛一带。卫满，战国时燕人。率兵击破朝鲜箕准军，自立为王。见《史记・朝鲜列传》。

(25) 上国，春秋时称中原诸国为上国，与吴、楚等国相对。

(26) 三韩，指分布在今朝鲜半岛的三个古国，即辰韩、马韩和弁韩。《后汉书・三韩传》称其是避秦役来此，风俗习惯多与秦人相同。濊貉，亦作濊貊。我国东北地区少数民族名。《汉书·匈奴传》:“是时汉东拔濊貊、朝鲜以为郡。”

(27) 禹籍,指中国。因传说禹首先划分九州,并指定名山、大川为各州疆界,故称。

(28) 大幕,大漠。指蒙古高原的大沙漠。厄鲁特,亦称卫拉特。清代对西部蒙古各部的总称。窟,居住的洞穴。

(29) 挹娄,古国名。据有今东北数省之地。参阅《后汉书·东夷传》。

(30) 瓯越,今浙江瓯江一带。

(31) 交趾,古地名,指五岭以南的地方。

(32) 河湟,黄河和湟水。河湟之间,指今甘肃、青海一带。

(33) 湩酪(dòng 冻—),乳汁、奶酪。湩,乳汁。《列子·力命》:“乳湩有余。”

(34) 旃罽(zhān 毡 jì 计),皮毡和毛毯。旃,通“毡”。罽,一种毛织品。《汉书·高帝纪下》:“贾人毋得衣锦、绣、绮、縠、絺、纻、罽。”

(35)《日知录》,清初顾炎武著,三十二卷,系读书札记。内容包括经义、政事、世风、礼制、艺文、史法、兵事、天象、术数、地理等。

(36) 胻(héng 衡),脚胫。

(37) 回鹘,即回纥。其先匈奴,北魏时称高车部,或敕勒,讹为铁勒。有15个部落,散居漠北,游牧为生,后因突厥的压迫而南下。

(38) 九共,《尚书·虞书》篇名,已佚。伏胜称其以诸侯来朝,各进其土地所生美恶,为之贡赋。合九共之辩有口者,集合四方有口才的辩士。

(39) 焦侥,古代传说中的矮人。《荀子·富国》:“譬之是犹乌获与焦侥搏也。”注:“焦侥,短人长三尺者。”

(40) 卫藏,西藏地区的别称。西藏旧分阿里、藏(后藏)、卫(前藏)和康四部。有时又合称阿里、藏二部为藏,卫、康二部为卫,故总称卫藏。

(41) 犹艾之与蒿,犹橘之与枳,指种类相似。艾、蒿,菊科植物。亦合称艾蒿。枳,味酸的小橘子。《周礼·考工记》序曰:“橘越淮而北为枳。”

【译文】

在亚洲,有些古老国家已经灭亡(如亚细亚的巴比伦、亚述之类。)有礼乐文明的国家,处于西边的是中国,东边的是日本,其他的不见记载。日本学者冈本监辅认为:“朝鲜是蒙古的后裔。”我认为古十二州中的营州,自从虞舜时期就记录在版图之内了,后来又有箕子、卫满经营此地；礼乐教化之盛，与中原地区的诸侯国相同，不能将其与蒙古混为一族。或许辰韩、马韩、弁韩以及濊貉这些族群，混杂居住在这一区域，就如同俄有鲜卑（西伯利亚，或作锡伯，就是鲜卑），奥地利有匈牙利（匈即匈奴）吧？总之，附于中国版图的大体如此。其他处于大漠南北的，蒙古尼鲁特的洞穴居民，东西绵延几万里，以犬命名的种族称为狄，也自称出于狼鹿。（凡以犬命名的种族，都是野蛮人自称，以及中原对其的鄙视。然而他们粗野卑贱，与禽兽没多少差别，所以他们往往不被当作人来看待。而非人之说，详见《序种姓》上篇。）东北直渡辽河，至于挹娄国，有豸种族称为貉。浙江的瓯越以东，云南、交趾地区以南，向内地一直到荆楚地区的深山，有蛇种族称为蛮、闽。黄河与湟水之间，驱牛羊而食，饮乳汁，裹羊毛毡的，那些羊种族称为羌。（羯，也从羊，然而与羌意义不同。《日知录》卷三十二记载："羯原本是地名，上党武乡县羯室，晋时匈奴别部进入这个地区，后因号胡戎而称为羯。"可见羯为地名，不是种族的名称。与羌是指羊种族人不同。）自从回鹘入侵，羌族渐渐衰微，变得杂乱不分了。以上几个部族，在亚洲被称为戎狄。这些部族文明开化较晚，性情粗犷，即使是汇集全九州的善辩之士，也不能找出理由给其华夏之名。只是西南方有焦侥族，类似于文明人，身长三尺，不知属于哪个氏族。总之，印度（印度原本是白种人。自吠陀以来，这里的哲学一直胜于中国，而丘冈之族，至今仍被称为蛮人，也只是文明与野蛮各半）、西藏与西域三十六国，尚且都有顺理之性，即使是神农、黄帝也不能将他们排除在外。由于种族相似，他们与中原相比，就如同蒿相对于艾，枳相对于橘。

夫西徼以外(42)，自古未尝重得志于中国，而南方三苗之裔[43]，尤犷愚无文理条贯。惟引弓之国[44]，尝盗有冀州[45]，或割其半，而卒有居三鬲六甗以临禹之域者[46]。其遂为人乎？非也。其肖人形也，若禺与为也[47]。其能人言也，若狌狌也[48]。其不敢狂惑大倍于人义也，若骈麟也[49]。骈麟虽驯，天禄辟邪虽神[50]，不列于人。吾珍之字之[51]，不狝杀之而止[52]。其种类不足民，其酋豪不足君。

【注释】

(42) 西徼，西部边塞。《汉书·佞幸传》颜师古注："东北谓之塞，西南谓之徼。"

(43) 三苗，南方少数民族。《史记·五帝本纪》："三苗在江淮，荆州数为乱。"

(44) 引弓之国，指北方游牧民族所建立的国家。引弓，射箭。

(45) 冀州，古九州之一。包括今山西全省、河北西北部、河南北部、辽宁西部，此泛指北方。

(46) 三鬲六甗，九鼎的别称。鬲，《说文》："鬲，鼎属。"甗(yì 益)，附耳在唇外的方鼎。三鬲六甗为天子专用之物，此指天子之位。

(47) 禺(yù 遇)，兽名。《山海经·南山经》郭璞注："禺似猕猴而大，赤目长尾。"《本草纲目·兽部四》谓即"果然"，参见本篇注(3)。为，《说文·爪部》："母猴也。"

(48) 狌狌，即猩猩。狌同"猩"。

(49) 骈麟(qí 骑—)，骐麟。骈，通"骐"。

(50) 天禄辟邪，神话传说中的神兽，似狮带翼。

(51) 字，爱。《左传·成公四年》："楚虽大，非吾族也。其肯字我乎？"杜预注："字，爱也。"

(52) 狝(xiǎn 险)，捕杀。《尔雅·释诂》："狝，杀也。"

【译文】

西部边塞之外，自古以来就没能实现对于中国的野心，而南方三苗的后代，更是粗野愚昧而没有礼仪体系。只有北方游牧民族，曾窃居中原，甚至割去半个中国的疆域，最终居天子之位以统治中原大地的。难道这样就可以称得上是文明民族了吗？不是的。他们只是长得像人的外形，就如同猕猴与母猴那样；他们能像人那样说话，就如同猩猩那样；他们不敢过于狂妄、违背人伦义理，就如同麒麟那样。麒麟虽然驯服，是神话传说中的神兽，但也不被归为人。我们珍惜、爱护他们，大不了不去捕杀他们而已。他们的种族不足以称为民，他们的部落首领不足以称为君。

乌乎！民兽之不秩叙也，千有五百岁矣(53)。凡大逆无道者，莫剧篡窃。篡窃三世以后，民皆其民，壤皆其壤，苟无大害于其黔首(54)，则从雅俗而后辟之(55)，亦可矣。异种者，虽传铜瑁至于万亿世(56)，而不得抚有其民。何者？位虫兽于屏扆之前(57)，居虽崇，令虽行，其君之实安在？虎而冠之，猿狙而衣之，虽设醮醴(58)，非士冠礼也。夫龙举于华甬之下，乘云瑕(59)，负凌兢(60)，霂雨注天下(61)，号令非不施也，吾不事之以雨师之神。民兽之辨，亦居可见矣。案《海内南经》云：枭阳国，"在北朐之西。其为人，人面长唇，黑身有毛，反踵，见人笑亦笑。"寻枭阳即狒狒(62)，乃亦称人称国。盖人兽之界限程度，本无一定，予之过滥，则枭阳尚以人言，况戎狄邪？若专以文理条贯格之(63)，则戎狄特稍进于枭阳，未云人也。不以形，不以言，不以地，不以位，不以号令，种性非文(64)，九趠不曰人(65)。惟行进乃自变耳。《旧唐书·突厥传》：颉利部落来降，温彦博请置于塞下(66)，曰："古先哲王，有教无类。突厥以命归我，教以礼法，尽为农民。"是说以类为种类，能奉教则种类自化。然虽进于戎狄，而部族与中国固殊云。种性文，虽以罪辜磔(67)，亦人。

【注释】

(53) 千有五百岁，指自西晋末年北方匈奴、鲜卑、羯、氐、羌等少数民族南下中原，至今有一千五百年。

(54) 黔首，战国时秦国及秦代对人民的称谓。《史记·秦始皇本纪》："二十六年……更名曰黔首。"今泛指民众。

(55) 辟之，承认他作君主。《尔雅·释诂》："后、辟，君也。"

(56) 铜瑁，亦作"同瑁"。饰金的玉器，用以合诸侯。《尚书·顾命》："乃受同瑁。”此指王位。

(57) 屏扆(—yǐ),屏风。扆,古代一种屏风。

(58) 醮醴(jiào 较—),古代嘉礼中的一种简单仪节,用于冠礼和婚礼。《仪礼·士冠礼》郑玄注:“酌而无酬酢曰醮。”醴,甜酒。

(59) 云瑕,即云霞。瑕,同“霞”。

(60) 凌兢,寒冷的地方。《汉书·扬雄传》上《甘泉赋》注:“入凌兢者,言寒凉战栗之地。”又《文选》注:“凌兢,恐惧貌也。”

(61) 霦雨,即霖雨。《说文·雨部》:“霦,霖雨也。”“凡雨三日已往为霖。”

(62) 枭阳,亦作“枭羊”。狒狒。《尔雅·释兽》:“狒狒,如人被发,迅走,食人。”郭璞注:“枭羊也。”[illegible],古狒字。

(63) 文理条贯,指人类理性。

(64) 种性非文,种姓没有进入文明程度。

(65) 九趠不曰人,无论如何不能算作人。趠,同“踔”。腾跃。

(66) 温彦博(573～636 年),唐初大臣。贞观四年(630 年)任中书令,主张把突厥降众迁置河套以内,为太宗采纳。

(67) 以罪辜磔,因罪而遭受磔刑,磔,古代酷刑的一种,把肢体分裂。

【译文】

可悲!民与兽没有了正常秩序,自晋代五胡乱华始已经有一千五百多年了。凡大逆不道的罪行,没有比篡夺君位更严重的了。篡夺君位者经过三代之后,民众都变成了他的子民,国土也变成了他的国土,假若对百姓没有什么罪恶暴行,顺从雅俗而承认他为君主,也无妨。但是对于异族,即使传王位于后世经万亿代,仍不能够据有其民。为什么?位于华贵屏风上的虫或兽,位置虽然尊崇,命令虽然能得以执行,然而它怎能称得上君呢?给老虎戴上帽子,给猿猴穿上衣服,即使陈设好醮醴,也不是在行士冠礼。龙从有华彩的甬道飞起,乘着云霞,背负寒凉天空,为人间降下甘雨,号令不是得不到施行,但是我们不会把它当作雨师之神来祭祀。民与兽之辨,也就显而易见了。(案《山海经·海内南经》说:“枭阳国,在北朐的西面。那里的人,长着人面,长长的嘴唇,黑色的身体布满毛发，脚跟反向，看到人笑它们也笑。”想来枭阳就是狒狒，于是也称有人名称的国家。人与兽的界限程度，本没有一定的标准，对它们的肯定多一点，枭阳尚且可以称为人，何况是戎狄呢？如果严格按人类理性、礼仪来界定，戎狄只是稍稍比狒狒进化程度高一些，也不能称为人呢。）不以形体，不以语言，不以地域，不以位置，不以号令，只要种族没有达到文明的程度，无论如何都不能算作人。（只有向前进化才能自己变为人。《旧唐书·突厥传》：颉利部落来降，温彦博请安置在塞下，说：“古代圣王，有教无类。突厥以命归服于我，用礼法教化他们，全都能变为农民。”此说是以类为种族，能接受教化那么种族自然就进化了。然而即使比戎狄更加进化了，而部族与中国也是不同的。）文明种族的人，即使因罪而遭受刑戮，那也是人。

若夫华夏而臣胡虏之酋者，宁自处于牧圉[68]，操箠而从之[69]，则谓之臣矣。虽然，德之不建也，民之无援也，以大人岂弟[70]，其忍使七十二王之萌庶戕虐于诸戎[71]，而不拚其死[72]？不人兮其生也[73]？故假手于臣异类，以全泰氏之民[74]。既臣矣，仁故不代王，义故七十而致政[75]，臣道也，不持以例民[76]。民力耕冥息[77]，珍食美衣，老幼以相字[78]，夫妇以相驩，朋友以相掖[79]，其名与实，未尝听命于戎人。强与之以听命之名，则犹曰“听命于龙[80]”。其何不辨？辨之而不遰，弹之而不设隐括[81]。惟政令之一出一入，曰以是分戎夏。

【注释】

(68) 牧圉，牧牛的奴隶。《左传·昭公七年》：“马有圉，牛有牧。”

(69) 箠，鞭子。

(70) 岂弟(kǎi 凯 tì 剔)，同“恺悌”。和易近人。《诗·小雅·青蝇》：“岂弟君子，民之父母。”

(71) 七十二王，即七十二帝。相传上古到泰山封禅的君主，有七十二位。见《史记·封禅书》。此指华夏帝王。萌庶，庶民百姓。萌，通“氓”。

(72) 拼，同“拯”。拯救。

(73) 人兮，怜悯。《方言》卷十：“沅澧之原，凡言相怜哀谓之嘳，九嶷湘潭之间谓之人兮。”

(74) 泰氏，泰皇，传说古帝王，一说太昊。泰氏之民，指华夏族。

(75) 致政，犹致仕。辞官。《礼记·王制》：“七十致政。”郑玄注：“致政，还君事。”以上两句意为，出于仁爱民众的考虑，故不取代异族为王，坚持义道，七十岁就退休辞官。

(76) 不持以例民，意谓不作为一般民众的准则。

(77) 冥息，入夜即休息。冥，夜。

(78) 相字，相爱。

(79) 掖，扶助，鼓励。

(80) 听命于龙，华夏民族以龙为图腾，自称龙的传人。故作者提出华夏自认听命于龙，而不是入侵的异族。

(81) 遰(dì 帝)，去，往。弹，弹劾，抨击。隐括，通“檃栝”。矫揉弯曲木材使平直或成形的器具。《荀子·性恶》：“故枸木必将待隐括蒸矫然后直。”杨倞注：“檃栝，正曲木之木也。”

【译文】

至于臣服于胡虏的华夏首领，宁可做养牛的奴隶，拿着鞭子跟随牛群，就可称作是称臣了。虽然如此，德业没有建立，民众没有援助，恺悌的大人，难道忍心使历代君王的庶民百姓受戎狄的残害，而不拯救其死、不怜悯其生吗？所以臣服于异族，只是为了保全上古帝王之民。既然臣服，出于仁就不肯取代别人自立为王，出于义到七十就辞官，这是为臣之道，但不可以此约束百姓。百姓白天努力耕作，夜晚安息，吃美食穿好衣，老幼彼此关心，夫妇彼此欢爱，朋友彼此扶持，在名与实上，都未曾听命于戎狄。勉强称之是听命的话，就如同说：“听命于龙。”为何不辨？辨明了华夏与夷狄的秩序却不去实现，想弹劾、纠正又没有有效的手段，却说只能根据是否掌握政权来划分夷狄与华夏。

乌乎！民兽之不秩叙也久矣。辨之而不遵，弹之而不设隐括。曰：彼抚有九域[82]，自吾祖祢至今，世以食毛践土[83]。据流俗语。是则未谛于《北山》之雅人、楚之芋尹之言也[84]。彼周世也，井田未废[85]，则天子经略，诸侯正封，九畡之土[86]，莫不曰王田，而置农官以督之，则民犹赁而耕者也。其言若是，岂不中哉！自秦汉以后，井田废，约剂在民间[87]。后魏至唐，虽有均田[88]，犹无公私之别，又世业在口分外[89]。此终与井田异旨也。民归德于君，文饰其辞，则亦曰食毛践土，此非事实也。譬则以重华之圣颂其君[90]，铜印以上皆习之为恒言[91]，而心知其夸诬也，亦明矣。当秦汉以后，中国之君而犹若是，况异类乎？彼弃其戈壁，而盗居吾膏腴，则践我土也。彼舍其麋鹿雉兔，而盗食吾菽粟，则食我毛也。彼方践我土食我毛，而曰我践彼土食彼毛，其言之不应其肺肠与[92]？不然，何其戾也！

【注释】

(82) 彼，指入主中原统治华夏的夷狄。九域，九州。指中国。

(83) 食毛践土，践其土而食其所产。毛，土地所产植物之类。

(84)《北山》，《诗·小雅》篇名。雅人，指诗作者。《诗·北山》云："溥天之下，莫非王土；率土之滨，莫非王臣。"楚之芋尹之言，指春秋时楚国大臣申无宇向楚王进言："天子经略，诸侯正封，古之制也。封略之内，何非君土？食土之毛，谁非君臣。"（见《左传·昭公七年》）芋尹，春秋时楚国、陈国官名，田猎时司驱兽之职。申无宇时任此职。

(85) 井田，古代土地制度。《孟子·滕文公上》："方里而井，井九百亩；其中为公田，八家皆私百亩，同养公田。公事毕，然后敢治私事，所以别野人也。"井田制下，土地名义上归天子所有，以分封的形式赐与诸侯臣下。

(86) 九畡，亦作九垓。谓兼该八极的九州地面。《国语·郑语》："王者居九畡之田。"韦昭注："九畡，九州之极数也。"

(87) 约剂，古代作为凭信的文书契券。《周礼·春官·大史》："凡邦国都鄙及万民之有约剂者藏焉。"郑玄注："约剂，要盟之载辞之券书也。"此指买卖土地的文书、书契。约剂在民间，指土地可以自由买卖。

(88) 均田，指北魏至唐中叶实行的计口分配土地的制度。一般将土地分为世业和口分两部分，如北魏规定男子年十五以上受露田四十亩，女二十亩。年老及身死，须还田给官府。另给桑田二十亩，终身不还，可传于子孙。唐代规定男子给永业田二十亩，口分八十亩。

(89) 又世业在口分外，指永业田不包括在口分田内。按均田制规定，永业田可传与子孙作为世业。口分田老免课及身死则收。

(90) 重华，即舜。名重华。

(91) 铜印，古亦称“金印”。铜制的印章，代表一定的官阶。汉代禄六百石以上佩之，唐诸司、宋六部以下用铜印，清府、州、县皆用铜印。恒言，常言。

(92) 其言之不应其肺肠，意谓言不由衷。

【译文】

可悲的是，民与兽失去秩序已经很久了。辨明了却不去实现，想弹劾、纠正却没有有效的手段。有人说：他们占有中国，自从我先祖和先父时，就世代践其土地而食其所产了。（据流俗之言。）这是没有明白《诗·小雅·北山》中的诗人以及楚国的芋尹申无宇所说的话。周代时，井田制还没有废除，则天子经营天下，诸侯正其封地疆界，中央及八方土地无不是王田，于是设置农官来管理，民众能租赁耕种。那时这样说，是可以成立的。然而自秦汉以后，井田制废除，土地契约在民间。（从后魏至唐代，虽有均田制，然而没有公私之别，且世代相传的田地不在按人口分田的范围内。这与井田制是不同的。）民众归附于君王的德政，文饰其辞，也说践其土而食其所产，这就不符合事实了。譬如赞颂其君有舜一般的圣德，佩戴铜印的官员都习惯这样说，但他们内心知道这是夸大其词，是很明显的。秦汉以后，华夏之君尚且如此，更何况是异族呢？他们放弃其戈壁，而窃取我们肥沃的土地，这是践我土；他们舍弃麋鹿、野鸡和兔子，而盗食我们的粮食，这是食我所产。他们践我们的土地、食我们所产，却说我们践他们的土地、食他们所产，这样说岂不是言不由衷吗？不然的话，怎么会如此违背常理！

希腊之臣服土耳其也，数百岁矣[93]。一昔溃去，而四邻辅之以自立，莫敢加之叛乱之名者，无佗，种族殊也。意大利初并于日耳曼，逾年百五十，而米兰与伦巴多人始立民主[94]。斯其为殊类也，间不容翲忽耳[95]，然犹不容以畀佗人。由是观之，兴复旧物，虽耕夫红女[96]，将有任焉。异国之不忍，安忍异种？异教之不耦俱[97]，奚耦俱无教之狼鹿？君子观于明氏之史，如刘基者[98]，其于为震旦尽矣[99]！

【注释】

(93) 数百岁矣，希腊于1396年被土耳其占领，1829年发动起义，推翻土耳其统治者，次年宣告独立。

(94) 米兰，意大利北部城市。伦巴多，今译“伦巴第”。意大利北部区名。

(95) 翲忽(piāo 飘一)，微细。《史记・太史公自序》：“律历更相治，间不容翲忽。”

(96) 红女(gōng 工一)，亦作“工女”。古代从事纺绩等的妇女。《汉书・郦食其传》：“百姓骚动，海内摇荡，农夫释耒，红女下机。”

(97) 耦俱，二者共处。《左传・僖公九年》：“送往事居，耦俱无猜，贞也。”杜预注：“耦，两也。”

(98) 刘基(1311～1375年)，明初大臣。字伯温，浙江青田人。元末中进士，曾任江西高安县丞等职，后投奔朱元璋，为其筹划用兵决策，参与机密谋议。元璋成功后，比为诸葛亮。著有《郁离子》等，以寓言形式批判元末暴政。

(99) 为震旦尽矣，指为恢复华夏正统而尽职责。

【译文】

希腊臣服于土耳其，有数百年时间了。一朝溃败而去，四邻帮助希腊独立，没有敢指责这是叛乱的，这没有别的原因，种族不同而已。意大利早先并于日耳曼，过去了一百五十年，米兰与伦巴第人才实现民主。他们族类不同，尽管其间差异很细微，然而仍不愿委身他人。由是观之，复兴旧物，即使是农夫、女工，也有责任。异国尚且不能容忍，又怎能容忍异族呢？教化不同的人尚且不能和谐相处，又怎能与没有开化的以狼鹿为祖的民族和谐相处呢？诸位先生阅读明史可知，如元末明初的刘基，真可谓是为恢复华夏正统而尽职尽责！

难者曰：淳维之祖，犹吴之祖(100)，今兽匈奴而民泰伯(101)，悖。

【注释】

(100) 淳维之祖，犹吴之祖，淳维，匈奴族的始祖，这里指代匈奴族。《史记·匈奴列传》称淳维本为夏后氏苗裔，后成为夷狄。而吴始祖泰伯本也为华夏族，因避于江南而成为夷狄，二者情况相同，故言。

(101) 泰伯，一作太伯。周代吴国的始祖，周太王长子。太王欲立幼子季历，他与弟仲雍同避江南，改从当地风俗，断发文身，成为当地君长。

【译文】

或有人责难说：匈奴的始祖，与吴国的始祖泰伯一样(本都是华夏而沦为夷狄)，如今把匈奴视为兽而把泰伯视为民，这是不恰当的。

曰：匈奴之犬种，先淳维生矣。已夏王之胤(102)，娶胡牝以为妇，而传胄焉。其胄非人也，岂直淳维？鄦瞒在三季矣(103)，苟效吴泰伯，虽被发文身以奔扬州之域(104)，地故无异种，孰不曰人？若种类非也，蒲石之入帝(105)，蒙古之全制，其犹是封豕巨鱼也(106)。凡虏姓，今虽进化，然犹当辨其部族，无令纷糅。且夫《春秋》以吴越从狄者，谓其左衽同浴，不自别于异类，故因是以贬损之，不谓其素非人。若赵盾、许止之弑(107)，被之空言而不敢辞(108)，非曰其以刃剚也(109)。今蛮闽广东、福建之域，宅五帝之子姓矣(110)。其民有世系，其风俗同九州，其与沙漠之异族，舞干戚而盗帝位者，其可同乎？故曰五者不足言，而种姓重也(111)。

【注释】

(102) 己,指淳维。胤,子孙。

(103) 鄋瞒,古族名。单称鄋。春秋时长狄的一支。屡次袭击齐、宋等国,鲁文公十一年(前 616 年)为齐所灭。在今山东中部,别说在西北。三季,指夏、商、周三个朝代的末期。《汉书·叙传下》:"三季之后,厥事效纷。"颜师古注:"三季,三代之末也。"

(104) 被发文身,散发不束结,身上刺有花纹。扬州,古九州之一。古代吴国的所在地。

(105) 蒲石,蒲洪和石勒。蒲洪,又名苻洪。十六国时期前秦的建立者,氐人。石勒,十六国时期后赵的建立者,羯人。入帝,入中原为帝。

(106) 封豕巨鱼,喻贪暴的首恶分子。封豕,大猪。

(107) 赵盾,即赵宣子。春秋时晋国执政。赵衰之子。晋襄公七年(前 621 年),任中军元帅,掌握国政。晋灵公十四年(前 607 年),避灵公杀害出走,未出境。其族人赵穿杀死灵公。《春秋》记录此事曰:"赵盾弑其君。"因其未出境,出境则免。许止,春秋时许国人,为许悼公世子。许悼公饮药身亡,后人责以"弑父",因不亲自尝药。

(108) 空言,褒贬是非之言。《史记·太史公自序》:"我欲载之空言,不如见之于行事之深切著明也。"司马贞索隐:"空言,谓褒贬是非也。空立此文,而乱臣贼子惧也。"

(109) 剚(zì 自),用刀刺人。张衡《思玄赋》:"丁厥子而剚刃。"

(110) 宅,居住。五帝,指黄帝、颛顼、帝喾、唐尧、虞舜。

(111) 五者,指文中所言的匈奴、鄋瞒、蒲洪石勒、蒙古、吴越。

【译文】

我的回答是:匈奴本属犬种,出现于淳维之前。淳维自己是夏王的子孙,娶胡女为妻,而留下后裔。他的后代称不上是人,岂止淳维?鄋瞒族在夏、商、周三代之末,若能效法吴泰伯,即使披散着头发、身上刺着纹饰来投奔古九州的扬州之地,从地域上看本没有异族,怎能不称为人?如果种族不同,即使苻洪和石勒称帝,蒙古人建立元朝而一统中国,他们仍不过是贪婪暴虐之人。(凡虏姓,如今即使进化了,但仍应当辨别其部族,不能使之混乱。)而《春秋》将吴越视为狄,称他们衣襟向左开、男女同浴,不区别于异族,故以此来贬低他们，没有说他们原本不是文明人。如赵盾、许止之弑君，遭受指责而不敢有推辞，并不是说他们用刀刺杀了君主。如今的蛮闽广东、福建之地，居住着五帝的子孙。这里的民众有世系，他们的风俗与华夏相同，与北方的那些挥舞着坚盾、斧钺而盗取帝位的少数民族，怎么能一样呢？所以说匈奴、郏瞒、苻洪石勒、蒙古、吴越五者不能称为人，区别人与兽的关键在于种姓。

难者曰：必绌亚洲之戎狄，而褒进欧美；使欧美之人，入而握吾之玺，则震旦将降心厌志以事之乎？

曰：是何言也！其贵同，其部族不同。观于《黄书》(112)，知吾民之皆出于轩辕(113)。余以姜姓之氏族上及烈山(114)，与任、宿之风自苍牙(115)，则谓之皆出于葛天(116)，可也。说详《序种姓》上篇。海隅苍生，皆葛天之胄。广轮万里，皆葛天之宅。以葛天之宅，而使他人制之，是则祭寝庙者亡其大宗，而以异姓为主后也。安论其戎狄与贵种哉？其拒之一矣。

【注释】

(112)《黄书》，明清之际王夫之著。一卷。内分《原极》《古仪》《宰制》《慎选》《任官》《大正》《离合》七篇论文，另附《后序》。为作者早年政治作品，认为保卫民族利益是“古今之通义”，民族败类是“万世之罪人”，反对民族压迫，但也表现出浓厚的大汉族主义。后收入《船山遗书》。

(113) 轩辕，即黄帝，号轩辕。

(114) 姜姓之氏族，周代族名。姜姓。四岳之后，为西戎之一支。烈山，指神农氏。相传上古神农氏生于烈山(又名“厉山”“随山”“重山”“丽山”。在今湖北随州市北)，故又称烈山氏。

(115) 任、宿，风姓小国。《左传·僖公二十一年》：“任、宿……风姓也。”苍牙，伏羲的别称。《易纬·坤灵图》：“苍牙通灵，昌之成运，孔演命明经道。”旧注：“苍牙则伏羲，昌则文王也，孔则孔子也。”

(116) 葛天，葛天氏，我国古代传说中的上古帝王。

【译文】

责难者说：一定要贬斥亚洲的戎狄，而褒奖进举欧美；假使欧美之人进入中国，掠取我们的政权，而中国人却要平心降气来事奉他们吗？

回答说：何有此言！其尊贵与中国相同，但部族不同。查看王夫之的《黄书》，可知我国之民都出于轩辕。我认为姜姓的氏族出自神农氏，与任、宿等风姓小国来自伏羲，称他们都出于葛天氏，是可以的。(此说详见《序种姓》上篇。)边远地区的平民，都是葛天氏的后裔；幅员万里，皆为葛天氏的居地。若以葛天氏的居地，而使他人来统治，如同祭祀宗庙却没有了嫡长支系，而以异姓作为主祭的继承人。这还论什么戎狄与贵种？都是要抵制的。

余秩乎民兽，辨乎部族，故以《云门》之乐听之，《大司乐》注(117)："黄帝曰《云门》《大卷》。黄帝能成名万物，以明民共财，言其德如云之所出，民得以有族类。"一切以种类为断，是以综覈人之形名，则是非昭乎天地。

【注释】

(117)《大司乐》，指《周礼·春官·大司乐》。

【译文】

我区分民与兽，辨别氏族部落，故听以《云门》之乐(《周礼·春官·大司乐》注："黄帝时的乐舞称《云门》《大卷》。黄帝能给万物命名，教民共享山泽之利，形容黄帝之德就像云之所出，民众才得以有族类。")，一切以种族来判定，因此综合考察人的名称与实质，是非就大明于天地之间。

序种姓上第十七

[说明]章太炎民族思想的一个重要特点,是他一改据文化以辨民族的旧说,而以血统作为区分民族的根据。他的这一思想与康有为等人有很大不同,而与王夫之、顾炎武等有承继关系。顾炎武曾设想写一部《姓氏书》,通过考辨华夏本姓和胡虏蕃姓,以“严夷夏之防”,这一著作后因故未能完成。章太炎这两篇名为《序种姓》的文章,即是要完成顾氏想要完成而没有完成的任务。

本文主要从姓氏的角度考察了古代华夏族的形成史。作者认为,世界上各色人种,都有自己的发生和变化的过程。中国古代的华夏族,同其他古老民族一样,都经历过由野蛮到文明的变化:蒙昧时代也是母系社会,夏朝起母系社会结束,以男子为主体的家族出现,从此女子称姓,男子称氏。但氏族也都注意本姓,以区别婚姻血统关系,并防止同其他蛮族发生血缘混淆。这就是从上古到汉魏时期都重视姓氏谱系记录的由来。章太炎认为,区分华夏族的界限,当以出现“书契”为限,在此以前的民族融合,是中国“历史民族”发展的必然趋势,不能反对,否则会引起无谓的纠纷;北魏以后,鲜卑、突厥、匈奴、契丹、女真、蒙古等贵族姓氏,纷纷与汉族姓氏同化。他们如果是前来归化,就应该以兼容并包的态度接受他;但如果是“乘时僭盗”,妄图征服奴役华夏民族,那就是要坚决反对的。本文的目的就是要对华夏民族的形成作正本清源的工作,这也可以说是他追踵顾炎武研究姓氏学的本意。

值得注意的是，作者在文中接受了法国学者拉库伯里的“中国人种西来说”，以为古代的黄帝族是由巴比伦迁徙而来，成为中原各族的共同祖先。此说在清末传入中国，并被大批学者接受。作者接受这一观点，主观上是想说中国同西方先进民族一样有着优良的种姓，不应该遭受满人的严迫和统治。然而它在理论上也会带来混乱：既然华夏民族本来就是外来先进民族征服本地民族形成的，那么还有什么理由去反对西方列强的节节逼迫和入侵呢？所以作者在辛亥革命前宣布放弃这一观点。

本文首次收入《訄书》重刻本，收入《检论》时对关于华夏族形成史部分作了大幅度修改，立论已与本文相反，由相信“中国人种西来说”，转而对它持否定态度。

凡地球以上，人种五，其色黄、白、黑、赤、流黄(1)。画地州处(2)，风教语言勿能相通。其小别六十有三。西人巴尔科所分(3)。

【注释】

(1) 流黄，也作留黄，《说文》段玉裁注谓其色黄而近绿，此指棕色人种，其肤色深黄。这里采用的是19世纪德国人类学家布卢门巴哈(Blumenbach)的分类方法，这种分类法在19世纪末被介绍进中国，流行很广。现在通常把人类分三大种族，即黑色人种(尼格罗——澳大利亚人种)、黄色人种(蒙古人种)和白色人种(欧罗巴人种)，原来的红种(印第安人)、棕种(马来人)都归于黄色人种。

(2) 画，通“划”。州处，聚居。《国语·齐语》：“令夫士群萃而州处。”

(3) 巴尔科，今通译帕克(Parker)，美国动物学家。1864年生于费城，长期执教于芝加哥大学，主要著作有《生物与社会问题》《脊椎动物的嗅觉、味觉和其他感觉》《进化是什么？》等。

【译文】

地球上的人种分五类，分别是黄种人、白种人、黑种人、红种人、褐黄种人。他们分地域聚居，风俗教化和语言彼此都不能相通。其中更细微的划分有六十三类(西方人帕克所分)。

然自大古生民,近者二十万岁,近世人类学者以石层、槁骨推定生民之始,最近当距今二十万年,其远者距今五十万年。如《旧约》所述,不逾万年(4),其义非是。亟有杂淆(5),则民种羯羠不均(6)。古者民知渔猎,其次畜牧,逐水草而无封畛(7);重以部族战争,更相俘虏,羼处互效(8),各失其本。燥湿沧热之异而理色变(9),牝牡接构之异而颅骨变(10),社会阶级之异而风教变,号令契约之异而语言变。故今世种同者,古或异;种异者,古或同。要以有史为限断,则谓之历史民族(11),非其本始然也。

【注释】

(4) 不逾万年,根据《旧约》关于古代犹太民族的起源和谱系的传说,上帝大约在一万年以前才创造出人类。

(5) 亟,数,经常。

(6) 羯羠,我国古代中原人对北方少数民族的泛称。因北方羯族同汉族杂居,所以形容族类不一,常说羯羠不均。《史记·货殖列传》:"其民羯羠不均,自全晋之时固已患其剽悍。"

(7) 封畛,封界,指各部落占有土地的固定界限。

(8) 羼处,杂处。

(9) 沧,通"滄"。寒冷。理色,指肤色。

(10) 接构,交合,指婚姻。颅骨,指头颅骨的骨型,为人类学区别人种的依据之一。

(11) 历史民族,指有文字记载以来一直存在的民族,即通常所讲的民族,与原始时代的"天然民族"即血缘氏族相对。章太炎《驳康有为论革命书》:"近世种族之辨,以历史民族为界,不以天然民族为界。"

【译文】

自上古时期人类诞生,距今已有二十万年了(近世人类学家以石层、枯骨来推定人类最早产生的时间,最近的距今应当有二十万年了,远的距今五十万年。如《旧约》所述,上帝造人在一万年之前，这种说法不可靠），经常出现交错混乱的情况，故而种族的血统混杂不一。古时候的人类最先知道渔猎，其次才学会畜牧，逐水草而居，没有固定的疆界；后来再加上部族之间发生战争，交相俘虏对方的成员，杂处其间，互相效法，各失其本。由于生活的环境有燥湿冷热之分，肌肤的颜色也随之发生相应的变化，不同体质的男女交合后，其后代的颅骨也随之发生变化，社会阶级不同，使得风俗教化发生变化，号令书契的差异，使得语言发生变化。所以如今是同一人种的，在古代或许不是；现在种族不同的，在古代或许相同。要以有历史记载为限，称为历史民族，与原始时代的“天然民族”是有差别的。

言人种学者，一曰：太初有黄、黑二民，或云白、黑；又曰：生民始黄。人各异议，亡定说(12)。

【注释】

(12) 亡，通“无”。这里介绍的三种意见，实质是关于人类起源于一种还是数种类人猿问题的争论。但据《菌说》，章太炎不相信人类只是一种猴子变的，反对人类起源单祖论。

【译文】

研究人种的学者，有人认为：远古时期有黄种、黑种两类人，有的说是白种、黑种两类；还有人认为：黄种人是人类的始祖。人们各持己见，没有统一的说法。

方夏之族(13)，自科派利考见石刻(14)，订其出于加尔特亚(15)；东逾葱岭，与九黎、三苗战(16)，始自大皞(17)，至禹然后得其志。征之六艺传记，盖近密合矣(18)。其后人文盛，自为一族，与加尔特亚渐别。其比邻诸部落，有礼俗章服食味异者，文谓之夷，野谓之狄、貉、羌、蛮、闽，拟以虫兽，明其所出非人。

【注释】

(13) 方夏，四方之夏。指中国。方夏之族，指古代的华夏族。

(14) 科派利，今通译拉库伯里(Lacouperie)，法国汉学家。他于 1880 年出版《中国太古文明起源西方论》一书，把中国和巴比伦的古代文化进行类比，附会说古巴比伦是世界唯一的文明发源地，其地一族酋长于公元前 2282 年率众东迁，成为华夏族祖先，即黄帝。此说于 19 世纪末传入中国，得到一些学者的附和，如蒋智由的《中国人种考》，刘师培的《国土原始论》《华夏篇》等。石刻，指古巴比伦苏美尔人的楔形文字，最初刻在石头上，后来刻在泥板上，故又称泥版文书。拉库伯里曾将楔形文字和中国古代八卦加以比附，认为中国古代文字、语言、天文、历法、宗教、制度等统统来自西方。

(15) 加尔特亚，一译迦勒底，今通译卡耳迪亚(Chaldea)，位于幼发拉底河和底格里斯河流入波斯湾的汇合处，是古巴比伦最早的文明古国苏美尔所在地区，西方学者认为是古代世界文明的摇篮。

(16) 九黎、三苗，我国古代南方部族名。拉库伯里认为九黎、三苗的祖先是中原地区最早的土著，后被黄帝驱逐到南方。

(17) 大皞，或作太昊，是东方部族的首领。也有人认为大皞即古代传说中的伏羲氏，这里即采用此说。拉库伯里认为伏羲氏是将苏美尔文化移植到东方的第一人。

(18) 密合，符合。

【译文】

华夏民族，自从拉库伯里考证于石刻，就证明其起源于卡耳迪亚地区；向东穿过帕米尔高原，与中原地区原土著部落九黎、三苗交战，始于太皞，到了大禹时得以在中原立足。考察六经典籍，这大体上是符合的。之后华夏民族人文兴盛，自成一族，与卡耳迪亚渐渐分离。其邻近的各部落，有的礼仪风俗、衣服样式、饮食习惯是各不相同的，有文采的称为夷，粗野的称为狄、貉、羌、蛮、闽，比拟于虫兽，可知其不是出于人类。

自贵其种而鸟兽殊族者(19)，烝人之性所同也(20)。然自皇世[21]，民未知父，独有母系丛部[22]。数姓集合，自本所出，率动植而为女神者，相与葆祠之[23]，其名曰托德模[24]。见葛通古斯《社会学》[25]。遭侮酿嘲，有以也。何者？野人天性阔诞，其语言又简寡，凡虚墓间穴宅动物[26]，则眩以死者所化[27]。故埃及人信蝙蝠，亚拉伯人信海麻[28]。海麻者，枭一种也。皆因其翔舞墓地，以为祖父神灵所托。其有称号名谥，各从其性行者，若加伦民族[29]，常举鹭、虎、狼、麢自名；达科佗妇人[30]，或名白貂，或名鷮鹴足，或名鼬鼠，著其白皙轻趫；马廓落民族，以狮子祝其王；亚细亚、埃及诸国，以金牛祝其王。仍世而后[31]，以语简弗能达意旨，忘其表象，鸟兽其祖，则自是举以为族名矣。故排鸠亚尼民族[32]，有巴加多拉者，猿族民也；有排鸠衣尼者，鳄族民也；有巴多拉西者，鱼族民也。因忒安种[33]，有虎族、狮子族、马爵族、鸠亚尼廓兽名。族[34]。其属科伦克多民族[35]，崇信狼及白项乌，其传为造种者。是故狼为大族，其下小别，则有熊族、鹫族、海豚族、亚尔加(海鸟名)族。白项乌为大族，其下小别，则有鹅族、虾蟆族、蛙族、枭族、海狮子族。狼，白项乌为全部神祖，其小别诸近祖次之。植物亦然。加伦民族，常以絮名其妇人；亚拉画科民族[36]，常以淡巴菰名[37]，久亦为祖。剖哀柏落人[38]，有淡巴菰、芦苇二族，谓其自二卉生也。其近而邻中夏者，蒙古、满洲推本其祖，一自以为狼、鹿[39]，一自以为朱果[40]，藉其宠神久矣。中国虽文明，古者母系未废，契之子姓自玄鳦名[41]，禹之似姓自薏苡名[42]，知其母吞食而不为祖，亦犹草昧之绪风也[43]。

【注释】

(19) 鸟兽殊族，以别的种族为鸟兽。

(20) 烝人，众人。烝，众多。

(21) 皇世，上世，指远古。

(22) 丛部，指原始社会的群体，今称氏族。母系丛部，指母系氏族。

(23) 自本所出,探究自己种族的来源。本,探究。葆,通“宝”。相与葆祠之,意为把象征女神的某种动植物,当作宝物供养祭祠。

(24) 托德模,英文“totem”的音译。今通译作图腾,原为印第安语,意为“他的亲族”,原始社会人们往往把某种与本族生产或生活关系较为密切的动植物当作本氏族祖先的神灵进行崇拜,并以它作为本族的标志。这种原始的宗教萌芽形式,叫作图腾崇拜。

(25) 葛通古斯,也译作季廷史,今通译吉丁斯(Giddings, 1855～1931年),美国社会学家,社会达尔文主义者。《社会学》指吉丁斯于1896年发表的《社会学原理》一书,作者认为“同类意识”是人类社会生活的基础;有了它,人类才会乐群,社会才会合作。

(26) 虚墓,坟墓。虚,通“墟”。

(27) 眩,看作。

(28) 亚拉伯,即阿拉伯。

(29) 加伦民族,缅甸卡伦族,居住在今缅甸东南部和伊洛瓦底江三角洲。

(30) 达科佗,北美印第安人部族之一,居住在密苏里河流域和大草原地区。

(31) 仍世,累代,这里指年代久远。

(32) 排鸠亚尼,英语译音为Bechuana,也译作贝库阿拉,居住在非洲赞比亚西河沿岸地区。

(33) 因忒安,英语“India”的旧音译,今通译印第安。为美洲最古老的居民,分布遍及南、北美洲。

(34) 马爵,今通译鸵鸟。鸠亚尼廓,Guanaco的音译,今通译羊驼。生活于南美洲温带地区,又称原驼或美洲驼。

(35) 科伦克多民族,今通译特林吉特族(Tlingit),居住在北美西北海岸的印第安部族。

(36) 亚拉画科民族,今译阿拉瓦克人(Arawak)。南美洲印第安人的一个族,原居于智利全境,现被排挤到智利南部。

(37) 淡巴菰,英语烟草(tabacoo)的音译。原产于南美洲,为印第安人最早吸食。

(38) 剖哀柏落,西班牙语Pueblo的音译,印第安人中的一个部族。居住在北美洲的西南部。

(39) 自以为狼、鹿,据《元朝秘史》,蒙族始祖是由一个苍色的狼与一个白色的鹿交配而生。

（40）自以为朱果，据《满洲源流考部族》，相传有三个天女在长白山布勒瑚哩湖中沐浴，有神鹊衔来朱果，一天女食后怀孕生下一子，长大后，天女告诉了他的身世，赐姓爱新觉罗，起名布库哩雍顺，后来被尊奉为满族的始祖。朱果，红果。

（41）契，相传是商朝的始祖，因助禹治水有功，被禹封于商，赐姓子氏。玄鳦，燕子。据《史记·殷本纪》，契是由他的母亲简狄吞食玄鸟蛋后所生。

（42）薏苡，一年生禾本科植物，果仁灰白色，椭圆形，可食及入药，称薏仁米。《史记·五帝本纪》司马贞索隐引《礼纬》："禹母修己吞薏苡而生禹，因姓姒氏。"

（43）草昧，草创蒙昧，形容未开化状态。

【译文】

以自己的种族为贵而将异族视为鸟兽，这是民众所共有的天性。然自三皇时代，人们不知其父，尚处于母系社会。几个种族集合在一起，探究自己种族的来源，故将动物、植物奉为女神，相与在祠堂祭祀，称之为图腾。（见葛通古斯《社会学》）其遭受羞辱嘲笑，也是有原因的。为什么呢？未开化之人天性虚夸怪诞，他们的语言又简略，看到坟墓间穴居的动物，就被迷惑而认为是由死者变化而来。所以埃及人崇信蝙蝠，阿拉伯人崇信海麻。海麻是一种猫头鹰。这都是因为此类动物在墓地上空盘旋，他们就认为这是祖、父灵魂的寄托所在。他们称呼谥号，各依照其本性和行为来设定，比如加伦民族，时常以鹭、虎、狼、羚来命名；达科佗妇女，有的称为白貂，有的称为鯖鰿足，有的称为鼬鼠，以此来表明她们白皙、轻捷矫健；马廓落民族，用狮子的形象来祝颂赞美他们的君王；亚细亚、埃及各国，用金牛的形象来祝颂赞美他们的国王。几代人之后，因为语言简略不能准确表达意思，忘记了图腾的准确形象，将鸟兽视为始祖，以此作为宗族的名称。所以排鸠亚尼民族，有叫作巴加多拉的，是猿族民；有叫作排鸠衣尼的，是鳄族民；有叫作巴多拉西的，是鱼族民。印第安人种，有虎族、狮子族、鸵鸟族、鸠亚尼廓（一种兽的名字)族。有属于科伦克多民族的,崇信狼和白颈乌鸦,并认为这就是他们的始祖。故而以狼为大族,其下又有小的类别,有熊族、鹫族、海豚族、亚尔加(一种海鸟的名字)族。白颈乌鸦为大族,其下又有小的类别,则有鹅族、蛤蟆族、蛙族、枭族、海狮子族。狼、白颈乌鸦是全部神祖,下面小的类别的近祖在稍次的位置。植物也是如此。加伦民族,时常用絮来为妇女命名;亚拉画科民族,时常用烟草来命名,时间久了还以此为始祖。剖哀柏落人,分为烟草、芦苇两个族,称他们是这两种植物所生。离中国较近的邻族,蒙古、满洲追溯其始祖,一个认为来自狼、鹿,一个认为来自红色的果子,以此为依托来尊崇神异已经很久了。中国虽然文明,然而在古代母系社会时期,商的始祖契的子姓由玄鸟的名字而来,禹的姒姓是因一种叫薏苡的植物而来,只知他们的母亲吞食了鸟卵、薏苡而生子,不知道他们的父亲是谁,这也是蒙昧时期的遗风。

夏后兴,母系始绝,往往以官、字、谥、邑为氏,而因生赐姓者寡(44)。自是女子称姓,男子称氏(45),氏复远迹其姓,以别婚姻(46)。故有《帝系》《世本》(47),掌之史官,所以辨章氏族,旁罗爵里(48),且使椎髻鸟言之族(49),无敢干纪(50),以乱大从(51)。及汉、魏世守其牒(52),则时以门资勋伐援傅(53)。要其大体,未尝凌杂也。拓拔氏始变戎姓(54),以从汉氏。唐世诸归化人,或锡之皇族(55),以为殊宠。明太祖兴,令北虏割裂姓氏(56),与汉合符,则统系樊然棼乱矣(57)。

【注释】

(44) 因生赐姓,《左传·隐公八年》:"天子建德,因生以赐姓,胙之土而命之氏。诸侯以字为谥,因以为族,官有世功,则有官族,邑亦如之。"对于"因生以赐姓",或谓因其祖先所由孕而得姓;或谓因其祖先所生之地而得姓;或谓以其德行而赐之姓。

（45）女子称姓，男子称氏，《通志·总序》："男子称氏，所以别贵贱；女子称姓，所以别婚姻，不相紊滥。秦并六国，姓氏混而为一。"

（46）氏，指氏族。远迹，追溯。以上两句意为，各个氏族都要追溯祖先的姓，根据同姓不婚的原则以区别婚姻。

（47）《帝系》，《大戴礼记》的一篇，记述了五帝的传代谱系。《世本》，我国现存的最早的谱系学著作。搜录了从黄帝到春秋间帝王、诸侯及卿大夫的谱系、谥号、姓氏、都邑、制作等。西汉刘向说是"古史官明于古史者所记"。唐代刘知几认为是"楚汉之际有好事者"所录，章太炎认为是左丘明之学。《汉书·艺文志》记有十五篇，原书已佚，清朝学者有辑本多种。

（48）爵里，爵位和籍贯。

（49）椎髻，又作魋结。将头发束成一撮，结成棰状。《尔雅·释诂四》："髻，髻也。"古代男子，中原戴冠，北方披发，南方椎髻。鸟言，古代中原地区对南方语言的蔑称。椎髻鸟言，如"披发左衽"一样，都是对戎狄蛮夷等少数民族的贬称。

（50）干纪，触犯法纪。

（51）从，同"宗"。大从，即大宗。这里指中原华夏。

（52）牒，谱牒。记录姓氏谱系的专门著作。

（53）门资，门第。勋伐，功绩。援傅，比附。

（54）始变戎姓，指北魏孝文帝时下令将鲜卑等族胡姓一律改为汉姓，如拓跋氏改姓为元。详见《序种姓下》。

（55）赐之皇族，指唐初曾赐给一些少数民族贵族李姓。详见《序种姓下》。

（56）割裂姓氏，指明太祖下令禁止一切"胡姓"，凡胡汉复姓或三字姓的，均需改为传统的汉族单姓。

（57）樊然淆乱，杂错纷乱，语出《庄子·齐物论》。

【译文】

夏王朝兴起，母系社会结束了，这时往往以官位、字号、谥号、封邑名来作为氏，因何而生就赐予某姓的情况少了。从此女子延续母系时称姓，男子则称氏，称氏也要向上追溯其姓以避免同姓婚姻。所以有《帝系》《世本》，由史官掌管，以此来使氏族辨别彰明，以至于也要弄清官爵和乡里，并且使结着椎形的发髻、说话似鸟鸣的野蛮民族不敢违犯法纪，不至于扰乱宗族正常秩序。到了汉魏时期仍世代守其谱牒，并且时时以门第出身、功绩来相比附。总体来看，世系还没有显现杂乱无序的状态。北魏拓跋氏改变戎姓，依从汉族姓氏。唐代时期来归顺的蛮族，有的被赐予皇族姓氏，以此表明特殊恩宠。明太祖朱元璋，令北方外族改变姓氏，使之与汉姓相符，从此宗族谱系就变得杂错纷乱了。

懿！亦建国大陆之上(58)，广员万里，黔首浩穰(59)，其始故不一族。太皞以降，力政经营，并包殊族，使种姓和齐，以遵率王道者，数矣。文字、政教既一，其始异者，其终且醇化。是故淳维、姜戎(60)，出夏后、四岳也(61)，窜而为异，即亦因而异之(62)。冉駹朝蜀(63)，瓯越朝会稽(64)，驯而为同，同则亦同也(65)。然则自有书契，以《世本》《尧典》为断(66)，庶方驳姓(67)，悉为一宗，所谓历史民族然矣。自尔有归化者(68)，因其类例，并包兼容。魏、周、金、元之民，扶服厥角以奔明氏(69)，明氏视以携养蘖子(70)，宜不于中夏有点(71)。若其乘时僭盗，比于归化，类例固殊焉(72)，有典常不赦。善夫，王夫之曰(73)："圣人先号万姓(74)，而示以独贵。保其所贵，匡其终乱，施于孙子，须于后圣：可禅，可继，可革，而不可使异类间之。"不其然乎！

【注释】

(58) 懿，通"抑"。语气转换词。

(59) 浩穰，人口众多。《汉书·张敞传》："京师长安中浩穰。"颜师古注："浩，大也；穰，盛也。言人众之多也。"

(60) 淳维，匈奴族的始祖。《史记·匈奴列传》："匈奴，其先祖夏后氏之苗裔也，曰淳维。"姜戎，古代戎族的一支，初居瓜州(今甘肃敦煌，一说在今陕西陇县一带)，春秋时被秦人驱逐，东迁至晋国南部。

(61) 出夏后，指淳维为夏后氏后代。四岳，相传为尧时四方诸侯之长。据《山海经》《国语》《左传》等记载，戎人是四岳的后代，这里说姜戎出自四岳，即本于此。

(62) 亦因而异之，此两句意为，他们逃亡成为异族，就将他们作异族看待。

(63) 冉駹，古地区名，在今四川茂县一带，为羌、氐等少数民族部落杂处的地区。此指居于此地的少数民族；朝蜀，汉武帝时曾在冉駹设置郡县，后又将其并于蜀郡。

(64) 瓯越，古代南蛮的一族，分为东瓯、闽越两支。朝会稽，汉初东瓯、闽越之间常常互相攻击，闽越又多次叛乱，汉武帝时取消其诸侯王封号，部落也被迁徙到江淮之间，封地被并于会稽郡，见《史记·东越列传》。

(65) 同则亦同也，此两句意为，驯化成为同族，就以同族视之。

(66)《尧典》，《尚书》篇名，亦称“帝典”。记载尧舜禅让的事迹。近人多以为由周代史官根据传闻编著，又经春秋战国时人用儒家思想陆续补订而成。

(67) 庶方，各地。驳姓，杂姓。

(68) 自尔有归化者，指四方夷狄归化于中原华夏。

(69) 扶服，即匍匐。厥角，顿首。明氏，明朝。

(70) 携养，收养。蘖子，庶子。

(71) 点，污辱。

(72) 类例固殊焉，以上三句意为，如果四方夷狄乘机窃取华夏，却比之为归化，在道理上是讲不通的。

(73) 王夫之(1619～1692 年)，明清之际思想家、史学家。字而农，号薑斋，湖南衡阳人。晚年隐居于湘西蒸左石船山，学者称船山先生。哲学上总结和发展了中国传统的朴素辩证法和唯物论。史学方面著有《读通鉴论》《宋论》《黄书》等。引语见《黄书·原极篇》。

(74) 号万姓，称美天下百姓。号，《周礼·春官·大祝》郑玄注：“号谓尊其名更为美称焉。”万姓，百姓。

【译文】

噫！建国于大陆之上，幅员万里，人口众多，起初不只有一个宗族。伏羲之后，以武力相征伐，规划营治，并包不同的宗族，使各宗族和谐一致，以遵奉王道，这种情形的出现不止一次了。文字政教统一之后，其初相异的，最后也纯粹、相同。所以淳维、姜戎，同样是出于夏后、四岳，奔逃于北方荒漠之地而为异族，也就因此只能以异族对待了；冉駹归顺于汉而并于蜀郡，瓯越也归顺于汉而并于会稽，驯服而与汉人同，也就因此以同族对待了。那么自有文字以后，以《世本》《尧典》来区分判断，各地的杂姓，全都属于一个宗族，这就是所谓的历史民族。从此有归顺的，因其类别，并包兼容。魏、周、金、元之民，匍匐着叩头归附明朝，明朝廷将其视为如同收养众妾所生的庶子一样，也不会对华夏民族有所污辱。假若他们乘机盗取政权，却比之为归顺，其性质就不同了。王夫之讲得好："圣人首先赞美百姓，表示民为贵。为了保证民为贵，就要从根本上消除混乱，施于子孙，等待后圣：可以禅让、可以继位、可以革新，然而就是不可以使异族打乱它。"不是这样吗？

方今欧美诸国，或主国民，或主族民。国民者凑政府(75)，族民者凑种姓。其言族民，亦多本历史，起自輓近者。中国故重家族，常自尊贤。自《世本》以后，晋有贾弼《姓氏簿状》(76)，梁有王僧孺《百家谱》(77)，在唐《元和姓纂》(78)，宋而《姓氏书辨证》(79)，皆整具有期验(80)。唯《广韵》犹著录汉虏诸姓(81)，其重种族如是。元泰定刻《广韵》，始一切刊去之，亦足以见九能之士(82)，不贵其种而甘为降虏者，众也。顾炎武遭东胡乱华(83)，独发愤，欲综理前典，为《姓氏书》(84)，未就。其目曰：姓本第一，封国第二，氏别第三，秦汉以来姓氏合并第四，代北姓第五(85)，辽、金、元姓第六，杂改姓第七，无征第八。其条贯度齐至明。乌呼！正大夫君子、邦人诸友之知方而治国闻者，户言师顾君，顾弗师其综理姓氏。余于顾君，未能执鞭也(86)，亦欲因其凡目，第次种别。体大，宜专为一书，今以粗犄(87)，就建姓本氏及蕃族乱氏者，为《序种姓篇》，以俟后王之五史(88)。

【注释】

(75) 凑政府，以政府为中心。凑，《逸周书·作洛解》孔晁注："会也。"

(76) 贾弼，晋朝人。曾任散骑常侍等职。《姓氏簿状》，贾弼著，共七十二篇，已佚。

(77) 王僧孺，南朝梁人。曾任尚书左丞，御史中丞等职。《百家谱》，王僧孺著，已佚。

(78)《元和姓纂》，唐朝林宝撰。书前列皇族李氏，然后依《唐韵》二百零六部排比诸姓，分述受氏源流及各家谱系。原书已佚，今本为清四库馆臣由《永乐大典》辑出。

(79)《姓氏书辨证》，即《古今姓氏书辨证》，宋邓名世撰，体例同《元和姓纂》，而考证较清楚。原书已佚，今本为清四库馆臣由《永乐大典》辑出。

(80) 整具，完整。有期验，有凭证。

(81)《广韵》，宋初出现的语音字典，大中祥符年间陈彭年等重修，共收字二万六千多个，分成206个韵部，在有关姓氏的字下均有详细注释，保存了不少已失传的古代谱系史料。

(82) 九能之士，《诗·鄘风·定之方中》毛传："建邦能命龟，田能施命，作器能铭，使能造命，升高能赋，师旅能誓，山川能说，丧纪能诔，祭祀能语，君子能此九者，可谓有德音，可以为大夫。"

(83) 东胡，指满族。

(84)《姓氏书》，顾炎武拟著的谱系书。《日知录·姓氏书》："愚尝欲以经传诸书次之，首列黄帝之子得姓者十二人，次则三代以上之得国受氏，而后人因以为姓者；次则战国以下之见于传记，而今人通谓之姓者；次则三国、南北朝以下之见于史者；又次则代北复姓，辽、金、元姓之见于史者，而无所考者别为一帙。此则若网之在纲，有条而不紊，……岂非反本类族之一大事哉。"

(85) 代北，指北魏。

(86) 执鞭，拿鞭子。意谓服侍于左右。

(87) 粗觕，粗浅、粗陋。觕，"粗"的异体字。

(88) 五史，据《周礼》记载，春官的属官有太史、小史、内史、外史、御史，分别掌管档案、文书等，因此人们用五史泛称史官。

【译文】

当今欧美各国，有的以国民为主，有的以族民为主。国民以政府为中心，族民以宗族为中心。主张称族民的，也多本于历史，是近代才出现的。中国本就注重家族，尊重贤者。自《世本》以后，晋代有贾弼的《姓氏簿状》，梁有王僧孺的《百家谱》，在唐代有《元和姓纂》，宋代有《姓氏书辨证》，都完整且有根据。只有《广韵》还著录有归附的汉族姓氏，可见重视种族到何种程度。元泰定帝时刻《广韵》，才将其内容删去，也足可见朝廷官吏，不贵其种族而甘愿做俘虏的有很多。在遭遇满人入主中原之后，独顾炎武发愤立志要整理前代典籍，作《姓氏书》，可惜没有完成。顾炎武拟定的目录为：姓本第一，封国第二，氏别第三，秦汉以来姓氏合并第四，代北姓第五，辽金元姓第六，杂改姓第七，无征第八。其条理法度清晰明了。可叹啊！那些懂得礼法、研究本国传统的执政者、有德君子、乡里朋友，人人都说要效法顾君，却不学习他整理姓氏。我对于顾君，虽没能追随其左右，也要依托他所列的纲目，区别划分姓氏的次第。由于规模宏大，宜专门成一本书。今以粗略，就建立本族姓氏以及外族乱氏者，作《序种姓篇》，以待后人。

宗国加尔特亚者(89)，盖古所谓葛天(90)，《吕氏春秋·古乐篇》："昔葛天氏之乐，三人操牛尾，投足以歌八阕(91)。"《古今人表》，大皞氏后十九代(92)，其一曰葛天氏。《御览》七十八引《遁甲开山图》(93)，女娲氏没后有十五代(94)，皆袭庖牺之号，其一曰葛天氏。案：自大皞以下诸氏，皆加尔特亚君长东来者，而一代独得其名，上古称号不齐之故。其实葛天为国名，历代所公。加尔特亚者，尔、亚皆余音，中国语简去之，遂曰加特，亦曰葛天。地直小亚细亚南(95)。其人种初为叶开特亚(96)；后与西米特科种合(97)，生加尔特亚人。其《旧纪》曰(98)：先鸿水有十王(99)，凡四十三万二千年；鸿水后八十六王，凡三万三千九十一年；其次有米特亚僭主，八王，二百二十四年；其次十一王；其次为加尔特亚朝，四十九王，四百五十八年；其次为亚拉伯朝，九王，二百四十五年；其次四十五王，五百二十六年。其书为巴比伦人披落沙所纪。披落沙，共和纪元五百八十年人(100)。然始统一加尔特亚者为萨尔宫一世(101)，当共和纪元以前二千九百六十年，共和纪元与欧洲耶苏纪元相差八百四十一算(102)。其后至亚拉伯朝(103)，以巴比伦为京师，当共和纪元前七百四年。其后二百五十年，为小亚细亚灭之(104)。

【注释】

(89) 加尔特亚，见本篇前注(15)。

(90) 葛天，即葛天氏，我国古代传说中的上古帝王。

(91) 投足，高诱注"犹蹀足"。即顿足。阕，乐曲曲调终结为阕。投足以歌八阕，顿脚而唱，舞曲共有八篇。

(92) 十九代，《汉书·古今人表》在太皞之后列有女娲氏、共工氏、容成氏、大廷氏、柏皇氏、中央氏、栗陆氏、骊连氏、赫胥氏、尊卢氏、沌浑氏、昊英氏、有巢氏、朱襄氏、葛天氏、阴康氏、亡怀氏、东扈氏、帝鸿氏 19 代。

(93)《遁甲开山图》，纬书。早佚，清代有王谟、刘学宠、黄奭等多种辑本。

(94) 十五代，《太平开山图》卷七十八"女娲氏"条引《遁甲开山图》："女娲氏没，大庭氏王有天下，五凤异色。次有柏皇氏、中央氏、栗陆氏、骊连氏、赫胥氏、尊卢氏、祝融氏、混沌氏、昊英氏、有巢氏、葛天氏、阴康氏、朱襄氏、无怀氏，凡十五代，皆袭庖牺之号。自无怀氏已上，经史不载，莫知都之所在。"

(95) 直，通"置"。位于。

(96) 叶开特亚，今通译阿卡德人，原属游牧的闪米特人部落，公元前 30 世纪初，移居到巴比伦尼亚，长脸钩鼻，多须发。章氏这里说法有误，两河流域最早的居民应为苏美尔(Sumer)人，约生活于公元前 40 世纪后。

(97) 西米特科，今通译闪米特(或译塞姆)，原居于两河流域西部叙利亚草原各部落的通称。

(98)《旧纪》，公元前 280 年左右卡尔基亚僧侣披落沙(Berossus，今或译贝罗苏斯)用希腊文写的《巴比伦史》，共三卷，第一卷叙述巴比伦的神话，第二、第三卷叙述从洪水时期到马其顿亚历山大去世的巴比伦历史，全书已佚，只有片断保存下来。

(99) 鸿水，即洪水。根据巴比伦传说，两河流域在远古时期有过一次洪水时期，巴比伦的传说历史，就是从洪水时期开始的。

(100) 共和纪元，指公元前 841 年。共和纪元五百八十年，当指公元前 261 年。

(101) 萨尔宫一世(Sargon，约前 2369～前 2314 年)，今通译萨尔贡一世，古代西亚阿卡德王国的创立者，首次统一巴比伦尼亚。

(102) 算，年。

(103) 亚拉伯朝，当指公元前 16 世纪末加喜特人(Kassites)所建立的巴比伦第三王朝。

(104) 小亚细亚，指中期亚述，公元前13世纪末攻陷巴比伦，灭加喜特王朝。亚述一名亚细里亚(Assyria)，与亚细亚译音相近。

【译文】

宗国加尔特亚，就是古时所谓的葛天氏，(《吕氏春秋·古乐篇》记载："从前葛天氏的音乐，三个人手拿牛尾，脚踏地打着节拍歌八阕。"《古今人表》，太皞氏之后十九代，其中一位称葛天氏。《太平御览》卷七十八引《遁甲开山图》，女娲氏死后有十五代，都承袭伏羲氏之号，其中之一就称为葛天氏。案：自太皞以下各氏族，都是加尔特亚氏族酋长向东迁移来的，但只有一代得其名，是因为上古称号不完备的缘故。其实葛天是国名，是历代所公认的。加尔特亚，其中的尔、亚都是余音，汉语的称法将它略去，于是称加特，也就是葛天。)地处小亚细亚南边。其人种最初是叶开特亚人，后来与西米特科人融合，成为了加尔特亚人。其《旧纪》记载：洪水之前有十位王，总共四十三万二千年；洪水后有八十六位王，总共三万三千九十一年；其次有米特亚篡权称王，之后又历八位王，二百二十四年；其次有十一位王；其次是加尔特亚朝，四十九位王，历四百五十八年；其次是亚拉伯朝，九位王，历二百四十五年；其次四十五位王，历五百二十六年。(此书为巴比伦人披落沙所记。披落沙，共和纪元五百八十年时的人。)然而统一加尔特亚的，是萨尔宫一世，在共和纪元前二千九百六十年。(共和纪元与欧洲耶稣纪元相差八百四十一年。)之后到了亚拉伯朝，以巴比伦为京师，在共和纪元前七百零四年。再之后二百五十年，被小亚细亚消灭了。

萨尔宫者，神农也(105)，或称萨尔宫为神农，古对音正合(106)。促其音曰石耳。《御览》七十八引《春秋命历序》曰(107)：有神人名石耳，号皇神农。先萨尔宫有福巴夫者[108]，伏戏也[109]；后萨尔宫有尼科黄特者，黄帝也[110]。其教授文字称苍格者，苍颉也[111]。其他部落，或王于循米尔，故曰循蜚；或王于因梯尔基，故曰因提；或王于丹通，故曰禅通[112]。东来也，横度昆仑。昆仑也，译言华俗字花。土也，故建国曰华。昆仑直帕米尔高原，帕米尔者，波斯语，译言屋极也。故曰："天皇被迹于柱州之昆仑。"《遁甲开山图》语。极与柱，皆状其山之高。其旁行者自卫藏[113]。卫藏昔言图伯特[114]，故曰："人皇，出刑马山提地之国。"《遁甲开山图》语。提地与图伯特一音之转。《华阳国志》谓巴、蜀本人皇苗裔[115]，是人皇由卫藏入蜀也。二事皆元和汪荣宝说[116]，义证确凿。特未知天皇、人皇，其时代于大皞前后何如？纬书或以伏戏、女娲、神农为三皇，如《保乾图》言[117]：天皇"斟元陈枢，以立易威"。则天皇即大皞。如《命历序》，人皇九头纪以后有五龙纪[118]，如渐及伏戏。则天皇非其人矣。古事芒昧，难尽明也。君长四州，故有四岳[119]。长民十二，故有十二牧[120]。民曰黑头，故称黔首[121]。文字如楔，故作八卦[122]。陶土为文，故植碑表[123]。尊祀木星，故占得岁[124]。异名纪月，如《释天》"正月为陬"以下十二名[125]，巴比伦亦有之。故贞孟陬[126]。故曰，中国种姓之出加尔特亚者，此其征也。

【注释】

(105) 神农也，拉库伯里认为，中国古代关于神农的传说，与古巴比伦关于萨尔宫的传说相似，因而神农即为萨尔宫，华夏族来自西方。章氏接受了拉库伯里的观点。

(106) 对音，音韵学术语。指古音中阴声、入声、阳声之间可以互相对转。但据学者考证，萨尔贡一词，阿卡德语为 Sharruken(沙鲁金)，意思是"真正的王"，同中国的神农氏，音既不对，意也不同。章太炎的观点是不正确的。

(107)《春秋命历序》，纬书，曹魏宋均注，已佚，明代孙瑴和清代乔松年、马国翰、黄奭、王仁俊等分别有辑本。

(108) 福巴夫，英文音译为 Urbau，又作 Urbagash，当为古巴比伦乌尔王朝某国王之名。拉库伯里认为伏羲是对福巴夫的传奇纪念。

(109) 伏戏，即伏羲氏。

(110) 尼科黄特,Nakehunte 的音译,为底格里斯河以东埃兰族部落的酋长。拉库伯里认为,尼科黄特于公元前 2282 年率巴克民族东徙,从土耳其斯坦,经喀什噶尔,沿塔里木河,达于昆仑山脉之东,这位东徙的酋长即是中国历史上的黄帝。见蒋智由《中国人种考》引拉库伯里说。

(111) 苍格,或译当颉、但克(Dungi)。根据古巴比伦传说,他根据鸟兽爪之形,创造了楔形文字。苍颉,传说中黄帝的史官,古代象形文字的创造者。拉库伯里认为古巴比伦的苍格与中国的苍颉为同一人。章氏接受了拉氏的观点。

(112) 循米尔、因梯尔基、丹通,分别为 Sumir、Dintirki、Tamdin 的音译,巴比伦神话中计算年代的"十纪"的部分名称。循蜚、因提、禅通,纬书《春秋命历序》十纪计算法的部分名称。拉库伯里认为中国古代的十纪计算法即来自巴比伦。

(113) 卫藏,即西藏,详见《原人》第十六注(40)。

(114) 图伯特,清朝康熙曾封藏王第巴桑结为图伯特王,因此图伯特也指西藏。

(115)《华阳国志》,十二卷,东晋常璩著。述古代巴蜀地区地理沿革及风俗习惯等。

(116) 汪荣宝(1878～1933 年),字衮父,江苏元和(今属苏州)人。早年留学日本,回国后任京师大学堂教习、民政部参议等,辛亥后历任驻比利时、瑞士、日本等国公使。曾向章太炎问学,著有《法言义疏》《清史讲义》等。

(117)《保乾图》,即《春秋保乾图》,纬书,已佚,明清间有多种辑本。

(118) 九头纪、五龙纪,《春秋命历序》把古史分为九头纪、五龙纪、摄提纪、合雒纪、连通纪、序命纪,修蜚之纪回提纪、禅通纪、流讫纪十纪。

(119) 君长四州,古巴比伦君主常自称"四方之王"。四岳,尧舜时代的四位酋长。《尚书・尧典》:"谘,四岳。"拉库伯里认为,四岳的名称来自巴比伦,是对"四个州国王"的纪念。

(120) 长民十二,古巴比伦君主曾统率有十二部族。十二牧,相传尧、舜时分中夏为十二州,长官称牧。这里意谓中国古代十二牧称号,即由巴比伦传入。

(121) 黑头,古巴比伦对平民的称呼。黔首,战国时秦国及秦代对人民的称谓。这里意谓中国古代黔首的称呼即来自古巴比伦。

(122) 故作八卦,拉库伯里认为,传说为伏羲所创的八卦,就是古巴比伦楔形文字的变形,《周易》是一部古代字典,解释卦的形体、笺注楔形的意义。他并以《离卦》的卦爻辞为例,一一同巴比伦古今字形义附合,还画图作证。

详见白河次郎《支那文明史》、蒋智由《中国人种考》转引拉库伯里说。

(123) 故植碑表,拉库伯里认为,中国古代习惯在碑表上刻蝌蚪文,也是模仿古巴比伦的泥版文书,见前引白河次郎书。

(124) 故占得岁,古巴比伦历法以木星纪年,木星绕日公转周期近十二年,称一纪。每年依次运行黄道十二宫的一宫,为一年。中国农历与此基本相似,拉库伯里认为,中国天文学以木星为岁星,就是受了古巴比伦"尊祀木星"的影响。

(125)《释天》,《尔雅》篇名。

(126) 异名纪月,指不同月份各有专名,《尔雅·释天》:"正月为陬,二月为如,三月为寎,四月为余,五月为皋,六月为且,七月为相,八月为壮,九月为玄,十月为阳,十一月为辜,十二月为涂。"贞孟陬,语出自屈原《离骚》:"摄提贞于孟陬兮,惟庚寅吾以降。"意为我是当太岁在寅(即摄提格)正月始春(即贞于孟陬)庚寅之日出生的。这里意为中国用十二名纪月来自古巴比伦。

【译文】

萨尔宫,即神农氏(有的认为萨尔宫就是神农氏,古对音正相合),快读时的发音是石耳。(《太平御览》卷七十八引《春秋命历序》说:有神人叫做石耳,号为皇神农。)萨尔宫之前有福巴夫,即伏羲;萨尔宫之后有尼科黄特,就是黄帝。其教授文字的人叫做苍格,即苍颉。其他部落,有的在循米尔地区称王,所以称为循蜚;有的在因梯尔基地区称王,所以称为因提;有的在丹通称王,所以称为禅通。向东方迁徙的,横穿昆仑山脉。昆仑,译称为华(俗字为花)土,所以建国称为华。昆仑处于帕米尔高原。帕米尔,是波斯语,译称为屋极。所以说:"天皇在柱州的昆仑山留下足迹。"(《遁甲开山图》中的语句。所谓的极、柱,都是形容山的高大。)另一东进的路线是经过西藏。西藏在从前称图伯特,所以说:"人皇,出自刑马山的提地之国。"(《遁甲开山图》中的语句。提地与图伯特是一音之转。《华阳国志》称巴、蜀本是人皇的后裔,是人皇由西藏进入蜀地的。这两种说法都是江苏元和人汪荣宝所说,证据确凿。

只是不知天皇、人皇所处的时代与太皞相比是早还是晚？有的纬书认为伏羲、女娲、神农是三皇，如《保乾图》中说：天皇“谨慎观察天象，确立易的权威”，那么这里的天皇就是太皞。如《命历序》，人皇九头纪之后有五龙纪，才接近伏羲时期。依这里所说，天皇就不是太皞。上古时期的事模糊不清，难以辨识了。）天子管理四方，所以有四岳；统率十二部族，所以有十二牧；民众叫做黑头，所以有黔首之称；文字是楔形，所以作八卦；陶土上刻有文字，所以有碑刻；古巴比伦尊祀木星，所以中国称木星有岁星之说；每月的名称不同（如《尔雅・释天》有“正月称为陬”，加上正月之后的各月名称共十二个，古巴比伦也是如此。），所以有孟春正月之称。因此说中国古代的部族是来自加尔特亚这就是根据。

上古亚衣伦图(127)，有《亚柏勒罕法典》(128)，其言部酋之富，亡于土地(129)，视牛羊繁殖耳。凡他部罪人，因事脱窜，或以同部争战，人人离散，将入竟(130)，牝牛贵人登高陵而集合之，编其牧竖为一队(131)，介以征伐(132)，略夺他部畜产。被掠夺者又贷之牝牛贵人，贵人则定其赁借贡纳。希腊初世及加尔特亚、罗马、沙逊、佛郎哥、斯拉夫人皆然(133)。加尔特亚鸿水前第一皇(134)，以牝牛兽带为统治符号，斯其所谓牝牛贵人者哉。上世畜牧善豢者强。《易》曰：“离，丽也。”“重明以丽乎正，乃化成天下。”其卦言：“畜牝牛，吉。”(135)此谓牝牛贵人集合逋逃以编军队者。《周易》错综前史而书其成事，若帝乙归妹、高宗伐鬼方等语(136)，皆非臆造。牝牛事特稍隐耳。唐、虞州伯称牧，牧亦视牛(137)。及未赁借贡纳，悉自贵人定之，则井田食邑自此始矣。

【注释】

(127) 亚衣伦图，日语爱尔兰（アイルラミト）的音译。

(128) 亚柏勒罕,古代爱尔兰习惯法的保管者和解释者。《亚柏勒罕法典》记录和解释爱尔兰早期习惯法的法典。

(129) 亡于土地,不在于土地。亡,通"无"。

(130) 竟,通"境"。

(131) 牧竖,放牧的奴隶。

(132) 介,助,谓自己在中间助成其事。

(133) 沙逊,今通译萨克森人或撒克逊人(Saxons),古代日耳曼人的一支,北欧诸国和英国各民族的主要祖先。佛朗哥,今通译法兰克(Franks),古代日耳曼人的一支,法兰西等西欧民族的主要祖先。斯拉夫人(Slavs),东欧一些民族的主要祖先。

(134) 鸿水前第一皇,指巴比伦传说中洪水前第一个国王阿卢里阿。

(135) "乃化成天下",见《周易・离卦》彖辞。"畜牝牛,吉。"见《周易・离卦》卦辞。

(136) 帝乙,殷朝君主,殷纣王之父。帝乙归妹,《周易・泰卦》《周易・归妹》记录了帝乙嫁妹周文王,后又离婚,向鬼神问吉凶的占卜辞。高宗,殷王武丁。鬼方,古代活动于西北的游牧民族。高宗伐鬼方,《周易・既济》记录了高宗伐鬼方时的占卜辞。

(137) 牧亦视牛,以上两句意为,唐尧、虞舜时代称州伯为"牧",亦是受了古巴比伦以牝牛为统治符号的影响。

【译文】

上古时的爱尔兰,有《亚柏勒罕法典》,称部落酋长的财富,不在于土地多少,而是根据牛羊的繁殖为标准。其他部落的罪人,或因事犯罪逃窜,或因为部落内部争战,人人离散,逃入国境的,牝牛贵人登到高处集合他们,将其作为奴隶编成一队,披甲去征伐,掠夺其他部落的牲畜物产。被掠夺的部落又向牝牛贵人借贷,贵人来确定其租借所要进贡的财物土产。在希腊初期及加尔特亚、罗马、撒克逊、法兰克、斯拉夫人,都是如此。加尔特亚洪水之前第一位皇,以母牛兽带作为统治符号,这就是他们所谓的牝牛贵人吧!远古时期善于饲养牲畜才会强大。《易》说:"离,就是附着的意思。""将光明之德附着于正道,就可以教化成就天下的事业。"其卦说:"畜母牛,吉。"这就是说牝牛贵人集合逃亡的罪犯以编成军队。(《周易》综合前史而记录已成之事,如"帝乙归妹""高宗伐鬼方"等语句,皆非臆造。只是母牛一事比较隐晦而已。)尧、舜时的州伯称为州牧,州牧也如同古巴比伦时称牝牛贵人一般。至于租借时要进贡的财物土产,都是由贵人来决定,那么收取井田封地的赋税就由此产生了。

文明之民,战胜之国,大氐起自海滨[138],为其交通易也。独中夏王迹,基陇坻、华山间[139],非自殊方东度亡繇[140]。《五帝本纪》曰:"嫘祖为黄帝正妃[141],生二子,其后皆有天下。一曰玄嚣,是为青阳,青阳降居江水;次曰昌意,降居若水。《索隐》曰:"江水、若水皆在蜀,《水经》曰[142]:水出旄牛徼外[143],东南至故关[144],为若水。"昌意娶蜀山氏女曰昌仆,生高阳。"高阳是为帝颛顼。帝喾高辛者,"父曰蟜极,蟜极父曰玄嚣"。若然,黄帝葬于桥山[145],地在秦、陇,而项、喾皆自蜀土入帝中国。其后喾子放勋[146],以唐侯升帝位,稍东[147]。及舜之生,《世本》言在西城,所谓妫虚[148]。或作西域,大误。西城于汉隶汉中。而《公孙尼子》曰[149]:"舜牧羊于潢阳。"《御览》八百三十三引。潢阳者,汉阳之讹。汉阳,凡汉水之阳皆得称之。此所指自在汉中,非《左氏传》"汉阳诸姬"及今汉阳地也。《六国表》曰:"禹兴西羌,汤起于亳《集解》:徐广曰:京兆杜县有亳亭[150]。周以丰、镐伐殷。"《蜀王本纪》[151]言:"禹,汶山郡广柔县人,生于石纽[152]。"然则舜、禹皆兴蜀、汉,与项、喾同地,即上世封略,舒于西方,蹙于东南,审矣。《传》称大皞都陈[153],神农、少皞都曲阜[154],颛顼都卫[155],舜虞邑实河东地[156],禹父曰崇伯鲧,后为夏室,在阳城中岳下[157]。是五都皆偏东。亦其征伐所至,则留戍之,而帝者因以为宅。若周作洛邑以为天下大凑[158],非其本都。察其本都,奥区阻深[159],

以丽王公，西方之人欤(160)？

【注释】

(138) 大氐，大抵。氐，通“抵”。

(139) 陇坻，六盘山南段陇山的别称，为渭河平原与陇西平原的分界。陇坻、华山间，指关中平原。

(140) 殊方，异域；亡繇，无由。没有途径。

(141) 嫘祖，黄帝妃子。相传为西陵氏，为古代蚕桑事业之祖。

(142)《水经》，我国第一部记述河道水系的专著，成书约在三国时，北魏郦道元曾作注。

(143) 旄牛，古县名。西汉武帝时置，以地接羌族旄牛部得名，治所在今四川源南大渡南岸。徼外，界外。

(144) 故关，在今甘肃临洮县北。

(145) 桥山，在今陕西黄陵县城北，相传为黄帝的衣冠冢。

(146) 放勋，尧的别名。

(147) 以唐侯升帝位，据《史记・五帝本纪》张守节正义引《帝王世纪》，放勋曾被封为唐侯，后接受帝挚禅让，登上王位。稍东，尧所居的唐在今河北唐山市，位于秦、陇以东。

(148) 西城，古县名。汉置，治所在今陕西安康西北。妫虚，据《世本・居篇》为舜的居所，在西城县西北。

(149) 公孙尼子，孔丘的再传弟子。《汉书・艺文志》著录《公孙尼子》二十八篇，列儒家，已佚。

(150) 京兆杜县，汉县名。治所在今西安市东南，现在学者认为，汤迁居亳，为今河南商丘(南亳)，或为河南偃师(西亳)，与徐广所说亳亭无关。

(151)《蜀王本纪》，西汉杨雄撰。已佚，引文见《史记・夏本纪》张守节正义。

(152) 广柔县，汉置，在今四川汶川县西北。石纽，山名，在汶川县西。

(153)《传》，即《左传》。陈，今河南陈州。《太平御览》卷一五五引《帝王世纪》：“宓羲为天子，都陈……故《春秋传》曰：‘陈，太昊之墟也。’”

(154) 曲阜，今山东曲阜。同上引《帝王世纪》：“神农氏亦都陈，又营曲阜，故《春秋传》称：‘鲁，大庭氏之库。’少昊氏自穷桑登位，……登帝位在鲁北，后徙曲阜……周以封伯禽，故《春秋传》曰：‘命伯禽而封少昊之墟。’”

(155) 卫，一说指春秋时的卫国，都邑在今河南商丘；一说指卫丘，今河南濮阳。同上引《帝王世纪》：“颛顼氏自穷桑徙商丘，于周为卫。……故《春秋传》曰：‘卫，颛顼之墟也，谓之帝丘，今东郡濮阳是也。’”

（156）河东，古县名，在今山西安邑一带。同上引《帝王世纪》："帝舜其所营都，或言蒲阪，即河东县。"

（157）阳城，在河南登封县东南。中岳，即嵩山。

（158）洛邑，西周初周公所营建的东都，在今河南洛阳市洛水北岸。天下大凑，四方诸侯会聚之处。《逸周书·作洛解》：周公"乃作大邑成周于土中……以为天下之大凑"。

（159）奥区阻深，地形险要、交通不便的地区。班固《西都赋》："防御之阻，则天下之奥区焉。"这里意谓古代关中地区与东方隔绝，交通极为不便。

（160）西方之人欤，以上几句意为，在西周本都丰、镐生活的王公，大概是从西方来的人吧。丽，附属。

【译文】

文明之民，交战胜利之国，大多来自海滨，因为这里的民族交通便利。唯独中国的帝王基业，在陇山、华山之间，不是从异域向东迁徙而来就没有别的途径了。《史记·五帝本纪》记载："嫘祖是黄帝的正妃，生了两个儿子，后来都有了天下。长子叫做玄嚣，是为青阳，青阳在江水为诸侯；次子叫做昌意，在若水为诸侯。（《索隐》说：江水、若水都在蜀地。《水经》记载：水出于旄牛塞外，东南流到故关，是为若水。）昌意娶蜀山氏的女儿叫昌仆，生高阳。"高阳就是颛顼帝。帝喾高辛，"其父亲叫做蟜极，蟜极的父亲叫做玄嚣"。如果是这样，黄帝葬于桥山，地处秦、陇，而颛顼、帝喾都是从蜀地入中原称帝的。之后帝喾之子放勋，以唐侯升帝位，稍稍偏向东部。到舜出生，《世本》说处于西城，就是所谓妫水弯曲之处。（有的写成了西域，大错。）西城在汉代时隶属于汉中郡，而《公孙尼子》说"舜牧羊于潢阳"。（《太平御览》卷八百三十三引。）潢阳，是汉阳之误。（汉阳，凡是汉水的北面都可以这样称呼。这里所指的是在汉中，不是指《左氏传》中"汉阳诸姬"以及今天所说的汉阳这一地方。）《六国表》说："禹兴起于西羌，汤兴起于亳，（《集解》：徐广认为：京兆杜县有亳亭。）周以丰、镐伐殷。"《蜀王本纪》称："禹，汶山郡广柔县人，生于石纽。”那么舜、禹都兴起于蜀、汉，与颛顼、帝喾同地，也就是说远古时期的封界，在西方比较舒展，在东南显得局促，确实如此。《传》称太皞定都于陈；神农、少皞定都于曲阜；颛顼定都于卫；舜，虞封邑，处于河东；禹父称为崇伯鲧，之后建立夏朝，在阳城中岳之下。可见这五个都城皆偏于东方，是其征伐所到之地，从而驻守在那里，而称帝者以此作为都城了。如同周代营建洛邑作为天下中心，并不是其原本的都城。考察其原来的都城，地形险要、交通不便，以附属王公，大概是从西方来的人吧？

自黄帝入中国，与土著君长蚩尤(161)，战于阪泉(162)，夷其宗。少皞氏衰(163)，九黎乱德，颛顼定之(164)。当尧时，三苗不庭(165)，遏绝其世，窜之三危(166)。其遗种尚在，“三苗之国，左洞庭，右彭蠡，”(167)不修德义，“外内相间，下挠其民，民无所附，夏禹伐之，三苗以亡。”(168)自是俚、繇诸族(169)，分保荆、粤至今。

【注释】

(161) 蚩尤，传说中南方的部落首领。

(162) 阪泉，今河北涿鹿东南。

(163) 少皞氏，也作少昊氏，传说是继黄帝统治中原的古代首领，也有说是同黄帝并存的东方部落首领。

(164) 九黎，指九黎族，《国语・楚语下》韦昭注：“黎氏九人，蚩尤之徒也。”九黎乱德，相传在少昊末年，九黎族的首领曾效法蚩尤，发动叛乱，并推行本民族的宗族，“民神杂糅，不可方物”。颛顼定之，据《国语・楚语下》，颛顼针对九黎族的叛乱活动，进行宗教改革，“命南正重司天以属神，命火正黎司地以属民，使复旧常，无相侵渎，是谓绝地天通。”

(165) 三苗，南方少数民族。不庭，不朝于王庭。

(166) 三危，山名，在今甘肃敦煌东南。

(167) 彭蠡，鄱阳湖。引语见《史记・五帝本纪》张守节正义。

(168) 三苗以亡，以上五语意为，三苗统治很糟，里外互相挑拨，下面扰乱百姓，搞得百姓无所适从，因而夏禹去讨伐他，三苗就被灭亡了。引语见

《逸周书·史记解》。

(169) 俚,通"黎"。指黎族。繇,通"瑶"。指瑶族。这里意为现在的黎族,瑶族即来自古代的九黎、三苗。章太炎后来在《论教育的根本要从自国民自心发出来》等文章中改变了这一观点,可参看。

【译文】

自从黄帝进入中国,与土著部落酋长蚩尤交战于阪泉,杀灭其宗族。少皞氏衰落,九黎乱德,颛顼平定这一乱局。当尧之时,三苗叛逆,诛灭其族人,其余的逃窜到三危。其遗留的部族尚存,三苗之国,左濒洞庭湖,右临鄱阳湖,不修德义,"内外互相挑拨,下面扰乱百姓,使得百姓无所适从,夏禹因而去讨伐他,三苗就灭亡了"。从此以后黎、瑶各族,分别居于荆州、粤州一直到今天。

自禹灭三苗,而齐州为宁宅(170),民无返志,与加尔特亚浸远。察彼土石刻,契者,亚细亚人(171),卒居商邑,未闻其归也。至周穆王(172),始从河宗柏夭(173),礼致河典,以极西土(174)。其《传》言西膜者,西米特科(175),旧曰西膜,亚细亚及前、后巴比伦前巴比伦即加尔特亚。皆其种人。膜稷者,西膜之谷也。膜拜者,西膜之容也。膜昼者,西膜之酋也(176)。其训沙漠及南膜拜,皆非是(177)。又言"至于苦山,西膜之所谓茂苑",此以著东西同言。"至于黑水,西膜之所谓鸿鹭"。鸿鹭者,神坛也。加尔特亚人所奉最上神,命曰衣路(178)。其名与希伯来人所奉哀路西摩(179)、亚拉伯人所奉亚拉(180),声皆展转相似,则鸿鹭其近之矣。又西膜种事亚普路神(181),义曰上天之子姓(182),转入希腊,变音曰亚泡路(183),而为光明洁清之神,声类皆似鸿鹭,大氐其神坛在黑水云。

【注释】

(170) 齐州,中州。指中国。

(171) 亚西亚人,拉库伯里认为,商人来自西方,商人的祖先契是"西方亚细亚民族(即亚述)之后裔”,“以西方亚细亚之形象文字(指楔形文字)为记,契即因传布楔形文字得名”。见白河次郎《支那文明史》引拉库伯里《中国太古文明起源西方说》。

(172) 周穆王,西周的第五位君主。名满,传说他曾远游西方。

(173) 河宗,河神,也指掌管祭祀河神的人。这里是后一义。伯夭,河宗氏的字。

(174) 礼致河典,据《穆天子传》,周穆王西征途中,在河宗陪同下举行祭祀河神的典礼。以极西土,据《穆天子传》,河宗伯夭陪同穆王祭祀河神后,“乃乘渠黄之乘,为天于先,以极西土。”极,至,到。

(175)《传》,指《穆天子传》,六卷。记载了周穆王西游传说。西膜,《穆天子传》中多次出现的名词,如“西膜之所谓鸿鹭”“西膜之所谓茂苑”“西膜之人”等。章氏认为西膜即西米特科(闪米特人)的译音。

(176) 膜稷,膜拜,膜昼,见于《穆天子传》,是周穆王西游时,当地谷物、礼仪、人名的名称,章氏认为它们和西米特科(闪米特)有密切联系。

(177) 其训沙漠,旧注曾把西膜解释为沙漠,郭璞注:“西膜,沙漠之乡。”南膜拜,“南无阿弥陀佛”的早期译音。章氏用西膜傅会闪米特,故认为“皆非是”。

(178) 衣路,古代苏美尔人称为“诸神之王”的天神,居在第二重即最高的一重天上,统治着整个世界。

(179) 哀路西摩,今通译为埃洛希姆(Elohim),古代希伯来人所崇拜的主神。

(180) 亚拉,今通译安拉(Allah),阿拉伯人所信奉的造物主。

(181) 亚普路,今通译阿波伦(Appolon),古代闪米特人信奉的神。

(182) 上天之子姓,即上帝之子。

(183) 亚泡路,阿波罗(Apollo)的旧译,希腊神话中的太阳神。

【译文】

自从禹除灭三苗之后,中国安定下来,民众没有了返回的想法,与加尔特亚越来越远。考察他们故土的石刻,商的始祖契,是亚细亚人,最终居于商邑,没有他回归的记载。到了周穆王才跟随河宗柏夭,举行祭祀河神的典礼,到达西土。其《穆天子传》所称的西膜,西米特科,旧称西膜,亚细亚以及前后巴比伦(前巴比伦就是加尔特亚。)都是其后裔。膜稷,是西膜之谷;膜拜,是西膜之容;膜昼,是西膜之酋。将其解释为沙漠以及南膜拜,都不对。又说"到达苦山,西膜之所谓茂苑",由此可见东方、西方称法相同。"至于黑水,西膜之所谓鸿鹭。"鸿鹭,就是神坛。加尔特亚人所崇奉的最高的神,称为衣路。这一名称与希伯来人所崇奉的哀路西摩、阿拉伯人崇奉的安拉,读音都展转相似,可知鸿鹭与之相近。另外,西膜种族事奉亚普路神,其意为上天之子姓;传入希腊,读音变为阿波罗,意为光明洁净之神,读音都与鸿鹭相似,大概他们的神坛在黑水。

当穆王时,盖先共和纪元二百余岁,即加尔特亚既灭于亚细亚矣。然犹览其风土,省其士女。庄周曰[184]:"旧国旧都,望之畅然。虽使丘陵草木之缗[185],入之者十九,犹之畅然,况见见闻闻者也。"其后《邶风》思西方美人[186],而《小雅》言[187]:"彼都人士,台笠缁撮[188]","彼君子女,卷发如虿[189]。"台笠野服,不可施于都人。缁布冠者,始冠,冠而敝之,后不竟著[190]。《正义》亦设此疑[191],而云:"士以上冠而敝之,庶人则虽得服委貌"[192],"而俭者服缁布。"案:《诗》明言"彼都人士",何得以为庶人? 且妇人敛发无髢[193],即孰睹其卷者[194]?《正义》谓:"长者尽皆敛之,不使有余;而短者若鬓,旁不可敛,则因曲以为饰。"尤迂。明其非周宗法服[195],而念在西膜旧民也。

【注释】

(184) 庄周曰,引语见《庄子·则阳》。

(185) 缗,盛。

(186) 思西方美人,《诗经·邶风·简兮》:"山有榛,隰有苓。云谁之思?西方美人。彼美人兮,西方之人兮。"旧注以为西方美人指西周贤明君王,章太炎则认为西方美人对故乡(西膜)妇女的怀念,以下的考证即围绕此展开。

(187)《小雅》言,指《诗经·小雅·都人士》。

(188) 都,国。古代城市有国、野的区别。国内居住者为国人,地位较高,野的居住者为野人,为一般劳动者。台笠,用夫须草和竹箬编成的两种帽子。《诗经》毛传:“台,所以御暑;笠,所以御雨也。”缁,黑布帽;撮,将头发打成髻。

(189) 虿,蝎子。如虿,比喻卷发好像翘起的蝎子尾巴。

(190) 敝之,弃之。不竟著,不会一直戴到帽子坏掉。据《诗经》孔颖达疏引《礼记·郊特牲》及《礼记·玉藻》,缁布冠仅作为行冠礼时的临时装束,礼毕便弃置,并不是作为日常穿戴。

(191)《正义》,指唐孔颖达《毛诗正义》。

(192) 委貌,玄冠。为庶人的礼帽,用皮或夫须草织,但穷人则用缁布即黑麻布代替。

(193) 髢(tì),假发。敛发无髢,谓将头发统统梳到头顶,又不装假发为修饰。

(194) 孰睹其卷者,《小雅·都人士》:“彼君子女,卷发如虿;我不见兮,言从之迈。”意为那女子留着的卷发,我无法看到,如果看到了,我就跟她跑了。章太炎却认为周代妇女没有卷发装饰,卷发是对故乡妇女的怀念,所以指责孔颖达的解释很迂腐。

(195) 法服,礼法规定的标准服。《孝经·卿大夫》:“非先王之法服不敢服。”

【译文】

在周穆王时,约在共和纪元二百多年之前,即加尔特亚已经被亚细亚除灭之后。然而尚能游览其风土人情,问询其百姓。庄子说:“故国与故乡,一看到心里就舒畅。即使是丘陵草木杂乱荒芜,遮蔽了十之八九,心里也是舒畅的,何况是见其所见、闻其所闻呢?”其后《诗经·邶风·简兮》中“思念那西方的美人”,而《诗经·小雅·都人士》称“彼都人士,避暑用台、避雨用笠,戴着缁布帽”;“他们的子女,发梢卷曲如同蝎子尾巴向上翘的”。台笠为村野平民服装,不可施于都人。缁布帽子,到了行冠礼的年龄,就戴上它,之后不会一直戴到帽子坏掉。(《毛诗正义》也提到这一疑问,说:“士以上的人帽子虽然破旧,仍然佩戴在头上,庶民虽然可以戴礼帽”,“而节俭的人戴黑麻布做的帽子。”案:《诗经》明言“彼都人士”,怎么能说是庶人呢?)并且妇女将头发梳到头顶,不装假发作为装饰，又怎能看见她们的卷发呢？（《毛诗正义》认为："头发长的全都束到头顶，不使一根遗漏；而头发短的如鬓发，束不起来，只好卷曲起来以作为修饰。"这种解释十分迂腐。）可知这不是西周的宗法礼服，而应当是西膜旧民的。

《穆传》又曰："天子宾于西王母(196)，乃执白圭玄璧以见(197)。"案《释地》以西王母为四荒(198)。西母与西膜同音；王，间音也(199)。西膜民族，始见犹太《旧约》，本诺亚子名(200)，其后以称种族，遂名其地。穆王见其部人之大酋。大酋者，复以地被号(201)。若《书》有将蒲姑(202)，齐桓之斩孤竹(203)，皆以国名名其君也。古者人君执神权，常自谓摄天帝。是故《西山经》言西王母如人，豹尾虎齿而善啸，蓬头戴胜(204)，宜即加尔特亚所奉尼加尔神(205)，其形半如人半如虎者，非大酋形体然，其所摄之神则然也。《汉·地理志》言："临羌西北塞外(206)，有西王母石室"，及"弱水昆仑山祠(207)"。此其寝庙适在(208)，而地绝远矣。

【注释】

(196) 西王母，传说中居于我国西北地区的女酋长，周穆王曾与她相会。

(197) 圭，《说文》："瑞玉也，上圜下方。"璧，《说文》："瑞玉圜也。"

(198) 四荒，四方昏乱之国。《尔雅·释地》："觚竹、北户、西王母、日下，谓之四荒。"

(199) 间音，用以间隔前后二字的字音。

(200) 诺亚，古犹太传说中的人物，曾乘方舟躲过洪水劫难，成为洪水后人类第一代祖先。据《旧约·创世纪》，诺亚生有三个儿子，名为闪、含、雅弗，洪水以后，他们的后代建立了众多王国，所以这里说，"本诺亚子名"。

(201) 以地被号，以地名作为君号。

(202) 蒲姑，殷末诸侯国，在今山东博兴东北，周成王时为周公所灭。将蒲姑，出自《尚书·蔡仲之命》，周公准备迁奄国诸侯于蒲姑，命令召公写《将蒲姑》以申述理由。将，通"戕"。

(203) 孤竹，殷末诸侯国，在今河北卢龙一带，春秋时为山戎（鲜卑前身）

的同盟者。《国语·齐语》:“齐桓公遂北伐山戎,刜(击)令支,斩孤作,而南归。”斩,伐。

(204) 胜,玉胜,古代妇女的首饰。

(205) 尼加尔,Nergal 的音译。古巴比伦的阴间之神,管理地下世界。

(206) 临羌,古县名。西汉置,治所在今青海湟源县西湟水南岸。

(207) 弱水,古河流名,《汉书·地理志》:“金城郡临羌县有弱水。”当指今湟水。

(208) 寝庙,指祭祀西王母的宗庙。

【译文】

《穆天子传》又说:“天子做客于西王母处,带着白玉制的礼器、黑色的璧玉相见。”案《尔雅·释地》认为西王母在四方荒远之地。西母与西膜同音;王,是间隔音。西膜民族始见于犹太《旧约》,本是诺亚儿子的名字,之后以此来称种族,又转称其所在之地。周穆王去见其部族的酋长。酋长,又因其所处之地而命名。如《尚书》有《将蒲姑》,齐桓公斩孤竹,都是以国名来称呼其君主的。在古代人君掌握神权,常自称是上帝的代理人。因此《山海经·西山经》称西王母像人形,有豹子尾巴、虎的牙齿且善呼啸,蓬头戴着玉琢的首饰,应当是加尔特亚人所崇奉的尼加尔神,其身形一半像人一半像虎,这并不是酋长的形体,而是酋长所代理的天神的形象。《汉书·地理志》说“接近羌西北塞外,有西王母石室”,及“弱水有昆仑山祠”。这是西王母的寝庙所在,可谓地处偏远。

《穆传》又曰:“至于群玉之山(209),容成氏之所守(210)”,“先王之所谓册府(211)。”此亦信矣。自萨尔宫一世,已建置书藏,其书皆陶瓦为之,而雕刻楔文于方面,其厚三寸,其长三寸或至三尺六寸。宝书复圬陶土于外(212),更刻其文,故历五千余祀以至今日,外虽毁剥,内书尚完具可读,中国初为书契亦然。观《说文》训“专”为“纺专”,又训曰“六寸簿”(213),足明古者以纺专任书。其后有簿、忽，今字作笏(214)。笏也，簿也，手版也，三者异名同实。书思对命(215)，亦以“专”名。最后称诸册籍曰簿，其义相引申矣。夫上世无竹、帛、赫蹄(216)，独取陶瓦任文籍之用。其山产玉，则亦因而采之，足以摄代(217)，故群玉为册府，宜也。萨尔宫之在中国(218)，斫木为耜，揉木为耒(219)，不举文学，而亦无教令，独为书藏于其故国。后王怀之，知其自来，称之曰先王。穆王既西狩，因纪铭迹于县圃之上(220)，弇山之石(221)。亦以西膜民族，本以瓦石为书，则而效之，所以崇法先民，则刻石纪功自此始。

【注释】

(209) 群玉之山，传说中西王母居住的地方。《山海经·西山经》：“玉山，西王母所居者。”近人多认为是叶尔羌西南的密尔岱山。

(210) 容成氏，当指容成公。周穆王时人，自称黄帝师，善辅导之术，曾被穆王召见。

(211) 册府，古代帝王藏书册的地方。

(212) 圬，涂抹。圬陶土于外，古代巴比伦人为保存泥版文书，常在原版上再抹一层陶土，并将原文重刻一篇，这样，当外层泥版剥落后，内层原文仍可保留下来。

(213) 六寸簿，《说文》：“専，六寸簿也，从寸，叀声。一曰：専，纺専(砖瓦作成的纺锤)。”这里以“专”的二重解释，证明古代曾以专为书写工具。

(214) 笏，古代官员朝见君主时所执手板，用玉、象牙或竹片制成。

(215) 书思对命，语出自《礼记·玉藻》：“史进象笏，书思对命。”郑玄注：“思，所思念，将以告君者也；对，所以对君者也；命，所受君命者也。书之于笏，为失忘也。”思对命，指想着回答君主。

(216) 赫蹄(xì 细—)，西汉时出现的一种小幅薄纸。见《汉书·外戚传》颜师古注引应劭说。

(217) 摄代，替代。

(218) 萨尔宫，指神农氏。参见本篇注(105)。

(219) 斫木为耜，揉木为耒，《易·系辞》：“神农氏作，断木为耜，揉木为耒。”耒耜为古代翻土农具。耜是耒耜的铲，用木料斫削而成，耒是耒耜的柄，用树枝揉曲制成。

(220) 县圃，指昆仑山巅。《楚辞·天问》：“昆仑县圃，乃上通于天地。”

(221) 弇山，即弇兹，也作崦嵫山。在甘肃天水西，相传是太阳降落的地方。

【译文】

《穆天子传》又称："到达群玉之山，容成氏之所守"，"先王时所谓的藏书之处。"此说也是可信的。自萨尔宫一世起，就已设置藏书之所，那时的书都是用陶瓦做成的，在一面上雕刻着楔形文字，书的形制厚三寸，长三寸或到三尺六寸。这些珍贵书籍在外面再涂饰一层陶土，重新刻上文字，所以经过五千多年一直到今天，即使外面的一层已经损毁，而内部的一层文字尚且完整可读。中国起初的文字也是这样写的。观《说文》将"专"解释为"纺砖"，又解释说"六寸簿"，足可知古时候用压纺车的砖来写字。之后有簿、忽(如今的字写成笏。笏，簿，手版，这三者是一个东西，只是名称不同)，记录下自己想要回答君主的话，也称为"专"。最后把书籍称为簿，这是含义的引申。上古时期还没有竹简、白绢以及小幅绢帛，只有用陶瓦来书写。其山出产玉，就会开采来替代陶瓦，所以用玉石做成文书，也是合乎时宜的。萨尔宫也就是神农氏在中国，削木做成耜，使木头屈伸做成耒，不提倡文化教育，也没有禁忌命令，只是做成书籍藏于故国。后王怀念他，知道他从何处来，称他为先王。周穆王既已西狩，就把行程见闻刻在昆仑山巅、崦嵫山石上。也是因为西膜民族原本是用瓦石作书，周穆王效法他们，以此来尊崇先民，这样刻石记录功绩。

章炳麟曰：尚考方夏种族所出[222]，得其符验，而姓氏次之。

古者"天子建德[223]，因生以赐姓[224]，胙之土而命之氏[225]。诸侯以字为谥，因以为族[226]。官有世功，则有官族[227]，邑亦如之[228]"。其后亦或以官赐姓，故曰御官[229]，有百。"物赐之姓(230)，以监其官，是为百姓。姓有御品，十于王谓之千品(231)。五物之官，陪属万(232)，为万官。官有十丑，为亿丑(233)。”自品以下，皆称曰氏，而得氏者亦多术：“五帝三王之世，所谓号也(234)。文、武、昭、景、成、宣、戴、桓，所谓谥也。齐、鲁、吴、楚、秦、晋、燕、赵，所谓国也。王氏、侯氏、王孙、公孙，所谓爵也。司马、司徒、中行、下军(235)，所谓官也。伯有、孟孙、子服、叔子(236)，所谓字也(237)。”“巫、祝、匠、陶、段、梓、仓、庾(238)，所谓事也(239)。”“东门、西门、南宫、东郭、北郭，所谓居也。三乌、五鹿、青牛、白马(240)，所谓志也(241)。”

【注释】

(222) 方夏，华夏，指中国。尚，通“上”。

(223) 建德，引语见《左传·隐公八年》。杜预注：“立有德以为诸侯。”

(224) 因生以赐姓，参见本篇注(44)。

(225) 胙之土，谓封以国土。胙，《国语·齐语》韦注：“胙，赐也。”《韵会》：“建置社稷曰胙。”命之氏，以封国名称为氏。

(226) 谥，对死者所加的褒贬称号。以上两句意为，诸侯以其字为其谥，而其后人因之以为族姓。一说“谥”当为“氏”字之误，指以其字为其姓氏。见刘文淇《春秋左传旧注疏证》。

(227) 官族，以官称为族姓。

(228) 邑亦如之，谓以邑名为族姓时，命氏规则也像以官为族姓一样。

(229) 御官，谓名列于君主属官名册的官。御，《国语·楚语下》韦昭注：“御，达也，自以名达于上者，有百官也。”

(230) 物赐之姓，谓以百官各自的职责作为姓，如司马、太史等。物，事。指百官各自的职责。引语见《国语·楚语下》。

(231) 姓有御品，十于王谓之千品，疑为“姓有十品，御于王谓之千品”之误。意为每官下设十个属官，百官共有千品。

(232) 五物之官，《国语·楚语下》韦昭注：“谓天地神明类事之官也。”陪属，《国语·楚语下》韦昭注：“臣之臣为陪属。”

(233) 丑，类。亿，《国语·楚语下》韦昭注：“十万曰亿。”亿丑，即十万类。

(234) 号，五帝三王的一种别称。如黄帝号轩辕氏，颛顼号高阳氏，帝喾号高辛氏，尧号陶唐氏，舜号有虞氏等。以下引语见《潜夫论·志姓氏》。

(235) 中行，春秋时晋国增设的三军之一，也指统率者的官职。《左传·僖公二十八年》："晋侯作三行以御狄，荀林父将中行。"下军，古代大国三军之一，也指统率者的官职。

(236) 伯有，春秋时郑国公族良霄的字，其子孙一支以为氏。孟孙，春秋时鲁国公族庆父的字，其后人以为氏。子服，春秋时鲁国公族孟懿伯(庆父玄孙)的字，其子孙一支以为氏。叔子，当子叔之误，春秋时鲁国大夫声伯、卫国公孙剽，均字子叔，他们的子孙均以子叔为氏。

(237) 字，表字。古代男子冠、女子许嫁后，根据本名含义另立别名。《礼记·曲礼》："男子二十冠而字，女子许嫁笄而字。"

(238) 段，通"锻"。铁匠。梓，古代木工之一。专造饮器、箭靶和钟磬的架子。见《考工记·总序》。庾，庾氏。掌庾廪之官。

(239) 事，指从事的职业。

(240) 三乌，《潜夫论·志氏姓》作"三乌"。复姓，汉时有三乌群。

(241) 志，同"职"。指职业。《通志·氏族略》引《风俗通》："凡氏于职，三乌、五鹿。"《意林》引《潜夫论》作"地"，指地名。

【译文】

章炳麟说，以上考察中国种族的出处，得到证明，以下考察姓氏。

古时"天子立有德者为诸侯，因其所由生而赐姓，因所封的土地作为氏。诸侯以其字作为谥号，并以此作为族名。官有功绩者，则以官称为族姓，以邑名为族姓，也是同样的道理"。之后也有根据官职来赐姓的，说名列于君主属官名册的官有百种。"百官以各自的职责作为姓，以对应其官位，这就是百姓。姓有品级，每官各设十个属官，这样百官就是千品。负责天地神明的五官，设属官万位，这样就有万官。官又分十类，这样就有十万类。"自品级以下的，都称为氏，而获得氏也有多种途径："五帝三王之世的氏，是指号。文、武、昭、景、成、宣、戴、桓，是指谥号。齐、鲁、吴、楚、秦、晋、燕、赵，是指国名。王氏、侯氏、王孙、公孙，是指爵位。司马、司徒、中行、下军，是指官职。伯有、孟孙、子服、叔子，是指字号。""巫、祝、匠、陶、段、梓、仓、庾，是指职事。”“东门、西门、南宫、东郭、北郭，是指居处。三乌、五鹿、青牛、白马，是指地名。”

然上世自母系废绝，诸姓会最而为父系同盟[242]，则邦邑、种族、姓氏三者，时瞀乱弗能理[243]。何者？大上[244]，民各保其邑落，百里之国，而种族以是为称。其后稍有蹊隧[245]，乃更以王者之都为号。故舜称其民曰庶虞[246]。《大戴礼记·四代篇》“于时鸡三号以兴庶虞，庶虞动，蜚征作[247]”；《千乘篇》“祈王年，祷民命，及畜谷、蜚征，庶虞草”，是也。禹称其民曰诸夏，《说文》：“夏，中国之人也。”周称殷民曰庶殷，《书·召诰》：“厥既命殷庶，庶殷丕作。”皆以京师迻言民种。近世四裔或称吾民曰汉[248]，亦或曰唐，则邑居种族，其弗辨哉？姜，姓也，逋子为氐、羌[249]。《后汉书》曰：“西羌之本，盖姜姓之别。”马，氏也，援之溃卒为马留[250]。隋唐时称马留，今曰马来由[251]。其种族又因姓氏起云。

【注释】

(242) 会最，会聚，集合。

(243) 瞀乱，昏乱。

(244) 大上，太上，上古时代。

(245) 蹊隧，路径，这里指交通。

(246) 庶虞，众虞，即虞地的人。庶，多。

(247) 蜚征，禽兽昆虫。见王聘珍《大戴礼记解诂》。

(248) 四裔，泛指世界各国。

(249) 姜，相传为炎帝的姓。逋子，逃亡的子孙。为氐、羌，据《山海经》《国语》，炎帝后裔一部分演变为氐、羌。

(250) 马，原为嬴姓，战国时赵国王子赵奢封为马服君，子孙以马服为氏，后改为单姓。援，马援，东汉伏波将军。马留，一作马流。《水经注》温水注：“马文渊立两铜柱于林邑岸北，有遗兵十余家不反，居寿冷岸南而对铜柱，悉姓马。今有二百户。交州以其流寓，号曰马流。言语饮食尚与华同。”

(251) 马来由，今通译马来亚。今属马来西亚。

【译文】

上古时期自母系社会结束，各姓会聚而成为父系同盟，从而封邑、种族、姓氏这三个方面，一时混乱得难以理清楚。为什么？上古时，民众各自保卫他们的部落，方圆百里的邦国，而种族以此来称呼。其后彼此稍有交通，于是变更为以天子的都城来作为称号。所以舜称其民作庶虞，（《大戴礼记·四代篇》记载“当时鸡鸣三次以兴庶虞，庶虞动，飞禽走兽作”；《千乘篇》记载“祈鬼神为王降福，祷告为民求福，及于六畜五谷、飞禽走兽，欲使上下草木鸟兽都安宁。”正是如此。）禹称其民叫做诸夏，（《说文》称：“夏，指中国人。”）周称殷民叫做庶殷，（《尚书·召诰》：“给殷民下达命令之后，殷民乃作。”）都是以京师的名字称呼种族之民。近代以来外国人或称我国的民众为汉人，或称为唐人，这样聚邑而居的种族，自然就可以辨别了？姜是姓，逃亡的后人有氐族、羌族。（《后汉书》记载：“西羌人的祖先，本是姜姓。”）马是氏，马援南征时遗留的部卒称为马留（隋唐时称为马留，如今称为马来亚），其种族的名称又因姓氏而起。

自《帝系》《世本》，推迹民族，其姓氏并出五帝。五帝之臣庶，非斩无苗裔尔[252]。《晋语》曰[253]：“黄帝以姬水成，炎帝以姜水成。”《河图》亦言庆都生尧于伊祁[254]。《御览》一百三十五引。然则豪右贵种，因其邦贯为姓[255]；细民无姓，而亦从其长者。黄帝十四子，分长一部，则因之姓其国地，与民盟誓，合符同徽，不得异志。亦犹北虏乌桓[256]，氏姓无常，以大人健者名字为姓[257]。《后汉书·乌桓传》。援之遗卒，隋末孳衍至三百户，而皆从其故帅，同氏曰马矣。当是时，史籍较略，民无谱谍，仍世相习，则人人自谓出于帝子，稷、契之托高辛是也[258]。又上世习于战斗钞暴[259]，而拥众多者常胜，其遇外族亡命，常尉荐拊循之(260)，以为己子。希腊古史有言，受诺神以赫乔里神为养子(261)，而罗马尼尔巴帝之世(262)，其俗日浸(263)。惟中国亦然，《离》言牝牛则详矣。又曰(264)："突如其来如、焚如、死如、弃如。"《说文》曰："突者，去也，倒子为去(265)，不孝子突出不容于内也。"然则异族亡命，倍其家长(266)，而畜逋逃者，方煦妪之(267)，其后亦共为一姓，所谓技工兄弟者矣(268)。社会学以技工兄弟别于天属兄弟。

【注释】

(252) 非斩无苗裔尔，不是没有后代。斩，绝。《孟子·离娄》："君子之泽，五世而斩。"

(253)《晋语》，语见《国语·晋语四》。

(254) 河图，一般与洛书并称。儒家关于《周易》和《洪范》两书来源的传说。《易·系辞》："河出图，洛出书，圣人则之。"传说伏羲氏时，有龙马从黄河出现，背负"河图"；有神龟从洛水出现，背负"洛书"。伏羲根据这"图""书"，画成八卦，就是后来《周易》的来源。另刘歆认为《洪范》即《洛书》。庆都，相传为帝喾之妃，尧的母亲。伊祁，姓，见《初学记》卷九引《帝王世纪》。这里认为是以地名为姓。

(255) 邦贯，世居的封国名称。

(256) 乌桓，也作乌丸，东胡的一支，秦以后世居乌桓山而得名。

(257) 大人健者，乌桓各氏族部落的酋长和军事首领。《三国志·魏书·乌丸传》裴松之注引王沈《魏书》："常推募勇健，能理决斗讼相侵犯者，为大人。"又曰："氏姓无常，以大人健者名字为姓。"

(258) 稷，后稷，相传是周朝王室的始祖。《史记·周本纪》："周后稷，名弃，其母有邰氏女，曰姜原。姜原为帝喾元妃。"契，相传是商朝王室的始祖。《史记·殷本纪》："殷契母曰简狄，有娀氏之女，为帝喾次妃。"高辛，即帝喾。

(259) 钞暴，劫掠骚扰。

(260) 尉荐，慰藉，体贴。

(261) 受诺，今通译朱诺(Juno)，罗马神话中主神朱庇特之妻，司结婚与生产，为万神之母，相当于希腊神话中的希拉(Hera)。赫乔里，罗马神话中的英雄，为朱庇特的私生子，在希腊神话名为海格力斯。

(262) 尼尔巴帝，今通译涅尔瓦，古罗马安托尼努斯王朝的开创者，他在位时，收养图拉真为继子，开了罗马继子继承王位的先例。

(263) 其俗日浸,这种习俗逐渐流行。

(264) 又曰,见《周易·离卦》九四爻辞。

(265) 𠫓(tū),《说文》:"不顺忽出也,从到(倒)子。""古文'子',即《易》'突'字。"倒子为𠫓,即为"子"的颠倒。

(266) 倍,通"背"。

(267) 煦妪(xù叙 yù育),养育。《礼记·乐记》郑玄注:"气曰煦,体曰妪。"谓天地以无形有形方式生养万物。

(268) 技工兄弟,古代常以逃亡奴隶从事手工生产,由此形成不同于天然血缘群体的社会分工群体。

【译文】

自《帝系》《世本》,追踪寻迹民族的演变,知其姓氏出自五帝。五帝的臣民,不是没有子孙后代。《国语·晋语》记载:"黄帝在姬水一带生长并成名,炎帝在姜水一带生长并成名。"《河图》也称庆都生尧于伊祁。(《太平御览》卷一百三十五引)那么豪门贵族,以其邦国籍贯作为姓;平民没有姓,只能依从其长者的称呼。黄帝的十四个儿子,分别掌管一个部族,就用此来称其封地,与民众盟誓,符信相合,用同一种旗帜,不能有叛离之心。又比如北方少数民族乌桓,氏姓变化不定,以各氏族部落的酋长和军事首领的名字作为姓。(见《后汉书·乌桓传》)马援南征时遗留的部卒,到隋末时生息繁衍到三百户,都跟随他们的故帅同称为马氏。当时,史籍较为简略,民众没有记述氏族或宗族世系的家谱,世代相互沿袭,人人都自称是出于五帝的后人,就像稷、契假托出自高辛氏一样。又由于上古时期人们时常遭遇战斗、劫掠骚扰,而那些拥有众多兵员的常会胜利。他们遇到外族逃亡的人员,时常会慰藉安抚他们,将其看作是自己的后人。希腊古史有记载,朱诺神把赫乔里神视为养子,而古罗马涅尔瓦帝时期,这种习俗逐渐流行。中国也是如此,从《离》卦所言牝牛就可知道。又称:"突如其来如、焚如、死如、弃如。"解释说:"突,就是𠫓,倒子为𠫓,不孝子突出不容于内。"那么异族逃亡之人，背叛其部落酋长，而收养那些逃亡人员的人，抚育他们，之后也就成为一姓了，这就是所谓的技工兄弟。（社会学中，把技工兄弟与有血缘关系的亲属是区分开来的。）

近在明世，荐绅之家，苍头百人[(269)]。是时承平亡战，特以饥寒质鬻[(270)]，然犹舍其氏族以从主人。况于五帝，部落至强，攻伐所至则摧破，以术招携，而他族革而从之也则宜。及夫分气受形[(271)]，正体于上[(272)]，以守宗祊者虽多[(273)]，亦十而一已。若纬书《苗兴》之说[(274)]，恒以帝者受命，功在远祖，虽起自草茅，必其前世尝为贵种，陵夷而在皂隶者。以实推之，不亦远乎？谱系至周世始确凿可信，夏、商犹惧未谛。前此多乱，纬书尤甚。

【注释】

(269) 苍头，奴仆。《汉书·鲍室传》颜师古引孟康说："汉名奴为苍头，非纯黑，以别于良人也。"

(270) 质鬻，典卖。

(271) 分气受形，《颜氏家训·兄弟》："兄弟者，分形连气之人也；受先人之遗体，惜己身之人气，非兄弟何念哉！"这里意谓禀得形体。

(272) 正体于上，《仪礼·丧服》："传曰：何以三年也？正体于上，又乃将所传重也。"贾公彦疏引雷次宗曰："父子一体也，而长嫡独正，故曰体。"谓继承嫡长子身份。

(273) 祊，庙门。宗祊，宗庙。

(274)《苗兴》，纬书《尚书·中侯》的一篇，已佚。清马国翰《玉函山房辑佚书》中辑得佚文三条。据《诗经·周颂·昊天有成命》孔颖达疏："《苗兴》称'尧受图书'，已有稷名在录，言其苗裔当王，是周自后稷之生，已有王命，言其有将王之兆也。"

【译文】

到了明代，官宦人家，有奴仆百人。当时社会太平，没有战乱，只是因为饥寒而典卖自己，然而仍舍弃其氏族而依从主人。何况是五帝时，部落势力强大，攻伐所到之处便摧毁一切，想办法招来人口，其他部族转而依从也就不难理解了。等到禀得形体，获得嫡长子的身份，而来守护宗庙的虽多，能够延续下来的也不过是十分之一而已。如纬书《苗兴》所说的，一般认为帝王受命，功在远祖，即使是起于民间，也认为一定是其前世曾是贵族，衰落以后才沦落到民间的。根据事实考察，相差不是很远吗？（谱系到了周代才确凿可信，夏、商时期仍不那么确定。之前的多混乱不清，纬书所载更甚。）

上世同部男女旁午交会(275)，无夫妇名。战胜略他族，女始专属，得正其位号(276)。故败则丁壮旄倪悉戮(277)，独处女被矜全，使侍房闼(278)。蒋济《万机论》曰(279)："黄帝不好战，四帝各以方色称号，边城日警，介胄不释。黄帝叹曰：'主失于国，其臣再嫁(280)，厥病之由，非养寇邪！'遂即营垒，以灭四帝。令黄帝不虎变(281)，与俗同道，则其民臣亦嫁于四帝矣。"《御览》七十九引。案蒋济魏人，其言必有所据。由是言之，师失其律，则弱女远嫁(282)，彰也。

【注释】

(275) 旁午交会，杂乱交合。旁午，《汉书·霍光传》颜师古注："一纵一横为旁午。"

(276) 得正其位号，章太炎接受当时人类学家的观点，认为夫妻制度最早始于男子在部族战争中将他族女子据为私有。

(277) 旄，通"耄"。倪，通"儿"。旄倪，老幼。

(278) 房闼，内室。

(279) 蒋济，三国时魏人。参见《学变》第八注(71)。

(280) 再嫁，谓归顺他人。

(281) 虎变，语出自《周易·革卦》："大人虎变，君子豹变。"形容圣人创制立法，业绩灿烂，好比虎皮纹彩一样。此指发怒。

(282) 师失其律，《周易·师卦》："师出以律。失律，凶也。"意为出兵不遵循法纪。弱女远嫁，指子女被人掠走。

【译文】

上古时期同部落的男女杂乱交合，没有夫妻之名。战胜其他部族后，便掠夺这一部族的女性为己有，从而才有了夫妻名号。战败方的青壮男人、老人、儿童都被杀掉，唯独处女被保全，使其在卧室中服侍。蒋济的《万机论》说："黄帝不好战，四方酋长各据一方自称为帝，边疆的形势日益紧张，战士的铠甲和头盔不离于身。黄帝感叹说：'若君主失国，臣属归顺他人，这样的后果，不是在培养贼寇吗？'于是奔赴营垒，攻灭四方的酋长。假若黄帝不发怒，合于流俗，那么其民众、臣属也就要服从于四方酋长了。"（《太平御览》卷七十九引。案：蒋济，魏国人，他所说的一定是有所依据的。）由此而言，军队失其常法，那么女子就会被迫远嫁他方，就是很清楚的。

其次不以累囚衅器[283]，使服力役，于是有斯养隶圉[284]。则胜者常在督制系统，而败者常在供给系统。一部悉主，一部悉伏地为僮仆。转相混淆，同处一域，犹不能废阶级。印度《摩尼法典》[285]，制国人为四阶[286]，累世异礼。中国亦云[287]："天有十日[288]，人有十等。""王臣公，公臣大夫，大夫臣士，士臣皂，皂臣舆[289]，舆臣隶，隶臣僚[290]，僚臣仆，仆臣台[291]；马有圉，牛有牧[292]，以共百事。"隶僚以下，其始皆俘虏，而后渐以惩谪罪人。一人一族，升降不恒，则阶级自是废也。然其贾贩齐民，犹以财力相君[293]，江左区区，旅寓苋苇[294]，"一婢之身，重婢以使，一竖之家，列竖以役，瓦金皮绣、浆酒藿肉者[295]，故不可胜纪，至有列軿以游敖[296]，饰兵以驱叱。"《宋书·周朗传》郎上书语。痛夫！十等之法，隶以下迭相君臣[297]，其名则丧，实故在也。

【注释】

(283) 累囚,俘虏。衅器,古代重要器物制成后,常杀牲畜或俘虏,用血来涂其裂缝,同时举行祭神或祭鬼仪式。

(284) 厮养,服贱役者,即奴隶。隶圉,有罪遭禁者,指充当奴隶的囚徒。

(285)《摩尼法典》,今通译《摩奴法典》,约编于公元 1 至 5 世纪,古印度记述宗教职责和民法的重要法典,反映了早期雅利安人的种姓制度。

(286) 四阶,指《摩奴法典》把人分为婆罗门(僧侣)、刹帝利(武士)、吠舍(平民)和首陀罗(贱民)四个界限森严的等级。

(287) 中国亦云,引语见《左传·昭公七年》。

(288) 天有十日,指古代干支纪日法中的天干十数,即甲、乙、丙、丁、戊、己、庚、辛、壬、癸。古人误以为太阳绕地球运转,所以把太阳之日和地球自转一周之日混为一谈,他们把一昼夜分为十时,分别以十个干支表示,故称"天有十日"。另,相传尧时十日并出,但据《论衡·说日篇》,儒者认为只有一日,故不可以"十日并出"理解"天有十日"。

(289) 皂,俞正燮《癸巳类稿·仆臣台义》:"皂者,《赵策》(指《战国策·赵策》)所云:补'黑衣之队',卫士无爵而有员额者,非今皂役也。'舆,众也,谓卫士无爵又无员额者。"

(290) 僚,《左传·昭公七年》孔颖达疏引服虔说:"劳也,共劳事也。"即今所谓苦差。

(291) 台,《左传·昭公七年》孔颖达疏引服虔说:"给台下微名也。"即备官僚贵族使唤的贱役。

(292) 马有圉,牛有牧,《左传·昭公七年》杜预注:"养马曰圉,养牛曰牧。"

(293) 相君,比拟君主,同君主一样。相,视,比拟。

(294) 苽,即菰,俗称"茭白"。苇,芦苇。苽苇,这里指长满菰苇的荒凉之地。

(295) 瓦金皮绣,屋瓦涂金,皮衣刺绣。浆酒藿肉,把酒当作水浆,把肉当作粗食。藿,豆叶,古代称粗劣食物为藿食。

(296) 軿(píng 瓶),有车盖帷幕的高级车子。敖,《周朗传》原文作"遨"。游敖,遨游、游玩。

(297) 迭相君臣,更替互为主奴。即隶是舆的臣,又是僚的君,以此类推。

【译文】

其次不杀俘虏来祭祀礼器,而是使其服劳役,于是就有了干杂事劳役的奴隶。胜利者常在监督管理系统,失败者常在供给系统。

一部分都是主人，一部分全俯伏在地上做仆役。转相混淆之后，同处一个地方，仍不能废除阶级之分。印度《摩奴法典》，将国人区分为四个等级，世代异礼。中国也称："天有十个太阳，人分十个等级。""王以公为臣，公以大夫为臣，大夫以士为臣，士以皂为臣，皂以舆为臣，舆以隶为臣，隶以僚为臣，僚以仆为臣，仆以台为臣；养马的称为圉，放牛的称为牧，以负责各种事务。"隶、僚以下，最初都是俘虏，以人逐渐改用被惩罚的罪人担任。隶以下的某人某族，其升降不固定，这样阶级就废止了。然而商贩之民，仍凭借财力自比于君主，区区江左，居住偏远，"以一奴婢之身，却有多个奴婢供其役使；以一个仆役之家，却有众多仆役供其役使；瓦金皮绣、视酒肉如浆藿者，数不胜数，以至于有成排的軿车去游玩，陈列武器仪仗，驱赶吆喝路人。"(《宋书·周朗传》记载周朗上书中所言。)可悲啊！人分十等之法，隶以下交相为主仆，其名分已经改变了，而实质尚存。

夫妃匹亚旅(298)，始皆略自他族，而与玉石重器金布畜产同俘，故一切资产视之。后世传其遗法：帑者，金币所藏也，《说文》。则称妇子曰帑(299)；臧藏本字。者(300)，文书器物之府也，《周礼·宰夫》注。而婢仆以臧获称(301)。《书序》有俘宝玉(302)，《春秋传》言内实玫(303)，明其所克获抚有，则人与资产不殊也。其次，怯懦者亡所略取，而歆专有(304)，故勼合部人(305)，相为盟誓，使凡略于他部之妇，其息女皆从母姓(306)，则无嫌于内娶(307)。自是一部得并包数姓，而多县属母系。及父系既盛，谣俗未变，犹丈夫称氏，女子称姓，然其名实愆矣(308)。

【注释】

(298) 妃匹，泛指妻妾。亚旅，《尚书·牧誓》："嗟，我友邦冢君，御事、司徒、司马、马空、亚旅、师氏、千夫长、百夫长。”本指职位低于卿的大夫、士等，这里泛指臣仆。

(299) 妇子，妻子。帑，古代藏金帛的府库。也为“奴”的假借字，见《说文》“帑”字段玉裁注。章太炎根据“帑”兼指金帛和妻子，说明古代把二者作为“财产视之”。

(300) 臧，《周礼·宰夫》：“府，掌官契以治藏。”郑玄注：“治藏，藏文书及器物。”

(301) 臧获，杨雄《方言》：“荆、淮、海、岱之间，骂奴曰臧，骂婢曰获。燕、齐，亡奴谓之臧，亡婢谓之获。”

(302) 俘宝玉，《尚书·汤誓》后所附亡书《典宝》序：“夏师败绩，汤遂从之，遂伐三朡，俘厥宝玉。”郑玄注：“俘，取也。玉以礼神，使无水旱之灾，故取而宝之。”

(303) 孜，同“好”。美。四孜，四美人。

(304) 歆，喜欢，愉悦。

(305) 勼合，纠合。勼，同“纠”。

(306) 息女，亲生女儿。

(307) 无嫌于内娶，不妨碍在内部通婚。

(308) 名实愆矣，名实不符。愆，差。

【译文】

配偶和臣仆，起初都是从其他部族掠夺而来，是与玉石、重器、财物、畜产一同俘获来的，所以统统被看作是资产。后世承袭了那时遗留下来的典章法则：帑，本指藏金帛的府库(《说文》)，也把妻子儿女称为帑；臧(藏的古字)，指藏文书及器物的地方(《周礼·宰夫》注)，也把婢女、奴仆称为臧获。《书序》有“掠取宝玉”，《春秋传》说“四位美女藏于宫内”，可知其所掳获占有的东西中，人与资产并没有区分开来。其次，胆小懦弱的无所掠取，又喜欢独占，故集合部族的人彼此订立盟约，凡是从其他部族掠取的妇女，其亲生女儿都跟从母姓，这样就不妨碍在内部通婚了。从此一个部族得以包含多个姓，多属于母系的姓。等到父系已经兴盛时，风俗习惯还没有改变，丈夫仍称氏，女子称姓，然而这时已经名实不符了。

父系之始造，丈夫各私其子，其媢妒甚(309)。故羌、胡杀首子，所以荡肠正世(310)。汉王章对成帝语。而越东有輆沐之国，其长子生，则解而食之(311)，谓之宜弟。《墨子·节葬下篇》。何者？妇初来也，疑挟他姓遗腹以至，故生子则弃长而畜穉(312)，其传世受胙亦在少子。至今蒙古犹然，名少子则增言斡赤斤。斡赤斤，译言"灶"也，谓其世守父灶，若言"不丧匕鬯"矣(313)。中国自三后代起(314)，宗法立长，独荆楚居南方，其风教与冀、沇、徐、豫间殊，时杂百濮诸民种(315)，其俗立少。故《传》曰："楚国之举，恒在少者。"《左氏》文元年传文。户水宽人《春秋时代楚国相续法》曰(316)：案楚熊渠卒(317)，子熊挚红立。挚红卒，其弟代立，曰熊延。又熊严有子四人，长子伯霜，次子仲雪，次子叔堪，少子季徇。熊严卒，长子伯霜代立。熊霜卒，三弟争立。是亦未尝立少，盖楚国民间之法也。其成法然也。

【注释】

(309) 媢妒，嫉妒。

(310) 荡肠正世，《汉书·元后传》颜师古注："荡，洗涤也。言妇初来所生之子或他姓。"

(311) 解，《列子·汤问》作"鲜"，据孙诒让考证，解、鲜都是析的意思。解而食之，即分割吃掉。

(312) 穉，同"稚"，指幼子。

(313) 不丧匕鬯，《周易·震卦》："震警百里，不丧匕鬯。"匕，祭祀时用的木制器具，用以盛鼎中的牲肉于俎上。鬯，用黍和郁金香调制而成的有香气的酒。

(314) 三后，三个帝王。此指虞夏商三代的君主。《左传·昭公二十三年》："三后之姓，于今为庶"注："三后，虞夏商。"

(315) 百濮，古代部族名。《左传·文公十六年》孔颖达疏："建宁郡南有濮夷，濮夷无君长总统，各以邑落自聚，故称百濮。"

(316) 户水宽人(1861～1935年)，日本法学家。曾留学英、德等国，回国后任东京帝国大学、早稻田大学教授。《春秋时代楚国相续法》是其研究春秋时楚国王位世系传承的著作。

(317) 熊渠，西周时楚国君主，周夷王时首先称王。以下世系见《史记·

楚世家》。

【译文】

父系刚开始出现时，丈夫各私其子，对子嗣十分看重。所以羌、胡人杀掉长子，以保持血统的纯正。(汉人王章对汉成帝所说的话。)而越国东部有个輆沐国，该国之人的长子生下来，就剁了吃掉，称这样会有利于弟弟。(《墨子・节葬下》)为什么？妇女刚过门，担心肚子中有他姓之人的骨肉，所以生下孩子也会放弃长子而畜养幼子，并且帝位也是传给幼子。至今蒙古族仍然如此，称呼少子时则加上斡赤斤三个字。斡赤斤，译为"灶"，意思是说他世守父灶，就如同说不废宗庙祭祀。中国自虞、夏、商三代君主兴起后，宗法制规定为立嫡长子，唯独楚国处于南方，其风俗教化与冀州、兖州、徐州、豫州之地不同，那里杂居有百濮等少数民族，其风俗是立少子。所以《左传》记载："楚国立国君，常立少子。"(《左传》文公元年传文。日本学者户水宽人《春秋时代楚国相续法》认为：案楚熊渠死后，子熊挚红立。挚红死后，其弟代立，称熊延。又熊严有四个儿子，长子伯霜，次子仲雪，三子叔堪，最小的儿子季徇。熊严死后，长子伯霜继立为君。熊霜死后，三位弟弟互争君位。可见未曾立庶子，大概是楚国民间的法度实行立少子。)其既定之法就是如此。

宗法虽萌芽夏、商间，逮周始定(318)，以嫡长承祀。凡宗，别子为祖(319)，继别者为大宗(320)，继高曾祖祢者为小宗(321)。大宗百世不迁(322)，小宗四(323)，亲尽(324)，缌服竭而移矣(325)。婚姻则别以姓，宗法则别以氏。置司商以协名姓(326)，而小史掌奠系世(327)，辨昭穆(328)，瞽矇鼓琴瑟以讽诵之(329)，故能昭明百姓，无失旧贯。遭战国兵乱，官失其守，人知氏而忘系姓，赖有《世本》《公子谱》等[330]，识其始卒。然弗能人人籀读[331]，故自周季至今，宗法颠坠。豪宗有族长，皆推其长老有德者，不以宗子。婚姻亦以氏别，虽崔、郭、唐、杜，灼然知出于一姓[332]，犹相与为匹耦。礼极而迁，固所以为后王之道也。

【注释】

(318) 逮周始定，王国维《殷周制度论》："中国古代社会之变革，莫剧于殷周之际。""周人制度大异于商者，一曰立子立嫡之制，由是而生宗法及丧服之制，并由是而有封建子弟之制，君天子臣诸侯之制……。"

(319) 凡宗，以下数语出自《礼记·丧服小记》。别子，嫡长子以外的庶子。别子为祖，根据周代宗法制的规定，天子、诸侯王位均由嫡长子继承，长子以外的庶子分封出去建立新宗，而分封出去的别子为其新宗的始祖。以往经学家多认为宗法只推行于诸侯以下，如《礼记·丧服小记》郑玄注："诸侯之庶子，别为后世为始祖也。"但近代以来学者多认为宗法也推行于天子。

(320) 大宗，周代宗法制有大宗、小宗的区别，周天子的嫡长子世代继承王位，为天下的大宗；嫡长子以外的庶子分封出去，对嫡长子来说是小宗，对其所属的宗支又是大宗，如此区分，形成严格的宗族关系网。继别者为大宗，继承别子世袭诸侯的嫡长子，在其封国中同样是大宗。

(321) 高曾祖祢，指高祖、曾祖、祖父、父亲四代。根据宗法制，小宗只祭祀高曾祖祢四代祖先。

(322) 百世不迁，周朝每个家族都有自己的宗庙，凡大宗即嫡长子系统的祖先神主，世代都在原有宗庙中享受祭祀。迁，指神迁出神庙。

(323) 四，四庙。小宗只祭祀四代祖先，故立四庙。

(324) 亲，指血缘亲属关系。亲尽，按照周代宗法规定，血缘亲属关系五世后就完了，只保持同姓同族关系，称五世亲尽。

(325) 缌服，用细麻布制成的丧服。古代丧礼规定，丧服根据亲疏远近和上下等级，分为五种，缌服是最轻的一种。在本宗内为高祖父母、从堂兄弟、在室从堂姐妹等服之，丧服时间仅三个月。缌服竭，指五世以外的同姓族人死后，即不需为之服丧，俗称出五服。移，神主移出宗庙。周代宗法规定，小宗到了五世，其子孙所属支系，因五世亲尽的缘故，必须把高祖的神主从原宗庙中迁出，另立宗庙，同时成为一新宗。

(326) 司商，西周官名。《国语·周语》："司商协民姓。"韦昭注："司商，掌赐姓受族之官。"

(327) 小史，《周礼·春官》属官之一，掌邦国史记和贵族世系。奠，定。

系世，即世系。

(328) 昭穆，周代宗法分别亲疏长幼的制度，左为尊，称昭；右为卑，称穆。凡宗庙、墓葬、次序，始祖居中，以下按父昭子穆顺序排列，而举行祭祀时，子孙也按此种规定排列行礼。见《周礼·春官·小宗伯·冢人》、《礼记》的《王制》《祭统》等篇及注疏。

(329) 瞽矇，《周礼·春官》属官之一，为乐师，在王者丧葬或祭祖时，“讽诵《诗》，世奠系，鼓琴瑟”。

(330) 公子谱，《通志·艺文略》载吴杨蕴《春秋公子谱》一卷；杜预《小公子谱》六卷。

(331) 籀(zhòu宙)，读书。《说文解字叙》：“尉律学僮(童)十七已(以)上始试，讽籀书九千字乃得为史。”徐锴注，籀“讽诵书也”。

(332) 出于一姓，崔、郭二氏，相传都是先秦齐国贵族后裔，同为姜姓。唐、杜二氏，相传都是尧的后裔，同为祁姓。见《世本·氏姓》《通志·氏族略》等。

【译文】

宗法制虽萌芽于夏、商时期，到周代才得以确立，由嫡长子继承王位。凡宗族，庶子另立新宗，作为新宗的始祖，其嫡长子又是新宗的大宗，只能祭祀高祖、曾祖、祖、父庙四代祖先的是小宗。大宗的神主世世代代不改变，小宗只祭祀四代祖先，血缘亲属关系五代后就结束了，服丧三个月之后，就将高祖的神主移出宗庙。婚姻以姓作为区分，宗法以氏作为区分。设置负责赐姓受族的司商之官以协调名姓，而掌管邦国之志、贵族世系的小史之官来写定记载世系的谱牒，辨别亲疏长幼，瞽矇之官负责鼓琴、诵读，所以能够教导百姓，不失去旧制。遭遇战争兵乱，官吏失去职守，人们只知氏而忘记了姓，幸有《世本》《公子谱》等典籍，记载姓氏的来龙去脉。然而又做不到人人都会诵读，所以从周代末年至今，宗法制衰落。豪门大族设有族长，都是推举那些德高望重的年长者担任，而不再是宗族嫡长子继承了。婚姻也变为以氏来区别，即使是崔郭、唐杜联姻，很明显是出于一姓的，仍互相结为夫妻。礼制到了尽头就要改变，这本来就是后王的方法。

凡姓世世不易，然其缘因母族(333)，不废父系者，或一人二姓。故舜姓兼姚、妫(334)。越为禹后则姓姒，为楚族则姓芈(335)。锡土因生而各统其德者，父子则亦殊姓。咎繇偃姓，其子伯益而嬴(336)；唐尧祁姓，其子丹朱而狸矣(337)。及夫异系同姓，惟部落杂厕，更迭雄长，以为故然。则黄帝十四子，其一釐姓，釐亦作僖。其一依姓。《晋语》。禹生均国，其后为毛民，亦以依姓(338)。《山海经》。长狄氏亦以釐姓(339)。颛顼生驩头，驩头生苗民，犹釐姓也(340)。《山海经》。凡《山海经》姓氏世系之说，多有淆乱，姑依用之。

【注释】

(333) 缘因，因循，沿袭。

(334) 舜姓兼姚、妫，《初学记》卷九引《帝王世纪》谓：舜，姚姓，因生于姚墟而命姓；《史记·陈杞世家》谓舜姓妫氏，因娶尧二女后居于妫汭而命姓。《史记》张守节正义说妫是舜父之姓，舜则姓姚。

(335) 越为禹后则姓姒，《史记·越王勾践世家》："越王勾践其先禹之苗裔。"《史记·五帝本纪》："帝禹为夏后(君)而别氏，姓姒氏。"为楚族则芈姓，《汉书·地理志下》颜师古注引臣瓒说："按《世本》，越为芈姓，与楚同祖。"

(336) 咎繇，即皋繇，一作皋陶，相传为舜时的狱官。《史记·夏本纪》张守节正义引《帝王世纪》："皋陶生于曲阜。曲阜，偃地，故帝因之，而以赐姓曰偃。"伯益，一作伯翳，相传为皋陶之子。《潜夫论·志氏姓》：皋陶"其子伯翳，能议百姓以佐舜禹，抚驯鸟兽，舜赐姓嬴"。

(337) 唐尧祁姓，《帝王世纪》："帝尧陶唐氏，祁姓也。"丹朱，相传为尧的嗣子。狸，《世本》"狸氏，丹朱之后"。又，《国语·周语上》："周王命狸姓从祝史祭丹朱。"

(338) 亦以依姓，《山海经·大荒北经》："有大泽方千里，群鸟所解。有毛民之国(郭濮注："其人面体皆生毛也")，依姓，食黍，使四鸟。禹生均国，均国生役采，役采生修鞈。修鞈杀绰人。帝念之，潜为之国，是此毛民。"

(339) 长狄氏，亦作长翟氏。《路史》："帝鸿氏后有长狄氏。"《史记·孔子世家》："汪罔氏之君，守封禺之山为釐姓。在虞、夏、商为汪罔，于周为长翟，今谓之大人。”

(340) 驩头，一作驩兜，相传为黄帝苗裔，后被舜流放于崇山，“以变苗蛮”。《山海经・大荒北经》：“西北海外，黑水之北，有人有翼，名曰苗民。颛顼生驩头，驩头生苗民，苗民釐姓，食肉。”

【译文】

凡是姓世代都不改变，然其姓从母族而来，又不废父系的话，有时一人有两个姓。所以舜就兼姚、妫二姓。越国人作为大禹的后人就姓姒，而作为楚族则姓芈。因赐土封国而各统其德，父子之间的姓也不同。皋陶是偃姓，他的儿子伯益却是嬴姓；唐尧是祁姓，他的儿子丹朱却是狸姓。至于不同族系而同姓，是由于部落杂居，交相争雄称霸，也就自然形成这种情况了。黄帝的十四个儿子，其中一个是釐姓（釐，也写作僖），还有一个是依姓。（《国语・晋语》）禹生均国，其后裔为毛民国，也是依姓。（《山海经》）长狄氏也是釐姓。颛顼生驩头，驩头生苗民，仍是釐姓。（《山海经》。《山海经》姓氏世系之说，较为混乱，姑且作为依据来用。）

凡氏数传则易，有支庶别氏于大宗，孟孙之有子服(341)，季孙之有公鉏(342)，荀氏之有中行也(343)。有亡逃惧祸而更氏，夫概王奔楚为堂谿氏(344)，伍员属子于齐为王孙氏(345)，智果别族于大史为辅氏也(346)。有兼官、邑、字而为数氏，士又曰随、范(347)，荀又曰智(348)，郤又曰冀也(349)。夫氏于国、邑者，封君以为恒义，及汉未绝，故赵兼因国以氏周阳(350)，《汉书・酷吏周阳由传》。而折像者，其先折侯张江(351)。《后汉书・方术折像传》。然氏王父字者竟亡(352)。其以事志(353)，则久更踳驳丧实(354)。晋之羊舌大夫者(355)，或传说李果事(356)，夸矣。中行穆子，尝一相投壶，因以事氏(357)。《风俗通义》。案相投壶事在《左氏》昭十二年。而投氏亦言本之郇伯，以投策称(358)，此其割裂而成讹者。《广韵》十九侯：汉有光禄投调，本自郇伯，为周畿内侯，桓王伐郑，投先驱以策，其后氏焉。寻郇伯投策，史传无征。而中行本分于荀氏，则知投壶氏变为投氏，其人尚自知荀氏苗裔。然已忘得氏所由，遂造投策之说。凡姓氏书多展转传讹，而变复为单之氏，尤易傅会。所谓割裂成讹也。

【注释】

(341) 孟孙，春秋时鲁国公族。《元和姓纂》："孟孙，鲁桓公之子庆父之后。"子服，鲁公族孟献子之孙孟椒，又称子服惠伯，别立一宗，称子服氏。此谓由孟孙氏又分出子服氏。

(342) 季孙，春秋时鲁国公族，鲁桓公子季友之孙季孙行父的后裔。公鉏，季孙行父之孙，名公弥，字公鉏，别立一宗，称公鉏氏。

(343) 荀氏，春秋时晋国公族，相传为文王子郇伯的后裔。中行，即荀林父，春秋时晋国执政，晋文公立"三行(步兵)"抵御翟人，被任为中行之将，故又以中行为氏，称中行桓子。

(344) 夫概，春秋时吴王阖闾的弟弟，后亡奔楚国，被封为堂谿氏。见《史记·吴太伯世家》张守节正义引《括地志》。王，通"亡"。

(345) 伍员，即伍子胥，春秋末吴国大臣。他出使齐国时曾将其子托给鲍氏，后成为王孙氏。见《左传·哀公十一年》。

(346) 智果，一作知果，春秋时晋国大夫。他曾反对智宣子立瑶为后，未被采纳，于是他"别族于太史(韦昭注：太史，掌氏姓)，为辅氏"。见《国语·晋语》。

(347) 士，士氏。周宣王大夫杜伯为宣王所杀，其子隰叔奔晋，生子舆(士蔿)为晋士师，子孙以官为氏。随，随氏。士蔿孙士会食邑于随，即随武子，子孙以邑为氏。范，范氏。士会又食邑于范，居于此邑的子孙以范为氏。见《国语·晋语》及韦昭注。

(348) 荀又曰智，《世本·氏姓篇》："(中行寅)本姓荀……元与智伯同祖逝敖，故智氏亦称荀。"

(349) 郤，晋国公族郤文之子叔虎的食邑，子孙以邑为氏。其后郤芮为晋大夫，食邑于冀，子孙别为冀氏。见《潜夫论·志氏姓》《元和姓纂》。

(350) 以氏周阳，《汉书·酷吏传》："周阳由，其父赵兼以淮南王舅侯周阳(颜师古注：封为周阳侯)，故因氏焉(颜师古注：遂改赵姓而为周阳也)"。

(351) 其先折侯张江，《后汉书·方术列传》："折像字伯式，广汉洛人也。其先张江者，封折侯，曾孙国为郁林太守，徙于汉，因封氏焉。"

(352) 王父，祖父。亡，通"无"。此谓汉以后以祖父的字为氏的现象，已不再存在。

(353) 其以事志，指以事志氏。

(354) 踳驳(chuǎn 喘—)舛驳。杂乱不纯。踳，同“舛”。

(355) 羊舌，晋武公孙突，为晋大夫，食邑于羊舌，号羊舌大夫。见《左传·闵公二年》孔颖达疏引《世族谱》。

(356) 传说李果事，《通志·氏族略》：羊舌氏，“或曰：姓李名果，有人盗杀羊，遗其头，不敢不受，受而埋之。后盗事发，词连李氏，乃掘而示之，以明己不食，惟舌存，而得兑(脱)。此不根之论。”按此说也见《左传·闵公二年》孔颖达疏引《世族谱》。

(357) 中行穆子，春秋时晋国大夫。因以事氏，《广韵》十九侯引《风俗通义》：“晋中行穆子相投壶，因为氏焉。”

(358) 以投策称，《元和姓纂》：“投氏，本郇侯，周畿内诸侯。桓王伐郑，投先驱以策，其后氏焉。”《通志·氏族略》谓“无是理也”。按，投先驱以策，即投先驱之策，投策以请求先驱。投策，犹言抽签。先驱，前行开路。以，之。见裴学海《古书虚字集释》。

【译文】

凡氏数代之后就会改变。大宗会分出旁支别氏，孟孙氏分出了子服氏，季孙氏分出了公鉏氏，荀氏分出了中行氏。有的是因为逃亡避祸而改氏，夫概逃亡到楚国而为堂谿氏，伍子胥将儿子托付给齐国的鲍氏而为王孙氏，智果在太史那里别立新族而为辅氏。有的是兼官职、封邑、字号而有好几个氏，士氏因为封邑又有随氏、范氏，荀氏因为食邑于智又称为智氏，郤氏因为食采于冀又称为冀氏。以封国、封邑为氏，受封国君认为是理所当然的，这一制度到了汉代还没有断绝，所以赵兼因封于周阳而为周阳氏(《汉书·酷吏周阳由传》)，而折像，其先人是早已被封为折侯的张江。(《后汉书·方术折像传》)然而以祖父的字为氏的例子已不存在。以事迹而称氏的，时间久了更是庞杂且失实。晋国的羊舌大夫，或认为与李果的传说有关，未免荒诞。晋国大夫中行穆子，曾专心相礼投壶，因以为氏。(《风俗通义》。按相礼投壶的事记录在《左传》昭公十二年。)而投氏也说是源于郇伯，以投策称于世，此其割裂事实而成讹误者。(《广韵》十九侯:汉代有光禄投调,源于郇伯,为周畿内侯,周桓王讨伐郑国,郇伯投策请求前行开路,之后以此称为氏。考察郇伯投策,史册不见记载。而中行氏是从荀氏分化而来,可知投壶氏变成了投氏,其人尚自知是荀氏的后裔,然而已经忘记氏的来历,于是编造出投策这一说法。凡记载姓氏的书多曲折不实,而将两个或两个以上字的氏改为单字的氏,尤其易于附会。此所谓割裂事实而成讹误。)

姓氏之大别,炳炳如此。其失,男子犹或称姓。当周时,楚有彭仲爽(359),于郑,姚句耳也(360),而汉有东平嬴公(361)。姜姓著者尤众,宜慕本返始者所为。观晋士氏出于刘累(362),绝迹千年,不称其族,及士会蘖子在秦(363),则复故为刘氏(364)。氏有返始,其或返而称姓,宜矣。亦有姓氏同言,弗能审别。若僖姓、任姓出黄帝(365),祁姓出尧,曹姓出祝融(366)。其在周世,曹有僖负羁(367),晋有祁奚(368),《潜夫论·志氏姓》云,晋之公族郤氏班有祁氏(369),是也。其于黄帝于祁姓下亦引晋祁奚,则非也(370)。皆以其谥号封邑氏。风姓之任(371),周之曹叔末裔(372),并氏其国,与彼四姓者绝异(373)。故彭、姚、嬴、姜,或其氏族适与古姓同言,不诡自更也(374)。独汉子南君嘉(375)、褒鲁侯公子宽(376),用奉二王先圣祠祀,返姓曰姬,《汉书·恩泽侯表》。是乃为慕本耳。氏同者,公孙、桓、穆之伦,国有而非一姓(377)。及夫夏出陈之少西(378),齐出卫之齐恶(379),秦出鲁之堇父(380),非伯禹、尚父、非子之裔(381)。以故国为氏者,其不可同,亦犹负羁与僖姓之别也。夫王基产东莱,与太原王沈为婚(382)。孔思晦祖尼父,而与孔末之后别族(383)。见《元史·孔思晦传》。虽在叔季(384),犹如其文字适同,其系世则不一祖。古之人乎,宜睹于是,察矣。

【注释】

(359) 彭仲爽，楚令尹。《左传·哀公十七年》："彭仲爽，申俘也。文王以为令尹，实县申、息，朝陈、蔡，封畛于汝。"

(360) 姚句耳，郑大夫。《左传·成公十六年》："郑人闻有晋师，使告于楚，姚句耳与往。楚子救郑。"

(361) 东平嬴公，西汉人，董仲舒弟子。《汉书·儒林传》："董生为江都相，自有传。弟子遂之者，蓝陵褚大，东平嬴公，……唯嬴公守学，不失师法，为昭帝谏大夫。"

(362) 士氏出于刘累，《国语·晋语八》："(范)宣子曰：昔匄之祖，自虞以上为陶唐氏，在夏为御龙氏。"韦昭注："《传》曰：陶唐氏既衰，其后曰刘累，学扰龙于豢龙氏，以事孔甲，能饮食龙；夏后嘉之，赐氏曰御龙氏。"匄，士匄，即范宣子。

(363) 士会，春秋晋国大夫。晋灵公七年(前624年)由晋奔秦，晋人又诱其归晋。孽子，庶子。

(364) 复故为刘氏，《左传·文公十三年》，士会归晋，"其处者为刘氏"。孔颖达疏："会子在秦，不被赐侯，故自复累之姓为刘氏。"

(365) 僖姓、任姓出黄帝，《国语·晋语四》："凡黄帝之子，二十五宗，其得姓者十四人，为十二姓，姬、酉、祁、己、滕、葴、任、荀、僖、姞、儇、依是也。"

(366) 曹姓出祝融，《汉书·古今人表》："祝融子陆终，陆终妃女溃，生子六：一曰昆吾，二曰参胡，三曰彭祖，四曰会乙，五曰曹姓，六曰季连。"

(367) 僖负羁，春秋时曹国大夫。王应麟《姓氏急就篇》："曹僖公之孙负羁为大夫，以祖谥为氏。"

(368) 祁奚，春秋时晋国大夫。字黄羊。食邑在祁，任中军尉。

(369) 郤氏班有祁氏，《潜夫论·志氏姓》："晋之公族……郤氏之班，有州氏、祁氏。"班，分别。

(370) 则非也，《潜夫论·志氏姓》："黄帝之子二十五人，班为十二，姬、酉、祁、己、滕、葴、任、拘、釐、姞、嬛、衣是也。当春秋，晋有祁奚，举子荐仇，以忠直著。"这里认为，祁奚是以邑为氏，并非黄帝之子祁姓的后裔。

(371) 风姓，相传为伏羲氏之姓。风姓之任，指风姓的任国。《通志·氏族略》："又任为风姓之国，太昊之后也，主济祀，今济州任城即其地也。"

(372) 曹叔，即周武王弟曹叔振铎。西周初封于曹，为姬姓国，春秋时被宋国所灭，子孙以国为氏。

(373) 四姓，指上述出自黄帝的僖、任，出自尧的祁，以及出自祝融的曹四姓。

（374）不诡自更，不是为了欺诈而改变姓氏。

（375）南君嘉，《汉书·外戚恩泽侯表》："周子南君姬嘉。以周后，诏所褒侯，三千户。（汉武帝）元鼎四年十一月丁卯封。"

（376）褒鲁侯公子宽，《汉书·外戚恩泽侯表》："褒鲁节侯公子宽，以周公世、鲁顷公玄孙之玄孙奉周祀侯，二千户。（汉平帝元始元年）六月丙午封。薨。十一月，侯相如嗣，更姓公孙氏，后更为姬氏。"

（377）国有而非一姓，指公孙氏、桓氏、穆氏等，各诸侯国都有，但并非出于一姓。

（378）少西，《通志·氏族略》："陈宣公之子少西，字子夏，其孙夏舒以王父为氏，是为陈夏氏也。"夏出陈之少西，谓夏姓出自陈国的少西。

（379）齐恶，春秋末卫国大夫。《通志·氏族略》："卫大夫齐子，以字为氏。"

（380）堇父，春秋时鲁国公族孟献子的家臣秦堇父，见《左传·襄公十一年》。

（381）伯禹，即夏禹。尚父，即吕望，齐国第一代诸侯。非子，秦人先祖。西周孝王时受封于秦，号称秦嬴，是秦国第一代诸侯。这里意为，上面所说的夏、齐、秦与夏禹、齐尚父、秦非子没有关系。

（382）与太原王沈为婚两句语，《晋书·刘聪载记》："魏司空东莱王基当世大儒，……为子纳司空太原王沈女，以其姓同而源异故也。"

（383）孔思晦，孔子五十四世孙，元仁宗时袭封衍圣公。《元史·孔思晦传》："五季时，孔末之后方盛，欲以伪灭真，害宣圣子孙几尽。至是，其裔复欲冒称宣圣后。思晦……遂会族人，稽典故斥之，既又重刻宗谱于石，而孔氏族裔益明矣。"

（384）叔季，衰亡之世。《左传·僖公二十四年》孔颖达疏："国衰为叔世，将亡为季世。"

【译文】

姓氏的大致区别，明白记述在此。其偏失在于，男子仍有称姓的。在东周时，楚国有彭仲爽，郑国有姚句耳，而汉代有东平人嬴公。姜姓闻名者更多，应是追慕本源、返回初始者所为。考察晋国士氏出于刘累，绝迹了一千年，没人称说其族，等到士会庶子在秦国时，又恢复故姓为刘氏。氏有返回初始，有的返回而称姓，也就不难理解了。也有同时称呼姓氏的，无法辨别。如僖姓和任姓出于黄帝，祁姓出于尧，曹姓出于祝融。到了周代，曹有僖负羁，晋有祁奚，（《潜夫论·志氏姓》说，晋国的公族郤氏又分出祁氏，的确如此。至于黄帝在祁姓下也引晋祁奚，就不对了。）都是以其谥号封邑为氏。风姓之任，周代曹叔的后代子孙，并氏其国，与那四姓完全不同。所以彭、姚、嬴、姜，或其氏族恰与古姓同名称，不是为了欺诈而改变姓氏。唯独汉子南君嘉、褒鲁侯公子宽，因侍奉二王先圣祭祀，返姓为姬，（《汉书·恩泽侯表》。）这是属于追慕本源的情况。氏相同的，公孙、桓、穆之类，各诸侯国都有但并不是出于一姓。至于夏氏出于陈国的少西，齐氏出于卫国的齐恶，秦氏出于鲁国的秦堇父，并不是伯禹、姜尚、非子的后裔。以故国为氏的，不可相同，也就像负羁与僖姓的差别。王基出自东莱，与太原王沈联姻。孔思晦是孔子的后人，而与孔末的后人区别氏族。（见《元史·孔思晦传》。）虽然在衰亡之世，尚且知道其姓氏的文字虽同，但其世系并不是同一祖先。古时候的人啊，十分注重考察世系，是很明智的。

章炳麟曰：余以姓氏分际，贞之《世本》，旁摭六艺故言，而志姓谱。盖《尧典》言“百姓”(385)，今可著录者五十有二：

【注释】

(385)《尧典》言“百姓”，《尚书·尧典》：“九族既睦，平章百姓。百姓昭明，协和万邦。”百姓，百官。古代惟贵族有姓，故以百姓指百官。此指姓氏。

【译文】

章炳麟认为：我用姓氏的区别，考证于《世本》，旁采六艺故言，而作姓谱。大体来说，《尧典》所言“百官族姓”，如今可著录的有五十二个：

大皞风姓。炎帝姜姓。黄帝姬姓，其子青阳、苍林因之[(386)]；其一亦称青阳，是为少皞，与夷鼓同为己姓[(387)]。余子为酉姓，祁姓，滕姓，《晋语》作滕，《潜夫论》作胜。葴姓，任姓，苟姓，《晋语》误为荀，从《广韵》正；《潜夫论》作拘。僖姓，《潜夫论》作釐。姞姓，儇姓，依姓。而尧亦为祁姓。高辛之子弃[(388)]，亦为姬姓。高辛为房姓，《古史考》，见《御览》七十八引[(389)]。子契为子姓[(390)]。尧子丹朱为狸姓。虞舜为姚姓，亦曰妫姓。夏后禹为姒姓。《诗》亦为弋[(391)]。颛顼孙吴回[(392)]，为火正[(393)]，亦曰回禄[(394)]，有子陆终[(395)]，生长子樊，为己姓[(396)]，其后董父，别为董姓[(397)]；三子篯，为彭姓[(398)]，后复别为秃姓[(399)]；四子求言，为妘姓[(400)]；五子安，为曹姓[(401)]，后复别为斟姓[(402)]；六子季连，为芈姓[(403)]。咎繇，颛顼裔子也，为偃姓，子化益为嬴姓[(404)]。此三十姓，皆有谱谍系世，出于帝王。

【注释】

(386) 青阳、苍林因之，《国语・晋语四》："凡黄帝之子，二十五宗，其得姓者十四人为十二姓。……唯青阳与苍林氏同于黄帝，故皆为姬姓。"

(387) 与夷鼓同为己姓，《国语・晋语四》："黄帝之子二十五人，其同姓者二人而已，唯青阳与夷鼓皆为己姓。"徐元诰集解以为当据《路史・疏仡纪》，夷鼓作夷彭，己姓作纪姓。

(388) 高辛，帝喾高辛氏。弃，周人祖先后稷。据《史记・周本纪》，弃为帝喾元妃姜嫄所生，好农耕，尧时举为农师，舜时封于邰，号为后稷，别姓姬氏。

(389) 七十八，当为"八十"之误。《太平御览》卷八十引三国时蜀国谯周撰《古史考》："高辛氏或曰房姓，以木德王。"但《初学记》卷九、《史记・五帝本纪》张守节正义等，并据《帝王世纪》谓帝喾为姬姓。

(390) 契，殷人的先祖。据《史记・殷本纪》谓契为帝喾次妃简狄所生。在舜时助禹治水有功，"封于商，赐姓子氏"。

(391)《诗》亦为弋，《诗经・鄘风・桑中》："云谁之思，美孟弋矣。"毛传："弋，姓也。"清胡承珙《毛诗后笺》卷四："姒，本作以，《白虎通义》夏祖昌意以薏苡生，赐姓姒氏。《说文》无姒字，盖即作以。弋与以，一声之转"。

(392) 吴回，《大戴礼记・帝系》：颛顼之子老童"娶于竭水氏，竭水氏之子谓之高緺氏，产重黎及吴回”。依此说法，吴回为颛顼重孙。但《史记·楚世家》裴骃集解徐广说：“《州本》云：老童生重黎及吴回。”则吴回为颛顼之孙。

(393) 火正，《汉书·五行志》：“古之火正，谓火官也，掌祭火星，行火政。”《史记·楚世家》：“重黎为帝喾高辛居火正，甚有功，能光融天下，帝喾命曰祝融。共工氏作乱，帝喾使重黎诛之，而不尽，帝乃以庚寅日诛重黎，以其弟吴回为重黎后，复居火正，为祝融。”

(394) 回禄，《国语·周语上》：“昔夏之兴也，融降于崇山；其亡也，回禄信于聆遂。”韦昭注：“融，祝融也”；“回禄，火神。”又据《史记·楚世家》，吴回曾为火正，故有人认为此回禄即是吴回。

(395) 陆终，吴回子，见《大戴礼记·帝系》《史记·楚世家》。

(396) 已姓。《史记·楚世家》：“陆终生子六人，……其长一曰昆吾。”裴骃集解：“虞翻曰：‘昆吾名樊，为己姓，封昆吾。’”

(397) 别为董姓，《国语·郑语》：“己姓，昆吾、苏顾、温、董。董姓，鬷夷、豢龙，则夏灭之矣。”韦昭注：“董姓，己姓之别受氏为国者也，有飂叔安之裔子曰董父，以扰龙服事帝舜，赐姓董，氏曰豢龙，封之鬷川。”

(398) 三子篯，为彭姓，《国语·郑语》：“彭姓，彭祖、豕韦、诸稽，则商灭之矣。”韦昭注：“彭祖，大彭也。豕韦、诸稽，其后别封也。”“大彭，陆终第三子，曰篯，为彭姓，封于大彭，谓之彭祖，彭城是也。”《史记·楚世家》司马贞索隐引《世本》，篯作铿。

(399) 后复别为秃姓，《国语·郑语》：“秃姓舟人，则周灭之矣。”韦昭注：“秃姓，彭祖之别。舟人，国名。”

(400) 四子求言，为妘姓，《史记·楚世家》司马贞索隐：“《系本》(即《世本》)云：‘四曰求言，是为郐人；郐人者，郑是。’宋忠曰：‘求言，名也，妘姓所出，郐国也。’”

(401) 五子安，为曹姓，《史记·楚世家》：陆终子“五曰曹姓”。司马贞索隐：“《系本》云‘五曰安，是为曹姓，邾是’；宋忠曰：‘安，名也，曹姓者，诸曹所出。’”

(402) 后别为斟姓，《国语·郑语》：“斟姓无后。”韦昭注：“斟姓，曹姓之别也。”

(403) 六子季连，为芈姓，《史记·楚世家》：陆终子“六曰季连，芈姓，楚其后也”。

(404) 化益，即伯益。参见本篇注(336)。陆德明《周易释文》引《世本》：“化益作井。”又引宋忠注：“化益，伯益也。”

【译文】

太皞是风姓。炎帝是姜姓。黄帝是姬姓,其子青阳、苍林承袭姬姓;另一个也称青阳,是为少皞,与夷鼓同为己姓。黄帝的其他儿子的姓为酉姓,祁姓,滕姓,(《国语·晋语》作縢,《潜夫论》作勝)、葴姓,任姓,苟姓(《国语·晋语》误为荀,依据《广韵》更正为苟;《潜夫论》作拘),僖姓,(《潜夫论》作釐。)姞姓,儇姓,依姓。而尧也是祁姓。高辛之子弃,也是姬姓。高辛是房姓(《古史考》,见《太平御览》卷七十八引),子契为子姓。尧的儿子丹朱是狸姓。虞舜是姚姓,也称妫姓。夏后禹是姒姓。(《诗》也称弋。)颛顼之孙吴回,是掌管火的官,也叫做回禄,有子陆终,生长子樊,是己姓,其后人董父,别立为董姓;三子籛,是彭姓,其后人又另立为秃姓;四子求言,是妘姓;五子安,是曹姓,其后人另立为斟姓;六子季连,是芈姓。皋陶,颛顼的后代子孙,为偃姓,其子化益是嬴姓。这三十姓,都有谱牒世系,出于帝王。

夏时有仍曰缗姓(405)。《左》哀元年传:“后缗方娠。”女子举姓,故贾侍中曰(406):“缗,有仍之姓也。”周以前霍国曰真姓。《史记·三代世表》索隐引《世本》。殷遗民在晋者曰怀姓。《左》定四年传。樊氏、尹氏曰庆姓。《潜夫论·志氏姓》。春秋时四国:胡曰归姓(407),邓曰曼姓(408),狄曰隗姓(409),阴戎曰允姓(410)。此八姓者,不知所自出。

【注释】

(405) 有仍,古部族名。《左传·哀公元年》:“昔有过浇杀斟灌以伐斟鄩,灭夏后相。后缗方娠,逃出自窦,归于有仍。”杜预注:“后缗,有仍氏女。”

(406) 贾侍中,即贾逵。见《清儒》注第十二注(42)。

(407) 胡曰归姓,《史记·陈杞世家》司马贞索隐《世本》云:“胡,归姓。”《潜夫论·志氏姓》:“归姓:胡、有、何。”

(408) 邓曰曼姓,《左传·桓公七年》孔颖达疏引《世本》:“邓为曼姓。”

《潜夫论·志氏姓》:“曼姓,封于邓,后因氏焉。”

(409) 狄曰隗姓,《国语·周语》:“翟,隗姓也。”韦昭注:“翟,隗姓之国也。”狄,又作翟。

(410) 阴戎曰允姓,《左传·昭公九年》杜预注:“允姓,阴戎之祖,与三苗俱放三危者。”

【译文】

夏代有仍称为缗姓。(《左传》哀公元年记载:“后缗刚怀孕。”女子以姓来称,故而贾逵注曰:“缗,有仍之姓。”)周以前霍国为真姓。(《史记·三代世表》索隐引《世本》)殷遗民在晋国的为怀姓。(《左传》定公四年记载。)樊氏、尹氏为庆姓。(《潜夫论·志氏姓》)春秋时四国:胡为归姓,邓为曼姓,狄为隗姓,阴戎为允姓。这八姓,不知从何而来。

而《山海经》复有句姓(411),似即苟姓,疑不能明也。於姓,阿姓,盼姓,桑姓,幾姓,鼬姓(412),威姓,销姓(413),烈姓(414),气姓(415),或系神圣而分在夷狄之域。《说文》有孜姓,嬿姓,娸姓(416),《说文》又云:“㚟,殷诸侯为乱,疑姓也(417)。”《春秋传》曰:“商有㚟、邳(418)。”洪亮吉曰(419):“㚟、侁、㜪、莘,并同音,盖即有莘国也。”则《说文》言疑姓者,不为定据。又曰:“俾,人姓。”段氏据《广韵》,知出何承天《纂文》(420)。又曰:“䍃,姓也。”亦属妄增。是等皆后世混氏为姓者,故皆不录。皆史官所不载者。

【注释】

(411) 句姓,见《山海经·大荒东经》。

(412) 於姓……鼬姓,均见《山海经·大荒南经》。

(413) 销姓,见《山海经·大荒东经》。

(414) 威姓,烈姓,见《山海经·大荒北经》。

(415) 气姓,见《山海经·海内经》。

(416) 孜姓,嬿姓,娸姓,《说文》:“孜,人姓也。”“嬿,人姓也。”“娸,人姓也”。

(417) 㚟,据《左传·昭公元年》杜预注,㚟为商诸侯。《说文》认为㚟亦即姓,故称"疑姓也。"章氏不同意这种说法。

(418) 商有㚟、邳,《左传·昭公元年》:"虞有三苗,夏有观扈,商有㚟、邳,周有徐、奄。"杜预注谓"㚟、邳二国,商诸侯"。

(419) 洪亮吉,清代经学家,著作有《春秋左传诂》《公羊谷梁古义》《意言》等。引文见洪著《春秋左传诂》昭公元年。

(420) 何承天,南朝宋学者。东海郯(今山东郯城西南)人。曾为宋衡阳内史,故称"何衡阳"。所著《纂文》已佚,清代任大椿、马国翰、黄奭等有辑本。

【译文】

《山海经》还有句姓(似即苟姓,尚不能确定),於姓,阿姓,肦姓,桑姓,幾姓,鼬姓,威姓,销姓,烈姓,气姓,或许是与出自神圣而分布在夷狄。《说文》有攺姓,嬿姓,娸姓,(《说文》又说:"㚟,殷诸侯作乱,疑为姓。"《春秋传》称:"商有㚟、邳。"洪亮吉认为:"㚟、侁、㜪、莘,并同音,大概是有莘国。"那么《说文》称疑为姓,没有确切依据。又说:"侔,人姓。"段玉裁据《广韵》,知出自何承天的《纂文》。又说:"垔,是姓。"应是随意增加上的。这类姓都是后世混氏为姓而成的,所以都不著录。)都是史官所不记载的。

《山海经》虽夸,其道神巫,有巫咸,巫即,巫肦,巫彭,巫姑,巫真,《水经·涑水注》作贞。巫礼,亦作履。巫抵,巫谢,巫罗,《大荒西经》。巫阳,巫相,巫凡。《海内西经》。咸、彭、肦、真(421),咸即葴。姓也。其他九巫,宜皆以姓著者。疑事之不可质,尚已(422)。

【注释】

(421) 咸,即葴,黄帝子十四姓之一;彭,陆终子六姓之一,见本篇注(398);肦,见前注(412);真,《吕氏春秋》有真窥,为禹之佐。

(422) 尚已,犹言久远。《史记·五帝本纪》:"学者多称五帝,尚矣。"司马贞索隐:"尚,上也。言久远也。"

【译文】

《山海经》虽荒诞,其说到神巫,有巫咸,巫即,巫肦,巫彭,巫姑，巫真（《水经·涞水注》作贞），巫礼（也作履），巫抵，巫谢，巫罗（《山海经·大荒西经》），巫阳，巫相，巫凡（《山海经·海内西经》）。咸、彭、朌、真（咸即葴），都是姓。其他九个巫，也应当是以姓来著录的。没有确凿依据的事不可验证，因为时间隔得太久远了。

其国(423)：风姓，任、宿、须句、颛臾(424)、巴、流黄辛氏(425)、流黄酆氏(426)。见《海内经》《海内西经》。巴、酆与姬姓之巴、酆异国(427)。周之辛甲，盖出太皞(428)。酆舒则不知何别也(429)。凡《山海经》不尽可信，节取其雅驯者如此。

【注释】

(423) 其国，指同姓诸侯国。

(424) 任、宿、须句、颛臾，《左传·僖公二十一年》："任、宿、须句、颛臾，风姓也。"

(425) 巴、流黄辛氏，《山海经·海内经》："西南有巴国。太皞生咸鸟，咸鸟生乘釐，乘釐生后照，后照是始为巴人，有国名曰流黄辛氏。"

(426) 流黄酆氏，《山海经·海内西经》："流黄酆氏之国，中方三百里，有涂四方，中有山。"

(427) 巴、酆与姬姓之巴、酆异国，指风姓的巴、酆与姬姓的巴、酆不是同一个国家。姬姓之巴，见《左传·桓公九年》孔颖达正义。姬姓之酆，见《左传·襄公四年》，为周公所封文王子十六国之一。

(428) 辛甲，周初太史。见《左传·襄公四年》。《广韵》："辛氏，夏启封支子于莘，莘、辛音相近，遂为辛氏，周有辛甲、辛有。"据此说法辛甲当为夏禹之后，而非"盖出太皞"。

(429) 酆舒，《左传·宣公十五年》："潞子婴儿之夫人，晋景公之姊也，酆舒为政而杀之。"杜预注："酆舒，潞相。"不知何别也，谓不知酆舒为姬姓之酆还是流黄酆氏。

【译文】

同姓的诸侯国有：

风姓的，任、宿、须句、颛臾、巴、流黄辛氏、流黄酆氏。（见于《山海经·海内经》《海内西经》。巴、酆与姬姓的巴、酆属不同的诸侯国。周之辛甲，大概出于太皞。鄫舒则不知是姬姓之鄫还是流黄鄫氏。凡《山海经》所记不完全是可信的，节录其中典雅纯正的就是如此。）

姜姓，有逄(430)、齐(431)、纪(432)、焦(433)、申、吕、许(434)、向、州(435)、莱(436)、姜戎(437)。

【注释】

(430) 逄（páng 旁），《国语・周语下》韦昭注："太姜之祖有逄伯陵也。逄伯陵之后，太姜之侄，殷之诸侯，封于齐地。"太姜，周文王祖母，姜姓。

(431) 齐，周初太公望吕尚的封国，太公祖本姜姓，见《史记・齐太公世家》。

(432) 纪，《元和姓纂》："纪氏，姜姓，炎帝之后，封纪，为齐所灭，以国为氏。"

(433) 焦，《广韵》："周武王封神农之后于焦，后以国为氏。"

(434) 申、吕、许，《国语・周语下》："（尧）祚四岳国，命以侯伯，赐姓曰姜。……申、吕虽衰，齐、许犹在。"

(435) 向、州，《水经・阴沟水注》引《世本》："许、州、向、申，姜姓也，炎帝后。"

(436) 莱，《左传・襄公二年》：齐侯"召莱子，莱子不会"。清顾栋高《春秋大事表》卷十一："莱，亦齐同姓国也。"

(437) 姜戎，春秋时西戎之别种，为四岳之后，姜姓。《左传・僖公三十三年》："晋人及姜戎败秦师于殽。"

【译文】

姜姓的，有逄、齐、纪、焦、申、吕、许、向、州、莱、姜戎。

姬姓，黄帝子，绝。

己姓，沈、姒、蓐、黄(438)、郯(439)。

【注释】

(438) 沈、姒、蓐、黄，《左传・昭公元年》："昔金天氏（杜预注："金天氏，帝少皞。"）有裔子曰昧，为玄冥师，生允格、台骀。台骀能业其官，……帝用嘉之，封诸汾川。沈、姒、蓐、黄，实守其祀。”少皞为己姓，故以上四国也为己姓。

（439）郯，《左传·昭公十七年》：“郯子来朝，公与之宴。昭子问焉，曰：少皞氏鸟名官，何故也？郯子曰：吾祖也，我知之。”

【译文】

姬姓，黄帝之子，断绝了。

己姓的，沈、姒、蓐、黄、郯。

酉姓，白狄(440)。《潜夫论·志氏姓》作婟。婟即酉。

【注释】

（440）白狄，春秋时狄人的一种，《元和姓纂》：“翟氏，黄帝之后，代居狄地，为晋所灭，氏焉。”白狄为婟姓，见《潜夫论·志姓氏》。

【译文】

酉姓，白狄。（《潜夫论·志氏姓》作婟。婟即酉。）

祁姓，黄帝子，绝。

滕姓，绝。

葴姓，滑、齐(441)。《潜夫论·志氏姓》。非周时滑、齐。

【注释】

（441）滑、齐，《潜夫论·志氏姓》：“葴姓，滑、齐。”周时有滑国（姬姓）、齐国（姜姓），与此不同。

【译文】

祁姓，黄帝之子，断绝了。

滕姓，断绝了。

葴姓的，滑、齐。（《潜夫论·志氏姓》。并不是周代时的滑、齐。）

任姓，谢、章、薛、舒、吕、与群舒(442)、姜姓之吕异国。祝、终、泉、毕、过(443)、挚、畴(444)。

【注释】

(442) 群舒,《左传·文公十二年》:“群舒叛楚。”杜预注:“群舒,偃姓。”偃姓有舒、舒蓼、舒庸、舒鸠等国,通称为群舒之国。

(443) 谢……过,《左传·隐公十一年》:“寡人若朝于薛,不敢与诸任齿。”孔颖达疏:“《世本·氏姓篇》云:‘任姓,谢、章、薛、舒、吕、祝、终、泉、毕、过。’言此十四皆任姓也。”

(444) 挚、畴,《国语·周语中》:“昔挚、畴之国也,由大任。”韦昭注:“挚、畴二国皆任姓。”

【译文】

任姓的,谢、章、薛、舒、吕(与群舒、姜姓的吕氏属不同诸侯国)、祝、终、泉、毕、过、挚、畴。

苟姓,栖、疏(445)。据《潜夫论》有之。然其为国为氏未谛,姑据为国。

【注释】

(445) 栖、疏,《潜夫论·志氏姓》:“掎姓,栖、疏。”清江继培笺:“上云黄帝之子有葴氏、拘氏,此在葴姓下,疑掎即拘之误。”

【译文】

苟姓的,栖、疏。(据《潜夫论》记载是有的,然其是国还是为氏并不确定,姑且当作国。)

僖姓,长狄(446)。作漆者,由“来”误“桼”也(447)。

【注释】

(446) 长狄,《史记·孔子世家》:“仲尼曰:汪罔氏之君,守封、禺之山,为釐姓;在虞、夏、商为汪罔,于周为长翟,今谓之大人。”釐,同“僖”。

(447) 由“来”误“桼”也,《国语·鲁语下》引孔丘语,将“釐姓”作“漆姓”。韦昭注:“漆姓,汪芒氏之姓也。”清黄丕烈《国语札记》卷五:“考漆当为淶之讹,隶体绝类,其相乱者,襄二十一年《内传》释文可正。淶、釐声相近,于古为同字也。”据此章氏认为是将从水来声的“淶”,误读为从水桼声的“漆”。

【译文】

僖姓，长狄。（写成漆的，是由“来”误写为“桼”了。）

姞姓，南燕[448]、密须[449]、偪[450]。

【注释】

(448) 南燕，《左传·隐公五年》：“卫人以燕师伐郑。”杜预注：“南燕国。”孔颖达疏：“《世本》：燕国，姞姓。《地理志》：东郡燕县，南燕国，姞姓，黄帝之后也。”

(449) 密须，《左传·昭公十五年》：“密须之鼓。”杜预注：“密须，姞姓国也。”

(450) 偪，《左传·文公六年》：“杜祁以君故，让偪姞而上之。”杜预注：“杜祁，杜伯之后，祁姓也。偪姞，姞姓之女，生襄公为世子，故杜祁让使在己上。”

【译文】

姞姓的，有南燕、密须、偪。

儇姓，依姓，绝。

尧之祁姓，唐、杜[451]、铸[452]。

【注释】

(451) 唐、杜，《国语·晋语八》：“（范）宣子曰：昔匄之祖，自虞以上为陶唐氏，在夏为御龙氏，在商为豕韦氏，在周为唐、杜氏。”韦昭注：“周，武王之世。唐、杜，二国名。豕韦之末，改国于唐。周成王灭唐，则封弟唐叔虞，迁唐于杜，谓之杜伯。”陶唐氏，尧的号。

(452) 铸，《礼记·乐记》：“封帝尧之后于祝。”郑玄注：“祝，或为铸。”

【译文】

儇姓，依姓，断绝了。

尧的祁姓，唐、杜、铸。

弃之姬姓，周也。分为管、蔡、郕、霍、鲁、卫、毛、聃、郜、雍、曹、滕、毕、原、酆、郇、邘、晋、应、韩、凡、蒋、邢、茅、胙、祭(453)、吴(454)、虞(455)、虢、东虢(456)、郑(457)、丹、《郑语》桓公取十邑中有丹国(458)。《吕览·直谏》:荆文王得丹之姬(459)。故《潜夫论·五德志》姬姓有丹(460)。燕(461)、隗、杨、芮(462)、彤(463)、贾(464)、耿、魏(465)、滑(466)、密(467)、沈(468)、唐(469)、随(470)、息(471)、巴、方、养(472)、《潜夫论·五德志》有。刘(473)、单(474)、召、荣、甘(475)、鲜虞(476)、骊戎(477)、大戎(478)。

【注释】

(453) 管、蔡……胙、蔡,《左传·僖公二十四年》:"昔周公吊二叔之不咸,故封建亲戚,以蕃屏周:管、蔡、郕、霍、鲁、卫、毛、聃、郜、雍、曹、滕、毕、原、酆、郇,文之昭也(杜预注:十六国皆文王子也);邘、晋、应、韩,武之穆也(杜预注:四国皆武王子);凡、蒋、邢、茅、胙、祭,周公之胤也。"

(454) 吴,周太王之子太伯、仲雍之后,姬姓。见《史记·吴太伯世家》。

(455) 虞,《汉书·地理志上》河东郡大阳:"周武王封太伯后于此,是为虞公,为晋所灭。"

(456) 虢、东虢,《左传·僖公五年》:"虢仲,虢叔,王季之穆也。"孔颖达疏引贾逵说:"虢仲封东虢,制是也;虢叔封西虢,虢公是也。"

(457) 郑,《国语·郑语》:"桓公为司徒。"韦昭注:"桓公,郑始封之君,周厉王之少子,宣王之弟桓公友也。宣王封之于郑。"

(458) 桓公取十邑,《国语·郑语》韦昭注:"十邑,谓虢、郐、鄢、蔽、补、丹、依、畴、历、华也。"

(459) 荆文王,即楚文王熊赀。《吕氏春秋·直谏》:"荆文王得茹黄之狗,宛路之矰,以畋于云梦,三月不返;得丹之姬,淫期年不听朝。"

(460) 姬姓有丹,《潜夫论·五德志》所列姬姓五十五国有丹氏。

(461) 燕,召公奭封国,与周同姓。参见《史记·三代世表》。

(462) 隗、杨、芮,《国语·郑语》:"西有虞、虢、晋、隗、霍、杨、魏、芮。"韦昭注:"八国,姬姓也。"

(463) 彤,《通志·氏族略》:"彤氏,出于彤伯,周同姓之国,为成王宗伯。"

(464) 贾,《左传·桓公九年》孔颖达疏:"《世本》:荀、贾,皆姬姓。"

(465) 耿、魏,《左传·闵公元年》:"晋侯作二军,以灭耿,灭霍,灭魏。"杜预注:"三国皆姬姓。"

(466) 滑,《国语·周语中》韦昭注:"滑,姬姓小国也。"

(467) 密,《国语·周语上》韦昭注:“密国之君,姬姓也。”

(468) 沈,《史记·陈杞世家》司马贞索隐引《世本》:“沈,姬姓。”此沈国在汝南,与在汾川的任姓沈国不同。

(469) 唐,《史记·楚世家》张守节正义引《世本》:“唐,姬姓之国。”

(470) 随,《左传·桓公六年》孔颖达疏引《世本》:“随国,姬姓。”

(471) 息,《左传·隐公十一年》孔颖达疏引《世本》:“息国,姬姓。”

(472) 巴、方、养,均为《潜夫论·五德志》所列姬姓五十五国之一。

(473) 刘,《左传·宣公十年》:“刘康公来报聘。”杜预注:“即王季子也,后食采于刘。”

(474) 单,《路史·国名纪》:“单,(周)成王子单子国。”

(475) 召、荣、甘,均为《潜夫论·五德志》所列姬姓五十五国之一。

(476) 鲜虞,《国语·郑语》:“北有卫、燕、翟、鲜虞。”韦昭注:“鲜虞,姬姓在狄者也。”

(477) 骊戎,《左传·庄公二十八年》:“晋伐骊戎。”杜预注:“骊戎在京兆新风县,其君姬姓,其爵男也。”

(478) 大戎,《左传·庄公二十八年》:“大戎狐姬生重耳。”杜预注:“大戎,唐叔子孙别在戎狄者。”唐叔即周成王弟虞,故大戎当为姬姓。

【译文】

弃之姬姓,有周。分为管、蔡、郕、霍、鲁、卫、毛、聃、郜、雍、曹、滕、毕、原、酆、郇、邗、晋、应、韩、凡、蒋、邢、茅、胙、祭、吴、虞、虢、东虢、郑、丹、(《国语·郑语》桓公取十邑其中有丹国。《吕氏春秋·直谏》记载:荆文王得丹之姬。故《潜夫论·五德志》姬姓有丹。)燕、隗、杨、芮、彤、贾、耿、魏、滑、密、沈、唐、随、息、巴、方、养、(《潜夫论·五德志》中有。)刘、单、召、荣、甘、鲜虞、骊戎、大戎。

房姓,绝。

子姓,殷也。分为来、宋、空桐、稚、髦、一曰北殷。时、萧、黎(479)、小戎(480)。

【注释】

(479) 来、宋……萧、黎,《史记·殷本纪》:"契为子姓,其后分封,以国为姓,有殷氏、来氏、宋氏、空桐氏、稚氏、北殷氏、目夷氏。"司马贞索隐:"按《世本》子姓无稚氏。""北殷氏,《世本》作髦氏。又有时氏、萧氏、黎氏。"

(480) 小戎,《左传·庄公二十八年》:"小戎子生夷吾。"杜预注:"小戎,允姓之戎。"但也有人认为此小戎非允姓,而为子姓,说见刘文淇《春秋左传旧注疏证》。

【译文】

房姓,断绝了。

子姓,有殷。分为来、宋、空桐、稚、髦(一称为北殷)、时、萧、黎、小戎。

狸姓,房(481)、傅氏(482),不知其国也。

【注释】

(481) 房,《国语·周语上》:"昔昭王娶于房,曰房后。实有爽德,协于丹朱,丹朱凭身以仪之,生穆王焉。"韦昭注:"房,国名。"丹朱之后为狸姓,章氏据此推断房为狸姓。

(482) 傅氏,《国语·周语上》:"王使太宰忌父帅傅氏及祝史,奉牺牲玉鬯往献焉。"韦昭注:"傅氏,狸姓也,在周为傅氏。"

【译文】

狸姓的,有房、傅氏,不知其国。

姚姓、妫姓,虞(483)、遂(484)、陈(485)、庐(486)。

【注释】

(483) 虞,《左传·哀公元年》:"逃奔有虞。"杜预注:"虞,舜后,诸侯也。"舜为姚姓,故虞也为姚姓。

(484) 遂,《左传·昭公八年》:"舜重之以明德,置德于遂。"杜预注:"遂,舜后。盖殷之兴,存舜之后,而封遂。"

(485) 陈,《左传·襄公二十五年》:"昔虞阏父为周陶正,以服事我先王。

我先王赖其利器用也，与其神明之后也，庸以元女大姬配胡公，而封诸陈。”《广韵》上平声十七真：“陈，周武王封舜后胡公满于陈，楚灭陈为县。”

(486) 庐，也作卢。《国语·周语中》：“卢由荆妫。”韦昭注：“卢，妫姓之国。荆妫，卢女，为荆夫人。”

【译文】

姚姓、妫姓的，有虞、遂、陈、庐。

姒姓，夏也。分为有扈、有南、斟灌、斟寻、彤城、费、杞、鄫、褒、莘、冥(487)、越(488)、匈奴(489)。

【注释】

(487) 有扈……冥，《史记·夏本纪》：“禹为姒姓，其后分封，用国为姓，故有夏后氏，有扈氏，有男氏，斟寻氏，彤城氏，褒氏，费氏，杞氏，缯氏，辛氏，冥氏，斟戈氏。”司马贞索隐，谓《世本》男作“南”，寻作“鄩”，费作“弗”，斟戈作“斟灌”，而无彤城及褒。缯，《左传·僖公三十一年》作“鄫”。辛，《史记·周本纪》张守节正义引《世本》作“莘”。

(488) 越，《史记·越王勾践世家》：“越王勾践，其先禹之苗裔。”

(489) 匈奴，《史记·匈奴列传》：“匈奴，其先祖夏后氏之苗裔也，曰淳维。”

【译文】

姒姓的，有夏。分为有扈、有南、斟灌、斟寻、彤城、费、杞、鄫、褒、莘、冥、越、匈奴。

己姓，昆吾、苏、顾、温、董(490)、莒(491)。

【注释】

(490) 昆吾……董，《国语·郑语》：“己姓，昆吾、苏、顾、温、董。”

(491) 莒，《国语·郑语》韦昭注：“莒，己姓，东夷之国也。”

【译文】

己姓的，有昆吾、苏、顾、温、董、莒。

董姓，鬷夷、豢龙[492]。

【注释】

(492) 鬷夷、豢龙，《国语·郑语》："董姓，鬷夷、豢龙，是夏灭之矣。"

【译文】

董姓的，有鬷夷、豢龙。

彭姓，大彭、豕韦[493]。

【注释】

(493) 大彭、豕韦，《国语·郑语》："彭姓，彭祖、豕韦、诸稽，则商灭之矣。"韦昭注："彭祖，大彭也。豕韦、诸稽，其后别封也。"

【译文】

彭姓的，有大彭，豕韦。

秃姓，舟人[494]。

【注释】

(494) 舟人，《国语·郑语》："秃姓，舟人，则周灭之矣。"韦昭注："舟人，国名。"

【译文】

秃姓，舟人。

妘姓，鄢[495]、邬、桧、路、偪阳[496]、鄅[497]。

【注释】

(495) 鄢，《国语·周语中》韦昭注："鄢，妘姓之国。"

(496) 邬……偪阳，《国语·郑语》："妘姓，邬、桧、路、偪阳。"

(497) 鄅，《左传·昭公十八年》："鄅人藉稻。"杜预注："鄅，妘姓国也。"

【译文】

妘姓的，有鄢、邬、桧、路、偪阳、鄅。

曹姓，邹、莒(498)、《郑语》明言莒为曹姓，韦解又言莒为己姓，大史公又以莒为嬴姓，是三姓也。郳(499)。

【注释】

(498) 邹、莒，《国语・郑语》："曹姓，邹、莒。"

(499) 郳(ní)，《通志・氏族略》："曹姓，即小邾也。"《左传・庄公五年》孔颖达疏引《世族谱》谓小邾为邹(邾)国公族别支，封于郳。

【译文】

曹姓的，有邹、莒、(《国语・郑语》明言莒是曹姓，韦昭注又说莒为己姓，太史公又认为莒为嬴姓，这就有三个姓了。)郳。

斟姓绝。

芈姓，楚(500)、夔(501)、罗(502)、越(503)。

【注释】

(500) 楚，《史记・楚世家》："芈姓，楚其后也。"

(501) 夔，《国语・郑语》："芈姓，夔、越不足命也。"韦昭注："夔、越，芈姓之别国也。"

(502) 罗，《左传・桓公十二年》："罗人欲伐之。"杜预注："罗，熊姓国。"楚先王也为熊姓。

(503) 越，前面有姒姓越国，为"禹"之苗裔。此芈姓越国当为另一国。

【译文】

斟姓，断绝。

芈姓的，有楚、夔、罗、越。

偃姓，六、蓼(504)、舒庸、舒鸠(505)、桐(506)、许(507)、英氏(508)。

【注释】

(504) 六、蓼，《史记・陈杞世家》："皋陶之后，或封蓼、六。"司马贞索隐："据《世本》，二国皆偃姓。"

(505) 舒庸、舒鸠，《左传・文公十二年》孔颖达疏："《世本》：偃姓，舒庸、舒蓼、舒鸠、舒龙、舒鲍、舒龚。”

(506) 桐,《潜夫论·志氏姓》作“同”,偃姓。《左传·定公二年》杜预注:“桐,小国,庐江舒县西南有桐乡。”

(507) 许,应为姜姓,章氏误为偃姓。

(508) 英氏,《左传·僖公十七年》:“齐人,徐人伐英氏。”《通志·氏族略》:“英氏,偃姓皋陶之后。”

【译文】

偃姓的,有六、蓼、舒庸、舒鸠、桐、许、英氏。

嬴姓,秦、徐、梁、赵、葛、郯、莒、郯二姓,莒三姓。钟离、运奄、菟裘、将梁、江、黄、修鱼、白冥(509)。

【注释】

(509) 秦、徐……修鱼、白冥,《史记·秦本纪》:“秦之先为嬴姓,其后分封,以国为姓,有徐氏、郯氏、莒氏、终黎氏、运奄氏、菟裘氏、将梁氏、黄氏、江氏、修鱼氏、白冥氏、蜚廉氏、秦氏。然秦以其先造父封赵城,为赵氏。”裴骃集解引徐广说:终黎,“《世本》作钟离”。运奄,《史记·秦本纪》及《潜夫论·志氏姓》以运奄为一国。《路史·国名记乙》谓少昊后嬴姓国有运、奄二国。

【译文】

嬴姓的,有秦、徐、梁、赵、葛、郯、莒(郯二姓,莒三姓)、钟离、运奄、菟裘、将梁、江、黄、修鱼、白冥。

缗姓,有仍(510)。

【注释】

(510) 有仍,《左传·哀公元年》:“昔有过浇杀斟灌以伐斟鄩,灭夏后相。后缗方娠,逃出自窦,归于有仍。”杜预注:“后缗,有仍氏女。”故有仍为缗姓。

【译文】

缗姓的,有有仍国。

真姓，霍(511)。

【注释】

(511) 霍，《史记·三代世表》司马贞索隐："《系本》云霍国，真姓后。周武王封其弟叔处于霍。"

【译文】

真姓的，有霍国。

怀姓，国绝。

庆姓，尹、樊、骆越。《潜夫论》言："庆姓，樊、尹、骆。"案：骆宜即骆越。《越世家》正义引《舆地志》(512)："交趾，周时为骆越，秦时曰西瓯。""南越及瓯骆，皆芈姓也。"言姓氏者古今不一，此无多怪。

【注释】

(512)《越世家》，当为《史记·赵世家》之误。

【译文】

怀姓，国灭绝。

庆姓的，有尹、樊、骆越。（《潜夫论》记载："庆姓，樊、尹、骆。"案：骆宜即骆越。《越世家》正义引《舆地志》："交趾，周代时为骆越，秦时称为西瓯。""南越及瓯骆，都是芈姓。"称姓氏的古今不一，这没什么奇怪的。）

归姓，胡(513)。

【注释】

(513) 胡，《史记·陈杞世家》司马贞索引《世本》云："胡，归姓。"

【译文】

归姓，胡。

曼姓，邓、鄾(514)。

【注释】

(514) 邓、鄾,《潜夫论·志氏姓》:“曼姓,邓、优。”《左传·桓公九年》作“鄾”。

【译文】

曼姓的,有邓国、鄾国。

隗姓,赤狄也。分为洛、泉、徐、蒲(515)、甲氏、留吁、铎辰(516)、廧咎如(517)、皋落氏(518)。

【注释】

(515) 洛,泉、徐、蒲,《国语·郑语》:“北有卫、燕、狄、鲜虞、潞、洛、泉、徐、蒲。”韦昭注:“潞、洛、泉、徐、蒲,皆赤翟隗姓也。”

(516) 甲氏、留吁、铎辰,《左传·宣公十六年》:“晋士会帅师灭赤狄甲氏及留吁、铎辰。”杜预注:“甲氏、留吁,赤狄别种。”“铎辰不书,留吁之属。”

(517) 廧咎如,《左传·僖公二十三年》:“狄人伐廧咎如。”杜预注:“廧咎如,赤狄之别种也,隗姓。”

(518) 皋落氏,《左传·闵文公二年》:“晋侯使太子申生伐东山皋落氏。”杜预注:“赤狄别种也;皋落,其氏族。”

【译文】

隗姓,有赤狄。分为洛、泉、徐、蒲、甲氏、留吁、铎辰、廧咎如、皋落氏。

允姓,阴戎(519)。

【注释】

(519) 阴戎,《左传·昭公九年》:“晋梁丙、张趯率阴戎伐颍。”杜预注:“阴戎,陆浑之戎。”“允姓,阴戎之祖。”

【译文】

允姓,阴戎。

句姓以下，国在《山海经》者，皆不能正言其地。姬、嬿、娸亦然。惟威氏有南威，不知其女出何国也。《战国策》：“晋文公得南之威。三日不朝。”女子举姓，南之威犹《庄子·齐物论》言“丽之姬也”(520)。寻《说文》：“威，姑也。”《汉律》曰：“妇告威姑。”然威姑即君姑。《说文》：“莙，读若威。”则威可借为君明矣。训威为姑，殊非本义。《广雅·释亲》：“姑，谓之威。”亦承其误。窃以威本人姓，故其字从女尔。南威之国，尚无所考。至《广韵》引《风俗通义》云：威姓，“齐威王之后(521)。”此则男子系氏而非姓。而周封黄帝之后于蓟(522)，重黎之后有程伯(523)，高辛之后有商丘、大夏(524)，不识其姓，以一人苗裔分数姓故。

【注释】

(520) 丽之姬，即骊姬，晋献公的宠妃，《庄子·齐物论》：“丽之姬，艾封人之子也。”

(521) 齐威王之后，《广韵》上平微弱：“威，威仪；又姓。《风俗通》云：齐威王之后。”

(522) 周封黄帝之后于蓟，《礼记·乐记》：“武王克殷，及商，未及下车而封黄帝之后于蓟。”蓟，在今北京西南。

(523) 程伯，《史记·太史公自序》：“故重黎氏世序天地，其在周，程伯休甫其后也。”

(524) 商丘、大夏，《左传·昭公元年》：“昔高辛氏有二子，伯曰阏伯，季曰实沈，居于旷林，不相能也，日寻干戈，以相征讨。后帝不臧，迁阏伯于商丘，主辰，商人是因，故辰为商星。迁实沈于大夏，主参，唐人是因，以服事夏、商。”

【译文】

句姓以下，其国在《山海经》中有记载的，都不能确切地说明其所在地。姬、嬿、娸，也是如此。只有威氏有南威，不知其女出自哪一国。(《战国策》：“晋文公得到南之威，三天不上朝。”女子称姓，南之威就如同《庄子·齐物论》中所说的“丽之姬”。考察《说文》：“威，姑也。”《汉律》说：“妇告威姑。”然威姑就是君姑。《说文》称：“莙，读若威。”由此可知威可假借为君。将威解释为姑，的确不是它本义。《广雅·释亲》记载:“姑,称为威。”也承袭了这一错误。我认为威本是人的姓,所以其字从女字旁。南威之国,尚无所考。至《广韵》引《风俗通义》说:“威姓,是齐威王的后人。”但男子是以氏来称而不是以姓。)而周代时将黄帝的后代封于蓟,重黎的后人有程伯,高辛的后人有商丘、大夏,不知其姓,是由于一人的后裔又分出数姓的原因。

凡此有姓之国,大略具矣。其支庶分析,各为氏族,则不具记。曰:芟夷其伪者,而本氏可睹也。

【译文】

凡有姓的诸侯国,大体已经记录在此。他们的后裔又分离出去,各为氏族,就不详细记录了。故说:删削那些不确定的,而本氏就可看清楚了。

序种姓下第十八

［**说明**］本文考察了胡汉姓氏的同化史。

中国历史上周边少数民族在同汉民族的联系交往中，往往主动或被动地采取一系列汉化政策，以加快与汉民族的融合，改汉姓就是其中重要的一条。胡人改汉姓后，不仅有利于民族间和睦相处，团结友好，也有利于落后少数民族向先进民族学习，加快自身发展，同时对中华民族的不断发展壮大也是有益的。然而章太炎对这一切视而不见，却感叹戎夏相混，扰乱华夏正宗，并要求向日本学习，对不同民族严格区分，划分等级。这充分反映了章太炎思想中的大汉族主义倾向，不能不说是其思想的糟粕所在。

本文原名《辨氏》，收入《訄书》初刻本后的“补佚”中，《检论》收入此篇，仅个别字句略作改动。

尧、舜、彭铿虽在世(1)，古之名族，著于《世本》《潜夫论》者不二三，而在亦未能指其庐井，识其乔木也(2)。大人不悲故姓之彫，而悲夫戎部代起以滑吾宗室者(3)。明太祖革虏姓，令就汉族，汉族文二者削其一(4)。自是系谍凌杂(5)，不可斠理(6)，顾炎武尝愤痛之(7)。

【注释】

(1) 彭铿，亦作彭篯，即彭祖。详见《序种姓上》第十七注(398)。

(2) 庐井，古代井田制，八家共一井，故称八家的庐舍为庐井。《左传·

襄公三十年》:"田有封洫,庐井有伍。"乔木,枝干在二、三丈以上之木。《孟子·梁惠王》:"所谓故国者,非谓有乔木之谓也。"

(3) 滑(gǔ 骨),《周语·周语下》:"滑夫二川之神。"韦昭注:"滑,乱也。"

(4) 汉族文二者削其一,指将汉文复名取掉一个字,改为单名。

(5) 系谍,记载世系的谱牒。

(6) 斠理(jiào 较—),校订,整理。

(7) 顾炎武尝愤痛之,指顾炎武欲著《姓氏书》。详见《序种姓上》第十七注(84)。

【译文】

尧、舜、彭祖的后代虽然还在世间,古时的名族,著录于《世本》《潜夫论》的也不过十分之二、三,且即使已经著录在册的也不能够清楚地指出其庐井、识别其故国了。贤君子不悲痛于故姓的凋零,而悲痛戎夷代起以乱我宗室。明太祖朱元璋时变革少数民族姓氏,使他们依从汉姓,汉文称呼中有两个文字的就去掉其中一个,改为单名。从此世系变得杂乱无章,无法整理,顾炎武对此曾感到十分悲痛。

然夷汉之殽,何渠自明世(8)?当晋之衰,而拏错相乱者,既有萌矣。若渊、勒称刘、石(9),与赤县著族相混(10),非独一二。独孤曰刘(11),而相似者三(12)。杜伯自尧(13),独孤浑曰杜(14),而相似者四(15)。房自丹朱(16),屋引曰房(17),而相似者五(18)。

【注释】

(8) 何渠,亦作"何距"。岂但。

(9) 渊、勒称刘、石,十六国时期汉国建立者刘渊和后赵的建立者石勒,分别为匈奴族人和羯族人。此谓刘源和石勒皆采用了汉姓。

(10) 赤县,中国的别称。战国齐人邹衍创立"大九州"学说,把中国叫做赤县神州。赤县神州内有"九州",即传说禹划分的九州。

(11) 独孤曰刘,指鲜卑改汉姓。据《魏书·官氏志》,"献帝时,七分国人,使诸兄弟各摄领之,乃分其氏。"此七族俱改为汉姓。另有"余部诸姓内入者”，也改为汉姓。其中独孤氏改为刘姓。

(12) 而相似者三，指刘姓来源有三：一，“出自祁姓陶唐氏之后。生子有文在其手曰刘累，因以为名。”后因改变封地或因官命氏，先后变换为豕韦氏、唐氏、杜氏、士氏。晋大夫士会时，曾亡命秦国，归国后，其子孙处秦者为刘氏（《古今姓氏书辩证》）。二，“成王封季子于刘邑，因以为氏。”（《通志》）三，周大夫食采于刘，亦称刘氏。春秋时刘康公、刘献公即其后。详见《元和姓纂》。

(13) 杜伯自尧，指杜伯是尧的后裔。杜伯，周宣王时大夫。《姓纂》称其为帝尧裔孙刘累之后，为杜姓来源之一。

(14) 独孤浑曰杜，北魏改汉姓之一。《魏书·官氏志》：“独孤浑氏，后改为杜氏。”

(15) 而相似者四，指杜姓的来源有四：一为杜伯；后杜伯为宣王所灭，杜氏分散，鲁国有杜泄，此其二；又黄帝时有杜康，以酿酒闻名，此其三；又六国时有杜赫，此其四。

(16) 房自丹朱，房姓来自丹朱。据《广韵》，虞舜封唐尧之子丹朱为房邑侯，丹朱之子陵以父封为氏。

(17) 屋引曰房，北魏改汉姓之一。《魏书·官氏志》：“屋引氏，后改为房氏。”

(18) 而相似者五，指房姓来源有五。丹朱子陵以父封为氏后，其四十八代孙雅，王莽时为清河太守，始居清河。雅十九代孙湛随慕容德南迁，因居济南郡，生四子：豫、坦、遂、熙，号“四龙”，今称房氏四祖。见《元和姓纂》吕思勉增注部分。故章氏所说之“五”当指丹朱子陵及“四龙”。

【译文】

然而夷、汉相混淆，岂止始于明代？在晋朝衰落时，民族间混杂交错，就已经开始发生。比如渊、勒称自己姓刘、石，与中原族姓相混淆，并非只有这一二例。独孤称姓刘，与此相似者有三。杜伯出自尧，独孤浑改称杜姓，而相似者有四。房姓始自丹朱，屋引改称房姓，而相似者有五。

世皆曰中夏无金氏，尽金日磾裔也[(19)]，至《广韵》则本其出于白帝金天之胄[(20)]。又复姓有金留氏，其后削一不可知。隋文帝时，新罗王金真平遣使入贡[(21)]，隋《东蕃风俗记》曰：“金姓相承，三十余叶矣。"《通典》一百八十五引。新罗本辰韩种(22),辰韩耆老,自言秦时亡命至此。自隋而上,三十余叶,则金氏故秦族也。今在中国者,日磾与金天,亦不知何别也。

【注释】

(19) 金日磾,参见《〈客帝〉匡谬》注(113)。此谓金姓为金日磾后裔。

(20) 白帝金天,《风俗通义》作"少昊金天氏之后"。故白帝即为少昊。此谓金姓来自白帝(少昊)之后。

(21) 新罗,朝鲜古国。相传公元前57年朴赫居世建国,首都庆州。后逐渐征服邻近各部。7世纪中叶统一朝鲜半岛大部。

(22) 辰韩,古国名。在今朝鲜半岛东南。汉时与马韩、弁韩号三韩。自称是亡避秦役来此,风俗习惯多与秦人相同。见《后汉书·三韩传》及《旧唐书·百济传》。

【译文】

世人都说中国原本无金氏,认为今存的金氏都是金日磾的后裔,《广韵》则认为金姓来自古天子金天氏之后。复姓中有金留氏,之后削去一个字也未可知。隋文帝时,新罗王金真平派遣使节来进贡物产,隋《东蕃风俗记》记载:"金姓相承,已经三十余世了。"(《通典》卷一百八十五引)新罗本是辰韩部族,辰韩的老年人,自称部族是秦时逃亡到这里的。自隋向上追溯,三十余世,可知金氏本是秦族。如今在中国的,金日磾与金天氏的后裔,也不知如何区别。

齐大夫有长孙修,《世本》曰:食邑于唐,其孙仕晋,后号唐孙氏。汉世治《孝经》者,犹曰长孙(23),见汉《艺文志》。暐暐自神明出。拓跋之部,亦有长孙氏,若无忌等(24),粲然为索虏(25)。其沦隐者,未能明也。叔孙亦然(26),与鲁三家同号(27)。

【注释】

(23) 治《孝经》者,犹曰长孙,《汉书·艺文志》孝经类有《长孙氏说》二篇。章氏由此推论《长孙氏说》作者姓长孙。

(24) 亦有长孙氏,北魏皇族七姓中,其中献帝第三兄拓跋氏后改为长孙氏。见《魏书·官氏志》。无忌,长孙无忌(?～659年)。唐初大臣。太宗长孙皇后之兄。字辅机,河南洛阳人。先世出于北魏皇族。历任尚书右仆射、司农、司徒等职,封赵国公。

(25) 索虏,古代对北方少数民族的蔑称,因其留有辫发,形似索头,故称。

(26) 叔孙亦然,《魏书·官氏志》:魏献帝"又命叔父之胤曰乙旃氏,后改为叔孙氏"。

(27) 鲁三家,春秋、战国时掌握鲁国政权的三家贵族。包括孟孙氏(一作仲孙氏)、叔孙氏、季孙氏。三族是鲁桓公之子仲庆父(亦称孟氏)、叔牙、季友的后裔,故又称"三桓"。此句意谓叔孙氏同长孙氏一样,也被外族采用,与鲁三家中的叔孙氏为同一个名号。

【译文】

齐大夫中有长孙修,《世本》称:食邑于唐,其孙仕于晋国,后来号唐孙氏。汉代研治《孝经》者中,尚有称长孙的(见《汉书·艺文志》),光明伟岸如出自神圣的先王。拓跋部族中,也有长孙氏,如长孙无忌等,很明显是蛮夷之人。那些逐渐隐没的,已经不清楚了。叔孙也是如此,与鲁国三桓中的叔孙氏同号。

周,姬姓也[28],魏献帝次兄普氏署焉[29]。宿,风姓也[30],宿六斤署焉[31]。梁,嬴姓也[32],拔列兰氏署焉[33]。周之单子自文、武[34],魏之单氏自可单[35]。上党之黎自黎侯[36],河南之黎自素黎[37]。凡朱氏自邾娄[38],索头之朱自渴独浑[39]。于之鼻祖自邗叔[40],其在东海,有定国[41],为汉丞相;北庭之于自万忸于[42]。

【注释】

(28) 周,姬姓也,《元和姓纂》:"周,帝喾生后稷,至太王,邑于周,文王以国为氏。"

(29) 魏献帝次兄普氏署焉,《魏书·官氏志》:"献帝……次兄为普氏,后改为周氏。"署,题名。此指改姓。

(30) 宿,风姓也,《左传·僖公二十一年》:"任、宿、须句、颛臾,风姓也。"宿本为国名,此亦指姓。

(31) 宿六斤氏署焉,《魏书·官氏志》:"宿六斤氏,后改为宿氏。"

(32) 梁,嬴姓也,《元和姓纂》:"梁,嬴姓也。伯益之后,秦仲有功周平王,封其少子康于夏阳,是为梁伯,后为秦所灭,子孙以国为氏。"

(33) 拔列兰氏署焉,《魏书·官氏志》:"拔列氏,后改为梁氏。"拔列兰氏当为拔列氏之误。

(34) 周之单子自文、武,《元和姓纂》:"周成王封少子臻于单邑,为甸内侯,因氏焉。"

(35) 魏之单氏自可单,《魏书·官氏志》:"渴单氏,后改为单氏。""渴单氏",《元和姓纂》作"可单氏"。

(36) 上党之黎自黎侯,上党的黎姓源于黎侯。黎侯,商、周时侯国,在今山西黎城县,一说在长治县西南。即《尚书·西伯戡黎》中的黎侯。

(37) 河南之黎自素黎,河南的黎姓源于素黎氏。素黎,素黎氏。《魏书·官氏志》:"素黎氏,后改为黎氏。"

(38) 朱氏自邾娄,据《元和姓纂》朱氏为颛顼之后。周时封曹挟于邾,后为楚国所灭,子孙去邑(注:指取掉"邾"字的耳旁)以为氏。一说为舜臣朱虎之后。均不源于邾娄。查《姓纂》有邾娄氏:"《公羊》邾娄子,曹姓也,子孙以国为氏。"章太炎说朱氏源于邾娄,误。

(39) 索头之朱自渴独浑,《魏书·官氏志》:"渴独浑氏,后改为味氏。"《广韵》卷五引《后魏书》"味"作"朱"。《疏证》据谓"朱"或作"咮",讹作"味"。

(40) 于之鼻祖自邘叔,《元和姓纂》:"于:周武王第二子邘叔,子孙以国为氏,其后去邑,单为于氏。"

(41) 定国,于定国。字曼倩,西汉东海郯县(今山东郯城西南)人。初为狱吏、郡决曹。宣帝时,任廷尉,被称赞能"决疑平法"。后为丞相,封西平侯。

(42) 北庭之于自万忸于,北庭,东汉时匈奴分裂为南北二单于,史称北单于为北庭。《魏书·官氏志》:"勿忸于氏,后改为于氏。"万忸于当为勿忸于之误。

【译文】

周氏,为姬姓,而北魏献帝的次兄普氏改称为周氏。宿,为风姓,而宿六斤氏改姓氏为宿。梁,为嬴姓,而拔列兰氏改姓氏为梁。

周时单氏出自文王、武王，而北魏时单氏出自可单氏。上党的黎氏出自黎侯，而河南之黎氏出自素黎氏。凡朱氏出自邾娄，而夷族的朱氏出自渴独浑氏。于氏的始祖出自周武王的儿子邘叔，在东海郡，有于定国，在汉代曾做过丞相；北方少数民族地区的于氏出自万忸于氏。

更氏曰侯[43]，侂本于宣多[44]，自贺吐[45]。更氏曰窦，侂本于广国[46]，自没鹿回[47]。

【注释】

(43) 更氏，更改姓氏。

(44) 侂本于宣多，自称源于宣多。宣多，侯宣多，春秋郑国大夫。其后以侯为姓。又，晋侯缗之后，也以侯为姓。夏后氏之裔，封于侯（今山东武城西南），"子孙以为氏"（《姓氏考略》）。侂（tuō 托），委托，托付。

(45) 贺吐，北魏姓。《姓氏考略》："魏孝武赐侯植为贺吐氏。"

(46) 广国，窦广国。西汉大臣，封章武侯。据《风俗通义》，夏帝相时，发生有穷氏政变，他怀孕的妃子有仍氏，从宫墙孔穴（"窦"）处逃出，后生少康，支孙以窦为氏。

(47) 没鹿回。据《姓纂》，汉大臣窦武被诛，其后人投奔鲜卑拓跋部，为没鹿回部大人，赐姓纥豆陵氏，魏孝文帝时改为窦氏。

【译文】

更改姓氏为侯氏的，假托是源于郑大夫侯宣多，其实是出自贺吐氏。更改姓氏为窦氏的，假托是源于西汉大臣窦广国，实出自没鹿回。

鲍氏著者，于汉有宣[48]，在齐曰叔牙[49]，窃之者自俟力伐[50]。寇氏在汉，恂最卓荦[51]，为大官，本苏忿生为周司寇[52]，后以官氏，窃之者自若口引[53]。羽之颉[54]，为大夫于郑，窃之者自羽弗[55]。连之称[56]，齐臣也，窃之者自是连[57]。费之长房[58]，在汉为方士，祎于蜀执国兵秉[59]，一曰自大费至纣臣费仲[60]，亦曰自夏禹出于江夏[61]，一曰鲁季孙后也[62]，窃之者自费连[63]。田千秋者[64]，以乘小车称车丞相，子孙氏之，窃之者自车焜[65]。黄帝之师，或曰封钜者，实受族曰封[66]，窃之者自是贲[67]。云敞[68]，或曰祝融后也[69]，又曰缙雲氏者[70]，受族曰云，窃之者自宥连[71]。

【注释】

(48) 于汉有宣，指西汉大臣鲍宣。渤海高城(今河北盐山东南)人。字子都。哀帝时，为谏议大夫，曾上书抨击时政。王莽执政时，被迫自杀。

(49) 在齐曰叔牙，指春秋时齐国大夫鲍叔牙，以知人著称。曾推举管仲为齐国宰相。

(50) 窃之者自俟力伐，指俟力伐氏改姓曰鲍。《魏书・官氏志》："俟力伐氏，后改鲍氏。"窃之，此指盗用姓氏。

(51) 恂，指东汉大臣寇恂。世为地方豪强，历任颍川、汝南太守，封雍奴侯。

(52) 本苏忿生为周司寇，《元和姓纂》："寇：苏忿生为司寇，子孙以官氏焉。"又，卫康叔为周司寇，其子孙以官为氏，也称寇。

(53) 窃之者自若口引，《魏书・官氏志》："若口引氏，后改为寇氏。"

(54) 羽之颉，羽颉。春秋时郑国人。《姓纂》："羽：《大传》郑大夫公孙挥之后，(挥)生羽颉，汉有侠士羽公。"

(55) 窃之者自羽弗，《魏书・官氏志》："羽弗氏，后改为羽氏。"

(56) 连之称，连称。春秋齐国大臣。据《姓氏考略》，连姓"出自陆终三子惠连之后"。又，春秋楚国连尹、连敖，均为官名，后遂有以官为氏。

(57) 窃之者自是连，《魏书・官氏志》："是连氏，后改为连氏。"

(58) 费之长房，指东汉方士费长房。汝南(治所在今河南平舆北)人。传说从卖药翁壶公入山修道，得一符，能主地上鬼神。后失其符，为众鬼所杀。见《后汉书・方术列传》。

(59) 祎，费祎。字文伟，三国江夏鄳县(今河南罗山西南)人。初任蜀汉黄门侍郎，为诸葛亮所重。继蒋琬执政，任大将军，录尚书事。后为魏降人郭循刺死。

(60) 大费，即伯益，一作伯翳。古代嬴姓各族的祖先。相传善于畜牧和狩猎，被舜任为虞。《潜夫论・志氏姓》称其为皋陶之子。参见《序种姓上》第十七注(336)。自大费至纣臣费仲,这里意谓费姓来自大费及纣幸臣费仲。

(61) 亦曰自夏禹出于江夏,《元和姓纂》:“费:夏禹之后。”

(62) 鲁季孙后,鲁国贵族季孙氏曾筑费都,其后以邑为氏。

(63) 窃之者自费连,《魏书·官氏志》:“费连氏,后改为费氏。”

(64) 田千秋,西汉大臣,官至丞相。因年老得乘小车出入省中(古时王宫禁地),时人谓之车丞相,后以为姓。见《汉书·田千秋传》。据《世本》,黄帝臣车区善天文,是车姓始祖。

(65) 窃之者自车焜,《魏书·官氏志》:“献帝……又命疏属(注:指血缘关系较远的亲属)曰车焜氏,后改为车氏。”

(66) 受族曰封,因授族分封而赐与封姓。《元和姓纂》:“封:……封钜为黄帝师,胙土命氏。”

(67) 窃之者自是贲,《魏书·官氏志》:“是贲氏,后改为封氏。”

(68) 云敞,西汉大臣,曾任谏议大夫。

(69) 或曰祝融后也,《风俗通义》:云姓“祝融之后”。

(70) 又曰缙雲氏,《元和姓纂》:“雲,缙雲氏之后。”据《姓纂》,雲与云为二姓,章氏则将其当作一姓。

(71) 窃之者自宥连,《魏书·官氏志》:“宥连氏,后改为雲氏。”

【译文】

鲍氏有名者,在汉代有鲍宣,在齐国有鲍叔牙,冒用鲍姓的有俟力伐。寇氏在汉代,寇恂最为出众,做大官,姓氏来源于苏忿生在周武王时做司寇,后以官职为寇氏,而冒用寇氏的有若口引。羽颉,为郑国大夫,而冒用羽氏的有羽弗。连称,是齐国大夫,而冒用连氏的有是连氏。费长房,是东汉时方士,费祎在蜀国执掌军权,费氏一说源自大费至纣时大臣费仲,也有说是源于夏禹出于江夏,一说是鲁季孙氏的后人;冒用费氏的有费连氏。田千秋,官至丞相,因为年老乘小车入宫而被称为车丞相,子孙以车为氏,冒用车氏的有车焜氏。黄帝的老师,有称封钜的本为姜姓,因受封而其后人称为封氏,冒用封氏的是贲氏。云敞,有的说是祝融的后裔,又称为缙雲氏,受族而称为云氏,冒用云氏的有宥连氏。

毕公之子曰季孙，食采于潘(72)，楚则有潘崇(73)，破多罗氏摭之(74)。共叔与段干木后(75)，皆曰段(76)，檀石槐之后匹磾摭之(77)。扬之在晋，食于步以为族(78)，步鹿根氏摭之(79)。汉之兴，而有陆贾、娄敬(80)，陆者，步云孤氏摭之(81)；娄者，伊娄氏、匹娄氏摭之(82)。汉之亡，而王莽有臣曰甄丰(83)，郁原甄氏摭之(84)。

【注释】

(72) 食采于潘，《元和姓纂》："潘：周文王子毕公高之后。子伯季食采于潘，因氏焉。"

(73) 潘崇，春秋楚国大夫。成王时为世子商臣师。诱商臣弑成王。

(74) 破多罗氏摭之，《魏书·官氏志》："破多罗氏，后改为潘氏。"摭，取。

(75) 共叔，共叔段。春秋时郑国人。郑武公之子，后为其兄郑庄公所杀。段干木，战国初年魏国人。姓段干，名木。求学于子夏。魏文侯给以爵禄官职，都不受。文侯乘车过他的门口，必伏轼致敬。

(76) 皆曰段，《元和姓纂》："段：郑武公子共叔段之后，以王父字为氏；""段干木之子隐如入关，去干为段氏。"

(77) 檀石槐之后匹磾摭之，据《元和姓纂》，鲜卑檀石槐之后，改姓为段氏。匹磾，段匹磾，其父务勿坐为鲜卑檀石槐部贵族，匹磾投奔晋，为抚军大将军，改为段姓，后为石勒所杀。

(78) 杨之在晋，指晋大夫步杨。《元和姓纂》："步：《左传》晋大夫步杨之先食采于步，因氏焉。"

(79) 步鹿根氏摭之，《魏书·官氏志》："步鹿根氏，后改为步氏。"

(80) 陆贾，西汉初大臣。官至太中大夫。曾向高祖进言"马上得天下，安可马上守之?"得到高祖赞赏，著有《新语》。据《元和姓纂》，陆姓为"齐宣王田氏之后，宣王封少子通于平原陆乡，因氏焉"。娄敬，汉初齐人。因建议高祖入都关中有功，赐姓刘，后封关内侯。《风俗通义》谓娄为邾娄国之后，子孙以娄为姓。《左传》中有娄禋。

(81) 步六孤氏摭之，《魏书·官氏志》："步六孤氏，后改为陆氏。"

(82) 伊娄氏、匹娄氏摭之，《魏书·官氏志》："匹娄氏，后改为娄氏。"另《官氏志》云伊娄氏为魏献帝三弟之氏，后改为伊氏，章氏谓改为娄氏，误。

(83) 甄丰，西汉大臣。汉平帝时拜少府，及王莽称帝，拜更始将军、广新侯。后其子甄寻作《符命》被诛，丰亦自杀。据《元和姓纂》，甄姓为"虞舜陶甄

（注：甄，陶人作瓦器）河滨，因以为氏。或音坚。汉末太保甄邯，生丰，司徒，为中山著姓”。

(84) 郁原甄氏摭之，《魏书·官氏志》：“郁都甄氏，后改为甄氏。”《广韵》卷五（屋韵下）引《后魏书》“都”作“原”。

【译文】

周文王子毕公的儿子叫做季孙，食邑封于潘，楚国有叫潘崇的，而破多罗氏改姓潘。共叔段与段干木的后人，都称段，而檀石槐的后人匹磾改姓段。步扬在晋国，食邑封于步而以步为氏，而步鹿根氏改姓氏为步。汉代兴起，有陆贾、娄敬。陆氏，步六孤氏改为陆氏；娄氏，伊娄氏、匹娄氏改为娄氏。汉代衰亡，王莽有一大臣叫做甄丰，而郁原甄氏改为甄氏。

丘林氏曰林(85)，错于放(86)。丘敦氏曰丘(87)，错于丘明(88)。俟伏斤氏曰伏(89)，错于博士胜(90)。贺儿氏曰儿(91)，错于御史大夫宽(92)。可地延氏曰延(93)，错于京兆尹笃(94)。如罗氏曰如(95)，错于陈郡丞淳(96)。

【注释】

(85) 丘林氏曰林，《魏书·官氏志》：“丘林氏，后改为林氏。”

(86) 错于放，指丘林氏改汉姓，扰乱林姓正宗。放，林放。春秋时鲁国人，孔子弟子。据《姓纂》林为“殷太丁之子比干之后，比干为纣所杀，其子坚逃难长林之山，遂姓林氏”。另，《通志》谓林氏出自姬姓，周平王庶子林开之后。

(87) 丘敦氏曰丘，《魏书·官氏志》：“献帝……次兄（第七兄）为丘敦氏，后改为丘氏。”为帝室十姓之一。

(88) 丘明，左丘明。春秋时鲁国人，史学家。一般认为左为氏，丘明为名。一说左丘为复姓。或谓史官有左右之分，左丘明世为左史，故以左为姓，章氏这里似以丘为姓。

(89) 俟伏斤氏曰伏，《魏书·官氏志》：“俟伏斤氏，后改为伏氏。”

(90) 博士胜，即伏胜，一作伏生，汉代博士，治《尚书》。参见《清儒》第十二注(25)。

(91) 贺儿氏曰儿,《魏书·官氏志》:"贺儿氏,后改为儿氏。"

(92) 御史大夫宽,指西汉御史大夫儿宽。曾负责修筑六辅渠。据《元和姓纂》,儿姓为"郳郳犁来之后",战国时有儿良,见于《吕氏春秋》。

(93) 可地延氏曰延,《魏书·官氏志》:"可地延氏,后改为延氏。"

(94) 京兆尹笃,指延笃。西汉大臣,曾任京兆尹。据《姓氏考略》,延姓源于姬姓,"出吴公子札,札食采延陵及州来,故称延州来季子"。

(95) 如罗氏曰如,《魏书·官氏志》:"如罗氏,后改为如氏。"

(96) 陈郡丞淳,指三国时魏陈郡丞如淳。曾注《汉书》。据《姓纂》,桓谭《新论》有"通人"如子礼,《汉书·食货志》有长安富人如氏。

【译文】

丘林氏改为林氏,与林放等林氏混杂。丘敦氏改为丘氏,与左丘明等丘氏混杂。俟伏斤氏改为伏氏,与伏胜等伏氏混杂。贺儿氏改为儿氏,与御史大夫儿宽等儿氏混杂。可地延氏改为延氏,与京兆尹延笃等延氏混杂。如罗氏改为如氏,与陈郡丞如淳等如氏混杂。

汉之守巴郡者鹿旗(97),见《风俗通义》。戎乱之自阿鹿桓(98)。庞俭母曰艾(99),见《风俗通义》。戎乱之自去斤(100)。齐建之后曰王家(101),戎乱之自阿布思(102)。此惟安东王氏。唐成德节度使王庭凑,即胡种也。

【注释】

(97) 鹿旗,《元和姓纂》:"鹿:赵大夫食采五鹿,因氏焉。汉有巴郡太守鹿旗。"

(98) 戎乱之自阿鹿桓,《魏书·官氏志》:"阿鹿桓氏,后改为鹿氏。"

(99) 庞俭母曰艾,《风俗通义》:"庞俭母艾氏。"据《姓氏考略》,艾出自夏少康臣汝艾的后代。一说为春秋齐大夫艾孔的后代。

(100) 戎乱之自去斤,《魏书·官氏志》:"去斤氏,后改为艾氏。"

(101) 齐建,齐王建。战国时齐国国君。公元前 264 至前 221 年在位。王姓派别甚多,或出周文王第十五子毕公高,或出舜之后,或出王子比干之后。见郑樵《通志·氏族略》。

(102) 戎乱之自阿布思,《通志・氏族略》:"出安东者本阿史布。此皆虏姓之王。"故阿布思当为"阿史布"之误。

【译文】

汉代时巴郡太守鹿旗(见《风俗通义》),而阿鹿桓氏改为鹿氏,造成了鹿氏的混乱。庞俭的母亲艾氏(见《风俗通义》),而去斤氏改为艾氏,扰乱了艾氏族姓。齐王建的后人为王氏,而阿布思改为王姓,造成了混乱。(这只是说安东王氏。唐成德节度使王庭凑,就是夷族。)

且拓跋曰元(103),齐欢曰高(104),尉迟曰尉(105),胡瑊曰浑(106),则元咺(107)、高傒(108)、尉缭(109)、浑罕之裔(110),殆替绝矣。

【注释】

(103) 拓跋曰元,《元和姓纂》:"拓跋氏改为元氏,自云黄帝子昌意之后,居北土,代为鲜卑君子。"拓跋,北魏鲜卑皇室的姓氏。

(104) 齐欢曰高,北齐建立者高欢。原为鲜卑贵族,名贺六浑,后改名高欢。

(105) 尉迟曰尉,《魏书・官氏志》:"西方尉迟氏,后汉为尉氏。"

(106) 胡瑊曰浑,指浑瑊。唐代将领,胡人,后改姓为浑。参见《〈客帝〉匡谬》注(115)。

(107) 元咺,春秋卫国大夫。《元和姓纂》称"其先食采于元,因得元姓"。

(108) 高傒,战国时齐国大夫。据《元和姓纂》,齐太公六代孙为文公子高,其孙高傒"以王父字为氏"。

(109) 尉缭,战国中期魏国人。原籍尉氏(今河南尉氏)。西汉刘向称"缭为商君学"。又相传为鬼谷之高弟,善理阴阳,深达兵法。据《姓氏考略》"古狱官曰尉氏"。后以尉为姓。

(110) 浑罕,即"浑罕"。《古今姓氏书辩证》:"郑大夫浑罕之子宽,别为浑氏。出自姬姓,浑罕之祖父为游氏。"

【译文】

拓跋氏改为元氏,北齐神武帝高欢改姓高,尉迟氏改为尉,胡瑊改为浑，从而元咺、高傒、尉缭、浑罕的后裔，几乎衰落绝嗣。

汉詹事有蒲昌[111]，见《风俗通义》。武都之氐而有蒲洪[112]。洪更氏曰苻[113]，今迁讹为符云[114]。中古鲁顷公孙雅，仕秦为符玺令，以得符氏[115]，望于琅邪[116]，此故有符也。汉大尉曰桥玄[117]，望于梁国[118]，其后书不正为乔[119]。乔者，匈奴贵姓，而世为辅相，著于前代录，汉则不莀。是其文籍踳驳，以乱官族[120]，亦以悲矣！何氏亦有庐江、东海、陈郡三望，本韩灭[121]，子孙分散江淮间，音讹变而为何。武仕晚汉为名臣[122]，妥父以细脚胡入郫，而窃其宗[123]。吴公子柯卢，其后为柯[124]，利用于柯拔袭有之[125]。

【注释】

(111) 詹事，官名。秦始置，职掌皇后、太子家事。东汉废，魏晋复置，历代相沿，为太子官属之长。蒲昌，汉大臣，曾任詹事等职。

(112) 武都之氐，居住在武都的氐族。武都，在甘肃武都县附近。氐，我国北方少数民族之一，十六国时期曾建立前秦。蒲洪(285～350年)，十六国时期前秦的建立者。原姓蒲，后改为苻，字广世，略阳临渭(今甘肃秦安东南)人。氐族，自称大将军、大单于、三秦王。

(113) 洪更氏曰苻，指蒲洪更蒲姓为苻姓。

(114) 讹为符云，指“苻”亦写作“符”。

(115) 以得符氏，《姓纂》：“符：鲁顷公孙公雅为秦符玺令，因为氏。”

(116) 望，地望。琅邪，今山东胶南县。

(117) 桥玄，汉大臣，曾任太尉。《唐书·宰相世系表》：乔“本桥氏，其后去木为乔氏”。

(118) 梁国，汉高帝五年(前202年)，改秦之砀郡置，治所在睢阳县(今河南商丘县南)。

(119) 书不正为乔，指“桥”往往又被写作“乔”。

(120) 不莀(—jì既)，不及。踳驳，舛谬杂乱。以乱官族，以上一段意为，乔本为匈奴的贵姓，汉人并不使用，但因“桥”“乔”相混，扰乱了华夏正统。

(121) 本韩灭，据《广韵》，周武王弟叔虞封于韩(今河北固安县东南)，韩灭亡后，子孙分散江淮间，转音为何氏。

(122) 武，何武。汉大臣，汉蜀郡郫(今四川郫县北)人，累官大司空。武姓一说出夏臣武罗(《世本》)；一说为殷王武丁之后(汉《武班碑》)；一说为宋武公之后，以谥为氏(《风俗通义》)。

(123) 妥，何妥。隋大臣，曾任国子祭酒。其父为细胡人。窃其宗，指窃用何姓。

(124) 柯卢，《广韵》称柯姓出自春秋吴公子柯卢之后；一说齐太公后有柯氏(《路史》)。

(125) 利用于柯拔袭有之，指北魏柯拔氏改姓为柯氏。见《魏书·官氏志》。袭有之，占有之。

【译文】

汉代詹事有叫蒲昌的(见《风俗通义》)，居住在武都的氐族有蒲洪，洪改为苻氏，如今"苻"也讹写作"符"。中古时鲁顷公的孙子雅，仕于秦为符玺令，因此而为符氏，接近琅邪，这表明早已有符氏。汉太尉桥玄，居于梁国，其后人书写不规范而有时写成乔。乔，匈奴的贵姓，世代为辅相，著录于《前代录》，而汉人并不使用。由于文籍错乱驳杂，导致乔、桥相混杂，扰乱了正统岂不可悲！何氏有庐江、东海、陈郡三个望族，原本是由于韩灭亡，子孙分散于江淮之间，音转变而称为何氏。何武仕于汉代末年，是位名臣；何妥的父亲是以西域人的身份定居郫县，而窃用了何姓。吴公子柯卢，其后人为柯氏，而北魏柯拔氏后改为柯氏。

独《风俗通义》言吴夫槩奔楚(126)，其子在国，以夫余为氏；其后百济王亦氏夫余(127)；世莫知其同异。汉则有鲜于妄人(128)，荐第五伦者鲜于褒也(129)，应氏以为箕子之世(130)；今在朝鲜者，尚氏鲜于。二国与神州故同柢(131)。

【注释】

(126) 夫槩，一作夫概。春秋时吴国太子。

(127) 百济,朝鲜古国。传说朱蒙子温祚于公元前 18 年建国,兴起于汉江流域。渐征服邻近各部落,成为朝鲜半岛西南部之强国。亦氏夫余,《姓氏考略》:“百济国王姓夫余氏。”

(128) 鲜于妄人,即鲜于褒。西汉人,作“主历使者”。昭帝时,曾与太史令张寿王就更改律历展开辩论。

(129) 第五伦,字伯鱼,东汉京兆长陵(今陕西咸阳东北)人。初为淮阳国医工长,受到光武帝赏识。历任会稽、蜀郡太守。

(130) 以为箕子之世,《姓纂》:“鲜于:箕子封于朝鲜,支子仲食采于于,子孙因合鲜于为氏。”

(131) 二国与神州故同柢,指百济和朝鲜与中国存在渊源关系。同柢,同根。

【译文】

只有《风俗通义》称吴太子夫槩逃奔到楚国,其子在国,以夫余为氏;之后百济王也以夫余为氏,而世人已不清楚二者的异同。汉代时有鲜于妄人,推举第五伦的人正是鲜于褒,应劭认为鲜于是箕子的后裔;如今在朝鲜的,仍有鲜于氏。百济、朝鲜与中国存在渊源关系。

同柢者,其玉步同[132];异柢者,其玉步异。是以有黄中而无阴血[133],无所析也。非是,则羼于石民[134],烝尝于炎虙者[135],谓之沴气[136]。自江左及唐[137],既有贩鬻图谱[138],自傅甲族者[139],北人尤嗜进,不耻腥膻[140],若元、高、长孙、尉、浑之属。虽一二出炎黄,亦自引致于近贵,明矣。

【注释】

(132) 玉步,从容雅步。《后汉书・蔡邕传》:“当其无事也,则舒绅缓佩,鸣玉以步,绰有馀裕。”

(133) 黄中,《易・坤・文言》:“君子黄中通理,正位居体,美在其中,而畅于四支,发于事业,美之至也。”宋朱熹注:“黄中,言中德在内。”喻内德之美。阴血,在内为阴,血在脉管内,故名阴血。《左传・僖公十五年》:“乱气狡愤,阴血周作,张脉偾兴,外强中乾。”此指血统。

(134) 石民,作为国家柱石的人民。《管子·小匡》:“管子对曰:士农工商四民者,国之石民也。”注:“四者国之本,犹柱之石也,故曰石也。”此指华夏民族。

(135) 烝尝,秋冬祭祀。炎虙(—fú伏),炎帝与伏羲。

(136) 沴气(lì历—),灾气。

(137) 江左,长江下游以东地区。此指东晋。

(138) 图谱,族谱。

(139) 甲族,古人编定族谱时,根据名望、地位对不同宗族划分等级,甲族为最高等。

(140) 嗜进,指热衷于仕进。不耻腥膻,指不耻入少数民族朝中为官。腥膻,指少数民族。

【译文】

同源的种族,其礼法同;不同源的,其礼法异。所以有美德而没有血统,也没办法分辨的。如果不分辨的话,就会掺杂于华夏,祭祀炎帝和伏羲,这可称为灾害不和之气。自东晋以至于唐,已有贩卖氏族谱系,自我攀附于世家大族的情况。北方之人尤其热衷于仕进,而不耻于入少数民族朝中为官,像元、高、长孙、尉、浑之类。即使有一二出于炎黄,也自己引荐以攀附夷狄权贵,是很显然的。

上世戎狄有树惇者(141),其享覲共主,白鹄之血以饮之,牛马之湩以洗之(142),鱼鞞鲛韨以卫之(143),翠羽菌鹤以观之,白旄纰罽以荐之(144),内向非不诚也。报之(145),则胙之侯王,隆以大长,明有旌节,幽有玉匣,独氏族未尝赐之以为宠(146)。至唐,则有赐姓,蛮夷降虏,或冠以李氏。阿史那之削(147),上狃佚、籀(148)。重胤故乌石兰氏(149),自更曰乌,以援枝鸣(150),虽韩愈依违其间(151)。夷汉互贸,伪辞兹沓,昭穆无质,官氏自此而庙濯自彼(152)。其不蘖芽于豪州受命之世(153),灼灼也。

【注释】

(141) 树惇,《国语·周语上》:"吾闻夫犬戎树惇,帅旧德而守终纯固,其有以御我矣。"旧注树惇为生性敦朴,一说犬戎王名。章太炎这里解为享觐共主的礼仪。

(142) 湩,乳汁。

(143) 鱼鞞(—bǐng 丙),鱼皮做的刀鞘。鲛瞂(—fá 伐),鲨鱼皮做的盾。瞂,《方言》第九:"盾,自关而东或谓之瞂。"

(144) 白旄(—máo 矛),白旗。旄,杆顶用旄牛尾作饰的旗。纰罽,古代西北氐族人所织的兽毛布。

(145) 报之,指共主赐与朝觐诸侯各种财物作为回报。

(146) 大长,首领。氏族,此指族姓。

(147) 阿史那,传为夏后氏之后,居涓兜牟山,北人呼为突厥窟,历魏晋,十代为君长。唐太宗时有大将阿史那社尒等,后改为史氏。见《姓氏考略》。

(148) 上羾佚、籀,上托出自史佚和史籀。羾(gòng 共),到达,至。佚,籀,史佚和史籀。《姓氏急就篇》:"史:周大夫史佚之后。周又有史籀,……其后并称史氏。"

(149) 重胤,乌重胤。唐大臣,张掖(今属甘肃)人。任检校司空,封邠国公。乌石兰氏,《姓纂》:"乌石兰:改为石氏。"与下文章太炎所说改为"乌氏"不同。

(150) 枝鸣,乌枝鸣。春秋齐大夫。

(151) 韩愈(768~824年),唐代诗人、文学家。字退之。宪宗时因上书谏迎佛骨被贬潮州刺史。反对六朝以来的文风,提倡散体,文笔雄健,气势磅礴。有《韩昌黎先生文集》。韩愈曾在乌重胤幕府,撰《乌氏庙碑记》。

(152) 官氏自此而庙濯自彼,指胡人改汉姓后,姓氏和祖庙无法统一。庙濯,庙祧。祧,远祖庙。

(153) 豪州受命之世,指明代。豪州,即濠州。明太祖朱元璋起兵之地。

【译文】

上古时期戎狄有个叫树惇的首领,他朝见天子进献贡品时,进献天鹅的血供天子饮用,进献牛马的乳汁供天子洗脚,进献兵刀和盾以护卫天子,进献翠鸟的羽毛、茵鹤供天子观赏,进献旄牛尾、兽毛织物供天子使用,归服天子不可谓不诚心。作为回报,则天子分封他为侯王,享有首领的尊崇,在世时有旌节以显示身份和权力,死后有玉匣陪葬以示优待礼遇，唯独不曾赐他姓氏以显示恩宠。到了唐代，就有赐姓了，蛮夷俘虏，有的被赐以李姓。阿史那被削改为史氏，上可假托出自史佚、史籀。重胤本是乌石兰氏，自改姓氏为乌，以攀附于春秋齐大夫乌枝鸣，即使是韩愈论其世系时也依从其说。夷、汉的姓氏交互错杂，虚假的言辞更多，昭穆次序不再可信，姓氏和祖庙无法统一。胡、汉姓氏的错乱并不是开始于明代初期，是很清楚的。

然犹幸有高俭(154)、柳芳(155)、林宝(156)之伦，辨伦脊(157)，察条贯，成周小史之职(158)，未废于地。先是贾、王诸钜人(159)，多有撰录；其后虽邓名世(160)、王应麟(161)，皆章章有功。自永嘉丧乱以至晚宋(162)，更九百年，戎夏捽久矣(163)，犹有畛略，不即于汗漫无纪，亦二三明哲辨章之力哉！

【注释】

(154) 高俭，即高士廉。唐代学者，字士廉，以字行。官吏部尚书，封许国公。曾受太宗之命撰《氏族志》。

(155) 柳芳，唐历史学家、谱系家。字仲敷，蒲州河东（今山西永济）人。肃宗时因吴兢所修国史未成，诏命与韦述继续缀辑。曾考核宗正寺所藏谱牒中皇族世系，撰《永泰新谱》。另著有《大唐宰相表》。

(156) 林宝，唐代学者。济南（今属山东）人。官朝议郎、太常博士。著有《元和姓纂》。参见《序种姓上》第十七注(78)。

(157) 伦脊，亦作“伦迹”。道理。

(158) 周小史，指《周礼·春官》的属官小史，掌管邦国的志记谱系。

(159) 贾、王，指贾弼、王僧孺。参见《序种姓上》第十七注(76)、(77)。

(160) 邓名世，宋代学者。抚州临川（今属江西）人。高宗时以布衣召见，除敕令所删定官，兼史官校勘。著有《古今姓氏书辨证》。参见《序种姓上》第十七注(79)。

(161) 王应麟(1223～1296 年)，宋代学者。字伯厚，浚仪（今河南开封）人。著有《诗地理考》《玉海》《困学纪闻》等。

(162) 永嘉丧乱，晋怀帝永嘉年间匈奴贵族刘聪遣石勒歼灭晋军十余万人，俘杀太尉王衍；同年派刘曜破洛阳，俘怀帝，纵兵烧掠，杀王公士民三万余人。史称“永嘉之乱”。

(163) 捽(zuó 昨)，抵触，冲突。《国语・晋语一》：“戎夏交捽。”韦昭注：“捽，交对也。”

【译文】

然而还幸有高俭、柳芳、林宝之辈，辨析道理，考察体系，成周小史之职守，不至于使世系废绝而坠于地。先是贾弼、王僧孺等人，多有撰述；之后又有邓名世、王应麟，也都有显著的功劳。自永嘉之乱到晚宋，历九百年，夷夏之间对抗斗争已经很久，尚还有界限，不至于漫无标准，这也正得益于二三智者的功劳！

蒙古入，遂放纷无次。至明大祖以行乞致南面(164)，李善长(165)、宋濂(166)、王祎并起自蒿莱(167)，不睹金匮(168)，古学废耗(169)，而姓氏失其律度，兹无谪焉(170)。今又有忙氏、完氏、黏氏诸族，皆金元遗裔，遭明时未北徙，此其略可辨程者(171)。其余回种，亦日以蕃息，不可究度。

【注释】

(164) 行乞致南面，明太祖朱元璋起事前曾做过云游僧，讨过饭。南面，指君位。

(165) 李善长(1314～1390 年)，明初大臣。字百室，定远(今属安徽)人。任左丞相，封韩国公。后以胡惟庸案牵连被杀。

(166) 宋濂(1310～1381 年)，明初文学家。字景濂，号潜溪，浦江(今浙江义乌西北)人。奉命主修《元史》，官至学士承旨知制诰。有《宋学士文集》。

(167) 王祎(1322～1374 年)，明初文学家、史学家。字子充，浙江义乌人。洪武二年昭修《元史》，与宋濂同充总裁官。蒿莱，野草，杂草。起自蒿莱，起自民间。

(168) 金匮，古代保存书契之所。一般与石室连用。此指族谱。

(169) 废耗，废弛。

(170) 谪，谴责。

(171) 辨程，辨明次序的先后。

【译文】

蒙古入主中原，于是放任纷乱，没有了秩序。到明太祖朱元璋，虽出身寒微却最终做了皇帝，李善长、宋濂、王祎都起于民间，不读典籍，古学废弛，而姓氏失去法度，最终却无所谴责。如今又有忙氏、完氏、黏氏各族，都是金、元两朝的后裔，到明时没有向北迁徙，这是一些略可辨明次序先后的姓氏。其余回族种姓，也日益繁衍生息，无法考查。

万物莫不知怀土，而乐归其本。不知地望，不能推陵谷(172)；不自知其气类，不能观庙怪(173)。故思古之情弛，合群恩国之念亦儽儽益衰(174)。古者贞系世，辨乡望，皆树之官府，铭之宗彝(175)，誓之皇门(176)。然则其民重弃种类(177)，当其流散，而魂魄犹斟酌饱满，永怀其故老，至于台笠杂佩(178)，一簪一履，凄凄怆怆，有事则率其类丑，以赴亟难。自荆翼之亡(179)，赖三闾、九宗得复存立(180)。江左衰微，其民挟注本郡(181)，而不土断(182)。闾伍不修，赋无所出，亦以爱类，得不沦于芃野(183)，有以也。间者经纬诸子、历算、地形、六书、彝器诸艺(184)，所在匡饬(185)，而谱学不绍(186)，旷六百年。故王道日替(187)，民以风波(188)，悲夫！

【注释】

(172) 陵谷，比喻世事变迁，高下易位。

(173) 庙怪，指人死后的魂魄。《吕氏春秋·谕大》："《商书》曰：五世之庙，可以观怪。"

(174) 儽儽(lěi 垒—)，败。《集韵·脂韵》："儽，败也。"

(175) 宗彝，宗庙祭祀用的常器。

(176) 皇门，路寝左门。

(177) 重弃种类，不轻易抛弃族类。

(178) 台笠，台草所制的笠。《诗·小雅·都人士》："彼都人士，台笠缁撮。"杂佩，古代玉佩，用各种饰玉构成。《诗·郑风·女曰鸡鸣》："知子之来之,杂佩以赠之。”传:“杂佩者,珩、璜、琚、瑀、衝牙之类。”

(179) 荆翼,指楚国和晋国。

(180) 三闾,古代以二十五家为闾。三闾即七十五家。九宗,一姓的九族。此谓流亡江南的北人正是依靠三闾、九宗的宗族组织得以延存。

(181) 挟注本郡,东晋南朝流亡江南的北人多相聚而居,保持原籍贯。统治者因而设立侨州、侨郡、侨县,安置北方士族,侨州、郡、县均沿用北方原地名。

(182) 土断,指废除侨置郡县,将侨寓户口编入所在郡县。因当时侨州、郡、县无一定境界,不征租税徭役,影响财政收入,故自晋成帝始,多次土断,整顿户籍,增加国家财政收入。

(183) 艽野(qiú 求—),荒远之地。《诗·小雅·小明》:“我征徂西,至于艽野。”

(184) 经纬,研习。六书,汉代学者分析小篆的形、意、义而归纳出来的六种造字条例。许慎《说文解字叙》列六书名目为:指事、象形、形声、会意、转注、假借。此指研究六书之学。

(185) 匡饬,匡正完备。《广雅·释诂二》:“饬,具,备也。”

(186) 谱学,研究谱谍的学课。魏晋南北朝时,特别重视门第,选举必稽谱谍,谱学遂成专门之学。唐五代以后,门阀制度衰落,谱学亦衰。不绍,没有承继。绍,承继。

(187) 替,通“潜”。

(188) 风波,比喻动荡不定。《庄子·天地》:“我之谓风波之民。”成玄英疏:“夫水性难澄,逢风波起,我心不定,类彼波澜,故谓之风波之民也。”

【译文】

万物无不知怀恋故土,而乐于返归其本。不知地理位置,就不能够推知世事的变迁;不自知气质同类,就不能够辨识其鬼神。所以思古之情如果松弛了,合族群、念国恩的想法也就衰疲了。古时确定世系,辨识家乡门第,都要登记在官府,铭刻在宗庙的祭礼器,誓之于皇门。因此民众不轻易抛弃族类,当他们流散的时候,而魂魄仍能意气充沛,长久思念那些故老。至于蓑衣笠帽玉佩,一簪一履等常用之物,也使人倍感悲伤凄凉,遭遇大事就会率领同宗族类,共赴危难。自从楚国和晋国灭亡之后,其宗族依靠三闾、九宗才得以延续存在。江东地区衰微，流亡江南的北人多聚族而居，保持原籍贯，而不将户口编入所在郡县。不设立闾伍组织，不上交赋税，只是因为爱好族类，得以不沦落到荒野，是有原因的。近来有经纬、诸子学、历算、地形、六书、彝器诸艺，到处都很完备，而谱学却没有承继，荒废了六百年。故而王道日益衰微，百姓动荡不定，可悲啊！

议者欲举晋衰以来夷汉之种姓，一切疏通分北之(189)，使无干渎(190)。愚以为界域泰严，则视听变易，而战斗之心生。且其存者，大氐前于洪武(191)。与汉民通婚媾，婚至七世，故胡之血液，百二十八而遗其一。今载祀五百矣！七世犹倍进之(192)。与汉民比肩，若日本之蕃别(193)，则可也。

【注释】

(189) 分北，分别。北，通“背”。

(190) 干渎，冒犯。此指相互交往。

(191) 洪武，明太祖朱元璋年号。共三十一年，即1368年至1398年。

(192) 七世犹倍进之，以上两句意为，如今已过了五百年，比七代的一倍还多。七世，二百一十年。《说文》：“三十年为一世。”载祀，纪年。《左传·宣公三年》：“桀有昏德，鼎迁于商，载祀六百。”

(193) 日本之蕃别，指日本把外来入籍者按藩安置，与本土居民有所区别，称为藩别。

【译文】

有论者想要列举晋代衰亡以来夷、汉的种姓，将它们全都区分开来，使彼此不相扰乱。我认为如果界限太严，听到的、看到的都会发生了变化，从而容易产生争斗。况且所存的夷族种姓，大体上都在明代洪武之前。与汉民通婚的夷姓，过了七代后，胡人的血统也只剩下一百二十八分之一了。从洪武年到如今已经有五百年了！五百年时间比七代的一倍还久远。夷族可以与汉族地位平等，若能像日本的藩别，将夷族分别安置，就可以了。

要之，无旷谱官(194)，使流别昭彰。诸夷汉部族，其物色故不相混者，董理则易也(195)；相混者，虽微昧不可察，或白屋无乘载(196)，宜诹其迁徙所自，递踪迹之，以得其郡望，必秩然无所遁(197)。虏姓则得与至九命(198)，而不与握图籍，以示艺极(199)。国之本干，所以胙胤百世而不易矣(200)。巴、僰、賨、蜑吊诡之族(201)，或分于楚、越，亦与诸华甥舅(202)，宜稍优游之(203)，为定差等，勿使自外(204)。独有满洲与新徙塞内诸蒙古，今在赤县，犹自为妃耦，不问名于华夏(205)。其民康回虐饕(206)，墨贼无艺(207)。有圣王作，傥攘斥之乎(208)？攘斥而不殚，流蔡无土(209)，视之若日本之视虾夷(210)，则可也。

【注释】

(194) 谱官，管理谱牒的官员。

(195) 董理，匡正，整理。

(196) 白屋，古代平民住屋不施采，故称白屋。亦指平民。乘载，历史记录。

(197) 必秩然无所遁，以上几句意为，一般百姓没有记录在谱牒上，则考察他们迁徙的路线，辨别他们的郡望，这样他们的族姓便清楚了。诹（zōu 邹），咨询，查询。

(198) 九命，周代的官爵分为九个等级，称九命。与至九命，指可入朝为官。

(199) 艺极，至限。

(200) 胙胤，福禄及于子孙。胙同“祚”。《诗・大雅・既醉》：“君子万年，永赐祚胤。”

(201) 僰（bó 博），古族名。《史记・西南夷列传》张守节正义：“今益州南戎州，北临江，古僰国。”賨（cóng 从），古族名。《说文・贝部》：“賨，南蛮赋也。”杨雄《蜀都赋》：“东有巴賨绵亘百濮。”蜑（dàn 蛋），《说文新附・虫部》：“蜑，南方夷也。”吊诡，怪诞、奇异。

(202) 甥舅，指联姻。

(203) 优游，优容，宽待。《汉书·刘向传》："今陛下开三代之业，招文学之士。优游宽容，使得并进。"

(204) 勿使自外，不要使其自别于华夏之外。

(205) 问名，古婚礼中六礼之一。男方托问女方的名字和出生年月。《仪礼·士昏礼》："宾执礼，请问名。"此指通婚。

(206) 康回虐饕，罪恶巨大。意同"康回滔天"。参见《儒侠》第六注(21)。

(207) 墨贼，贪冒嗜杀。《左传·昭公十四年》："贪以败官为墨，杀人不忌为贼。"无艺，无极，无尽。

(208) 傥，或许。《字汇·人部》："傥，或然之词。"

(209) 流蔡，流放。蔡，流放。《左传·昭公元年》："周公杀管叔而蔡蔡叔。"

(210) 虾夷，日本古代住在本州东北奥羽、北陆的少数民族。

【译文】

总而言之，不要中断管理谱牒的官员，使种姓的源流和派别清晰明确起来。夷汉各部族，其形貌原本就没有混杂的，整理起来就容易一些；已经混杂的，即使模糊不清难以辨识，又出身寒门的没有记载，也应当询问他们是从哪里迁徙来的，追寻他们迁徙的踪迹，就能知道他们的籍贯，定能做到使族姓清楚，无所遗漏。胡姓则可以入朝做官，但不可使其掌管图籍，以此为准则。国家的主干，得以子孙相继而不致中断。巴、僰、賨、蜑这类奇异的民族，有的是从楚国、越国分离出来的，与华夏民族为甥舅关系，也应给予优待，为其确定等级，不要使其自别于华夏之外。只有满洲和新近迁徙到塞内的各蒙古部落，如今在中国，仍自为婚配，不接受华夏礼仪。其民众为人邪恶而沉迷于享乐，残暴贪婪没有极限。有圣王兴起时，或许会驱除他们吧？若驱除也不能除尽，流放又没有地方，仿效日本对待虾夷之法对待他们，就可以了。

原变第十九

[说明]同当时大多数进步的中国人一样,章太炎也接受了进化论的思想,并用它来探讨人类社会的发展变化。

作者认为“古今之所以变”,无不起源于同自然作斗争。人类与天地争斗,靠什么呢?“以器”,也就是生产工具。石器、铜器、铁器,一个代替一个,人类社会关系也相应地发生重大变化。章太炎着重研究了古代“礼器”的形成史,指出它们的原型统统来自武器。章太炎还证明,随着社会的进化,旧的生产工具必然为新的生产工具所代替,旧的礼制也早已徒具形式,“名实既诡,则可以替!”

本文还讨论了这样一个问题:万物皆变,“变至于人,遂止不变乎?”章太炎坚持认为,人还会变,而且存在进化和退化两种可能,本文特别强调后一种可能性。章太炎认为,从动物历史看,海里的鱼,陆上的兽,空中的鸟,都会发生退化的,人怎么能例外呢?他分析可能引起部分人类退化的原因,一是外部压迫,二是内部分裂。所以他大声疾呼,为了避免人重新退化成猴子,必须坚持“合群”以抵御外辱,必须反对那种追求享受、只顾个人利益的恶劣风气。

本文收入《訄书》初刻本及《检论》。

人谓紫脱华于层冰(1),其草最灵。《文选》王元长《三月三日曲水诗序》注引《礼斗威仪》(2):“人君乘土而王(3),其政大平,而远方献其珠英、紫脱。”“紫脱,北方之物,生植紫宫。”按:紫宫,即北极。今北冰洋亦有浮生之草,斯即紫脱矣。本非奇卉，以致远物为奇尔。紫脱非最灵也，其能寒过于款冬已(4)。鼠游于火(5)，忍热甚也。海有象马，嘘吸善也。物苟有志，强力以与天地竞，此古今万物之所以变。变至于人，遂止不变乎？

【注释】

(1) 紫脱，传说生长于北极的植物。华，同“花”。

(2) 王元长，南朝齐文学家王融的字。《礼斗威仪》，古纬书名，已佚。

(3) 土，古代五行之一。乘土而王，得到土德而称王。

(4) 能寒，耐寒。款冬，多年生的草本菊科植物。

(5) 鼠游于火，据《山海经·大荒西经》郭璞注，火山国有白鼠，可游于火中。

【译文】

有人说紫脱在冰层间开花，这种草最为灵异。(《文选》王元长《三月三日曲水诗序》注引《礼斗威仪》记载：“君主有土德才能称王，政治才可太平，而远方进献来珠英、紫脱。”“紫脱，是北方的植物，生长在紫宫。”按：紫宫，即北极。如今的北冰洋也有浮生的草，应当就是紫脱了。紫脱原本不是什么奇特植物，只因生长在遥远的地方才显得奇特。)紫脱并不是最灵异的草，只其耐寒程度超过了款冬而已。鼠游于火中，是极能忍耐热的。大海里有海象、海马，是极善于在水中呼吸的。万物如果有志向，那就是努力与自然环境相抗争，这是从古至今世间万物进化的原因。至于人类的进化，难道就停止不变了吗？

人之相竞也，以器。风胡子曰：轩辕、神农、赫胥之时(6)，以石为兵，断树木为宫室，死而龙臧(7)。黄帝时，以玉为兵，以伐树木为宫室，死而龙臧。禹穴之时，以铜为兵，以凿伊阙(8)，决江导河，东注于东海，天下通平，治为宫室。当今之时，作铁兵，为龙渊、泰阿、工布麾之(9)，至于猛兽欧瞻(10)，江水折扬，晋、郑之头毕白[11]。见《越绝书·外传·记宝剑》。[12]石也,铜也,铁也,则瞻地者以其刀辨古今之期者也[13],惟玉独无所见于故书轶事。

【注释】

(6) 风胡子,春秋时楚国的冶金匠师。见东汉袁康《越绝书》。

(7) 臧,通“藏”。埋葬。龙臧,指原始时代人死了实行土葬。《訄书》初刻本作“凿地龙臧”。

(8) 伊阙,山名,今河南洛阳南,《水经注》伊水注:“昔大禹疏以通水,两山相对,望之若阙;伊水历其间北流,故谓之伊阙矣。”

(9) 龙渊、泰阿、工布,古宝剑名。据《越绝书》,风胡子应楚昭王要求,到吴国请著名冶金匠师欧冶子、干将铸造了这三把宝剑。

(10) 欧瞻,惊恐。

(11) 晋、郑之头毕白,据《越绝书》,龙渊三剑造成后,晋、郑国君想用武力强行劫夺,三年不肯罢兵。楚王于是拿了泰阿剑,登城挥舞,结果猛兽发抖,江水翻腾,晋、郑敌军的头发全白。

(12)《越绝书》,东汉袁康撰。记录春秋战国史事。原书二十五卷,现存十五卷。

(13) 瞻地者,指地质学家和考古学家。辨古今之期,指辨别地质、考古年代。

【译文】

人类之间的竞争,是靠器物。风胡子说:轩辕、神农、赫胥时期,用石头制作兵器,砍伐树木修建房屋,人死后实行土葬。黄帝时期,用玉制作兵器,用来砍伐树木修建房屋,人死后实行土葬。大禹时期,用铜制作兵器,开凿伊阙,疏通、引导江河,向东流入大海,天下政通人和,建造宫室。现如今,用铁制作兵器,举起制作的龙渊、泰阿、工布宝剑,以至于猛兽奔走惊恐,江河之水激荡,使得晋郑两国的军士丧胆。(见于《越绝书·外传·记宝剑》)石器时代、铜器时代、铁器时代,是地质学家和考古学家以人类工具来辨别的地质或考古年代,唯独玉器不见于古书记载。

章炳麟曰：阖胡观于鞞琫瓃具之用(14)？以知璋之邸射(15)，古之刀也；圭之上剡(16)，古之铗也；大圭杼上而终葵首(17)，古之铁椎也；琮之八隅(18)，古之矛与戟也。及玉，不足以刃人，而仅存其璏珌以为容观(19)。武库之兵，出之典瑞(20)，以为聘祭之币，斯无以竞矣。

【注释】

(14) 阖，通盍，阖胡，何不。鞞，刀鞘；琫（běng 绷），佩刀上的玉饰。瓃，通"櫑"。瓃具，古代长剑的玉制剑首，作辘轳形。

(15) 璋，半圭。圭是上圆下方的端玉，对半剖开称璋。邸射，底部尖锐。邸，通柢，物的基部。射，尖锐。

(16) 上剡，即顶端尖锐。

(17) 大圭，《周礼·春官·典瑞》谓天子朝日所佩的玉器。《考工记》玉人："大圭长三尺，杼上，终葵首，天子服之。"杼上，上部削薄。终葵，椎贾公彦疏："齐人谓椎为终葵。"据此可知大圭为丁字形、长柄、颈部渐细，顶部为椎状。

(18) 琮，祭地礼器，正八角形长筒，中有圆孔。

(19) 璏（zhì 治），剑鼻的玉饰。珌（bì 碧），刀端的玉饰。

(20) 典瑞，古代掌管玉器的官员。《周礼·春官》："典瑞掌玉瑞玉器之藏。"

【译文】

章炳麟说：怎样看待刀鞘、剑首上的装饰物的作用呢？可知璋的底部比较尖锐，形如古代的刀；圭的上端比较锐利，形如古代的剑；大圭，削尖上部像椎形，就如古代的铁椎一般；琮有八个角，如同古代的矛与戟。至于玉器，不足以杀人，仅用于剑鼻、佩刀的装饰以求美观。武库里的兵器，出自掌管玉器的典瑞之官，演变为聘享、祭祀所用的礼器，就无法用来竞争了。

竞以器，竞以礼，昔之有用者，皆今之无用者也。民无兽患，则狩苗可以废(21)。社无鬼神，则朱丝、攻鼓可以息(22)。自是以推，坐不隐地而跪䳇[23]，按：坐不隐地者，多不欲拜䳇。《元史・宪宗纪》禽钦察部酋巴齐马克，命之跪。曰："身非驼，何以跪人为？"此其一事，其详在《礼俗篇》[24]，庙不揆景而刻石[25]，大臣戮者不赐盘水而拜恩[26]，名实既诡，则皆可以替。

【注释】

(21) 狩苗，狩猎。冬猎叫狩，夏猎叫苗。《左传・隐公五年》："故春蒐、夏苗、秋狝、冬狩，皆于农隙以讲事也。"

(22) 朱丝，祭祀时系束祭品的红色丝线。《左传・襄公十八年》：中行献子"以朱丝系玉二瑴而祷"。攻鼓，祭后土时击鼓。古代以为后土属阴，故祭社时要习乐舞，以助阳气。见《礼记・月令》仲春之月。

(23) 隐地，席地而坐。䳇(qǐ 起)，稽首，叩头时以额触地。

(24)《礼俗篇》，即本书《订礼俗》第五十一。

(25) 揆景，古代建筑宗庙宫室时，测量太阳出没的影子来定方向。刻石，刻立石表。章太炎认为今天庙宇宫殿前的华表即是由古代测量日影的标志演变而来。

(26) 盘水，相传古代大臣犯罪，君主便派人在盛水的盘上搁一把剑赏给他，他就"北面再拜，跪而自裁"。此谓古代大臣赐死要赐盘水，现在只跪拜谢恩。

【译文】

在器物方面竞争，在礼器方面竞争，从前有用的器物，在当下多变为无用了。百姓不再受猛兽的侵害，那么狩猎就可以废止了。社庙中不再有鬼神牌位，那么祭祀所用的红丝和击鼓就可以取消了。以此相推，已经不席地而坐了却仍跪着叩头(按：不席地而坐的，多是不想叩头至地。《元史・宪宗纪》记载，擒获钦察部的酋长巴齐马克，命令他跪下。他说："人的身体又不像骆驼，为何要跪人呢？"这就是一个例子，详见《订礼俗》篇)，宗庙已经不需要测量日影了却仍然保留着测日影的刻石，大臣在赐死前已经不赐盘水却仍还要跪拜谢恩，这些都是名实不符，都可以废弃了。

竞以礼，竞以形，昔之有用者，皆今之无用者也。冰期，非茸毛不足与寒气格战。至于今，则须发为无用，凑理之上，遂无短毳矣。太古之马，其蹄四指，足以破沮洳(27)。今海内有大陆，而马财一指(28)。然而冷热燥湿之度变，物之与之竞者，其体亦变。且万族之相轧，非直冷热燥湿之比者也。

【注释】

(27) 沮洳(jù 倔 rù 入)，水旁低湿的地方。《诗·魏风·汾沮洳》："彼汾沮洳。"

(28) 财，通"才"。

【译文】

在礼器方面竞争，在形体方面竞争，从前有用的，在当下多变为无用了。上古冰川时期，若没有浓密的毛发则不足以抵御严寒。到了今天，毛发没什么实际用处了，于是肌肤上就没有短毛了。远古时期的马，马蹄上有四个脚趾，足以走过沼泽之地。如今国境之内大都是陆地，而马变成仅有一趾了。寒冷和炎热、干燥与潮湿的程度发生了变化，万物为适应环境，它们的形体也随之发生了变化。且万物之间也相互竞争，不只是寒热燥湿的气候影响可比拟的了。

若是，人且得无变乎？浸益其智(29)，其变也侗长硕岸而神明。浸损其智，其变也若跛鳖而愚。其变之物，吾不能知也，要之，蜕其故用而成其新用。

【注释】

(29) 浸，逐渐。

【译文】

既然如此，人类难道就不会进化了吗？人类的智慧逐渐增益，就会变得高大魁梧而明智。若人类的智力逐渐减损，就会变得驽钝低劣而愚蠢。变化之物，我不能尽知，总而言之，蜕变其固有之用而成其新用。

吾不敢道其日益，而道其日损。下观于深隧，鱼虾皆瞽，非素无目也，至此无所用其目焉。鲸有足而不以厹(30)，羖有角而不以触(31)，马爵有翼而不以飞(32)，三体勿能用，久之则将失其三体。故知人之怠用其智力者，萎废而为豦蜼(33)；人之迫使入于幽谷，夭阏天明(34)，令其官骸不得用其智力者，亦萎废而为豦蜼。防风，釐姓也，后为侨如(35)。马留，天汉之士卒也。《唐书·南蛮·环王传》："又有西屠夷，盖马援还，留不去者，才十户，隋末孳衍至三百，皆姓马。俗以其寓，故号'马留人'，与林邑分唐南竟。"按：今马留遍殖南洋，孳乳固广，而彼土故种，亦沿其称号也。今其颜色苍黑，其思虑不徇通(36)。自亚洲之域，中国、日本、卫藏、印度有猿，其他不产。奥洲无猿，亦无反嚖之兽(37)。其无者，化而为野人矣。其有者，庸知非放流之族，梼杌、穷奇之余裔(38)，宅岫窟以御离魃者(39)，从而变其形也？以是为忧，故"无逸"之说兴(40)，而"合群明分"之义立矣(41)。

【注释】

(30) 厹(róu 柔)，古文蹂字。践踏。

(31) 羖(gǔ 古)，夏天生的公羊，色黑。

(32) 马爵，今译"鸵鸟"。

(33) 豦(jù 具)，猕猴。蜼(wěi 尾)，长尾猿。

(34) 夭阏，摧残。天明，自然给予的智慧，指人脑的自然特性。

(35) 防风，传说中夏代部落首领之一。《国语·鲁语下》："仲尼曰：丘闻之，昔禹致群神于会稽之山，防风氏后至，禹杀而戮之。"釐，一作僖。相传黄帝之子有十二姓，其一为僖姓。侨如，春秋时长狄的首领，长三丈。

(36) 徇通，敏疾通达。《墨子·公孟》："有游于墨子之门者，身体强良，思虑徇通。"

(37) 反嚖之兽，反刍动物。

(38) 梼杌，相传为颛顼氏的“不才子”。穷奇，相传为少昊氏的“不才子”。《左传·文公十八年》：“舜臣尧，宾于四门，流四凶族浑敦、穷奇、梼杌、饕餮，投诸四裔，以御螭魅。”

(39) 岫窟，山洞。离鬽，即魑魅。《左传·宣公三年》杜预注：“螭，山神，兽形。鬽，怪物。”离，通螭；螭也作魑。鬽，同“魅”。

(40) “无逸”之说，指《尚书·无逸》，内容为周公引殷亡为训，告诫周王要知稼穑艰难，不要贪图逸乐，敬德正刑，免遭“民”的怨恨。

(41) “合群明分”之义，指荀子的观点。《荀子·王制》：“人力不若牛，走不若马，而牛马为用，何也？曰人能群，彼不能群也。人何以能群？曰分。分何以能行？曰义。”

【译文】

我不敢说人类智慧会逐渐增益，而说其逐渐减损。看昏暗的水域，鱼虾都没有视力，并非这里的鱼虾本来就没有眼睛，而是到了这种环境中眼睛不再有用处。鲸有足而不再用来踩踏，公羊有角而不再用来顶撞，鸵鸟有翅膀而不再用来飞翔，这三者形体不再有用，时间久了就会丧失了。由此可知，假若人懒于使用智力，就可能会萎靡颓废而变为猿猴；若被迫进入幽谷，摧残智慧，令其不得使用智力，就会萎靡颓废而变成猿猴。防风，釐姓，后为侨如。马留，是汉朝的士卒(《唐书·南蛮·环王传》记载：“又有西屠夷，大概是马援返回后留下来而不愿意离去的人，最初只有十户，到隋朝末年生息繁衍到三百，都姓马。世人因其寄居，所以称之为‘马留人’，与林邑国分唐南境。”案：如今马留遍殖南洋，繁衍分布很广，而当地的土著人种，也沿用其称号。)，而今其肤色为黑灰色，其思虑不再敏捷通达。在亚洲，中国、日本、卫藏、印度有猿猴，其余地区不产。大洋洲地区没有猿猴，也没有反刍类动物。那些没有猿猴的地区，或许是猿猴已经进化为野人了。那些有猿猴的地区，又怎知不是被流放的人，或梼杌、穷奇的后裔，又或是住在山洞里以抵御鬼怪的人，从而变成了猿猴的形体了呢？正是因为担忧这一点，所以“不要贪图安逸”之说兴起，而“集合为群、明确职分”之义确立起来。

章炳麟曰：物不知群，益州之金马、碧鸡(42)，大古有其畜矣，沾沾以自喜，踽踽以丧群(43)，而亡其种，今仅征其枯腊(44)。凡僵石(45)，皆生物所化，亦有本是金石，而生物留其印迹者；又有生物已化去，而他金石之质往代其壳，与原式无异者。是盖鸡马枯壳已化，而金碧代之也。知群之道，细若贞虫(46)，其动翃翃(47)，有部曲进退(48)，而物不能害。山林之士，避世离俗以为亢者(49)，其侏张不群(50)，与夫贪墨佣驽之役夫(51)，诚相去远矣。然而其弊，将挈生民以为豦蜼。故曰：鸟兽不可与同群(52)。

【注释】

(42) 益州，汉州名，辖境在今四川、云南一带。《汉书·郊祀志》：“宣帝时，或言益州有金马碧鸡之神，于是遣谏议大夫王褒使持节而求之。”颜师古注：“金形似马，碧形似鸡。”

(43) 踽踽，独行貌。《诗·唐风·杕杜》：“独行踽踽。”毛传：“无所亲也。”

(44) 枯腊，干尸。《汉书·杨王孙传》：“其尸欲化不得，郁为枯腊。”此指化石。

(45) 僵石，化石。

(46) 贞虫，《淮南子·说山训》：“贞虫之动以毒螫。”高诱注：“贞虫，细要蜂，蜾蠃之属。无牝牡之合曰贞。”

(47) 翃翃(hóng 弘—)，虫飞作声。《广雅·释训》：“翃翃，飞也。”

(48) 部曲，军队编制。此指结为群体。

(49) 亢，高。

(50) 侏张，强大放诞。杨雄《国三老箴》：“负乘覆餗，奸宼侏张。”

(51) 贪墨，贪财好贿。参见《原学》第一注(28)。佣驽，平凡庸劣。役夫，卑贱者。《左传·文公元年》：“呼！役夫。”杜预注：“役夫，贱者称。”

(52) 鸟兽不可与同群，语出自《论语·微子》。意为人不可脱离社会而与鸟兽相处。

【译文】

章炳麟说：动物不知道合群的重要性，益州的金马、碧鸡，曾生活于太古时期，它们沾沾自喜的样子，独行以丧群，从而使其物种灭绝，如今仅能通过化石得知它们的样子。（但凡化石，都是生物所化成的，也有本来是金属或石头等物质，而生物在上面留下印迹而形成的；又有一种情况是生物已经腐朽，而其他金属或石头等物质填充到原来生物形体的痕迹中，与生物原来的形体并无差异而形成的化石。这大概是碧鸡、金马的形体已经腐朽，而金、玉这样的物质填充而形成的。）知晓合群的道理，小到像细腰蜂这样的昆虫，成群地飞动，如军队一般进退有序，他物无法伤害。山林之士，逃避浊世、超脱凡俗自以为高，他们个性张扬而不合于群，与那些贪财好贿、平凡庸劣的卑贱者，的确有很大的不同。然而这些人的弊病在于，将带领民众沦落为猿猴。所以说：人不可以与鸟兽相处。

合群之义，其说在《王制》《富国》(53)；知人之变，其说在《八索》(54)。

【注释】

(53)《王制》《富国》，皆为《荀子》篇名。

(54)《八索》，《左传・昭公十二年》：楚左史倚相，"能读三坟、五典、八索、九丘"。杜预注："皆古书名。"伪孔安国《尚书序》："八卦之说，谓之八索，求其义也。"这时借指《周易》。

【译文】

合群之义，其说在《荀子・王制》《富国》篇；知晓人类可变，其说在《八索》。

族制第二十

[说明]在进化论的介绍和传播上，章太炎不是最早的，但在用进化论解释自然界和人类社会的发展方面，章太炎则已经超过同时代的许多思想家。只要看了章太炎的《菌说》《儒术真论》及这篇《族制》后，就可以深刻地感受到这一点。

在本文中，章太炎利用西方1884年由英国人类学家迦尔敦创立的优生学理论和社会达尔文主义的生存竞争学说，来解释民族的兴衰盛亡。他认为生存竞争是社会进化的基本原则，遗传在其中起着一定的作用，但并不是绝对的，在不同的历史时期其作用也是不同的。在人类的早期阶段，遗传对人类进化起着一定的作用。“遗传之优劣，蠢智系焉，血液之袀杂，强弱系焉”，要否认这一点是不可能的。在父系社会中，父家长成为最高统治者，王位由嫡长子世代继承，于是产生了所谓的世卿制。作者在这里着力批判了世卿制符合人类遗传的观点，认为人的才能主要来自后天的培养，先天的遗传再好，如果没有后天的努力，也是不会有成就的。况且遗传并不是绝对的。上一代贤明，下一代不一定聪慧，这种例子在历史上很多，因此世卿制符合遗传的说法是站不住脚的，世卿制被“共和”制所取代也就是必然的了。

章太炎认为，历史上民族之间的生存竞争是不可避免的，并在一定时期对社会的发展起着推动作用，“夫自然之洮汰与人为之洮汰，优者必胜，劣者必败”。正因为如此，要增强民族的竞争能力，就必须利用遗传规律与优生学原理,“去其狼扈而集其清淑”,并不断实行社会政治改革。

在本文及文章后的附录中,作者提出中国古代存在一种传位于外甥的制度,这是由于在母系氏族中,人们“知其母不知其父”,成年男子往往把氏族中未成年人都看作自己的子女,传位也不加区分,中国古代典籍中的咎繇实即为“舅繇”,由于传甥的制度,“自甥称之曰咎(舅)”。

本文收入《訄书》初刻本,未收入《检论》。

形天无首而舞(1),跋难陀龙无耳而听(2),阿那律陀无目而见(3)。见《楞严经》。藉弟令非诬(4),其抑者若珊瑚与水母(5),动物而虚其脑也。若夫五凿异处(6),而视听之舍殊,此奚足眩矣?思士不妻、思女不夫孕也(7),舜若多神之无身触也(8),亦见《楞严经》。此非殊舍也,而犹若是(9)。意者其犹电鱼之储气(10),将不行而至者邪?以电卧人,能使前知若远游,所睹星辰、水波、山谷、人物、虫兽、车马、诡谲殊状(11),皆如其志。瑞典人著《催眠术》,言以电气使人孰睡,能知未来,及知他人所念,或见异物殊状,有千里眼、梦游诸名。其原出于希腊,晚有《曼司莫立士姆》及《汉坡诺忒斯没》诸书,今皆命曰精神学。盖《列子》西极化人易人之虑、谒王同游诸事(12),皆非诬也。要之,万物莫神于辟历(13),苟非骸质(14),犹无以觉无以传矣。圣王因是以却鬼神,而天所生(15)。

【注释】

(1) 形天,亦作刑天。神话人物,因和天帝争权,失败后被砍了头,埋在常羊山。但他不甘屈服,以两乳为目,肚脐为嘴,依然拿着盾牌和板斧挥舞着。见《山海经·海外西经》。

(2) 跋难陀,龙王名。古代传说龙不以耳听。如《山海经》“龙听以角不以耳”。章氏取此意。

(3) 阿那律陀,佛十大弟子之一。称天眼第一。

(4) 藉弟令,假使。《史记·陈涉世家》:“公等遇雨,皆已失期,失期当斩。藉弟令毋斩，而戍死者固十六七。”

(5) 抑，低。指低等动物。

(6) 五凿，五窍。《荀子·哀公》：“五凿为正，心从而坏，如此可谓庸人矣。”杨倞注：“凿，窍也。五凿，谓耳、目、鼻、口及心之窍也。”

(7) 思士、思女，思慕异性的男子、女子。《列子·天瑞》：“思士不妻而感，思女不夫而孕。”

(8) 舜若多神，佛教中传说中的神。无身触也，不通过感官而接触。

(9) 此非殊舍也，而犹若是，这不是它们感官的位置发生变化，而是它们本身就可以不通过感官而感知。

(10) 意者，或者。《墨子·公孟》：“意者先王之言，有不善乎？”电鱼，身体能发出电流的鱼，有电鲶、电鳐、电鳗等。

(11) 诡谲，奇异。《晋书·王坦之传·废庄论》：“若夫庄生者，……其言诡谲，其义恢诞。”志，记。

(12) 西极，西边极远之国。化人，会幻术之人。谒王同游诸事，据《列子·周穆王》，列御寇曾神游西域诸国，与当地国王宴饮。

(13) 辟历，同“霹雳”。疾雷，《史记·天官书》：“夫雷电、虾红、辟历、夜明者，阳气之动者也。”

(14) 骸质，体质。此指感官。

(15) 圣王因是以却鬼神，而天所生，此两句意为，圣王根据认识来自感官就能否定鬼神的存在，而尊奉人生而具有的认识能力。天，用作动词。

【译文】

形天没有了脑袋，仍能挥舞盾牌、刀斧；龙王跋难陀没有耳朵仍能听得到声音；佛佗的弟子阿那律陀没有眼睛仍能看见东西。(见《楞严经》)假使这种说法完全不是编造，那么他们应该像珊瑚和水母，有动物之身而无动物之脑。至于五窍是分离的，眼睛与耳朵分布在不同地方，这有什么可奇怪的呢？思慕异性的男女，女人未嫁而怀孕，佛教中的舜若多神不通过身体感官而感知(也见于《楞严经》)，这并不是他们的感官位置发生了变化，而是他们本来就可以做到这一点。或者就像电鱼在储气，可以不行而至？用电使人沉睡，能做到预见未来如同经历了一次远游，所看到的星辰、水波、山谷、人物、虫兽、车马，形状奇异，都像人潜意识中所感知的那样。(瑞典人著《催眠术》一书，记载用电气使人熟睡，能感知未来，以及知道他人的想法，或看到奇形怪状的事物，有千里眼、梦游等名称。这原本出于希腊，后来有《曼司莫立士姆》及《汉坡诺忒斯没》等书，如今都被称为精神学。大概《列子》所记载的西极国的一个会幻术的人能使人暂忘其原有的记忆以及列御寇曾神游西域诸国，拜访其国王并一同游玩等事，都不是完全没道理的。)总而言之，万物皆不如疾雷那样神奇，若没有高等动物的感官，就无法感知、传达。圣王以此而否定鬼神的存在，而尊奉人生而具有的认识能力。

上古受姓皆以母，而姬、姜、姞、姚从女。自黄帝子为十二姓，著之图录，冀统以父，然不能无棼乱[16]。是故嬴氏之祖不章，而秦之先乃谍系颛顼，以出于其孙女修故[17]。《秦本纪》："秦之称，帝颛顼之苗裔，孙曰女修。女修织，玄鸟陨卵，女修吞之，生子大业。"索隐曰："秦、赵以母族而祖颛顼，非生人之义也"[18]。"《左传》，郯国，少皞之后，而嬴姓盖其族也。秦、赵宜祖少昊。"案：少昊，己姓，索隐误。且诸侯皆一本[19]，惟六、蓼[20]，则并祖咎繇、庭坚[21]。庭坚者，颛顼之才子。《古今人表》列高阳才子八子[22]，以咎繇代庭坚，竟谓一人二名，此误。女修于庭坚，盖姑姊妹。母系者传甥，是以舅甥两名其祖[23]。《族制进化论》曰：世有不传官位于子，而传姊妹之子者，此由女系亲族法故。拔德儿曰：罗安高之市府酋长四人，皆国王甥也；王子不得嗣位。海衣说：中部亚非利加之俗亦然。佗斯佗士史载日耳曼古代风俗[24]，曰：舅与从母之爱其甥[25]，犹父之爱其子；甥爱舅与从母，或过其父；敌国交质，不取子而取甥，独财产传之其子耳。印度之连波人，夫以财物少许与妇，买其子归，冠以己族，始得专有；其女则必归妇家，而夫不得有也。班古罗夫之书所载亚美利加之其尼路人，传财产于女系子孙；初克佗人，儿童将入学校，父不命而舅命之。皆重甥之徵也。传称咎繇子为皋子。《列女·辩通传》。皋即咎。惟咎繇亦称陶叔，《易林》需之大畜。而许由者寔咎繇之异称[26]。后有附说。以是知繇者其名，咎则犹咎犯也[27]。舅犯，古多作咎犯。咎繇既传于母系，已亦从其宪典而授之甥；自甥称之曰咎，其后遂以为成俗习言，犹咎犯也。故化益虽以繇子，而别其姓曰嬴[28]，独国邑未蔵以授人耳。见后附说。胥臣曰青阳，方雷氏之甥也[29]；夷鼓，彤鱼氏之甥也[30]；方以明彰族姓，而亟言甥，即黄帝子犹有母系，无疑也[31]。嗟乎！核丝之远近[32]，蕃萎系焉。传称"男女同姓，其生不蕃"。故父党母党七世以内，皆当禁其相婚，以血缘大近故也。遗传之优劣，蠢智系焉。血液之袀杂，强弱系焉。言人种改良者，谓劣种婚优种，其子则得优劣之血液各半，又婚优种，其子得优种血液八分之六；至七世，则劣种血液仅存百二十八分之一，几全为优种矣。细胞之繁简，死生系焉。生物学说，谓单细胞动物万古不死，异细胞动物则无不死。然其生殖质传之裔胄，亦万古不死。民之有统也，固勿能斥外其妣矣[33]。观于深山大泽，而知其将生龙蛇[34]，素成之道[35]，书之玉版，其慎始敬终也[36]。民之蔡哉！[37]

【注释】

(16) 不能无棼乱，以上一段意为，上古"姓"来自母系，故当时的姓多从女。然而自黄帝以来，由于父权的确立，人们往往追溯姓于黄帝的十二子，并记载于书册，子继父姓，这样一来就造成了混乱。

(17) 以出于其孙女修故，以上三句意为，嬴姓的真正始祖不被人们知晓，秦人将其祖先系之颛顼，认为出于颛顼孙女修。

(18) 非生人之义也，以上几句意为，颛顼孙女修吞陨卵生大业，是为秦、赵等嬴姓之祖，由于大业的父亲已无法知道，故由母族系之颛顼，并不是说颛顼与其有直接生育关系。

(19) 一本，指有一个祖先。

(20) 六，偃姓，传说夏禹封皋陶(咎繇)之子于六(今安徽六安北)，故称。蓼，或作鄝，偃姓，皋陶之后，在今河南固始东北。

(21) 咎繇，也作皋陶。传说为舜臣，掌刑狱之事。偃姓。春秋时英、六诸国相传为其后人。章太炎认为咎繇即传说中许由。详见附录。庭坚，相传为高阳氏八恺(八个有才德的人)之一。或说为皋陶之号。章氏认为庭坚、皋陶为二人。

(22) 高阳，高阳氏，即颛顼。

(23) 舅甥两名其祖,章氏在这里接受了西方人类学的观点,认为上古社会存在着传甥不传子的习俗,王将王位不传与儿子而传与外甥,形成甥舅关系。新继立的王便有了他所授位的舅和他所从生的父两个系统的祖。

(24) 佗斯佗士,今译塔西佗(约55～120年),古罗马历史学家。主要著作有《年代记》《历史》《日耳曼尼亚志》等。其中《日耳曼尼亚志》记录了古日耳曼人的生活习俗和社会制度。

(25) 从母,指舅的妻子,即舅妈。

(26) 许由,上古高士。相传尧让以天下,不受,遁耕于箕山之下,尧又召为九州长,由不欲闻之,洗耳于颍水滨。《史记·伯夷列传》《汉书·古今人表》作许繇。寔,同"实"。章太炎认为许由即咎繇,详见附录。

(27) 咎则犹咎犯也。咎有gāo(皋)、jiù(舅)二音,故章太炎认为咎即为舅。例证是古代舅犯也写作咎犯。咎犯,即狐偃,春秋晋国大臣。晋文公重耳之舅,又称舅犯。

(28) 化益,即伯益,古代嬴姓各族的祖先。章太炎认为伯益为咎繇之子,但因传甥不传子,故别立一姓为嬴。

(29) 青阳,黄帝之子。参见《序种姓上》第十七注(386)。章氏此处认为青阳为黄帝之甥。方雷氏,指黄帝次妃女节,为方雷氏女。见《史记·五帝本纪》司马贞索隐引皇甫谧说。

(30) 夷鼓,黄帝之子。章氏此处认为夷鼓为黄帝之甥。参见《序种姓上》第十七注(387)。彤鱼氏,黄帝的第三妃。《姓氏考略》:"彤鱼氏生夷鼓,黄帝三妃也。"

(31) 黄帝子犹有母系,指黄帝的儿子也实行传位于甥的制度。章氏认为传甥制度是母系群婚的产物,是不符合遗传的。故下面就此展开论述。

(32) 核丝,细胞核。此指血缘。

(33) 民之有统也,指人们都有基因遗传。

(34) 深山大泽二句,见《左传·襄公二十一年》。杜预注:"言非常之地,多生非常之物。"

(35) 素成,指预见成事。《国语·吴语》:"夫谋,必素见成事焉,而后履之。"韦昭注:"素,犹豫也。"

(36) 慎始敬终,谨慎开始和结果。此指重视遗传。《左传·襄公二十五年》:"书曰:慎始而敬终,终以不困。"

(37) 蔡,法式。《小尔雅·广诂》:"蔡,法也。"

【译文】

上古受姓都依据母姓,而姬、姜、姞、姚等姓都是女字旁。自从黄帝赐给儿子十二个姓，记录在史册中，子继父姓，这样就造成了混乱。因此嬴姓的先祖已理不清谱系，于是秦人将颛顼一支看作他们的祖先，认为是出于颛顼的孙女修。（《史记·秦本纪》记载："秦人的祖先，是帝颛顼的后裔，其孙叫女修。女修编织时，玄鸟坠落一枚卵；女修吞下了这枚卵，于是生了个儿子叫大业。"索隐称："秦、赵以母族而将颛顼视为始祖，并不是说颛顼与其有直接生育关系。""《左传》，郯国，是少皞的后人，而嬴姓与其同族。秦国、赵国应以少皞为始祖。"案：少皞是已姓，索隐有误。）且诸侯都是有一个祖先，唯独六、蓼同时以皋陶、庭坚为祖先。庭坚，是颛顼的德才兼备之子。（《古今人表》记载高阳有德才兼备的八个儿子，以皋陶代庭坚，竟认为是同一个人两个名字，这是不对的。）女修相对于庭坚，是姑姊妹。母系部落是将王位传给外甥，所以因舅甥关系而有了两个祖系。（《族制进化论》说：世上有不把官位传给儿子的，而是传给姊妹的儿子，这是依照女系亲族法则的缘故。拔德儿说：罗安高的市府酋长有四人，都是国王的外甥，国王的儿子不得继承君位。海衣说：中部亚非利加的风俗也是如此。佗斯佗士记载日耳曼古代风俗的历史，说：舅与舅妈对外甥的爱，就如同父亲对儿子的爱；外甥对舅与舅妈的爱，或超过对其父亲的爱；敌对的两国互换人质，不是选取儿子而是选取外甥，只有财产才传给儿子。印度的连波人，丈夫用少许财物给妻子，才能买回自己的儿子，让他成为男方的族人，才能真正拥有儿子；其女儿则一定是属于妻族，丈夫不能所有。班古罗夫之书所记载的亚美利加的其尼路人，把财产传给女系子孙；初克佗人的儿童将要入学时，不是儿童的父亲去教导而是舅父去教导。这些都是看重外甥的体现。）传称皋陶的儿子是皋子。（《列女传·辩通传》。皋即咎。）只是皋陶也称陶叔（《易林·需之大畜》），而许由是咎繇的另一称呼。（后有附说。）由此可知繇是其名，咎就如同咎犯。（舅犯，古时多作咎犯。）咎繇既然是传于母系的，自己也就遵循母系法典而传位给外甥；以外甥的身份来称他是咎，其后于是成为习惯的称呼，就如咎犯。所以伯益虽是咎繇的儿子，而别立一姓称为嬴，只是国邑未至以授人。（见后文的附说。）胥臣称青阳，是方雷氏的外甥；夷鼓，彤鱼氏的外甥；本是要说明族姓，却屡称外甥，即表明黄帝的儿子也实行传位于甥的制度，这是无疑的。可叹啊！血统的远近，关系到家族是繁盛还是衰微。（《传》称“结婚的男女同姓，其子孙不会兴旺”。所以说父族母族七世以内，都应当禁止通婚，原因是血缘太近。）遗传基因的优劣，关系到后代是愚蠢还是聪慧；血统的纯正与混杂，关系到后代是强还是弱。（持人种改良说者，称劣种与优种通婚，他们的孩子会得到优劣血统各一半；孩子再与优种通婚，孩子的孩子血液中就会有四分之三是优种的。繁衍七代之后，劣种血液仅存一百二十八分之一，接近全部是优种血统了。）细胞的繁简，关系到生死。（生物学认为，单细胞动物能经历很久远的年代也不死亡，多细胞动物则没有不死亡的。然而多细胞动物不断繁衍的后代，也是万古不死。）人类都是有血统的，由于遗传的作用，人们不可能不受到父母基因的影响。观于深山大泽这样的非常之地，而知其将会生长非常之物，预见成事之道，记录在典籍中，就是为了重视遗传。此为人类法则！

平等之说盛，而第高下者[(38)]，持其故以相诘，曰：女智必不如士。胡蝭以争女也[(39)]，而华其羽毛；鸡以争女，故生冠距；师子惟争女[(40)]，故修项被鬣，其丽且武，皆以争而擅于其牡。虽人，亦动物也，自大上而静瘱者不增其材力[(41)]，又常迫妊娠，至不能事事，是以《梓材》怜之[(42)]，曰嫲妇也，鳏寡也，妪之必厚[(43)]。其权则必不得均于士矣，圣王因是以贵世嫡而尊祢庙[44]，天子则及其大祖[45]，虽文母犹系之子[46]，世嫡之贵也，亦曰遗传尔[47]。其敝至于任用一姓，而贵戚之卿守其胙[48]。守胙者，诚肖其祖父[49]，不丧蝉嫣[50]，世卿奚讥焉？夫遗传，若冰之隐热矣，隐于数世，越世以发，以类其鼻祖，不必父子。故商均不肖舜[51]，而肖瞽叟[52]；周幽不肖宣[53]，而肖汾王[54]。

【注释】

(38) 第高下者，主张等级者。第，排列次第。

(39) 胡蝭，即蝴蝶。

(40) 师子，狮子。

(41) 瘱(yì 意)，婉瘱。柔顺貌。静瘱者，指女性。

(42)《梓材》，《尚书》篇名。

(43) 妪，爱抚。

(44) 世嫡，继承王位的嫡长子。祢庙，父庙。

(45) 大祖，先祖。指本族的始祖。

(46) 文母，《诗·周颂·雝》："既右烈考，亦右文母。"文为赞美之辞，犹言文德之母。文母犹系之子，指母亲要依据儿子来排定世系、地位。

(47) 亦曰遗传尔，根据遗传学，父亲聪慧则儿子亦聪慧，故世嫡的尊贵往往来自他的血统遗传。章太炎反对这种观点，故下面举例反驳。

(48) 守其胙，守其胙位。胙，亦作祚。

(49) 肖，通"肖"。《汉书·刑法志》："夫人肖天地之貌。"颜师古注："肖，义与肖同。"

(50) 蝉嫣，连属，一脉相承。《汉书·杨雄传上》："有周氏之蝉嫣兮，或鼻祖于汾隅。"颜师古注引应劭曰："蝉嫣，连也。言与周氏连亲也。"

(51) 商均，舜子。

(52) 瞽叟，舜父。

(53) 周幽，周幽王宫湦。宣王子，公元前 781 至前 771 年在位。任用虢石父，宠爱褒姒，加之地震、旱灾，导致西周灭亡。宣，周宣王靖(一作静)。厉王子。公元前 828 至前 782 年在位。曾对淮夷、徐戎、猃狁用兵，被称为"中兴"。

(54) 汾王，指周厉王胡。因在位期间任用"好利"的荣夷公，又用卫巫"弭谤"，结果引发国人暴动(前 842 年)。

【译文】

如今平等观念已盛行，而那些主张等级者，依然坚持旧观念以相责问，说女性的智力必不如男性。蝴蝶为了吸引雌蝶，长着华美的翅膀；公鸡为了吸引母鸡，长有鲜红的鸡冠和金黄的鸡爪；雄狮为了吸引雌狮，修长脖子上长满浓密的毛发，既漂亮又威武，这都是为了追求异性而竭力发挥其雄性魅力。同属于动物的人类，自上古时女性在勇力方面就没什么增进，又时常迫于妊娠，以至不能做什么事，所以《尚书·梓材》怜之曰：孕妇与老弱孤苦之人，都需要加倍关爱。她们的权利则必不能等同于男人的权利，圣王因此多以继承王位的嫡长子为贵、以父庙为尊，天子及其始祖，即使是母亲也要依据儿子来排定世系、地位，嫡子的尊贵往往来自他的血统遗传。这样做的弊端导致任用一姓，仅靠帝王的亲族守卫其天子之位。守其胙位，应当效法先祖，使其一脉相承，那么为什么要非议世卿制度呢？基因遗传，就像冰山下隐藏的热，隐藏几代人之后，可能隔代会体现出来，与始祖相似，不一定是父子关系。所以舜的儿子商均不像舜，而像他祖父瞽叟；周幽王不像他父亲宣王，而像他祖父周厉王。

且性犹竹箭也(55)，括而羽之，镞而弦之，则学也(56)。不学，则遗传虽美，能兰然成就乎？登啮肥乘坚之童(57)，而摈羊裘之骏雄于椓杙(58)，其道莫颇(59)。圣王因是以革世卿而官天下(60)，曰：弗乎弗乎！白雉不贡，泗水不出鼎，吾已矣夫(61)！仲尼之遏于季孙、田成子(62)，而不得进；子弓之骍角(63)，而不得十二游以南面(64)。遏之也以力，故创之也甚(65)。

【注释】

(55) 性犹竹箭也，意谓性是先天的质素。同于荀子的观点：“性者本始

材朴,伪者文理隆盛。”(《性恶》)

(56) 则学也,是学习的结果。

(57) 登,进,启用。啮肥,食肥肉。乘坚,乘好车。《汉书·食货志上》:“乘坚策肥,履丝曳缟。”颜师古注:“坚,谓好车也。”啮肥乘坚之童,指新兴起的官僚阶层。

(58) 摈,排斥。羊裘之俊雄,指世卿贵族。椓杙,敲打木桩以系牲畜。《尚书大传·洛诰》:“椓杙者有数。”郑玄注:“杙者,系牲者也。”椓,敲打。此指做牧牛羊之人。

(59) 其道莫颇,在道理上没有什么不对。颇,偏,不正。

(60) 官天下,指继世卿制而起的选贤制度。

(61) 吾已矣夫,《论语·子罕》:“子曰:凤鸟不至,河不出图,吾已矣夫!”此段即由《论语》而来。

(62) 季孙,指季桓子。鲁国贵族。孔子曾向他进言,未被采纳。见《史记·孔子世家》。田成子,即陈成子。春秋时齐国大臣。名恒,一作常。参见《儒道》第四注(18)。

(63) 子弓,馯臂子弓,或说仲弓。参见《儒法》第五注(31)。骍角,骍,赤色,周代尚赤,祭祀时多用赤色牲畜。角,指两角长得周正。此指品质优良,有才能。《论语·雍也》:“犁牛之子骍且角。”

(64) 十二游,即十二旒。天子冠冕前后悬挂的玉饰。《礼记·玉藻》:“天子玉藻十有二旒。”南面,指天子。《论语·雍也》:“子曰:雍(注:仲弓)也可使南面。”

(65) 遏,阻止。创,伤害。以上两句意为,受到的阻遏越大,受到的伤害越深。

【译文】

况且天性就像竹制的利箭一样,箭末捆上羽毛,装上箭头放在弓弦上,这是后天改造的结果。若不学,遗传基因再好,能有辉煌的成就吗?启用新兴起的官僚阶层,而排斥世卿贵族,在道理上没有什么不对。圣王因此以革除世卿制而倡导选贤制度,说:急需矫正啊!瑞鸟白雉已不再上贡,泗水不出鼎,我已经快没有希望了!孔子因季孙、田成子阻止,而不能被进用;子弓有居于尊位的才能,却得不到施展。受到的阻遏力量越大,而伤害也就越深。

虽然，使上古无世卿，又安得仲尼、子弓也？彼共和而往(66)，其任国子者，非以贵贵，惟竞存其族故(67)。不然，今吾中夏之氏族，礧落彰较(68)，皆出于五帝。五帝之民，何为而皆绝其祀也(69)？是无他，夫自然之洮汰与人为之洮汰，优者必胜，而劣者必败。睿哲如五帝，氓固奔逐，喘弗能逮矣(70)，则又封建亲戚以自屏翰(71)，迫劫其异族使为一宗；不宗者以律令放流，屏于大荒深阻丛棘白草之间(72)，以伍戎狄(73)。由轩辕以至孔氏，蟣二千年(74)，其名子姓者至于百姓千品万官亿丑，非其类者，又安所容其趾乎(75)？

【注释】

(66) 共和，西周从厉王失政，到宣王执政，中间十四年称共和。共和名称的由来，一说召公、周公共同执政。一说由共和伯代理执政。

(67) 国子，公卿大夫的子弟。《国语·周语上》："宣王欲得国子之能导训诸侯者。"以上三句意为，任用国中贤人，不只是出于"贵贵"的目的，而是由于竞争保存种族的缘故。

(68) 礧落，亦作磊落。光明正直。彰较，清楚明白。

(69) 五帝之民，指五帝时的各个氏族。以上几句意为，今天我华夏民族，皆清楚明白出于五帝，五帝时的其他氏族为何都被灭绝了？绝其祀也，将其他氏族都灭绝掉。

(70) 睿哲，神圣而明智。氓，民。以上三句意为，像五帝这样神圣而明智的君王，百姓奔走着去投靠，气喘吁吁唯恐赶不上。

(71) 封建，分封。屏翰，捍卫。《诗·大雅·板》："大邦维屏，大宗维翰。"

(72) 屏，亦作"摒"。弃，逐。

(73) 以伍戎狄，与戎狄为伍。

(74) 蟣，古"几"字。

(75) 容其趾，容其足。谓安身立足。以上一段意为，从黄帝到孔子二千年，五帝的后代发展壮大，其他氏族则难以生存。

【译文】

即使如此，若上古没有世卿，又怎能有孔子、子弓呢？在周、召共和之后，所任命的公卿大夫子弟中的贤者，不是出于“贵贵”的目的，而是为了竞争保存种族。不然的话，如今我们华夏民族，都十分清楚是出于五帝，而五帝时的其他氏族为什么都已灭绝了呢？没有别的原因，是自然淘汰与人为淘汰的结果，优者必胜，劣者必汰。像五帝这样神圣而明智的君王，百姓奔走着去投靠，气喘吁吁唯恐赶不上，又分封亲戚以捍卫屏障，胁迫异族使其成为同宗；不愿意同宗的依照律令流放，摈弃于荒芜偏远、荆棘丛生之地，使其与戎狄为伍。从轩辕黄帝到孔子，将近两千年间，五帝的后代发展壮大，而其他氏族又怎能有安身立足之地呢？

且古之洮汰，亟矣！故戚施直镈(76)，籧篨蒙璆(77)，侏儒扶卢(78)，矇叟修声(79)，聋聩司火(80)，有时而用之。若夫童昏(81)、嚚瘖(82)、焦侥(83)，官师之所不材也，以实裔土(84)。夫屏之裔土者，惧其传疾以败吾华夏之种，故蹙蹙焉洮汰之也。凡负伤遗传，如狸犬或失其尾，则所产者亦无尾；人或堕指，其子亦无指；又骈指至六七者，或数代皆同。此则形骸疾眚，皆有遗传矣。古之人，未尝不僭滥于赏罚(85)，欲良其种也，则固弗能舍是。

【注释】

(76) 戚施，貌丑驼背之人。《国语·晋语四》：“戚施不可使仰。”韦昭注：“戚施，瘁者。”镈(bó 博)，乐器，似钟而口缘平。直镈，敲打乐器。

(77) 籧篨(qú 渠—)，身有残疾不能俯视之人。蒙璆(—qiú 球)，《国语·晋语四》：“籧篨蒙璆。”韦昭注：“蒙，戴也；璆，玉磬。(籧篨)不能俯，故使戴磬。”

(78) 侏儒，身材异常矮小的残疾人。扶卢(pú 蒲—)，古代杂技的一种。《国语·晋语四》：“侏儒扶卢。”韦昭注：“扶，缘也；卢，矛戟之柲(柄)，缘之以为戏。”

(79) 矇叟，盲目之人。修声，演奏音乐。

(80) 聋聩，耳聋之人。司火，掌行火之政令。

(81) 童昏，愚昧无知。《国语·晋语四》："僮昏不可使谋。"韦昭注："僮，无知；昏，暗乱也。"童，亦作僮。

(82) 嚚瘖(yín 银 yīn 音)，喑哑。《国语·晋语四》："嚚瘖不可使言。"

(83) 焦侥(—yáo 摇)，《淮南子·坠形训》："西南方曰焦侥。"高诱注："焦侥，短人之国也，长不满三尺。"

(84) 裔土，边远之地。《方言》郭璞注："边地为裔。"

(85) 僭滥，刑赏过度。《诗·商颂·殷武》："不僭不滥，不敢怠遑。"毛传："赏不僭，刑不滥也。"

【译文】

古时的淘汰进程，是很急迫的！驼背不能仰视的人用来敲镈钟，因有病而不能俯身的人用来戴玉磬，侏儒用来攀缘矛戟之柄以为戏，盲人用来演奏乐曲，聋子来管理用火，这些人有时还能有可用之处。像那些愚昧无知的、口哑不能说话的、身长不满三尺的，没有什么可以利用的才能，就会被流放到边远荒地去。之所以要把这样的人流放到边远荒地去，是担心他们有基因缺陷而遗传给后代，以免影响华夏民族的血统质量，所以才急迫地想要淘汰掉这类人。(凡是有基因缺陷的遗传，如猫狗有的没有尾巴，所生下的后代也没有尾巴；有的人断掉了手指，生下的儿子也没有手指；还有的是多指，甚至一只手有六七个手指的，其子孙好几代人都是如此。这表明身体残疾，往往会有遗传。)古代的人往往会赏罚过度，想要改良种族的血统，就不能不用这个办法。

比端门之有命(86)，而种既良矣，尽天下而皆出于历山有熊(87)，则孰为其优？而孰为其劣？于是废世卿，释胥靡(88)，与天下更始(89)。三古之世卿，若执桃茢以赤犮其不材之种(90)，然后九州去其狼扈(91)，而集其清淑(92)。虽竞存，非私也。今至于桓、文(93)，四裔之孤偾(94)，其有干吾族纪乎？其皆吾昆弟与皇之耳孙矣(95)。虽不竞存，无进于其公也。自非前世之竞存，则仲尼、子弓雕额冒耏也久矣(96)，又安得渊圣之材，而制是法乎？

【注释】

(86) 端门，宫殿的正门。此指王室。

(87) 历山，指神农氏。神农起于烈山(亦作历山)，故称。有熊，有熊氏，即黄帝。

(88) 胥靡，一作“縃縻”，古代对一种奴隶的称谓。因被用绳索牵连着强迫劳动，故名。《墨子·天志下》：“不格者则系累而归，丈夫以为仆、圉、胥靡。”

(89) 更始，除旧布新。《汉书·宣帝纪》：“其赦天下，与士大夫厉精更始。”

(90) 桃茢，用桃木制成的扫帚。《周礼·夏官·戎右》：“赞牛耳桃茢。”郑玄注：“桃，鬼所畏也。茢，苕帚，所以扫不祥。”赤犮，《周礼·秋官》有赤犮氏，主理清除藏墙屋的虫豸。此用作动词。

(91) 狼扈，犹狼藉。散乱不整。此指前文的“不材之种”。

(92) 清淑，清俊之材。

(93) 桓、文，齐桓公、晋文公。均为春秋时的霸主。

(94) 四裔，四夷。裔，通“夷”。孤偾，亢奋之疾，此指粗野不化之人。

(95) 耳孙，八世孙。《尔雅·释亲》：“曾孙之子为玄孙，玄孙之子为来孙，来孙之子为昆孙，昆孙之子为耳孙。言其隔代远，但耳闻之。”

(96) 雕额，在额上刺花纹。《礼记·王制》：“南方曰蛮，雕题交趾。”冒耏(—ér 儿)，多须，即连鬓胡子。《后汉书·章帝纪》元和二年：“沙漠之北，葱领之西，冒耏之类跋涉悬度。”注：“言其须多，蒙冒其面。”

【译文】

等到王室已是天命所归，而种族的血统也得以改良，全天下之民都成为神农、黄帝的后人，到那时谁是优良血统？谁又是劣等血统呢？于是废除世卿，释放奴隶，使天下得以除旧布新。古代的世卿制，就像是手拿着用桃木制成的扫帚来扫除那些劣等基因，然后中国去其狼藉，而汇集起清俊秀美之材。即使竞争生存，也不是为了一己之私。到了齐桓晋文时期，四夷粗野不化之人，他们扰乱了华夏的统纪了吗？他们都是我华夏民族的兄弟，犹如王族的八世孙。即使不竞争生存，也无助于公正。如果没有前世的竞争生存，那么孔子、子弓早就是额头上刺着花纹、留着连鬓胡须,又怎能有精深广博、才智超凡之材,而制定这些制度呢!

制法有程(97),而种之日进也无程。使人人之皆角犀丰盈者(98),必革其恒干(99)。革干之道,非直严父,亦赖母仪焉(100)。《十翼》以《归妹》为天地之大义(101),上《系》(102):"《易》有大极,是生两仪。两仪生四象,四象生八卦。"虞注(103):"四象,四时也;两仪,谓乾坤也。《乾》二五之《坤》,成《坎》《离》《震》《兑》。《震》春、《兑》秋、《坎》冬、《离》夏,故两仪生四象。《归妹》卦备,故《象》独称天地之大义也。"此则《风》始《关雎》(104),《书》首"釐降"(105),义皆该之矣。又案:自大极而两,而四,而八,则自八而十六,而三十二,而六十四,自可比类,非邵雍之私说也(106)。今生物学家谓细胞极球,一裂为二,二裂为四,自此为八,为十六,为三十二,为六十四。是即《归妹》之旨。其成绩究乎"使跛能履,使眇能视"(107)。《集解》本"能"作"而"(108),《履卦》亦然。然《释文》不出异文(109)。据虞注,则作而;据《履》卦侯果注,则作能。案:废疾负伤,若夫妇同病,则必为遗传;若妇非跛眇,则幸可改良(110)。凡改良之说,视此。乌乎,民之蔡哉!

【注释】

(97) 程,法式,规章。

(98) 角犀丰盈,《国语·郑语》:"今王弃高明昭显,而好谗慝暗昧;恶角犀丰盈,而近顽童穷固。"韦昭注:"角犀,谓颜角有伏犀;丰盈,谓颊辅丰满。皆贤明之相。"此指人的体质优良。

(99) 恒干,指人的躯体。《楚辞》宋玉《招魂》:"去君之恒干,何为四方些?"王逸注:"恒,常也。干,体也。"革其恒干,指改良体质。

(100) 母仪,犹言母范。人母的典范。此指母亲的体质。

(101) 十翼,即《易大传》。分为《彖》上下、《象》上下、《系辞》上下、《文言》《说卦》《序卦》《杂卦》十篇。《归妹》,《易》六十四卦之一。《易·归妹》彖辞:"归妹,天地之大义也。天地不交万物不兴。归妹,人之经始也。"言女子出嫁,男女交合如同天地相遇而生有万物一样。

(102) 上《系》,指《易·系辞传上》。

(103) 虞注,指三国吴虞翻的《易注》。虞翻,会稽余姚(今属浙江)人。精于《易》,其著《易注》已佚,清张惠言有《周易虞氏义》。

(104)《风》始《关雎》,《诗·国风》第一篇为《关雎》。言男女欢爱。

(105)《书》首“釐降”,《尚书》首篇《尧典》曰:“釐降二女于妫汭,嫔于虞。”传:“釐,下;嫔,妇也。”疏:“舜为匹夫,帝女下嫁。”

(106) 邵雍(1011~1077年),北宋思想家。字尧夫,谥康节,共城(今河南辉县)人。理学象数学派的创立者。著有《皇极经世》《伊川击壤集》《渔樵问答》等。

(107) 使跛能履,使眇能视,分别为《归妹》初九,九二爻辞,文字稍有出入。章太炎引用此以附会古代也有体质改良的观点。

(108)《集解》,即《周易集解》十七卷,唐李鼎祚著。采子夏、孟喜、焦赣、京房、马融、荀爽、虞翻等三十五家说,保留了唐代以前说《易》的大量史料,其中汉代象数《易》学的资料,尤为珍贵。

(109)《释文》,即《经典释文》。

(110) 则幸可改良,据现代医学,人类疾病有遗传性与非遗传性之分。若为遗传性疾病,夫妇一方即可遗传,若否则不遗传,而与“夫妇同病”与否没有直接关系。章氏的说法不科学。

【译文】

制定法律是有规章的,而血统的延续发展却没有章程。若要使人人都能体格强健,就一定要改良人的体质。改良人体质的办法,不仅取决于父亲,还依赖母亲的仪容风范。《易传》将《归妹》视为天地的大义,(《易·系辞上》记载:“《易》有太极,由是以生阴阳两仪。两仪生四象,四象生八卦。”虞翻注认为:“四象,就是四时;两仪,是指乾坤。《乾》《坤》两卦的二、五爻变,就会生成《离》《坎》,再变又生成《震》《兑》两卦。《震》对应春,《兑》对应秋,《坎》对应冬,《离》对应夏,所以说两仪生四象。《归妹》卦齐备之后,故《彖》独称天地之大义。”就如《诗经·国风》以《关雎》为始,《尚书》首篇《尧典》说到“釐降”,因为其义都能涵盖整体。又案:自太极而至两,至四,再至八,自八而到十六,到三十二,再到六十四,自然界就有可以相比拟的事物,不只是邵雍的一家之言。如今的生物学家称细胞核,由一个分裂成两个,两个分裂成四个,再到八个、十六个、三十二个、六十四个。正是《归妹》的宗旨。)其成绩就体现在"使跛脚能站立,使盲人能看"。(《周易集解》本"能"写成是"而"。《履卦》也是如此。然而《经典释文》不出异文。据虞翻的注,则作"而";据《履卦》侯果注,则作"能"。案:残疾缺陷,如果夫妻都有同一种毛病,那么就会必然遗传给后代;如果妻子不是跛脚或目盲,那么幸运的话后代会有改良。凡改良的说法,正是如此。)此为人类的法则!

附:许由即咎繇说

唐、虞以贵族行禅让[1]。瞽叟者虞君,而舜其世嫡也[2],不欲以天位授庶人[3]。

【注释】

(1) 以贵族行禅让,指在贵族内部实行禅让。

(2) 瞽叟,舜父。章太炎认为瞽叟为虞国国君,舜为其嫡子而继位,与传统的禅让说不同。

(3) 天位,王位。《易·需》:"位乎天位,以中正也。"

【译文】

尧、舜在贵族内部实行禅让。瞽叟是虞国国君,而舜为其嫡长子,不希望将天子之位授予平民百姓。

大史公称"尧让天下于许由",宋氏《尚书略说》以为伯夷[4]。其义曰:"《大传》'阳伯',郑谓伯夷掌之[5]。《左》隐十一年传:'夫许,大岳之胤也'。《墨子·所染》《吕氏·当染》皆云舜'染于许由[6],伯阳'。伯阳,阳伯也。故知许由即伯夷矣[7]。史言尧让许由,正傅会咨岳巽位之文也[8]。"此其说知放勋之不禅布衣[9],其实犹未审谛[10]。

【注释】

(4)《尚书略说》,二卷,清宋翔凤著。是书颇有新说,如认为伯夷即许由。被后人称为穿凿。伯夷,也称益,一作翳。舜时东夷部落首领。相传他助禹治水有功,禹要让位于益,益避居箕山之北,让位于禹子启。

(5) 郑,郑玄。

(6) 染,感染,受影响。

(7) 许由即伯夷矣,宋氏在《尚书略说》中认为伯夷即《尧典》中的四岳,因居八伯之首,而称太岳。也即《墨子》《吕氏春秋》中的伯阳。因为由与夷、夷与阳,并声之称,可以互训,所以伯夷也作伯阳、伯由。又因为伯夷封于许,以许为姓,称许由。所以伯夷、伯阳、许由实为同一人。

(8) 巽位,让位。巽,通"逊"。宋翔凤认为伯夷即许由。因此尧禅让许由正好与《尧典》中尧曰"汝能庸命,巽朕位"相通。

(9) 放勋,即尧。宋翔凤认为,许由即伯夷,也即《尧典》中的四岳,故说"不禅布衣"。章氏不同意宋说,认为许由实即咎繇,以下就对此展开论证。

(10) 审谛,详细精确。

【译文】

司马迁在《史记·伯夷列传》中称"尧将天下之位禅让给许由",宋翔凤《尚书略说》认为是伯夷。其义曰:"《大传》'阳伯',郑玄称伯夷掌之。《左传》隐公十一年传记载:'许,是大岳的后嗣。'《墨子·所染》《吕氏春秋·当染》,都提到'舜受许由、伯阳的影响'。伯阳,就是阳伯。可知许由就是伯夷。史书称尧让位给许由,正附会《尚书·尧典》中'咨岳让位'的说法。"由这些记载可知尧不是禅让给平民,其事实究竟如何还不够清楚。

案,《吕氏》高注[11],谓"阳伯即老子",说诚诬缪,然《尸子》言"舜得六人[12],曰洛陶、方回、续耳、伯阳、东不识、秦不空,皆一国之贤者也"。《御览》八十一引。是固别有伯阳,非许由矣。

【注释】

(11) 高注,高诱注。高诱,东汉涿郡(今属河北)人。献帝时历任司空掾、东郡濮阳令。著有《战国策注》《吕氏春秋注》《淮南子注》。

(12)《尸子》,战国时尸佼作。《汉书·艺文志》杂家类著录“尸子二十篇”。原书已散佚,唐《群书治要》有辑录。

【译文】

案,高诱《吕氏春秋注》,称“阳伯就是老子”,这种说法实在荒谬,然《尸子》记载“舜得六人,即洛陶、方回、续耳、伯阳、东不识、秦不空,都是一国之中的贤能之士”。(《太平御览》卷八十一引)可知另有一位伯阳,并不是许由。

余以许由即咎繇,《古今人表》书作许繇,正与咎繇同字。《夏本纪》曰:“封皋陶之后于英、六,或在许。”皋陶即咎繇。古者多以后嗣封邑逆称其先人,以其子姓封许(13),而因称咎繇曰许繇,亦犹契曰“殷契”(14),盘庚迁殷,始有殷名。契始封商,不曰殷也。而《殷本纪》亦称殷契。弃曰“周弃”(15),大王迁岐,始有周名。弃始封邰,不曰周也。而《鲁语》云“夏之兴也,周弃继之”。不一一曲譬也。禅让之说,本在夏世。《夏本纪》言“帝禹立而举皋陶荐之,且授政焉”。而皋陶卒后,乃展转讹迁,以为尧让(16)。古事芒昧,未足怪也。

【注释】

(13) 子姓,子孙,后代。

(14) 契,商人先祖。因助禹治水有功,封于商。盘庚,商朝第十七代君主,曾迁都于殷,改国号为殷。

(15) 弃,周人祖先。舜时封于邰,号后稷。大王,即太王古公亶父。文王的祖父,曾率领族人迁徙到岐山下的周原。

(16) 以为尧让,章氏怀疑禅让之说,他认为禅让之说最早出现在夏代,以后人们将禹禅让皋陶之事,附会尧也实行禅让。

【译文】

我认为许由就是咎繇,《古今人表》记作许繇,正与咎繇同字。《史记·夏本纪》说:“封皋陶的后人于英、六,或在许地。”(皋陶就是咎繇。)古时多以后代的封地采邑的名称来称呼他们的祖先,因为其后代被封在许,所以就称咎繇为许繇,如同契被称为"殷契",(盘庚迁都到殷,才有殷的名称。契一开始被封在商,不称作殷。而《史记·殷本纪》也称殷契。)弃被称为"周弃"一样,(太王迁于岐周,才有周的名称。弃一开始封于邰,不称作周。而《国语·鲁语》说"夏兴起,周弃继之"。)不一一列举了。禅让之说,本在夏代。《史记·夏本纪》说"帝禹即位而举荐皋陶,并且授政"。而皋陶死后,反复流传就出现了错误,认为尧时禅让。上古之事模糊不清,没什么可奇怪的。

《伯夷列传》云:"余登箕山,其上有许由冢。"《夏本纪》言:"益让帝禹之子启,而辟居箕山之阳(17)。"益固咎繇子也。高注《吕氏·当染》,以许由为阳城人。箕山者,下临阳城。《括地志》曰:阳城县在箕山北十三里。由冢在是,归葬故里也;益辟在是,晢守父墓也。亦犹禹辟商均于阳城(18),阳城以北为崇伯之国(19),将守故封,而视终身不奸天室之政矣(20)。《夏本纪》正义:阳城县在嵩山南二十三里。案:嵩本作崇,即崇伯鲧所封。禹、繇封邑相邻,特分南北耳。若《皇览》言咎繇冢在庐江六县(21),与许由箕山不相应。此犹尧葬济阴,《五帝本纪》集解引刘向及《皇览》。而《墨子·节葬》以为蛩山,《吕氏·安死》以为谷林。舜葬九疑(22),《五帝本纪》。而《孟子·离娄》以为鸣条。古事芒昧,亦未足怪也。

【注释】

(17) 辟居,避居。辟,同"避"。章氏根据箕山有许由冢,而益又避居箕山,推论益为许由之子。下文对此展开论述。

(18) 商均,舜子。相传舜以商均不孝,让位于禹。

(19) 崇伯,崇伯鲧。传说为禹的父亲,因治水未果而被杀。崇伯之国,崇伯鲧的封国。

(20) 奸,干犯。天室,王室。《史记·周本纪》:“王曰:定天保,依天室。”

(21)《皇览》,三国魏诸臣集,自五经群书,分类为篇,以供皇帝阅读,故称《皇览》。撰者或言为刘劭、王象,或言为王象、缪袭。《魏略》称书分四十余部,八百余万字,为我国最早的类书。

(22) 九疑,山名。《史记·五帝本纪》:“(舜)葬于江南九疑。”

【译文】

《史记·伯夷列传》说:“我登上箕山,山上有许由的坟墓。”《史记·夏本纪》说:“益让帝位给大禹的儿子启,而避居在箕山之阳。”益本是咎繇的儿子。高诱注《吕氏春秋·当染》,认为许由是阳城人,箕山之下就是阳城。(《括地志》记载:“阳城县在箕山北面十三里处。”)许由的墓在那里,是归葬在故里;益避居在那里,是为了誓守父亲的墓。就如同大禹为避开舜的儿子商均而居于阳城,阳城的北面就是崇伯之国,将要守在故里,以表示自己终身不干预朝政。(《史记·夏本纪》正义记载:阳城县在嵩山南二十三里。案:嵩本作崇,就是崇伯鲧的封地。禹、繇封邑相邻,特分南北而已。)而《皇览》说咎繇墓在庐江六县,与许由箕山不相应。这就如同尧葬于济阴(《史记·五帝本纪》集解引刘向及《皇览》),而《墨子·节葬》认为在蛩山,《吕氏春秋·安死》认为在谷林。舜葬于九疑(《史记·五帝本纪》),而《孟子·离娄》认为葬在鸣条。上古之事模糊不清,也没什么可奇怪的。

又,《御览》一百七十七引戴延之《西征记》曰:“许昌城,本许由所居。大城东北九里,有许由台,高六丈,广三十步,长六十步。由耻闻尧让而登此山,邑人慕德,故立此台。”是说则后起者。许昌即许县,与阳城同属颍川。《续汉·郡国志》。则意咎繇封邑,本自阳城达许,其后世封许者,亦即守其故土,未可遽定也。

或曰,墨、吕既著舜染许由之文(23),又言禹染于皋陶、伯益,诚使许由、咎繇为一人，何故变名更举？是则以尧让之謣言[24]，远起三季[25]，墨、吕固习闻焉，而不察其为异称也[26]。

【注释】

(23) 墨、吕，《墨子》和《吕氏春秋》。

(24) 謣言(yú于—)，虚夸之言。《法言·问明》："謣言败俗，謣好败则。"

(25) 三季，夏商周的末年，此指三代。

(26) 不察其为异称也，没有察觉许由、咎繇为一个人的不同称呼。

【译文】

另外，《太平御览》卷一百七十七引戴延之《西征记》说："许昌城，本是许由所居住的地方。大城东北九里，有许由台，台高六丈，宽三十步，长六十步。许由耻于听到尧禅让给他而登上此山，同乡的人仰慕其德行，所以在这里建立此台。"这种说法是后来才形成的。许昌即许县，与阳城同属于颍川。(《续汉·郡国志》)可推知咎繇封邑，本是从阳城到许，他的后代封于许昌，也就是守其故土，不可仓卒下定论。

有论者称，《墨子》和《吕氏春秋》既然记载舜影响许由一事，又说禹受到皋陶、伯益的影响，若许由、咎繇为同一人，为何又变换名字再举出来？是因为尧禅让的虚夸之言，远起于三代，墨子、吕氏常常听闻，却没有察觉许由、咎繇是一个人的不同称谓。

民数第二十一

[**说明**]本文对历代人口数进行了比较，指出清初八十年是我国人口急剧增长的时期，数字增加十三倍之多。作者对其中的原因作了详尽的分析，对我国人口的急剧增长表示了深切的担忧。可见章太炎是近代以来较早关注人口问题的学者和革命者。

本文作于 1898 年，原名《论人数骤增》，发表于《译书公会报》第八册，收入《訄书》初刻本时改题《民数》，《检论》收入此文，有增删。

阴阳之气，发敛之度，无古今一也。丛林乔木，不一日而兹，惟蠛蠓醯鸡与(1)？蠕动群飞(2)，其卵育亦不迮(3)。人者独异是。

【注释】

(1) 蠛蠓，虫名。《尔雅·释虫》："蠓，蠛蠓。"郭璞注："小虫似蚋，喜乱飞。"醯鸡（xī 希—），即蠛蠓。古人误以为酒糟上发霉而变成，故名。

(2) 蠕动群飞，指污水中滋长的爬虫、飞虫之类。《新语·道基》："蚑行喘息、蜎飞蠕动之类，水生陆行。"

(3) 不迮（—zé 责），不短。迮，仓促。

【译文】

阴阳之气，往还进退之度，无论古今都是一致的。茂密的丛林、高大的树木，不是一天能长成的，蠛蠓小虫就可以吗？那些或爬或飞的小昆虫，它们孵化繁育的过程也不是瞬间的事。人类却不同。

自嬴氏以前[4]，里闾什伍之数，尚已[5]。盖汉平帝元始二年[6]，口五千九百五十九万。后汉和帝永兴元年[7]，口五千三百二十五万。此据《续汉·郡国志》注引伏无忌所记。东汉户口，此为最盛。唐玄宗开元二十八年[8]，口四千八百一十四万。元世祖至元二十七年[9]，口五千八百八十三万。明神宗万历六年[10]，口六千六十九万。清兴以来，康熙四十九年[11]，口二千三百三十一万；乾隆五十九年[12]，口三万七百四十六万；道光二十八年[13]，口四万二千六百七十三万。其辜较如此[14]。

【注释】

(4) 嬴氏，指秦代。

(5) 尚已，远矣。指年代久远。

(6) 汉平帝元始二年，公元 2 年。

(7) 后汉和帝永兴元年，后汉和帝年号有元兴和永元，无永兴。永元元年为公元 89 年，元兴元年为公元 105 年。

(8) 唐玄宗开元二十八年，公元 740 年。

(9) 元世祖至元二十七年，公元 1290 年。

(10) 明神宗万历六年，公元 1578 年。

(11) 康熙四十九年，公元 1710 年。

(12) 乾隆五十九年，公元 1794 年。

(13) 道光二十八年，公元 1848 年。

(14) 辜较，大略，大概。《孝经·天子》："盖天子诗也。"邢昺疏："孔传云：盖者，辜较之辞。"

【译文】

秦以前，乡里什伍编制之数，太过久远了。汉平帝元始二年，人口数量有五千九百五十九万。东汉和帝永兴元年，人口数量是五千三百二十五万。(这是依据《续汉书·郡国志》注引伏无忌所记。东汉时的户口，于此时最兴盛。)唐玄宗开元二十八年，人口数量为四千八百一十四万。元世祖至元二十七年，人口数量为五千八百八十三万。明神宗万历六年，人口数量为六千零六十九万。

清代以来，康熙四十九年，人口数量为二千三百三十一万；乾隆五十九年，人口数量为三亿零七百四十六万；道光二十八年，人口数量为四亿二千六百七十三万。人口数量大概如此。

夫自元始以来，至于康熙，千七百年，民数不相越。及乾隆之季，相去财八十年，而民增十三倍。此何说也？借曰天下久无事，民不见水火蜂刃，故日以孳乳。然自建武以逮和、安(15)，由天宝溯贞观(16)，中原无狗吠之警者，其距年亦相等，而倍不至是。借曰疆域衺延(17)，前代所未有。未有者，即回部耳(18)。汉尝开朝鲜、高句丽，以为乐浪、玄菟(19)，今亦未能郡县之也。蒙古今为汗，羁属理藩(20)。唐时则且灭突厥，以置刺史。较其长短阔狭，亦略相当。且沙漠之地，固稀人而旷土，其户口何足选？天府所登(21)，未越九州也。

【注释】

(15) 建武，东汉光武帝刘秀年号(25～57 年)。和、安，和帝刘肇(89～125 年在位)，安帝刘祜(107～125 年在位)。

(16) 天宝，唐玄宗李隆基年号(742--755 年)。贞观，唐太宗李世民年号(627～649 年)。

(17) 衺延，广衺绵延。

(18) 回部，即回疆。指天山南路维吾尔族居住区。

(19) 乐浪，西汉元封三年(前 108 年)置，治所在朝鲜县(今朝鲜平壤)。玄菟，西汉元封三年(前 108 年)置，治所在沃沮县(今朝鲜咸镜南道咸兴)。

(20) 理藩，理藩院。清朝为管理蒙古、新疆、西藏各少数民族地区事务的中央机构。专以满、蒙人充任。执掌部界、封爵、设官、户口等。

(21) 天府，周官名。见《周礼·春官》。此指中央政府。

【译文】

从汉平帝元始以来到清康熙年间，历时一千七百余年，人口的数目大体相近。到乾隆朝后期，相距才八十年，而人口已经增长了十三倍。这是为什么？假如说是因为天下太平，长期没有大的战争或灾荒，百姓没有遭受水火、刀兵之灾，所以人口日益增多。但是自东汉刘秀建武年间至东汉和帝、安帝，由唐天宝上至贞观年间，中原之地没有大的动荡、灾荒，时间相距也与康乾几乎相等，但人口相差并没有达到如此程度。有的人借口说是因为疆域得以扩张，前代没有如此辽阔。前代未有之地，不过回疆而已。汉代曾开辟朝鲜、高句丽，于当地设立乐浪、玄菟二郡，如今未能在那里设置郡县。蒙古如今为可汗，从属于理藩院。唐代时尚且灭了突厥，以设置刺史。相比较其疆域的大小，也大体相当。况且回疆有大片沙漠，原本就地广人稀，这里的人口能有多少？中央政府所辖之地，没有超出九州的范围。

章炳麟曰：均庸调于地者，始自康熙朝(22)。自康熙而往，上蔇秦、汉(23)，民皆有口赋(24)。有口赋，则民以身为患，虽有编审(25)，必争自匿矣。有司惧负课(26)，会计其数，又十而匿三四。口赋既免，贫优于富厚，游惰优于勤生。民不患有身，虽不编审，而争以其名效于上矣。故乾隆之民数增于前十三倍者，繇之隐窜伏匿者多也(27)。且升平之世，疆吏喜以膴盛媚于上。彼将曰："裒益民数(28)，既不足以累郡县，圣灵斐然，宜有所润色，以乐主听，则虚增之可也。"非直虚增尔，户籍属草稿，多受成于保甲。一人而远游，地既鬲越(29)，有司不相知，榜其名家，复榜其名在所(30)。及要最既上(31)，无校雠者，卒不为删除重复。若是，则以一人为二人也。一隐之，一增之，故相去若丘谷，至十三倍其旧。然则元始以来，民必有盈万万者也。乾隆、道光之世，民不过倍万万也。

【注释】

(22) 始自康熙朝，指康熙五十一年(1772 年)颁布法令，规定人丁税据户籍册上现有人数为准，实行“摊丁入亩”。

(23) 莀，及。

(24) 口赋，人头税。

(25) 编审，审查户口。

(26) 负课，承担课税。

(27) 曏，旧时，以往。

(28) 袲益(chǐ 尺—)，增加。袲，通“侈”。

(29) 鬲越(gé 革—)，分隔。鬲，通“隔”。

(30) 榜，动词，记录张榜。在所，临时住所。以上两句意为，在原籍将名字记录张榜，又在临时住所记录张榜。

(31) 要冣，要会(—kuài 快)。《周礼·天官·小宰》郑玄注引郑司农：“要会，谓计最之簿书，月计曰要，岁计曰会。”

【译文】

章炳麟以为：取消人头税而实行“摊丁入亩”，始于康熙朝。在康熙之前，上至秦、汉，百姓都有人头税。有人头税，那么老百姓就担忧人口多而交税多，即使有审查户口的，老百姓也必定想方设法隐藏户口。地方官吏担忧承担的税负过重，计算户口数目时，又会隐藏十之三四。人头税既已免除，对穷人的好处多于富人，对悠闲懒惰者的好处多于勤劳生产的人。老百姓不再担忧有人头税的负担，即使没有审查户口的，也都争相上报户口。所以乾隆朝的人口数量相比以前增长了十三倍之多，而以往隐瞒户口的人太多了。而且太平之世，地方官吏更乐于以繁荣富庶献媚于上。他们会说：“人口数目增加，既不会牵累郡县，又可体现君主圣明之德，应对人口数目加以粉饰，使君主听了高兴，所以虚增人口是可以的。”何止虚增人口，户籍数目的起草统计，很大程度上受保甲制度的影响。一个人到远方游历，地域阻隔，而地方官并不知晓，在原籍已将其名字记录在榜，又在其现住地重复记录。等到统计好的数据上报后，又没有审核校对的，最终没有删除重复记录的人口。若是如此，那么一个人就变成两个人了。一个时期极力隐瞒户口，一个时期粉饰增加户口，所以两者差距就如同丘陵和深谷那样大，以至于是从前的十三倍之多。那么汉元始年间以来，人口数量必定有超过一亿的时候。乾隆、道光年间，人口数量不过是一亿时的两三倍而已。

虽然，古者乐蕃庶[(32)]，而近世以人满为虑，常惧疆宇狭小，其物产不足以龚衣食[(33)]。今淮、汉以南，江皋河濒沮洳之地[(34)]，盖树艺无瓯脱矣[(35)]。东南之民数，宜必数倍前代。使辟地于巨岛灌莽间，则邻国先之。使从事于河、洛，昔之膏腴，今乃为沙砾。地质易矣，不可以植稻粱，而犹宜于嘉卉，莫挈之则窳也[(36)]。故弱者道殣[(37)]，强者略夺。终则略夺不可得，而人且略夺之。章炳麟读《小雅》，至于"螟蛉有子，蜾蠃负之"，嘅然叹曰[(38)]：乌乎！后司农见之矣[(39)]。言有万民不能治，则能治者将得之也[(40)]。

【注释】

(32) 蕃庶，人口众多。

(33) 龚，通"供"。

(34) 江皋，江边淤地。河濒，傍河之地。濒，同"滨"。沮洳之地，低湿之地。《诗·魏风·汾沮洳》："彼汾沮洳。"孔颖达疏："沮洳，润泽之处。"

(35) 瓯脱，双方中间的缓冲地带。此指未开垦的荒地。

(36) 窳（yǔ雨），器物粗劣。此指地质不好。

(37) 道殣，饿死路旁。殣，饿死。《左传·昭公三年》："道殣相望。"

(38) 嘅然（kài忾—），喟然。叹气的样子。《尔雅·释诂下》："嘅，息也。"

(39) 后司农，指郑玄。经学史上称东汉经学家郑众为郑司农，亦称先郑；称郑玄为后司农，亦称后郑。

(40) 能治者将得之也，二语见《诗·小雅·小宛》"螟蛉有子，蜾蠃负之"郑玄笺。

【译文】

即使如此，古时候人们追求人丁兴旺，而近代却以人满为患，时常担忧疆域狭小，物产不足以供给衣食所需。如今淮水、汉水以南地区，江边淤地、傍河之地、低湿之地，都已经种植上庄稼而开垦待尽了。东南地区的人口数量，应达到了前代的几倍。若说让百姓到大的岛屿及草木丛生的原野开辟田地，则邻国早就抢先了。若说让百姓到黄河、洛水流域从事耕作，那里的土地曾经多么肥沃，但如今变为了沙砾。土壤质地发生了改变，不适宜再种植谷物，然而尚且适宜种植花草树木，不要不去打理而使之更加衰败。所以弱者饿死，强者掠夺。最终掠夺也不可得，就要掠夺人了。章炳麟读《诗经·小雅》，当读到“螟蛉有子，蜾蠃负之”一句时，喟然长叹：哎！郑玄有见地啊。言有万民而不能治，那么能治者将得之。

封禅第二十二

[**说明**]封禅是古代封祭泰山的大典，由于被看作君权神授的证明，所以历来受到统治者的重视。司马迁《史记·封禅书》称："自古受命帝王，曷尝不封禅？"管仲说："古者封泰山梁父者七十二家，而夷吾所记者十有二焉。"那么，封禅是如何形成的呢？它的历史本来面貌是什么呢？作者在文中作出了回答。

章太炎根据原始社会的历史演变过程，论证了封禅起源甚早，本来并不神秘。他认为封禅源于上古时代中原各部落为了防备淮夷、徐戎而修筑的堡垒，因此，那时"封禅为武事，非为文事"。后为，统治者有鉴于"彼夷俗事上帝"，把封禅也当作祭祀神灵的一种仪式，给它穿上一层神秘的外衣。再后，"三王接迹，文肆而质魖，而本意浸微，丧其本意"，封禅便完全失去原先的军事实用价值，演变为一种神化君权的宗教仪式。

作者把封禅看作上古时代人们政治军事活动的产物，并根据当时的社会历史背景来探寻封禅的真实面貌，以此批驳加在封禅之上的种种谎言，这无疑是正确的。然而可惜的是，作者并没有找到封禅问题的正确答案。

本文收入《訄书》初刻本，未收入《检论》。

乌乎！后世之封禅(1)，侈心中之(2)，而假于升中燔柴以恣其佚乐(3)，斯无足论者。

【注释】

(1) 封禅,古代帝王祭祀天地的大典。分别称封泰山,禅梁父。参见《史记·封禅书》。

(2) 侈心,夸耀自大之心。中之,内之。

(3) 升中,古帝王祭天上告成功。《礼记·礼器》:"因名山,升中于天。"郑玄注:"升,上也。中,犹成也。"章氏释中为簿籍,"谓献民数政要之籍也"。(《文始》七)燔柴,古代祭祀时焚烧柴木,使烟气上升,以感通神灵。

【译文】

后世的封禅,内怀夸耀自大之心,凭借祭天仪式来满足其悠闲自乐,不值一提。

夫古之升中燔柴者,曷为者也?封大山,禅梁父,七十有二家[(4)],以无怀为最近[(5)]。当是时也,天造草昧,榛薄四塞[(6)],雄虺长蝮[(7)],尽为颛民害[(8)]。人主方教民佃渔,以避蜚征之螫[(9)],何暇议礼?然则其所以封禅者,必有所职矣[(10)]。

【注释】

(4) 七十有二家,《史记·封禅书》:"齐桓公既霸,会诸侯于葵丘,而欲封禅。"管仲曰:"古者封泰山禅梁父者七十二家,而夷吾所记者十有二焉。"

(5) 无怀,无怀氏。为最近,为知道最早的。《封禅书》列无怀氏为管仲所记十二家中第一家。

(6) 榛薄四塞,指草木四面蔽塞。《淮南子·原道训》:"隐于榛薄之中。"高诱注:"藂木曰榛,深草曰薄。"

(7) 虺(huǐ 毁),毒蛇。

(8) 颛民,善良百姓。《淮南子·览冥训》:"猛兽食颛民。"

(9) 蜚征,飞禽走兽。《大戴礼记·四代》:"庶虞动,蜚征作。"

(10) 有所职矣,有原因,有理由。

【译文】

古代的封禅者是怎样的呢?封于泰山、禅于梁父山者,曾有七十二君,无怀氏为所知最早的一位。当是时,天地初开,万物草创蒙昧，草木四面蔽塞，各种毒蛇出没，对百姓造成危害。君主正在教导老百姓猎兽捕鱼，避开飞禽走兽的危害，哪里有闲暇议论礼制？所以要封禅，必定是有原因的。

吾尝以为古之中夏，赢于西极，而缩于东南(11)，东南以岱为竟(12)。徐、杨、淮、海(13)，禹迹之所蹈(14)，同于羁縻(15)，有道则后服，无道则先强(16)，故《春秋》夷吴、越(17)。成周之盛(18)，淮夷、徐戎(19)，其种族犹吾人，而以其椎髻之俗，慓然犯南甸(20)。若然，自岱而南，王教之所不及。

【注释】

(11) 赢于西极，而缩于东南，西边宽阔，东南偏狭。

(12) 岱，即泰山，在今山东泰安县北。竟，通“境”。

(13) 徐、杨，分别为《禹贡》的九州之一。淮、海，淮即淮水，海指今黄海。《尚书·禹贡》：“海、岱及淮惟徐州。”

(14) 禹迹，指中国的疆域。因夏禹治水足迹遍于九州，故称。

(15) 羁縻，古代中央王朝统治四边少数民族的政策，不使用武力而通过笼络使其臣服。

(16) 有道则后服，无道则先强，王室有道，最后一个服从；王室无道，第一个反叛。语见杨雄《荆州牧箴》。

(17) 夷吴、越，把吴、越当作夷狄看待。

(18) 成周，西周王都有宗周、成周之分。宗周在今西安附近，为宗庙所在；成周在今洛阳，设有王师，镇抚殷族及东夷部落。

(19) 淮夷，古代居住在淮河流域的部族。徐戎，东夷之一，以徐国最为强大。《尚书·费誓》：“徂兹淮夷、徐戎并兴。”

(20) 慓然，远行貌。南甸，南部边境。

【译文】

我曾以为古代中国，西边辽阔而东南偏狭，东南部以泰山为界限。徐州、扬州，淮水、黄海，都是中国的疆域，古时通过安抚来控制这一区域。王室有道时，这一区域最后一个臣服；王室无道时，这里往往第一个反叛，所以《春秋》将吴、越视为蛮夷。成周兴盛后，淮河流域的淮夷、东夷之一的徐戎，其种族与华夏相同，但因其发髻如椎形的风俗，远犯南方地区。若如此，从泰山往南，可说是王教影响不到的地方。

帝王治神州，设险守固。其封大山者，于《周礼》则沟封之典也(21)。因大麓之阻，累土为高，以限戎马，其制比于蒙古之鄂博(22)。是故封禅为武事，非为文事。彼夷俗事上帝，故文之以祭天以肃其志，文之以祀后土以顺其礼(23)，文之以秩群神以扬其职(24)。是其示威也，则犹偃伯灵台者也(25)。

【注释】

(21) 沟封之典，《周礼·地官·大司徒》："大司徒之职，……制其畿疆而沟封之。"郑玄注："沟，穿地为阻固也；封，起土界也。"

(22) 鄂博，游牧交界之所，无山河为表识，则累石为包以为标志。

(23) 后土，地神和土神。《国语·越语下》："皇天后土。"

(24) 秩，按等级祭祀。

(25) 偃伯，休战。《后汉书·马融传》："臣闻昔命师于鞬櫜，偃伯于灵台，成人嘉而称焉。"注："偃，休也。伯，谓师节也。灵台，望气之台也。"

【译文】

帝王治理神州大地，在险要地方设防，在稳固地方坚守。对于封泰山，在《周礼》中记载有掘地为沟、堆土为封，即沟封之典。顺着山林阻隔的形势，堆起土堆，以阻拦军队兵马，其形制与蒙古族在游牧边界累石为包作为标志相似。所以，封禅是与战争有关的事情，而非关于文德教化。他们夷族的风俗侍奉上帝，所以文之以祭天仪式来肃穆其意志，文之以祭祀土地神来整齐其礼制，文之以祭祀群神来夸耀其职事。封禅是为了显示威严，如同休战于灵台的意义一般。

三王接迹[(26)]，文肆而质龤[(27)]，而本意浸微。丧其本意，而曰行以蒲车[(28)]，恶伤山之土石草木者为“仁物”也。

【注释】

(26) 三王，指夏禹、商汤，周文王；一说指夏禹、商汤和周代的文王、武王。《孟子·告子下》：“五霸者，三王之罪人。”

(27) 文肆而质龤，形式繁复内容简陋。龤(xiè 械)，狭。《汉书·杨雄传上》：“何文肆而质龤？”

(28) 蒲车，用蒲草裹轮的车。古代帝王封禅时所用。

【译文】

夏、商、周三代之君前后相接，变得形式越来越繁复而内容越来越简陋，封禅的本意逐渐衰微。丧失其本意，而说封禅时所用的蒲草裹轮的车，是厌恶伤害山上的土石草木，以体现施仁恩于万物。

夫国有峤堕[(29)]，不崇其高，堑之凿之赭之荡之[(30)]，以为魁陵粪土[(31)]，即有大寇，其何以御侮？为封域计，土石可伤邪？

【注释】

(29) 峤堕(一 tuò 拓；又音 duò 堕)，高山和小山。《诗·周颂·般》：“堕山乔岳，允犹翕河？”毛传：“堕山，山之堕堕小者也。”《尔雅·释山》：“锐而高，峤。”

(30) 赭，伐树尽成赤地。《史记·秦始皇本纪》：“使刑徒三千人伐湖山树，赭其山。”

(31) 魁陵，小土山。《国语》注曰：“小阜曰魁。”

【译文】

一国有高山也有小山，不尊崇那高山，而是挖掘它、凿开它，砍伐它、荡平它，将其变成小土堆。假若有大敌当前，何以抵御进攻？为疆土考虑，土石能够伤害吗？

古者野庐几竟[(32)]，宿息井树[(33)]。单襄公有言：“列树以表道，立鄙食以守路。”(34)故至于侠沟丛树(35)，而戎车疐矣(36)。为封域计，草木可伤邪？

【注释】

(32) 野庐，田间房舍。几竟，近境。竟，同“境”。

(33) 宿息井树，宾客在道路休息之处。《周礼·秋官·野庐氏》：“野庐氏掌达国道路，至于四畿，比国郊及野之道路，宿息井树。”郑玄注：“宿息，庐之属，宾客所宿及昼止者也。井共饮食，树为藩蔽。”

(34) 单襄公有言，语见《国语·周语中》。韦昭注：“表，识也；鄙，四鄙也。十里有庐，庐有饮食也。”

(35) 侠沟，狭沟。侠，通“狭”。

(36) 疐（zhì 志），跌倒。

【译文】

古时候野庐遍布边境，宾客宿息于井与树荫处。单襄公曾说：“成行地种植树木以标识道路，王城郊外四鄙之地，十里设庐以供行人饮食，以此守路。”故至于狭沟丛树，兵车遇阻而不可行。为疆土考虑，草木能够伤害吗？

然则所以恶伤土石草木者，在彼不在此(37)；所以用蒲车者，在彼不在此。先王以“仁物”叫号于九围(38)，而实阴收其利，故封禅可尚也。

【注释】

(37) 在彼不在此，以上两句意为，所以恶伤山之土石草木的目的在于抵御外寇，而不是为“仁物”。

(38) 九围，九州。《诗·商颂·长发》：“帝命式于九围。”毛传：“九围，九州也。”

【译文】

之所以厌恶伤害土石草木，目的是为了抵御外寇，而不是为“施仁恩于万物”；之所以用蒲草裹轮的车，目的也是为了抵御外寇而非体现“施仁恩于万物”。先王以“施仁恩于万物”作为口号宣扬于九州，而事实上阴收其利，所以封禅是值得崇尚的。

嗟乎！嬴、刘之君[39]，南殄滇、粤[40]，而北逐引弓之民[41]，其所经略，则跨越乎七十二家之域矣。去病以武夫[42]，知狼居胥之可封[43]，而人不以僭越罪之也。使汉武寤于此，则岱宗之辙迹可以息矣[44]！

【注释】

(39) 嬴、刘之君，指秦、汉之君。

(40) 殄，灭绝。此指统治、占有。滇、粤，云南、广西一带。

(41) 引弓之民，指北方匈奴族。

(42) 去病，霍去病(前140～前117年)。西汉名将。河东平阳(今山西临汾西南)人。官至骠骑将军，封冠军侯。数次出击匈奴，解除西汉初以来匈奴对汉王朝的威胁。

(43) 狼居胥，狼居胥山。即今蒙古国境内肯特山(一说在今内蒙古什克腾旗西北至阿巴嘎旗一带)。西汉武帝元狩四年(前119年)霍去病出代郡塞击匈奴，封狼居胥山。

(44) 汉武寤于此，章太炎认为封禅实为封大山以御外寇，倘汉武帝明白此点，便不会追求封禅形式了。

【译文】

可叹的是，秦朝、汉朝的君主，向南统治到云南、广西一带，向北控制着北方匈奴地区，他们所经营治理的区域，已经超越上古七十二君时所控制的区域了。霍去病以一介武夫，知狼居胥山可封，而世人不以僭越之罪来怪罪他。倘若汉武帝能明白这一点，便不会刻意追求封禅的形式了。

河图第二十三

[**说明**]《河图》是中国历史上一个长期争论不休的问题，围绕它曾产生过种种神秘的猜测和怪异的解说。而作者认为河图并不神秘，它不过是古人丢入河中的一张图而已。

本文收入《訄书》初刻本和《检论》。

亡人至于五鹿而得块，以为天赐，其实野人也(1)。虙牺之王也，其形龙蛇(2)，不知所自始。传者以为出于加尔特亚(3)，隩矣(4)！枳棘之未伐(5)，九有之未列(6)，虽趋中夏，无以知中夏之形也。

【注释】

(1) 亡人，指晋公子重耳。块，土块。据《左传·僖公二十三年》，晋公子重耳出亡，过卫，“出于五鹿，乞食于野人，野人与之块。公子怒，欲鞭之。子犯曰：‘天赐也’。稽首受而载之。”这里意谓子犯等人以为是天赐土块，其实不过是野人送的。

(2) 虙牺，伏羲。其形龙蛇，汉代画像石中，伏羲、女娲常作人首蛇形。

(3) 加尔特亚，卡耳迪亚的旧译。为古巴比伦苏美尔王国所在地。详见《序种姓上》第十七注(15)。

(4) 隩矣，深远。隩，通“奥”。

(5) 枳棘，枳木与棘木。《韩非子·外储说左下》：“树枳棘者，成而刺人。”二木皆多刺，因而常用以比喻艰难险恶的环境。

(6) 九有，九州。《诗·商颂·玄鸟》：“方命厥后，奄有九有。”

【译文】

晋公子重耳逃亡到五鹿，得到土块，以为是天赐的，其实不过是野人送的。伏羲称王，其形体如龙蛇，不知从何而来。传说以为出于加尔特亚，是很久远的事了！当草莽尚未开辟，九州尚未划分。这时即使来到华夏，也无法知道华夏的情况。

《河图》者[(7)]，括地者也[(8)]。获于行迷，而以写青黑黄赤，虽腐败则珍之。吾安知夫矍骇《河图》以为天赐者[(9)]，非亡人之块邪？

【注释】

(7)《河图》，儒家关于《周易》卦形来源的传说。《易·系辞上》："河出图，洛出书，圣人则之。"《尚书·顾命》："大玉、夷玉、天球、河图，在东序。"《论语·子罕》："子曰：凤鸟不至，河不出图，吾已矣乎！"参见《序种姓上》第十七注(254)。

(8) 括地，描绘地形。

(9) 矍骇，惊骇。矍，通"惧"。

【译文】

《河图》是用来描绘地形的。有人不慎迷路时，就用青色、黑色、黄色、红色标记上，即使破烂不堪仍很珍惜它。我们怎知那令人惊骇的《河图》是天赐的宝物，而不是流亡在外的人手里的土块呢？

蛴螬化而为复育[(10)]，复育化而为蝉，物之更迭生也，惟人亦然。昔者美洲有红人，当明中世而驱[(11)]，人以其前为蛟螭紫贝之族也[(12)]。然而今之窾地于美洲者[(13)]，得华屋焉[(14)]。吾安知夫前乎虙牺者，非有圣哲之士邪？彼且仪其地之象而沦于河[(15)]，虙牺得之而以为陈宲[(16)]，斯犹萧何之收秦图籍[(17)]，以知地形厄塞也[(18)]。夫何瑰俺矣哉[(19)]！

【注释】

(10) 蛴螬，金龟子幼虫，此当指蝉的卵。复育，蝉的幼虫。

(11) 明中世，明代中叶。

(12) 蛟螭紫贝之族，指以海洋为生的民族。蛟螭，蛟龙。紫贝，亦称文贝。指贝类动物。

(13) 窾地，在地下挖洞窟。此指考古挖掘。

(14) 得华屋，指发现印第安人古代宫殿遗址。章氏这里意为，以前人们认为美洲印第安人为落后的渔猎民族，但从考古发掘看，他们也达到过很高的文明程度。

(15) 仪其地之象，指考察地貌。沦于河，掉入河中。

(16) 陈宲，宝物。宲，同"宝"。

(17) 萧何，汉初大臣。江苏沛县人。参见《儒法》第五注(20)。收秦图籍，据《汉书·萧何传》，刘邦入咸阳，萧何收秦律令图籍，"沛公具知天下厄塞，户口多少强弱处，民所疾苦者，以何得秦图书也"。

(18) 厄塞，要塞。

(19) 瑰佹，奇伟，珍贵。佹，通"诡"。

【译文】

蛴螬变为复育，复育成为蝉，事物是更替生长的，即使人也是如此。从前在美洲有红种的印第安人，到了明代中叶被驱逐，世人把他们看作是以海洋为生的水族。然而今天在美洲的考古发掘，发现了印第安人古代的豪华宫殿遗址。我们又怎知在上古的伏羲之前，没有圣哲之士呢？也许他们曾考察地貌并作地图而不慎掉入河中，伏羲得到地图就把它当作宝物，如同萧何得到秦国的地图和户籍，便知道了地形的险要形势一样。这是多么奇伟诡异啊！

禹之《洛书》[(20)]，其犹是图。夫有周行于裨海以立髀者[(21)]，迻书其度剂[(22)]。票忽遇而拾之[(23)]，宠灵其书以为天赐也亦宜。

【注释】

(20)《洛书》，儒家关于《洪范》来源的传说。《易·系辞上》："河出图，洛出书，圣人则之。"《尚书·洪范》："天乃锡禹《洪范》九畴。"汉儒谓《洛书》即《洪范》九畴。参见《序种姓上》第十七注(254)。

(21) 裨海，小海。《史记·孟子荀卿列传》："中国外如赤县神州者九，乃所谓九州也。于是有裨海环之。”索隐：“裨海，小海也。”髀，古时测量日影的表。

(22) 迻书，书写。迻同“移”。度剂，日晷上的度数剂量。

(23) 票忽，快速貌。票，通“飘”。

【译文】

夏禹的《洛书》，就如同《洛书》。或许有人巡行到九州旁的裨海树立测量日影的表，誊写日晷上的刻度。后人偶然拾到它，把书看作是宝物，以为是上天的赐予也未可知。

乌乎！夏氏所以为四国缀游者(24)，其地形吾见于《书》矣(25)。大焱之爁(26)，蛰地中而发，浸假而积沙与泞以阏巨流(27)，则山川之变，曾不镕金与埴之在陶若(28)？当夏氏之未奠，吾未之睹也，吾观于江(29)。今之潮薄乎广陵(30)，而古之潮上薄乎武昌。王仲任曰(31)：江汉朝宗于海(32)，唐虞之前也。《论衡·书虚篇》。由是言之，当虑牺之时，则吴干、舒、桐尽瀛海矣(33)。惜乎吾不得《河图》而读之也！《潮汐致日渐长论》曰：古月离地十二万里。时摄潮之力，大今二百十六倍。

【注释】

(24) 缀游，亦作“缀旒”。旌旗的饰物。引申为表率。《诗·商颂·长发》：“受小球大球，为下国缀旒。”

(25) 见于《书》，指《尚书·禹贡》的九州之说。

(26) 大焱之爁，亦作爁炎。大火延烧。《淮南子·览冥训》：“火爁炎而不灭，水浩洋而不息。”此指地下的岩浆、熔岩的蔓延。

(27) 浸假，逐渐。《庄子·大宗师》：“浸假而化予之左臂以为鸡，予因以求时夜；浸假而化予之右臂以为弹，予因以求鸮炙。”泞，烂泥。

(28) 镕金与埴之在陶若，以上两句意为，山川的变化，不就像镕金与烧陶一样吗？埴(zhí 植)，黄土。

(29) 吾观于江，以上三句意为，夏以前的情形，不得而知了，但可以从江水的运动变化来推测。奠，定。

(30) 广陵，今江苏扬州。

(31) 王仲任,王充的字。

(32) 朝宗,比喻小水注入大水。《尚书·禹贡》:"荆及衡阳,惟荆州,江汉朝宗于海。"

(33) 吴干,一作禺邗,又作勾吴、攻吴等。西周至春秋时国,周太王子周太伯、仲雍所建。都城在今江苏苏州。舒,西周、春秋时国,在今安徽庐江县西南。桐,春秋时国,在今安徽桐城县西北。

【译文】

乌乎!夏代之所以为四国表率,其地形可见于《尚书·禹贡》的九州之说。大火蔓延,隐藏在地中而发,逐渐积聚沙石烂泥以遏止巨大的水流,从而山川发生变化,不就像熔化金属与烧制陶土一般吗?夏代以前的情形,我不得而知,但可以从江水的运动变化来推测。如今大海的潮水迫近江苏扬州,而古代的潮水向上游迫近于武昌。王充说:长江、汉水东流入海,在唐虞之前已是如此。(《论衡·书虚篇》)以此而言,在伏羲的时候,江苏南部、舒县、桐城一带都是大海。遗憾的是我没能得到《河图》来读一读!(《潮汐致日渐长论》记载:"古时月亮距离地面十二万里,当时吸引潮水的力量,比今天要大二百一十六倍。")

方言第二十四

[说明]我国地域辽阔，文化悠久，不同地区在长期发展过程中形成了不同的方言。随着现代民族的形成以及现代民族国家的建立，有必要对各地方言作系统地了解和研究，以达到统一语言的目的。另外，各地方言保存了大量的古音，是了解古代音韵的宝贵材料，也需要加以整理。正因为如此，章太炎十分重视对方言的研究，他所著的《新方言》(1908 年)一书，即是近代方言研究的经典文献之一。《訄书》中收录的《方言》一文，则属于作者早期的作品。

我国古代语言有雅、俗之分，雅相当于今天的普通话，俗则指各地的方言，《诗经》在十三国风前首列周南、召南，即是当时的雅音。章太炎考证，周南、召南分别指南阳、南郡。南阳在今河南，曾是夏禹的都城，南郡在今湖北，是楚国都城郢的故地。从历史记载来看，夏与楚有密切的联系，由此推测，周南、召南可能曾是夏的两个都城。古代往往把首都地区的语音称为雅音，因此，中国古代的雅音是以夏、楚为标准的。武王灭商后，继承了这一传统，故《诗经》中的风、雅、颂都是以夏、楚为雅音的。明白了这一点，就可以理解《诗经》十三国风中为何没有楚风:这显然是因为楚是当时的雅音，它已包含在《诗经》三百篇中了，自然不必另立一楚风了。

作者将中国方言划分为十种，并在文中作了具体介绍。

本文初次收入《訄书》重刻本，《检论》保留该篇，有删改。其中将方言的种类由十种改为“九种”。

中国之燕乐，輓世以南曲为安雅[(1)]。而宛平成都会六百年[(2)]，趋市朝者习其言[(3)]，其乐浸隆[(4)]。今南纪诸倡优[(5)]，皆效幽、冀为杀伐悲壮矣！

【注释】

（1）燕乐，也称宴乐，古代宫廷宴会时演奏的音乐。輓世，近世。輓，通“晚”。

（2）宛平，即今北京。因辽开泰六年（1012 年）于此置宛平县而得名。成都会六百年，元世祖至元元年（1264 年）迁都燕京，至 1903 年约六百年。

（3）市朝，市场和朝廷所在之地。《战国策・秦策一》：“臣闻争名者于朝，争利者于市。今三川、周室，天下之市朝也。”

（4）浸隆，逐渐兴隆。

（5）南纪，南方。倡优，歌舞杂技艺人。《管子・小匡》：“倡优侏儒在前，而贤大夫在后。”

【译文】

中国的宴乐，近世认为南曲最为雅正。而北京成为都会已六百年，出入市朝之人都熟习其口音，其音乐也日渐兴隆。如今南方的歌舞杂技艺人，都开始效仿北方幽、冀两地的慷慨悲歌之音。

章炳麟曰：格以声音之伦[(6)]，而燕、赵间多清急。陆法言曰[(7)]：吴、楚则时伤轻浅，燕、赵则多伤重浊。此以纽切言之[(8)]，燕、赵多以轻唇为牙音[(9)]，故云重浊。若音响之缓急刚柔，则反是。所谓噭音也[(10)]。且京师者[(11)]，有时而为陵谷声乐之大凑[(12)]，必以水地察其恒为都会者。齐州以河、汉分南北[(13)]；河卫之岸[(14)]，谓之唐、虞；汉之左右，谓之夏、楚。舜以南风，纣以北鄙，刘向辨其违矣[(15)]。周人作“四始”[(16)]，而音流入于南，不归于北[(17)]。取《说苑・修文篇》义。古者北方五声[(18)]，至文、武始增和穆二变[(19)]，明南音独进化完具。故《韩诗》之说《周》《召》[(20)]，以为其地在南阳、南郡间[(21)]。大史公曰：颍川、南阳，禹之所都，至今谓之夏人。南郡固全楚时郢都也。孙卿有言[22]："君子居楚而楚，居夏而夏，居越而越。"夏之与越，相为正乏；夏之与楚，相为扶持。故质验之以地，二南如此。质验之以水，沔、汉之川，下流入荆州[23]，而命之曰夏水，其国曰楚。若然，夏、楚者，同音而互称[24]。楚从疋声，声本同夏，其说详后。晋名于晋水，齐名于天齐[25]，楚名于夏水，其比类一也。毋其南阳、南郡者，故为二夏[26]？若镐池、伊洛之为二周，与殷之有三薄邪[27]？齐州之音，以夏、楚为正，与河卫绝殊，故曰"能夏则大"[28]。然犹谓楚声南蛮侏离[29]。此河卫之间，里巷妇子之私言，未足以为权量也。察文王之化，西南被于庸、蜀、濮、彭[30]，而江汉间尤美。故克殷之役，史岑称之曰[31]："苍生更始，朔风变楚。"《出师颂》。审师文王者，必不夷俗邪音楚矣[32]。二南广之以为"雅"。雅之义训为乌不反哺者[33]，而古文为疋。疋者，即人腓胫[34]，乐府无所取其度。此以知雅则同夏，而疋与楚同声，其文皆假借。故二雅者，夏、楚之谓也[35]。二雅张之以为"颂"。颂者，在《周官》则隶九夏[36]。故金奏肆夏者，颂之《时迈》也[37]。由是言之，四始之声，惟楚、夏以为极。

【注释】

(6) 格，衡量。伦，类。

(7) 陆法言，隋音韵学家。名词，以字行，临漳（今属河北）人。官承奉郎。与刘臻、萧该、颜之推等讨论音韵，评议古今是非，南北通塞，编成《切韵》。自《切韵》出，六朝诸家韵书渐亡，唐宋的韵书多以此为蓝本。

(8) 纽切，即反切。用两个字拼合成另一个字的音，是传统的一种注音方法。纽，声母，汉字音节开头的辅音。

(9) 轻唇，汉语音韵学上"七音"之一。即三十六字母中的非、敷、奉、微四母。牙音，汉语音韵学上"七音"之一，即舌根音。三十六字母中之见、溪、群、疑四母。

(10) 噭音（jiào 较—），高亢之音。

(11) 京师，国都。《公羊传・桓公九年》："京师者何？天子之居也。"

(12) 陵谷声乐，指声乐的变化。陵谷，世事巨变。大凑，各方所会合。指中心或中心地带。《逸周书·作洛》:“及将致政,乃作大邑,以为天下大湊。”

(13) 齐州,中州,指中国。河、汉,黄河和汉水。

(14) 河卫,指黄河和卫水。卫,水名。源于河南辉县苏门山,合淇、漳诸水,东北至天津合白河入海。古称白沟,以发源地属春秋卫国。故又称卫河。

(15) 刘向辨其违矣,据刘向《说苑·修文》,“子路鼓瑟有北鄙之声,”孔子闻之,曰:“夫先王之制音也,奏中声,为中节,流入于南,不归于北。南者生育之乡,北者杀伐之域。”

(16) 四始,《诗序》谓诗有四始。《诗》疏据郑玄说,以风、小雅、大雅、颂四者为王道兴衰之所由始,故称四始。

(17) 不归于北,指周人发音近于南音,而与北方不同。

(18) 五声,古乐五声音阶的五个阶名:宫、商、角、徵、羽。

(19) 增和穆二变,指在宫、商、角、徵、羽五音基础上增加和、穆二变音,成七个音阶。

(20)《韩诗》,汉初传《诗》者有鲁、齐、韩、毛四家。据《汉书·艺文志》,韩诗有韩婴所撰《内传》《外传》。今仅有《外传》传世。《周》《召》,指《周南》《召南》。

(21) 南阳,战国秦昭王三十五年(前272年)置,治所在宛县(今河南安阳)。南郡,战国秦昭王二十九年(前278年)置,治所在郢(今湖北江陵)。

(22) 孙卿,荀况。引语见《荀子·儒效》。

(23) 荆州,古“九州”之一。《尚书·禹贡》:“荆及衡阳惟荆州。”《尔雅·释地》:“汉南曰荆州。”

(24) 同音而互称,章太炎认为夏、楚古音相同,可以互称。

(25) 天齐,即天脐。古纬书谓黄河有九曲,发源昆仑为地首,至砥石入于海为天脐。

(26) 故为二夏,章氏认为南阳、南郡为夏的两个都城,故称为二夏。毋其,转语词。抑或。

(27) 二周,指周的两处都城,宗周镐京(在今陕西西安西南)和成周洛邑(在今河南洛阳)。三薄,即三亳。商汤的三处都城,即南亳(在今河南商丘东南)、北亳(在今河南商丘北)、西亳(在今河南偃师西)的合称。一说有东亳(河南荥阳汜水镇西北)而无北亳。

(28) 能夏则大,《左传·襄公二十九年》:“为之歌《秦》,曰:此之谓夏声。夫能夏则大,大之至也,其周之旧乎?”

(29) 侏离,古代我国边区少数民族的音乐。《周礼·春官·鞮鞻氏》:“掌四夷之乐。”疏引《孝经纬·钩命决》:“西夷之乐曰侏离,持钺助时杀。”又引虞翻传:“东夷之乐亦名侏离。”

(30) 庸、蜀、濮、彭,西周时西南的诸侯国,曾随武王伐纣。《尚书·牧誓》:“王曰:‘嗟! 我友邦冢君、御事,……及庸、蜀、羌、髳、微、卢、彭、濮人。”

(31) 史岑,汉末沛(今属安徽)人,字孝山。王莽以为谒者。其所作《出师颂》见萧统《文选》。

(32) 必不夷俗邪音楚矣,一定不把楚国语音当作夷狄的邪音看待。

(33) 雅之义训为乌不反哺者,《说文》:“雅,楚乌也。……秦谓之雅。”段注:“纯黑反哺谓之慈乌,腹下白不反哺者谓之楚乌。”

(34) 疋者,即人腓胫。指疋字取形于人的腓胫。章氏有《小疋大疋说》,见《太炎文录初编》,可参看。

(35) 二雅者,夏楚之谓也,章氏认为古代以夏为雅音,而疋(古雅字)又与楚同声,为其假借字,故《诗经》中的二雅实指夏、楚。

(36) 九夏,古乐名。《周官·春官·钟师》:“钟师,掌金奏,凡乐事,以钟鼓奏九夏:王夏、肆夏、昭夏、纳夏、章夏、齐夏、族夏、裓夏、骜夏。”

(37) 金奏肆夏者,颂之《时迈》也,章氏认为《诗经》中颂即属《周官》中九夏。而颂《时迈》篇,即九夏中的肆夏。

【译文】

章炳麟认为:若对声音的类别加以衡量,燕、赵之地的声音多是清急的,(陆法言说:吴地、楚地之音有时稍嫌轻浅,燕、赵之地的音调则稍嫌重浊。这是以纽切而言的,燕、赵多以轻唇为牙音,所以说其重浊。若论声音的缓急刚柔,则与此相反。)这就是所谓的高亢激昂之音。且作为首都,就会成为古今声乐变化的聚合,所以要从地理形势考察其一直为都会的原因。中国以黄河和汉水为界来划分南北;黄河、卫水两岸,称之为唐、虞之地;汉水左右,称之为夏、楚。舜以《南风》之歌,纣以朝歌北鄙之音,而刘向辨别其中的差异。周人作“四始”,而音流入南方,不归于北方。(取自《说苑·修文篇》之义。)古代时北方有宫、商、角、徵、羽五音,到文、武时才又增加和、穆两个变音,可知南音独自进化完备。故《韩诗》说《周南》《召南》,认为其地域应在南阳、南郡间。太史公说:颍川、南阳,是大禹所在的地方,至今那里的人仍被称为夏人。南郡原本是楚国故地的都城郢。荀子曾说："君子居住在楚地则为楚人，居住在中原则为中原人，居住在越地则为越人。"夏相对于越，正相反；夏相对于楚，相为扶持。所以以地域来验证，《周南》《召南》正是如此；以水域来验证，沔水、汉水向下游流入荆州，而命名为夏水，其国称为楚。如此，夏与楚，是同音而互称。（楚从疋声，声本同夏，详见于后文。）晋之名源于晋水，齐之名源于天齐，楚之名源于夏水，以此类推是一样的。抑或南阳、南郡，本为夏的两个都城？犹如镐池、伊洛为周的两个都城，与殷商之有三亳一样吗？中国之音，以夏、楚为正，与黄河、卫水之地不同，所以说"能夏则大"。然犹谓楚声为南蛮侏离，这是黄河、卫水之间，街巷妇女儿童的私言，不足以作为衡量的标准。考察文王的教化影响，西南到庸、蜀、濮、彭，而长江、汉水间尤美。所以克商之役，史岑称之为："苍生更始，朔风变楚。"（《出师颂》）考察那些师法文王的人，一定不会把楚国语音当作夷狄的邪音看待。《周南》《召南》广之就成为"雅"。雅之义解释为不反哺之乌的，而古文为疋。疋，即人的小腿，乐府无所取其度。这就可知雅同夏，而疋与楚同声，其文皆为假借。所以小雅、大雅，指夏与楚。小、大雅张之就成为了"颂"。颂在《周官》中隶属于九夏。而颂的《时迈》篇，即九夏中的肆夏。由是而言，四始之声，数楚、夏最为雅正。

十三国独楚无风[38]，儒者皆言以僭王不贡包茅摈弃之[39]，失也。元气广厚而物博，而用者当其无有[40]。黄钟小素，不以名宫[41]；元音含少，惟同律则不专其月。何者？以十二调所公也[42]。《诗》三百，皆以楚言为中声[43]，尚安取楚风矣？今夫种族之分合，必以其言辞异同为大齐[44]。故自变楚以更始，则殷薄之族为顽民，自此始也[45]。

【注释】

(38) 十三国,《诗经》中风以国分篇,有《周南》《召南》《邶风》《鄘风》《卫风》《王风》《郑风》《齐风》《魏风》《唐风》《秦风》《陈风》《桧风》《曹风》《豳风》,称十五国风。其中《周南》《召南》为正风,二南之外的十三国为变风。一说"南"是与"风"并列的一类。十三国中没有楚。

(39) 包茅,也作"苞茅"。古代祭祀时,用以滤酒去滓的束成捆的菁茅草。包茅为楚地所产,被要求向周进献。楚一度停止进贡,宣王曾向楚王问罪。《左传・僖公四年》:"尔贡包茅不入,王祭不共,无以缩酒,寡人是征。"

(40) 而用者当其无有,指人们虽然利用元气却似乎感觉不到它们的存在。

(41) 黄钟小素,指黄钟半律,即黄钟律的半音。黄钟,古乐十二律之一。声调最洪大响亮。《礼记・月令》注"黄钟者,律之始也。九寸,仲冬气至则黄钟之律应"。不以名宫,古代以十二律高下的次序定宫、商、角、徵、羽、变宫、变徵为七声,其中任何一声为主,均可构成一种"调式",宫调式以宫声为主,不必专门指出宫声。

(42) 元音,又称母音,与辅音相对,是在发音过程中由气流通过口腔而不受阻碍发出的音。以十二调所公也,十二指古乐十二律,即黄钟、太簇、姑洗、蕤宾、夷则、无射六律和大吕、夹钟、仲吕、林钟、南吕、应钟六吕。又古人以律与历附合,以十二律对应十二月,而元音遍于十二律中,故称"所公也"。

(43) 中声,中和之声。《荀子・劝学》:"诗者,中声之所止也。"

(44) 大齐,大体的界限。

(45) 自此始也,以上三句意为,周人灭殷后,采纳了南方的楚音,而与北方的殷人不同,从此以后,殷人被看作"顽民"。

【译文】

十三国风中唯独没有楚风,儒者大多说是因为楚国僭称王号不上贡祭祀用的包茅而被删除了,是不对的。元气深厚而广博,人们虽然利用却感觉不到它的存在。黄钟律的半音构成宫调式,因为是以宫声为主,所以不必专门指出宫声。古人用十二律对应十二月,但元音很少专门对应某一月。为什么呢?因为十二律中都包含元音。《诗经》三百零五篇,皆以楚国方言为中和之声,何必再列楚风呢?而今种族的分与合,必以其语言的异同为大体的界限。

所以自从周人灭殷后，采纳了南方的楚音，而与北方的殷人不同，从此殷人被看作是“顽民”。

天之草昧，大陆之先民，必宾巨川以为宅[46]。舟楫既盛，资其流衍，溯之洄之，厉之杭之[47]，然则百货殷赈[48]，市里良奥[49]，方五千里之间，而都会山出棋置矣[50]。惟齐州人自西方来，一自秦，一自蜀，北宾河卫而居之，南宾江淮而居之。然先周帝王之宅，东南以大山、梁父为畛略，岱南徐、杨，羁縻不绝，于汉若有朱厓、九真矣[51]。帝王者乐得殖民之地，从其喜好谣俗甘食宴居，而憎故都僻隘，故蜀亦浸废。荆州处徐、杨、蜀间，则终古沦为要服[52]。周而始有楚声，而非莫也[53]。熊严之作[54]，与上国抗衡，诸吴、越复继起。及孙氏王于武昌、金陵[55]，讫晋之东，冠带在是矣。案《抱朴·外篇·审举》曰：“昔吴土初附，其贡士见偃以不试[56]。今太平已近四十年矣，犹复不试。此乃见同于左衽之类。”据此，晋初中原人士，犹贱视吴楚。至东晋，始翕合无间也[57]。

【注释】

(46) 宾，通“滨”。濒临。

(47) 厉之，涉水而过。《尔雅·释水》：“以衣涉水为厉。”杭之，乘舟渡过。杭，通“航”。

(48) 殷赈，丰足。

(49) 良奥，稠密。

(50) 山出棋置，比喻分布广泛。《史记·货殖列传》：“铜铁则千里往往山出棋置。”司马贞索隐：“言如置棋子，往往有之。”

(51) 朱厓、九真，西汉时郡。治所分别在今中国广东徐闻和越南清化。

(52) 终古，往昔，自古以来。要服，五服之一，《尚书·禹贡》：“五百里要服。”《国语·周语上》：“蛮夷要服。”

(53) 而非莫也，不是没有原因的。章氏认为中国古代民族自西而来，向南发展，逐渐接受当地语言风俗，因此，周接受楚声，不是没有原因的。

(54) 熊严，西周楚国国君。芈姓。继兄熊勇即位。

(55) 孙氏,三国吴孙权。
(56) 不试,不被招用。
(57) 翕合,和合协调。无间,没有间隙。

【译文】

天地创始时,陆地的先民必定是临近大河而居。船只既已繁多,人们用以穿行于大河之间,因而各种货物富足,人烟稠密,方圆五千里之地,大城市星罗棋布。华夏之人本是来自西方,一是自秦地,一是自蜀地,向北临近黄河、卫水而居,向南临近长江、淮河而居。然而周的先祖帝王所居之地,东南以泰山、梁父为疆界,泰山以南到徐州、扬州,连绵不绝,如同汉时置有朱厓、九真二郡。帝王往往乐于拥有广阔的殖民地,获得自己喜好的民谣、美食、宅院,而嫌弃故都太偏僻狭隘,于是蜀地就渐渐荒废。荆州处于徐州、扬州、蜀地之间,所以自古以来就成为核心区域。周接受楚声,不是没有原因的。西周时楚君熊严兴起,与处于中原之地的诸侯国相抗衡,之后吴、越又继而兴起。到孙权兴于武昌、金陵,再到晋偏安江东,礼仪教化保存于此地。(案:《抱朴子·外篇·审举》说:"从前吴地刚刚归附时,向朝廷举荐的人才往往不被招用。如今太平已近四十年了,仍然不被招用。由此可见中原人士将此地视同为蛮夷。"据此,到西晋初期,中原人士仍轻视吴越之地。等到了东晋,才相互融合没有间隙了。)

然至唐世,仕宦者犹不欲得南方。扬诩以为乐土亡与比畴者(58),其在洛师鄁下(59)。是何也?王景之治河(60),功施千年。始永平(61),卒之开运河,无邕溃(62)。是故砥柱可漕(63),孟津可下(64),商旅骈阗(65),亭候修饬(66),都邑士女芋以闳(67),其气不彫益皈(68)。南方者,卑湿陋促,得与比邪?熙宁以降(69),河则岁岁横决,水门崩圮(70),堤徭不息(71);下自勃碣(72),上至二陵(73),三千里间,水道所在埂塞。故其榜船绝迹(74),化居邕滞(75),民日蔽幪(76),亡职业,而犷不狎(77),非独被金、元之杀掠为然也,河之不治则有焉。当是时,南方江汉之水,其波沦如故。以是使其行旅日通,俊民日蕃(78),乃几与北方异气。中国谓溪谷诸苗蛮,满洲谓汉人蛮,见《扬州十日记》(79)。淮北人谓淮南人蛮。距鬲川渎耳(80),而相鄙贱若异种矣。

【注释】

(58) 扬诩,夸耀。比畴,相提并论。

(59) 洛师,洛阳。师谓京师。邺下,即邺都。曹操为魏王,定都于此。曹丕代汉,定都洛阳,邺仍为五都之一。故城在今河北临漳及河南安阳一带。

(60) 王景,东汉水利家。字仲通,原籍琅邪不其(今山东即墨西南)人。永平十二年(公元69年),负责治理黄河,取得重大成果。

(61) 永平,晋惠帝年号(291年)。

(62) 邕溃,水壅塞而决口。邕,古壅字。

(63) 砥柱,山名。亦名三门山,原在今河南三门峡市东北黄河中。河水至此分流,包山而过。南曰鬼门,中曰神门,北曰人门。三门之广约三十丈,唯北门修广可行舟;南门险急,舟筏入者,往往舟覆人亡。

(64) 孟津,津名。在今河南孟县。

(65) 骈阗,布集,连属。

(66) 亭候,瞭望监视敌情的岗亭。

(67) 芋以闳,指人数众多。《诗・小雅・斯干》:"君子攸芋。"毛传:"芋,大也。"闳,通"宏"。

(68) 昄(bǎn板),大。《诗・大雅・卷阿》:"尔土芋昄章,亦孔之厚矣。"毛传:"昄,大也。"

(69) 熙宁,宋神宗年号(1068~1077年)。

(70) 水门,水闸。《汉书・沟洫志》:"今可从淇口以东为石堤,多张水门。"

(71) 堤徭,指因修筑河堤而摊派的徭役。

(72) 勃碣,渤海,碣石。

(73) 二陵,即东西二崤山。在河南洛宁县北,西北接陕县界,东接渑池县界。

(74) 榜船,船只。《广雅·释水》:"榜,船也。"

(75) 化居,居货为贾。《尚书·益稷谟》:"懋迁有无化居。"化,古"货"字。

(76) 蔽幪,同蔽蒙。闭塞蒙昧。《庄子·缮性》:"滑欲于俗思,以求致其明,谓之蔽蒙之民。"

(77) 而犷不狎,凶悍而不亲近。狎,亲近。《礼记·曲礼上》:"贤者狎而敬之。"郑玄注:"狎,习也,近也,谓附而近之,习其所行也。"

(78) 俊民,贤明之人。《尚书·洪范》:"俊民用章,家用平康。"

(79)《扬州十日记》,明王秀楚著。记录顺治二年(1645 年)清兵攻破扬州,屠城十日的经过。

(80) 鬲,通"隔"。渎,沟渠。

【译文】

然而到了唐代,出仕为官者仍不愿意到南方。被夸赞为乐土,没有能与之媲美的,还是洛阳郦下,这是为什么呢?自从王景治理黄河之后,其功绩惠泽天下,黄河千年无水患。晋惠帝永平年间,又开始开凿运河,自此不再出现河水壅塞决口的情况。故而砥柱可通漕运,孟津可下商船,商旅繁盛,沿岸的岗亭修整完备,都邑士女众多,气象不衰减反而更宏大。而南方之地,地势低下潮湿,狭窄局促,如何与之相比?宋神宗熙宁之后,黄河年年决堤,水闸塌毁,修筑堤坝的徭役持续不停;下自渤海、碣石,上至东、西崤山,三千里间,水道到处阻塞不通。故而船只绝迹,商贸停滞,百姓日益闭塞蒙昧,没有了职业,剽悍而不相亲近,不只是因为遭受金、元的杀戮、掠夺而导致的,也与黄河缺乏治理有关。而当时的情形是,南方的江、汉之水,其波纹如故,因此行旅日益畅通,才俊之士日益增多,呈现出与北方不同的景象,甚至超过了北方。中原称溪谷诸苗人为蛮,满洲称汉人为蛮(见《扬州十日记》),淮北人称淮南人为蛮。他们之间只是隔着大河大川而已,却相互轻贱如同异种那般。

迹江汉之盛(81),有轮郭于春秋(82),张于吴、晋,翢于宋(83),

以至今。然其萌芽，即自变楚始。夫声乐者，因于水地，而苍生当从其文者以更始。幽、冀之音，其道不久矣。

【注释】

(81) 迹，追踪，追寻。

(82) 轮郭，轮廓。

(83) 弸，完满。

【译文】

追迹江汉之盛，在春秋时期已呈现轮廓，壮大于吴、晋时，鼎盛于宋时，以至于今日。然而其萌芽，就是从变楚开始的。声乐各因于地理形势，而苍生当从其文者以除旧布新。幽州、冀州之音，其道不久矣。

凡今语言，略分十种：

河之朔暨于北塞，东傅海，直隶、山东、山西，南得彰德、卫辉、怀庆，为一种。纽切不具，亢而鲜入(84)，唐虞之遗音也。

【注释】

(84) 亢而鲜入，高亢而缺少入声。古汉语字音分为平、上、去、入四声。入为四音之一，发音短促而急，一发即收。

【译文】

如今的方言，大概可分为十种：

黄河以北地区直到北部边境，东到临海，包括直隶、山东、山西之地，南到彰德、卫辉、怀庆，这是一种。纽切之音不完备，高亢而缺少入声，此为唐虞时代的遗音。

陕西为一种。明彻正平，甘肃宵之(85)，不与关东同。惟开封以西，却上(86)。陆法言曰："秦、陇则去声为入(87)，梁、益则平声似去，至今犹然。"此即陕西与关东诸部无入者异也。

【注释】

(85) 宵,通“肖”。相似。
(86) 却上,缺少上声。
(87) 去声为入,指将去声读作入声。

【译文】

陕西为一种。语音清晰正平,甘肃口音与之相似,又与关东之地不同。只是开封以西的口音,缺少上声。(陆法言说:“秦、陇之地的去声读为入声,梁州、益州之地的平声好似去声,到今天仍如此。”这也体现出陕西与关东诸部没有入声的情况不同。)

汝宁、南阳,今曰河南,故荆、豫错壤也;及沿江而下,湖北至于镇江,为一种。武昌、汉阳,尤啴缓(88),当宛平二言。

【注释】

(88) 啴缓(chǎn 产—),和缓。《礼记·乐记》:“其乐心感者,其声啴以缓。”

【译文】

汝宁、南阳,即今天的河南,从前是荆州、豫州交界的地方;及沿长江而下,从湖北至于镇江,这又是一种。武昌、汉阳之地的口音,相当舒缓,与宛平完全是两种。

其南湖南,自为一种。

福建、广东,各为一种。漳、泉、惠、潮(89),又相附也,不足论。

【注释】

(89) 漳、泉、惠、潮,指福建省漳州、泉州和广东省惠州、潮州。

【译文】

其南面是湖南,独自成为一种。

福建、广东,各自又为一种。漳州、泉州、惠州、潮州,与这两种又相依附,不足论。

开封而东，山东曹、沇、沂；至江、淮间，大略似朔方，而具四声，为一种。

江南苏州、松江、大仓、常州，浙江湖州、嘉兴、杭州、宁波、绍兴，为一种。宾海下湿，而内多渠浍湖沼，故声濡弱(90)。

【注释】

(90) 濡弱，柔和软弱。

【译文】

开封以东，山东境内的曹州、兖州、沂州；再到长江、淮河之间，大体与北方相似，而具备平、上、去、入四声调，这又是一种。

江南的苏州、松江、太仓、常州，浙江的湖州、嘉兴、杭州、宁波、绍兴，这又是一种。这些地方靠近大海，地势低下而潮湿，而且境内有许多沟渠、湖泊、沼泽，所以声调多柔和绵软。

东南之地，独徽州、宁国处高原(91)，为一种。厥附属者，浙江衢州、金华、严州，江西广信、饶州也。浙江温、处、台(92)，附属于福建，而从福宁(93)。福建之汀(94)，附属于江西，而从赣。然山国陵阜，多自鬲绝，虽乡邑不能无异语，大略似也。

【注释】

(91) 徽州，州、路、府名。宋宣和三年(1121 年)改歙州置。治所在今安徽歙县。辖境相当于今安徽歙县、休宁、祁门、绩溪、黟县及江西婺源等县。宁国，府、路名。南宋乾道二年(1166 年)升宣州置府。治所在今安徽宣城，辖境相当于今安徽宣城、宁国，旌德、泾县、南陵、太平等县。

(92) 处，处州。州、府名。治括苍(今丽水东南)。辖今浙江丽水、缙云、青田、龙泉、云和等市县。台，台州。州、府名，治辖今浙江临海、黄岩、温岭、仙居、天台、宁海、象山等市县。

(93) 而从福宁，指同于福建语。福宁，福建的古称。

(94) 汀，州、府名。治长汀。辖今福建三明市、永安、漳平以西地区。

【译文】

东南之地，唯独徽州、宁国地处高原，这又是一种。其附属者，有浙江衢州、金华、严州，江西广信、饶州。浙江的温州、处州、台州，附属于福建，而同于福建语。福建的汀州，附属于江西，而同于江西语。然而多高山、丘陵的地区，往往闭塞隔绝，即使乡里之间口音也难免有差别，但大体相似。

四川上下与秦楚接，而云南、贵州、广西三部，最为僻左(95)，然音皆大类关中，为一种。滇、黔则沐英以兵力略定(96)，胁从中声(97)，故其余波播于广西。湖南之沅州(98)，亦与贵州同音。

【注释】

(95) 僻左，偏僻。

(96) 沐英，明初将领，洪武十四年(1381年)，攻取云南，留镇其地。死后追封黔宁王。沐氏从此世守云南，与明代相始终。

(97) 胁从中声，指近于中原之声。

(98) 沅州，州、府名。治龙标。辖今湖南怀化、黔阳、芷江、会同、靖县、通道、新晃及贵州天柱等市县。

【译文】

四川上下与秦、楚相接，而云南、贵州、广西三部，是最为偏僻的地区，然而语音都与关中地区相似，这又是一种。沐英以兵力平定了云南、贵州之地，因此两地近于中原之声，从而其影响也波及广西。湖南的沅州，也与贵州同音。

江宁在江南(99)，杭州在浙江，其督抚治所，音与他府县绝异，略似中原，用晋、宋尝徙都故(100)。

【注释】

(99) 江宁，指今江苏南京。

(100) 用,因。晋、宋尝徙都,指东晋曾都建康(今南京),南宋曾都临安(今杭州)。

【译文】

南京在江南,杭州在浙江,是其总督和巡抚的官署所在地,声音与其他府县完全不同,大体与中原相似,原因是东晋、南宋曾迁都于此。

夫十土同文字,而欲通其口语,当正以秦、蜀、楚、汉之声。然势不舍径而趣回曲,观于水地,异时夏口之铁道(101),南走广州,北走芦沟桥,东西本其中道也,即四向皆午贯于是(102)。君子知夏口则为都会,而宛平王迹之磨灭不终朝(103)。是故言必上楚,反朔方之声于二南,而隆《周》《召》(104)。

【注释】

(101) 夏口,今湖北武汉。

(102) 午贯,纵横交错。

(103) 终朝,早晨。《诗·小雅·采绿》:"终朝采绿,不盈一匊。"毛传:"自旦及食时为终朝。"

(104) 上,通"尚"。反,同"返"。二南,指《诗》国风中的《周南》和《召南》。章氏认为革命后当以武汉为首都,故主张以《周南》《召南》为代表的楚声为普通话。

【译文】

这十个区域所使用的文字是相同的,而想要统一其口语,当以秦、蜀、楚、汉之地的口音作为标准。然而势不舍弃直线而趋于曲折,观于地理形势,那时武汉的铁道,向南通向广州,向北通向卢沟桥,东西方向亦以此为中,即东南西北四向都纵横贯穿于此。君子知道武汉当为都会,而宛平的帝王之迹将会很快消亡。所以论方言一定要尊楚声为普通话,以南阳、南郡之音纠正北方之音,而推崇《周南》《召南》。

订文第二十五

[说明]作为著名的语言文字学家，章太炎一直致力于探讨汉语的近代化，以适应社会发展的需要。为此他曾写了大量作品，《訄书》重刻本中收录的《订文》《方言》就是他早期的代表性作品。

在本文，章太炎接受了西方社会学家斯宾塞的观点，认为先有语言后有文字，文字产生于祭神的需要，它最初和图画并没有大的区别。人们在祭神时把重要事件记录在神庙中，这便是最早的文字。以后随着世俗王权政治取代了神权政治，文字又被用于政治、军事等各个方面，文字本身也由早期的图画文字发展为象形文字乃至于拼音文字。由此可见，文字的发展是与社会的发展密切相关的，它从一个侧面反映了社会的发展程度和水平。章太炎还提出这样一个观点，文字词汇的多少是衡量一种语言发展水平的重要标准。西方语言中英语的词汇有六万之多，表达起来十分方便。而汉语在史籀作书时只有九千字，以后《凡将》《说文》也基本保持这个数目，到《玉篇》《广韵》也不超过三万字，而日常所用的只有两千到四千左右。可见，与英语相比，中国文字已大大落后了。作者提出为了适应"与异域互市，械器日更，志念之新者日蘖"的局面，就必须"循于旧名"，制作新名，对传统语言文字作一番深入的改革。

在附论《正名杂义》中，作者对汉语的特点及历史发展作了探讨和回顾，其内容包括：一、汉语的读音。作者分析了传统切音的不足，提出用字母加上声调“以示区别”。二、文字的孳乳。章太炎认为语言文字是随社会的发展而发展的。上古语言简寡，只需少量文字就可以完成表达。以后由于社会的发展，庶事繁兴，文字亦日益孳乳。如上古只有妇字，而无妇夫妃耦之言，以后在“妇”字的基础上孳乳出妇人、妻、处子等字词。三、六书中的假借。假借为六书之一，在上古语言中它的使用是较少的，但在后来正式书面语言中，假借却出现得越来越多，章太炎认为假借带来了表象主义的弊端。如“降”本指人自陵阜而下，而用来借指“雨降”。“吹”本谓人口出气急，而用来借指“风吹”。表象主义本是语言发展中不可避免的，有其合理性，但以后的文人学士滥用表象，造成“表象益多，而病亦益笃”的不良后果。四、通俗之言与科学之言，农牧之言与士大夫之言的区别与特点。五、事物的命名以及官号、人名、地名。六、骈文中的辞例。七、古文虚词“之”“其”“是”“者”。八、古代语言中的“倒植”“间语”。九、文章的篇题。十、文体的发展演变。十一、见在语、国民语、著名语与废弃语、外来语、新造语的关系。

本文收入《訄书》初刻本及《检论》。

泰逖之人(1)，款其皋门而观政令(2)，于文字之盈歉，则卜其世之盛衰矣。

【注释】

(1) 泰逖，上古。

(2) 款，通“叩”，敲。皋门，郭门。古代皇都有五门，最外为皋门。《诗·大雅·绵》：“乃立皋门，皋门有伉。”毛传：“王之郭门曰皋门。”

【译文】

远古时代的人，敲击王宫的外门去观察政令，就文字的多寡，来推断当世的盛衰情况。

昔之以书契代结绳者，非好其繁也，万事之箈萌[3]，皆伏于蛊[4]。名实惑眩，将为之别异，而假蹏迒以为文字[5]。然则自大上以至今日，解垢益甚[6]，则文以益繁，亦势自然也。

【注释】

（3）箈萌（dài 待—），萌芽。《尔雅·释草》："箈，箭萌。"郭璞注："萌，笋属也。"

（4）蛊，《易》卦名。巽下艮上。《序卦传》："蛊者，事也。"马融注："蛊为造事之端。"

（5）蹏迒（—háng 杭），兽迹。许慎《说文解字叙》："见鸟兽蹏迒之迹，知分理之相别异也。"

（6）解垢，诡曲之辞。《庄子·胠箧》："知诈渐毒，颉滑坚白，解垢同异之变多，则俗惑于辩矣。"《释文》："解垢，隔角也。或云诡曲之辞。"

【译文】

古时候用书写文字来代替结绳记事，并不是喜好文字繁琐，万事万物的萌芽，道都隐藏在其开端。名与实相迷乱混淆，所以需要对它们进行区分鉴别，从而仿效鸟兽的足迹而形成文字。然而自上古以至今天，字形变化越来越大，文字也就变得越来越多，这也是自然而然形成的。

先师荀子曰[7]："后王起，必将有循于旧名，有作于新名。"是故国有政者，其伦脊必析[8]，纲纪必秩，官事民志日以孟晋[9]，虽欲文之不孟晋，不可得也。国无政者，其出话不然，其为犹不远，官事民志日以呰窳[10]，虽欲文之不呰窳，不可得也。

【注释】

（7）荀子曰，引文见《荀子·正名篇》。

（8）伦脊，道理。《诗·小雅·正月》："维号斯言，有伦有脊。"毛传："伦，道；脊，理也。”

(9) 孟晋，勉力求进。班固《幽通赋》：“盍孟晋以迨群兮，辰倏忽其不再。”李善注引曹大家曰：“孟，勉也；晋，进也。”

(10) 呰媮(zǐ 子—)，同“呰窳”。苟且，懒惰。

【译文】

先师荀子曾说：“后王兴起，必定是在有的方面因循旧名，有的方面另作新名。”所以说一个国家若有善政，其道理一定是明晰的，其纲纪一定是有序的，官府事务与民心民意也都在勉力进取，即使不希望文字有进一步的发展，也是不可能的。假若一个国家政治无方，其说出的话语不以善言为是，其所行的政令也就不会久远，官府事务与民心民意日益怠惰，即使希望文字不要日益荒废，也是不可能的。

吾闻斯宾塞尔之言曰[11]：有语言然后有文字。文字与绘画，故非有二也，皆昉乎营造宫室而有斯制[12]。营造之始，则昉乎神治[13]。有神治，然后有王治[14]。故曰：“五世之庙，可以观怪。”[15]禹之铸鼎而为离魁[16]，屈原之观楚寝庙而作《天问》[17]，古之中国尝有是矣。奥大利亚与南亚非利加之野人[18]，尝垩涅其地[19]，彤漆其壁，以为画图。其图则生人战斗与上古之异事，以敬鬼神。埃及小亚细亚之法，自祠庙宫寝而外，不得画壁，其名器愈陵。当是时，布政之堂，与祠庙为一，故以画图为夬之政，以扬于王庭[20]。其朝觐仪式绘诸此，其战胜奏凯绘诸此，其民志驯服壶箪以迎绘诸此，其顽梗方命终为俘馘绘诸此[21]。其于图也，史视之，且六典视之[22]。而民之震动恪恭，乃不专于神而流眂于图[23]，见图则奭然师保逮其前矣[24]。君人者，藉此以相临制，使民驯扰[25]，于事益便。顷之，以画图过繁，稍稍刻省，则马牛凫鹜，多以尾足相别而已，于是有墨西哥之象形字。其后愈省，凡数十画者，杀而成一画，于是有埃及之象形字。凡象形字，其沟陌又为二[26]：一以写体貌，一以借形为象，所谓“人希见生象，而按其图以得仿佛”者也[27]。乃若夫人之姓氏，洲国山川之主名，主形者困穷，乃假同音之字以依托之，于是有谐声字，则西域字母根株于是矣[28]。人之有语言也，固不能遍包众有，其形色志念之相近者，则引伸缘傅以为称。俄而聆其言者，眩惑如占覆矣[29]，乃不得不为之分其涂畛[30]，而文字以之孳乳。故数字之义[31]，祖祢一名，久而莫踪迹之也。今英语最数，无虑六万言，斯氏道当时语。言各成义，不相陵越。东西之有书契，莫繁是者，故足以表西海[32]。

【注释】

(11) 斯宾塞尔，即赫伯特·斯宾塞(1820～1903 年)。英国社会学家、经验论哲学家。著有《社会学研究》(严复译为《群学肄言》)和《伦理学原理》等。

(12) 昉，开始。《列子·黄帝》：“众昉同疑。”张湛注：“昉，始也。”

(13) 神治，神权政治。

(14) 王治，指神权政治之后的世俗王权政治。

(15) 五世之庙，可以观怪，语见《吕氏春秋·喻大》引《商书》说。高诱注：“庙者，鬼神之所在。五世久远，故于其所观魅物之怪异也。”

(16) 禹之铸鼎而为离彲，《左传·宣公三年》：王孙满曰“昔夏之方有德也，远方图物，贡金九牧，铸鼎象物，百物而为之备，使民知神、奸。故民入川泽、山林，不逢不若。螭魅罔两，莫能逢之。用能协于上下，以承天休。”离彲(chī 痴—)，即螭魅。离，“螭”的本字。《广雅·释天》：“山神谓之离。”彲，同“魅”。《周礼·春官》郑玄注：“百物之神曰彲。”

(17) 寝庙，古代宗庙中寝和庙的合称。《礼记·月令》：“寝庙毕备。”郑玄注：“凡庙，前曰庙，后曰寝。”庙为接神之处，寝为藏衣冠之处。作《天问》，王逸《屈原〈天问〉序》：“屈原放逐，忧心愁悴，……见楚有先王之庙及公卿祠堂，图画天地山川神灵，琦玮谲诡，及古贤圣怪物行事，周流疲倦，休息其下，仰见图画，因书其壁，呵而问之，以渫愤懑，舒泻愁思。”

(18) 奥大利亚，今译澳大利亚。亚非利加，今译阿非利加，即非洲。

(19) 垩涅，用白、黑涂色。《说文》：“垩，白涂也。”“涅，黑土在水中也。”引申为黑色。

(20) 为夬之政，指为去小人之政。夬(guài 怪)，六十四卦之一。乾下兑上。《易·夬》:“扬于王庭。”《象》:“决也,刚决柔也。健而说,决而和,扬于王庭,柔乘五刚也。”讲阳如何决去阴,君子如何决去小人。

(21) 顽梗,顽固。方命,抗命,违命。俘馘(—guó 国),俘虏。馘,所格(俘)者之左耳。

(22) 且六典视之,把它当作六典看待。六典,谓治典、教典、礼典、政典、刑典、事典六种典制。见《周礼·天官·大宰》。

(23) 流貤(—yì 异),延及。貤,通“迤”。

(24) 奭然(shì 式—),赫然。师保,官名。师氏和保氏,此指官吏。逮,同“莅”。《说文》:“逮,临也。”

(25) 驯扰,驯服。

(26) 沟陌,指类别。

(27) 人希见生象,语见《韩非子·解老》:“人希见生象也,而得死象之骨,案其图以想其生也。”

(28) 根株,源于。

(29) 占覆,术数的一种,猜度覆藏之物。

(30) 涂畛,类别。

(31) 数字,众多文字。数,众。

(32) 表西海,显于西方。指英语成为西方的通用语言。表,显。西海,指西方。

【译文】

我看到斯宾塞曾说过:先有语言然后才有文字。文字与绘画,本来是一回事,都是始于建造宫室而有所创制。人类的建造活动,又发端于神权政治。先有神权政治,然后有王权政治。所以说:“五世之庙,可以观怪。”大禹时铸造鼎而为山林之怪,屈原观宗庙中的寝与庙而作《天问》,古时候的中国时常有这类事情。澳大利亚与南非洲的土著,曾用白色或黑色之物涂地,用红色的漆粉刷墙壁,以此来描绘一些图案。他们描绘的图案内容是众人战斗的场面与上古时期的怪异之事,以此来表达对鬼神的敬畏。埃及小亚细亚的法律规定,除祠堂寝庙之外,不得涂画墙壁,他们的名号与器物更加严格。当时的情况是,施政的厅堂,与祠堂庙宇合而为一，用描画图案的方式来彰显去除小人之政，以宣明教化于朝廷。朝见仪式描绘在此，他们战胜后凯旋描绘在此，有民心驯服、箪食壶浆以欢迎他们爱戴的军队的情景描绘在此，顽劣者抗命、最终被俘也描绘在此。对于这些图案，可以当作历史看待，也可以当作典制来看待。民众看到后所产生的震撼恭敬之情，并不只是因为神灵，也是因为这些图案，看到这些图案就会顿时生出恭敬之心，犹如老师与官员亲自站立在面前一样。那些君主，以此来方便其统治，使民众驯服，施行政事更加便利。不久之后，因为图画太繁琐复杂，稍微进行减省笔画，如马牛凫鹜，更多的只是从尾巴和脚上进行区别而已，于是就有了墨西哥的象形文字。从此之后还有更加省略的，甚至有的几十画的减省为一画，于是就有了埃及的象形文字。但凡象形文字，其类别又可以分为两种：一种是摹写体貌，一种是借形为象，所谓"人们很少能看到活着的大象，而根据骨头大体想象大象的样子"就是这个意思。至于人的姓氏，地域山川的名称，主形的文字很难描绘出其形象，从而假借同音的字来作为依托，于是就产生了形声字，西域的字母就是根源于此。人类虽然有语言，但又做不到把所有事物都能表述出来，那些形状、色彩、心意思想相近的，引申依附来进行称呼。突然听到这类称呼人，往往一头雾水、不知所云，于是不得不进一步细分类别，从而文字变得更加繁多。所以众多字词的含义，起初都是来自一个名，久而久之就弄不清楚其踪迹了。如今的英语词汇的数目，总共不下六万个(斯宾塞称当时的语言)，每个词有每个词的含义，不相混淆。东西方语言的词汇，没有比英语更多的了，所以英语成为西方的通用语言。

章炳麟曰：乌乎！此夫中国之所以日削也。自史籀之作书[33]，凡九千名，非苟为之也，有其文者必有其谚言[34]。秦篆杀之，《凡将》诸篇继作[35]，及许氏时[36]，亦九千名。衍乎许氏者，自《玉篇》以逮《集韵》[37]，不损三万字，非苟为之也，有其文者必有其谚言。北宋之亡，而民日呰窳，其隶书无所增；增者起于俗儒鄙夫，犹无增也。是故唇吻所偫[38]，千名而足；檄移所偫[39]，二千名而足；细旃之所承[40]，金匮之所臧[41]，著于文史者，三千名而足，清庙之所奏[42]，同律之所被[43]，著于赋颂者，四千名而足。其他则视以为腐木败革也已矣！若其所以治百官，察万民者，则蔑乎檄移之二千而止[44]。以神州之广，庶事之博，而以佐治者廑是，其庸得不澶漫混淆，使政令逡巡以日废也？

【注释】

(33) 史籀，周宣王太史。传说著有《史籀篇》，共十五篇。今存《说文》中所引"史篇"及所录"籀文"二百二十三字。

(34) 谚言，世代流传的语言。《说文》："谚，传言也。"

(35)《凡将》，古代字书，汉司马相如撰。《说文》常引其说。《隋书·经籍志》《新唐书·艺文志》作一卷，已佚。现有清任大椿《小学钩沉》、马国翰《玉函山房辑佚书》本。

(36) 许氏，即许慎(58～147 年)。东汉经学家。字叔重，汝南召陵(今河南郾城东)人。少博学，师事古文经学大师贾逵。曾教小黄门，校书东观。经学造诣极深，时人称"五经无双许叔重"。撰《五经异义》及《说文解字》十四篇。

(37)《玉篇》，字书。三十卷。南朝梁、陈之间顾野王撰。体例仿《说文解字》，原本《玉篇》收 16917 字。每字下，先注反切，再引群书训诂，解说颇详。《集韵》，韵书。共十卷。宋丁度等奉诏修定。收 53525 字，比《广韵》增一倍余。内容注重文字形体和训诂，为研究文字训诂和宋代语音的重要资料。

(38) 唇吻，指口头语言。偫(zhì 至)，积储，储备。

(39) 檄移，檄文合移文。指官方文书。

(40) 细旃，用于书写的毡帛。

(41) 金匮，以金属制成的藏书柜。《汉书·晁错传》："臣窃观上世之传，若高皇帝之建功业，陛下之德厚而得贤佐，皆有司之所览，刻于玉版，藏于金匮。”

(42) 清庙,祖庙。

(43) 同律,乐律。《周礼·春官·大司乐》:“典同,掌六律六同之和。”

(44) 蔇,同“暨”。至。

【译文】

章炳麟说:唉!这也是中国为什么日益削弱的原因之一。史籀作书时,总共作有九千个字,这些字都不是随意作出来的,都是世代相传的用语。秦篆书衰微之后,《凡将》诸篇继之而起,等到了许慎作《说文》时,也是九千余字。在许慎的基础上进一步发挥的,自《玉篇》再到《集韵》,不下三万余字,这些字同样也不是随意作出来的,有其文者必有其世代相传的依据。北宋灭亡之后,民众日益怠惰,而隶书也就没有增进;所增加的或来自庸俗浅陋的读书人,其实相当于没有增加。所以口头所流传的文字,也就是一千余字;加上檄文和移文等文书中流传下来的文字,也就是两千余字;加上书写在细织的毛毡上的,藏在金匮藏书中的,记载于文史典籍中的,也就是三千余字;再加上宗庙之所奏,乐律中所涉及的,著于赋与颂之中的,也不过四千余字而已。其余的基本上被视为腐朽无用之物!如果只是用来治理百官、体察万民,那么用檄文、移文等文书中流传下来的两千余字就足够了。然而以中国疆域之广大,事务之繁多,用来辅助治理的仅仅有这点文字,怎么能够不模糊混淆,从而导致政令徘徊不进且日益荒废呢?

且夫文因于言,其末则言揫迫而因于文(45)。何者?文之琐细,所以为简也;词之苛碎,所以为朴也。刻玉曰“瑑”,刻竹以为书曰“篆”。黑马之黑,与黑丝之黑,名实眩也,则别以“骊”“缁”(46)。青石之青,孚笋之青,名实眩也,则别以“苍筤”“琅玕”(47)。耦怨,匹也;合耦,匹也(48);其匹同,其匹之情异,则别以“逑”“仇”(49)。

马之重迟，物之重厚，其重同，其重之情异，则别以“笃”“竺”(50)。本木曰“柢”，本厓氏曰“氐”(51)。仰视苍也谓之“天”，发际曰“颠”(52)。此犹单辞也。

【注释】

(45) 挚迫而因于文，以上两句意为：一般来讲，文字总是根据语言而定，其次，语言难以表达，不得不借助文字以区别。挚迫，穷迫。

(46) 骊，《说文》：“马深黑色。”缁，《说文》：“帛黑色也。”

(47) 苍筤，青色。《易·说卦》：“震为雷，……为苍筤竹。”孔颖达疏：“竹初生之时，色苍筤。”琅玕，美玉。《急就篇》注：“琅玕，火齐珠也。一曰石似珠者。”

(48) 耦怨，当作“怨耦”。《左传·桓公二年》：“嘉耦曰妃，怨耦曰仇，古之命也。”合耦，即嘉耦。

(49) 逑，配偶。《诗·周南·关雎》：“窈窕淑女，君子好逑。”仇，敌对。

(50) 笃，《说文》：“马行顿迟也。”竺，《说文》：“厚也。”

(51) 柢，《说文》：“木根也。”氐，《说文》：“至也，本也。从氏下著一。一，地也。”

(52) 颠，《说文》：“顶也。”古音“天”“颠”相近，且均有“顶”意，故章氏将二者并列。

【译文】

一般来讲，文字总是根据语言而定，最终语言难以表达时，又不得不借助文字加以区别。为什么？文字之细微，是为了表达起来更简明；字词之琐碎，是为了表达起来更质朴。雕刻玉器称为“瑑”，刻竹用来书写称为“篆”。黑马的黑色，与黑丝的黑色，二者的名与实相混淆，从而区别以“骊”“缁”。青石的青色，与新竹的青色，二者名与实常相混淆，所以区别以“苍筤”“琅玕”。双方结为仇怨，称为匹；双方感情融洽，也称为匹；两种情况同称为匹，而称为匹的原委却不同，所以区别以“逑”“仇”。马重则行顿迟，物重则厚，二者称为重是相同的，而重的情况却不同，从而区别于“笃”“竺”。木之本称为“柢”，厓之本称为“氐”。仰视苍穹称之为“天”，头顶发际称为“颠”。这些是单音词的情况。

辞或冗矣，而进言动辞者勿便。使造字无“神”“祇”，则终古曰“天之引出万物”“地之提出万物”者尔[53]。斯则剧口[54]，且烦简书也[55]。故号以“神”“祇”，而一言赡矣。此犹物名也。

【注释】

(53) 终古，自古以来。天之引出万物二语，见《说文·示部》，分别为神、祇的解说。

(54) 剧口，拗口。

(55) 简书，在竹简上书写。

【译文】

言辞既已繁杂，然而用动词表达就不是那么方便。假若造字没有“神”“祇”，那么始终就只能像《说文》里记载的“天之神引出万物者也”“地之祇提出万物者也”这类的表达。这样表达太拗口，而且书写起来也特别费笔墨。所以有了“神”“祇”，只一个字来表达就足够了。这些是事物名称的情况。

历物之意[56]，志念祈向之曲折，其变若云气，而言或以十数。莫曰“辍”，则终古曰“车小缺复合”也[57]。莫曰“毋”，则终古曰“女欲奸，诃止之勿令奸”也[58]。其冗曼勿便也尤甚，故号以辍、毋，而一言赡矣。然则名之著者，文从其言也不可知。苟纡于祈向，而馔具一名以引导之，其必自史官之达书名，使民率从以为言，无疑也[59]。

【注释】

(56) 历物，指穷析事物之理。《庄子·天下》：“惠施……历物之意，曰：‘至大无外，谓之大一；至小无内，谓之小一。’”

(57) 辍，停止。《说文》：“辍，车小缺复合者。”段注：“小缺而复合，则谓之辍,引申为凡作辍之称。"

(58) 毋,禁止。《说文》:"毋,…… 从女,女有奸之者,一禁止之,勿奸也。"

(59) 纡,缓慢。馔具,制定。达书名,书信中的文字。《周礼·春官·外史》:"外史掌达书名于四方。"郑玄注:"古曰名,今曰字。使四方知书之文字,得能读之。"无疑也,以上几句意为,假如有难以表达的,便制定一个名称来概括它,让民众使用,便可以没有疑问了。

【译文】

分析事物之理,意念趋向之曲折,其变化如同云雾,用来表达的语言要以十来计算数字。如果不用"辍"字,那么自古以来就只能说"车小缺复合"了。如果不用"毋"字,那么自古以来就只能说"女欲奸,诃止之勿令奸"了。这样的表述冗长枝蔓很不方便,所以用"辍""毋",只要一个字来表达就足够了。确立名称,文字根据日常语言就不容易理解。假如有难以表达的,便制定一个名称来概括它,一定要有史官统一文字,让民众也这样使用,便可以没有疑问了。

今自与异域互市(60),械器日更,志念之新者日蘖(61),犹暖暖以二千名与夫六万言者相角(62),其疐便既相万(63),及缘傅以译,而其道大穷。今夫含生之属(64),必从其便者也。然则必有弟靡以从彼者(65),虽吾文字,亦将弃不用矣。

【注释】

(60) 互市,通商贸易。

(61) 蘖,萌芽。

(62) 暖暖,自得貌。二千名,指日常所用的汉语。六万言,指英语。

(63) 疐便,困顿与便利。疐(zhì 志),跌倒。相万,相差万倍。

(64) 含生,指有生命的。《文选》南朝梁任颜升(昉)《到大司马记事笺》:"含生之伦,庇身有地。"

(65) 弟靡,同"颓靡"。困穷,萎靡不振。《庄子·应帝王》:"因以为弟靡，因以为波流。”

【译文】

自从与各国通商贸易以来，日用器具逐渐丰富，人的思想观念也逐渐多样化，这时仍自负地以两千多字的汉语与六万多个词汇的英语相对抗，其困顿、便利相差不下万倍，及两种语言互译，二者的优劣立马就显现出来了。人类的天性，一定是采用便于使用的。这样一定有人因为窘迫而使用异族文字，我们自己的文字，就要废弃不使用了。

孟晋之后王，必修述文字。其形色志念，故有其名，今不能举者，循而摭之(66)。故无其名，今匮于用者，则自我作之。其所称谓，足以厌塞人之所欲(67)，欲废坠得乎？若是，则布政之言，明清长弟(68)，较然如引绳以切墨，品庶昭苏，而呰窳者竞矣(69)。吾闻古之道君人者，曰：审谛如帝(70)。

【注释】

(66) 循而摭之，指从旧有的名词中寻找可以使用的。

(67) 厌塞，满足。

(68) 明清，犹明察。《尚书·吕刑》：“明清于单辞，民之乱，罔不中听狱之两辞。”孔颖达疏：“当明白清审于狱之单辞。”长弟，犹先后。《国语·吴语》：“孤不敢不顺从君命，长弟许诺。”韦昭注：“长，先也；弟，后也。”

(69) 呰窳，呰窳，苟且懒惰。竞，竞争。

(70) 审谛，详谨周密。《尚书大传·略说》：“言其能行天道，举措审谛也。”

【译文】

努力进取的后王，必定会修述文字。其形色志念，从前已有其名，而如今不得其详的，从旧有的字词中寻找出可以使用的。从前没有名称，而今不能满足需要的，就自己创作出来。其所使用的称谓，足以满足人们的需要，想要废除又怎么可能？如果是这样，那么施政之言,清楚明白,如同绳墨之于直线,百姓恢复生机,苟且者奋起直追。我听说古之引导人君者,说:要如同天帝般仔细考察。

附:正名杂义

《管子》曰:"义也,名也,时也,似也,类也,比也,状也,谓之象。"《七法》。其在七法,以为一官(1)。覃及异域(2),言正名者众矣。夫三段之条(3),五旌之教(4),是有专家,不得采摭。今取文字声音,明其略例,与夫修辞之术宜审正者,集为《杂义》。非诚正名而附其班,盖《匡谬正俗》之次也(5)。

【注释】

(1) 七法,指"则、象、法、比、决塞、心术、计数"。参见《管子·七法》。以为一官,指为七法中的一项。

(2) 覃(tán 谈),延及。

(3) 三段之条,指形式逻辑中的三段论。

(4) 五旌之教,指因明的五支作法。以宗(论题)、因(理明)、喻(例证)、合(应用)、结(结论)五支组成的论式。是古因明的论证形式。章氏对印度因明学颇为推崇,参见其《原名》。

(5)《匡谬正俗》,唐颜师古著。八卷,论诸经训诂音释与诸书字义、字音及俗语相承之异,考据精密,章太炎自认本附论即仿《匡谬正俗》而作。

【译文】

《管子》记载:"事物的仪容状貌,名称,时间,相似,类属,位次,状态,称为象。"(《管子·七法》)象是则、象、法、比、决塞、心术、计数七法中的一项。延及欧洲、印度等国,强调正名者也有很多。如形式逻辑中的三段论,印度古因明学的五段推理法,这是专家之学,不便随意谈论。今取文字声音,注明其大概,与修辞方法应当注意的,集在一起而为《杂义》。这不可以归为正名之类的作品,而是对《匡谬正俗》的继承。

西方以数声成言乃为一字(6)，震旦则否。释故、释言而外(7)，复有释训(8)。非联绵两字，即以双声叠韵成语(9)，此异于单举者。又若事物名号，合用数言。岁阳、岁阴(10)，义则难解。放勋、重华(11)，古圣之建名；阿衡、祈父(12)，官僚之定命；是皆两义和合，并为一称。苟自西方言之，亦何异一字邪？今通俗所用，虽廑跂二千(13)，其不至甚忧困匮者，固赖此转移尔。由是言之，㩉于文俗者，亦逾万字。然于理财正辞，其忧不逮甚矣。若有创作，用缵旧文，故一字。训数字。两端，皆名一字。是则书童竹笘，数必盈亿也(14)。

【注释】

(6) 一字，一词。西方字母语言，以词为基本单位，与汉语不同，章太炎将二者混为一谈，故认为西方有多音"字"，而汉语则无。

(7) 释故，指《尔雅·释故第一》。释言，指《尔雅·释言第二》。释故、释言主要解释单音字。

(8) 释训，指《尔雅·释训第三》。释训主要解释双(重)音词。

(9) 双声叠韵，二字同声母为双声，二字同韵母为叠韵。

(10) 岁阳、岁阴，见《尔雅·释天》。

(11) 放勋、重华，即唐尧和虞舜的名。

(12) 阿衡，一作"保衡"。《诗·商颂·长发》："实维阿衡，实左右商王。"旧说伊尹名阿衡，一说阿衡乃伊尹所任官名。祈父，周代官名，即司马。《诗·小雅·祈父》："祈父，予王之爪牙。"毛传："祈父，司马也。"

(13) 廑跂，仅只。

(14) 数必盈亿，以上几句意为，把汉语中的字和由若干字组成的词，统统看成一个字。这样汉语的字就会很多。竹笘，儿童写字用的竹板。

【译文】

西方的文字一般是多音节文字，中国则不同。《尔雅》中的《释诂》《释言》释单音字以外，另有《释训》是解释双音词的。两个字不是联绵词，即以双声叠韵而成语，这不同于单个的字。又如事物的名号，是合用多个字而成的。岁阳、岁阴，其意并不好理解。放勋、重华，是古代圣人的名号；阿衡、祈父，是古代官名的称法。这些都是两义和合，合并而成为一个称呼。如果用西方的语言来表述，其与一个字有何不同呢？如今通常使用的文字，虽然只有两千个，但又不至于担心匮乏，就是因为通过这种方法化解了这一矛盾。由此而言，散布于礼法、习俗之中的，也有万字以上了。至于治理财物、端正言辞，也不至于十分忧困。若有所创作，集合既有文字，故（一个字）训（多个字）两者，都看成是一个字，这样汉语的字就会很多。到这时，儿童在写字板上所书写的汉字数目就会极多了。

六书之从形声，十固七八。自叔然、弘嗣(15)，则有切音(16)。其后或以婆罗门法贯之(17)，宜若调瑟有准，观其纽切而知其音读者。然抽讽《广韵》，则二百六者勿能辨也(18)。其能辨者，而九服又各异其敛侈也(19)。音不吊当，彼是不明，人各相非，孰为雅言？察此其所由生，则尝正字母之读，以贯双声，未尝正二百六部建首之读，以贯叠韵。故呿、唫同概，而韵不可知。袭孙、韦切音之术(20)，而弗整理，其切则杂举散字以为用，未尝一用字母部首(21)，故枢轴繁乱而读不可知，世言汉文难识，不若欧洲之易简。若专以字母韵首为纲，上、去傅于平声，加之点识，以示区别，所识不过百名。而切字既有定矣，虽咳笑鷇音之子(22)，使无歧声，布于一国，若乡邑相通，可也。

【注释】

(15) 叔然，即孙炎。三国时魏经学家。字叔然，乐安（今山东博兴）人。郑玄再传弟子。称东州大儒。所著《尔雅音义》为反切注音之始。弘嗣，即韦昭（204～273年）。三国吴经学家，字弘嗣。吴云阳（今江苏丹阳）人。因避司马昭讳，《三国志》作韦曜。著有《吴书》《国语注》等。

(16) 切音，以两字相拼成一音。即反切。

(17) 婆罗门法，指古代西域的拼音字母。又称婆罗门书。《隋书·经籍志》:“自后汉佛法行于中国,又得西域胡书,能以十四字贯一切音。文省而义广,谓之婆罗门书。”

(18)《广韵》,宋陈彭年、邱雍等人根据《切韵》系统的韵书增订而成,全名《大宋重修广韵》,分五卷,平声两卷,上、去、入各一卷,分韵二百零六。共二万六千一百九十四字。二百六者,指《广韵》分韵二百零六部。

(19)九服又各异其敛侈也,指各地的方言互不相同。九服,古代天子所住京都以外的地方按远近分为九等,称九服。参见《周礼·夏官·职方氏》。敛侈,指语言的委婉、高亢。

(20)袭孙、韦切音之术,承袭孙炎、韦昭的切音方法。

(21)未尝一用字母部首,此两句意为:以往人们只是随意取两字相切成音,而没有建立一声母韵母表,用声母韵母拼音。

(22)咳笑,即孩笑。《说文》:“咳,小儿笑也。”鷇音,雏鸟的叫声。

【译文】

六书中属于形声的字,十有七八。自从孙炎、韦昭之后,开始有反切注音。之后有的以婆罗门法贯通起来,就如同调瑟音当有所准则,察看其纽切就知道其读音了。然而诵读《广韵》,则其分韵二百零六部不能相分辨。所能分辨的,又因为各地的方言不同而发音高低又互不相同。读音不确切,孰是孰非并不明晰,人们又相互认为是对方不对,那么到底谁的读音是标准的呢?考察导致这种情况的原因,是因为曾确定声母的读音,以贯通双声,却不曾确定二百零六部建立韵母的读音,以贯通叠韵。所以张口、闭口为同一标准,然而韵不可知。承袭孙炎、韦昭切音方法,又不进行整理,其反切注音只是杂举零散的字来用,不曾用声母韵母注音,所以枢纽混乱而读音终不可知。人们常说汉语难学、汉字难认,不如欧洲的语言简易。如果专用声母韵母来作为纲领,上声、去声附于平声,加上圈点符号,以示区别,需要掌握的也不过百余读音。从而用切音注字的读音已经确定,即使是孩童使用起来,也可使读音没有分歧,颁布于整个国家,如同乡邻之间语音相通,这样就可以了。

上世语言简寡，故文字少而足以达旨。及其分析[23]，非孳乳则辞不辑[24]。若彼上世者，与未开之国相类，本无其事，固不必有其言矣。

【注释】

(23) 分析，指语言变得纷繁复杂。

(24) 孳乳，指增益文字。辑(jí 集)，同“辑”。和洽。《诗·大雅·板》：“辞之辑矣。”

【译文】

远古时代语言简略，所以文字很少也可以表达清楚。等到语言变得纷繁复杂，若不增益文字表达就不完整。远古时代，如同一个未开化的国家，本来就事务不多，也就不必有那么复杂的语言了。

案：柏修门人种，以同部女子为男子所公有，故无夫妇妃耦之言；妇人、处子，语亦弗别。征之《说文》：“妇，服也，从女持帚洒扫。”《曲礼》：“士曰妇人，庶人曰妻。”斯适人之定名可知也[25]。然《士丧礼》：“妇人侠床”，注谓“妻妾子姓”。语无区别，与柏修门种勿殊。盖虙牺俪皮以前之遗语尔[26]。

【注释】

(25) 适人，出嫁。《仪礼·丧服》郑玄注：“凡女行于大夫以上曰嫁，行于士庶人曰适人。”《孔子家语·本命》：“女子十五许嫁，有适人之道。”

(26) 虙牺，即伏羲。俪皮，成对的鹿皮。古代用为聘问、酬谢或订婚的礼物。

【译文】

案：柏修门人，他们将本部落的女子归男子公有，所以没有夫妇婚配之说；对妇女和未出嫁的姑娘的表述，也就没有什么区别。考证《说文》：“妇，指服侍，如女人拿着扫帚洒水扫地。”《曲礼》：“对于配偶的称呼，士称妇人，庶人则称妻。”这表明女子出嫁后有固定的称呼。然而《士丧礼》：“妇人在床的两侧相对而处”，注解称“妻妾子女”。称呼用语并没有区别，与柏修门人没有什么不同。这大概是伏羲以成对的鹿皮作为订婚聘礼时代之前所遗留下来的语言吧。

又父子、君臣、夫妇、朋友各有正文，而昆弟独假于韦束之次弟[27]，其后乃因缘以制“翼”字[28]。《说文》兄虽训长，毛公故训义实为兹[29]。盖由兹长而为长者，亦犹令长之引伸矣。斯则兄弟、昆弟，古无其文，盖亦无其语也。大宗嗣始祖，小宗嗣四亲，族人为宗服齐衰三月。宗之重于家族政体，久矣。其始鉴于立少[30]，惧其动摇，而尊之使峭不可登；族人不得以其戚戚君[31]，亦不得以其戚戚宗子[32]。故余子于嫡长[33]，无敢有兄与昆之称。虽嫡长亦以臣庶视余子，未尝言弟也。其诸庶相谓，则孟、仲及季而已。本无兄弟、昆弟之名，故亦不制其字。及其立名借字，则社会已开，必在三王之际也。

【注释】

(27) 韦束之次弟，《说文》：“弟，韦束之次第也。”段注：“以韦束物，如辀五束、衡三束之类，束之不一则有次弟也。引申之为凡次弟之弟，为兄弟之弟。”

(28) 翼，《说文》：“翼，古文弟。从古文韦省。……周人谓兄曰翼。”

(29) 毛公，即毛亨，相传为西汉古文《诗》学的开创者。世称大毛公。传说他的《诗》学传自子夏，著有《毛诗故训传》三十卷。故训，即《毛诗故训传》。义实为兹，《诗·大雅·召旻》：“职兄斯引。”毛传：“兄，兹也。”

(30) 立少，立年少之君。

(31) 戚君，亲昵君。《礼记·大传》：“君子有合族之道，族人不得以其戚戚君。”郑玄注：“君恩可以下施，而族人皆臣也，不得以父兄子弟之亲自戚于君。”

(32) 宗子，嫡长子。

(33) 余子,庶子。

【译文】

父子、君臣、夫妇、朋友都各有本字,而只有兄弟需假借用皮绳捆扎物品之次第这一意象,才因此制作古文"第"字。《说文》之中,兄虽然解释为长,据毛公故训其义实为兹。大概是由于滋长的意思而引申为长者,也好比为引伸令长。故而兄弟、昆弟之说,在古代没有形成文字,大概也没有这种说法。家族中的大宗继承始祖,小宗继承四亲,族人为同宗服齐衰之礼三个月。宗法重于家族政体,由来已久。当初鉴于立年少之君,担心其根基动摇,从而尊其位,使之高不可攀;族人不能因为亲戚的关系就亲昵其君,也不能因为亲戚的关系就亲昵宗子。其余诸子对于嫡长子,没有敢以兄或昆来称呼的。即使嫡长子也是以臣庶来看待其余诸子,不曾有弟的称呼。其庶子之间相互称呼,只能用孟、仲、叔、季而已。原本就没有兄弟、昆弟这样的名称,所以也就无需制作相应的文字。等到确立名字时,社会已经开化,必定是在夏、商、周三代那个时期了。

又加路脱称:达马拉人,以淡巴菰二本,易羊一匹;淡巴菰十本,易犊一头。然其算数,知五而止。自五以上,无其语言,亦无会计。故见淡巴菰十本者,扩张两手,以指切近,略知其合于二五之数,而不知其十也。又其嚚顽者,识数至三而止。及奥大利亚人,则三数犹不能憭。夫世无衡量筹算,人之纪数,固以指尔。以五指为极数,而不能使左右相代以定位,则五以上,宜不能知也。汪容甫作《释三九》篇(34),遍徵古籍,凡欲甚言多数者,或则举三,或则举九。余以为举九者,在社会开明而后;若举三,则上古之遗言也。当是时,以为数至于三,无可增矣。且虑牺已有十言之教,而《易》

言天数五，地数五，五位相得而各有合。《律历志》言五六"天地之中合"。其他五行、五色、五声、五味之属，大氐以五为度。盖当时亦特虙牺知十耳。元元之民[35]，则以为数至于五，无可增矣。后世虽渐文明，而数极三五之说，传之故老，习于胲颊[36]，故亦相引而弗替乎？

【注释】

(34) 汪容甫，指清经学家汪中，字容甫。参见《清儒》第十二注(72)。

(35) 元元，犹"喁喁"。《史记·孝文帝纪》："以全天下元元之民。"索隐引顾野王："元元犹喁喁，可怜爱貌。"

(36) 习于胲颊，指口头相诵。

【译文】

加路脱称：达马拉人，用两株烟草，换一头羊；用十株烟草，换一头小牛犊。然而他们算数，最多只知道五。五以上的数目，没有语言来表达，也没有办法计算。所以看到十株烟草时，张开两手，将手指靠近，大体上知道是两个五的数量，但不知道是十。还有更加愚昧迟钝的人，识数只能数到三。至于澳大利亚人，连三个数都不会数。当时没有计数的工具，人们计数，就只是用手指而已。认为五指就是最大的数，而不能使用左右手交替来计数，故五以上的数目，也就不知道了。汪容甫作《释三九》篇，遍征古籍，凡是要极力说大数目的，有的只是举三，有的则是举九。我认为，举九这样的数目，当是在社会开明以后；那些举三的，当是上古时代遗留下来的习惯说法。当时，人们认为数目到了三个，就没办法再增加了。而伏羲时已经有十言之教，《易》中说到天数五，地数五，五位相得而各有合。《律历志》说五六，天的中数为五，地的中数为六，而五六就是天地的中合。其他的金、木、水、火、土五行，青、赤、白、黑、黄五色，宫、商、角、徵、羽五音，酸、甜、苦、辣、咸五味之类的，大体上也是以五为言。大概当时也只有伏羲知道十吧。天下百姓，则认为数目到了五，就没办法再增加了。后世虽然逐渐开明，但数目最多是三五这种说法，流传于那些年老者，口头相诵，因而就没有被废弃吗？

又古之言人、仁、夷同旨。案，《说文》古文仁字作𡰥。而古夷字亦为𡰥。《汉书·樊哙传》“与司马𡰥战砀东”，注：“𡰥，与夷同。”《孝经》“仲尼居”释文：“𡰥，古夷字。”此假仁为夷也。《海内西经》：“百神之所在，八隅之岩，赤水之际，非仁羿莫能上冈之岩。”仁羿者，夷羿，《传》云“夷羿收之”是也。《说文》言“夷俗仁，仁者寿”，故夷与仁，声训本通，脂真之转(37)，字得互借。《表记》《中庸》皆云：仁者，人也。《表记》曰：“以德报怨，则宽身之仁也。”《韩敕碑》：“有四方士仁。”皆借仁为人矣。乃知人与仁、夷古衹一字。盖种类之辨，夷字从大而为人。自禹别九土(38)，始以夏为中国之称，制字从页、臼、夊以肖其形。自禹而上，夷、夏并号曰人耳。夷俗仁，故就称其种为人，以就人声，而命德曰仁。仁即人字。自名家言之，人为察名(39)，仁为玄名(40)，而简朴之世未能理也。古彝器人有作⺈者。重人则为⺈，以小画二代重文，则为仁，明其非两字矣。自夷夏既分，不容通言为人，始就人之转音而制夷字。然《说文》儿字下云：“仁人也，古文奇字人也。”夫古文与小篆一字耳，何故别训为仁人？则知古史官之制儿字，盖专以称东夷，以别夏人。夷俗仁，故训曰仁人。此义治小学者多不瞭。非深察古今变故，不知。《白虎通义》谓夷者蹲夷无礼义(41)，故儿字下体诘屈，《说文》儿字下引孔子曰：“在人下，故诘屈。”以象蹲夷。且《海内西经》“仁羿”，《说文系传》儿字下注引作“人羿”。是儿、夷一字异读之明徵。通其源流正变言之，则人、儿、夷、⺈、仁、𡰥六字，于古特一字一言，及社会日进，而音义分为四五。夫语言文字之繁简，从于社会质文，顾不信哉(42)！

【注释】

(37) 脂真之转，脂、真为上古两个韵部，二者可以对转。

(38) 禹别九土，指禹划分中夏九州。参见《尚书·禹贡》。

(39) 察名，具体名词。

(40) 玄名，抽象名词。

(41) 蹲夷，踞坐。《后汉书·鲁恭传》："蹲夷踞肆，与鸟兽无别。"

(42) 顾，岂。

【译文】

古时候称人、仁、夷的意思是相同的。案：《说文》仁字的古文写法是从尸从二，而古文夷字的写法也是从尸从二。(《汉书·樊哙传》"与司马尼战于砀东"注云："尼，与夷相同。"《孝经》"仲尼居"释文："尼，古夷字。")这是假借仁字为夷。《海内西经》："百神之所在，八方之岩，赤水之际，非仁羿不能上冈之岩。"仁羿，就是夷羿，也就是《传》所说的"夷羿收之"。《说文》称"夷俗仁，仁者寿"，所以夷与仁，二者声音或相近，脂部与真部对转，字可以互借。《表记》《中庸》都称"仁者，人也"。《表记》说："以德报怨，则宽身之仁也。"《韩敕碑》："有四方士仁。"都是借仁为人的例子。从而可知人与仁、夷在古时只是一个字。大概辨别种类，夷字从大表示东方之人。自从大禹划分九州之后，开始用夏作为中国的称呼，制作文字时从页、臼、夂，以表示其形状。在大禹之前的时代，夷、夏都称为人而已。夷俗仁，所以就称其种族为人，以就人声，而将德命名为仁。仁就是人字，从名家的角度而言，人是具体之名，仁是抽象名词，而在之前淳朴的时代是分不清楚的。古代宗庙所用青铜祭器上有把人写成仌的情况。重人则为仌，以小画二代重文，就是仁了，可知这并非两个字。自从夷夏区分开来之后，就不可以不加区分地都称为人了，于是根据人字的转音制作了夷字。然而《说文》儿字下面说："仁人也。古文人字的另一写法。"古文与小篆的写法是一样的，为什么另解释为仁人呢？可知古时史官制作儿字，大概是专门指称夷人，以区别于中原的夏人。夷俗仁，所以训为仁人。（这一层意思即使是治小学的人也多不了解。若不能深察古今变故，是不能知道的。）《白虎通义》称"夷人曲腿下蹲没有礼义"，所以儿字的下部写法弯曲，（《说文》儿字下面引孔子的话说："在人下，所以弯曲。"）以此来象征下蹲的夷人。而且《海内西经》所说的"仁羿"，《说文系传》儿字下的注文中引作"人羿"。可见儿、夷是一字只是读音不同。搞清了其源流变化，则人、儿、夷、夨、仁、尸六个字，在古代只是一个字，等到社会日益进步了，其音与义又分出了四五种。语言文字的繁复与简洁，与社会的质朴与开明程度相关，怎能不信啊！

六书初造，形、事、意、声(43)，皆以组成本义，惟言语笔札之用，则假借为多。小徐系《说文》(44)，始有引伸一例。然许君以令长为假借，令者发号，长者久远，而以为司命令、位夐高者之称(45)。是则假借即引伸，与夫意义绝异，而徒以同声通用者，其趣殊矣(46)。

【注释】

(43) 形、事、意、声，指六书中的象形、指事、会意、形声。参见《序种姓下》第十八注(184)。

(44) 小徐，指南唐徐锴(920～974 年)。字楚金，广陵(今江苏扬州)人。与其兄徐铉同治《说文》，世称小徐，著有《说文解字系传》四十卷。

(45) 夐高，至高。

(46) 其趣殊矣，六书中的假借有两种情况：一是有意义的联系，如许慎以令长为例所谈的假借；一是没有意义的联系，只因音同而假借，即借声，二者并不相同，故说"其趣殊也"。

【译文】

六书初创之时，象形、指事、会意、形声，都各指向其本义，只是用于文字表述时,假借的用法才多起来。徐锴作《说文解字系传》时,始有引伸一例。然而许慎认为令长是假借,令为发号,长指久远,因而认为是发布命令、位次高者的称呼。可知假借即引伸,与意义并没有太大联系,只是因为音同而假借,这是两种不同的类型。

夫号物之数曰万,动植、金石、械器之属,已不能尽为其名。至于人事之端,心理之微,本无体象(47),则不得不假用他名以表之。若动、静、形容之字,诸有形者已不能物为其号,而多以一言概括;诸无形者则益不得不假借以为表象,是亦势也。

【注释】

(47) 体象,形象。

【译文】

物类名称的数目有上万种,动植物、金石、器械之类,都已不能够全部命名。至于精深的人情事理,微妙的心理活动,本来就没有具体形象,所以不得不假借其他事物的名称来表达。至于动词、名词、形容词,对那些有形的事物都不能够全部精确表述,更多地是用一句话来概括;对于那些无形的事物就更不得不假借来表述其形象,这是形势使然。

姊崎正治曰:表象主义(48),亦一病质也。凡有生者,其所以生之机能,即病态所从起。故人世之有精神见象(49)、社会见象也,必与病质偕存。马科斯牟拉以神话为言语之瘿疣(50),是则然矣。抑言语者本不能与外物泯合,则表象固不得已。若言雨降,案:降,下也。本谓人自陵阜而下。风吹,案:吹,嘘也。本谓人口出气急。皆略以人事表象。由是进而为抽象思想之言,则其特征愈著。若言思想之深远，度量之宽宏，深者所以度水，远者所以记里，宽宏者所以形状空中之器，莫非有形者也，而精神见象以此为表矣。若言宇宙为理性，此以人之材性表象宇宙也。若言真理，则主观客观初无二致，此以主观之承仞(51)，客观之存在，而表象真理也。要之，生人思想，必不能腾跃于表象主义之外。有表象主义，即有病质冯之(52)。

【注释】

(48) 表象主义，指通过感性形象认识、把握世界的主张。

(49) 见象，现象。见，通“现”。

(50) 马科斯牟拉，西方语言学家。瘿疣，赘瘤。

(51) 承仞，即承认。仞，古“认”字。

(52) 即有病质冯之，以上两句为，只要有表象主义，就会有弊病相伴。冯，同“凭”。

【译文】

姊崎正治说：表象主义，会导致一种问题。凡是有生命的事物，其所以生长的机能，也是导致疾病的原因。所以人世间有精神现象、社会现象，对其进行表述必然伴随种种弊病。马科斯牟拉认为神话是语言的赘瘤，也正是此意。语言本不能与外界事物吻合，所以对事物表述就不会太精确。比如说降雨，(案：降，落下的意思。本来是指人从丘陵等高处下来。)风吹，(案：吹，叹气的意思。本来是指人的嘴吐气急促。)都是以人事来表示意象。进而再看对抽象思想的表达，其特征更加明显。比如说思想是多么深远，度量是多么宽宏，本来是形容水的，远是表示距离的，宽宏形容中间空虚的器物，都是说明有形事物的，可以对精神现象也以此来表达。至于说宇宙为理性的，这是以人的材性来表象宇宙。说到真理，则是指主观、客观没有差别，是以主观的承认，客观的存在，来表象真理。总而言之，人的思想，必定不能超出表象主义之外。可是只要有表象主义，就会有弊病相伴。

其推假借引伸之原，精矣。然最为多病者莫若神话，以“瑞麦来牟”为“天所来”，而训“行来”(53)，以“乞至得子”为“嘉美之”，而造“孔”字(54)。斯则真不失为瘿疣哉！

【注释】

(53) 训“行来”，《说文》：“来，周所受瑞麦来麰也。一来二缝（即锋），象其芒朿之形。天所来也，故为行来之来。”按：来，甲骨文像麦之形，为麦本字。后借为往来之来，又造麦字。

(54) 而造“孔”字，《说文》：“孔，通也，嘉美之也。从乞子。乞，请子之候鸟也，乞至而得子，嘉美之也。故古人名嘉字子孔。”《说文》认为孔为会意字，意“乞（即孔的右旁）至而得子”。

【译文】

其推究假借引申的源头，非常细致。然而弊病最多的莫过于神话，认为“瑞麦来牟”为“天所来”，而解释为“行来”；认为“乞至得子”为“嘉美之”，从而造出“孔”字。这真是附赘悬疣啊！

惟夫庶事繁兴，文字亦日孳乳，则渐离表象之义而为正文(55)。如能，如豪，如群，如朋，其始表以猛兽羊雀(56)。此犹埃及古文，以雌蜂表至尊，以牡牛表有力，以马爵之羽表性行恺直者。彀利亚《英文学史》。久之能则有“态”(57)，豪则有“势”(58)，群则有“宭”(59)，朋则有“倗”(60)，皆特制正文矣。而施于文辞者，犹习用旧文而怠更新体，由是表象主义日益浸淫。然赋颂之文，声对之体，或反以代表为工(61)，质言为拙(62)，是则以病质为美疢也(63)。杨泉《物理论》有云(64)：“在金石曰坚，在草木曰紧，在人曰贤。”《艺文类聚》人部引。此谓本由一语，甲乇而为数文者(65)。然特就简毕常言(66)，以为条别，已不尽得其本义。紧，本义训缠丝急，引伸施于草木。斯义益衰，则治小学与为文辞者，所由忿争互诟，而文学之事，弥以纷纭矣。

【注释】

(55) 正文，指文字的假借引申义，也即文字现有的含义。

(56) 始表以猛兽羊雀，《说文》："能，熊属。……能兽坚中，故称贤能，而强壮称能杰也。"又"修(长)豪兽。……从彑，下象毛足。"又"群，辈也"。段注："羊为群，犬为独，引伸为凡类聚之称。"又"朋，古文凤，象形。凤飞，群鸟从以万数。故以为朋党字。"

(57) 态，《说文》："态，意也。从心，能声。"

(58) 勢(háo 豪)，《说文》："勢，健也，从力，敖声，读若豪。"

(59) 宭(qún 群)，《说文》："宭，群居也。从宀，君声。"

(60) 倗，《说文》："倗，辅也。从人，朋声。"

(61) 代表，指表象文辞。

(62) 质言，指质朴的文辞。

(63) 美疢(—chèn 衬)，表面有益实则有害。《左传·襄公二十三年》："季孙之爱我，疾疢也；孟孙之恶我也，药石也；美疢不如药石；夫石犹生我，疢之美，其毒兹多。"疢，病。

(64) 杨泉《物理论》，参见《学变》第八注(78)。

(65) 甲乇，甲坼。草木萌芽时孚甲裂开。《易·解》："雷雨作而百果草木皆甲坼。"此指衍生文字。

(66) 简毕，即简牍。《尔雅·释器》："简，谓之毕。"郭璞注："今简札也。"

【译文】

随着事务越来越繁杂，文字也日益增多，渐渐脱离表象义而使用其假借引申义。比如能、豪、群、朋，其一开始是表述猛兽以及羊、雀这类事物的。这也如同埃及古文，用雌蜂表示至尊，用公牛表示力量，用鸵鸟的羽毛表示品行正直。(彀利亚《英文学史》)时间久了能则衍生出"态"字，豪衍生出"勢"字，群衍生出"宭"字，朋衍生出"倗"字，都是特制的引申义。用于语言表述中，人们仍习惯于用旧文，而懒得变换新的形式，因此表象主义日益盛行。在赋、颂之文辞，对仗之文体中有时反而将表象文辞当作工巧，将质朴文辞看作是拙劣，这正是把弊病看作是优点。杨泉《物理论》有言："对于金石而言称为坚，对于草木而言称为紧，对于人而言称为贤。"(《艺文类聚》人部引)由此可见本来是由一个字，衍生出几个字。然而这只是对简札常用语进行区分辨别，已经不能完全得其本义了。(紧，本义解释为缠丝急，将这一意思引申到对于草木而言了。)本义消失，研治文字学的与好为文辞的，便争持不下并互相诋毁，而文学之事，就更加杂乱不堪了。

如右所述，言语不能无病。然则文辞愈工者，病亦愈剧。是其分际，则在文言、质言而已(67)。文辞虽以存质为本干，然业曰"文"矣(68)，其不能一从质言，可知也。文益离质，则表象益多，而病亦益笃。斯非直魏、晋以后然也，虽上自周、孔，下逮嬴、刘，其病已淹久矣(69)。汤武革命而及"黄牛之革"(70)，皿虫为蛊而云"干父之蛊"(71)。易者，象也(72)，表象尤著。故治故训者，亦始自《易》，而病质亦于今为烈焉。

【注释】

(67) 文言、质言，表象文辞和质朴文辞。

(68) 业，已经。

(69) 淹久，长久。《尔雅·释诂》："淹，久也。"

(70) 汤武革命，《易·革彖》："汤武革命，顺乎天而应乎人。"黄牛之革，《易·革》："初九，巩用黄牛之革。"章氏这里意谓，同是革，既表示汤武革命，又表示黄牛之革。

(71) 皿虫为蛊，《左传·昭公元年》："赵孟曰：'何谓蛊?'对曰：'淫溺惑乱之所生也。于文，皿虫为蛊。'"杜预注："文，字也。皿，器也。器受虫害为蛊。"干父之蛊，《易·蛊》："初六，干父之蛊，有子。"《序卦传》："蛊者，事也。"章氏这里意谓，同是蛊，既表示器物所生的虫子，又表示事业。

(72) 易者，象也，《易·系辞传》："是故《易》者，象也；象也者，像也。"易用象表达思想，故章氏以此论证中国文字表象主义的特点。

【译文】

如上所述，言辞不可能没有弊病。而文辞越是精巧，弊病越是严重。其区别在于，是华美之言还是质朴之言而已。文辞虽然以保存质朴为根本，然而已经呈现出华美的趋势，就很难一直保持质朴，这是可知的了。文辞越背离质朴，表象就越多，而弊病也就会越严重。这种情况并非只是魏、晋以后才出现，即使是上溯至周公、孔子，下至秦、汉，其弊病早已存在了。汤武革命而论及"黄牛之革"，皿虫为蛊而说成"干父之蛊"。《易》，即是象，而表象主义尤其显著。故研治文字训诂的，也是始自《易》，而这种弊病在今天最为严重。

虽然，人未有生而无病者，而病必祈其少。瀸污渍染，宁知所届(73)？荀氏有言：乱世之征，文章匿采(74)。《乐论》。焉可长也？近世奏牍关移，语本直核，纯出史胥，其病犹少。而庸妄宾僚，谬施涂塈(75)，案一事也，不云"纤悉毕呈"，而云"水落石出"；排一难也，不云"祸胎可绝"，而云"釜底抽薪"。表象既多，鄙倍斯甚。夫言苛则曰"吹毛求疵"；喻猛则曰"鹰击毛鸷"，迁、固雅材，有其病矣。厚味腊毒(76)，物极必反，遂于文格，最为庸下。是则表象之病，自古为昭。

【注释】

(73) 渍染，亦作"染渍"。传染。届，至。

(74) 匿采，原文作"其文章匿而采"。言文章邪慝而多文采。

(75) 涂塈，《尚书・梓材》："若作室家，既勤垣墉，惟其涂塈茨。"原指以泥涂屋，此借指书写。

(76) 厚味腊毒，《国语・周语下》："高位寔疾颠，厚味寔腊毒。"韦昭注："腊，亟也。"

【译文】

即使如此，人还没有从来不生病的，只是祈求病越少越好。传染病会传染漫延，怎能知道它会何时到来？荀子曾说：乱世的表现之一，就是文章内容邪恶而多文采。(《乐论》)怎能助长这一风气？近世的奏章公文，用语原来是率直而真实，纯出于掌管文书的小吏之手，其中的弊病尚且不多。然而浅陋妄为的宾客幕僚，自作聪明地乱用修饰，审理一件事情，不说“纤悉毕呈”，而说“水落石出”；排除一个疑难，不说“祸胎可绝”，而说“釜底抽薪”。感性的表象既已增多，而浅陋背理之处更甚。至于表述严苛则说“吹毛求疵”，形容勇猛则说“鹰击毛鸷”，即使是司马迁、班固这类才智之人，也有这种弊病。美味却极毒，物极则反，这种文章的风格，最为平庸低下。由此可知表象主义的弊病，自古以来就已经很明显。

去昏就明，亦尚训说求是而已。自昔文士，不录章句(77)，而刘彦和独云(78)：“注释为词，解散论体，杂文虽异，总会是同。”《文心雕龙·论说篇》。斯固文辞之极致也。若郑君之谱《毛诗》(79)，公彦之释《士礼》(80)，武子之训《谷梁》(81)，台卿之读《孟子》(82)，师法义例，容有周疏，其文辞则皆彧然信美矣(83)。当文学陵迟(84)，躁人喋喋(85)，欲使渐持名实，非此莫由也。

【注释】

(77) 章句，古代经学家以分章析句来解说经义的一种著作文体。

(78) 刘彦和，刘勰(?～520年)。南朝梁东莞莒县(今属山东)人。梁武帝时任东宫通事舍人，步兵校尉等职。著《文心雕龙》，为我国第一部体系较为完整的文学理论著作，晚年出家为僧，法名慧地。

(79) 郑君，郑玄。谱《毛诗》，指郑玄《毛诗谱》。

(80) 公彦，贾公彦。唐代经学家，洛州永年(今属河北)人。作《周礼义疏》《仪礼义疏》，二书皆收入《十三经注疏》。

(81) 武子，东晋经学家范宁。字武子，南阳顺阳(治在今河南淅川东)人。著有《春秋谷梁传集解》十二卷，收入《十三经注疏》。

(82) 台卿，东汉经学家赵岐。字台卿，京兆长陵(今陕西咸阳东北)人。

著《孟子章句》，收入《十三经注疏》。

(83) 彧然(huò 或—)，美盛貌。

(84) 陵迟，渐趋衰败。

(85) 躁人，急躁之人。这里指注释经义的人。《易·系辞下》："吉人之辞寡，躁人之辞多。"喋喋，多言貌。

【译文】

远离昏乱接近光明，只是要崇尚训释、追求事实而已。自古文人，不习章句之学，而唯独刘勰说："注释经典的文词，是分散了的论体，虽然夹杂在文中不像是论，但汇总起来就和论完全相同。"(《文心雕龙·论说篇》)这是文辞的极致了。如郑玄作《毛诗谱》，贾公彦注释《士礼》，范宁注解《春秋谷梁传》，赵岐作《孟子章句》，师法义例，或有周密与疏漏之分，然而文辞都是可信且有文采。等到文学衰败以后，经学之士不厌其烦注释经文，想要使名实逐渐相符，不如此是做不到的。

有通俗之言，有科学之言，此学说与常语不能不分之由(86)。今若犕举其略：炭也，铅也，金刚石也，此三者质素相同，而成形各异，在化学家可均谓之炭。日与列宿，地与行星，在天文亦岂殊物？然施之官府民俗，则较然殊矣。夫盘盂钟镈，皆冶以金；几案杯箸，皆雕以木；而立名各异，此自然之理。然苟无新造之字，则器用之新增者，其名必彼此相借矣。即如炱煤曰煤(87)，古树入地所化，亦因其形似而曰煤，不知此正宜作墨尔(88)。曩令古无墨字，则必当特造矣。

【注释】

(86) 学说与常语，指学术语言和日常语言。

(87) 炱煤(tái—)，火烟凝成的黑灰。

(88) 墨，古代对煤的称呼。顾炎武《日知录》卷三十二"石炭"条："今人谓石炭为墨。"

【译文】

有通俗的语言，有科学的语言，这也正是学术用语与日常用语不能不区分的原因。在此略举其大概：炭，铅，金刚石，这三种物质所固有的性质是相同的，而成形各异，在化学家看来这三者都可称为炭。太阳与众星宿，地球与众行星，在天文学家看来难道不是同类吗？然而施用于官府民俗不同场合，就会有明显的差别了。盘盂钟镈，都是用金属铸成的；几案杯筷，都是用木材雕成的；而器物的名称不同，这是自然之理。但如果没有新造的字词，那么新增的器物的名称必然会彼此借用了。即如炱煤也被称为煤，是古树被埋在地下经历久远的时代而形成的，也因为其形状与煤相似而被称为煤，不知道这正适宜做墨而已。假若古时没有墨字，那么就应当特地造一个字了。

有农牧之言，有士大夫之言，此文言与鄙语不能不分之由。天下之士大夫少而农牧多，故农牧所言，言之粉地也[89]。而世欲更文籍以从鄙语，冀人人可以理解，则文化易流[90]，斯则左矣。今言道、义，其旨固殊也。农牧之言道，则曰道理；其言义，亦曰道理。今言仁人、善人，其旨亦有辨也。农牧之言仁人，则曰好人；其言善人，亦曰好人。更文籍而从之，当何以为别矣？夫里巷恒言，大体不具，以是教授适使其意讹淆，安得理解也？昔释典言“般若”者[91]，中国义曰“智慧”。以般若义广，而智慧不足以尽之，然又无词以摄代，为是不译其义，而著其音。何者？超于物质之词[92]，高文典册则愈完，递下而词递缺，缺则两义混矣。故教者不以鄙语易文言，译者不以文言易学说，非好为诘诎也，苟取径便而淆真意，宁勿径便也。

【注释】

(89) 言之粉地也,两句意为,农夫之言是语言的质地。粉地,素地。

(90) 易流,易于交流。

(91) 般若,梵文 Prajnā 的音译,译为“智慧”“智”“慧”“明”等。全称“般若婆罗蜜多”。认为此智慧非世俗人所能有,是成佛所需要的特殊认识。主要特点在用以观察诸法实相。

(92) 物质之词,指具体的词汇。

【译文】

有农牧民所用的语言,有士大夫所用的语言,这正是文言与俗语不能不区分的原因。天下的士大夫数量少而农牧民的数量多,所以农牧民所用的语言,是语言的根本。然而世俗之人想要变更文籍之言以从俗语,认为这样就可以使人人都能理解典籍,易于文化的交流,这就有失偏颇了。如今所说的道、义,其意旨实在是不同的。农牧民要说道,则说成是道理;他们要说义,也说成是道理。若说仁人、善人,其意思也是有区别的。农牧民说仁人,则是说好人;他们说善人,也是说好人。变更文籍而屈从俗语,那么这类词语应当怎样进行区别表述呢?至于街巷俗语,含义不完备,用这种语言来教授就会让思想混淆,怎能使人理解呢?从前解释佛典中“般若”一词,有人用中文译成“智慧”。由于般若一词的意义更广,而用智慧一词不足以完全表达其义,但又没有什么词可以替代,因此就不再翻译,只是标注其音。为什么呢?超越具体的词汇,在高文典册中越完备,向下则词汇越匮乏,词汇匮乏则意义就会混淆。所以教者不会用俗语来替代文言,译者不会用文言来替代学说,并不是喜好艰涩的文词,假若为了方便而混淆了其真意,宁可不图这种便利。

志念之曲折,不可字字而造之,然切用者不宜匮乏。此如直行曰"径",易言也;一曲一直曰"迂",若不特为之名,则于言冗矣。如物有大小,易言也;自圆心以出辐线,稍前益大曰"奊"[93],若不特为之名,则于言冗矣。如形式之分合,易言也;望两物平行者,渐远而合成交角曰"皀"[94]。若不特为之名,则于言冗矣。古义有精眇翔实者,而今弗用,举而措之,亦犹修废官也[95]。如火车中止,少顷即行,此宜用"辍"字古义[96]。如铁路中断,济水复属,此宜特为制字。雷霆击物,昔称曰"震"[97]。火山之发,上变陵谷,下迁地臧,今宜何称?釜气上烝,昔号曰"融"[98]。既烝复变,既烝复凝,今宜何号?南北极半岁见日,半岁不见日,昔名之"暨"[99]。赤道下昼夜平等者,今宜何名?东西半球两足相抵,昔谓之"僢"。正当作舛[100]。东西背驰,终相会遇者,今宜何谓?以此比例,不翅千万[101]。择其要者,为之制字,则可矣。

【注释】

(93) 奊,《说文》:"稍前大也。"段注:"稍前大者,前段大于后也。"

(94) 皀,《说文》:"望远合也。从日匕。匕,合也。读若窈窕之窈。"

(95) 修废官,起用被废弃的官名。《论语·尧曰》:"谨权量,审法度,修废官,四方之政行也。"此段意为使用已不被使用的古语,就像起用被废弃的官名一样。

(96) 辍,《说文》:"车小缺复合者也。"

(97) 震,《说文》:"劈历振物者。"

(98) 融,《说文》:"炊气上出也。"

(99) 暨,《说文》:"日颇见也。"段注:"日颇见者,见而不全也。"

(100) 舛,《说文》:"对卧也。"段注:"谓人与人相对而休也。"

(101) 不翅,不啻。

【译文】

思想是错综复杂,不可能造字一一对应,然而切于实用的文字不应当匮乏。如直行称为"径",比较容易表达;一曲一直称为"迂",如果不特为之命名,那么语言表述就会显得烦冗。又如物体有大小之分，比较容易表达；从圆心向四周延伸出辐线，前部稍大于后部称之为“奊”，如果不特意为之命名，那么语言表述也会显得烦冗。再如形式有分合之别，比较容易表述；看上去两个物体是平行的，渐渐延伸至远处就合成相交的一个角，这种情况称为“𠂤”。如果不特意为之命名，那么语言表述同样会显得烦冗。古义中有的精妙翔实，今天已经不再使用了，拾取古义而重新施用，就好像是起用被废弃的官名一样。比如火车中途停止，一会又重新开动，这种情况适宜用“辍”字的古义。如铁路中断，渡河重又连接，这种情况就应当专门造字了。雷霆击中物体，从前称为“震”；火山喷发，山峰变成深谷，地下的矿藏位置变化，今天应如何称呼这一情形呢？锅中的水加热变成蒸汽，从前称之为“融”；既已变成蒸汽又发生变化，变为蒸汽后重又凝结，当今应如何命名呢？南北极地只能半年看到太阳，半年看不到太阳，从前称之为“暨”；赤道下昼夜平分，今天应如何称呼呢？东西半球的人两脚相对站立，从前称之为“僢”（正当作舛）；东西方向相背而驰，终有一天会相遇，在当今应如何称呼这一情形呢？像这样的例子，何止千万。选取其中比较紧要的情况而为之造字，是可以的。

故有之字，今强借以名他物者，宜削去更定。若鏞锑，本火齐珠也(102)，今以锑为金类元素之名。汽，本水涸也(103)，今以汽为烝气之名。名实混淆，易令眩惑。其在六书，诚有假借一科，然为用字法，非为造字法。至于同声通用，益不可与造字并论矣。是故锑、汽等文，必当更定。

【注释】

(102) 本火齐珠也，《说文》：“鏞锑，火齐也。”火齐，玫瑰珠石。

(103) 汽，本水涸也，《说文》：“汽，水涸也。”段注：“水涸为将尽之时，故引申之义曰危、曰已。”

【译文】

本来有的字，如今被借来形容其他事物的，应当删去旧义重新定义。比如鏞锑，本来是指火齐珠，如今把锑当作是金属元素的一种。汽，本来是指水干涸，如今把汽当作是蒸汽。名称与事实相混淆，易令人迷惑。在六书之中，确实有假借这一说法，然而它只是一种用字法，不是造字法。至于同声相通用，更不可与造字相提并论。所以锑、汽等这类文字，当重新定义。

官吏立名，疆域大号，其称谓与事权不同者，自古有之。如秦以御史为三公，于周特簪笔之吏(104)；唐以侍中为宰相，于汉则奉壶之役也(105)。然封驳之官，谓之给事(106)；一萃之长，号以千总(107)：则已甚矣。若夫展转沿袭，至不可通者，则始于元后(108)。如升州为府，而府乃号以某州(109)，最为无义。今官书文牍，辄言各直省(110)，此复袭明而误。彼时有南北直隶，故曰各直；有十三省(111)，故曰各省。今直隶非有二也，且亦一行省耳。然则称各省已足；省当称司，或当称部，前人已言之，此姑从俗。仍言各直，所指安在？乃观于日本之官号，何其剀切雅驯也(112)？近法东邻，庶几复古哉！

【注释】

(104) 御史，御史大夫。秦代与丞相、太尉合称三公。簪笔之吏，指抄录、书写的低级官吏。

(105) 侍中，秦始置，为丞相属官。唐代为门下省长官，为宰相之职。奉壶之役，袁枚《随园随笔》："秦汉侍中本丞相史，不过掌虎子、捧唾壶等事。而晋以后之侍中，乃宰相也。"

(106) 封驳，对诏敕认为不当，封还并加以驳正。汉代封驳无专职掌管，唐代规定，凡诏敕须经门下省，如认为失宜不当可封还驳正。给事，指给事中。隋唐以后为，为门下省要职，掌驳正政令之违失。

(107) 一萃,聚集在一起的士兵。千总,武官名。清代有营千总、卫千总等。

(108) 元后,元代以后。

(109) 号以某州,如苏州、杭州,本以州名,升府后,称苏州府、杭州府。

(110) 直省,指直属于京师的地区。明代有南(南京)北(北京)二直隶。

(111) 十三省,明代分全国为十三承宣布政使司,俗称十三省。

(112) 剀切,切实。《新唐书·魏徵传》:“凡二百余奏,无不剀切当帝心。”

【译文】

官吏的名称,疆域的名称,其称谓与职权不同的,自古就有这种情况。比如秦代将御史大夫提升至三公的位置,而在周代御史只是掌管文书与记事的小吏;唐代以侍中为宰相,而在汉代侍中只是捧唾壶的小官。然而封驳之官,称为给事;士兵的长官,号为千总:这就有点太过了。至于辗转沿袭,甚至混乱到不可理解的地步,那还是元朝以后的事情。比如升州为府,而府仍然称为某州,最没有道理。如今的官书文牍,每每称各直省,这又是承袭明代而误。明代有南北直隶,所以称为各直;有十三省,所以称为各省。如今直隶不是两个,只是一个行省而已。那么称各省就足够了(省应当称为司,或应当称为部,前人已经说过,在此姑且从俗);却仍然称各直,这符合事实吗?而察看日本的官号称谓,是多么切实而又典雅!就近效法东邻日本,或许就可以恢复旧貌了!

转译官号,其事尤难。盖各国异制,无缘相拟。或谓宜一切译音,如汉时且渠、当户例(113)。然左右贤王(114),僮仆都尉(115),则固译义矣。要之,中国当自定官号,名实既核,则相切者多(116),必不能比傅(117),然后如贤王、仆尉,非汉所有,而特为作名可也。并不能为之作名者,然后从且渠、当户例可也。

【注释】

(113) 且渠、当户，匈奴官号。秦汉时匈奴自左右贤王以下分二十四部，部各置属官，且渠、当户等诸官号各以权力优劣、部众多寡为高下次第。

(114) 左右贤王，匈奴官名。即左右屠耆王(屠耆王为匈奴语“贤”)。为单于手下的最高官职。

(115) 僮仆都尉，匈奴官名。置于焉耆、危湏、尉黎间，掌诸国赋税。匈奴视诸国为僮仆，故名。

(116) 相切，相符。

(117) 比傅，比附。

【译文】

转译官职的名称，做起来更难。由于各国的制度不同，无法相比拟。有的说应当一切用音译，比如汉代的且渠、当户这类例子。然而像左右贤王、僮仆都尉，也是可以意译的。总而言之，中国应当自己界定官职名称，名称与事实既已核实，那么多数是相符的，一定不能简单比附，然后如贤王、仆尉这样的称谓，并不是汉人所有，可以特为制作名称。那些不能制作名称的，然后再依从且渠、当户这类例子处理就可以了。

人名地名，虽举音而当知其义。

从说之(118)，苫越生子，命曰阳州(119)，人以地名也。蒲姑，东土奄君之号(120)，人地互称也。怀坏，氾汎(121)，由事得称；仲中，踞和(122)，义事兼具。此其模略可知也。

【注释】

(118) 从说，纵说。与横说相对。

(119) 命曰阳州，《左传·定公八年》：“苫越生子，将待事而名之。阳州之役获焉，名之曰阳州。”

(120) 蒲姑，亦作“薄姑”。商的属国。周成王灭奄，迁其君于蒲姑，因称。

(121) 怀坏，氾汎，《荀子·儒效》：“武王之诛纣也，行之日以兵忌，东面而迎太岁，至汜而汎，至怀而坏，至共头而山隧。”怀，地名。坏，指河水泛滥冲坏道路；汜，水名。汎，同“泛”。

(122) 仲中，踞和，《孝经·开宗明义章》：“仲尼居，曾子侍。”邢昺疏：“孔子名丘，字仲尼。而刘瓛述张禹之义，以为仲者，中也；尼者，和也。言孔子有中和之德，故曰仲尼。”

【译文】

人名地名，听其声音就应该知其义。

从纵向来说，一个叫苫越的人生了个孩子，给孩子起名字叫阳州，是以地名命名的人名。蒲姑，是东方的奄国国君的名号，是人名与地名互称。怀坏，汜汎，由事而得名称；仲中，踞和，义与事兼具。这是大概可以知道的情形。

横说之，释典言世间名字，或有因缘，或无因缘。其大齐曰(123)：有因缘者，如舍利弗(124)，母名舍利，因母立字，故名舍利弗；如摩鍮罗道人，生摩鍮罗国，因国立名，故名摩鍮罗。无因缘者，如曼陀婆(125)，一名二实，一名殿堂，二名饮浆，堂不饮浆，亦复得名为曼陀婆；如萨婆车多(126)，名为蛇盖，实非蛇盖。然则渠搜以罽毳名(127)，支那以蚕丝名，世谓震旦，支那，译皆言秦。今人考得，实为蚕义。域多利以英吉利主名(128)，非律宾以西班牙王名(129)，是亦地名之有因缘者也。若能蒐集故言，如昔儒之为《春秋名字解诂》者(130)，其于古训当愈明也。

【注释】

(123) 大齐，大概。

(124) 舍利弗，舍利弗多罗之略称。释迦牟尼十大弟子之一，号称智慧第一。

(125) 曼陀婆，亦译曼荼罗。有二义，一为神坛、道场；一为花名，在印度被视为神圣植物，其果实可以饮食。

(126) 萨婆车多，《大般涅槃经》卷二十二：“如萨婆车多，名为蛇盖。实非蛇盖，是名无因，强立名字。”

(127) 渠搜，古西戎国名。当大宛北界，在葱岭以西。《汉书·地理志》作“渠叟”。颜师古注：“言此国织皮毛，以得其业。”罽毳，毛织品。

(128) 域多利，今译维多利亚。加拿大西岸城市。英吉利主，指英国19世纪女王维多利亚。

(129) 非律宾，即菲律宾。

(130)《春秋名字解诂》，清王引之撰。共两卷。《续修四库全书总目提要》称：“引之用小学说经，……谓名字者，自昔相承之诂音，义相比附。诂训之要在声音不在文字。声之相近者义每不相远。就古人名字音韵之相比附，以观声音训诂之会通。”

【译文】

从横向来说，佛典里说世间的名字，有的有因缘，有的没有因缘。其大概是说：有因缘的，比如舍利弗，他的母亲叫舍利，根据他母亲的名字来命名，故而叫舍利弗；再如摩鍮罗道人，此人生于摩鍮罗国，根据其出生国家的名字来命名，所以叫摩鍮罗。没有因缘的，如曼陀婆，一个名字有两层含义，一个指殿堂，一个指饮浆，堂上不能饮浆，合取名为曼陀婆；再如萨婆车多，名为蛇盖，而事实上并不是蛇盖。而渠搜国因毛织品命名，支那因蚕丝命名，（通常说的震旦、支那，译者多认为是指秦。今人考证得知，实际上是指蚕的意思。）维多利亚以英吉利女王的名字命名，菲律宾以西班牙王子的名字命名，也是地名中有因缘的一类。如果能够搜集旧语言，如同从前的儒者作《春秋名字解诂》那样，对于这些名称的古义就会清楚明白了。

狗有悬蹄曰犬[131]，《说文》。犬未成豪曰狗[132]。《释畜》。通言则同，析言则异。故辨于墨子者曰：狗，犬也，而杀狗非杀犬也，可。《经下》。鸟白曰皠，霜雪白曰皑，玉石白曰皦[133]。《说文》。色举则类，形举则殊。故驳于孟子者曰：白羽之白，犹白雪之白；白雪之白，犹白玉之白。《告子》。中夏言词，有流貤而无疑止(134)，多支别而乏中央(135)。观斯二事，则可知矣。《释故》以三十余言总持一义(136)，谅以八代殊名(137)，方国异语，靡不集合，非一时能具数词也。《方言》列训“大”者十二语(138)，列训“至”者七语(139)，而云别国之言，初不往来。旧书雅记，俗语不失其方，今则或同。是知闭关裹足之世，人操土风，名实符号，局于一言，而文辞亦无俪语也(140)。

【注释】

(131) 悬蹄曰犬，《说文》：“犬，狗之有县蹄者也。”

(132) 未成豪曰狗，《尔雅·释畜》：“犬未成豪，狗。”

(133) 鸟白曰皠，《说文》：“皠，鸟之白也。”

(134) 有流貤而无疑止，指言词含义多有变化而不确定。疑止，凝止。

(135) 多支别而乏中央，多殊名而乏共名。支别，指殊名。中央，指共名。

(136) 以三十余言总持一义，用三十多字来解释一个词的含义。如释“大”三十九字，释“病”三十字。

(137) 谅，推想。八代，指三皇五帝。

(138) 列训“大”者十二语，《方言》：“硕、沈、巨、濯、讦、敦、夏、于，大也。”下共十二语。

(139) 列训“至”者七语，《方言》：“假、狢(古格字)、怀、摧、詹、戾、艐(古届字)，至也。”下共七语。

(140) 俪语，对偶的文句。

【译文】

狗长有不着地的趾头的则称为犬，(《说文》)犬还没有长出像刺一样的硬毛的称为狗。(《释畜》)笼统地说，狗与犬是一样的；区别来说，狗与犬是不同的。所以有人与墨子辩论说：狗，即犬，然而说杀狗并不是杀犬，这是可以的。(《墨子·经下》)鸟的羽毛白称为皠，霜雪的白称为皚，玉石的白称为皦。(《说文》)以颜色分是一类，而形状有不同。所以有人与孟子辩驳说：白色羽毛的白，如同白雪的白；白雪的白色，如同白玉的白。(《孟子·告子》)中国的语言，含义多变化而不确定，多殊名而缺乏共名。从上述两个例子来看就可以明白了。《尔雅·释诂》中有用三十多个字来解释一个字的情况，试想将三皇五帝时期不同的名号名称，四方之地的不同语言，不集合在一起，一时是很难找到几个共同的概念。《方言》中训释“大”字列举有十二句话，训释“至”字列举有七句话，称各国的语言，起初互不往来，典籍中所记，是一个地区的俗语，今天则要求同一。可知在封闭的时代，世人保持旧有风俗，名实符号，局限于一种方言，而文辞也没有对偶句。

若《史通·杂说》载姚最《梁后略》述高祖语曰：“得既在我，失亦在予。”以为“变我称予，互文成句，求诸人语，理必不然”。由俪辞盛行，语须耦对故也。此于俪辞固伤繁郑(141)，抑观庄周《山木》已云：“吾无粮，我无食”矣。近世多读“我”为“饿”。从《释文》所举一本也。然使辞避繁复，则但云“吾无粮”足矣。《齐物论》云：“今者吾丧我。”吾、我互举，则此亦未必非互文。使衹有“我”字，而无同训之“予”，则斯语不得就也。臧洪《与陈琳书》：“足下徼利于竟外，吾子托身于盟主。”许靖《与曹公书》：“国家安危，在于足下；百姓之命，悬于执事。”寻其辞例，是亦同揆(142)。使称人者，徒曰“足下”，莫曰“吾子”、“执事”者，则斯语亦不得就也。爰在《柏舟》，则“觏闵既多(143)，受侮不少”，义趣两同，而表里各异，非一训数文之限。若乃素王十翼(144)，史聃一经(145)，捶句皆双(146)，俪辞是昉，察其文义，独多对待。然老云“为天下豀，为天下谷”，豀谷大同，《释水》：“水注川曰豀，注豀曰谷。”此广狭之异。《释山》：“山豄无所通，豀。”《说文》：“水出通川为谷。”此通塞之异。而《广雅·释山》则直云“豀，谷也”。故谓大同。直取相变；孔云“危者使平，易者使倾”(147)，义有正负，文实互施；《晋语》韦解(148)：“倾，危也。”《释故》：“平，易也。”陆绩说此(149),即云“易,平也”。非有一训数文,亦不得为斯语矣。

【注释】

(141) 繁郑,繁琐。

(142) 同揆,同度。

(143) 觏闵,遭遇不幸。

(144) 素王十翼,指孔子所撰《易传》十篇。现代学者一般认为《易传》并非全为孔子所著。

(145) 史聃一经,指老子(聃)所著《道德经》。

(146) 捶句,即捶章炼句。此指写作文句。

(147) 孔云,孔子云。引语见《易·系辞下》。

(148) 韦解,指韦昭《国语注》。

(149) 陆绩(187～219年),三国吴经学家。字公纪,吴郡吴县(今属江苏苏州)人。悉心注《易》,并有《太玄经注》。

【译文】

至于如《史通·杂说下》记载姚最《梁后略》中记述高祖的话说:“得既在于我,失也在于予。”《史通》原注中认为“把我变称为予,互文成句,考诸人的语言,必定不会有同时区别称我和予这样的道理”。这是由于骈体文开始盛行,用词须考虑对偶的缘故。对偶的文辞确实显得繁琐,看庄子《山木》篇已经说:“吾无粮,我无食。”(近世多把“我”读为“饿”。这是根据《释文》所举版本。若使文辞避免繁复,那么只说“吾无粮”就足够了。《齐物论》说“今者吾丧我。”将吾、我互举,这里也未必不是互文。)假使只有“我”字,而没有同义词“予”,那么这句话也就不成立了。臧洪《与陈琳书》说:“足下求利于境外,吾子托身于盟主。”许靖《与曹公书》说:“国家安危,在于足下;百姓之命,悬于执事。”探究其文辞,应当是属于同一道理。假使称呼对方,只称“足下”,不称“吾子”“执事”的话,那么这些语句同样也不能成立了。《诗经·邶风·柏舟》一篇中,有一句“遭遇既多,受侮不少”,意义与旨趣相同,而表里各异,并不是上述的一个意思有多个文辞的范围。至于素王孔子作《易传》十篇，老子作《道德经》一部，锤炼文句皆双，是对偶文辞之始，观察其文义，独与多是相对的。然而老子说“为天下谿，为天下谷”，谿与谷含义基本相同，(《尔雅·释水》称:“水注于川中称为谿，注于谿中称为谷。”这是广阔与狭窄的不同。《尔雅·释山》称:“山豄无所疏通，即谿。”《说文》称:“水出通畅的川为谷。”这是通畅与阻塞的差异。而《广雅·释山》则直接说“谿，即谷”。所以说它们大义相同。)直取相变；孔子所说的“危者使平，易者使倾”，含义有正反，文字相呼应只是取其变化。(《晋语》韦昭的注解中提到:“倾，即危。”《尔雅·释诂》说:“平，即易。”陆绩说到这个，即说“易，即平”。)若非一个意思有多个文辞，就不会有上述表述了。

虽然，俪体为用，故由意有殊条，辞须翕辟，孑句无施[150]，势不可已。所以晋、宋作者，皆取对待为工，不以同训为尚，亦见骈枝同物，义无机要者也[151]。明张燧作《千百年眼》十二卷[152]，有《说古人文辞》一条，曰:“《修禊序》‘丝竹管弦’，本出《前汉·张禹传》。又如《易》曰:‘明辨析也’，《庄子》云‘周遍咸’，《诗》云‘昭明有融，高朗令终’，宋玉赋云‘旦为朝云’，古乐府云‘莫不夜归’，《左传》云‘远哉遥遥’，《邯郸淳碑》云‘丘墓起坟’，古诗云‘被服罗衣裳’，《庄子》云‘吾无粮，我无食’，《后汉书》云‘食不充粮’。古人文辞，不厌郑重，在今人则以为复矣。”案:张氏所举，非必同训。若云“明而未融”“墓而不坟”，则明、融，墓、坟，自有辨也。然析言则殊，通言则一，用之文辞，固取大同而遗小异，则虽谓一训，可也。

【注释】

(150) 孑句，单句。

(151) 骈枝，骈母和枝指。《庄子·骈拇》:“骈拇枝指，出乎性哉，而侈于德。”陆德明释文引司马彪云:“骈拇，谓足拇指连第二指也。”又引《三仓》云:“枝指，手有六指也。”以上两句意为，骈体对偶只是形式的需要，而无实际意义。

(152) 张燧，字和仲，明末湘潭人。著有《千百年眼》流传于世。王夫之谓当时词人恃此为稗饭之具。

【译文】

即使如此，对偶文辞的应用，是由于意义有差别，文辞有开合，单句不起作用，其势不得不如此。所以晋、宋时期的作者，都追求对偶的工整，不崇尚使用同义词，骈体对偶只是形式的需要，而无实际意义。(明张燧作《千百年眼》十二卷，其中有《说古人文辞》一条，称：“《修禊序》‘丝竹管弦’本是出自《前汉书·张禹传》。又如《易》说‘明辨析’，《庄子》说‘周遍咸’，《诗经》说‘昭明有融，高朗令终’，宋玉赋云‘旦为朝云’，古乐府云‘莫不夜归’，《左传》说‘远哉遥遥’，《邯郸淳碑》记载‘丘墓起坟’，古诗说的‘被服罗衣裳’，《庄子》说‘吾无粮，我无食’，《后汉书》记载‘食不充粮’。古人的文辞，不排斥反复，在今人看来就会认为是重复了。”案：张燧所列举的内容，不必是同义词。比如说“明而未融”，“墓而不坟”，这里的明、融，墓、坟，是有细微差别的。故分析地看就有不同，综合地看就是一样的，用于文辞之中，固取其大同而舍弃小的差异，即便说是一个意思，也是可以的。)

夫琴瑟专一，不可为听；分间布白，乡背乃章(153)。故俪体之用，同训者千不一二(154)，而非同训者擅其全部矣。辞气不殊，名物异用，于是乎辞例作焉(155)。

【注释】

(153) 专一，亦作“专壹”。指同一种音调。《左传·昭公二十年》：“若琴瑟之专壹，谁能听之？”分间布白，亦作“斑间赋白”。《文选》何晏《景福殿赋》：“斑间赋白，疏密有章。”李善注：“《广雅》曰：‘斑，分也。’毛苌《诗传》曰：‘赋，布也。’《考工记》曰：‘画之事，赤与白谓之章。’”以上几句意为，琴瑟只有一个声调，就不可能奏出音乐，颜色各不相同，才能显出差别。

(154) 同训者，指同义字词。

(155) 辞例，修辞条例。指下文的同趣、僢驰。

【译文】

如果琴和瑟是一种音调，就没什么可听的了；书画时只有区分墨色与空白，才能彰显出轮廓。故而对偶文辞的应用，同义词毕竟是极少的，而不是同义词的情况占绝大多数。文章风格没有区别，名物的用法又不同，于是文章的修辞条例就制作出来。

辞例者，即又不可执也[156]。若言"上下无常，进退无恒"，《易·文言》。"处而不底[157]，行而不流"；《左》襄二十九年传。一则同趣，谓"上下"与"进退"，"常"与"恒"，皆同趣。一则僢驰[158]。谓"处"与"行"，"底"与"流"，义相反对。要其辞例则一，词性亦同，义有正负，而度无修短者也。至如《墨子·经说下》云："白马多白，视马不多视。"视马，谓马之善视者。白马、视马，辞例一也。而白为全体，视为一部，观念既殊，则词性亦殊矣。谢惠连《雪赋》云[159]："皓鹤夺鲜、白鹇失素。"夺鲜、失素，辞例一也。而素为举性，鲜为加性，《墨子·经上》有"移举加"之文，谓言词分移、举、加三性。《经说上》释之曰："狗犬，举也；叱狗，加也。"盖直指形质谓之举，意存高下谓之加[160]。如素，即白色，是为直指形质。如鲜，《方言》训好，《淮南·俶真训》注训明好。好者，由人意好之，是为意存高下。如平气称狗，是为直指形质；如激气叱狗，是为意存高下。同一言狗，而有举加之别，是犹长言、短言[161]，固不系文字之殊矣。至如鲜、素之属，皆形容词也，而当定其科别。故今取《墨子》语，命之曰举性形容词，加性形容词。观念既殊，则词性亦殊矣。

【注释】

(156) 执，拘泥不变。

(157) 底，停滞。

(158) 同趣，同趋。僢驰，背驰。僢，同"舛"。

(159) 谢惠连《雪赋》，文见《昭明文选》。

(160) 直指形质谓之举，客观描述事物形态称为举。意存高下谓之加，对事物进行主观判断称为加。

(161) 长言、短言，古人标注字音用语。《公羊传・庄公二十八年》："《春秋》伐者为客，伐者为主。"何修注："伐人者为客，读伐，长言之，齐人语也；见伐者为主，读伐，短言之，齐人语也。"长言若今读平声，短言若今读入声。见钱大昕《十驾斋养新录》卷四。

【译文】

修辞条例，又不可拘泥不变。比如说"上下无常，进退无恒"（《易・文言》）；"处而不停滞，行而不流"（《左传》襄公二十九年）；一个是大意相同（说"上下"与"进退"，"常"与"恒"，都是一个意思），一个是意思相反的（说"处"与"行"，"滞"与"流"，其意思正相反）。总体上看其修辞条例是一样的，词的性质也是相同的，意思有正与反，而度无长短。至于《墨子・经说下》所说的："白马有许多白毛，视马不能说有许多视。"（视马，是说善视的马。）白马、视马，辞例是一样的。而白是就整个身体的颜色而言的，视力只是身体机能的一部分，观念不同，词性也就不同了。谢惠连《雪赋》说："皓鹤夺鲜，白鹇失素。"夺鲜、失素，辞例是相同的。而素是举性形容词，鲜是加性形容词，（《墨子・经上》有"移举加"这样的表述，是说谓词有移、举、加三种性质。《墨子・经说上》对此作了解释说："狗犬，是举；叱狗，是加。"意思是说直指事物的形质的称为举，有人的意识在里面判断优劣的称为加。比如说素，即白色，这是直指形质。比如说鲜，《方言》解释是好的意思，《淮南子・俶真训》注中解释为明好的意思。好，是主观喜欢它，主观的判断。如果是平心静气地称狗，这是直指形质；如果愤怒地叱骂狗，这是主观的判断了。同样是称狗，而有举、加的分别，就好比有长言、短言，本就不因文字而异。至于像鲜、素这类词，都是形容词，但还应当界定其类别。所以在此借鉴《墨子》中的说法，给它们命名为举性形容词和加性形容词。）观念既然不同，那么词性也就不同了。

推是以言，春为苍天，秋为旻天；《释天》。仁覆愍下而言旻，远视苍然而言苍；函德与表色不同也。天子曰后，庶人曰妻；《曲礼》。君母得言大后，民母不得言大妻；尊号与常名不同也。且元年一年，其实同也。递数之始，于一曰元；骈列之举，其一不曰元。故孔子书“元年”，子夏问曰：“曷不起初、哉、首、基(162)？”张揖《上广雅表》引《春秋元命苞》。若言一人，不得言初人、哉人矣。中国、内国，其实同也，在外而正亦曰中，在内而倚不曰中(163)。故惠施历物之意，曰：“至大无外，谓之大一；至小无内，谓之小一。”《庄子·天下》。无外者，尺度绝，而亦无中，然未尝无内。若胶执辞例，而谓准度两语，分刌无差，至于白视、素鲜，亦必为之穿穴形声(164)，改字易训，则是削性以适例也。

【注释】

(162) 初、哉、首、基，《尔雅·释故第一》：“初、哉、首、基、肇、祖、元……始也。”

(163) 倚，偏倚。《礼记·中庸》：“中立而不倚。”

(164) 穿穴，犹穿凿。

【译文】

由此而言，春时称为苍天，秋时称为旻天(《尔雅·释天》)；仁覆万物、德悯众生故而称为旻天，远远看去满眼青色故称为苍天；是分别表示无所包含的德性与表面的颜色有所不同。天子夫人称为后，百姓的夫人称为妻(《礼记·曲礼》)；国君之母方可称为太后，百姓之母不能称为太妻；尊号与常名不同而已。元年、一年，其实质内容相同。依次计数之始，称一为元；并列举数，一不能称为元。所以孔子所作《春秋》中称“元年”，弟子子夏问：“何不称初、哉、首、基?”(张揖《上广雅表》引《春秋元命苞》)如果称一人，不能说初人、哉人。中国、内国，实际所指是相同的，在外而正也可称为中，在内而不正不可称为中。所以惠施探析事物之理，说：“至大无外，称为大一；至小无内，称为小一。”（《庄子·天下》）无外，数量到了极致，故无中，然而未尝无内。如果拘泥于辞例，认为要衡量对偶的两句话，做到分毫不差，至于白、视，素、鲜，也要为之穿凿附会，更改字词以便于解释，那么这就是削足适履了。

近世作者，高邮王氏实惟大师[(165)]，其后诸儒，渐多皮傅[(166)]。观其甚者，虽似涣解[(167)]，方便诘鞠[(168)]，宜有所杀止矣。

【注释】

(165) 高邮王氏，指王念孙、王引之父子。参见《清儒》第十二注(79)、(82)。

(166) 皮傅，以肤浅见解牵强附会。

(167) 涣解，即涣释。谓涣然冰释。

(168) 诘鞠(—jū 拘)，迂曲难通。

【译文】

近世兴起的，高邮王念孙、王引之父子可谓是大师，之后的那些儒者，渐多牵强附会。其中比较严重的，看似涣然冰释，其实迂曲难通，应当遏止这种做法。

古人文义，与今世习用者或殊，而世必以近语绳之。或举《孟子·万章篇》“亲之欲其贵也，爱之欲其富也”，谓“之”“其”同义，而用之不得不异。野哉！其未知，盖阙也。《康诰》[(169)]：“孟侯，朕其弟，小子封。”“朕其弟”，即“朕之弟”也。《书序》[(170)]：“虞舜侧微[(171)]，尧闻之聪明。”即“尧闻其聪明”也。《左》定二年传：“夺之杖，以敲之。”“夺之杖”，即“夺其杖”也。夫何不可代用乎？

【注释】

(169)《康诰》，《尚书》篇名。

(170)《书序》，《尚书》各篇篇首之语。另也指今存《尚书》正篇前的卷首部分，下引文为《舜典》书序。

(171) 侧微，卑贱。

【译文】

古人文辞之义，与今天的习惯用法不同，而世人定要用今天的语言来要求它。有的人举《孟子·万章》里的“亲之欲其贵也，爱之欲其富也”来说，称句中的“之”“其”含义相同，但既然这样使用就不能没有差别。多么鄙陋啊！对于不知道的就应阙疑。《周书·康诰》称：“孟侯，朕其弟，小子封。”其中的“朕其弟”，就是“朕之弟”。《书序》称：“虞舜卑贱，尧闻之聪明。”也就是“尧闻其聪明”。《左传》定公二年记载：“夺之杖，以敲之。”其中的“夺之杖”，也就是“夺其杖”。怎么就不能代用呢？

盖之、其、是、者四文，古实同义互用，特语有轻重，则相变耳。《鸿范》曰(172)：“时五者来备。”《宋世家》作“五是来备”(173)。《后汉书·李云传》作五氏。氏、是同音通用。《荀爽传》作“五韪”，以“韪”训“是”，非其义也。以“是”同“者”训矣。且“五是”，亦“时五”之倒语也。《艺文志》“儒家者流”，以今世文义言之，“者”字甚诘诎难通。寻《说文》“者，别事词也”，《丧服》注“者者，明为下出也。”故“者”义与“是”、与“此”相类，至今有“者番”“者回”等语。“儒家者流”，儒家宜读，者流为句。“者流”，犹言“此流”也。《释训》：“之子者，是子也。”故“之”亦与“是”“此”义同。比类观之，知古人于普通代名词，通言互用，不得以《孟子》“之”“其”偶异，而谓辞气异施矣。

【注释】

(172)《鸿范》，《尚书》篇名。亦作《洪范》。

(173)《宋世家》，《史记·宋世家》。

【译文】

之、其、是、者这四个字，在古时其实是意义相同可互用的，只是语音有高低强弱，这样就有了变化。《尚书·洪范》记载："时五者来备。"《史记·宋世家》作"五是来备"。(《后汉书·李云传》作"五氏"。氏、是同音通用。《后汉书·荀爽传》作"五韪"，因为"韪"可解释为"是"，并非字面义。)这是"是"与"者"同义。且"五是"，是"时五"的倒语。《汉书·艺文志》中"儒家者流"，用今天文义而言，"者"字晦涩难解。考察《说文》"者，别事词也"，《丧服》注中有"者者，明为下出也。"所以"者"的意思与"是""此"类似，至今仍有"者番""者回"等用法。"儒家者流"，"儒家"宜加以停顿，到"者流"处为一句。"者流"，如同说"此流"。《尔雅·释训》："之子者，是子也。"所以"之"也与"是""此"同义。以此类推，可知古人对于普通代名词，笼统而言可互相替代使用，不能仅凭《孟子》中"之""其"偶有差异，就说辞气有不同用法。

高邮王氏，以其绝学释姬汉古书(174)，冰解壤分，无所凝滞。信哉！千五百年未有其人也。犹有未豁然者，一曰倒植，一曰间语(175)。

【注释】

(174) 姬汉，周汉。此泛言上古。

(175) 倒植、间语，详见下文。

【译文】

高邮王念孙、王引之父子，以其精深的学问训释周、汉古籍，消除障碍，所训释没有拘泥不通达之处。可敬啊！一千五百年来没有出现过这样的人物。但仍有未弄清的地方，一个是倒装句，一个是间语。

倒植者，草昧未开之世，语言必先名词，次及动词，又次及助动词。譬小儿欲啖枣者，皆先言枣，而后言啖。百姓昭明，壤土割裂，或顺是以成语学[176]，或逆是以为文辞[177]。支那幅土，言皆有序，若其踪迹，未尽涤除。《书・禹贡》言“祗台德先”，郑注：“其敬悦天子之德既先。”即“先祗台德”也。《无逸》言“大王、王季，克自抑畏，文王俾服，即康功田功”[178]，伪孔作“卑服”，今从《释文》引马本[179]。马云：“俾，使也。”是谓大王、王季，使文王就服康功田功。即“俾文王即服康功田功”也。《墨子・非乐》引武观曰：“启乃淫溢康乐，野于饮食。”即“饮食于野”也。此与室于怒、市于色一例，最易憭。《非命上》引《仲虺之告》曰[180]：“帝式之恶，龚丧厥师。”即“帝式恶之”也。今本“式”作“伐”。据《非命中》《非命下》更正。案，《非命中》云：“帝式是恶，用厥师。”《非命下》云：“帝式是增，用爽厥师。”式，用也。帝用之恶，即帝用恶之也。《诗・日月》言“逝不古处”，传训“逝”为“逮”，即“不逮古处”也；“逝不相好”，传云“不及我以相好”，即“不逮相好”也。《公羊》襄二十七年传言“昧雉彼视”，即“视彼昧雉”也。此其排列，亦不能尽合矩度。要之此方古语，必有特别者矣。

【注释】

(176) 语学，遣词造句的法则。

(177) 逆是，指与“先名词，次及动词，又次及助动词”次序相反。文辞，文章词语。

(178)《无逸》，《尚书》篇名。

(179) 伪孔，即东晋梅赜所献《孔安国尚书传》。马本，指东汉马融《尚书注》。

(180)《仲虺之告》，《尚书》篇名。

【译文】

倒装，是指人类社会还未开化时，语言定是先有名词，接着才有动词，再后来才有助动词。比如小孩子想要吃枣，一般都是先说一个枣字，而后才说吃字。百姓开明之后，区域阻隔而有分离，有的顺着这一模式形成特殊的语言习惯，有的逆着这一模式形成文辞。中国幅员辽阔，语言皆有秩序，其发展轨迹，还没有完全消失。

《尚书·禹贡》说“祗台德先”,(郑玄注解为:“其敬悦天子之德既先。”)也就是“先祗台德”的意思。《尚书·无逸》说“大王、王季,克自抑畏,文王俾服,即康功田功”,(伪孔安国传称“卑服”,今从《释文》所引马融本。马融认为:“俾,也就是使。”意思是说大王、王季,使文王就服康功田功。)也就是“俾文王即服康功田功”的意思。《墨子·非乐》引武观说:“启乃淫溢康乐,野于饮食”,也就是“饮食于野”的意思。(这与“室于怒”“市于色”是一类,最易明白。)《墨子·非命上》引《仲虺之告》说:“帝式之恶,龚丧厥师。”也就是“帝式恶之”的意思。(今本“式”字作“伐”字。据《墨子·非命中》《非命下》更正。案,《墨子·非命中》说:“帝式是恶,用阙师。”《非命下》说:“帝式是增,用爽厥师。”式,就是用的意思。帝用之恶,即“帝用恶之”的意思。)《诗经·邶风·日月》说“逝不古处”,传解释“逝”为“逮”,也就是“不逮古处”的意思;“逝不相好”,传称“不及我以相好”,也就是“不逮相好”的意思。《公羊传》襄公二十七年记载“昧雉彼视”,也就是“视彼昧雉”的意思。这些字词的排列,也不是完全符合法度。总之这一地区的古语,必定会有特殊的情况。

间语者,间介于有义之词,似若繁冗,例以今世文义,又如诘诎难通。如《卷耳》言“采采卷耳”(181),而传云“采采,事采之也”,训上“采”字为“事”。以今观之,似迂曲不情。又如《载驰》言“载驰载驱”(182),传云“载,辞也”(183)。其他“载”可训“辞”者,多训为“事”。如《释故》云“言,间也”,间即助词。又云“言,我也”。若《诗》“言告师氏”、“言告言归”、“受言臧之”之辈,以今观之,皆可训“间”,而传皆训“我”;笺则“言”训“我”者(184),凡十七见。近人率以诘诎不通病之。毛公生于衰周,文学方盛,宁于助词尚不能通?郑君虽专治朴学,不尚文采,观其《谱序》与《戒子书》(185),固文章之杰也。然其训说，必如是云者，正以二公深通古语耳。夫绝代方言，或在异域。日本与我隔海而近，周秦之际，往者云属[186]，故其言有可以证古语者。彼凡涉人事之辞，语末率加"事"字，或以ユト代之，ユト亦事也。又凡语不烦言我而必举我字者，往往而有，如"事采"辈，特以事字居前，其排列稍异东方，而"言告""言臧"之训"我"，则正与东方一致。以今观古，觉其诘诎，犹以汉观和尔[187]，在彼则调达如簧矣。虽然，训事训我，又不得胶执读之。"事"与"我"即为助词。故"载"之训"事"，与训"辞"同[188]；"言"之训"我"，与训"间"同[189]，同条共贯，皆以助唇吻之发声转气而已。

【注释】

(181)《卷耳》，《诗・周南》篇名。

(182)《载驰》，《诗・鄘风》篇名。

(183) 传，指毛公的《毛诗故训传》。辞，指发语助词。

(184) 笺，指汉郑玄《诗笺》。附于今《十三经注疏》中《毛诗正义》的《毛传》之后。

(185)《谱序》，指郑玄《毛诗谱》前的序文。《戒子书》，见《后汉书・郑玄传》。

(186) 云属，云行连属。指交往不断。

(187) 以汉观和，以汉语看日语。和，日本大和民族的简称。此借指日语。

(188) 与训"辞"同，两句意为"载"既可以训为"事"，又可训为发语的助词。

(189) 与训"间"同，两句意为"言"既可训为"我"，又可训为间隔的助词。

【译文】

间语，是指夹杂地介于词语之间，看上去繁琐多余，用今天的语言标准来看，又曲折难通。比如《诗经・周南・卷耳》说"采采卷耳"，而《毛传》称"采采，事采之也"，解释上一个"采"字的意思为"事"。以今天的用语习惯来看，似乎曲折而不合情理。又如《诗经・鄘风・载驰》说"载驰载驱"，《毛传》称"载，辞也"。其他"载"

字可以解释为“辞”的，多解释为“事”。如《尔雅·释诂》说“言，间也”（间就是助词）；又说“言，我也”。就如《诗经》“言告师氏”“言告言归”“受言臧之”这一类表述，以当今来看，都可解释为“间”的意思，而《毛传》都解释为“我”；《郑笺》将“言”解释成“我”的情况，出现有十七次。近人因其曲折难懂而加以诟病。毛亨生于东周末年，儒家学说正在盛行，难道对于助词还不能讲通？郑玄虽然专门研治儒家经学，不崇尚文采，但察看他所作的《谱序》与《戒子书》，也是文章中的杰出作品。然而他们对字词所作的训释，一定要这样表述，正是因为毛、郑二公深通古语的原因。而远古时代的方言，或在异国他乡。日本与我国隔海相望，周秦以来，交往不断，所以日本的语言有可以佐证古语的地方。日本语中但凡涉及人事的文辞，语句最后往往加一个“事”字，或用コト代替，コト也就相当于“事”。还有但凡用语不烦称我而必定举出我字，往往有这种情况，比如“事采”这一表述，特以事字放在前面，文字排列与东方稍有不同，而“言告”“言臧”解释成“我”，这一点正与东方一致。用今天的标准来考察古代，觉得它们难以理解，就如同以汉来察看日本一样，在他们却理解起来较为通畅。即使如此，解释为事、解释为我，又不能过于拘泥于此。“事”与“我”也就是助词。所以将“载”解释成“事”，与解释成“辞”是一样的；将“言”解释成“我”，与解释成“间”也是一样的。事理相通，都是为了帮助唇舌发声转气而已。

当高邮时，斯二事尚未大著，故必更易旧训，然后辞义就部，是亦千虑之一失乎？疏通古文，发为凡例，故来者之任也。《史通·杂说篇》云“积字成文”，“由趋声对”(190)。然则有韵之文，或以数字成句度(191)，不可增损；或取协音律，不能曲随己意。强相支配，疣赘实多，故又有训故常法所不能限者。如古辞《鸡鸣高树颠》云：

“黄金络马头，颎颎何煌煌。”颎颎、煌煌，义无大异，《释故》：“颎，光也。”《说文》：“颎，火光也。”《苍颉篇》：“煌，光也。”《说文》：“煌，煌煇也。”“煇，光也。”并同。而中间以“何”字，直以取足五言耳。其有非韵文而文义类此者。如《书·多方》“大淫图天之命屑有辞”。据《多士》“大淫泆有辞”，《释文》引马本，泆作屑。则此“屑”亦即“泆”也。于“大淫泆有辞”之间，间以“图天之命”四字，与“颎颎何煌煌”相似。然尤不可理解。此则疑是简札烂错，非其本然，不则古语泰无规则矣。

【注释】

(190) 声对，押韵。

(191) 句度，即句读。文句停顿处。

【译文】

在高邮王氏父子时，这两种语法现象还没有弄清楚，所以定要改变旧的解释，然后辞义才顺畅，岂不是智者千虑之一失吗？疏通古文，揭示出这一体例，本就是后来人的责任。《史通·杂说》记载“凑字以作成文章”，“刻意追求押韵”。那么有韵律的文章，或以相同的字数来断句，不能随意增删文字；或为了追求符合韵律，不能曲随己意。扭曲造作而成，毛病很多，所以又有不能用训诂的通常法则来限定的情况。比如古辞《鸡鸣高树颠》说：“黄金络马头，颎颎何煌煌。”颎颎、煌煌，意思没太大差别，(《尔雅·释诂》说：“颎，即光。”《说文》称：“颎，即火光。”《苍颉篇》认为：“煌，即光。”《说文》：“煌，即煌辉。”“辉，就是光。”也是相同的。)而中间有个“何”字，只是为了凑足五个字而已。(也有不是韵文而文义与这种情况类似的例子。比如《尚书·多方》有“大淫图天之命屑有辞”。据《多士》“大淫泆有辞”，《尔雅·释文》引马融本，泆是屑。那么这里的“屑”也就是“泆”。在“大淫泆有辞”之间，夹杂着“图天之命”四个字，这与“颎颎何煌煌”相似。只是更难以理解。这可能是简牍发生错乱，不是它本来的模样，不然的话古语也太没有规则了。)

亦有当时常语，非训故所能割解者。魏武帝《蒲生篇》，东阿王《明月篇》，皆云“今日乐相乐”。魏文帝《朝日篇》，云“朝日乐相乐”。是“乐相乐”为当时常语也。斯二者必求其文义，则窒阂难通，诚以韵语异于他文耳。《诗·卷阿》言“亦集爰止”，集、止义一也。《鸨羽》传(192)：“集，止也。”爰有于、於、曰三训，《释故》。间于集、止之间，皆不安聑(193)。斯非“颎颎何煌煌”之例邪？《式微》言“式微式微”(194)，传云“式，用也”。用微用微，语难憭矣！《经传释词》以式为发声语(195)。其实训用者，亦发声。斯非“乐相乐”之例邪？虽然，类是者亦千百之十一焉尔。不通斯例，则古义不完；逐流忘返，则缪说兹起。世有妄人，喜云“读书不求甚解”，故不得以余说为杓秉也(196)。

【注释】

(192)《鸨羽》，《诗·唐风》篇名。

(193) 安聑(—tiē 帖)，即妥帖。《说文》：“聑，安也。”段注：“帖其假借字也。”

(194)《式微》，《诗·邶风》篇名。

(195)《经传释词》，清王引之撰，十卷。共释九经三传及先秦、汉人著作中虚词 160 个。

(196) 杓秉，准则，标准。

【译文】

也有当时的习惯用语，不是训诂所能解释得通的。魏武帝曹操的《蒲生篇》，东阿王曹植的《明月篇》，都说“今日乐相乐”。魏文帝曹丕的《朝日篇》，说“朝日乐相乐”。可知“乐相乐”是当时的习惯用语。对于这两句一定要探求其文义的话，就曲折难解，实在是因为韵语与其他文句不同。《诗经·大雅·卷阿》说“亦集爰止”，集和止是一个意思。(《诗经·唐风·鸨羽》传：“集，是止。”)爰有于、於、曰三个意思(《尔雅·释诂》)，间杂在集和止之间，都不妥帖。这难道不是“颎颎何煌煌”一类的情况吗?《诗经·邶风·式微》说“式微式微”,传称“式,是用的意思”。用微用微,意思真是难以理解!(《经传释词》认为式是发声词。其实将其解释为用,也是表发声。)这难道不是“乐相乐”一类的情况吗?不仅如此,这样的例子还有很多。不了解这一体例,那么古义就不会完备;随波逐流而不知探求根本,那么各种错误说法就滋生出来了。世间恰有那种无知妄为的人,喜欢说什么“读书不求甚解”,所以有人可能不会以我的说法作为标准。

前世作述,其篇题多无义例(197)。《和氏》《盗跖》,以人名为符号。《马蹄》《骈拇》(198),以章首为楬櫫(199)。穿凿者,或因缘生义,信无当于本旨也。至韵文,则复有特别者。盖其弦诵相授,素由耳治,久则音节谐孰,触激唇舌,不假思虑,而天纵其声。此如心理学有曰联念者。醒醉之夫,或书一札,湎乱易譌,固其职矣;而譌者或有文义可通,要必其平日所习书者,此手有联动也。歌繇旧曲,成响在喉,及其抒意倡歌,语多因彼,此口有联声也(200)。

【注释】

(197) 篇题,篇目名称。义例,体例。

(198)《和氏》,《韩非子》篇名。《盗跖》《马蹄》《骈拇》,均为《庄子》篇名。

(199) 楬櫫(jié 杰 zhū 朱),揭示,标明。

(200) 联念、联动、联声,均为心理学中的条件反射。

【译文】

古代的人著述文章,篇章的标题大多没有体例。《韩非子·和氏》《庄子·盗跖》篇,是以人的名字作为符号。《庄子·马蹄》《骈拇》,是以文章的前两个字作为标识。穿凿附会的人,然而却无关本旨。至于有韵的文体,又有特别之处。由于这类文体适合吟唱诵读以相传授,向来以耳相闻,久而久之音节和谐圆熟,冲击唇舌,不假思索，而天纵其声。这就如同心理学中有条件反射之说。沉醉中的人，或书写一篇信札，混乱易错，往往如此；而错乱中或许有文义畅通的词语，大多是因为平时习惯书写的词语，这是手有条件反射。旧的歌谣曲目，很容易就能在心里哼唱出来，而等到抒发情意大声歌唱时，往往会发生窜曲走调，这是口有条件反射。

是故后人新曲，往往袭用古辞，义实去以千里。若《吕氏春秋·古乐》曰："汤命伊尹，作为《大护》，歌《晨露》，修《九招》《六列》，以见其善。"夫"晨露"为义，大氐如《小雅》所言"匪阳不晞"者也，而音谐语变，则遂为"振鹭"(201)。《周颂》云"振鹭于飞，于彼西雍"，以是名篇。《鲁颂·有駜》亦云"振振鹭，鹭于下"，皆自此流变者也。汉鼓吹铙歌十八曲，有《朱鹭》篇，其辞曰："朱鹭，鱼以乌，路訾邪！鹭何食？食茄下。不之食，不以吐，将以问诛者。"及何承天拟作《朱路篇》(202)，则曰："朱路扬和鸾，翠盖耀金华。"音均递代，以水鸟为轮舆。是即晨露、振鹭转变之例也。铙歌又有《拥离》，其辞曰："拥离趾中可筑室，何用葺之蕙用兰。拥离趾中。"及承天拟作《雍离》篇，则曰："雍士多离心，荆民怀怨情。"以雍为雍州矣。又有《上邪》，其辞曰："上邪！我欲与君相知，长命无绝衰。山无陵，江水为竭，冬雷震震夏雨雪，天地合，乃敢与君绝。"及承天拟作《上邪篇》，则曰："上邪下难正，众枉不可矫。"以邪为邪正矣。是皆声类相同，辞旨大异，其名实讹变，又不可以训故常法限之也。亦有义训相近，而取舍绝殊者。若《吕氏·古乐》所载有娀二女作歌曰"燕燕往飞"，而《邶风》曰"燕燕于飞"，涂山女作歌曰"候人兮猗"。而《曹风》曰"彼候人兮"。孔甲作《破斧之歌》(203)，而《豳风》亦有《破斧》(204)。寻其事指，绝非一揆，而文句相同，义训亦近。斯皆所谓音节谐孰，天纵其声者也。必欲彼此互证，岂非陷于两伤者乎？

【注释】

(201) 振鹭，《诗·周颂》篇名。此段意为，汤时古乐中有《晨露》，后人因音谐变，将其误作《振鹭》。

(202) 何承天(370～447年)，南朝宋天文学家，东海郯(今山东郯城)人。通经史，精天文律历，著作有《礼论》等。朱路，红色车。路，通“辂”。

(203) 孔甲，夏代国君。

(204)《豳风》，《诗·国风》篇名。

【译文】

所以后人所作的新曲目，往往会沿袭古辞，而意思实已相差千里。如《吕氏春秋·古乐》说：“汤命令伊尹，创作《大护》，歌唱《晨露》，修订《九招》《六列》，以彰显其善政。”“晨露”的意思，大体上像《小雅》所言“匪阳不晞”，而谐音语变，就变成了“振鹭”了。《诗经·周颂·振鹭》有“振鹭于飞，于彼西雍”，就是以此来作为篇名。《鲁颂·有駜》又有“振振鹭，鹭于下”，都是从这里变化而来的。《汉鼓吹铙歌》十八曲，其中有《朱鹭》篇，其辞曰：“朱鹭，食鱼而欲吐，路訾邪！鹭何食？食荷下之鱼。不吃鱼，就不会吐，将以此赠予诛者。”到了何承天拟作《朱鹭篇》，则说：“朱路扬和鸾，翠盖耀金华。”音韵依次替代，以水鸟为轮舆。这就是晨露、振鹭转变的例子。铙歌还有一篇《拥离》，其辞曰：“拥离趾中可筑室，何用蕙与兰来修葺。拥离趾中。”到何承天拟作《雍离》篇，则说：“雍士多离心，荆民怀怨情。”把雍当作是雍州了。还有一篇《上邪》，其辞曰：“上邪！我欲与君相知，长命无绝衰。山无陵，江水为竭，冬雷震震夏雨雪，天地合，乃敢与君绝。”到何承天拟作的《上邪》，则说：“上邪下难正，众枉不可矫。”把邪当作是偏邪的邪了。这些都是声类相同，词义有极大差异，其名与实的讹误变易，又不可以用训诂的通常法则来限定了。还有一种情况是，对字、词义的解释相近，而取舍大不同。比如《吕氏春秋·古乐》所记载的古有娀国的两位女子作歌曰“燕燕往飞”，而《诗经·邶风》说“燕燕于飞”；古涂山国女子作歌曰“候人兮猗”，而《诗经·曹风》说“彼候人兮”；孔甲作《破斧之歌》，而《诗经·豳风》也有《破斧》篇。探究其宗旨，绝不相同，而文句相同，字词的释义也相近。这些都是所谓的音节和谐圆熟，可谓上天所赋予的词句。一定要彼此互证的话，难道不正陷于两伤的境地了吗？

复有用古调以成新曲，而其篇题与诗旨绝远者，乃骫曲傅合以就之(205)。如古《黄爵》《钓竿》二行，未知何指。及傅玄作《鼓吹曲》以颂晋德(206)，则因《黄爵》而傅合于伯益之知鸟言，因《钓竿》而傅合于大公之善饵术，然后可以言“神雀来游，飞龙戾天”，而与晋德相会。夫古之《黄爵》《钓竿》，亦未必取于致嘉瑞，用阴符也。此骫曲迁就者又为一例，三百五篇盖未之见。虽然，六代之乐(207)，今尽崩阤；文始、五行(208)，唐后亦阙。古乐章之篇题，既不可睹，宁知三百五篇必无是例乎(209)！

【注释】

(205) 骫曲（wěi 委—），委曲。

(206) 傅玄（217～278 年），魏晋之际学者。字休奕，北地泥阳（今陕西耀县）人。历官弘农太守、御史中丞等。一生著述颇多，大都佚失，今存《傅子》为后人所辑。

(207) 六代，黄帝、唐（尧）、虞（舜）、夏、商、周六个朝代。

(208) 文始、五行，古乐舞。本周舞，后代沿用。汉朝祭享高祖庙时，奏《武德》《文始》《五行》之舞，见《史记·孝文纪》《汉书·礼乐志》。

(209) 宁知三百五篇必无是例乎，此段意为，由于古乐的名称已失传，我们无法得知《诗经》三百零五篇中是否也附和了古乐名称！

【译文】

还有用古调来创作新曲的，而所创作新曲的篇题与诗旨都相差甚远，只是委曲附和来完成的。比如古《黄爵》《钓竿》二古诗，不知其宗旨。到傅玄作《鼓吹曲》以赞颂晋之功德，就是借助《黄爵》而附和于伯益能听懂鸟语，凭借《钓竿》而附和于姜太公擅长钓鱼之术，然后就可以说“神雀来游，飞龙戾天”，而与晋德相附会。至于古时的《黄爵》《钓竿》，也未必取于呈祥瑞、用兵书这一宗旨。这只是委曲迁就的一个例子，《诗经》三百零五篇中所未见的。虽然这么说，六代之乐，到如今都已衰败；舞乐《文始》《五行》，唐以后也缺失了。古乐章的篇章标题，既已不可见，又怎知《诗经》三百零五篇一定没有这样的例子呢！

世言希腊文学，自然发达，观其秩序，如一岁气候，梅华先发，次及樱华；桃实先成，次及柰实；故韵文完具而后有笔语(210)，史诗功善而后有舞诗。涩江保《希腊罗马文学史》。韵文先史诗，次乐诗，后舞诗(211)；笔语先历史、哲学，后演说。其所谓史诗者：一，大史诗，述复杂大事者也；二，裨诗(212)，述小说者也；三，物语(213)；四，歌曲，短篇简单者也；五，正史诗(214)，即有韵历史也；六，半乐诗，乐诗、史诗混合者也；七，牧歌；八，散行作话(215)，毗于街谈巷语者也。徵之吾党(216)，秩序亦同。夫三科五家(217)，文质各异，然商、周《誓》《诰》(218)，语多磔格(219)；《帝典》荡荡(220)，乃反易知。由彼直录其语，而此乃裁成有韵之史者也。《顾命》：“陈教则肄肄不违。”江叔沄说，重言肄者，病甚，气喘而语吃。其说最是。夫以剧气蹇吃(221)，犹无删削，是知商、周记言，一切迻书本语，无史官润色之辞也。帝典陈叙大事，不得多录口说，以芜史体，故刊落盈辞矣。盖古者文字未兴，口耳之传，渐则忘失，缀以韵文，斯便唫咏(222)，而易记臆(223)。意者苍、沮以前(224)，亦直有史诗而已。下及勋、华(225)，简篇已具，故帝典虽言皆有韵，而文句参差、恣其修短，与诗殊流矣。其体废于史官，其业存于曚瞽(226)。由是二《雅》踵起，藉歌陈政，《诗序》："雅者，正也，言王政之所由废兴也。"同波异澜，斯各为派别焉。

【注释】

(210) 笔语，指书面语言。

(211) 韵文先史诗、次乐诗、后舞诗，韵文先出现史诗，后出现乐诗，最后出现舞诗。

(212) 裨诗，篇幅较短的诗歌。

(213) 物语，指说唱类的故事。

(214) 正史诗，以历史为题材的史诗。

(215) 散行作话，当指民间故事。

(216) 吾党，指中国文学的情况。

(217) 三科，即三科九旨。《春秋公羊学》术语。指在三个科段内有九种意旨。何休以新周、故宋、以《春秋》当新王；所见异辞、所闻异辞、所传闻异辞；内其国而外诸夏、内诸夏而外夷狄为三科九旨。五家，指传《春秋》的《公羊》《谷梁》《邹氏》《夹氏》《左氏》五家。

(218)《誓》《诰》，指《尚书》中《誓》《诰》部分。如《甘誓》《洛诰》等。

(219) 磔格(zhé 哲—)，形容语句发音诘拗口。

(220)《帝典》，《尚书》中《尧典》的别称。《礼记·大学》引《尧典》"克明峻德"，就直称《帝典》。

(221) 剧气，犹气急。蹇吃，口吃。

(222) 唫咏，吟咏。唫，同"吟"。

(223) 记臆，记于胸中。《广雅》："臆，胸也。"

(224) 苍、沮，苍颉、沮诵的合称。相传为黄帝的史官，始作文字。《世本》一："沮诵、苍颉作书。"

(225) 勋、华，放勋、重华。即尧、舜。

(226) 矇瞽，眼瞎与耳聋之人。古代多为乐师。

【译文】

世人认为希腊文学自然发达，观其秩序，就如一年四季的气候，梅花先开，次及樱花；桃子先熟，次及柰实；故而韵文完备而后有文字著述，史诗发展成熟而后有舞诗。（涩江保的《希腊罗马文学史》。）韵文先于史诗出现，之后是乐诗，再后是舞诗；文字著述是出现历史、哲学，之后是演说。这里所说的史诗：第一种是大史诗，记述的是复杂大事；第二种是裨诗，记述的是小说；第三种是物语；第四种是歌曲，短篇简单者；第五种是正史诗，即有韵律的历史记述；第六种是半乐诗，乐诗与史诗混合而成；第七种是牧歌；第八种是散行作话，接近于街谈巷议。以此来考察我国的学术史，秩序也大体相同。三科五家，文质各异，然而商、周时的《誓》《诰》诸篇，文字多拗口难懂；《尚书・尧典》气象博大，反而易于理解。是因为前者是直接记录其语言，而后者是裁成的有韵之史。（《顾命》："陈教则肄肄不违。"江声说，重复用肄字，有大毛病，气喘而口吃。这一说法很是恰当。那么对于这种气喘又口吃的情况，仍不加以删削处理，可知商、周时期记录语言，一切誊写原本的语言，没有史官在其中添加润色之词。《尧典》陈述大事，不能太多地直接记录口语，以免将史书的编写体裁搞混乱，所以删除了多余的文字。）大概古代文字还未兴盛时，人们口耳相传，渐渐可能会忘记，故而连缀成韵文，以便于吟咏，容易记于胸中。或许苍颉、沮诵之前，也只有史诗而已。以后到了尧、舜时期，简篇已经形成，故而《尧典》虽然也有韵律，但是文句参差，任意长短，就与诗分流了。其文体废止于史官，其功业保存于乐官。于是《小雅》《大雅》接连而起，借助诗歌议论政事，（《诗序》说："雅，即正，叙述王政之所以兴废。"）同波而异澜，各自形成了流派。

春秋以降，史皆不韵，而哲学演说亦由斯作。原夫九流肇起，分于王官(227)，故诸子初兴，旧章未变，立均出度，管、老所同(228)。逮及孔父(229)，优为俪辞；墨子谆谆，言多不辩；奇耦虽异，笔语未殊。六国诸子皆承其风烈矣，斯哲学所由昉乎？纵横出自行人(230)，短长诸策实多口语(231)，寻理本旨，无过数言，而务为粉葩[232]，期于造次可听[233]。溯其流别，实不歌而诵之赋也。秦代仪、轸之辞[234]，所以异于子虚、大人者[235]，亦有韵无韵云尔。名家出自礼官[236]，墨师史角[237]，固清庙之守也[238]。故《经说》上下，权舆于是[239]；龙、施相绍[240]，其流遂昌。辩士凌谇[241]，固非韵文所能检柙矣[242]。然则纵横近于雄辩，虽言或偭规[243]，而口给可用。名家契于论理，苟语差以米[244]，则条贯已歧。一为无法，一为有法，而皆隶于演说者也。抑名家所著，为演说之法程，彼固施诸笔簫[245]，犹与演说有殊。至于战国游说，惟在立谈[246]。言语、文学，厥科本异，凡集录文辞者，宜无取焉。战国陈说，与宋人语录、近世演说为类，本言语，非文学也。效战国口说以为文辞者，语必伧俗[247]，且私徇笔端，苟炫文采，浮言妨要，其伤实多。唐杜牧、宋苏轼，便其哗嚣，至今为梗。故宜沟分畛域，无使两伤。文辞则务合体要，口说则在动听闻，庶几各就部伍尔[248]。

【注释】

(227) 九流，指儒家、道家、阴阳家、法家、名家、墨家、纵横家、杂家、农家九个流派。分于王官，《汉书·艺文志》认为儒、道等九流皆由王官分化而来。

(228) 管、老，《管子》《老子》。

(229) 孔父，孔子。父，古代男子的美称。

(230) 行人，古官名。掌朝觐聘问。《周礼》有大行人、小行人。《汉书·艺文志》："纵横家者流，盖出于行人之官。"

(231) 短长诸策，指纵横家之言。《战国策》亦称《短长书》。

(232) 粉葩，文辞秀丽。

(233) 造次，仓促匆忙。《论语·里仁》："君子无终食之间违仁，造次必于是，颠沛必于是。"

(234) 仪、轸，战国时纵横家张仪、陈轸的并称。

(235) 子虚，汉司马相如假托子虚、乌有先生、亡是公三人为辞，作《子虚赋》。文见《史记》《汉书》本传及《文选》。大人，三国魏阮籍著《大人先生传》。此指二文文体。

(236) 礼官，古官名，掌礼仪。在《周官》中属《春官》。《汉书·艺文志》："名家者流，盖出于礼官。"

(237) 史角，东周桓王时曾掌管祭礼，相传墨子曾跟他学习。见《吕氏春秋·当染》。

(238) 固清庙之守也,《汉书·艺文志》:“墨家者流,盖出于清庙之守也。”清庙之守,指管理祖庙的官员。

(239) 权舆,起始。

(240) 龙、施,公孙龙、惠施。为先秦名家代表人物。

(241) 凌谇,欺凌辱骂。《庄子·徐无鬼》:“察士无凌谇之事,则不乐。”

(242) 检柙,约束、限制。

(243) 偭规,违反规则。偭,背,违反。

(244) 差以米,小的过错。《吕氏春秋·察微》:“夫弩机,差以米则不发。”米,米粒。

(245) 笔籥(—yuè 跃),犹笔牍。《说文》:“籥,书童竹笘也。”

(246) 立谈,站立而谈。喻时间短暂。

(247) 伧俗,粗俗鄙陋。

(248) 部伍,指类别。

【译文】

自春秋以来,史籍都不再讲求韵律,而哲学演说也由此兴起。本来九流开始兴起,是出于王官,因此诸子初兴,旧有的典章未变,审定音韵、制订度量,《管子》《老子》各家所相同。到了孔子,长于对偶;墨子忠谨诚恳,语言多不善辩说;奇偶虽然不同,文字著述并无差异。六国诸子皆承袭其风范德业,这或许是哲学所开始形成的基础吧?纵横家出自行人之官,其长短辩论之术实际多是口语,探求其中的主旨,不过几句话而已,然而刻意追求文辞秀丽,只是希望短时间内能够被人听取。追溯其流派,其实是不歌而诵的赋。秦代张仪、陈轸之辞,所以不同于《子虚》《大人》诸篇,也就在于有没有韵律而已。名家出自礼官,墨子宗师史角,原本是掌管太庙相关职务的。故而《墨子·经说》上下两篇,萌芽于此;公孙龙、惠施相继于后,这一流派于是得以昌盛。游说之士过分着意于辩论,原本就不是韵文所能约束得了的。然而纵横家接近于雄辩,虽然言辞或有违背正常法则的地方,但他们口才敏捷、能言善辩是可取的。名家符合于逻辑名辩,假若文辞有小的错误,那么条理就大不同了。一个是无法则,一个是有法则,而都隶属于演说家这一范畴。如果说名家所著述的,是演说的法则,但他们只是致力于文字著述,仍与演说家有差别。至于战国时期的游说之士,只是短暂地站立谈话。言语、文学,其科目本不同,凡只是集录文辞的,是不足取的。(战国时期的陈述叙说,与宋代人的语录、近世的演说类似,本是言语,而不是文学。仿效战国时口语而作为文辞的,语言一定是粗俗鄙陋,且屈从于文笔之快,若再炫耀文采,浮华不实之言妨害要务,这样做弊病更多。相反的,唐代杜牧、宋代苏轼,放纵其喧哗,至今仍为病害。所以应当界定其范围,不要使其二者互相伤害。文辞应当符合体例,口语则在于动人听闻,这就差不多能够各安其位了。)

武岛又次郎作《修辞学》曰[249]:言语三种,适于文辞,曰见在语、国民语、著名语[250],是为善用法[251];反之亦有三种,曰废弃语、千百年以上所必用,而今亡佚者,曰废弃语。外来语、新造语,施于文辞,是为不好用法。世人或取丘墓死语,强令苏生[252],语既久废,人所不晓,辄令神味减失。如外来语,破纯粹之国语而驳之,亦非尽人理解;有时势所逼迫,非他语可以傭代[253],则用之可也;若务为虚饰,适示其言语匮乏耳。美诗人普来乌德氏,尝语其友曰:观君数用法兰西文,果使精炼英语,无论何种感想,自有语言可表,安用借法语也?武岛又次郎案:美语匮乏,不得不籍他国输入,然普来乌德犹为是言,则外来语不得恣用,明矣。新造语者,盖言语发达之端,新陈代谢之用也;今世纪为进步发见之时,代有新事物,诚非新造语不明。然其用此,或为华言虚饰,或为势不可已,是有辨矣。古者日本思想简单,即简易之汉语,已足指明,而作者喜用险怪多画之文,何其陋也?

【注释】

(249) 武岛又次郎(1872～1967年),日本学者。任教于东京女子高等师范学校等,著有《修辞学》《新撰咏歌法》等。

(250) 见在语,指现在仍在使用的语言。国民语,指本国的语言。著名语,指经常被使用的语言。

(251) 是为善用法,指运用以上三种语言是正确的用法。

(252) 苏生,复生。

(253) 傭代,替代。

【译文】

武岛又次郎所作《修辞学》说:语言有三种,适用于文辞,称为现在通行语、国民语、著名语,这是正确的用法。相反的也有三种,称为废弃语、(千百年之前所必用的,而如今已经亡佚的,称为废弃语。)外来语、新造语,施用于文辞,是为不好的用法。世人有的选取已经死亡的语言,强行使之复生,这一语言既然已经废弃很久了,人们不明白怎么使用了,就会使这一语言的神韵趣味减失。比如外来语,破坏了国民语的纯粹而使其变得驳杂,不是人人都能理解的;有时形势所迫,是别的语言所不能替代的,那么也是可以使用的;如果只是为了虚饰,恰恰显示了其语言的匮乏。(美国诗人普来乌德氏,曾经对他的朋友说:我看你多次使用法语,如果真能精练地使用英语,不论何种感想,都会有合适的语言可以表达出来,何必借用法语呢?武岛又次郎案:美语匮乏,不得不借助他国语言的输入,然而普来乌德仍说出这番话,那么外来语言不能任意使用,是很明白的了。)新造语,或是语言发达的征兆,有新陈代谢之用;二十世纪是个进步发现的新时代,时常有新事物出现,要是没有新造语就难以表达清楚。然而对新造语的使用,有时是为了用华美浮夸的语言来修饰,有时是形势所迫不得已,是有区别的。古时的日本思想简单,即使是简易的汉语,也能够表达清楚了,而作者喜好使用艰涩怪异、笔画繁多的文字，是多么浅陋啊！

案：武岛以外来、新造，有时需用；废弃语则直为官师所不材(254)。是于日本，容可云尔。至于禹域(255)，进化虽纡，人事万端，本殊偏岛(256)。顷岁或需新造，寻检《苍》《雅》(257)，则废语多有可用为新语者，若耎、㫐、辍、暨诸文是也。东人鲜通小学，不知其可相摄代，则宜以为一瞑而不复视矣(258)。语有恶其冗长，施用遗言，则一二字可了者，于势固最为径便。西方新语，多取希腊，或本梵文，腐殠之化神奇，道则不易。宁若樊、卢诸子(259)，喜为险怪，以眩视惑听邪？夫惟官号地望，著于榜题，施于传志谱录者，必用今名，而佗语皆不得代。械器舆服，古今异宜，亦又同此。故崔鸿易“抚盘”以“推案”，百药变“脱帽”为“免冠”，物非所有，饰从雅言，见讥于子玄矣(260)。见《史通·叙事篇》。今之言者，非拥旄剖符之率，而亟称“击节”(261)；处髡首辫发之俗，而自述“抽簪”(262)。此之宜绝，盖文辞之恒例也。若其雅俗称名，新故杂用，是宁有厉禁邪(263)？

【注释】

(254) 所不材，不被承认、应用。

(255) 禹域，指中国。

(256) 偏岛，指日本。

(257)《苍》《雅》，指《三苍》《尔雅》等文字训诂的书。《三苍》，汉初，有人将当时流传的字书《仓颉篇》《爰历篇》《博学篇》合为一书，统称《苍颉篇》，又称《三苍》。魏晋时，又以《苍颉篇》与汉杨雄《训纂篇》、贾鲂《滂喜篇》三篇字书分上、中、下三卷，合为一部，也称《三苍》。参阅《汉书·艺文志》《隋书·经籍志》。

(258) 一瞑而不复视，指死亡。《战国策·楚策一》：“故断脰决腹，壹瞑而万世不视。”鲍彪注：“瞑，不视也。谓死。”

(259) 樊、卢诸子，指樊宗师、卢仝。樊宗师(766～824 年)，唐散文家，南阳(今属河南)人。一作河中(府治今山西永济西)人。作文力求恢奇险奥，流于艰涩怪僻,时号"涩体"。卢仝(约775～835年),唐诗人,自号玉川子,范阳(今河北涿县涿州镇)人。作诗风格奇特,近于散文,也有险怪、晦涩之病。

(260) 子玄,唐史学家刘知几的字。见讥于子玄,刘知几《史通·叙事》云:"案裴景仁《秦记》称苻坚方食,抚盘而诟,王劭《齐志》述洛干感恩,脱帽而谢。及彦鸾(注:崔鸿的字。北魏人,撰有《十六国春秋》)撰以新史,重规(注:李百药的字。唐初人,撰有《北齐书》)删其旧录,乃易抚盘以推案,变脱帽为免冠。夫近世通无案食,胡俗不施冠冕,直以事不类古,改从雅言。欲令学者何以考时俗之不同,察古今之有异?"

(261) 旄,旄节。牦牛尾缀饰的竹节。剖符,分授符信。率,同帅。击节,击其旄节以效驱驰。

(262) 髡首辫发之俗,指清人留发之俗。头前面剃光,后面留辫。参见本书《解辫发》第六十三。簪,绾发髻的长针。

(263) 厉禁,禁止。

【译文】

案:武岛又次郎认为外来语、新造语,有时是需要用的;废弃语则直接是不被百官所看好而弃用的。这在日本,是可以这样说的。而在中国,进化过程虽然曲折,人事千头万绪,原本就与日本极为不同。近年来或需要新造一些词,然而检查《苍颉篇》《尔雅》,那么废弃语也多有可以用作新语的,比如奂、昆、辍、暨等文字就是如此。日本人少有精通小学的,不清楚文字是可以相替代的,那就无怪乎他们会认为文字被废弃了就完全死亡了。语言有不适宜太冗长的,用于遗言,一两个字就可以明白,这是最为便捷的。西方的新语,多取自希腊文,或本于梵文,化腐朽为神奇,道理是一样的。怎能像樊宗师和卢仝之流,喜好用艰涩怪异的文字,以迷惑人的视听呢?只有官号地名,书写在匾额的题字,施用于传志谱录的,一定要用今名,而其他用语都不可替代。器械及车马、服饰的规格,若古今有所不同,也适用于这一条。所以崔鸿将"抚盘"变更为"推案",李百药将"脱帽"更改为"免冠",不是同一事物了,追求虚饰而用雅言,因而遭到了刘知几的讥讽。(见《史通·叙事》)如今的人,不是执持旄节剖符的主帅，却称为“击节”；处于剃发束辫习俗之中，却自述为“抽簪”。这种情况应当杜绝，因为这本是文辞使用的惯例。如果雅俗称名，新旧杂用，如何能做到禁止这种情况出现呢？

至云“人所不晓，致减神味”，说尤鄙伎(264)。夫废弃之语，固有施于文辞，则为间见(265)；行于谣谚，反为达称者矣(266)。颜籀作《匡谬正俗》(267)，尝举数条。若《释故》云“略，利也”，而唐人谓“厉刃”为“略刃”。《释故》云“洋，多也”，而山东谓“众”为“洋”。《释言》云“恫，痛也”，而大原谓“痛而呻吟”为“通唤”。颜云：通，即恫。晋令有“覆逴”(268)，而唐人谓检察探试为“覆坼”。此并旷绝千年，或数百稔，不见于文辞久矣！然耕夫贩妇，尚人人能言之。至于今日，斯例犹多。《方言》云“佻，丁小反。悬也”，今称“悬系”曰“吊”，则其遗语也；“塞，安也”，今杭人谓“安宁”曰“利塞”，则其遗语也；“崽者，子也”，音枲。湘沅之会，凡言是子者谓之“崽”声如宰。今湘粤人谓儿童曰“崽”，声如宰。则其遗语也；“伪，音讹。谓之仡”，注：船动摇之貌也。今南人皆谓动摇船曰“划”，则其遗语也。自秦以后，人臣不敢称“朕”，而今北人犹自称“昝”，斯“朕”之音变矣。晋人言“宁馨”(269)，唐人言“某享”，见《匡谬正俗》，云俗呼某人处为某享。享音火刚反。今吴、越人并有是语，斯亦关、洛之旧言矣。至于负重之呼“邪许”(270)，痛苦之呼“燠休”(271)；应人曰“若”，以诺而从若声；拒人曰“音”(272)，以否而从音语。如此类者，何可胜道？又况思字从囟(273)，息晋切。俗学不晓其音，而里巷称小儿脑盖犹曰“囟门”。礼有追胥，律令讹为缉捕，而鄙谚谓俾睨侦伺，犹存胥语(274)。《地官·小司徒》：“以比追胥。”注：“胥，伺捕盗贼也。”此本《释故》：“胥，相也”为训。今律，缉捕义亦为伺。然缉字本义、借义，皆与“伺”训绝远。此必习用“胥”字，展转传讹，隶变

"胥"字作"胥",多讹为"咠",官书又增偏旁,遂为"缉"字。今杨、越言俾睨侦伺,则音如疏(275)。故文辞则千年旷绝,谣谚则百姓与能,亦与颜籀所举一也。夫十棋之变(276),犹不可穷,而况天下之言乎?吾侪足迹,所涉无几,犹能举此数端。然则不晓者仅一部之文人,而晓者乃散在全部之国民,何为其惛憹减味也(277)?

【注释】

(264) 俴,同"浅"。

(265) 间见,偶而见到。

(266) 达称,通行的名称。

(267) 颜籀,即颜师古(581～645 年)。唐经学家。名籀,以字行,京兆万年(今陕西西安)人,注《汉书》《急就篇》,名重一时。

(268) 覆逴,查勘,检查。《晋书》成帝元年四月诏:"火节度七条云:火发之日,诣火所赴救。御史兰台令史覆逴,有不以法随事录坐。"

(269) 宁馨,如此,这样。晋宋时通行语。

(270) 邪许,劳动号子。《淮南子·道应训》:"今夫举大木者,前呼邪许,后亦应之,此举重劝力之歌也。"

(271) 燠休,呼痛声。《左传·昭公三年》:"民人痛疾,而或燠休之。"杜预注:"燠休,痛念之声。"

(272) 音,义同"唔"。表示斥责或唾弃。

(273) 思字从囟,《说文》:"思,容也。从心,囟声。"又"囟,头会脑盖也。象形"。

(274) 犹存胥语,以上几句意为,《周礼》中有追胥一词,后讹变为律令中的缉捕,而俗谚语中犹称俾睨侦伺为胥。下面注文即对此进行说明。俾睨,侧目斜视。

(275) 则音如疏,章氏这里是说,扬、越一带的人们说俾睨侦伺时往往发"疏"音,而疏也即是胥的读音。

(276) 十棋之变,十个棋子的变化。《大戴礼记·小辨》:"夫弈固十棋之变,由不可既也,而况天下之言乎?"

(277) 惛憹,混乱烦闷。《说文》:"憹,烦也。"

【译文】

至于说"人不知晓,以致这一语言的神韵趣味减失",这种说法尤其鄙浅。那些废弃之语，本来就有施用于文辞的，偶尔可见；用于歌谣谚语，反而是通行的称谓了。颜师古作《匡谬正俗》，曾列举了几条。如《尔雅·释诂》说“略，即利”，而唐代人把磨刀使其锋利称为“略刃”。《尔雅·释诂》说“洋，即多”，而山东把众多称为“洋”。《尔雅·释言》说“恫，即痛”，而太原人把痛苦地呻吟称为“通唤”。（颜师古说：通，即恫。）晋令有“覆趚”即突击检查，而唐代人把检察探试称为“覆坼”。这些词都是消失了上千年，或几百年了，不见于文辞已经很久了！然而农夫商贩，尚且人人会用。至于当今，这类例子仍有很多。《方言》说“佻（丁小反切），即悬”，如今还把悬系称为“吊”，就是之前的遗留用语；“塞，即安”，如今杭州人把安宁称为“利塞”，也是之前的遗留用语；“崽，即子”（音枭），湘江、沅江交汇之地，凡是称自己的孩子的还都称为“崽”（发声如发宰音）。如今的湖南、广东人把儿童称为“崽”（发声如发宰音），也是之前的遗留用语；“伪（音讹），称为仡”（注：船摇摆的样子），如今南方人把船划动摇摆称为“划”，也是之前的遗语。自秦代之后，做臣子的不敢称为“朕”，而今北方人仍自称“昝”，这是由“朕”音变化而来的。晋朝人说“宁馨”，唐朝人称“某享”，（见颜师古的《匡谬正俗》，说世俗称呼某人之处为某享。享的发音是火刚反切。）如今江、浙一带的人都有这一称法，这也是关中、洛阳之地的旧语。至于负重时呼喊出“邪许”音，痛苦时呼喊出“燠休”音；应答别人时说“若”，是由于诺而从若声；拒绝别人时说“音”，是由于否而从音语。像这类的例子，怎么能举得尽呢？又何况思字从囟（息晋反切），世俗流行之学不知道它的发音，而街头巷尾间百姓把小孩子的脑门盖称为“囟门”；《周礼·地官·小司徒》记载有追胥，律令讹变为缉捕，而俗语称为斜着眼睛侦察，尚且存有“胥”的原义。（《周礼·地官·小司徒》说：“以比追胥。”注：“胥，伺捕盗贼的意思。”这是依据

《尔雅·释诂》"胥，即相"来解释的。如今的律令，缉捕的意思也是伺。然而缉字的本义、假借义，都与"伺"的意思差别极大。这定是习惯用"胥"字，辗转出现讹误，字体从篆书演化为隶书时"胥"字作"肙"，多讹变为"咠"，官方收录时又增加偏旁，所以就变成了"缉"字。如今扬州、浙江之地说斜着眼睛侦察、等候，则音如疏注。）所以说有的文辞虽早已废绝千年，而俗语中百姓尚能使用，这与颜师古所列举的例子相类。十个棋子的变化，尚且不可穷尽，何况是天下的语言呢？我辈的足迹，虽涉猎的范围不广，仍还能举出这些例子。然而不通晓的仅是一部分文人，而通晓的却散布在全部国民中，怎能说这些词昏乱烦闷而韵味减损呢？

由是以言，废弃语之待用，亦与外来、新造无殊，特当审举而戒滥耳。亚诺路得《评判论》曰(278)：孰为见在？在视其施于体格(279)。关于目的者而定之，不在常谈之有无也。此则废语所施，各于其党，其在学说(280)，称名有界，先后同条。虽言两，而间以言二，不可也(281)。其在常文(282)，趋于达意，无问周、鲁(283)，虽言光明，而增言缉熙，可也(284)。《诗·敬之》："学有缉熙于光明。"笺："缉熙，光明也。"本《释故》《文王》传。宁以牻㹊无常之辞(285)，恣其狂举者乎？

【注释】

(278) 亚诺路得，今译阿诺德，19世纪英国诗人、文艺评论家。著有《批评论文集》等。

(279) 体格，指诗文或字画等的体裁格调、体制格局。

(280) 其在学说，指运用于学术语言。

(281) 不可也，章氏认为，学术语言应准确、严格，而"两"往往表示数量，"二"表示次序，故二者不可混用。

(282) 其在常文，指运用于日常语言。

(283) 无问周、鲁，指不作严格区别。

(284) 可也，章氏认为，日常语言只是要求达意，故在光明后再加缉熙也是可以的。缉熙，光明。

(285) 牻驳(máng 忙—)，混乱，错杂。

【译文】

以此来说，废弃语等待使用，也与外来语、新造语一样，一定要审慎地使用而不能滥用。亚诺路得《评判论》说：怎样才称得上是现今存在的？在于考察其施用于文辞的体裁格调、相关的目的来确定，不在于平常的言论中是否存在。这就是说废弃语所施用，各因于其类，运用于学术语言时，名称要做定义，前后要一贯。要是说两，间或说二，也是不可以的。在俗语中使用，达意即可，不作严格区别，要是说光明，而增加说缉熙，也是可以的。(《诗经・周颂・敬之》记载："学有缉熙于光明。"郑玄笺释为："缉熙，就是光明的意思。"依据《尔雅・释诂》《文王传》。)难道因为是杂乱无常的文辞，就可以放纵其举证不当的失误吗?

顾宁人曰(286)："舍今日恒用之字，而借古字之通用者，文人所以自盖其俚浅也。"是则然矣。余以黾勉、密勿(287)，《毛》恒《鲁》通(288)，而世多有用密勿者。匍匐、蒲伏(289)，《诗》恒《传》通，而世多有用蒲伏者。若不推类例，抑彼扬此，则顾义亦无以立也。

【注释】

(286) 顾宁人，顾炎武，字宁人。参见《学蛊》第九注(37)。引语见《日知录》卷十九"文人求古之病"条。

(287) 黾勉，勤勉努力。《诗・小雅・十月之交》："黾勉从事，不敢告劳。"密勿，《汉书・楚元王传》："故其《诗》曰：'密勿从事，不敢告劳'。"注"密勿，黾勉"。

(288)《毛》恒《鲁》通，意为《毛诗》作黾勉，《鲁诗》作密勿，二者的意思是相通的。

(289) 蒲伏，伏地前行。《诗・邶风・谷风》："凡民有丧，匍匐救之。"蒲伏，《左传・昭公十三年》："怀锦奉壶饮冰，以蒲伏焉。"孔颖达疏："蒲伏，即匍匐也。”

【译文】

顾炎武说:“舍弃今日常用的字词,而借用能够通用的古字,只不过是文人以此来自我掩饰其浅陋而已。”这是有道理的。我以黾勉、密勿二词为例,《毛诗》用“黾勉”一词,而《鲁诗》用“密勿”一词,二者是相通的,而世人多有用“密勿”。匍匐、蒲伏二词,《诗经》中用作“匍匐”而《左传》用作“蒲伏”,二者也是相通的,而世人多有用“蒲伏”。如果不推究类别与体例,禁止一个而使用另一个,那么顾炎武的主张也就无法成立了。

至乎六书本义(290),废置已夙(291),经籍仍用,假借为多。舍借用真(292),兹为复始,其与好书通用(293),正负不同,瞢者不睹字例之条,一切訾以难字(294),非其例矣。

【注释】

(290) 六书本义,指造字本来的意义。
(291) 夙,早。
(292) 舍借用真,舍弃假借义而用本来意义。
(293) 通用,指文字的通用义。也即假借义。
(294) 訾,指责。

【译文】

至于造字本来的意义,已经早就废置,而经籍因袭承用,假借的情况为多。舍弃假借之义而用本来意义,是为复始,其与好书通用义,正与反是不同的,而愚昧的人不了解字词的条例,却一味指责为难字,这就不符合其条例了。

陆务观曰(295):“近时或掇《史》《汉》中字入文,自谓工妙,不知有笑之者,如彼雕瑑,实可欺鄙(296)。”循研其实,今昔又殊。夫天子曰“乘舆”，名非今之宪典[297]；朝士曰“荐绅”，物非今之章服[298]。乘舆、荐绅，皆《史》《汉》正文。若实异者无邮[299]，而名通者受谯[300]，方之陆义，不其远乎！乃夫一字所函，周包曲折，晚世废绝，辞不慊志[301]，必当采用故言，然后义无遗缺。野者不闻正名之旨[302]，一切訾以藻缋[303]，非其例矣。知尔雅之为近正[304]，明民之以共财，奇恒今古[305]，视若游尘，取舍不同，惟其吊当[306]。斯则华士謏闻[307]，鄙夫翫习[308]，其皆有所底止乎？[309]

【注释】

(295) 陆务观，陆游。字务观，号放翁。南宋著名词人。引语见《渭南文集·跋前汉通用古字韵编》。

(296) 欶鄙，嗤笑鄙视。欶，同“嗤”。

(297) 乘舆，车辆，代称天子。以上两句意为，人们称天子为乘舆，但这与今天的典章制度不符。

(298) 荐绅，原意为“挺笏于绅带之间”(《史记·孝武本纪》司马贞索隐)，又代指士大夫。以上两句意为，人们称朝士为荐绅，但这与今天的服装不符。

(299) 无邮，无过错。

(300) 受谯，受责难。

(301) 辞不慊志，言词不足以表达思想。慊，满足。

(302) 野者，指无见识者。

(303) 藻缋，文词繁饰。缋，通“绘”。

(304) 尔雅之为近正，指尔雅训为近正。《史记·三王世家》：“公户满意习于经术，最后见王，称引古今通义，国家大礼，文章尔雅。”索隐：“尔，近也；雅，正也。其书于‘正’字义训为近，故云尔雅。”

(305) 奇恒，指奇怪与平常。

(306) 吊当，得当。

(307) 謏闻(xiǎo 小一)，小有名声。《礼记·学记》：“发虑宪，求善良，足以謏闻，不足以动众。

(308) 翫习，玩习，喜好。翫，同“玩”。

(309) 底止，亦作“厎止”。终止。《左传·宣公三年》：“天祚明德，有所厎止。”

【译文】

陆游认为:"近来有人拾取《史记》《汉书》中的字词而用在文章中,自以为精妙,殊不知会惹人耻笑,像他们那样刻意修饰文辞,实在是让人鄙视。"探究其实,今天与古时已有不同。天子称"乘舆",已经不适用于今天的法典;朝廷官员称"荐绅",与今天的服饰已经不相符了。(乘舆、荐绅,都属《史记》《汉书》的正文中所有。)如果名不副实没有过错,名实相副却受到谴责,对照陆游的说法,岂不是相差太远了吗?如果一字所包涵的复杂含义,晚世已经废绝,言词不足以表达思想,那么必定要采用典故成语,然后表达才没有缺失遗漏。粗浅之人不通晓正名的宗旨,一切指责为文辞过于华丽,这是不通文辞的体例。知道文章雅训才接近正确,这是百姓之福,古今奇怪平常的用法,一概视如浮尘,取舍不同,唯以得当为准。这样士人的自以为是,浅陋之人的劣习,不就都能有所终止了吗?

章炳麟曰:后王置文部之官,以同一文字,比合形名,勿使僭差。其道则犹齐度量、一衡矩也。文辞者,亦因制其律令,其巧拙则无问。何者?修辞之术,上者闳雅,其次隐约。知谀辞之不令,则碑表符命不作;明直言之无忌,则《变雅》《楚辞》不兴[310]。故世乱则文辞盛,学说衰;世治则学说盛,文辞衰。如六国学说,盛于周、汉。此为学说始造之世,不与后代并论。若其训辞深厚、数典翔博者,独史官之籍尔,又与文辞异职者也。九变知言[311],出于庄周,则百世不能易矣!曰:天也,道德也,仁义也,分守也[312],形名也,因任也[313],原省也[314],是非也,赏罚也,以此大平。

【注释】

(310) 则《变雅》《楚辞》不兴,以上几句意为:认为奉承之语是不好的,那么碑志铭文就无法写作了。认为可以直言无忌,那么《变雅》《楚辞》就无法出现了。

(311) 九变知言,《庄子·天道》:“古之明大道者,先明天而道德次之,道德已明而仁义次之,仁义已明而分守次之,分守已明而形名次之,形名已明而因任次之,因任已明,而原省次之,原省已明而是非次之,是非已明而赏罚次之。……古之语大道者,五变而形名可举,九变而赏罚可言也。”五变,即由“天”以下至“形名”;九变,即由“天”以下至“赏罚”。

(312) 分守,名分职守。

(313) 因任,任命。

(314) 原省,宽恕并免除其罪。

【译文】

章炳麟认为:后起之王应设置文化教育之官,来统一文字,比照其实质与名称,不致造成差错。这一做法就如同统一度量衡。文辞,注意是便于发表律令,至于巧拙则可不论。为什么呢?修辞之术,最高意境是宏伟典雅,其次是义深而言简。知晓奉承话之语是不好的,那么碑志铭文就无法写作了;认为直言可以无忌,那么《变雅》《楚辞》就不会兴盛了。所以社会混乱、才文辞繁盛,学说衰微;社会安定才会学说繁盛,而文辞衰微。(比如战国时期关东六国学说,盛于周代、汉代时期。这一时期是学说初创的时代,后世不可与之同日而语。)若论训教之言深厚、列举典故翔实广博的,只有史官的典籍而已,这又与长于文辞者不同。认识大道的九项内容及其次序,出于庄子,而百世不能改变。这九条是:天、道德、仁义、职分、形名、任命、原省、是非、赏罚,以此来达到天下太平。

述图第二十六

[**说明**]图是传统社会中仅次于文字的交流工具，近代以来它的作用尤显得重要。中国历史上图的情况如何？它经历了怎样的变化？这是作者在文中要谈论的问题。

作者认为图在唐代以前虽不如西方发达，但还是受重视的，图的用途也十分广泛，不仅有地图，还有专门描绘人的像貌以供检稽人口的图，战争取胜也绘图作记录。然而自宋以后，图已不再见于史籍记载，逐渐衰亡了。究其原因，则是因为各种图像日益脱离实际用途，成为仅供人们欣赏的摆设，因而遭到冷落和遗忘。

本文首次收入《訄书》初刻本，收入《检论》时有增删。

画图之山川(1)，不足以程远近(2)；人物，不足以穷形相。廑而被壁(3)，则当官者放不用矣。今之为画者，独缋地(4)，自远西来，规方辨度，自径易也(5)，而佗图史皆晻昧。

【注释】

(1) 画图之山川，图画中的山川。画图，即图画。

(2) 程，衡量。

(3) 廑而被壁，只是挂在墙上。廑，同“仅”。

(4) 缋地，指绘制地图。缋，通“绘”。

(5) 径易，径捷便易。

【译文】

图画中的山川，不足以衡量远近；图画中的人物，不足以尽显人的相貌。图画只是挂在墙上，渐渐被废置不用了。如今画图，只是用来绘制地图，从遥远的西方传来，画方格以标明度数，自然径捷便利，而其他的图画历史的记载均模糊不清。

凡画图之亟[(6)]，亡亟于军旅、版籍[(7)]。军旅之间，山海窈冥[(8)]，林麓回闭[(9)]，未战固图也[(10)]；既战，亦宜图其出入，知其方略，以贻后人。昭于文字，营目而辨，版籍之于地体华离[(11)]，一事也。近世以地概丁[(12)]，而后王之法，治以头会[(13)]，季冬则街弹[(14)]，三岁则大比[(15)]，皆登其画象，以知民数。及其少壮老耄，与处险阻易以匿逃者，奸宄之萌[(16)]，偷穴、攻盗、杀人、亡命无踪迹者，异国之宾旅杭江海以款关者[(17)]，必把握其容法，足以辨识，故治于簟席[(18)]，不劳。

【注释】

(6) 亟，同“急”。

(7) 军旅，指军事地图。版籍，户籍。

(8) 窈冥，深远渺茫。

(9) 回闭，曲折掩蔽。

(10) 未战固图也，没有开始作战，就需要画好地图。

(11) 版籍，登记土地的簿册。华离，地形不齐貌。

(12) 近世以地概丁，指清代“摊丁入亩”，取消人头税，根据土地征收赋税。

(13) 头会，指按人头收税。

(14) 街弹，原为汉代里官的办事处，此指每年冬季考核街里人口。

(15) 大比，指每三年一次考核郡国人口。

(16) 萌，同“氓”。民。

(17) 杭，通“航”。款关，叩关，指入境。

(18) 簟席（diàn 垫—），细苇席，古代国君的用品。见《礼记·丧大记》。

【译文】

但凡需要画图的，没有比军旅地图、户口册更迫切的了。军旅之间，山海深远渺茫，山林曲折掩蔽，没有开始作战，就需要画好地图；既已开战，也应画图标示出入之处，知其谋略，以留给后人。图画比文字记述更醒目，眼睛一看便知，与登记土地的簿册之于地形、地貌是一个道理。近代以来实行“摊丁入亩”，根据土地征收赋税，而之前的统治者是按人头征税，于冬季的最后一个月核算街里的人口，每三年全面调查一次，都要画上头像，以核算人口数目。还有少壮与老者，与处于险要阻塞之地易于逃匿的人，违法作乱的人，小偷、强盗、杀人犯、没有踪迹的亡命徒，非法入境的外国人，一定要掌握他们的容貌，足以辨识，故治理起来很容易，不会烦劳。

西方军有胜负，必鬃而画之(19)。古者得其方类。汉建昭四年春正月(20)，以诛郅支单于告祠郊庙，群臣上寿，置酒，以其图书示后宫贵人。服虔曰：讨致支之图书也。右见《汉书·元帝纪》。此以知告捷者兼写其状也。

【注释】

(19) 鬃，同“髹”(xiū 休)。涂，画。
(20) 建昭，西汉元帝刘奭年号。建昭四年，公元前 35 年。

【译文】

在西方只要有战争时，必定用漆描绘下来。我国古代也有类似的事例。汉代建昭四年春正月，将诛杀匈奴国王郅支单于的消息祭告于天地和祖庙，群臣祝颂长寿，陈设酒宴，并以其画册展示给后宫贵人。(服虔说：这是指讨伐郅支的画册。见于《汉书·元帝纪》。)此可知告捷的人还要描绘当时的状况。

西方以光学取民物形景(21)，人必有象，以上有司。游观初至者，入于传舍(22)，则警吏征之。古者得其方类。唐开元二十五年户令曰:"诸户计年,将入丁老疾,应征免课役及给侍者(23),皆县令貌形状以为定簿(24);一定以后,不须更貌;若有奸欺者,听随事貌定,以附于实。"天宝九载制:天下虽三载定户(25),每载亦有团貌(26),自今以后,计其转年,合入中男成丁五十者(27),任追团貌。《通典》七。此以知民不匿形,足以拱柙也(28)。

【注释】

(21) 取民物形景,指摄影成相。形景,形影,影像。

(22) 传舍,旅舍。

(23) 给侍者,指由政府供养的老弱病残者。

(24) 县令,即"悬令",公布法令。貌,用作动词。描绘。

(25) 三载定户,每三年编造一次户籍。

(26) 团貌,唐代地方政府分年把人口状况编成手册,注明人丁的形貌特征。

(27) 中男成丁,古代征收赋税一般按年龄分为丁、中两大类。丁、中年龄的划分,历代各有不同。唐武德七年(624年)规定,男女十六为中,二十一岁为丁。

(28) 拱柙,控制。

【译文】

西方用光学仪器摄影成相,人必有相片,上呈官吏以便管理。初来一地的游人,在旅舍住下之后,警察就会查验他。我国古代也有类似的事例。唐开元二十五年户令说:"各户计算年龄,将核实年老有病的人,应征免除赋税徭役及由政府供养的老弱病残者,都要公布法令描画相貌以制作成册;一旦确定之后,不能更改已描绘的相貌;假若有弄虚作假的,就审查违法的情况,使容貌与图册相符。"天宝九年规定:天下虽然每三年编造一次户籍,每年地方政府也要将人口数目及相貌编册,自今以后,计算来年中男成丁五十岁的,编入相貌图册。(《通典》七)这样使老百姓无法隐匿形貌,以便于控制管理。

夫古者缋事虽眇丽(29)，比于西方，犹不尽空积忽微(30)。后王所崇法，诚在彼矣。然往世独汉唐文牍有图，而宋元至今浸绝者，何也？曰：山川不足以程远近，人物不足以穷形相，廑而被壁，则当官者放不用也。

【注释】

(29) 眇丽，美妙华丽。眇，通“妙”。

(30) 空积忽微，空无，没有。

【译文】

古代的绘画虽然过分华丽，与西方相比，仍不是完全没有。后王所尊崇的法度，实不在于这方面。然而从前只是汉唐的公文案牍有图，而从宋元以来至于今天逐渐断绝了，为什么？是因为：描绘山川不足以衡量远近，描绘人物不足以显现人的形相，图画仅供挂在墙上，渐渐被废置不用了。

古之尊官，器三，籫中图云(31)。《散氏盘》曰：“殅付散氏田器。”而《贾子》说郑伯肉袒牵羊(32)，奉籫而献国。《先醒》。殅、籫，皆志也。《易·豫》：“朋盍籫。”京作“撍”，虞作“戠”(33)，是殅声、戠声通。《春官》保章氏注：“志，古之识。”殅、籫皆可通识，即志字也。小史掌邦国之志则然。天府，“凡官府乡州及都鄙之治中，受而臧之”。小司寇“登中于天府”(34)。中者，计簿也。天府注：“郑司农云(35)：治中，谓其治职簿书之要。”小司寇注：“上其所断狱讼之数。”皆谓中即计簿也。余以《礼器》云“因名山升中于天”，升中即登中，谓自陈功德，上计于天也。《论语·尧曰》“允执其中”，中亦簿书，犹言握天下之图也。《楚语》“余左执鬼中，右执殇宫”，中亦簿书，韦解“把其录籍”是也。又训中为身，则失之。寻“用”字从中，篆形作[illegible]，则知古文中字作用，不从口也。用即冊字去其两简。簿书当为中字本义，史从又持中，可互证(36)。

【注释】

(31) 尊官，高官。籫中图云，据下文解释，籫为“志”，中为“计簿”，图为

“图画”，皆为图谱一类。

(32)《贾子》，指汉贾谊所著《新书》。《汉书·艺文志》著录五十八篇，原集已散失，今人重编为《贾谊集》。

(33) 京，京房(前77～前37年)，本姓李，字君明，推律自定为京氏。汉代经学家，治《易》，为今文《易》京氏学的开创者。虞，虞翻(164～233年)，字仲翔，会稽余姚(今属浙江)人。三国吴经学家。著《易注》九卷，已佚，后人有辑录。

(34) 小史、天府、小司寇，皆为《周官》官名。以上引语均见《周官》。

(35) 郑司农，即郑众。东汉经学家，字仲师，河南开封人。从父郑兴受《左氏春秋》作《春秋难记条例》。章帝时任司农，故称。

(36) 叓，为“史”古体字。章氏认为其字形为以手握书册，故称“可互证”。

【译文】

古代的高官，拥有三种器物，簪、中、图。《散氏盘》有言：“殅付散氏田器。”而贾谊的《新书》说郑伯露体牵羊以示降服顺从，奉簪而献国。(《先醒》篇)殅、簪，皆为志。(《易·豫》：“朋盍簪。”京房作“撍”，虞翻作“戠”，是殅声、戠声可通。《春官·保章氏》注：“志，古之识。”殅、簪皆可通识字，即志字。)《周官·春官》称小史掌管邦国之志。称天府，“凡官府乡州及京城、边邑之治中，受而藏之”。称小司寇“登中于天府”。中，就是计簿。(天府注：“郑众认为：治中，意思是说其治职簿书之要。”小司寇注：“上呈其所断狱讼的数目。”都是认为中即计簿。我认为《礼器》所说“因名山升中于天”，升中即登中，是说自陈功德，上计于天。《论语·尧曰》称“允执其中”，中也是簿书的意思，如同说手握天下之图。《楚语》“我左手执鬼中，右手执殇宫”，中也是簿书的意思，韦昭解释说“把其录籍”就是如此。又有把中训释为身，则偏失了。寻“用”字从中，篆形作[illegible]，则知古文“中”字作“用”的样子，不从口。“用”即⿰字去掉两支简的样子。簿书当是中字的本义，古史字从又持中，以此可以互证。)

中不可汗漫[37]，簪足以昭视意旨，独画无分刌度齐，使人自为量。故至今犹用簪、中，而不用图。今乡邑垄亩，县亦有册图之，然麤觕无足言者[38]。新圣观于艺人所为，朴樕小故[39]，而昭其时物[40]。

【注释】

(37) 汗漫，漫无标准。

(38) 麤觕，粗陋。麤、觕，均为"粗"的异体字。

(39) 朴樕(—sù速)，丛木，小树。《诗・召南・野有死麕》："林有朴樕。"传："朴樕，小木也。"小故，小的变故。

(40) 而昭其时物，制定切合于民用的事物。

【译文】

作为簿书的中不可以漫无标准，作为志书的簪足以明白显示意旨，唯独图画没有分寸度数，使人自己衡量。所以至今仍然在用簿书、志，而不用图画。(如今乡里田亩，县官也会作图册来标示，只是粗陋不堪不值一提了。)今后的圣人观于艺人所为，事物的变化，从而制定切合于民用的事物。

乱世之征，文辩反覆而无征验[41]，乐府通韵而违今古，既非今韵，又非古音，吴棫、毛奇龄以来[42]，其流繁矣。篆刻谲缪而弃形声，草书繁绕而难识知[43]。比类万端，苟为哙事，以不征于民用者众矣，不画而止也[44]。虽然，云能之长短，虽小足明其所缘矣[45]。古之画者，侂于工师[46]；今之画者，侂于名士。

【注释】

(41) 文辩，能文善辩。

(42) 吴棫(1100～1154年)，宋代学者。字才老，建安(今福建建瓯)人。著有《诗补音》及《韵补》《字学补韵》《楚辞释音》等。毛奇龄(1623～1716年)，清代学者。字大可，号秋晴，浙江萧山人。治经好辨驳，求异立新。著有《论语稽求篇》《古文尚书冤词》《大学知本图说》《四书改错》等。

(43) 繁绕，缠绕。繁，同"缴"。

(44) 比类,整理,按类排比。这里是描绘之意。比类万端,即描绘天下各种事物。哙事,省事。哙,通“快”。

(45) 虽小足明其所缘矣,以上两句意为,言论才能的大小,虽然在小的方面也可以反映出来。云能,言论才能。

(46) 侘,同“托”。工师,工匠。

【译文】

乱世的征兆有,能文善辩反复无常而无征验,诗词歌曲声韵通和而违离今古(既不是今韵,又不是古音,吴棫、毛奇龄以来,这种情况非常多),篆刻奇异乖缪而弃形声,草书笔画缠绕而难以辨识。描绘天下各种事物,假如只是为了方便省事、称心,那么和民用无关的就一定很多,也就不需要绘图了。即使如此,言论才能的大小,即使在小的方面也可以反映出来。古代的图画,依托于工匠画师;如今的图画,依托于名士。

公言第二十七

[**说明**]戊戌维新时期，康有为、谭嗣同等都讨论过“人类公理”问题。他们曾预言人类必将走向大同，并断言实现大同的阻力，是人们头脑里关于等级、种族、国界之类的偏见。所以他们都热心地宣传“破对待”，要人们去追求超时空、超感觉、超经验的纯主观真理。章太炎反对这种充满神学气息的观点，他从经验反映论出发，阐发了自己的真理观。

作者从“公”的概念说起，认为认识起源于感官对外界事物的反映，共同认识来自共同经验。但认识总受环境、生理和技术等条件的限制，所谓“公言”也就必然是具体的、相对的，因而公与私的界限必然是可变的。那么，认识的相对性可以作为否定真理的客观性的理由吗？不能。因为物理学与化学都已证明，五官所不能直接感受的事物，同样是客观存在。因为耳目不能闻见，就否定世界的客观存在，显然是不能让人接受的。作者还提出，人们是通过概念名称来认识事物的。概念、名称源于共同的经验，因此，概念、名称并非没有一定的标准，不是可以随意设定的。明乎此，便可以了解不从经验出发，便不可能得出事物的“共名”，发现事物的真理。

本文收入《訄书》初刻本，分上、中、下三篇，本文仅相当于中篇。《检论》未收入本文。

求朝夕于大地，而千岁不定，横赤道之带是也[1]。藉假吾手所左右以期之，而上下于半球者异言矣；是以一方之人为公者也[2]。黄赤、碧涅、修广，以目异[3]，徵角、清商、叫啸、喁于[4]，以耳异；酢甘、辛咸、苦涩、隽永、百旨[5]，以口异；芳苾、腐殠、腥蝼、膻朽，以鼻异；温寒、熙湿、平棘、坚疏、枯泽，以肌骨异；是以人类为公者也。生而乐，死而哀；同类则爱，异类则憎，是以生物之类为公者也。公有大小，而人不营度，公其小者，其去自私，不间以白氂[6]。是故至人谓之"累傂之智"[7]。

【注释】

(1) 横赤道之带是也，由于地球的自转轴在地球绕日公转的转道平面(黄道平面)上成倾斜，太阳直照地球的位置总在北、南回归线之间往返移动，所以除春分和秋分二日外，同是热带，在赤道南北的昼夜长短就不同，而且相反。

(2) 是以一方之人为公者也，以上一段意为，假如有人问南北半球之人朝夕的变化，二者回答是不同的。这是以一个地区之人的意见作为公的标准。

(3) 黄赤，黄色和红色。碧涅，绿色和黑色。修广，长和宽。以目异，以眼睛区别它的差异。

(4) 徵角、清商、叫啸、喁于，皆声音名。

(5) 酢甘，酸甜。酢，同"醋"。辛咸，辣咸。隽永，指甘美的食物。百旨，百味。

(6) 白氂，白毛。不间以白氂，指距离很近。以上几句意为，公有大有小，而人的主观是不能决定的，以小公为标准，那离自私就很近了。

(7) 累傂之智，不同层次、等级的智慧。累傂(—zhì 治)，参差，有差别。

【译文】

在地球赤道带上，想到确定早晨、晚上的时间，一千年都不能确定。假如有人问南北半球之人早晨、晚上的时间，二者回答是不同的，这是以一个地区之人的意见作为公的标准。黄色和红色，青色和黑色，长度和宽度，要用眼睛区别其差异；徵角，清商，叫啸，和声，要用耳朵区别其差异；酸和甜，辣和咸，苦和涩，食物甘美有回味，百种美味，要用嘴巴来区别其差异；芳香、腐臭、腥臭、膻臭，要用鼻子区别它们的差异；温暖寒冷，干燥潮湿，平缓棱角，坚硬疏松，干枯润泽，要用肌肤区别它们的差异；是以人类的感官为公的标准。生而乐，死而哀；同类则敬爱，异类则憎恶；这是以生物的类作为公的标准。公有大小，而人不加以衡量，若以小公为标准，那离自私就很近了。所以道德高尚的人称之为"不同层次的智慧"。

虽然，以黄赤碧涅之异，缘于人之眸子，可也；以目之眚者[(8)]，视火而有青炎，因是以为火之色不恒，其悖矣。取歧光之璧流离[(9)]，蔽遮之于白日，而白者为七色，非璧流离之成之，日色固有七，不歧光则不见也。火之有青炎，火者实射之，不眚目则亦不可见也。烛炧钧冶之上[(10)]，七色而外，有幻火变火[(11)]，可以镕金铁，而人目不能见。不见其光，而不得谓之无色；见者异其光，而不得谓之无恒之色。虽缘眸子以为艺极[(12)]，有不缘者矣[(13)]。右论色。

【注释】

(8) 眚，目疾。

(9) 璧流离，即琉璃。初见于《汉书·西域传》，是我国古代对西方输入的水晶的称谓，这里指用玻璃或水晶制成的三棱镜。

(10) 烛炧(—xiè 泄)，烛光余烬。钧冶，熔炼金属的范，即化铁炉、炼钢炉等。

(11) 幻火，指火焰最外层的氧化焰，因供氧充足，燃烧完全，温度最高，但无色。变火，指熔炉中温度升到炽热状态时，火焰呈现耀眼的白光。

(12) 艺极，标准。

(13) 有不缘者矣，指前文所言人眼无法看到的幻火、变火等。

【译文】

虽然如此，称黄色、红色、青色、黑色的差异，是缘于人的眼睛，是可以的；若眼睛有了疾病，看火苗有青色，因此认为火的颜色不固定，这就会导致混乱。取三棱玻璃来分光，在阳光下，白光显示出七色，并不是三棱镜形成了七色，而是日光本就含有七种颜色，不分离光线就看不到。火有青色的火苗，是火光照射出来的，眼睛没有疾病的也是看不到的。烛光炉灶之火，七种颜色之外，还有无色的幻火、变火，可以熔铸金属，而人的眼睛是看不到的。看不见这种光，而不能说它没有颜色；看到的以为光的颜色有差异，而不能说光没有固定的颜色。虽然可以人的眼睛作为标准，但是还有人的眼睛看不到的光。（上面是论颜色。）

大鱼始生，卵割于海水，久渍而不知其咸。苟以是论咸味之无成极(14)，而坐知咸者以舌臄之妄缘(15)。《荀子·正名篇》已言“缘天官”(16)，又言“验之所缘，无以同异而观其孰调”。释典未入中国，儒书言缘者始此。夫缘非妄也，虽化合亦有其受化者也。且人日茹饮于酸素之内而不知其酢(17)，及其食醯梅(18)，则酢者觉矣。苟日寝处于醯梅而噍之，虽醯梅亦不知其酢也，乃酢于醯梅者则知之。是故分剂有细大，而淡咸无乱味。以忘微咸者而欲没咸之达性(19)，固不厌也。右论味。

【注释】

(14) 成极，固定的标准。

(15) 坐，怪罪。舌臄（—jué 决），口内上曲处。妄缘，错误的感觉。

(16) 缘天官，指用耳、目、鼻、口、形体等感觉器官和外界事物接触以获得知识。语出自《荀子·天论》。

(17) 酸素，氧气的日语。酢（zuò 坐），酸味。

(18) 醯梅（xī 西—），酸梅。

(19) 以忘微咸者而欲没咸之达性，因为感觉不到轻微咸味而否定咸的本性。

【译文】

大鱼刚出生时，鱼卵产于海水中，浸在其中时间久了就不觉其咸。如果以此论咸味没有固定的标准，而怪罪认为海水太咸的人是因为舌头和嘴巴妄缘，即产生了错觉。（《荀子·正名》已说“缘天官”，又说“验之所缘，不以同异而观其孰调”。佛经没有传入中国时，儒家典籍提到“缘”字的最早见于此。）缘并不是虚妄不实的，虽变化聚合但也有承受变化聚合的。况且人每天在氧气中呼吸而不觉其酸涩，等到吃酸梅时，才觉出酸味来。假若有人每天睡在醋缸边，饮食也离不开醋，那么即使吃酸梅也不觉得酸了，但酸梅仍旧酸涩是肯定的。所以程度有大小，咸淡是有区别的。因为感觉不到轻微咸味就去否定咸的共性，一定不会使人心服。（上面是论味道。）

单穆公曰[20]：目之察色，不过墨丈寻常之间[21]；耳之察清浊，不过一人之所胜。故制钟大不出钧[22]，重不过石，过是则听乐而震，观美而眩。声一秒之动[23]，下至于十六，高至于三万八千，而听不逮。日赤之余燤，《说文》：“炎，火光上也”；“燤，炎光也。”案：“炎光”，即今所谓光线；光自发点以至人目，皆顺线，行至目则成圆锥形，即炎光上锐之义。电赤之余燤，光力万然蒸[24]，而视不逮。余尝西登黄鹤山，瞻星汉阳[25]，闪屍乍见[26]，屑屑如有声。以是知河汉以外，有华臧焉[27]，有钧天广乐之九奏万舞焉[28]，体巨而吾耳目勿能以闻见也。以不闻见，毅言其灭没，其厌人乎？右论声色二事。

【注释】

(20) 单穆公，名旗，春秋时周景王的卿士。以下所引为《国语·周语下》所载单穆公谏阻周景王铸大钟语。

(21) 墨丈寻常，《国语·周语下》韦昭注：“五尺为墨，倍墨为丈。”“八尺曰寻，倍寻曰常。”比喻距离短或面积小。

(22) 钧,《国语·周语下》韦昭注:“钧,所以钧音之法也,以木长七尺者,弦系之以为钧法。”指乐音的标准。

(23) 声一秒之动,声波在一秒内的振动次数,指频率。

(24) 万然蒸,万倍于蒸汽机所产生的能量。然蒸,指蒸汽机。然,同“燃”。

(25) 汉阳,汉水之阳。

(26) 闪屍,暂现貌。此指忽隐忽现的光彩。屍,“尸”的异体字。

(27) 华臧,莲华藏世界的略称,佛教中幻想的“净土”,是由宝莲花中包藏的无数小世界组成。

(28) 钧天广乐,神话中天上的音乐。《史记·赵世家》:“简子寤,语大夫曰:‘我之帝所甚乐,与百神游于钧天广乐九奏万舞,不类三代之乐,其声动人心。’”

【译文】

单穆公说:“眼睛观察颜色,只能在一定的距离和范围内;耳朵辨别声音的清浊,不超过个人的能力所及。所以制作钟不超出钧调的标准,重量不超过一石,超过这个标准就会听了会觉得震耳,观看会觉得眩目。”声音在一秒钟内震动的频率,下至于十六赫兹,高至于三万八千赫兹,就会听不到了。太阳的光线,(《说文》:“炎,火光的上部”;“燺,是炎光。”案:“炎光”,即今天所说的光线;光线从发光点照射到人的眼睛,都是直线,到眼睛时成为圆锥形,即炎光上锐的意思。)电力的电波,光力甚至可达到蒸汽机的万倍,而眼睛看不到。我曾登过黄鹤山,观星于汉水之北,有隐约的光彩闪烁,好像有微弱的声音。由此可知银河之外,有莲华藏世界,有仙乐中的九曲及干羽舞,因其太博大以至于我的眼睛看不到、耳朵听不到。因不能听到、看到,就贸然说它们不存在,能使人心服吗?(上面是论声、色两方面。)

夫物各缘天官所合以为言(29),则又譬称之以期至于不合,然后为大共名也(30)。虽然,其已可譬称者,其必非无成极,而可恣膺腹以为拟议者也(31)。今吾已范人之形(32),而勿能求其异合于非人之形，其不从大共以为名者，数也。及夫宗教之士，知其宥，不知其别[33]，以杜塞人智虑，则进化之几自此阻。吾与之陟灵台，曰：道型乎域中，而智周九天之上[34]。

【注释】

(29) 言，指给各种事物命名。

(30) 譬称之，通过比拟来给同类事物命名。大共名，总名称，总概念。

(31) 以为拟议者也，以上几句意为，一类事物的名称一旦确定，就并非没有一定的标准，而可以随意议论。膺腹，胸腹。

(32) 范人之形，指具有了人的形状。《淮南子·俶真训》："一范人之形而犹喜。"

(33) 知其宥，不知其别，语出自《庄子·天下》。参见《原学》第一注(20)。《訄书》初刻本此句作"抟其一陬"，即只抓住了事物的一个局部。

(34) 灵台，祭祀之台。《诗·大雅·灵台》："经始灵台，经之营之。"

【译文】

事物各因人的耳、目、鼻、口、形体等感官对其的接触和认识来命名，通过经验归纳的方式来给同类事物命名，到穷尽事物到无法再归入时，就能制定它们的总名称。因此，一类事物的名称一旦确定，就并非没有一定的标准，而可以随意议论。我们具有了人的形状，却不能搞清人之形与非人之形的差别和相同之处，就不能得出人的大共名，这是必然的。至于一些宗教人士，只知道某个局部区域，不知其余，以堵塞人的智慧与思虑，则进化的可能自此阻绝。我想同迷信宗教的人士一起登上灵台，对他们说："认识根本规律，要取决于人间，而智慧的增长，则需要放眼宇宙。"

| 葑汉丛书 |

章太炎研究中心 主编

梁涛 魏忠强——译注

訄书译注

下

上海人民出版社

本成果受到中国人民大学
中央高校建设世界一流大学（学科）和特色发展引导专项资金支持

平等难第二十八

[**说明**]平等是西方近代文明的三大原则之一，它传入中国后立即受到先进中国人的欢迎。谭嗣同曾著《仁说》，提出“仁—通—平等”的思想；康有为著《大同书》，提出要铲除国家、种族、家庭等“九界”，实现人类真正的平等。章太炎虽然对平等也持肯定态度，但他对平等的理解与谭、康等人有很大的不同。他提出“平等非拨乱之要也”，认为平等并不能解决中国当前的实际问题。

本文作者从分析平等的起源入手，指出平等之说只适用于森严的等级社会，而我国自唐宋以后，由于废除了世袭等级制度，中国人已获得平等，这时再谈平等便已没有实际意义。如果一定要谈平等，只能是“去君臣，绝父子，齐男女耳”，而君臣、父子、男女之间的差别是根本无法消除的，他们之间不可能有绝对的平等。作者的这些看法实际美化了封建专制主义严酷统治的现实，同时也表明作者对近代的平等观念缺乏真正的理解。作者在同一时期的其他作品中还提出，中国的当务之急是用自由竞争打破凝固、僵硬的封建秩序，用个性解放反对封建奴性，而提倡竞争、发展个性必然造成人与人之间、国与国之间的强弱差别，而那些“守故之士”又往往借口平等来反对社会的发展和进步。因此，中国目前奢谈平等是不适宜的(见《喻侈靡》)。

需要指出的是，辛亥革命前，作者对平等有了新的认识，他所著《齐物论释》开首一句便强调“齐物者，一任平等之谈”，表达了对平等的肯定和要求。

本文撰于1897年,发表于8月12日出版的《经世报》第二册。收入《訄书》初刻本,收入《检论》时改题《商平》,其中后半部分作了改写。

天地之道,无平不陂[1]。故曰:“水平而不流,无原则速竭[2];云平而雨不甚,无委云,雨则速已[3];政平而无威,则不行。”然则平非拨乱之要也[4]。

【注释】

(1) 陂,倾斜。《易·泰》:“九三,无平不陂,无往不复,艰贞,无咎。”

(2) 原,同“源”。速竭,迅速枯竭。

(3) 委云,集聚的云层。

(4) 平非拨乱之要也,平等不是拨乱反正的根本所在。

【译文】

天地之道,没有平坦而没有起伏的。所以说:“水平则不流动,没有源泉就会很快枯竭;云平则没有大雨,没有积聚的云层,雨就会很快停止;政令平和而没有权威,则不能贯彻实施。”可知,平等不是治理乱政的根本所在。

昔者平等之说,起于浮屠。浮屠之言平等也,盖亏盈流谦[5],以救时弊,非从而纵之,若奔马之委辔矣[6]。何者?天毒之俗[7],区人类为四等:以婆罗门为贵种[8],世读书主祭;其次曰刹利[9],则为君相将士;其次曰毗舍[10],则为商贾;其次曰首陀罗[11],则苦身劳形,以事甽亩,监门畜之[12],而臧获任之[13]。是四类者,庆吊不通,婚媾不遂,载在册府,世世无有移易。夫椭颠方趾一也[14],而高下之殊至是。此释迦所以不平,而党言平等以矫正之也[15]。揉曲木者,不得不过其直,恣言至其极,则以为鷇卵毛鳞,皆有佛性[16]，其冥极亦与人等[17]。此特其左证之义[18]，觊以齐一四类[19]，而闳侈不经，以至于滥，有牛鼎之意焉[20]。愚者滞其说，因是欲去君臣，绝父子，齐男女。是其于浮屠也，可谓仪豪而失墙矣[21]。

【注释】

(5) 亏盈流谦，亏损多余的，补充不足的。《易·谦》："天道亏盈而益谦，地道变盈而流谦。"

(6) 委辔，松开缰绳，让马自由奔跑。

(7) 天毒，天竺，今印度。

(8) 婆罗门，印度四种姓之一，为僧侣贵族。

(9) 刹利，今译"刹帝利"。印度四种姓之一，为军事贵族。

(10) 毗舍，今译"吠舍"。印度四种姓之一，为商人。

(11) 首陀罗，印度四种姓之一，地位最低，近似奴仆。

(12) 监门，看门者。

(13) 臧获，奴隶。

(14) 椭颠方趾，头圆脚方。

(15) 党言，直言。《逸周书·祭公》："王拜手稽首党言。"

(16) 鷇卵毛鳞，皆有佛性，佛教用语。指众物皆有佛性。鷇卵，鸟卵。指鸟类。毛，指兽类。鳞，指鱼类。

(17) 冥极，指悟道的最终境界。

(18) 左证，过激，偏颇。

(19) 觊，希望。

(20) 牛鼎，谓饭牛负鼎。指伊尹负鼎勉汤称王和百里奚饭牛车下之事。见《史记·孟子荀卿列传》。后以牛鼎指远大抱负。

(21) 仪豪而失墙矣，指得其小而失其大。《吕氏春秋·处方》："今夫射者仪豪而失墙，画者仪发而易貌，言审也。"仪，观望。豪，毫毛。

【译文】

从前平等之说，起源于佛教。佛教所说的平等，是指减损盈满而增益谦退，以纠正当世的弊病，并非任由平等随意发展，就像松开缰绳让马奔跑。何以见得呢？印度之俗，把人区分为四等：以婆罗门为最尊贵的一等，世代读书主持祭祀；其次一等是刹帝利，为君相将士;再次一等为吠舍,是商人;最次一等为首陀罗,劳累疲倦,从事土地耕作,或作为守门小吏,被当作奴隶使用。这四等人之间,婚、丧不相往来,彼此互不通婚,各等级的人记录在案,世代不能更改。同样都是人类,而等级贵贱的差别竟如此之大。释迦牟尼看到世间的不平等,而直言平等以矫正俗世之弊。欲使弯曲的木头伸直,不得不矫正得稍过一点,肆意之言达到极致,以至于认为鸟、兽、鱼之类都有佛性,它们悟道的最终境界也与人相同。这是佛陀的过激之言,希望能够使四个等级达到平等,却显得近于荒诞,以至于泛滥,不过确有远大的抱负。愚昧的人拘泥于佛教学说,因之想要去除君臣之分,断绝父子之情,整齐男女之别。他们对于佛教学说,可以说是得其小而失其大。

且平等之说,行之南北朝,则足以救弊,行之唐宋以后,则不切事情。是何也?当门地之说盛时[22],公卿不足贵,累囚俘虏不足贱,而一于种胄乎辨之。至唐高俭定《氏族志》[23],犹退新门进旧望[24],右膏粱左寒畯。盖其俗尚之弊,与天毒同风。观夫王源与富阳满氏为婚,班列不当,无损于礼教豪发。而沈约弹之[25],以为生死点辱[26],于事为甚,若以兹事为至僻回者[27]。嘻!其挛也[28]。于斯时也,而倡平等之说于其间,则菅蒯之弃,蕉萃之哀[29],息矣。其有助于政教,必不訾矣[30]。

【注释】

(22) 门地,门第。

(23)《氏族志》,高俭等奉唐太宗命修撰,贞观十二年(638 年)书成,列山东士族崔民干为第一等。太宗对此不满,令重新修定。以皇族为首,外戚次之,崔民干被降为第三等。

(24) 新门,指新兴庶族地主。旧望,指旧姓望族,即豪族地主。

(25) 沈约弹之,指齐士族王源把女儿嫁给寒门满璋的儿子,沈约上书弹劾，说“王满联姻，实骇物听”。见《文选》所录《奏弹王源》文。

(26) 点辱，耻辱。

(27) 僻回，乖邪，邪恶。

(28) 挛也，拘挛，拘束。

(29) 菅蒯，即菅蒯，草名。蕉萃，地位低下之人。《左传·成公九年》：“诗曰：虽有丝麻，无弃菅蒯；虽有姬姜，无弃蕉萃。”

(30) 不訾，不可计量。訾，衡量，计量。

【译文】

至于平等观念，流行于南北朝，则足以纠正时弊，推行于唐宋之后，则不切于世事。为什么呢？当门第之说盛行的时候，公卿大夫也可能称不上尊贵，罪犯及俘虏也可能算不上低贱，而尊卑的标准是看出身如何。到了唐代高俭制定《氏族志》，仍贬退新兴庶族地主而推重旧家望族，以出身富贵人家为贵而以出身寒微的贤能者为下。其风俗尚保留有前世的弊病，与印度情形相似。王源与富阳满氏通婚，门第品级不相称，无损于礼仪教化，然而沈约却上书弹劾，认为是极大的污辱，认为事关重大，看作是极其乖张的事情。唉！多么拘泥啊。那个时候，在社会倡导平等观念，卑贱者遭遗弃的现象，也就止息了。其有助于政治教化，是不可计量的。

今自包衣而外(31)，民无僮仆。昔之男子入于罪隶，女子入于舂稿者(32)，今亦及身而息(33)。自冕黼旄钺以逮蓝缕敝衣者(34)，苟同处里闬(35)，一切无所高下。然则以种族言，吾九皇六十四民之裔(36)，其平等也已夙矣。复从而平之，则惟去君臣，绝父子，齐男女耳。

【注释】

(31) 包衣，满语。即奴仆。

(32) 罪隶，因犯罪而被充当奴隶。舂稿，充当舂米之类劳役的女奴隶。

(33) 今亦及身而息，只本人承担罪责，而不株连子女、家属。

(34) 冕黼旄钺,指达官贵人。蓝缕敝衣,指平民百姓。

(35) 里闬(—hàn 旱),里巷。

(36) 九皇六十四民之裔,指华夏民族。《周礼·春官》:"都宗人,掌都祭祀之礼。凡都祭祀,致福于国。"注:"都或有山川,及因国无主,九皇六十四民之祀。"疏:"伏羲以前,九皇六十四民,并是上古无名号之君,绝世无后,今宜主祭也。"

【译文】

如今除满族家奴之外,百姓中没有僮仆之分。从前的男子犯了罪就会被充为奴隶,女子会被充当舂米的女奴,而今只是本人承担罪责,不会株连子女、家属。上自达官贵人下至平民百姓,若同处于乡里,一切不分高低贵贱。那么以种族而言,我华夏民族,平等之风已经很久远了。再跟从佛教的平等观念,那只有去除君臣之分,断绝父子之情,整齐男女之别了。

昔者《白虎通德论》之言[37],以人皆上天所生,故父杀其子当诛,晋献公罪弃市,以杀其大子申生故[38]。夫忍戾至于戕贼其所爱[39],则何人而不戕贼?又上绝其考妣之性[40],使无遗育[41],其在辟[42],宜也。今缪推其同出于上天以立义[43],虽夏楚之教[44],没其慈爱,而诬之以酷烈,责之以自擅[45]。若是,虽法吏之囚锢役作其罢民[46],亦酷烈自擅也。欧美法有囚锢役作,无夏楚。说者必谓夏楚酷于囚锢役作,亦思数日之困悴,与一时之呼謈,在受者果孰甚乎?父之于子,必不忍囚锢役作之;成年而后,或施以夏楚,亦与榜掠异状[47]。宁得倒置其重轻也?

【注释】

(37)《白虎通德论》,又称《白虎通》。东汉班固编撰。记录章帝建初四年(79 年)白虎观经学辩论的情况。

(38) 杀其大子申生,晋献公晚年听信骊姬,欲立骊姬所生之子奚齐为太子,迫使太子申生自杀,并逐公子重耳与夷吾。见《国语·晋语二》。弃市,指死刑。

(39) 忍戾,残忍。

(40) 考妣,父母的别称。

(41) 遗育,即遗胄,后代。

(42) 辟,大辟。杀头。

(43) 推其同出于上天以立义,指近代西方的天赋人权,法律面前人人平等的学说。

(44) 夏楚之教,夏,榎木;楚,荆木。古时常用作教学的体罚工具。

(45) 自擅,自我专断。

(46) 囚锢役作,囚禁作苦役。罢民,行为恶劣为民害的人。《周礼·秋官·司圜》:"掌收教罢民。"注:"罢民,谓恶不从化,为百姓所患苦,而未入五刑者也。"

(47) 榜掠,拷打。

【译文】

从前《白虎通德论》中曾说,因为人都是上天所生,所以父亲杀儿子其罪当诛,晋献公罪弃市,就是由于他杀害了太子申生的原因。残忍暴戾以至于能摧残所爱之人,那么什么人他还不会残害?再者说做父母的泯灭了父母之爱,致使没有了后代,处死这样的人以示处罚,也是应当的。而今错误地推崇西方的天赋人权、法律面前人人平等之说,即使用棍棒对孩童进行惩罚,暂时隐其慈爱,都会被诬为残暴,责备其是自我专断。如果是那样,狱吏囚禁暴民,也是残暴、自我专断了。(欧美的法律,有拘捕禁闭,没有棍棒体罚。有人会说棍棒体罚要比禁闭做苦役残酷,那么再考虑一下数日的困乏憔悴,与一时的号哭,对于受罚者来说究竟哪个更重?父亲对于儿子,必定不忍心让儿子囚禁做苦役;成年之后,或许用棍棒对儿子进行体罚,但性质也不同于拷打。怎能倒置其轻重呢?)

乃夫男女之辨,非苟为抑扬而已[48]。山气多男,泽气多女。《淮南·地形训》语。泽女不骈适则不夫[49],山女不适骈则不养[50],俄罗斯人威斯特马科《婚姻进化论》有此说,今本之。数也。中国无媒氏以会男女[51]，其数不彰。一岁之为盗贼罪人，劳作饿夫以死者，皆男也。男之彫丧，则怨女自多[52]，而不得不制妾媵以通之[53]。且人类者，欲其蕃衍，与一女伉数男[54]，则不若一男而伉数女。夫以一男而伉数女，此犹三十辐共一毂[55]，即其势固不可以平等。就除妾媵矣，有生与之技，有形与之材[56]，官其剂量[57]，则焉可平也？第马而殊骏驽[58]，第人而殊庸下与卓踔[59]，亦剂量殊尔，然犹以其第厚薄之。虽舜与造父者[60]，亦若是厚薄之，况不易之剂量哉？案：普鲁士宪法，女子不得嗣君位，此大陆主义与偏岛固殊，亦剂量然也。昔樊英有疾，其妻使婢候问，英则下床答拜，曰："妻，齐也，礼无不答。"《后汉书·方术·樊英传》。君子齐其礼，而不齐其权也。

【注释】

(48) 非苟为抑扬而已，以上两句意为，男女的差别，不仅仅是为了要抬高一方贬低一方。

(49) 骈适，二女合嫁一夫。

(50) 适骈，一女嫁给二夫。

(51) 媒氏，指负责男女婚事的专职人员。

(52) 怨女，寡妇，或为已到婚龄而没有合适配偶的女子。

(53) 妾媵，姬妾。

(54) 伉，配。

(55) 三十辐共一毂，语见《老子》十一章。意为三十根辐条凑成一个轮子。毂，车轮中间车轴贯入处的圆木。

(56) 有生与之技，有形与之材，有天生的技能，有天生的材质。

(57) 官其剂量，根据才能大小授与官职。

(58) 第马，排列马的等次。殊骏驽，有骏马和驽马的不同。

(59) 庸下，才能平庸。卓踔，才华卓越。

(60) 造父，周代善驾御者。传说曾献骏马于穆王，王赐造父以赵城，因以为氏。见《史记·赵世家》。

【译文】

至于男女的差别，也不仅仅是为了要抬高一方贬低一方。山中云气多使人生男，水泽之气多使人生女。(《淮南子·地形训》

语。)泽女多,不是二女合嫁一夫则不夫,山女少,一女不是嫁给二夫则不养,(俄罗斯人威斯特马科《婚姻进化论》有这样的说法,这里是本于此书。)是自然规律。在中国若没有媒人说合男女,婚配的道理就不明。一年当中因盗窃、劳作、挨饿而死去的人,多是男子。男少女多,那么适婚而无合适婚配的女子自然就多,因而不得不制定侍妾之法以适应之。况且人类要繁衍,与其一女配数男,不如一男配数女更有利于繁衍。以一男子配几个女子,这就如同三十根辐条凑成一个轮子,这种形势下就不可能男女平等。即使不论侍妾之法,人天生的技能有别,天生的材质有差,根据才能大小授与官职,又如何做到平等?马分等次而区分出良马和劣马,人分等次而区分出平庸低下和才华出众,就是因为能力不同,要分出第次来对待。即使舜与造父,也会区别对待,何况是男女之间的不变的差别啊?(案:普鲁士宪法规定,女子不得继承君位,这不仅体现大陆主义与英伦岛屿固有的差别,也是因为能力的差别。)从前樊英生病了,他的妻子使婢女问病情,樊英就下床答拜,说:"妻子,与丈夫是平等的,礼无不答。"(《后汉书·方术·樊英传》)君子与妻子平等的是礼仪,不平等的是权力。

古者谓君曰林烝[(61)],其义为群,此以知人君与烝民等,其义诚大彰明较著也。及其悍然独立于民上,欲引而下之,则不能已。夫一閧之市,必立之平,一卷之书,必立之师[(62)];虽号以民主,其崇卑之度,无大殊绝,而其实固已长人[(63)]。故曰:以不平平,其平也不平。彼道家之言曰:虽有忮心者,不怨飘瓦[(64)]。然则以投钩定赏罚[(65)],以三载考绩易总统,是特当轴处中者之所以避怨讟[(66)],顾贤桀安取乎?

【注释】

(61) 林烝,亦作“林蒸”。《尔雅·释诂上》:“林烝,君也。”

(62) 阓,里巷。平,平价。以上四句引自杨雄《法言·学行》。

(63) 长人,管理人。

(64) 不怨飘瓦,语见《庄子·达生》。成玄英疏:“飘落之瓦,偶尔伤人,虽忮逆褊心之夫,终不怨恨,为瓦是无心之物。”忮心(zhì 志—),嫉恨之心。

(65) 投钩定赏罚,指根据投票多少确定赏罚。投钩,此指投票。

(66) 轴处中者,指当权者。怨讟(—dú 读),怨恨,诽谤。

【译文】

古代称君为林烝,意思是群,以此可知君主与众民是等同的,其义诚大,这个道理是非常清楚、明显的。等到君主悍然独自处于民众之上,再想要把它降下来,就做不到了。在一个小的市场中,一定要订立一致的价格标准;一卷书,也要有一个权威的解释;既然称为民主,君主与一般人地位的高下,并没有本质的区别,而他实际上又可以管理、命令他人。所以说:以平等来达到平等,这种平等实际是不平等。道家曾有这样的说法:虽有嫉恨之心,但并不怨恨飘落下来砸伤自己的瓦片。然而根据投票多少确定赏罚,以考核三年的政绩来决定是否更换总统,只是当权者以此避开怨恨诽谤而已,贤杰之士为何要取法呢?

夫父子夫妇之间,不可引绳而整齐之,既若是矣,君臣虽可平,抑于事故无取(67)。故曰:平等之说,非拨乱之要也。

【注释】

(67) 抑于事故无取,不利于行事所以不可取。

【译文】

父子、夫妇之间,不能像拉墨线那样来整齐划一,既然如此,君臣虽可平等,因不利于行事所以并不取法。所以说:平等观念,并不是治理乱政的根本所在。

虽然，吾尝有取矣，取夫君臣之权非平等，而其褒贬则可以平等也。昔者埃及之王称法老，死，大行至窆所[68]，或颂其德，或指其邮[69]，以得失相庚偿[70]，过多则不得入墓。其王亦深自亟敕[71]，惧罗罪辟，莫敢纵欲。是故中国称天以诔天王[72]，而《春秋》有罪者不书其葬[73]。

【注释】

(68) 大行，皇帝或国王死的讳称，意为长去不返。窆所（biǎn 贬—），墓穴。窆，埋葬。

(69) 邮，过错。

(70) 庚偿，抵偿。《礼记·檀弓下》郑玄注："庚，偿也。"

(71) 亟敕，谨慎饬戒。

(72) 称天以诔天王，指以天的名义对君王的功过进行评说。诔，累述死者功德，以示哀悼。

(73)《春秋》有罪者不书其葬，即《春秋》笔法，诸侯有罪，言其卒不言其葬。

【译文】

虽然如此，我认为还有所取法，取的是君臣之权并非平等，而其褒贬则可以平等。古代埃及的国王称法老，死后即将葬入墓穴时，有的称颂其美德，有的斥责其罪过，以得失两相抵偿，罪过多的就不能入葬于墓穴。其国王就会谨慎饬戒，害怕获罪，不敢纵欲。所以中国以天的名义对君王的功过进行评说，而《春秋》对有罪的君王称其卒而不言其葬。

明独第二十九

［说明］近代反封建斗争，总是伴随着个性解放的呼喊，章太炎的《明独》，就是近代中国提倡个性解放的早期作品之一。

本文着重探讨了个人与社会的关系。作者认为，“群必以独成”，社会正是由个人组成的。而封建主义不准人们发展个人的独立性格，把个人变成家族、宗派、山头、地域等宗法封建关系的附属物，只能造成整个社会的分裂，造成无数国中之“国”，所谓“小群，大群之贼也”。章太炎要求摆脱“入世则以独为大邮”的顽固偏见，要求承认个性解放是孕育新的“大群”的前提条件，这在戊戌维新前夜的封建中国，无疑具有民主主义思想解放的意义。

本文原题《独居记》，写于 1894 年 9 月，当时甲午海战失败的消息刚刚传来不久，作者在此时提出个性解放、发展自我的主张，表明他已抓住时代的主题，表现出敏锐的目光。作者以后对自己的观点又做了发展，成为他思想的一个主要内容。本文收入《訄书》初刻本，《检论》删去此篇。

遇灵星舞僮而谓之曰(1)：“子材众庶也。”则按剑而噁(2)。俄而曰：“子材固卓荦(3)，天下所独也。”则笑屑然有声矣。则又曰：“子入世不能与人群，独行而已。”则又按剑噁。乌乎！是何于名誉则欲其独，而入世则以独为大邮也(4)？彼痼俗也(5)，僮子且然，而况丈夫哉！眯夫(6)，其乱于独之名实！

【注释】

(1) 灵星,古星名,又称天田星,属角宿,即室女座 δ 与 τ 二星,古以为主管稼穑;一说灵星为周代神农后稷的代名。舞僮,祭祀灵星时演出祈谷报功舞蹈的童男,汉代用十六人。见《后汉书・祭祀志》。这里借指才艺普通的少年人。

(2) 噁(wù 误),同“恶”。不然之词。

(3) 卓荦,亦作“卓跞”。超过一般人,特出。《三国志・魏志・陈矫传》:“博闻强记,奇逸卓荦。”

(4) 大邮,重大的过失。邮,通“尤”。

(5) 痼俗,长期养成的风俗、积习。

(6) 眯(mǐ 米),草苔异物入眼,形容视力模糊。

【译文】

遇一才艺普通的少年,对他说:“你的才能很普通呀。”则会以手抚剑而发怒。不久又说:“你的才能超绝出众,天下所独有。”就会笑出声来了。又对他说:“你入世不能与人合群,特立独行而已。”则又以手抚剑而发怒。哎!为什么在名誉上追求独特,而入世却把特立独行看作是大过呢?那是长期养成的难以改变的风俗,童子尚且如此,何况是成年人呢!迷惑啊,人们混淆独的名与实!

夫大独必群,不群非独也(7)。是故卓诡其行(8),虓然与俗争(9),无是非必胜,如有捲勇(10),如不可敌者(11),则谓之鸷夫而已矣(12);厚其泉贝(13),膏其田园,守之如天府之宲(14),非己也,莫肯费半菽也(15),则谓之啬夫而已矣(16);深溪博林,幽间以自乐,菑华矣,不菑人也(17),觞鸟矣(18),不觞宾也,过此而靓(19),和精端容(20),务以尊其生(21),则谓之旷夫而已矣(22)。三者皆似独,惟不能群,故靳与之独也(23)。

【注释】

(7) 不群非独也,以上两句意为,真正的独一定能做到群,不群就不能算是独。

(8) 卓诡,高远而与众不同。

(9) 虓然(xiāo 消—),虎怒吼貌。虓,《说文》:“虎鸣也。”

(10) 捲勇,即拳勇。锐不可当的气势。《国语·齐语》韦昭注:“大勇为拳。”捲,通“拳”。

(11) 敔(yǔ 语),同“御”。不可敔,不可禁止。

(12) 鸷夫,凶猛的人。

(13) 泉贝,货币。

(14) 天府,《周礼》官名。掌宗庙守藏,收藏朝廷重要宝器和法典。宲(bǎo 保),《说文》:“藏也。”

(15) 半菽,粗粝之食。菽,豆。《汉书·项籍传》:“今岁饥民贫,卒食半菽。”颜师古注引臣瓒曰:“士卒食蔬菜,以菽半杂之。”

(16) 啬夫,吝啬之人。

(17) 菑(zì 自),栽培,养育。华,通“花”。菑人,害人。菑,通“灾”。

(18) 觞,以酒饮人。

(19) 靓(jìng 静),同“静”。过此而靓,谓除了养花、喂鸟,便无所举动。

(20) 和精端容,调和心神,端正外表。

(21) 尊其生,尊其本性。生,通“性”。

(22) 旷夫,旷达闲散之人。

(23) 靳,吝惜。靳与之独,对以上三种人,不能随便送给“独”的美名。

【译文】

真正的独一定能合于群,不合于群也算不上真正的独。故而做出奇异的行为,勇敢地与世俗相争,没有是非而只求必胜,如有锐不可当的气势,一副不可阻挡的样子,则只能称得上是个勇猛的人而已;使自己的钱财越来越多,田地越来越肥沃,守护财物如同守护府库里的宝藏,对自己没利的,一点财物也不肯花费,则只能称得上是个吝啬的人而已;在幽深的小溪边、茂密的丛林中,清静闲适以自得其乐,培植花草使其茂盛,而不危害他人,对着鸟举杯饮酒,而不宴请宾客,除此之外便无所作为,和悦精神、端正仪容,务以尊养其心性,则只能称得上是个旷达闲适的人而已。这三种人看上去都像是独,只是不合于群,所以难以给他们冠以“独”的美名。

大独必群，群必以独成[24]。日红采而光于鼂[25]，天下震动也；日柳色而光于夕[26]，天下震动也；使日与五纬群[27]，尚不能照寸壤，何暇及六合[28]？海尝欲与江河群矣，群则成一渠，不群则百谷东流以注壑，其灌及天表。曰：与群而成独，不如独而为群王[29]。灵鼓之翁博[30]，惟不与吹管群也，故能进众也。使嘉木与莸群[31]，则莫荫其下，且安得远声香？风之冯风也[32]，尐雏不能群[33]，故卒从以万数。贞虫之无耦[34]，便其独也，以是有君臣，其类浥盛[35]。由是言之，小群，大群之贼也；大独，大群之母也。

【注释】

(24) 群必以独成，两句意为，真正的独一定能做到群，但群却是在独的基础上完成的。

(25) 鼂(zhāo 招)，通"朝"。清晨。

(26) 柳色，暮色。

(27) 五纬，指太阳系中金、木、水、火、土五行星。中国古代称恒星为经星，行星为纬星。

(28) 六合，天地四方。指天下。

(29) 不如独而为群王，两句意为，与其合群而无差别，不如保持独立而超群。为群王，指超出群众之上。

(30) 灵鼓，古代祭祀地祇时用以指挥人们行礼的一种鼓，见《周礼·鼓人》。翁博，鼓声。《荀子·乐论》："笙籥发猛，埙篪翁博。"

(31) 嘉木，美树。莸(yóu 犹)，臭草。

(32) 冯风，凭风。冯，通"凭"。

(33) 尐雏(jié 洁—)，小雏。尐，《说文》："少也。"

(34) 贞虫，《淮南子·说山训》："贞虫之动以毒螫。"高诱注："细要蜂，蜾蠃之属，无牝牡之合曰贞。"无耦，没有配偶。

(35) 浥盛，旺盛貌。浥，杨雄《方言》："盛也。"章氏这里是说，贞虫没有配偶，这便于它们的"独"，但正是这一特点使它们过上群居生活，种类因而昌盛。

【译文】

真正的独定能合于群，群是在独的基础上完成的。早晨的太阳光芒万丈，天下震动；傍晚的太阳夕照无限，天下震动；若使太阳与金、木、水、火、土五行星合群，尚不能照耀尺寸土地，哪里还谈得上照耀天地四方？大海若与江河合群，群则成为一条渠，不群则众谷之水都注入大海，其水势及于天外。说：与其合群而无差别，不如保持独立而超群。灵鼓的鼓声盛大响亮，不与吹奏的管乐器相合群，所以能发号施令。使嘉木与恶臭的草合群，则臭草荫庇在树荫之下，怎能使嘉木的香气散布到远方？凤鸟凭借风力翱翔，小鸟无法与之群，只能成群地跟从。细腰蜂没有配偶，这便于它们"独"，但是有蜂王和工蜂的分工，其族类因此得以旺盛。由此而言，小群是大群的危害，大独能成就大群。

不眯于独，古者谓之圣之合莫(36)。抱蜀不言(37)，而四海欢应，人君之独也。握其节(38)，莫与分其算(39)，士卒无敢不用命，大率之独也。用心不枝(40)，孑然与精神往来，其立言，诵千人，和万人，儒，墨之独也。闭閤而省事(41)，思凑单微(42)，发其政教，百姓悦从如蒲苇(43)，卿、大夫之独也。总是杂术也，以一身教乡井，有贤不肖，或黼之，或挞之(44)，或具染请之(45)，皆磬折而愿为之尸(46)，父师之独也。吾读范氏书(47)，至《独行传》(48)，迹其行事，或出入党锢(49)。嗟乎！非独，何以党哉？

【注释】

(36) 圣，《说文》："通也。"也释为知。合莫，祭祀时与死者精神相感通。《礼记・礼运》："君与夫人交献，以嘉魂魄，是谓合莫。"这两句意为，不被"独"所蒙蔽，便意味着懂得"独"能通神，即通向"大群"。

(37) 抱蜀不言，《管子・形势》："上无事则民自试，抱蜀不言，而庙堂既修。"尹知章注："抱，持也。蜀，祀器也。"章太炎《膏兰室札记》"抱蜀"："抱者，当借为饱;蜀,当借为主。……租饱所以止神,主所以依神,皆祠器也,故并言之。鬼神不言,而人已为之修庙堂,正如人主不言,而民循正也。”

(38) 握其节,指掌握兵权。节,符节。

(39) 莫与分其算,指不干预其具体谋算,使其能临敌应变。算,谋算。

(40) 枝,分散。

(41) 闭閤,闭门不出。閤,“阁”的异体字。

(42) 思凑单微,意同“直凑单微”。《韩非子·有度》:“朝廷群下,直凑单微,不敢相逾越。”指疏远卑贱的人。

(43) 蒲苇,《中庸》:“夫政也者,蒲芦也。”朱熹注:“蒲芦,沈括以为蒲苇,是也。”比喻顺从。

(44) 或觵之,或挞之,《周礼·地官·闾胥》:“凡事掌其比,觵挞罚之事。”郑玄注:“觵挞者,失礼之罚也。谓处分失礼者,轻者罚酒,重者敲扑。”觵(gōng 肱),也作觥,古代角制酒器,此为罚酒;挞,扑也。

(45) 具染请之,谓设食请贤者,以示表彰。染,豉酱。

(46) 磬折,弯腰,鞠躬。愿为之尸,愿为之主。尸,主。古代祭祀,用活人代表神主,一般以孝子的兄弟充当。见《仪礼·士虞礼》郑玄注。

(47) 范氏书,指范晔所著的《后汉书》。

(48)《独行传》,首见于《后汉书》的一种传记,记录西汉末至东汉末以某种特殊行为知名的人物,范晔比之为孔子所说的“狂狷”者。

(49) 党锢,党锢之祸。东汉桓、灵时,太学生因反对宦官专权而遭禁锢,前后共两次。《后汉书·独行列传》中的人物,有的曾受“党锢之狱”的牵连。

【译文】

不迷惑于独,古人称为圣人通神。抱持祭器虽静默不言,而四海齐声喧哗响应,这是君主的独。掌握兵权,不干预士卒的临阵变化,使士卒没有敢不听从命令的,这是大帅的独。用心不分散,孤独地与精神往来,其所著书立说,千人诵读,万人应和,这是儒家、墨家的独。闭门处理政务,思维聚合而至于穷极玄妙,施行政治教化,百姓乐于顺从,这是卿、大夫的独。纵然是杂糅了各派学说,以一己之身教授于乡里,对于贤、不肖之人,或责罚,或表扬,鞠躬而愿意教导他们,这是父师的独。我读范晔的《后汉书》,读到《独行传》,推究其行为事迹,有的牵涉于党锢之祸。唉!非独,何以结成朋党?

古之人欤，其独而群者，则衣冠与骨俱朽矣。今之人，则有钱唐汪翁[50]。其性廉制[51]，与流俗不合。自湖北县知罢归，人呼曰“独头”，案：独头，语甚古。《水经·河水注》“河北雷首山”引阚骃《十三州志》云：“山一名独头，山南有古冢，陵柏蔚然，欑茂丘阜[52]，俗谓之夷、齐墓[53]。”是则以其狷介赴义，号曰独头，因名其山矣。自命曰“独翁”，署所居曰“独居”。章炳麟入其居曰：“翁之独，抑其群也。”其为令，斡榷税[54]，虽一锱不自私，府臧益充，而同官以课不得比[55]，怨之：其群于州部也。罢归，遇乡里有不平，必争之，穷其氐[56]，豪右衔忿，而寡弱者得其职姓[57]：其群于无告者也[58]。悖礼必抨弹，由礼必揸：其群于知方之士也[59]。夫至性恫天下[60]，博爱尚同，輷录以任之[61]，虽贾怨不悔[62]，其群至矣，其可谓独欤？入瞽师之室，则视者独矣；入伛巫跛击之室[63]，则行者独矣。视与行，至群也，而有时谥之曰独。故夫独者群，则群者独矣。人独翁，翁亦自独也，案以知群者之鲜也。

【注释】

(50) 钱唐，今浙江杭州。汪翁，汪曾唯。字子周，曾任湖北嘉鱼知县，为章氏好友汪康年的三伯父。

(51) 廉制，守正不阿。《荀子·乐论》：“磬廉制。”王先谦集解：“《广雅·释诂》：‘廉，棱也。’磬有隅棱曰廉。《礼记·乐记》疏：‘制，谓裁断也。’磬以明贵贱亲疏长幼之节，是其制也。”

(52) 欑茂（cuán 攒—），草木聚集茂盛。

(53) 夷、齐，伯夷、叔齐，商孤竹君之子。因反对武王伐纣，不食周粟而死。

(54) 斡（guǎn 管），掌管，主管。榷税，征收赋税。

(55) 以课不得比，不能定期征收赋税。课，征收赋税。比，追比。定期催交租税。

(56) 穷其氐，寻根究柢。氐，柢。蔓根叫根，直根叫柢。

(57) 得其职姓，得其所。《管子·版法解》：“故莫得其职姓。”俞樾注：得职，犹得所，姓与性通，“言得其性也，亦与得职同义”。

(58) 无告,孤独无依靠之人。《礼记·王制》:“少而无父谓之孤,老则无子者谓之独,老而无妻者谓之鳏,老而无夫谓之寡,此四者,天民之穷而无告者也。”

(59) 知方,懂得正道。《论语·先进》:“可使有勇且知方也。”

(60) 至性,天赋的善性。恫,痛,悲悯。

(61) 軥录(jū 拘—),也作“劬录”。勤奋。《荀子·荣辱》:“孝弟原悫,軥录疾力,以敦比其事业。”王先谦集解引卢文弨说:“盖劳身苦体之意。”

(62) 贾怨,招致怨恨。贾,卖。

(63) 伛巫,驼背的女巫。跛击,跛足的男巫。击,通“觋”。《荀子·王制》:“相阴阳,占祲兆,钻龟陈卦,主攘择五卜,知其吉凶妖祥,伛巫跛击之事也。”

【译文】

古代的人,那些独而合群的人,衣冠与尸骨都早已腐烂了。如今的人,有钱塘汪曾唯。他的性情刚正不阿,不迎合于流俗。他自湖北知县任上归乡后,世人就称他为“独头”,(案:独头,是很古老的词语了。《水经·河水注》“河北雷首山”引阚骃《十三州志》说:“山又名独头,山南有一古坟,陵墓旁古树茂密,山丘草木茂盛,俗称之为伯夷、叔齐墓。”是因为伯夷、叔齐孤高洁身、慷慨赴义,号曰独头,并用这个名字来命名此山。)自称为“独翁”,把居处署名为“独居”。章炳麟进入他的居所,说:“翁之独,也是群啊!”他做县令时,掌管征收税款,即使是一点点钱财也不私占,府库财物充实,而同僚却不能定期征收赋税时做不到定期催交,便怨恨他:这是他合群于上级。罢归之后,遇见乡里不平的事,必定据理力争、寻根究柢,那些豪门望族对他心怀怨恨,而那些势孤力小者得到依靠:这是他合群于孤苦无依的人。对于违反礼教的必定抨击之,遵守礼法的必定嘉许之:这是他合群于懂得礼法的人。他天性善良,悲天悯人,博爱尚同,又能够做到苦身劳形,即使招人怨恨也不后悔,他这是真正的群,他可以称为独吗?进入盲人乐师的居所,则有视力的人是独；进入到跛足的巫师的居所，那么可行走的人是独。可以看得见与可以行走，是真正的大群，而有时却被称为独。所以说独才可以成为群，群一定来自独。世人以汪翁为独，翁亦自独，可知真正知群者实在是少有啊。

乌乎！吾求群而不可得也久矣。抑岂无卙辞以定民者吾与之耦[(64)]？天下多败群。故西入周南[(65)]，而东亡命郁鴺之野[(66)]，傥得一二。当是时，社庙未迁，官号未革，权概未变[(67)]，节簜未毁[(68)]；犹若俎[(69)]，钲犹若钲[(70)]，羽犹若羽[(71)]，籥犹若籥[(72)]，戚犹若戚[(73)]；而文武解弛[(74)]，举事丧实，引弓持柄[(75)]，无政若雨[(76)]。是为大群之将涣，虽有合者，财比于虮虱[(77)]。于是慢然而流汗曰[(78)]："于斯时也，是天地闭、贤人隐之世也。"虽然，目睹其支体骨肉之裂而不忍[(79)]，去之而不可，则惟强力忍诟以图之。

【注释】

(64) 卙辞（jí 集—），合于民心的政治方案。《诗・大雅・板》："辞之辑矣，民之洽矣。"郑玄笺："辞，辞气，谓政教也。"卙，同"辑"。和洽。

(65) 周南，《诗经》十五国风首篇。在今陕西岐山一带。此指湖北武昌。

(66) 郁鴺，倭夷。指日本。郁、倭古音相近，可通。

(67) 权概，指度量衡。权，秤锤。概，平斗斛的木尺。

(68) 节簜，旄节旌旗。簜（dàng 荡），《说文》："大竹也。"以上四语，暗示中国尚未"革命"。

(69) 俎，古代祭祀时盛牛羊的礼器。

(70) 钲，古代行军的乐器。青铜制，形制略如钟而狭长，有长柄。用时手执其柄，以物击之而鸣。

(71) 羽，翟羽，用雉尾所制的扇状道具，古代文舞所执。

(72) 籥（yuè 跃），古代管乐器，形似笛，或说有三孔、六孔、七孔的区别，也是文舞所执道具之一。关于这种舞蹈的形式和宗教意义，详可参本书《辨乐》篇。

(73) 戚，斧，一说即钺（大斧），古代干舞即兵舞所执道具之一。以上五语，谓封建的礼乐制度毫无改变。

(74) 解弛，懈怠松弛。解，通“懈”。

(75) 引弓，初刻本作“禁掖”。持柄，谓慈禧太后把持政柄。

(76) 无政若雨，比喻政治混乱。《诗·小雅·雨无政》序：“雨无正，大夫刺幽王也。雨自上下者也，众多如雨，而非所以为政也。”

(77) 财，通“才”。仅。

(78) 愯，通“悚”。

(79) 支体，肢体。

【译文】

唉！我求群而不可得已经很久了。难道没有好的可以安定民心的政治方案合于我心吗？天下多不好的。于是西入武昌、东入日本，希望能得一两个志同道合者。当是时，社稷宗庙尚未变更，官号未革除，度量衡未变，法度还没有毁坏；俎还是俎，钲尚且是钲，羽尚且是羽，籥尚且是籥，戚还是戚；而文、武懈怠放松，行事失实，慈禧掌握政权，政治混乱。正是大群将离散时，即使有相合者，也是极其微小的。于是惊恐不安地说：“在那时，正是天地闭、贤人隐的世道。”即使如此，目睹中国受到列强宰割实在不忍心，又不应该离父母之国而去，所以只有强忍耻辱以谋划变革。

余，越之贱氓也(80)，生又羸弱，无骥骜之气(81)，焦明之志(82)，犹憯凄忉怛(83)，悲世之不淑(84)，耻不逮重华(85)，而哀非吾徒者。窃闵夫志士之合而莫之为缀游也(86)，其任侠者又籲群而失其人也(87)，知不独行，不足以树大萃(88)。虽然，吾又求独而不可得也。于斯时也，是天地闭，贤人隐之世也。吾不能为狂接舆之行吟(89)，吾不能为逢子庆之戴盆(90)。吾流污于后世，必矣！

【注释】

(80) 越之贱氓，章太炎是浙江余杭人，浙江古属越国，又没有参加过科举考试取得功名，因此自谦如贱氓。

(81) 骥骜，千里马。《吕览·士容论》：“夫骥骜之气，鸿鹄之志，有谕乎人心者，诚也。”

(82) 焦明，亦作鷦鹏。《广雅·释鸟》：“凤凰属也。”《说文》谓南方神鸟。相传非幽闲不集，非珍物不食。

(83) 憯凄忉怛(—dāo 刀 dá 达)，悲痛忧伤。

(84) 不淑，不清湛，混浊。

(85) 重华，虞舜名。

(86) 缀游(—liú 流)，亦作“缀旒”。表率、榜样。《诗·商颂·长发》：“受小球大球，为下国缀旒。”毛传：“缀，表；旒，章也。”

(87) 籲群(xū 吁—)，呼吁组成群。籲，呼。

(88) 大萃，大的组织。萃，聚集。

(89) 狂接舆，春秋时楚国佯狂避世的隐者。《论语·微子》：“楚狂接舆歌而过孔子，曰：‘凤兮凤兮，何德之衰！往者不可谏，来者犹可追。已而已而，今之从政者殆而！’孔子下，欲与之言。趋而辟之，不得与之言。”

(90) 逢子庆，逢萌，西汉北海(治今山东昌东东南)都昌人。曾就学长安，通《春秋》，王莽时隐居辽东。《后汉书·逸民传》：“(逢)萌素明阴阳，知莽将败，有顷，乃首戴瓦盎，哭于市曰：‘新乎！新乎！’因遂潜藏。”瓦盎，即瓦盆。

【译文】

我本是浙江余杭的卑微小民，身体羸弱，没有千里马的气势，也没有焦明的志向，只有悲痛忧伤，感慨世事污浊，以不及虞舜为耻辱，更为那些不能与我志同道合的人而悲哀。我暗自感伤有志之士聚合在一起而没有人能作出表率，任侠之人呼吁形成群却没有得到合适的人，于是知道若不独行，不足以有大的作为。即便如此，我又求独而不可得。在那时，是天地闭、贤人隐的世道。我不能像狂人接舆那样边走边吟唱，也不能像逢子庆那样头戴瓦盆。我将随同流俗于后世，是一定的了！

冥契第三十

[说明]历史上一些人物的学说、言行当时不被人们理解，几百年后却得到证明和承认；中国历史上出现过的一些现象，在西方同样存在过；而西方历史上一些神灵、人物的名称，也见于中国史籍的记载。这些情况该如何理解？作者在本文对此进行了分析，并认为这是古今中外人物心灵暗合的结果。

明末清初大思想家黄宗羲著《明夷待访录》，批判封建专制，要求抑制君权，他的主张和今天的民主思想相吻合。黄宗羲之所以能成为中国民主思想的先驱，固然是由于他先知先觉的认识能力，同时也是他的思想符合了历史发展的要求。章太炎却没有看到这一点，他将黄氏与明武宗、汉灵帝自任大将军之事相比，认为黄宗羲凭天才预见到历史的发展，而明武宗、汉灵帝则是无意中猜测到历史的可能；二者虽形式不同，结果却是一样的。这显然混淆了历史中的本质联系和非本质联系，陷入神秘主义的认识方法。

作者还提出，中外历史上都有一些天人感应的神秘传说，说什么某位大人物的母亲与上帝感应，生下他这个尊贵的儿子。这显然是中外统治者为了麻痹民众，加强统治而编造出来的，相同的社会存在产生了相同的社会意识。作者这里的分析基本是正确的。至于作者将中国史籍中的有关记载附会西方的耶稣、穆罕默德，并作出种种猜测和解释，则完全是主观联想，是没有任何事实根据的。

本文及《訄书》中其他一些文章反映了章太炎思想中神秘主义的认识方法，它与章所倡导的经验主义同时并存，或隐或显地发生作用，我们阅读章太炎早期著作，应特别注意到这一点。

本文收入《訄书》初刻本，《检论》将其删除。

章炳麟曰：吾不征伯夷(1)，不尚观于斟雉之史(2)，委蛇黄宗羲之言而攽君禄(3)，曰：天子之于辅相(4)，犹县令之于丞尉，非夐高无等，若天之不可以阶级升也。輓近五洲诸大国，或建联邦，或以贵族共和。贵族之弊曰“寡人”(5)，则大君之尊(6)，日以骞损，而与列侯、庶尹同班(7)。黄氏发之于二百年之前，而征信于二百年之后，圣夫！

【注释】

(1) 伯夷，也称益，一作翳。舜时东夷部落首领。参见《族制》第二十《许由即咎繇说》注(4)。

(2) 斟雉之史，指彭祖事尧的历史。《楚辞》屈原《天问》：“彭铿斟雉，帝何飨？”王逸注：“彭铿，彭祖也。好和滋味，善斟雉羹，能事帝尧。尧美而飨食之。”斟雉，调治雉羹。

(3) 委蛇，绵延曲折。此指引申、发挥。黄宗羲之言，指黄氏《明夷待访录·原君》的有关言论。攽君禄，犹言规定君的地位、职责。

(4) 辅相，宰相。丞尉，县令属官。秩四百石至二百石，为长吏。

(5) 寡人，指少数人进行统治。

(6) 大君，天子。

(7) 庶尹，百官之长。《尚书·益稷》：“庶尹允谐。”传：“尹，正也。”

【译文】

章炳麟说：我不去征验伯夷，不去论述彭祖的事迹，只是发挥黄宗羲的有关言论规定人君的禄位，说：天子相对于宰相、大臣，如同县令相对于县丞县尉，并不是至高无上的，好像人不可以登天那样。晚近时期的世界各大国，或建立联邦制，或实行贵族共和。贵族共和的弊病是少数人进行统治，那么天子的尊贵，日渐贬损，而与列侯、众官之长班列相同。黄宗羲的言论发于两百年之前，而证实于二百年之后，真是通达啊！

且夫鸡雝、桔梗[8]，场圃以为至贱，而中其疾则以为上药[9]。自古妄人之议，常冒没以施当时[10]，卒其所言之中，亦与黄氏等者，盖未尝绝也。予观明武宗自号总督军务威武大将军，兵部宣敕，虽御名不讳，传之后世，以为谈笑。又上求之，则汉灵帝尝内许凉、伍宕之说[11]，谓大公《六韬》，有天子将兵事，因讲武平乐观，躬擐甲介马[12]，称无上将军。此事稍不章。要之，二君皆淫酗昏虐之主[13]，佻狎自丧，替其赤刀[14]，诚无不酿嘲于后世者。然輓近尚武之国，其君皆自称元率[15]，或受邻国武臣官号，佩其章韍[16]，恹然勿以为怪[17]，而戎事日修，则天子诚与庶官等夷矣。嗟乎！彼汉、明二主者，其昏欤？其逆计至是也？事之闯然而得之者[18]，千世以后，辄与之相契合。章炳麟曰：岿乎君子[19]，大哉黄中通理[20]！

【注释】

(8) 鸡雝，一名鸡头草，即芡，睡莲科植物，中医用芡实作滋补药。桔梗，一名包袱花，桔梗科植物，中医用作化痰止咳药。

(9) 中其疾，符合病症。上药，上等之药。

(10) 冒没，轻率不顾其他。

(11) 内，同“纳”。许凉、伍宕，皆东汉大臣。

(12) 擐甲，身穿甲胄。擐，穿。介马，为马披铠甲。

(13) 酗(xù 酗)，同“酗”。《汉书·赵充国传》：“汤数醉酗羌人。”颜师古注：“酗，即酗字也。醉怒曰酗。”

(14) 替，废弃，丧失。赤刀，宝刀。此借指权位。

(15) 元率，元帅。

(16) 章韍，勋章和绶带。

(17) 恹然，安然。《说文》：“恹，安也。”

(18) 闯然,突然,不经意。

(19) 岿乎,高大独立貌。

(20) 黄中通理,《易·坤·文言》:“君子黄中通理,正位居体,美在其中,而畅于四支,发于事业,美之至也。”宋朱熹注:“黄中,言中德在内。”意为中心藏着粹然无疵的美德,则理无所不通。章氏引此句意为说明古今人物心有相通之处。

【译文】

鸡头草和桔梗,在农家的场圃里被看作是无用之物,而能切中病症时则成为疗效极好的上等中药。自古狂妄之人的言论,在当时常被轻率地弃置一边,多年之后才被言中,如同黄宗羲这样的事情,时有发生。我发现明武宗自号总督军务威武大将军,兵部发布命令时,即使是皇帝的名号也不避讳,流传于后世,以为笑谈。再向上探求,汉灵帝曾采纳许凉、伍宕的建议,称姜太公《六韬》有天子统率军事的事例,因而在平乐观讲习武事,身穿甲胄并为战马披上铠甲,自称无上将军。此事在历史上知道的并不多。总之,这两位皇帝都是荒淫酗酒、昏庸暴虐之人,轻佻放荡、自我贬损,废弃宝位,真是不能不被后世人嘲笑。然而晚近以来崇尚军事的国家,其君主自称元帅,或受邻国的武臣官号,佩戴其勋章和绶带,全然而不以为怪,而随着军事的发展,天子真与一般官员相同了。可叹啊!汉、明时的两位君王,他们昏庸吗?他们是预测未来能发展到这种程度吗?事情不经意中发展成这样,千年之后,却与他们的行为相契合。章炳麟说:那高尚的君子,用心于内,便会通达事理!

南人曰:夏姬之蹙頞[21],其里连衽[22];戚施效之[23],蹙其頞,其里无炊灶。章炳麟曰:戚施之蹙頞,其里无炊灶,夏姬效之,蹙其頞,其里连衽。名实未亏,而爱憎相贸[24]。于是知妄人之议不竟非,而举其事以醜嘲者,适咫尺之见也[25]。

【注释】

(21) 夏姬，春秋郑穆公女，陈大夫御叔妻，以貌美闻名。蹙頞，皱眉头。頞(è恶)，鼻梁。

(22) 其里连衽，她的邻里相跟着去看。连衽，形容人多而衣襟相挨。

(23) 戚施，驼背，此指丑女。

(24) 爱憎相贸，指以上两种表达，虽然意思相同，但表达的情感不同。前者讽刺戚施，后者赞美夏姬。贸，易。

(25) 咫尺之见，短见。

【译文】

南国人说：夏姬一皱眉，其乡里邻居争相跟着去看；驼背的丑女效仿夏姬，也皱起眉头，乡里没有了人烟。章炳麟说：驼背的丑女一皱眉，乡里没有了炊烟；夏姬效仿她，也皱起眉头，其乡里邻居争相跟着去看她。名与实没有变化，而爱与憎发生转变。于是可知妄人之议不完全是错的，而根据他的议论嘲笑他的人，见识真是短浅。

章炳麟曰：中夏之王者，谓之天子。是故言苍牙者(26)，以为出于东皇大一(27)；而创业之主，其母必上帝冯身以仪之(28)。吾读浮屠书，称帝曰帝释，亦曰释提桓因(29)。是无他，彼塞种者(30)，其氏曰释迦，以其王为出于上天，而因以其氏被之。惟牟尼狭小其说(31)，摈排上帝，而犹谓之瞿释迦氏(32)。一作憍尸迦，亦称憍陈如，并一音之转。彼神灵其国主，翕然以为出于朱鸟权衡之宿(33)。其于中夏，壹何其矩范之合也？自东自西，自南自北，凡长人者(34)，必雄桀足以欺其下，以此羑民(35)。是故拱揖指麾(36)，而百姓趋令若牛马。章炳麟曰：大哉黄中通理！

【注释】

(26) 苍牙，即伏羲。

(27) 东皇大一，即东皇太一。神名，见屈原《九歌·东皇太一》。

(28) 其母必上帝冯身以仪之，指古代神圣母感应怀孕的传说，如简狄吞玄鸟蛋生契；姜原履巨人脚印生弃等。冯身，凭身。凭依其身。冯，通“凭”。

(29) 帝释，梵文 Sakra-devanam-Indra 之梵汉并举，亦称“天帝释”“帝释天”，音译“释迦提桓因陀罗”，略称“释提桓因”。“释迦”意为“能”，是姓，“提桓”意为“天”，“因陀罗”意为“帝”，合称“天帝”。佛教护法神之一。

(30) 塞种，指塞族。公元前 2 世纪以前分布于今伊犁河流域及伊塞克湖附近一带。前 2 世纪因大月氏人西迁，侵入其地，塞族分散，一部分南下征服罽宾等地，一部留居故地与新侵入的乌孙混合。我国史籍中所称塞族，大约和西方、印度记载中的塞西安人、萨尔马希安人、释迦人为同族。

(31) 牟尼，释迦牟尼。佛教创始人。释迦为种族名，意为“能”；牟尼也译“文”，尊称，意为“仁”“儒”“忍”“寂”“寂默”。合为“能仁”“能儒”“能忍”“能寂”等。

(32) 瞿释迦氏，瞿，瞿昙。梵文 Goutama 或 Gotama。又作乔答摩、瞿答摩等。为印度刹帝利种之一姓，瞿昙仙人之苗裔，即释迦牟尼所属之本姓。

(33) 朱鸟，一作“朱雀”。二十八宿中南方七宿（井、鬼、柳、星、张、翼、轸）的总名。七宿联起来象鸟形，朱，赤色，象火，南方属火，所以叫朱鸟。权衡，星名。《史记 · 天官书》：“南宫朱鸟，权、衡。”《集解》引孟康：“轩辕为权，太微为衡。”参见《史记 · 天官书》。

(34) 长人者，管理、统治人者。

(35) 羑民，诱导民众。《玉篇》：“羑，导也，进也，善也，今作诱。”

(36) 拱揖，拱手作揖。指麾，即指挥。

【译文】

章炳麟说，华夏的王，称为天子。故而说到伏羲，认为是出于东皇太一；而一般来说创立基业的君主，他们的母亲一定是感应上帝而怀孕生子。我读佛经，称帝叫作帝释，也叫作释提桓因。别无他故，他们塞种部族，其宗族就叫做释迦，认为他们的王是出于上天的，因而以其氏号命名。只是释迦牟尼使其学说变得狭小了，排斥上帝，而仍称之为瞿释迦氏。（还有一种说法叫憍尸迦，也称为憍陈如，是一音之转而形成的。）他们神化国家的君主，声称他们是出于朱雀权衡诸星宿。这与中国，是何其相似？从东方到西方，从南方到北方，凡是统治者，必定是能够控制人的枭雄，他们善于诱骗民众。所以统治者拱手作揖、发令指挥，而百姓遵行法令如同牛马一般。章炳麟说：的确啊！只要用心于内，便会通达事理。

章炳麟曰：《封禅书》有八神将[37]，大公以来作之，而天主其一也，则邪稣以为号[38]。《六韬》曰：“武王伐纣，雪深丈余，有五车一马，行无辙迹，诣营求谒。大公曰：‘此天方之神来受事。’遂以其名召入，各以其职命焉。”见《旧唐书·礼仪志》。《太平御览》十二引《阴谋》所载，与此略同。则穆罕默德以为号[39]。是二子者，西隔昆仑，而南隔黄支之海[40]，未尝一睹尚父之苗裔，诵其图籍，而称号卒同。天主、天方，皆译语，然不失本意。岂姜姓四岳之掌宾饯者[41]，其怪迂之说固多欤？天降时雨，山川出云。章炳麟曰：峃乎君子，大哉黄中通理！

【注释】

(37) 八神将，《史记·封禅书》：“八神将自古而有之，或曰太公以来作之。……八神：一曰天主，祠天齐。……二曰地主，祠泰山梁父。……三曰兵主，祠蚩尤。……四曰阴主，祠三山。五曰阳主，祠之罘。六曰月主，祠之莱山。……七曰日主，祠成山。……八曰时主，祠琅邪。”

(38) 邪稣，即耶稣。章氏以其附会八神中的“天主”。

(39) 穆罕默德，伊斯兰教的创立者。章氏这里以穆罕默德附会文中的天方之神。

(40) 黄支之海，当指印度洋。

(41) 姜姓四岳，传说为尧舜时的四方部落首长，尧为部落联盟领袖时，他们曾推举舜为继承人。章太炎认为姜太公即姜姓四岳之后。宾饯，迎接，送行。

【译文】

章炳麟说，《封禅书》中有天主、地主、兵主、阴主、阳主、月主、日主、四时主这八位神将，太公以来作之，天主只是其中的一个，而耶稣借用了天主的名号。《六韬》说：“武王伐纣时，大雪厚度达一丈多，有五车一马，行走在雪地上没有痕迹，造访大营请求谒见。太公说：‘这是天方之神来接受职事。’于是根据其名将其召进大营，各以其职守来任命。”(见于《旧唐书·礼仪志》。《太平御览》十二引《阴谋》的相关记载，与这里所记载的大体相同。)则穆罕默德借用了天方之神的名号。这两个人，西边隔着昆仑山，而南方隔着黄支之海，未尝见过姜太公的子孙后代，也没有诵读过其文籍图书，而天主、天方的称号却都相同。(天主、天方，都是译语，然而不失其本意。)难道说尧舜时的姜姓四方部落首长职掌迎接、送行，其怪异迂阔之说本就有许多吗？天降时雨，山川升起云彩。章炳麟感叹道：高尚的君子，用心于内，便会通达事理！

通法第三十一

[**说明**]章太炎在《东京留学生欢迎会演说辞》中曾指出:“中国政治,总是君权专制,本没有什么可贵,但是官制为什么要这样建置?州郡为什么要这样分划?军队为什么要这样编制?赋税为什么要这样征调?都有一定的理由,不好将专制政府所行的事,一概抹杀。就是将来建设政府,哪项须要改良?哪项须要复古?必得胸有成竹,才可以见诸施行。”那么中国历史上有哪些好的制度呢?作者在本文作了考察。

作者认为从汉代到明代,可以取法的政治有五项,其中汉代政治有两项:一是天子的私产独立计算,不得与国家的财产混同。二是郡县可以自治。王莽的新与晋、魏、隋、唐的政治,可以取法的有一项。即新朝开始推行的“王田”制,及以后由此发展而来的均田制。后梁废除宦官,也是一项可取法的好制度。明代在地方设立布政使、按察使和都指挥使,作者认为这体现了司法与行政、军事与民政的分离,也是一项可以肯定的制度。

本文首次收入《訄书》重刻本,《检论》保留此篇。有增删。

帝王之政,不期于纯法八代(1)。其次著法,维清缉熙(2),合符节于后王,足以变制者,则美矣。周之克商,矢珪矢宪(3),与九鼎比尊。宪者,前代之图法,今以因革者也。明昭有刘,施于朱氏(4)。

【注释】

(1) 八代,指三皇五帝的时代。

(2) 缉熙,光明貌。《诗·大雅·文王》:"穆穆文王,于缉熙敬止"。

(3) 矢珪矢宪,陈献珪玉和法令。《逸周书·世俘解》:"辛亥,荐俘殷王鼎,武王乃翼,矢珪矢宪,告天宗上帝。"矢,陈献。

(4) 明昭有刘,施于朱氏,指这里所讨论的起于汉代、终于明代。

【译文】

帝王的政治,不期望能达到上古三皇五帝时期的高度。其次制定法律,清静光明,相合于后王,足以改变旧制者,就称得上很好了。周朝战胜商纣时,向天陈献镇圭和法令,与九鼎同样重要。法令,即前代的图录和法典,今天又对其做了因袭与变革。以下对法令的考察起于汉代之初,延及明代。

汉之政,可法有二焉。

天子曰县官(5),亦曰国家。汉马第伯《封禅仪记》(6):"国家御首辇,人挽升山。"又云:"国家台上北面。"是称天子为国家也。法王路易十四曰:'朕即国家',中国固用此义。此其过制淫名(7)。以土之毛(8),当会敛于己。然其名实自违,卒有私财,足以增修宫馆,得无亏大农经费(9)。《新论》有曰:"汉定以来,百姓赋敛,一岁为四十余万万。吏奉用其半,余二十万万臧于都内,为禁钱。少府所领园地作务(10),八十三万万,以给宫室供养诸赏赐"。《御览》六百二十七引桓谭《新论》。案:少府所入,不应倍于赋敛。盖是积岁羡余,非一年收入如此。然不审所据为何年,要指其著书时也。此为少府与主赋敛者分。帝有私产,不异编户(11),后王以皇室典范所录别于赋税者也(12)。

【注释】

(5) 天子曰县官,《史记·绛侯周勃世家》:"盗买县官器。"司马贞索隐:"县官,谓天子也。所以谓国家为县官者,《夏官》王畿内县即国都也。王者官天下,故曰县官也。"

(6) 马第伯,东汉人。所著《封禅仪记》已佚,引文见《后汉书·祭祀上》注。

(7) 过制淫名,章氏认为汉代天子拥有私产,私产与国家赋税并不混同,自称"国家"是名过于实。

(8) 土之毛,指土地生长的农植物。

(9) 大农,即大司农。秦时称治粟内史,汉景帝时改称大农令,武帝时改称大司农。掌租税钱谷盐铁和国家财政收支,为九卿之一。

(10) 禁钱,这里指用于国家行政开支的钱,与少府掌管的用于皇帝私人开支的钱不同。少府,始于战国,秦汉相沿,清代改称内务府。掌山海池泽收入和皇室手工业制造,为皇帝的私府。

(11) 编户,编入户籍的平民。

(12) 别于赋税者也,指将皇室的私产与国家所收赋税区别开来。

【译文】

汉代的政治,可以取法的有两项。

天子称为县官,也称国家。(汉代马第伯《封禅仪记》:"国家乘坐首乘辇车,由人牵引着登上山。"又说:"国家在台上面向北方。"这是称天子为国家的记载。法国国王路易十四说:"朕即国家。"中国本用此义。)自称"国家",这是名过其实。广大的土地上所生长的万物,或可聚敛于己。然而其名与实相违,设有私产,足以增修宫馆而已,但不能亏空国库的经费。桓谭的《新论》有言:"汉朝建立以来,对百姓征收的赋税,一年就是四十多亿。发给官吏的俸禄用去所收赋税的一半,余二十亿藏于内府,是国家行政开支的钱财。少府所管理的田地所收,有八十三亿,以供给宫室使用及赏赐所用。"(《太平御览》卷六百二十七所引桓谭《新论》。案:少府所入,不应当是所征收赋税的两倍。大概是常年积累下的余额,并不是一年的收入就有这么多。然而又不知道桓谭所依据的是哪一年的数据,要看他著书的年代了。)由此可见少府与职掌天下赋税的部门是分开的。皇帝有私产,不异于编入户籍的平民,后来的王应将皇室的私产与国家所收赋税区别开来。

景、武集权于中央，其郡县犹得自治。古之王度[13]，方伯之国则有三监[14]。大国相也，其命曰“守”。故管仲言“有天子之二守”，《左》僖十二年传。栾盈亦以士匄为“王守臣”。《左》襄二十一年传。小国相也，其命曰“令”。故楚以子男、令尹辅之。及秦罢侯，而闿置其孤卿[15]；郡则御史监之[16]，其主者言“守”，其下县道言“令”[17]，皆因前世建国之差率以为比[18]。晋侯问原守，史起为邺令[19]。先秦之世，以方部大吏为守令，业有萌芽。要本被以相国之号，以为尊荣，亦犹后世藩镇之带京衔也。集成著法，则自秦始。是故郡县之始，亡大异封建。汉氏因之，太守上与天子剖符，而下得刑赏辟除。一郡之吏，无虑千人[20]，皆承流修职[21]，故举事易而循吏多[22]。成哀之末，纲纪败于朝，吏理整于府[23]。至于元始[24]，户口最盛矣。

【注释】

(13) 王度，先王之法度。

(14) 方伯，一方诸侯之长。三监，天子派往诸侯国负责监督的三人。《礼记・王制》：“天子使其大夫为三监，监于方伯之国，国三人。”

(15) 而闿置其孤卿，指秦废除封建，改置郡县。《说文》：“闿，开也。”

(16) 御史，指监御史。《汉书・百官公卿表》：“监御史，秦官，掌监郡。”

(17) 其下县道言“令”，秦代郡县制规定：万人以上叫郡，长官称“守”，万人以下叫县，长官称“令”。

(18) 皆因前世建国之差率以为比，指郡县制中郡、县大小及称呼的划分，都是以封建制为参照。

(19) 晋侯，晋文公。问原守，事见《左传・僖公二十五年》。史起，战国时魏人。曾为邺令，兴修水利，引漳水溉邺田。

(20) 无虑，大约，大略。《汉书・冯奉世传》：“今反虏无虑三万人。”颜师古注：“无虑，举凡之言也，无小思虑而大计也。”

(21) 承流，像流水般顺从。修职，治事。

(22) 循吏，奉职守法的官吏。《史记・太始公自序》：“奉法循理之吏，……作《循吏列传》第五十九。”

(23) 府，指地方郡县。以上两句意为，朝廷纲纪败坏，而地方吏治很好。

(24) 元始，汉平帝年号(公元 1～5 年)。

【译文】

汉景帝、武帝时集权于中央，郡县仍得以自治。古代先王的法度，一方诸侯之长则有天子派往其国负责监督的监国三人。大国的相，称为"守"。所以管仲说"有天子之二守即国子、高子"(《左传》僖公十二年记载)，晋国大夫栾盈以士匄为"王的守臣"(《左传》襄公二十一年记载)。小国的相，称为"令"。所以楚以子男、令尹作为辅佐。等到秦国废除封建制，开始设置郡县；郡则由监御史来监督，长官称为"守"，县的长官称为"令"，郡县制中郡、县大小及称呼的划分，都是以封建制为参照。(晋文公询问原之守，史起为邺之令。先秦时期，以州郡大吏为守与令，已经开始出现。目的是冠以相国的名号，以为尊荣，如同后世藩镇长官带有京衔一般。集成这些法度，自秦朝就已开始。)所以开始设郡县时，与封建并没有大的差异。汉代因袭其法，太守上由天子分封授官，向下便可以赏罚、授官。一郡的官吏，大概有一千人，都如流水般顺从，做好自己的本职工作，所以行政事务实施起来容易，多是守法循理的官吏。汉成帝、哀帝时，朝廷纲纪败坏，而地方吏治还好。到汉平帝元始年间，户口最盛。

其县邑犹有议院。《稾长蔡湛碑》阴曰"贱民、议民"(25)，与"三老、故吏、处士、义民"异列(26)。议民者，西方以为议员，良奥通达之士(27)，以公民参知县政者也。贱民者，西方以为私人厮役扈养(28)，不及以政，不得选人，亦不得被选者也。此其名号炳然。国命不出于议郎，而县顾独与议民图事，与今俄罗斯相类(29)。凡汉世道路河渠之役，今难其费，彼举之径易者，无虑议院之效。后王觖望于斯制，如其初政，则因是也(30)。

【注释】

(25) 阴,指碑文的阴面。贱民、议民,章氏附会为西方的无选举权者和议会议员。详见正文。

(26) 三老,掌教化者,一般由年长有声望者充任。故吏,曾经为官者。处士,隐居不仕者。义民,品德高尚之人。

(27) 良奥,善良。通达,学识渊博,有见的。

(28) 厮役扈养,从事杂务劳役的人。

(29) 与今俄罗斯相类,以上几句意为,政治不被少数政客操纵,县里的事务与议员商议决定,这与今天俄罗斯相似。议郎,官名。秩比六百石,掌守门户,出充车骑。此借指官僚。

(30) 则因是也,以上几句意为,今天的领导者寄希望于议会民主制度,而这种制度最初却是由古代的议院发展来的。觖望(jué 决—),冀望。《史记·韩王信卢绾列传》:"欲王卢绾,为群臣觖望。"韦昭曰:"觖犹冀也。"

【译文】

县里尚且有议院。《稾长蔡湛碑》的背面称"贱民、议民",与"三老、故吏、处士、义民"不在一列。议民这一称呼,在西方称为议员,多是善良的、亨通显达的人,以公民的身份参知县政。贱民之称,在西方是指从事杂务劳役的人,不参与政事,没有选举权,也没有被选举权。其名称的差别非常清楚。国家的法令不形成于议郎,而县里事务与议员商议决定,这与今天的俄罗斯相似。在汉代有修整道路、修河渠之类的劳役,如今却为此类劳役的经费犯难,而那时工程做起来快速便利,不必担心议院的影响。今天的领导者寄希望于议会民主制度,而这种制度最初却是由古代的议院发展来的。

新与晋、魏、隋、唐之政,可法有一焉。

汉承秦敝,尊奖兼并[31]。上家累钜亿,斥地侔封君[32],行苞苴以乱执政[33],养剑客以威黔首,专杀不辜,号无市死之子[34];生死之奉,多拟人主。故下户踦跂无所跱足[35],乃父子氐首奴事富人[36]，躬率妻帑为之服役。故富者席余而日炽，贫者蹶短而岁踧[37]，历代为虏，犹不赡于衣食；岁小不登[38]，流离沟壑，嫁妻卖子，伤心腐臧，不可胜陈。《通典》一引崔寔《政论》语如此。

【注释】

(31) 尊奖兼并，《汉书·食货志》："秦用商鞅之法，改帝王之制，除井田，民得卖买，富者田连阡陌，贫者无立锥之地。""汉兴，接秦之敝。"

(32) 斥地，开拓土地。《汉书·韦玄成传》："孝武皇帝斥地远境，起十余郡。"侔，等同。封君，封土之君。指诸侯。

(33) 行苞苴，犹言贿赂。《荀子·大略》："汤旱而祷曰：……苞苴行与？谗夫兴与？"杨倞注："货贿必以物苞裹，故总谓之苞苴。"

(34) 市死，即死于市。犯罪弃市。无市死，指杀人而可以不用抵罪。

(35) 踦跂，亦作"崎岖"。险阻不平。此指处境艰难。跱足，驻足。《广雅·释诂三》："跱，止。"

(36) 氐首，低首。氐，同"低"。《汉书·食货志》："封君皆氐首仰给焉。"注："氐首，犹俯首也。"

(37) 蹶短，短缺，不足。岁踧（—cù促），一年比一年穷困。

(38) 不登，收成不好。

【译文】

新朝与晋、魏、隋、唐的政治，可以取法的有一项。

汉代承接了秦朝制度的弊病，奖励侵占兼并。豪门大户积累巨额财富，兼并的土地与受有封邑的贵族相当，行贿以扰乱政治，养剑客以威胁平民，专杀无辜，号称杀人而不用抵罪之人。平时的供奉，多比照君王的规格。而贫苦人家处境艰难无驻足之地，于是父子都俯首事奉富人，亲自率领妻子和孩子为富人服劳役。所以富人的基业越来越旺盛，穷人深陷困苦越发窘迫，世代作为奴仆，仍衣食无着；遇到灾年收成不好，流离失所，嫁妻卖子，伤心欲绝，难以言说。(《通典》卷一引崔寔《政论》中的记载便是如此。)

新帝复千载绝迹[39]，更制"王田"，男不盈八，田不得过一井[40]。此于古制少奢。荀悦以为废之于寡，立之于众[41]，土田布列在豪强，卒而革之，并有怨心，则生纷乱，此其所以败也。然分田劫假之害[42]，自是少息。讫建武以后[43]，乡曲之豪，无有兼田数郡，为盗跖于民间[44]，如隆汉者矣[45]。大功之成亏，亦不于一世也[46]。

【注释】

(39) 新帝，王莽。

(40) 田不得过一井，以上两句意为，一家不过八口，所占土地不得超过一井。

(41) 荀悦，东汉末史学家。著有《汉纪》。参见《学变》第八注(78)。废之于寡，立之于众，剥夺少数富人的土地，分与多数穷人。

(42) 分田劫假，指贫农无田者耕种地主土地，与其共分收成。见《汉书·食货志上》颜师古注。

(43) 建武，光武帝刘秀年号(25～56年)。

(44) 盗跖，春秋时强盗之名。此指强盗。

(45) 隆汉，盛汉。指西汉。

(46) 亦不于一世也，章氏认为王莽改制虽然没有获得成功，但其改制所反映的限制兼并的思想却有合理性，他的这一做法被后人继承并取得成效。

【译文】

王莽想要恢复千年前的古圣先王之迹，改制设“王田”，一家不过八口的，所占土地不得超过一井。这相对于古制稍多一点。荀悦认为剥夺少数富人的土地，分与多数穷人，土地掌握在豪强的手中，突然进行变革，豪强都会有怨恨之心，就会造成混乱，这是他之所以失败的原因。然而豪强把土地租给贫苦者，劫夺他们的劳动收成的弊病，从此稍稍平息。到汉光武帝建武年之后，乡里的豪强没有能兼并几个郡的土地，像西汉那样，为害一方的。大的功业的成败，不能在短期来衡量。

晋之平吴，制：“男子一人占田七十亩，女子三十亩。其丁男课田五十亩(47),丁女二十亩;次丁男半之(48),女则不课(49)。”然仕者犹差第官品,以得荫客(50)。

【注释】

(47) 课田,指需要交纳赋税的土地。

(48) 次丁男,指十五岁以下至十三岁,六十一岁以上至六十五岁的男子。西晋占田制规定,男、女十六岁以上至六十为正丁;男女十五岁以下至十三岁,六十一岁以上至六十五岁为次丁。

(49) 女则不课,指“次丁女则不课”。

(50) 荫客,封建社会中官僚阶层根据官阶的大小,可以荫庇一定数量的客户而不向国家交税。

【译文】

西晋灭东吴后,其田制为:“男子一人占田地七十亩,女子占三十亩。六十岁以下的成年男子需要交纳赋税的土地是五十亩,成年女子是二十亩;次丁男需要交纳赋税的土地数是丁男的一半,次丁女则不需要交纳赋税。”然而出仕做官的仍可以按官品等级,来荫庇一定数量的民户不用交税。

及元魏(51),制均田,“诸男夫十五以上,受露田四十亩(52),妇人二十亩。妇婢依良(53)。丁牛一头受田三十亩,限四牛。所授之田率倍之(54),三易之田再倍之(55)。”“民年及课则受田,老免及身没则还田,奴婢、牛随有无以还受。诸桑田不在还受之限(56)。”“初受田者,男夫一人给田二十亩,课莳(57),余种桑五十树,枣五株,榆三根。非桑之土,夫给一亩,依法课莳榆枣。”“诸麻布之土,男夫及课,别给麻田十亩,妇人五亩。奴婢依良。皆从还受之法。”“诸人有新居者,三口给地一亩,以为居室。奴婢五口给一亩。”

【注释】

(51) 元魏,北魏。

(52) 露田,北魏均田制有露田、桑田之分,露田一般种植谷物,不准买卖,年老免课及身死还田。

(53) 奴婢依良,奴婢所受土地依据良人的标准。

(54) 所授之田率倍之,实际所授土地是以上规定的两倍。

(55) 三易之田,轮休三年的田地。

(56) 桑田,北魏均田制规定,桑田种植一定数量的桑、榆、枣树,作为世业,终身不还。

(57) 课莳,指按种植的作物收税。莳,种植。

【译文】

至北魏,实行均田制,"所有十五岁以上的男子,受露田四十亩,女子受二十亩。奴婢所受土地依据良人的标准。耕牛每头受田三十亩,限四头牛。实际所授土地是以上规定的两倍,三年轮休的田地再多一倍"。"百姓达到课税的年龄则受田,年老者以及去世的则归还土地,奴婢、耕牛根据有无来受田、还田。桑田不在还受的限制范围内。""初受田的,男子每人受桑田二十亩,按种植的作物纳赋税,种粮之外再种桑树五十棵,枣树五棵,榆树三棵。非桑田的土地,男子受一亩,依法对榆树、枣树征收赋税。""种植麻的土地,男子到了课税年龄的,另受麻田十亩,女子受五亩。奴婢所受麻田依照良人的标准。皆按土地的还受之法办理。""诸人有新居者,三口给一亩地,作为居室用地。奴婢五口给一亩。"

北齐之授露田,夫妇丁牛皆倍魏制,亦每丁给永业二十亩,以为桑田。

周制:"有室者田百四十亩,丁者田百亩。""口十以上,宅五亩;口七以上,宅四亩;口五以下,宅三亩。"

隋居宅从魏,永业、露田从齐,而狭乡每丁财二十亩。

唐:男子丁、中者,给永业田二十亩,口分田八十亩。老男、疾废,口分半之。寡妻妾,口分田三十亩。先永业者,通充口分之数[58]。黄、小、中、丁男子及老男、疾废、寡妻妾当户者[59]，各给永业田二十亩，口分田二十亩。狭乡所受口分，视宽乡而半，易田倍给[60]。

【注释】

(58) 通充口分之数，指以前占有永业田数超过规定，则充作口分田之数。

(59) 黄、小、中，指唐代对赋税人口的划分。唐政权规定，民始生为黄，四岁至十五岁为小，男子十六岁至二十岁为中，二十一岁至五十九岁为正丁，六十岁以上为老。

(60) 易田倍给，需要休耕的土地加倍供给。

【译文】

北齐所授的露田，男、女、耕牛受田之数都是北魏时的一倍，又给每个男子永业田二十亩，作为桑田。

北周田制："有家室的受田一百四十亩，男子受田百亩。""十口以上的，宅地五亩；七口以上的，宅地四亩；五口以下的，宅地三亩。"

隋朝居宅用地从魏制，永业田、露田依从北齐的标准，人口多、公地少的地区每个男子才二十亩。

唐朝：二十岁至六十岁之间的成年男丁及十六岁至二十岁之间的男子，受永业田二十亩，口分田八十亩。六十岁以上的男子、残疾，口分田减半。守寡的妻妾，口分田三十亩。以前占有永业田数超过规定，则充作口分田之数。黄、小、中、成年男子及六十岁以上的老年男子、残疾、守寡妻妾成一户的，各给永业田二十亩，口分田二十亩。人多地少的狭乡所受的口分田，是人少地多的宽乡的一半，需要休耕的土地加倍供给。

大氐先后所制，丁男受田，最多百亩，少不损六十亩。亩以二百四十步为剂，视古百步则赢。民无偏幸，故魏、齐兵而不殣[61]，隋世暴而不贫。讫于贞观、开元[62]，治过文、景[63]。识均田之为效，而新室其权首也[64]。夫农耕者，因壤而获，巧拙同利。一国之壤，其谷果桑榆有数，虽开草辟土，势不倍增。而商工百技，各自以材能致利多寡，其业不形。是故有均田，无均富；有均地著[65]，无均智慧。今夏民并兼，视他国为最杀，又以商工百技方兴，因势调度，其均则易。后王以是正社会主义者也[66]。

【注释】

(61) 殣，饿死人于路。

(62) 贞观(627～649 年)，唐太宗年号。史称贞观之治。开元(713～741 年)，唐玄宗年号。史称开元之治。

(63) 文、景，汉文帝和汉景帝。史称文景之治。

(64) 而新室其权首也，章氏认为王莽"王田"实开北魏以后均田制先河，二者存在内在的联系。权首，主谋，肇事者。《史记·吴王濞传》："勿为权首，反受其咎。"

(65) 地著，土地。《汉书·食货志上》："理民之道，地著为本。"

(66) 后王以是正社会主义者也，章太炎认为中国土地兼并与他国相比，并不严重，而工商则刚刚兴起，阶级分化也不严重，因而反对在中国推行社会主义。

【译文】

各朝代田制的大体情况是，成年男子受田，最多一百亩，最少也不低于六十亩。一亩以二百四十步为度量，相比古制的百步还要多。民众分田一视同仁，所以北魏、北齐时期虽战乱但不至于人饿死在道路上，隋朝统治者虽残暴但百姓不至于贫苦不堪。到唐太宗贞观、玄宗开元年间，社会治理超过汉文帝、景帝时期。可知均田制所发挥的效用，王莽田制已开其端。从事农耕的人，凭借土地的收获，巧与拙同利。一国的土地，所产的谷物、瓜果、桑榆是有一定数量的，即使大规模开垦荒地，也难以成倍地增长。而从事商业及各种手工业的人，各因其才能高下而获利有多寡，各行业的形势不同。所以说有均田地的，但无法做到均贫富；有均地域之民的，难以做到均智慧。而今中国土地兼并情况，与他国相比并不严重，而工商业则刚刚兴起，因形势而调整，则易于均平。因而后王以此调整社会主义之说。

朱梁之政[67]，可法有一焉。

【注释】

(67) 朱梁，即后梁。五代之一。公元907年朱温代唐称帝，建都汴(今河南开封)。

【译文】

后梁时期的政治，可取法的有一项。

奄寺[68]，周而有之，至汉转盛；江左晋、宋几绝，而不能瀸尽也[69]。案晋、宋二志，惟大后三卿，似为奄官，其余未见有位者。西晋贾后时[70]，有宦者董猛，稍稍用事。东晋及宋，史传虽间见奄儿，然其著者极鲜。固由矜重流品，不使刑人干位。又元帝以相王草创，宋武素不好弄[71]，故裁减奄官，几于尽绝也。唐法魏、周，中官复贵[72]。此非独以分权陵主当去[73]，无罪而宫人，固无说焉。梁大祖龚行其罚[74]，践位以后，切齿于薰椓[75]，改枢密院曰崇政院，以敬翔为院使[76]，不任中人，虽趋走禁掖者亦绝。及李氏破汳[77]，诏天下求故唐宦者悉送京师。此梁无奄寺之征也。

【注释】

(68) 奄寺，奄人和寺人。宦官的古称。

(69) 瀸尽，消灭尽。瀸，通“殲”。消灭。

(70) 贾后，晋惠帝皇后，曾擅政十年。

(71) 元帝，晋元帝司马睿。刘曜攻占长安，他在南方建立政权，史称东晋。相王,共王。指司马睿在王导、王敦的支持下,建立东晋王朝,史称“王与马,共天下。”宋武,宋武帝刘裕。南朝宋的建立者。好弄,爱好戏耍。

(72) 中官,宦官。

(73) 以分权陵主当去,这不仅仅是因为那些分散君主的权力、凌驾于君主之上的人一定要除去。

(74) 梁太祖,即朱温。五代梁的建立者。龚,通“恭”。

(75) 薰椓,指宦官,因宦官怕冷,常需生火取暖,故名。

(76) 敬翔,后梁冯翊人,字子振。为梁太祖的重要谋士。

(77) 李氏,指后唐的建立者李存勖。破汳(—biàn 变),攻破汴梁。汳,“汴”的本字。

【译文】

宦官在周朝时就有了,到汉朝更加兴盛;居于东南的晋、宋时期几乎废绝,而没有完全消失。(案晋、宋二《志》,只有太后三卿,似为宦官,其余的未见有位者。西晋贾后时,有宦官董猛,稍稍用事。从东晋到宋代,史书传记中虽偶尔有宦官出现,然而显著的极少。当时因为社会看重门第及品级,不使受刑之人干预朝政。又晋元帝司马睿“王与马,共天下”的体制刚刚创立,宋武帝刘裕素不爱好戏耍,所以裁减宦官,几乎到了尽绝的程度。)唐朝效法北魏、北周,宦官又显贵起来。这不仅仅是因为那些分散君主的权力、凌驾于君主之上的人应当除去,无罪而给人施以宫刑,本不应当。梁太祖朱温恭行其罚,登基以后,极其痛恨宦官,改枢密院为崇政院,任命敬翔为院使,不任用宦官,即使是行走于宫廷者也不用宦官。到后唐庄宗李存勖攻破汴梁,诏告天下寻求唐朝宦官悉送京师。这是后梁没有宦官的又一证据。

嗟乎!淫昏不道之君(78),作法于齐,犹高世主(79)。生民载祀四千,而间十七(80),文德之流,轶于汤、武矣(81)。后王欲循理饬俗,观视四夷,可无鉴是邪?

【注释】

(78) 淫昏不道之君，指梁太祖朱温。

(79) 作法于齐，指朱温曾参加黄巢农民起义。齐，指黄巢建立的大齐政权。世主，指历代国君。

(80) 而间十七，以上两句意为，自古以来四千年中，只有在后梁统治的十七年中宦官被暂时废除。载祀，皆为年的别称。十七，指后梁经历十七年。

(81) 轶，超过。

【译文】

唉！淫昏不道的朱温，在黄巢大齐制定的法度，尚且高于历代国君。自古以来四千年中，而后梁维持了十七年，文德教化，超过了商汤、周武。后世的君王欲遵循理法整饬风俗，观察学习外国，怎可不借鉴这一点呢？

明之政，可法有一焉。

初罢行省(82)，主疆域者曰布政使(83)，凡理财、长民、课吏皆责之，西方之知事是也(84)。按察使(85)，掌刑名廉劾之事，西方诸裁判所是也(86)。都指挥使(87)，秩正二品，与当时布政使同秩。掌治军政，率其卫所以隶于五府(88)，而听于兵部，西方之师团是也(89)。三司同位，不相长弟，贤于后嗣常设督抚(90)。后王式之，按察与布政分，则司法、行政异官之隧也(91)；都指挥与布政分，则治戎、佐民异官之剂也(92)。

【注释】

(82) 行省，元代以中书省为中央最高行政机关，在各地分设河南、江北、江浙、江西、湖广、陕西、四川、辽阳、岭北、云南等行中书省，置丞相、平章等官以总揽该地行政，行省遂成为最高地方行政区的名称。

(83) 布政使，明洪武九年(1376 年)撤销沿自元代的行中书省，除南北两京外，分全国为十三承宣布政使司，每司设左、右布政使各一个，为一省最高行政长官，负责一省的财赋和人事。

(84) 知事，此当指西方地方行政长官。

(85) 按察使,即提刑按察使,主管一省的司法。与布政使合称两司。

(86) 裁判所,当指西方负责司法的机构。

(87) 都指挥使,即都指挥使司,简称都司,设都指挥使一人,为地方最高军事长官,隶属京师的五军都督府。

(88) 五府,即五军都督府,分领在京各卫所和外地各都司卫所。为最高军事统帅机构。

(89) 师团,指西方近代军事组织,即军团。

(90) 督抚,明代后期,为加强统治力量,专设总督、巡抚等官,布政使地位渐轻,清代总督成为地方最高长官。

(91) 司法、行政异官之隧也,章太炎认为布政使和按察使分管行政和司法,体现了西方近代行政、司法分立的原则。

(92) 治戎、佐民异官之剂也,章太炎认为都指挥使与布政使分管军事、民政体现了西方近代军事、民政分离的原则。

【译文】

明朝的政治,可以取法的有一项。

起初废除行中书省,掌管疆域的称为承宣布政使司,凡治理财政、为民之长、考核官吏都由其负责,相当于西方的地方行政长官。提刑按察使,掌管刑名、诉讼、弹劾等事务,相当于西方负责司法的裁判所。都指挥使(品级为正二品,与当时布政使同级别),掌管地方军事,率领其卫所隶属于五军都督府,而听命于兵部,相当于西方的军事组织师团。三个部门处于同等级别,不分先后,比明后期常设督抚要好得多。后世的君王可效法这一制度,布政使和按察使分管行政和司法,体现了西方近代行政、司法分立的原则;都指挥使与布政使分管军事、民政,体现了西方近代军事、民政分离的原则。

哀乎!中夏之统一,二千年矣。量其善政,不过于五,然世犹希道之,斯足为摧心失气者也。及夫东晋之世,君臣有礼,而唐陈诗不讳(93),得尽见朝政得失、民间疾苦,此亦其可法者。然当时自以习贯率行，将法典之非成文者，故不陈于大禘也(94)。

【注释】

(93) 唐陈诗不讳，指唐代诗人写诗可对现实进行抨击，而无所讳忌。

(94) 将，犹“抑”。表疑问。大禘，祭名。以上几句意为，(上面所列的善政)在当时只是作为习惯来实行，而没有形成成文法，故无法正式提出来。

【译文】

可悲啊！中华之统一，已有两千多年了。考量历史中的善政，不过这五项，然而世人尚很少谈论这几方面，这真是令人灰心丧气。至于东晋之世，君臣尚且有礼，唐代诗人写诗可对现实进行抨击，而无所讳忌，可以见朝政的得失、民间的疾苦，这也是值得效法之处。然而当时只是作为习惯来实行，没有形成成文的法典，所以无法正式提出来。

官统上第三十二

[说明]《訄书》重刻本收录的《官统》上中下是一组讨论古代官制的文章。前两篇考证古代官制，后一篇提出改革官制的具体建议。但从内容看，二者并没有必然的联系，在《訄书》的其他文章中，也反映出考据游离于议论的特点，这在章太炎早期作品中是非常突出的。

作者在本文提出中国古代存在两种官制系统：一是文王、武王父子创立的“三公、九卿、二十七大夫、八十一元士”系统。其特点是三三相进。这种计算方法来自天文历法中的“太极元气，函三为一”，“行于十二辰之数”；一是以箕子为代表的五行系统，也即《国语·楚语》中所说的“百姓、千品、万官、亿丑”。它本于水木金火土五行，而以十相乘。箕子的五行之官本行于夏之时，武王灭商后，出于大一统的需要，贬箕子于辽东营州之域，从此箕子之法不再流行于域中。后世虽有子思、孟轲企图复兴五行之法，但也遭到荀子的贬斥。

在文章的最后，章太炎考证《春秋传》中“明其五侯”为五面不同颜色的旗帜，指出以往注家把它解释为五方之侯是不正确的。

本文首次收入《訄书》重刻本，《检论》中有《官统上》一文，但文字与此篇全异。本篇内容仅在《检论·官统下》一文中保留数语而已。

“天不一时，地不一利，人不一事，是以著业不得不多，人之名位不得不殊。方明者察于事[1]，故不官于物而旁通于道”[2]。《管子·宙合篇》语。

【注释】

(1) 方明者，《管子·宙合篇》尹知章注为“法术明通之士”。

(2) 不官于物，不只专注于具体事物。官，专、主。旁通于道，注重事物间的联系。

【译文】

“天不能只有一种时节，地不能只有一种地利，人不能只有一种事务，所以职业不能不多，人的官职和品位不能不有区别。明通的人能够明辨事理，所以他们不专注于具体事物而能旁通于大道。”(《管子·宙合篇》中的语句。)

盖先圣刘歆有言：“《书》曰：‘先其算命。’本起于黄钟之数[3]，始于一而三之，三三积之，历十二辰之数[4]，十有七万七千一百四十七，而五数备矣[5]。”“大极元气，函三为一。极，中也。元，始也。行于十二辰，始动于子。参之以丑，得三。又参之于寅，得九。又参之于卯，得二十七。又参之于辰，得八十一。又参之于巳，得二百四十三。又参之于午，得七百二十九。又参之于未，得二千一百八十七。又参之于申，得六千五百六十一。又参之于酉，得万九千六百八十三。又参之于戌，得五万九千四十九。又参之于亥，得十七万七千一百四十七。此阴阳合德，气钟于子[6]，化生万物者也。”《律历志》说。本《史记·律书》，而去其余分。

【注释】

(3) 先其算命，《汉书·律历志》：“数者，一、十、百、千、万也，所以算数事物，顺性命之理也。《书》曰：‘先其算命。’”据文意，则算命指算数事物，顺性命之理。黄钟之数，指阴阳律吕之数。古代乐律有阳律、阴律各六，合为十二。阳六曰律,为黄钟、太蔟、姑洗、蕤宾、夷则、无射;阴六曰吕,为大吕、夹钟、仲吕、林钟、南吕、应钟。黄钟长八寸七分一,宫音。为律之首。《汉书·律历志》颜师古注引孟康:"黄钟,子之律也,子数一,泰极元气含三为一,是以一数变而为三也。"

(4) 十二辰之数,即子、丑、寅、卯、辰、巳、午、未、申、酉、戌、亥,也称地支。这里意谓从子到亥三三相乘,即 3 的 12 次方等于 177147。文中对此说明甚详。

(5) 五数,颜师古注引孟康曰:"五行阴阳变化之数。"

(6) 钟,集聚。《国语·周语下》:"泽,水之钟也。"

【译文】

先圣刘歆有言:"《书》说:'先立算数,以命百事。'本起于黄钟之数,始于一而变为三,三三相乘,历十二辰之数,就是十七万七千一百四十七,而五行阴阳变化之数具备了。""太极元气,包含天、地、人三气而为一。极,是中。元,是始。行于十二辰,始动于子。参之以丑,得三。又参之于寅,得九。又参之于卯,得二十七。又参之于辰,得八十一。又参之于巳,得二百四十三。又参之于午,得七百二十九。又参之于未,得二千一百八十七。又参之于申,得六千五百六十一。又参之于酉,得一万九千六百八十三。又参之于戌,得五万九千四十九。又参之于亥,得十七万七千一百四十七。这就是阴阳合德,气聚集于子,化育生成万物。"(见于《汉书·律历志》。本于《史记·律书》,而去除其余的部分。)

自子至亥,数以三积。《易》曰"亥子之明夷"(7),《易》"箕子之明夷",赵宾作"荄兹"(8),云"万物方荄兹"也。惠定宇以为"亥子"虽非其本文(9),而训读则极当。《律历志》云"该阂于亥","孳萌于子",是其义也。算命所取法,则在于是。彼明夷者,箕子、文王所公也。然阴阳气无箕子。箕子言五行,出于《洛书》(10);文王言八卦,《河图》也。是故言"元年"者(11),以"王"为文王,而摈箕子于海外营部之城(12),使无乱统。

【注释】

(7) 亥子之明夷,《易·明夷》:“箕子之明夷。”章氏从赵宾、惠定宇之说将该句隶定为“亥子之明夷”。意为“该阂于亥”,“孳萌于子”。即萌芽于子,完备于亥。

(8) 赵宾,汉代蜀人,好《易》。“以为箕子明夷,阴阳气亡箕子。箕子者,万物方荄兹也。”(《汉书·儒林传》)

(9) 惠定宇,惠栋,字定宇。参见《清儒》第十二注(58)。

(10) 箕子言五行,指《尚书·洪范》篇箕子所言洪范九畴中“初一曰五行”等语。刘歆认为此即《洛书》。参见《序种姓上》第十七注(254)。

(11) 言“元年”者,指《春秋》一书开首“元年春王正月”。后世儒生以为此句包含有微言大义,对“春”“王”“元”“年”四字多有阐发。参见《〈客帝〉匡谬》注(10)、(11)。

(12) 营部,营州。在今辽宁朝阳市。《史记·宋微子世家》:“武王乃封箕子于朝鲜而不臣也。”

【译文】

从子到亥,每一个都乘以三。《易》说“亥子之明夷”,(《易》为“箕子之明夷”,赵宾作“荄兹”,说“万物根源于此。”惠栋认为“亥子”虽然不是其原本文字,而这样释读是极为恰当的。《律历志》称“包含于亥”,“萌生于子”,正是这个意思。)算命所取的法则,正在于此。所说的明夷,是箕子、文王所共同认可的。只是箕子不谈阴阳气。箕子称说五行,出于《洛书》;文王言八卦,见于《河图》。所以称述“元年春王正月”者,认为这里的“王”指文王,而把箕子发配到边远地区营州,使他无法扰乱正统。

如彼积数至于十七万七千一百四十七者,是安用邪?

章炳麟曰:此谓官制之大数,在察玉衡(13),著于方明者也。

【注释】

(13) 玉衡,北斗七星之一,又名北斗五,是北斗七星中的第一亮星。《尚书·舜典》:“在璿玑、玉衡,以齐七政。”

【译文】

如此这般数字相乘以至于十七万七千一百四十七，用来做什么呢？

章炳麟认为：这是官制的大略数目，在于确立标准，使明达之士有所了解。

凡官，皆以一统三。昔者管仲之治齐也，曰："参国起案(14)，以为三官，臣立三宰(15)，工立三族(16)，市立三乡(17)，泽立三虞(18)，山立三衡(19)。"《齐语》。而临下相统，亦往往以三三积之。文王之立政也，"罔攸兼于庶言、庶狱、庶慎"(20)。"庶慎"者，何也？公羊董仲舒《官制象天》曰："三臣而成一慎，故八十一元士，为二十七慎，以持二十七大夫；二十七大夫为九慎，以持九卿；九卿为三慎，以持三公；三公为一慎，以持天子。天子积四十慎(21)，以为四选(22)。选一慎三臣，皆天数也。"然则"慎"者，三之别称。《秦风·小戎》传曰："胁驱，慎驾具，所以止入也。"此因止骖马之入以为名。"慎驾具"者，若言"三马之驾具"矣。乘马实有驷牡。然骖之命名，实因驾三而起。盖一服两骖，非骖服皆两也(23)。慎驾具亦本此为名。而驷马之两骖驾具，即因名于是。厥以慎名官者：《汉书·高惠高后文功臣表》："厌次侯爰类(24)，以慎将，元年从起留。"慎将，为楚汉时官号，犹明之参将也。明《职官志》：总兵官，副总兵，参将，无品级，无定员。此参将与总兵、副总兵为三，慎将之名犹此矣。师古言"以谨慎为将"，义甚迂曲。汉初厩将、弩将、刺客将等，命名皆从其职，无以空言立号者。以慎为三，周、秦、汉之通言，故董氏用之。夫慎者，三物之称；自上以下，积乘以三，故曰"庶慎"；僚佐辅殷，置自上官，故文王罔兼(25)。此则官以三乘之义，明矣。

【注释】

(14) 参国起案，分国事以为三。参，三；案，界。

(15) 三宰，三卿。掌管群臣。

(16) 三族，三属。族，属。指把工匠划分为三个可以互相依赖的部分。

(17) 市，商。三乡，《国语・晋语》："晋赵盾……上言工商之乡六。"故当时市(商)以乡为单位。

(18) 虞，掌管州川泽之官。《周礼》有泽虞之官。

(19) 衡，掌管山丘之官。《周礼》有山虞林衡之官。

(20) 罔攸兼于庶言、庶狱、庶慎，引语见《尚书・立政》。孔传分别释为"众言及众刑狱，众当谨慎之事"。章氏释慎为"三之别称"，释庶慎为"僚佐辅股"，下文即展开论证。

(21) 天子积四十慎，八十一元士为二十七慎，二十七大夫为九慎，九卿为三慎，三公一慎，共四十慎。

(22) 四选，古代选拔四种贤人。《春秋繁露・官制象天》："天有四时，时三月。王有四选，选三臣。……圣人为一选，君子为一选，善人为一选，正人为一选，由此而下者，不足选也。"

(23) 一服两骖，古代一车驾四马，中间两匹称服，两边两匹称骖。以上几句意为，骖的得名缘于驾三马，盖由于有服马一匹，骖马两匹，所以人们往往以为骖马就是两马，但骖并非皆指两马。

(24) 厌次侯爰类，汉初列侯。《高惠高后文功臣表》称其"以慎将前元年从起留(地名)，入汉，以都尉守广武，功侯"。颜师古注曰："以谨慎为将也。"章氏与其理解不同，故下文称其"义甚迂曲"。

(25) 故文王罔兼，以上三句意为，庶慎作为一种僚佐，由他的上级设立，而文王不直接管理。

【译文】

但凡官职，都是以一统三。从前管仲治理齐国时，说："将国事分为三部分，设立三官来管理，设三卿以掌管群臣，把工匠划分为三个可以互相依赖的部分，集市设立三乡，设立三虞来管理湖泽地区，设立三衡来负责巡守山林。"(《国语・齐语》)而治理下属，也往往是三三相乘的模式。文王制定的政治系统，"莫不兼于议官、刑官和庶慎"。"庶慎"是什么呢？公羊家董仲舒《官制象天》说："三臣而成一慎，故八十一元士，为二十七慎，以持二十七大夫；二十七大夫为九慎，以持九卿；九卿为三慎，以持三公；三公为一慎，以持天子。天子积四十慎，以为四选。选一慎三臣，都是奇数。”所以慎，就是三的别称。《诗经·秦风·小戎》传称：“胁驱，慎驾具，用来防止左右两边的马进入。”这是由于能防止同驾一车的三匹马中两边的马进入而得名的。慎驾具，就如同说“用在三匹马身上的驾具”。（驾车的马多数是由四匹公马组成。然而骖的命名，实际上是由于三马同驾一车而形成的。大体上来说是一车四马中居中的为服、两边的为骖，但骖、服并不一定都是两匹马。慎驾具，就是由此而得名的。而四匹马中的两骖驾具，也因此而得名。）以慎来给官职命名的有：《汉书·高惠高后文功臣表》记载：“爰类被封为厌次侯，以慎将的身份，在元年时从起于留地。”慎将，就是楚汉时的官号，如同明代时的参将。（《明史·职官志》：总兵官，副总兵，参将，没有品级，没有规定的人数。可见参将与总兵、副总兵共为三职，慎将的名称由此而得来。颜师古认为“因谨慎而为将”，这种解释过于曲折。西汉初年的厩将、弩将、刺客将等，命名都与其职能相关，没有以不切实际的空言来设立名号的。以慎为三，是周代、秦代、汉代所通用的称法，所以上文董仲舒也这样用。）慎，是三物之称；自上以下，积乘以三，所以称为“庶慎”；僚佐辅臣，各由他的上级设立，故文王不直接管理。可见官以三三而进之义，是很明白的了。

先圣荀卿曰：后王之成名，“爵名从周”(26)。《正名》。明三百六十官者，其法为《春秋》所因。及夫三公、九卿、二十七大夫、八十一元士，以成百二十官，如不契合。然百二十官，未及中下士也(27)；三百六十官者，下逮是矣。因元士八十一而参之，则二百四十三为中下士数，以增百二十官，则为三百六十有三。故董氏《爵国篇》曰：“八十一元士，二百四十三下士。”又曰：“天子分左右五等，三百六十三人。"而谓之"周制",夫何不合之有乎？案:二十七大夫,八十一元士,二百四十三中下士,皆谓其职名,非谓其员数也。如言以大夫为长官者,有二十七职;以元士为长官者,有八十一职。非谓大夫只有二十七人,元士只有八十一人也。《周礼》一官有数大夫,数士者不少,然其官只三百六十耳。况乡遂都鄙之正长,同此一官,而其员以千百计,虽尽中下士之数,犹不足充乎！又案:三公、九卿、二十七大夫、八十一元士之说,《王制》及《尚书大传》皆同(28)。郑君注《大传》曰:"自三公至元士,凡百二十,此夏时之官也。周之官三百六十。"《礼志》曰:"有虞氏官五十,夏后百,殷二百,周三百。近之,未得其实也。据夏、周推其差,则有虞之官六十,夏后氏百二十,殷二百四十,周三百六十,为有所法。"鄙意《明堂位》说似与此不相涉(29)。《大传》又言:"舜摄时,三公、九卿、百执事,此尧之官也。故使百官事舜。"则又谓尧舜时已有百二十官,亦与《明堂位》官五十相戾。窃谓古制芒昧,学者多以周制说虞夏,或以虞夏制说周,纷如纠缠。今从《考工记》"外有九室九卿朝焉"之文(30),定为周制。至所谓九卿者,即六卿与三孤(31),而三孤亦必兼六卿所属之官。如师氏、保氏,或言即是师保,殆其然与?

【注释】

(26) 爵名从周,官爵名称依从周制。据《周礼》,周有三百六十官。下文即对此展开讨论。

(27) 未及中下士也,没有把中下士计算在内。

(28)《王制》,《荀子》的一篇。论述王道政制。《尚书大传》,四卷,旧题汉伏胜著。书中所传除今文《尚书》二十八篇外,尚有《泰誓》《九共》《帝告》《归禾》《揜告》等篇。内容多阴阳灾变之说。

(29)《明堂位》,《礼记》的一篇。郑玄《目录》:"名曰《明堂》者,以其记诸侯朝周公于明堂之时,所陈列之位也。"

(30)《考工记》,一卷。即《周礼》之第六篇,述百官之事。《周礼》六官,缺《冬官司空》一篇,汉人以《考工记》补之,故又名《冬官考工记》。

(31) 三孤,《尚书·周官》:"少师、少傅、少保,曰三孤。"为三公之副。

【译文】

先圣荀子说:后王制作名号,"爵位遵从周制"。(《荀子·正名》)可知三百六十官,其法为《春秋》所承袭。三公、九卿、二十七大夫、八十一元士,加起来是一百二十个官职,好像不契合。这是因为只算了一百二十个官职,还没有把中下士计算在内。再加以中下士，就是三百六十个官职了。以八十一元士，乘以三就是二百四十三，这是中下士的数目，再加上一百二十，就是三百六十三。故而董仲舒《春秋繁露·爵国篇》说："八十一元士，二百四十三下士。"又说："天子分左右五等，三百六十三人。"而称为周代制度，哪有数目不相合呢？（案：二十七大夫，八十一元士，二百四十三中下士，说的都是职位官衔，而不是官员人数。比如说以大夫为长官的，有二十七个职位；以元士为长官的，有八十一个职位。并不是说大夫只有二十七人，元士只有八十一人。《周礼》中一个官职有数位大夫、数位士的情况不少，然而官职只有三百六十而已。何况王畿郊内外的乡遂和公卿、大夫、王子弟的封地的各级行政长官，同样是这一官制，而其人数当以千百来计算，即使把中下士人数全算上，也不够用。又案：三公、九卿、二十七大夫、八十一元士之说，在《礼记·王制》及《尚书大传》中是相同的。郑玄注《尚书大传》说："自三公至元士，凡一百二十个官职，这是夏代时的官制。周代的官制为三百六十。"《礼志》说："虞舜时官为五十，夏代时为一百，商代时为二百，周代时为三百。大体接近如此，未必确切。根据夏、周推其差，那么舜时官当为六十，夏代当为一百二十，商代当为二百四十，周代为三百六十，这才是合乎规章制度。"我认为《明堂位》的说法似与此不相关。《尚书大传》又说："舜摄政时，三公、九卿、百执事，这是尧时的官制。故而有使百官事舜之说。"这是说尧舜时已经有一百二十个官职了，又与《明堂位》五十个官职之说相违背。我认为古代制度已模糊不清，学者多以周制来推说虞舜、夏代，有的以虞舜、夏代之制来推说周制，犹如一团乱麻。今依据《周礼·考工记》"外有九室，九卿朝焉"之文，定为周制。至于所谓九卿，即六卿与三孤，而三孤也必定兼六卿所属之官。比如师氏、保氏，有的直接说是师保，这应当是正确的吧？）

自午以下,至亥六等,其数至于十七万七千一百四十七,是为胥史陪属[32],递统而相增。六等者,何也?士之所臣曰皂,皂臣舆,舆臣隶,隶臣僚,僚臣仆,仆臣台也。是在《春秋传》则比十日[33],今乃比于十二辰者,《传》有王、公、大夫、士,而大夫弗别于卿,士又弗别元与中、下,是以为十;别之是以为十二[34],非其相舛盭也[35]。《周官》府史胥徒之制,不皆以三相乘[36],虽其上亦然。如大夫,亦不止二十七职也。要之,道其较略而已[37]。千里之路,不可扶以绳;万家之都,不可平以准。苟大意得,不以小缺为伤。必若引绳切墨,而以三制之者,虽倕、商高为政[38],固勿能也。且夫爵名则因于周,若《春秋》所为斟酌损益者,亿其众矣。是故《荀子》有"序官"[39],《王制》。其名或异《周礼》,然犹十取其七八,故曰文王之法云尔。

【注释】

(32) 胥史陪属,指下级官吏及属臣。胥,官府中的小吏,《周礼·天官·叙官》:"胥,十有二人,徒,百有二十人。"史,付贰之官。

(33)《春秋传》则比十日,《左传·昭公五年》:"天有十日,人有十等。"参见《序种姓上》第十七注(288)。

(34) 别之是以为十二,指在王、公、大夫、士、皂、舆、隶、僚、仆、台之外,另加卿大夫、下中士,即为十二。

(35) 舛盭(—lì 力),乖戾。

(36) 皆以三相乘,皆以三三相进,如三公、九卿、二十七大夫。

(37) 较略,大概。

(38) 倕,尧之巧工。一说黄帝时巧工。商高,相传为周初人。通晓数学,《周髀算经》记其曾与周公讨论天文历算。

(39) 序官,《荀子·王制》杨倞注:"序官,谓王者序官之法也。"

【译文】

从十二地支的午以下,至亥有六等,其数至于十七万七千一百四十七,这些都是下级官吏及属臣,依次相统辖而人数也会倍增。为什么要分为六等?士所管理的称为皂,皂管理舆,舆管理隶,隶管理僚，僚管理仆，仆管理台。这在《春秋传》中类比于十天干以纪日，如今是比于十二个时辰，《传》有王、公、大夫、士，而大夫与卿没有加以区别，士又与元士及中士、下士没有加以区别，因此加前面六个共是十个；区别开来就是十二个，这并不矛盾。《周官》府史胥徒之制，不都是以三来相乘，即使上一级也是如此。（比如大夫，也不止二十七个职位。）总之，这只是叙述其大体而已。千里的道路，不可能用绳墨来划直；万家的都市，不可能用准具来取平。若能得其大意，就不应在意小的出入。如果一定要像墨线那样直，而以三设定制度，即使让倕和商高来主政，也一定做不到。况且官爵名称承袭于周，像《春秋》那样斟酌损益的，或许有很多。所以《荀子·王制》有《序官》一章（《荀子·王制》），其名或与《周礼》不同，然而仍十取其七八，所以才有文王之法这一说法。

及夫箕子所飏言(40)，则以五行为臬枳(41)，斯大古夏殷之成宪，而周时毁弃久矣。荀子道桀纣之世曰：古者天子千官，诸侯百官。以是千官，令行于诸夏之国，谓之王；以是百官，令行于竟内，谓之君。《正论》。夫其千官者，则《郑语》言“合十数以训百体，出千品，具万方”，《楚语》言“百姓，千品，万官，亿丑”是也。是皆以十相乘(42)，然其本则在“以土与金木水火杂，以成百物”。《郑语》。所谓五物之官(43)，则《传》言“物有其官”，“故有五行之官”，“列受氏姓”，是已。《左》昭二十九年传。

【注释】

(40) 飏言（yáng 扬—），大声疾言。《尚书·益稷》：“皋陶拜手稽首，飏言曰：念哉！”孔氏传：“大言而疾曰飏。”

(41) 臬枳，标准。

(42) 是皆以十相乘，指以上官制皆以十相进。

(43) 五物之官，即五行之官。

【译文】

至于箕子所大力宣扬的，则是以五行为准则，是上古夏代、殷代时的规章制度，而周代时将之毁弃了。荀子评论夏桀、商纣之世时说：古时候天子有千官，诸侯有百官。以其千官，令行于中原各诸侯国，称为王；以其百官，令行于诸侯国境内，称为君。（《荀子·正论》）这里所谓千官，正是《郑语》所说“合十数以训百体，出千品，拥有万邦”，《楚语》所说的“百姓、千品、万官、亿丑”。这些都是以十相乘，然而其依据则在于“以土与金木水火相杂，以成百物”。（《郑语》）所谓五物之官，则《左传》说“物有其官”，“从前有五行之官”，“列受氏姓”，正是如此。（《左传》昭公二十九年记载）

古者计官，自士而止，不及皂舆陪属。故以三乘者，其下虽尚有六等(44)，而曰三百六十矣；以十乘者，其下虽有万官亿丑，而曰千官矣。千官之法，本于五行，是则皞、顼、夏、商所闿置(45)，金氏《求古录》谓(46)“周以前，皆五官。《甘誓》召六卿，郑谓即周之六卿。不知《周官》所云‘军将皆命卿’者，谓选将而命之为卿，必非使大宰、司徒等六卿将之也。不可据此谓夏有六官”。其说最塙(47)。下《曲礼》：“天子建六官，先六大，曰大宰、大宗、大史、大祝、大士、大卜，典司六典。天子之五官，曰司徒、司马、司空、司士、司寇，典司五众。天子之六府，曰司土、司木、司水、司草、司器、司货，典司六职。天子之六工，曰土工、金工、石工、木工、兽工、草工，典制六材。”郑曰：“此盖殷时制也。周则大宰为天官，大宗曰宗伯。宗伯为春官，大史以下属焉。”司士“属司马”。府则“皆属司徒”，工则“皆属司空”。案：此为殷时五官之明证。周时始立六官，《通典》二十三云(48)：“自宋、齐以来，多定为六曹，稍似《周礼》。至隋六部，其制益明。大唐武大后，遂以六部为天、地、春、夏、秋、冬六官(49)。若参详古今，征考职任，则《天官》大宰当为尚书令，非吏部之任。今吏部之始，宜出《夏官》之司士。”杜君此说，精审绝伦。周代冢宰，实为三公之副，若汉时以御史大夫副丞相矣。故小宰注谓“若今御史中丞”。明大宰若御史大夫也。后汉以御史大夫为司空，则为论道之职，而众务悉归尚书，故冢宰又若后汉以来之尚书令也。杜君又谓算计之任，本出于《天官》之司会。案近世普鲁士有会计检察院，直隶国王，为特立官[50]。古者则以直隶宰臣。汉初张苍善算[51]，以列侯主计，居相府，领郡国上计者，谓之计相。然则司会属于《天官》，犹计相居于相府，益明大宰是副相矣。又，世人多怪禁掖冗官[52]，隶于大宰。不知大宰实兼统五官，而官于禁掖者，于五官并无所归，故直隶大宰耳。其与五官同列为六者，犹后汉至唐，以令仆与诸曹尚书同为八坐也[53]。而六官取法，则与夏、商以前取法五行者大异，盖神权始衰矣。又寻《夏官》司士，掌群臣之版，岁登下其损益之数[54]，以德诏爵，以功诏禄，以能诏事，以久奠食[55]。司士仅下大夫，则进退百僚，非其所任。盖官吏名籍，集于司士，所谓德、功、能、久者，自据其长官所考以诏王，非自任铨选也。此与汉世选部略似，而权尚不逮。若殷置司士，乃为五官之一，则与晋后之吏部一致，进退黜陟，专制于一人矣。上选卿尹，则非敬忌择人之道；下选干佐，则非庶慎罔知之义[56]。此魏、晋以来之积弊，而殷法已为其前导。故文王立政，大革斯制。然则以大宰为神官，以司士执铨柄，皆殷法之乖谬者，是以爵名从周也。而箕子以为王府之葆臧者[57]。《隋书·倭国传》，其内官有十二等。一曰大德、次小德，次大仁，次小仁，次大义，次小义，次大礼，次小礼，次大智，次小智，次大信，次小信。夫以五官分职，实始五行之官。日本文教，受自百济王仁。隋《百济传》，固言百济之先，出自高丽[58]。则知五德命官，必出于箕子也。

【注释】

(44) 六等，即皂、舆、隶、僚、仆、台六个等级。

(45) 皞，太皞。项，颛项。闿置，设置。

(46) 金氏，金鹗。参见《清儒》第十二注(231)。

(47) 塙，同“确”。

(48)《通典》，唐杜佑撰，二百卷。在刘秩《政典》基础上扩而充之，分食货、选举、职官、礼、乐、兵、刑、州郡、边防九门。为我国最早论述典章制度之通史。

(49) 大唐武大后，即武则天。

(50) 特立官，专门设立的官。

(51) 张苍(?～前152年)，汉代历算家。阳武(今河南原阳东南)人。秦时为御史。汉初任计相，曾以列侯居相府，主持郡国上计。

(52) 禁掖冗官，指内宫负责皇帝起居之官。禁掖，犹言禁中、禁垣，泛指帝王所居。

(53) 八坐，亦作“八座”。后汉以六曹尚书令、仆射为八坐；魏晋南北朝以五曹尚书、二仆射、一令为八坐；隋唐以六尚书、左右仆射及令为八坐。

(54) 登下,登记下。
(55) 以久奠食,根据任官的长短赐与俸禄。
(56) 卿尹,指高级官吏。干佐,指下级官吏。
(57) 葆臧,宝藏。
(58) 高丽,高句丽。朝鲜古国。

【译文】

古时计算官职,只统计到士这一级,不算皂舆陪属。故而用三来乘的,其下虽然还有六等,却说三百六十个官职;用十来乘的,其下虽然还有万官亿丑,却仍说千官。千官之法,本于五行,是太皞、颛顼、夏、商时所设置,(金鹗的《求古录礼说》称"周以前,皆五官。《甘誓》召六卿,郑玄认为是周之六卿。不知《周官》所说的'军将皆命卿'一句,称选将而任命为卿,必定不是让太宰、司徒等六卿来作为将领。不可依据这一点就说夏有六官。"其说最为确切。《礼记·曲礼下》说"天子建六官,先六大,即大宰、大宗、大史、大祝、大士、大卜,掌管六典。天子之五官,即司徒、司马、司空、司士、司寇,掌管群臣。天子之六府,即司土、司木、司水、司草、司器、司货,掌管六职。天子之六工,即土工、金工、石工、木工、兽工、草工,掌管使用六材。"郑玄注认为:"这大概是殷时的制度。周时大宰为天官,大宗称为宗伯。宗伯为春官,其属下设有大史。"司士"属司马"。六府"都属于司徒",六工"都属于司空"。案:这是殷时五官的明证。周代时才开始设立六官,《通典》卷二十三记载:"自宋、齐以来,多定为六曹,稍与《周礼》相似。到了隋朝时设六部,这一制度越发显明。大唐武太后时,将六部称为天、地、春、夏、秋、冬六官。如若参酌详审于古今,考征其职位职责,那么《天官》太宰当为尚书令,并非吏部之职。如今吏部之始,当出自《夏官》的司士。"杜佑此说,精审绝伦。周代冢宰,实为三公之副,如同汉代以御史大夫掌副丞相之职。故小宰注中称"如同今御史中丞"。可知大宰就如御史大夫。东汉时以御史大夫为司空，只是坐而论道的虚职，而实际事务都归尚书掌管，因此冢宰又如东汉以来的尚书令。杜佑又称算计之任，原本出于《天官》的司会。案近世普鲁士有会计检查院，直接隶属于国王，是专门设立的官职。古时则以直接隶属于宰臣。汉初张苍擅长计算，以列侯主计，居于相府，领郡国上计之职，被称为计相。那么司会属于《天官》，如同计相居于相府，越发清楚太宰是副相了。另外，世人多诧异于宫廷冗官隶属于太宰。殊不知太宰实际上兼管五官，而在宫廷为官的，不隶属于五官中的任何一官，所以就直接隶属于太宰了。其与五官同列为六者，如同东汉至唐代，将令仆与诸曹尚书同为八座。而六官取法，则与夏代、商代之前取法五行不同，是因为神权已经开始衰落了。又寻《夏官》司士，掌管群臣之版，一年中记录下其损益的数目，凭德行来授予爵位，凭功绩来报请增减俸禄，凭才能来授予职位，凭长期任职表现确定食俸。司士仅是下大夫，那么进退百官，并不是他所能胜任的。只是官吏名籍集中在司士那里，所谓百官的德行、功绩、才能、任期，自依据其长官所考核的结果来上报君王，并不是司士承担选才授官之责。这与汉代选部相似，而权力尚且不及。如殷代设置司士，且是五官之一，则与晋代之后的吏部一致，人才的进退升降，专制于一个人了。由司士直接选拔卿尹这样的高级官吏，则不符合恭敬、谨慎的择人之道；由其直接选拔干佐这样的下级官吏，则不符合王不直接任命下级官吏的原则。这是魏、晋以来的积弊，而殷时官制已为其前导。故而周文王确立为政之道，大大革新这一制度。然而以太宰为神官，以司士执掌选拔、任用、考核官吏的职权，都是殷制中的荒谬背理之处，因此爵名遵从周制。）而箕子认为是王府的宝藏。（《隋书·倭国传》记载，其内官有十二等，一是大德，二是小德，三是大仁，四是小仁，五是大义，六是小义，七是大礼，八是小礼，九是大智，十是小智，十一是大信，十二是小信。以五官分职，实际是始于五行之官。日本的礼乐教化，受自百济王仁。《隋书·百济传》固称百济的祖先出自高丽。可知以五德来命名官职，一定是出于箕子了。）

当殷之衰，“昊天不飨者六十年，麋鹿在牧，蜚鸿满野(59)。厥登名民三百六十夫(60)，故能不显，亦不宾灭(61)。”《逸周书·度邑篇》。以是知文王之为方伯，既尝改官，即每职举其一人以上殷室。故《周官》非肇制于公旦(62)，父子积思，以成斯业，信其精勤矣。

【注释】

(59) 麋鹿在牧，《逸周书》作“夷羊在牧”，《史记·周本纪》作“麋鹿在牧”，章太炎应该是根据《史记》。夷羊，怪兽。牧，商郊牧野。蜚鸿，飞蝗。蜚，通“飞”。鸿，与“蝗”音近通假。

(60) 厥登名民三百六十夫，此段又见《史记·周本纪》，司马贞索隐曰：“言初建殷国，亦登进名贤之人三百六十夫。”章氏释此句为文王选用三百六十人去殷朝做官，并证明《周官》三百六十官即源于此。详见正文。

(61) 宾灭，摈灭。宾，同“摈”。

(62) 公旦，指周公姬旦。旧说《周官》成于周公，而章氏则认为是文王、武王“父子积思”的产物。

【译文】

当殷代衰微时，“不祭祀苍天已经有六十年了，怪兽出现在郊外，蝗虫遍野飞舞。选用三百六十人去殷朝做官，故能不显达，也不致灭亡。”（《逸周书·度邑》）由此可知周文王为诸侯时，就已经改革官制，即每一官职举一人到殷朝做官。因此《周官》并非创制于周公旦，而是文王、武王父子长久思考，而成就了这一功业，他们确实专心勤勉啊！

自周而下，设官在乎理财正辞，禁民为非，而司天属神之职，有所勿尚。象物以五者,特兵事之斥候旌旃耳(63)。儒有一孔,不法后王,而眩于神运。故荀子之讥子思、孟轲曰:“案往旧造说,谓之五行。”《非十二子》。则箕子之法,必不行于域中,而文王得持其元,故曰大一统也(64)。《春秋传》于昭之五年,著叔孙氏筮得《明夷》事,则曰:“《明夷》,日也。日之数十,故有十时,亦当十位。自王以下,其二为公,其三为卿。日上其中,食日为二,旦日为三”(65)。亦以见《明夷》之以日定位,久矣。而其言“亥子”者,则周室取之,以为官成之大齐也(66)。

【注释】

(63) 斥候,放哨,侦察。旌旃,泛指旗帜。

(64) 故曰大一统也,《公羊传·隐公元年》:“元年,春,王正月。……何言乎王正月?大一统也。”

(65) 日之数十,《左传·昭公五年》杜预注:“甲至癸。”即十干。此段引文意为,日之十干,亦代表十个官位。第一为王,其次为公,其三为卿。“日上其中”(鸡初鸣)为一,“食日”(昧爽)为二,“旦日”(日初出)为三。

(66) 官成,官府之成规。此指官制。大齐,大体的界限。

【译文】

自周代之后,设置官职在于管理财物、端正言辞,禁止民众做坏事,而掌管天象、祭神之事的职位,有所轻视。取法五种物象,只是用在战事中的侦察旗帜而已。儒家有一支脉,不效法后王,而惑于王朝兴替的气运。所以荀子讥讽子思、孟子说:“根据陈旧的观点编造学说,称为五行。”(《荀子·非十二子》)箕子倡导的五行,一定不施行于中国,而周文王得以掌握了根本,所以主张大一统。《春秋传》于昭公五年记载叔孙氏占得《明夷》卦一事,则说:“《明夷》,象征着太阳。太阳以十干记数,故有十个时辰,也当有十个官位。自王以下,其次是公,其三是卿。鸡初鸣为一,拂晓为二,太阳初升时为三。”由此可见《明夷》以太阳来定官位,已很久远。而其中说“亥子”，周朝采用这一方法，作为官府成规的大体界限。

问曰：斥候旌旃，象物以五，何事也？

应之曰：《春秋传》曰“明其五候”。贾逵曰：“五候，五方之候，敬授民时，四方中央也。”昭二十三年。其后军候亦如之，故曰：“军行，右辕(67)，左追蓐(68)，前茅虑无(69)，中权(70)，后劲(71)，百官象物而动，军政不戒而备。”宣十二年传。物者，旗物也。上《曲礼》曰：“行，前朱雀而后玄武(72)，雀，今本误鸟。左青龙而右白虎(73)。招摇在上(74)，急缮其怒(75)。”则辕者，萑也。萑，从萑声。《说文》：“萑，读若和。”《大司马》：“以旌为左右和之门。”注：“军门曰和。”《谷梁》昭八年传：“置旃以为辕门。”是辕门即和门。辕、萑音皆近和，故可通借。《考工·鲍人》言“欲其荼白”，荼者，萑苕。《诗》传。右萑，即右白矣。蓐者，鹿蓐草也，《释草》所谓“菉王刍”者，某氏注谓“鹿蓐”，孙炎注谓“蓐草”，郭注亦同。其色绿，《小雅》“终朝采绿”，则是矣。追，画也。《诗》“追琢其章”，传：“追，雕也。”《广雅·释诂》：“雕，画也。”又“弴弓”，《公羊解诂》作“彫弓”。《说文》：“弴，画弓也。”是彫本有画义。追则与彫双声通借。左追蓐，即“左画青”也。茅虑无者，茅虑，则《释草》所谓“茹藘茅蒐也”，“无”其余声。茅蒐可以染绛，其声合则为韎。“前茅虑”而“前朱”，明矣。权者，《释草》曰“黄华”，《释木》曰“黄英”，郭璞曰“牛芸草也”(76)。《小雅》“芸其黄矣”，传亦云“芸，黄盛也”。故“中权”者，中央用黄色也。劲者，《释草》曰“葝，鼠尾”，孙炎以为“可染皂”。“后劲”，“后玄”也。凡七入之缁，六入之玄，皆得以皂通称。《曲礼》独以军行载旗为义，传即旁及斥候。旧解传者，皆支离。今考正如此。军中以徽识物色教目依于五方，非以为神怪。及其末流，而有《卫侯官》十二篇，入阴阳家。《汉·艺文志》。侯官者，候官也(77)。

【注释】

(67) 右辕，章氏释辕同萑，即“荼白”。右辕意为右边竖白旗。详见正文。

(68) 左追蓐,追为“画”。蓐为蓐鹿草,色绿。左追蓐意为左边竖绿旗。

(69) 前茅虑无,茅虑,茹藘茅蒐草,可做绛红色染料。无,语末助词。前茅虑无即前面竖立红色旗。

(70) 中权,权,黄华,又名黄英。一说即牛芸草,黄色。中权即中央竖黄旗。

(71) 后劲,劲,同“葝”。鼠尾草。可作黑色染料。后劲即后面竖立黑旗。

(72) 朱雀,南方七宿名,相连像鸟,故名。玄武,北方七星名,形状像龟。

(73) 青龙,东方七星名。白虎,西方七星名。

(74) 招摇,星名。即北斗第七星摇光。

(75) 急缮,犹坚劲。《曲礼》郑玄注:“急,犹坚也;缮,读曰劲。”

(76) 郭璞(276～324 年),东晋经学家。字景纯。闻喜(今山西省闻喜县)人。历任著作佐郎、尚书郎。所撰《尔雅注》(今存三卷)训诂可信,为《尔雅》重要注本。

(77) 侯官者,候官也,此段意为,五候原指五色旗,但以后被误解为五方之候(斥候),《汉书·艺文志》有《卫侯官》十二篇,列入阴阳家,就是将其理解为候官。

【译文】

有人问:侦查的旗帜,取法五种物象,是怎么回事?

回答说:《春秋传》称“明其五候”。贾逵说:“五候是指五方的旗帜,用以敬授民时,包括四方与中央。”(《左传》昭公二十三年)其后军队的旗帜也是如此,所以说:“军队行进时,在车的右边竖白旗,在车的左边竖绿旗,前边竖红旗,中央竖黄旗,后面竖黑旗,百官根据对应的物象而动,军事政务不待约束而自然完备。”(《左传》宣公十二年)物,就是指各种旗帜。《礼记·曲礼上》记载:“行军,前朱雀而后玄武,(雀,今本误作鸟。)左青龙而右白虎。北斗第七星摇光在上,稳定军心。”那么辕,就是萑。(萑,从萑声。《说文》:“萑,读音如和。”《大司马》说:“以旌为左右和之门。”注:“军门称为和。”《谷梁传》昭公八年记载:“置旃以为辕门。”可见辕门就是和门。辕、藿的读音都接近于和，所以可互相借用。）《周礼·考工记·鲍人》说“欲其荼白”，荼，就是藿苕。（《诗》传。）右藿，就是右边竖白旗。蓐，就是鹿蓐草。《尔雅·释草》所说的“菉王刍”，（有人注释为“鹿蓐”，孙炎注为“蓐草”，郭璞注与此相同。）其颜色为绿色，《小雅》“终朝采绿”，就是指此物。追，就是画。（《诗》“追琢其章”，传称：“追，就是雕。”《广雅·释诂》称：“雕，就是画。”另外“弴弓”，《公羊解诂》作“彫弓”。《说文》：“弴，就是有画饰的弓。”可见雕本就有画的意思。追与彫声母相同可通假。）“左追蓐”，就是左边画青色。茅虑无者，茅虑就是《尔雅·释草》中所说的“茹藘即茅蒐”；“无”是余声。茅蒐可以染成深红色，其声合则为韎。“前茅虑”就是前面为红色，已经很明白。权，《尔雅·释草》说“黄华”，《尔雅·释木》说“黄英”，郭璞注说“是牛芸草”。《小雅》“芸其黄矣”，传也说“芸，就是极黄”。所以“中权”，就是中央用黄色的意思。劲，《尔雅·释草》说“葝，是鼠尾”，孙炎认为“可染皂”。“后劲”，就是后方为黑色。（凡是染七次的称为缁，染六次的称为玄，通称为皂。）《礼记·曲礼》独以行军载旗帜为义，《传》旁及侦察候望。（从前解释《传》的，都比较支离。今考证如此。）军中以不同颜色的旗帜让人的眼睛关注五个方向，并不是要搞一些神怪的事情。发展到了末流，而有《卫侯官》十二篇，归入阴阳家。（《汉书·艺文志》）阴阳家所谓的侯官，其实就是来自负责侦查的候官。

官统中第三十三

[说明]本文考订古代大麓、羲和、尚仪、五更、灵修等官职，对它们的职责及来历一一作了说明。

本文首次收入《訄书》重刻本，后作者对本文作了四则札记，连同本文部分内容一起收入《检论》中的《官统下》一文。

七十一圣之官(1)，命禄尽于今，陈诸东序(2)，不为下国缀游(3)。然其称号磨灭，或傥见于四裔与后嗣王所布法(4)，而幽隐不著者，第而录之(5)。非苟为采获异闻，凡近世鸿胪、中允即中盾。诸职，因名于古，而十世以后称其卓诡，考迹者称吾世也(6)。

【注释】

(1) 七十一圣，泛指古代圣王。《吕氏春秋·察今》："是故有天下七十一圣，其法皆不同。非务相反也，时势异也。"

(2) 东序，相传为夏代学校，后也泛指学校。

(3) 缀游，表率、榜样。

(4) 傥见，偶或见到。

(5) 第，依次第。

(6) 称吾世也，考订官号应该是在我们现在。

【译文】

古代圣王之官，今天已经过时，只是陈列于学校中，不再为人们所采用。虽然其称号消失了，但有的仍偶见于四夷与后代君王颁布的法典中，其中隐晦不明的，依次记录于此。这样做不是为了搜集奇闻异事，凡近世鸿胪、中允（即中盾）等官号，其名称都源于上古，而数百年后人们觉得怪异，所以考订官号是我们现在应该做的事情。

《虞书·尧典》称“内于大麓”。郑君说《大传》曰：“麓者，录也。”《新论》亦云：“昔尧试于大麓者，领录天子事，如今尚书官矣。”刘昭《百官志注》引。《论衡·正说》曰：“言大麓，三公之位也。居一公位，大总录二公事。”其说虽异古文以为“山足”(7)，要之言相位者，必有所从受。及拟以录尚书事，则诬也。

【注释】

(7)“山足”，《虞书·尧典》“内其大麓”旧有二解，一是解“麓”为山足（山脚），如《诗·大雅·旱麓》传：“麓，山足也”；一是解“麓”为“领录”。

【译文】

《虞书·尧典》称“任命舜为大麓”。郑玄注《大传》说：“麓，就是录。”桓谭《新论》也说：“从前尧试舜以大麓一职，领录天子事，如今天的尚书官。”（刘昭《百官志注》引文）王充《论衡·正说》称：“所说的大麓，是三公之位。居于一公之位，总管另外二公之事。”其说虽然不同于古文《尚书》训“大麓”为“山足”，但称其为相位，必有所根据。至于比拟说负责尚书之事，是不恰当的。

由汉而上，官号多难知，若长秋、光禄勋，其解诂犹近钩鈲(8)，宁独上世？余读《汉书·乌孙传》，说其国官制曰：“相大禄，左右大将二人，侯三人，大将、都尉各一人，大监二人，大吏一人，舍中大吏二人，骑君一人。”自左右大将以下，皆汉语译录，独“大禄”非汉称。传又言：“昆莫有十余子(9)，中子大禄强，善将；大子有子曰岑陬。”其下言：“岑陬者，官号也。”此则乌孙自以官称其人，即大禄为乌孙语，明矣。相大禄者，一官。大禄从主人，相从中国(10)。史官所记，音义偕著之也。都护韩宣奏(11)“乌孙大吏、大禄、大监，皆可赐金印紫绶，以尊辅大昆弥”，明“大禄”为股肱贵臣，而与“大麓”译音正同，则《虞书》所说为相位，乌孙取于古官旧号，豁然矣！

【注释】

(8) 钩鈲，钩索分析。鈲，分析。

(9) 昆莫，汉时乌孙王称号。也译作“昆弥”。自汉宣帝甘露元年(前53年)起，乌孙有大、小二昆弥，各有人民、土地，均受汉室册封。

(10) 大禄从主人，相从中国，“大禄”是乌孙的称呼，“相”是中国的名号。主人，此指乌孙。

(11) 都护，西域都护。西汉神爵二年(前160年)置。治所在乌垒城(今新疆轮台东野云沟附近)，辖西域三十六国。

【译文】

汉代之前的官号多数是难以弄清楚了，像长秋、光禄勋这样的官号，对其解诂就需费一番功夫，何况上古时代？我读《汉书·乌孙传》时，看到其中记载乌孙国的官制说：“相大禄，左右大将二人，侯三人，大将、都尉各一人，大监二人，大吏一人，舍中大吏二人，骑君一人。”自左右大将以下，都是汉语译录，唯独“大禄”不是汉语中的称号。传又说：“昆莫有十几个儿子，中子大禄强，善将；大子有子称为岑陬。”接着又说：“岑陬，是官号。”这说明乌孙用官号来称人，可知大禄是乌孙语。相大禄，是官职名。大禄是乌孙的称法，相是中国的称法。史官记录时，将音与义一起著录了。都护韩宣奏称“乌孙大吏、大禄、大监，都可以赐予金印紫绶，以尊辅乌孙王”，可知“大禄”是股肱贵臣，而与“大麓”译音正相同，那么《尚书》中的《虞书》所说的大麓为相位，乌孙的大禄是取自古代官号，这便非常清楚了！

乌孙故在祁连、敦煌间，后乃他徙，见《张骞传》。与瓜州允姓故邻壤[12]，当舜时则卬成地也[13]。隋《西域传》言高昌王坐室[14]，画鲁哀公问政孔子像，其官曰“令尹”，曰“公”，多取周、秦以上。高昌于汉，则车师前王庭[15]，今为土鲁番、辟展二城；当中世声教殊绝，犹上法《周官》，以为光宠，况于舜世，东西固未隔也？故孔子称“天子失官，学在四夷”，而杨子云喜记绝代方言[16]，信其有征哉！

【注释】

(12) 瓜州，今甘肃安西。允姓，参见《序种姓上》第十七注(410)。

(13) 卬成地，弼辅之地。卬成，又作“弼成”。《说文》：“卬，辅信也。……《虞书》曰：‘卬成五服。’”

(14) 高昌，古国名。在今新疆吐鲁番东南。

(15) 车师前王庭，车师，西域古国，分车师前国和车师后国，车师前国治在今吐鲁番，与高昌同。

(16) 杨子云，杨雄。曾著《方言》。参见《学变》第八注(5)。

【译文】

乌孙原本在祁连、敦煌之间，后来才迁徙他处(见《汉书·张骞传》)，与瓜州允姓本相邻，舜时为辅弼之地了。《隋书·西域传》记载高昌王的坐室里，画着鲁哀公问政于孔子的图像，其官号称“令尹”、称“公”，多取自周、秦之前。高昌在汉代，为车师前王国，即如今的吐鲁番、辟展二城；中古时期此地声威教化断绝，仍能效法《周礼》，并以此为荣，何况在虞舜之时，中原与西域本来没有阻隔呢？所以孔子说“天子失去职官，就要从四夷去了解”，又杨雄喜好记录绝代方言，他确实有根据啊！

“羲和作占日，尚仪作占月[17]。”《世本》及《吕氏春秋·勿躬》文。羲、和分，而皆有仲叔[18]。及王莽，则合羲和为一官，亦犹秦之合仆射也。上《檀弓》：“扶君，卜人师扶右，射人师扶左。”注：“卜当为仆，声之误也。仆人、射人，皆平生时赞正君服位者。”故秦置谒者、侍中、尚书，皆有仆射[19]，并仆人、射人为号。谒者辈皆近臣也。其后遂泛及他官，取其领事之号。《百官公卿表》谓古者重武官[20]，有主射以督课之。非其实也。综校其实，既远起东周矣。

【注释】

(17) 羲和，羲氏、和氏。唐尧时掌管天地四时的官。尚仪，章氏释为尚氏和仪氏。详见下文。

(18) 而皆有仲叔，指羲仲、羲叔；和仲、和叔。见《尚书·尧典》。

(19) 赞正，协助调教。服位，服饰等级。皆有仆射，秦时，凡侍中、尚书、博士、谒者、郎等官皆有仆射，根据所领职事作称号，意即其中的首长。

(20)《百官公卿表》，指《汉书·百官公卿表》。

【译文】

"羲氏、和氏作占日，尚仪作占月。"（见于《世本》和《吕氏春秋·勿躬》记载。）羲、和是分开的，因而有羲仲、羲叔、和仲、和叔的称谓。到王莽时，将羲、和合为一官，就如同秦代合仆人、射人为仆射。（《礼记·檀弓上》："扶君，卜人师扶右，射人师扶左。"注解说："卜当为仆，由于声误。仆人、射人，都是平日负责安排国君的服饰穿着的官。"所以秦代设置谒者、侍中、尚书，都有仆射，这是将仆人、射人合并之后的称号。谒者一般都是近臣。后来其他官名往往都加上谒者，取其领事之义。《汉书·百官公卿表》称古时重武官，有主射来督察考核。此非其实。）综合考察其实际情况，早在东周就如此了。

《文侯之命》言"父义和"者[21]，郑以为晋仇其字义和[22]，固无徵也。马从孔安国故，以为晋重耳，其云"父能以义和我诸侯"，亦愈曼衍矣。义和者，羲和也，赐弓矢秬鬯以为侯伯，比于唐官分宅四方者[23]。故取其尊号，而曰羲和。

【注释】

(21)《文侯之命》，《尚书》篇名。文侯指晋文侯。本篇是周平王表彰晋文侯功绩的册命。一说文侯为晋文公重耳。《尚书·文侯之命》："王若曰：'父义和。'""父"为对同姓诸侯中尊长的称呼。周和晋同姓，故平王称晋文侯为父。“义和”，郑玄认为即晋文侯的字。马融则从孔安国解为“晋文公以义和我诸侯”，章氏认为“义和”即“羲和”，为文侯之官号。

(22) 晋仇，即晋文侯。

(23) 唐官分宅四方，即尧命羲仲、羲叔、和仲、和叔分管天地四方。见《尚书·尧典》。

【译文】

《尚书·文侯之命》说“父义和”，郑玄认为文侯晋仇的字叫义和，没有根据。马融依照孔安国之见，认为是晋重耳，并说“父能以义和我诸侯”，更是随意发挥。义和，就是羲和，赐予弓箭、黑黍、香酒以作为侯伯，就如同唐尧任命羲仲、羲叔、和仲、和叔分管天地四方。因而取其尊号，称为羲和。

羲、和故分，尚仪亦非一名。《大传》曰：“仪伯之乐舞，鼚哉(24)！”此其仪也(25)。《大传》注：“仪当为羲，羲仲之后也。”案，下又有“羲伯之乐舞将阳”，则此非“羲”之误。郑以下言羲伯为羲叔之后，此为羲仲之后。然同言羲伯，不应如此无辨。故知此仪伯，为“尚仪”之“仪”，非羲伯也。周世法之，《大雅》有“维师尚父”，《故训传》以为“可尚可父”(26)，惟《别录》亦言“师之、尚之、父之”(27)。此皆近望文生义。师者，大师；尚父者，尚也(28)。大公之赐履而征五侯(29)，其职侪于仪伯(30)，故曰“尚父”。

【注释】

(24) 鼚(chāng 昌)，灵动的样子。

(25) 此其仪也，指“仪伯”即“尚仪”中的“仪”。详见正文注。

(26)《故训传》，指《毛诗故训传》。参见《清儒》第十二注(189)。

(27)《别录》，汉刘向撰。性质同后世的书录题解。后刘歆在此基础上撰成《七略》。《隋书·经籍志》记载共二十卷，已佚。清马国翰等有辑本。参见《征七略》第五十七。

(28) 尚父者，尚也，指《诗·大雅》中“尚父”即“尚仪”中的“尚”。尚父，姜太公吕尚。

(29) 赐履，赏赐土地。履，所践履之界。

(30) 侪,等同。

【译文】

羲、和已分,而尚仪也不是一个名称。《尚书大传》说:“仪伯的乐舞,多么灵动啊!”这就是其中的仪。(《尚书大传》注:“仪当为羲,是羲仲的后人。”案,后面又记载“羲伯的乐舞将阳”,此非“羲”之误。郑玄依据后文称羲伯为羲叔之后,这里的仪当为羲仲之后。然而同样是说羲伯,不应当如此杂乱。故而可知此处的仪伯,是“尚仪”的“仪”,不是羲伯。)周代采取了这种方法,《诗经・大雅・大明》有“维师尚父”,毛亨《诗故训传》认为“可尚可父”,而刘向《别录》称“师之、尚之、父之”。这些看法都接近于望文生义。师,就是大师;尚父,就是姜尚。姜太公被赏赐土地而征讨五侯,其职守等同于仪伯,所以称为“尚父”。

周之爵号,秘逸者多矣。三晋之世(31),天子赏魏文侯以“上闻”。见《吕氏春秋・下贤》。旧作“上卿”。《汉书・樊哙传》如淳注引作“上闻”。若羲和、尚父者,宁一事邪(32)?

【注释】

(31) 三晋,战国时韩、赵、魏的合称。

(32) 宁一事邪,指“羲和”“尚父”与“上闻”一样,也是来自古代的官号。

【译文】

周代的爵号,散亡的很多。战国时期,周天子赏赐魏文侯爵号“上闻”。(见《吕氏春秋・下贤》。旧作“上卿”。《汉书・樊哙传》如淳注引作“上闻”。)羲和、尚父的官名,难道也是这种情况吗?

周之六典(33),亡三老、五更(34)。三老,公也(35)。五更者,世疑其出于秦官。秦爵:十二左更,十三中更,十四右更。皆以主领更卒，部其役使。凡将军，有前、后、左、右，《百官公卿表》。而大将军居中，而主莫府[36]。故主领更卒者五人。

【注释】

(33) 六典，《周礼·天官·大宰》："大宰之职，掌建邦之六典，以佐王治邦国。"即治典、教典、礼典、政典、刑典、事典。此指官制。

(34) 三老、五更，相传古代设三老、五更之位以养老人。《礼记·文王世子》："遂设三老、五更，群老之席位焉。"章氏认为周之三老即三公，而五更为主领更卒的五位官员。详见文中考证。

(35) 公也，指三公，即太师、太傅、太保。

(36) 莫府，古将帅驻所门施帷帐，因称将帅治事之所为莫府。又作"幕府"。

【译文】

周代的六典，没有三老、五更。三老，即三公。五更，世人怀疑是出自秦代官制。秦代爵位：十二左更，十三中更，十四右更。都是负责率领更卒的，统率差役。凡是将军，有前、后、左、右之分(《百官公卿表》)，而大将军居中，掌管幕府。所以负责率领更卒的有五人。

章炳麟曰：秦无儒。袒而割牲，执酱而馈，执爵而酳[37]，尚首虏之国不有也[38]。夫庶长[39]、不更之号，夙著于《春秋》纬书。《文耀钩》曰[40]："成周改号，苌弘分官[41]。"《续汉书·律历志》虞恭、宗䜣等引。弘其取于秦官而建五更矣。今叔旦所制[42]，既出山严屋壁[43]，独苌弘后定者不传。然其足以拨乱反正，宁不得与于苍姬之典乎[44]？

【注释】

(37) 酳(yìn 胤)，古代宴会时的一种礼节，食毕用酒漱口。《礼记·乐记》："执酱而馈，执爵而酳。"

(38) 尚首虏之国，指秦国。首虏，首级和俘虏。

(39) 庶长，春秋秦国爵名，商鞅为秦制爵二十级，其中第十级为左庶长，十一级为右庶长，十八级为大庶长。大庶长位最高，掌军政大权。不更，疑当为“五更”。

(40)《文耀钩》，纬书。已佚。

(41) 苌弘(?～前492年)，周景王、敬王的大臣刘文公所属大夫。又称苌叔。在晋卿内讧中被杀，传说其血三年化为碧玉。

(42) 叔旦，指周公姬旦。

(43) 出山严屋壁，指鲁恭王坏孔子宅，得古文《尚书》《逸礼》《论语》《孝经》等。

(44) 与于苍姬之典，指列入周代典制之中。苍姬，指周代。

【译文】

章炳麟认为：秦国没有儒者。天子袒衣割牲，手捧肉酱馈赠三老、五更，手拿酒杯供其用酒漱口，像秦国这样崇尚斩获之功的国家是不会有的。庶长、不更这些官号，早已著录于《春秋》纬书。《文耀钩》记载：“成周改号，苌弘分官。”(《续汉书·律历志》虞恭、宗䜣等引。)苌弘或取于秦国官制而设立五更之官。如今周公旦所制定的官制，已经出现于鲁壁所藏，唯独苌弘后定的没有流传。然其足以拨乱反正，难道不能列入周代典制中吗?

屈原称其君曰“灵修”，此非诡辞也。古铜器以“灵终”为“令终”。而《楚辞》传自淮南(45)，《楚辞》传本非一，然淮南王安为《离骚传》，则知定本出于淮南。以父讳更“长”曰“修”(46)，其本令长也。秦之县，万户以上为令，减万户为长(47)。此其名本诸近古。楚相曰“令尹”，上比国君；尹即古君字。故《左氏春秋》“君氏”，《公羊》作“尹氏”。上世家族政体，君父同尊。父从又持杖(48)，尹亦从又持杖。《丧服传》曰：“杖者，爵也。”其君曰“令长”，下比官僚。楚官有“莫敖”，其君早殇及弑者亦曰“某敖”。敖本酋豪字，犹“西旅献豪”(49)，今作“獒”也。此亦君号同臣之一事。南国之法章，君臣犹以官位辨高下，故参用亲羁而无世卿(50)。夫“万物尊天而贵风雨”者，为其“不私暱近，不孽疏远”也。《管子·版法解》语。

【注释】

(45) 淮南，指淮南王刘安。曾作《离骚传》。

(46) 以父讳更“长”曰“修”，高诱《淮南子》序：“淮南以父讳长，故其所著，诸长字皆曰修。”

(47) 减万户为长，秦制规定，万户以上县称县令，不足万户称县长。

(48) 从又持杖，父字古文作“攵”，为以手(又)持杖。

(49) 西旅献豪，《尚书·旅獒》书序：“西旅献獒，太保作《旅獒》。”陆德明《释文》引马融云：“獒作豪，酋豪也。”

(50) 参用亲羁，同时使用亲族和羁旅之臣。参用，兼用。世卿，世代承袭的卿大夫。

【译文】

屈原称其君为“灵修”，这并不是诡异之言。古铜器以“灵终”为“保持善名而终”。而《楚辞》传自淮南王，(《楚辞》传本并非只有一个版本，然而淮南王刘安作《离骚传》，可知定本出于淮南。)因为避父讳而改“长”为“修”，灵修是本于为“令长”。秦时的县，万户以上的称为令，不足一万户的称为长。可知其名称本于近古的称法。楚国之相称为“令尹”，上可比拟国君；(尹即古君字。所以《左氏春秋》“君氏”，《公羊》作“尹氏”。上古时期的家族式政体，君与父同尊。父字的古文写法从用手持杖，尹字的古文写法也从用手持杖。《丧服传》称：“杖，就是爵。”)其君称为“令长”，下可比拟官僚。(楚国官号有“莫敖”，其国君未成年而死或被人杀害的也称为“某敖”。敖本是酋豪字，就像“西旅献豪”，今作“獒”。这也是君号与臣相似的一个体现。)楚国的法令典章，君臣尚以官位来区分高下，因此同时用亲族与客卿，而没有世代承袭的卿大夫。所谓“万物尊天而贵风雨”，是因为它们能够做到“不偏爱亲近的人，不歧视疏远的人”。(《管子·版法解》中的语句。)

官统下第三十四

［说明］作者在本文提出改造时弊的六项法令制度。一是荐引取官。章氏认为近代废除传统选官制度后，论官必于大学。但大学是新建立的机构，靠它培养人才有时不待我之嫌，故当效仿明太祖，以荐引补学校之弊。二是允许民众上书言事。章太炎指出，议院是“乱已定”的制度，通封事、允许民众上书言事则是“据乱”时的制度。故当今之世当实行后者而不是前者。三是实行世官制，使人尽其才，“终身不出其曹”。四是废除督抚，建立师团。中央的军队自己领导，地方军队则由布政使统帅。五是任用官吏，不避本省，也不限制任官的范围，一切以实际情况而断。六是任官要做到权实相符，对冗官一律废除。

章氏提出的六项法令，有一定的合理性，如五、六两条，考虑到中国的实际，是切实可行的，但一些看法也存在问题，如他把不同性质的议会和通封事相提并论，说明他对西方近代民主制度缺乏真正的了解，也容易得出传统制度优于近代民主制度的错误结论。

本文收入《訄书》初刻本，收入《检讨》时改题《五术》，文字有增删。

后王择一相，大吏自相任，守令自司授，辅殷自府辟(1)。如是，则教令壹，吏部废(2)，世胥散矣(3)。

【注释】

(1) 守令，指地方官吏。司，有司。辅殷，指各级官吏之属官。府辟，官府。此指地方政府。

(2) 吏部，古代主管官吏任免、考核、升黜的机构。

(3) 世胥，指吏部官员。

【译文】

后王选择一位宰相，国家大臣由宰相任命，地方长官由中央政府任命，各级属官由地方政府直接任命。如果能做到这些，教化法令就能统一，吏部可以废除，其官吏也可以解散了。

章炳麟曰：大武三曾而偃武与力[(4)]，大文三曾而贵义与德。建官之法，中今之卒病，犹有六术焉[(5)]。

【注释】

(4) 三曾，三载。曾、载古音相近，可通。大武、大文二句引自《管子·势》。

(5) 卒病，猝病。卒，通“猝”。

【译文】

章炳麟认为：强大的武力行之三年，就可以停止争斗；宏大的文教行之三年，就可以推崇德义。设置官职的方法，能解决目前社会弊病的，有如下六种。

捐纳则废[(6)]，年资则废[(7)]，科举则废，将论官者必于大学。求材于学，治定之制也[(8)]。今后王暴兴而置学堂，待其毕业，犹十有八岁，将空位不可以待矣。梅福有言[(9)]：“不循伯者之道[(10)]，欲以三代选举之法，取当时之士，犹察伯乐之图，求骐骥于市也。”“以承平之法，治暴秦之绪，犹以乡饮酒之礼，理军市也[(11)]。”夫遭时阽危[(12)]，则薮泽之才者[(13)]，必盛于平世；敷心优贤，不在校官矣。明太祖令中外诸臣，下至仓库杂流皆得举士，传相引擢，是时山林穷居皆得自达。故草昧一切之政，不举于学校，而举于荐引。一术。

【注释】

(6) 捐纳，指古代准予士民捐资纳粟以得官。此法始于秦代，历代沿袭，清中叶后尤滥。

(7) 年资，同“年老”。任职的年数和劳绩。古代以此为考绩擢升官吏的标准。

(8) 治定之制，政治安定后的制度。

(9) 梅福，西汉经学家。参见《〈客帝〉匡谬》注(15)。

(10) 伯，同“霸”。

(11) 军市，军队和集市。

(12) 阽危(diàn 店—)，危险。

(13) 薮泽之才，指隐居的有才之士。

【译文】

捐资纳粟换取官职的做法废止，根据年资任用官吏的方法废止，科举取士的方法也废止，那么选拔任命官吏必定在于大学，从大学选取人才，是政治安定后的制度。若有后王突然兴起而设置学堂，等到学堂里的学子毕业，也需要有十八年的时间，如果空着位置等待是不可能的。梅福曾说过：“不遵循霸道，想要用夏、商、周三代的选举之法，选取当时的贤才，就如同是照着伯乐画的马，去市场上寻找骏马。”“用太平时期的治理方法，来整治暴秦时期遗留的问题，就好比是用乡饮酒礼，治理军队集市。”在遭遇危难时，民间的贤才，必定多于太平之世。优待贤才之责，到那时就不在学官身上。明太祖朱元璋时曾让朝廷内外大小官员都来举荐人才，下至管理仓库士流之外的人举荐，这样相互举荐，那时即使是隐居山林的人也得以自达。所以说国家草创时，不能等学校培养出人才，而只能靠引荐。这是第一种方法。

议院者，别于科道[14]，治定之制也[15]。上书者，别于通政司之守[16]，定与未定之通制也。当其未定，语无取翔博，言无取成文典。苟便于事，跖之黏牡[17]，越人之不龟手[18]，方伛偻以承之；若其勿便，虽不愆于旧章[19]，蜚蓬之问[20]，三王所不宾。虽然，上书则新旧杂糅，而持新者制之；群议则新旧杂糅，而持旧者制之[21]。故据乱则通封事[22]，乱已定则置议院。二术。

【注释】

(14) 科道，明清都察院及京畿辽沈等各道监察御史，统称科道。此指监察机构。

(15) 治定之制，社会安定后实施的制度。

(16) 通政司，即通政使司。洪武十年(1377 年)始置。凡臣民建言、陈情、申诉及军情灾异等事，录其事送所司办理，事重者请旨裁决。

(17) 跖之黏牡，《淮南子・说林》："柳下惠见饴曰：'可以养老。'盗跖见饴曰：'可以黏牡。'"注："牡，门户籥也。"即用饴涂抹门楗，使之转动无声，开启滑易。

(18) 越人之不龟手，参见《原学》第一注(32)。

(19) 不愆于旧章，不违背昔日法度。《诗・大雅・假乐》："不愆不忘，率由旧章。"

(20) 蜚蓬之问，没有根据的言论。《管子・形势》："飞蓬之问，不在所宾。"宾，从。

(21) 上书则新旧杂糅……而持旧者制之，章太炎认为在新旧更替的时代，新旧思想相互对立，实行上书制度，只要新党取得统治权，便可处于主导地位；相反，实行议会制，持旧思想之人便可利用他们人数众多而占据主动。

(22) 封事，即上书。因所上奏章用皂囊密封，故称。

【译文】

议院，不同于监察机构，是政治安定后实行的制度。上书，不同于通政使的职责，是政治安定或尚未安定时的通用制度。当政治尚未安定时，用语不必翔实广博，言辞不必取自文籍典册。只要是便于处理事务，即使盗跖用粘糖涂抹在门的转轴以便于盗窃，宋国人制作不龟裂手的药，这种方法也可以恭敬地接受；如果是不便处理事务，即使不违背昔日法度，也属无根之言，执政者是不会听从的。尽管如此，新旧杂糅的时代，实行上书，持新思想的会处于主导；实行议会制度，持旧思想的会处于主导。因此，处于乱世就实行上书奏事的制度，乱世安定之后就实行议院制度。这是第二种方法。

稷之善农(23)，大费之善虞(24)，咎繇之善李法(25)，虽贤圣勿能以代官(26)。因国之关道出乎总理(27)，按察使出乎刑部，向犹以为事守(28)，而久更慢弛，其他之凌乱则旧矣！是故革故之政，相材而授之职。自治官、法吏、军帅、专对之使(29)、帑藏之守，起自卒史，上至乎上卿，终身不出其曹(30)。虽有大勋，止乎赐爵矣。三术。

【注释】

(23) 稷，即后稷。周人的始祖，名弃。曾为农师，善播稼。

(24) 大费，即伯益（一作翳）。古代嬴姓各族的祖先。传说他曾“佐舜调驯鸟兽”。虞，古代掌管山泽之官。此用作动词。

(25) 咎繇，一作咎陶。传说中东夷族的领袖。偃姓，相传曾被舜任命为掌管刑法的官。李法，理法。

(26) 代官，相互更换官职，如让大费掌刑法，而咎繇驯鸟兽。

(27) 因国，已灭亡的国家。此指清政府。关道，清代管理海关事务的官员。总理，指总理各国事务衙门。

(28) 事守，应当遵守的祖先的法度。《礼记·礼运》：“是天子之事守也。”郑玄注：“先祖法度子孙所当守。”

(29) 专对之使，指能独自应对的使节。《论语·子路》：“使于四方，不能专对，虽多，亦奚以为？”

(30) 终身不出其曹，指根据才能授与官职，一旦任职后便不再担任其他自己不擅长的官职。

【译文】

后稷善于耕稼，伯益善于管理山泽，皋陶善于治狱，可见即使是圣贤也不能相互代替为官。清政府管理海关事务的官员出自总理各国事务衙门，按察使出自刑部，以往还能遵守先人的法度，时间久了就懈怠松弛，其他方面杂乱无序很久了！因此应革除旧政，选择良材而授与职位。包括治理政务官员、司法官吏、军队统帅、驻外使节、财政官员，下自官署属吏，上到朝廷大臣，终身不出其任职范围。即使有大的功勋，也不过赐予爵位。这是第三种方法。

处战国者，以军队为国之大郛(31)，其势则不得不右武(32)。兵法既异，因国之文臣，虽握神雀刀，持遏必隆之匕首(33)，不足以统驭士卒。八国比合(34)，以陷宛平，其主跳走，督抚则先与密为誓盟(35)。夫以疆圉抗诏(36)，叛也；又逡遁多畏(37)，而弗能自立为小国，虚设节镇也(38)，孰用？后王废督抚而建师团(39)，内受命于本兵，外有承宣布政使以长一部(40)。四术。

【注释】

(31) 郛，外城。此指屏障。

(32) 右武，尚武。

(33) 遏必隆，姓钮祜禄氏。受世祖遗诏，与索尼、苏克萨哈、鳌拜同为辅政大臣。

(34) 八国，指八国联军。

(35) 密为誓盟，指八国联军入侵北京时，两江总督兼南洋大臣刘坤一、湖广总督张之洞等与各国驻沪领事订立《东南保护约款》。

(36) 疆圉，疆域。圉，疆界。

(37) 逡遁，逡巡。《汉书·平当传赞》："平当逡遁有耻。"颜师古注："遁，读与巡同。"

(38) 虚设节镇也，指八国联军入侵时，督抚不能宣告独立，像唐代的节镇形成国中之国，与入侵者对抗。

(39) 师团，此指近代由国家统领的军队。

(40) 承宣布政使，即布政使，明代地方最高长官。参见《通法》第三十一注(83)。

【译文】

处于战争年代，军队是一个国家的安全保障，在这种形势下不得不重视军事。作战的方法已经不同，清朝廷的这帮文臣，纵然手握神雀刀，拿着遏必隆的匕首，也不足以统驭士卒。八国联军攻陷北京，慈禧携光绪逃走，总督和巡抚与八国联军订立盟约。以封疆大吏的身份违抗诏命，是背叛；又退避畏惧，不能宣告独立以成为一个小国，只是虚设节镇，又有何用？兴起的后王应废除总督巡抚制度而设立师团，内有受命于中央的军事统帅，外有承宣布政使掌管一部。这是第四种方法。

明制，监司长吏以下，皆避本省(41)。宋政和制(42)，则授官无过三十驿(43)。议者善宋，以朱买臣、毕安敬、张汉周、范仲淹之守本郡为故(44)。之二议者，其失则均也。必不用乡人，则瞢于风土，其举戾民；必专用邻比，而勿远取，僻陋之地风俗弗革，其民将老死不相往来。夫豪俊虽超轶于里闬之士(45)，其材性则大氐不出其里闬。东方日本，有少连焉，《礼记·杂记下》孔子曰："少连、大连，善居丧，三日不怠，三月不解，期悲哀，三年忧，东夷之子也。"案：日本自神武天皇班功建德(46)，胙土赐姓，于是有国造、县主之号(47)。尔后氏族繁膴(48)，贵贱混淆。逮天武天皇十三年(49)，诏定八等之姓，曰真人，曰朝臣，曰宿祢，曰忌寸，曰道师，曰臣，曰连，曰稻置，以牢笼天下之姓氏。然则以官定姓，虽自天武始赐，实昉于神武也。仲哀天皇，当汉献帝初平、兴平、建安间，始置大连之官，亦因于古。盖是等官族，皆自神武建德赐姓始。神武元年，当周惠王十七年。少连、大连，盖即其时人，故孔子得称之。《论语》少连与柳下惠并称，向不知其何时何国。今以《杂记》"东夷之子"一语，又证以东方氏族，而知少连、大连之称，犹汉世大小夏侯、大小戴等以氏族著者，乃始豁然确斯云(50)。其民蹲夷不恭(51)，故贤者犹侏张(52)。西方秦，有子桑焉，《论语》"子桑伯子"，正义曰(53)："郑以《左传》秦有公孙枝，字子桑，则以此为秦大夫。"案：郑盖以子桑、伯子为二人，与包氏异也(54)。其民好稼穑，务本业，汉《地理志》说秦俗如此。故贤者犹大简[55]，不足以自拔也。今是秦、赵、燕、代、荆、楚、滇、蜀，陆行几万里。铁道未布，游者未能以遍至，赖远宦互革其俗，互增其见闻。必杜绝之，则民死其乡，吏死其牖下，川谷郡县隔越而不达，风俗臭味窒阂而不流。若是，则其害于文明也最甚。故除吏者[56]，无避本省，亦无迥远[57]；人情有不通，则辅以三老、亭长。五术。

【注释】

(41) 皆避本省，指官吏不得在本省任官。

(42) 政和，宋徽宗赵佶年号(1111～1118 年)。

(43) 无过三十驿，指官吏任官不超过本乡九百里。驿，驿站。汉唐均以三十里设驿，故一驿指三十里。

(44) 朱买臣，西汉大臣。字翁子，西汉吴县(今江苏苏州)人。曾任会稽太守。毕安敬，当为毕众敬。魏东平须昌人，曾拜兖州刺史。张汉周，当为张镇周。唐舒州人，曾为舒州都督。范仲淹，北宋大臣。字希文，苏州吴县(今属江苏)人。仁宗时曾任西溪盐官，后任陕西经略安抚招讨使。

(45) 里闬(—hàn 汗)，乡里。里闬之士，指平常之人。

(46) 神武天皇，传说中的日本第一代天皇。据《古事记》《日本书记》记载，他于辛酉(前 660 年)元旦即位。明治五年(1872 年)定此为日本纪元之始。

(47) 国造，公元 7 世纪初日本大和朝廷的地方行政组织国的长官。由朝廷授与臣、君、公、连、直等姓，姓的差异反映了国造独立性的程度。县主，大和朝廷地主行政组织县的长官，由原来小国首长担任，地位低于国造。

(48) 繁膴，繁盛。

(49) 天武天皇，日本天皇。公元 672 至 686 年在位。在位期间规定八色姓，颁布爵位六十级。

(50) 豁然确斯，明确透彻。《庄子·齐物论》郭象注:“则天地万物、彼我是非豁然确斯也。”

(51) 蹲夷，踞坐。蹲为似坐而臀下着地。夷为两腿相盘似簸箕状而坐。二者皆不合礼仪，为不恭敬之行为。《后汉书·鲁恭传》:“蹲夷踞肆，与鸟兽无别。”

(52) 侏张，嚣张，放肆。也作“周章”“辀张”“诪张”，都是同音通假。

(53) 正义，《论语正义》。清刘宝楠著。参见《清儒》第十二注(196)。

(54) 包氏,包咸(前 6～65 年)。东汉经学家。字子良。会稽曲阿(今江苏丹阳)人。曾注《论语》,何晏的《论语集解》多有引征。

(55) 大简,太简。粗狂,不受拘束。《论语·雍也》:“居敬而行简,无乃太简乎?”

(56) 除吏,任命官吏。

(57) 迾远(liè 列—),指禁止去远方任官。

【译文】

根据明朝的制度,监察司长官以下,都不得在本省任官。宋徽宗时的官制,规定授官不得超过本乡九百里。议论者认为宋制好一些,是因为朱买臣、毕安敬、张汉周、范仲淹等人都是任职于本郡的缘故。持不同观点的双方,都有所不足。授官一定不用本乡人,则官员不清楚当地的风土人情,为官施政可能会违逆民心;一定要任用近邻,而不许远取,那么僻陋之地风俗得不到改进,当地民众与外界将老死不相往来。才智杰出的人虽然超过了乡里的平常人,但其材大抵不出其乡里。东方的日本,有少连,(《礼记·杂记下》记载孔子说:“少连、大连,善居丧,能够三天不懈怠,三个月不疲倦,一年内仍悲哀,三年还憔悴忧戚,是东夷族的后人。”案:日本自神武天皇按功业封有德者诸侯,赐予土地姓氏,于是有国造、县主之号。之后氏族繁盛,贵贱等级混淆。到了天武天皇十三年,诏定八个等级的姓氏,称为真人、朝臣、宿祢、忌寸、道师、臣、连、稻置,以此来笼络天下的姓氏。以官来定姓,虽然是从天武时期开始的,而实际可上溯至神武时期。仲哀天皇,相当于汉献帝初平、兴平、建安年间,开始设置大连之官,也是承袭自古代。大体而言,这些官族都是从神武建德赐姓时开始的。神武元年,相当于周惠王十七年。少连、大连,大概就是那个时期的人,所以孔子能够提到他们。《论语》少连与柳下惠并称,以前不知道他是何时何国之人。今依据《礼记·杂记》“东夷之子”一句,又证以东方氏族,可知少连、大连这样的称号，就如同汉代大小夏侯、大小戴等以氏族而著称于世的情况，这才清楚起来。）这里的人民喜蹲坐不恭敬，故贤者也蛮横无礼。西方秦国有子桑，（《论语》有“子桑伯子”，正义说：“郑玄以《左传》记载秦国有公孙枝，字子桑，从而认为此为秦国大夫。”案，郑玄大概认为子桑、伯子是两个人，与包咸的观点是不同的。）这里的人民喜好从事农业，务本业，（《汉书·地理志》记载说秦国风俗正是如此。）故贤者粗狂，无法改变自己。如今的秦、赵、燕、代、荆、楚、滇、蜀，其间相距几万里。铁路还没有遍布各地，游览的人还不能遍至，其靠来自远方的官员互变其风俗，互增见闻。若一定要杜绝任命远官，那么民众死其乡，官员寿终正寝，河谷郡县之间相互阻隔而不通畅，风俗相类似而闭塞不能流通。如果是这样，对文明进步的危害更严重。所以说任命官吏，不用回避在本省做官，也不要禁止到远方做官；风土人情有不清楚的地方，就让三老、亭长来辅佐。这是第五种方法。

贵贱之情，视其权不视其位；轻重之情，视其禄不视其阶[58]。有位而无权，有阶而无禄，则将军之策命，或廑足以易觞豆[59]。往者有理藩院[60]，则鸿胪寺替矣[61]；有总理通商之臣[62]，则理藩院轻矣。大学士，宰臣也；提督，持斧之帅也。自军机处之设[63]，则内阁无政[64]；自金陵之陷[65]，则提镇为仆妾。至于郎曹观政之士，而不肯与均茵伏[66]，名违其实，权舛其秩，故赏不劝而黜不创。必核其权实，而升降其阶位。其尤冗散无事者，则废。六术。

【注释】

(58) 阶，官阶。

(59) 觞豆（shāng 商—），觞酒豆肉的简称，泛指饮食。

(60) 理藩院,清代管理蒙古、新疆、西藏各少数民族地区事务的中央机构。

(61) 鸿胪寺,掌管朝祭礼仪的中央机构。始于东汉。清设理藩院后,鸿胪寺一部分职责归理藩院,地位降低。

(62) 总理通商之臣,此指总理各国事务衙门,1861 年设,初为办理洋务及外交事务的机构,后职权渐重,实际成为清政府的"内阁"。

(63) 军机处,清代辅佐皇帝的政务机构。1792 年设军机房,1795 年改称办理军机处。军机处职责为每日晋见皇帝,商承处理军国大事,用面奉谕旨的名义对各部门、各地区发布指示。军机处既设,内阁成为闲曹。

(64) 内阁,明初加强专制,废丞相,另设华盖殿、谨身殿、武英殿、文华殿、文渊阁、东阁等大学士。明成祖时以官品较低的翰林院编修、检讨等官入文渊阁当值,参预机务,称为内阁。清代相沿,内阁有三殿、三阁大学士,名义上为清代最高官署。

(65) 金陵之陷,指 1853 年太平军攻克江苏南京(即金陵),于此建都,改称天京。

(66) 均茵伏,犹言平起平坐。《史记·酷吏列传》:"与汲黯俱,……同车未敢均茵伏。"索隐:"茵,车蓐也。伏,车轼也。言二人与由同载一车,尚不敢与之均茵轼也,谓下之也。"

【译文】

贵贱之分,视其权力而不视其爵位;轻重之分,视其俸禄而不视其官阶。若有爵位而无权力,有官阶而无俸禄,那么将军封官授爵的策书,也只能换来一顿酒食。之前清廷设理藩院,而鸿胪寺的部分职责就被替代了;后来有了总理各国事务衙门,而理藩院的权力变小了。大学士,是宰相级的重臣;提督,是持斧以显威严的统帅。自从军机处设立之后,而内阁就没有事情做了;自从太平军攻陷南京之后,提督与总兵几乎沦为奴仆婢妾一般。至于一般的官员,也不愿与其平起平坐,名违其实,权力与其俸禄不相符,因此奖赏起不到劝勉的作用,贬黜也起不到惩戒的作用。一定要核察其权力和实际功劳,以升降其官阶位次。那些冗余无所事事的,则可以裁除。这是第六种方法。

以是六术，规蒦其建置[(67)]。若夫增损财益之凡目[(68)]，则以时定也。

【注释】

(67) 规蒦(—huò 获)，商度，谋划。《说文》："蒦，规蒦，商也。"

(68) 财，通"裁"。

【译文】

用这六种方法，来规划国家建置。至于增益裁损的具体内容，则视情况而定。

章炳麟曰：若古官方之乱[(69)]，莫泰元魏[(70)]。县置三令长，郡置三太守，州置三刺史。刺史则皇室一人，异姓二人。守其泯棼，宜勿可以终一爨[(71)]，然而犹曰"升平之世"，何也？其端未见也[(72)]。见端而革[(73)]，以其六典，上诸大旅[(74)]，震来虩虩，无丧翼鬲[(75)]，敷天之下，裒时之对[(76)]，时周之命。

【注释】

(69) 官方，《国语·晋语四》："举善授能，官方定物。"韦昭注："官，常也。"指官制。

(70) 元魏，北魏。北魏拓跋氏改汉姓为元，故称。

(71) 爨(cuàn 篡)，炊。一爨，极短的时间。

(72) 其端未见也，其弊端还未表现出来。

(73) 见端而革，发现弊端就及时变革。

(74) 大旅，大祭名。《礼记·礼器》郑玄注："大旅，祭五帝也。"

(75) 震来虩虩，《易·震》："震来虩虩，笑言哑哑，震惊百里，不丧匕鬯。"意为遇到重大变故，虽内心恐惧，却谈笑自若，没有丢掉手中祭祀用的匕和鬯。虩虩(xì 戏—)，恐惧貌。无丧翼鬲，意同于"不丧匕鬯。"翼鬲，同翼翮，翅膀。

(76) 敷天之下，裒时之对，见《诗·周颂·般》。注："裒(pōu 掊)，众；对，配也。遍天之下，众山川之神，皆如是配而祭之。"

【译文】

章炳麟认为：古代官制的混乱程度，没有比北魏更严重的。一县设置三位令长，一郡设置三位太守，一州设置三位刺史。三位刺史中有皇室一人，异姓两人。以如此纷乱的程度，应当是连烧一顿饭的工夫都维持不了，然而仍号称“升平之世”，这是为何？其弊端还没有表现出来而已。发现弊端就及时改变，以其六典，祭祀天地，遇到重大变故，虽内心恐惧，仍谈笑自若。普天之下众神灵，齐聚这里享祭祀，大周受命永久长！

商鞅第三十五

[说明]本文及下一篇分别评论商鞅和诸葛亮。因为他们二人同属法家,在政治法律上均有建树,故列于前面讨论官制法律的文章后。

本文批驳了后人对商鞅的非难和指责,对商鞅法治思想进行了分析和评价。作者认为,商鞅主张法治在历史上是有积极意义的,人们之所以对他产生误解是因为不明白法和律的区别,将他与张汤之流的刀笔吏等同起来。作者认为"法,制度之大名也",法家类似于西方的政治家,而律只是刑罚的手段和工具,它从君主的意志出发,置既定的法律于不顾,二者有根本的不同。法家重法,刀笔吏重律,律源于萧何的《九章律》,而与商鞅无关。商鞅虽然也用刑律,但他是"以刑维其法,而非以刑为法之本也"。法与律不仅性质不同,效用"心术"也不同,"商鞅行法而秦日富,张汤行法而汉日贫"。商鞅一任于法,虽有祸患也在所不惜,具有为理想献身的精神,而张汤之流只知讨好君主,没有是非可言,与商鞅不可相提并论。商鞅的失误在于"毁孝悌""败天性",忽视了道德伦理的重要性,这在以后也产生了不良的后果。

本文撰于1898年8月,收入《訄书》初刻本,收入《检论》时,文字有删改,在原来指斥公孙弘、张汤处又加入了董仲舒。

商鞅之中于谗诽也二千年[(1)],而今世为尤甚。其说以为,自汉以降，抑夺民权，使人君纵恣者，皆商鞅法家之说为之倡。乌乎！是惑于淫说也甚矣。

【注释】

(1) 商鞅(约前390～前338)，战国时卫人，公孙氏，名鞅，亦称卫鞅。得秦孝公重用，实行一系列改革。建立郡县制，加强中央集权，促进了秦国政治经济发展。孝公死后，被车裂而死。著有《商君书》。谗诽，谗言、诽谤。

【译文】

商鞅遭受谗言诽谤已有两千年了，而于当下最甚。诋毁商鞅者认为，自汉代以后，剥夺压制民权，使君主恣意妄为，都是商鞅法家学说为之倡导的结果。唉！被错误的观点迷惑到了如此严重的地步。

法者，制度之大名。周之六官[2]，官别其守，而陈其典，以扰乂天下[3]，是之谓法。故法家者流，则犹西方所谓政治家也，非胶于刑律而已。

【注释】

(2) 周之六官，指《周礼》中的天官、地官、春官、夏官、秋官和冬官。

(3) 扰乂(—yì 意)，治理。

【译文】

法是制度的总称。《周礼》中的六官，每一官分别担负相应的职责，陈列其典章，以治理天下，这就是法。所以法家学派，如同西方所谓的政治家，而不是那些只知固执于刑律的人。

后世之有律，自萧何作《九章》始[4]，汉《地理志》：箕子作"乐浪朝鲜民犯禁八条"。李悝、高祖皆尝有作。然或行于小国，或草创未定之制，若汉、唐及今变本加厉之法，则皆萌芽于何。远不本鞅，而近不本李斯[5]。张汤、赵禹之徒起[6]，踵武何说而文饰之[7]，以媚人主，以震百辟[8]，以柬下民，于是乎废《小雅》[9]。此其罪则公孙弘为之魁[10]，而汤为之辅，于商鞅乎何与？

【注释】

(4) 萧何作《九章》，参见《儒法》第五注(20)。

(5) 李斯，楚上蔡(今河南上蔡西南)人。曾从荀子学帝王术。后仕秦，上《谏逐客表》，得始皇信任，任为丞相。后受赵高陷害被斩。

(6) 张汤，汉酷吏。参见《儒法》第五注(22)。赵禹，西汉大臣。武帝时任中尉、廷尉，曾同张汤定律令。

(7) 踵武，譬喻继承前人的事业。武，足迹。屈原《离骚》："忽奔走以先后兮，及前王之踵武。"

(8) 百辟，百官。

(9) 废《小雅》，指禁止舆论批评。《小雅》七十四篇中有变雅五十八篇，多伤时感事怨怒之作。

(10) 公孙弘(前200～前121年)，西汉大臣，字季，菑川薛(今山东枣庄薛城)人，狱吏出身。官至丞相。熟习文法吏事，用经说缘饰法令。

【译文】

后世有刑律，是从萧何作《九章》开始的，(《汉书·地理志》记载：箕子作"乐浪朝鲜民犯禁八条"。李悝、汉高祖刘邦都曾作刑律。只是或行于小国，或只是草创还没有固定的法度，像汉代、唐代以至于今天变本加厉的刑法，都是萌芽于萧何《九章律》。)远的来说既不是本于商鞅，近的来说也不是本于李斯。张汤、赵禹这样的酷吏被起用，继承萧何之说而又加以文饰，用以奉迎取悦君主，震慑百官，约束百姓，于是法度日益废弛。这是他们这些酷吏的罪过，尤其以公孙弘为首，张汤为辅，与商鞅有什么关系呢？

鞅之作法也，尽九变以笼五官[11]，核其宪度而为治本。民有不率，计画至无俚[12]，则始济之以攫杀援噬[13]。此以刑维其法，而非以刑为法之本也。故大史公称之曰："行法十年，秦民大说，道不拾遗，山无盗贼，家给人足。"今夫家给人足，而出于虔刘之政乎[14]？功坚其心，纠其民于农牧，使曏之游惰无所业者，转而傅井亩。是故盖臧有余[15]，而赋税亦不至于缺乏。其始也觳[16]，其终也交足[17]，异乎厉民以鞭箠而务充君之左臧者也[18]。

【注释】

(11) 九变，犹言多次变化。五官，《商君书·君臣》："圣人列贵贱，制爵位，立名号，以别君臣上下之义。地广、民众、万物多，故分五官而守之。"

(12) 计画至无俚，反复考虑直到没有办法。《汉书·季布传》："其画无俚之至耳。"注引晋灼："杨雄《方言》曰：'俚，聊也。'许慎曰：'赖也。'此为其计画无所聊赖。"

(13) 攫杀援噬，指任用刑法。

(14) 虔刘，劫掠，杀害。《左传·成公十三年》："利吾有狄难……虔刘我边陲。"注："虔、刘，皆杀也。"

(15) 盖臧，储藏。

(16) 觳，觳觫(hú 湖 sù 速)，恐惧发抖。

(17) 交足，指欣喜。

(18) 左臧，国库之一。因其在左方，故称。

【译文】

商鞅创制法度，想尽办法以驾驭五官，对照法度作为治理的根本。民众有不守法者，反复考虑直到没有办法，然后才使用刑法。这是用刑罚来维护其法制，而不是把刑罚当作法制的根本。所以太史公对他评价说："推行法制十年的时间，而秦国民心大悦，道不拾遗，山中没有了盗贼，家家富足，人人饱暖。"今家家富足、人人饱暖，难道是出于劫掠之政吗？坚定其心志，督促百姓尽力经营农耕畜牧之业，使以往那些游荡懒惰、无所事事的人，转而从事农业生产。所以可达到储藏有余，而赋税也不至于缺乏。其开始令人恐惧，最终却达到富足，与那些鞭打虐待百姓而努力充实国库的酷吏是不同的。

及夫张汤，则专以见知、腹诽之法[19]，震怖臣下，诛鉏谏士[20]，艾杀豪杰[21]，以称天子专制之意。此其鹄惟在于刑[22]，其刑惟在于簿书筐箧[23]，而五官之大法勿与焉，任天子之重征敛、恣调发而已矣！有拂天子意者，则己为天子深文治之[24]，并非能自持其刑也。是故商鞅行法而秦日富，张汤行法而汉日贫，观于汲黯之所讥[25]，则可知矣。由汤之法，终于盗贼满山，直指四出[26]，上下相蒙，以空文为治。何其与鞅反也？则鞅知有大法，而汤徒知有狴狱之制耳[27]。法家与刀笔吏[28]，其优绌诚不可较哉！

【注释】

(19) 见知，汉律，吏知他人犯罪而不举报，与之同罪。腹诽，同"腹非"。谓口虽不言，而内心非之。《汉书·食货志》下："(张)汤奏当(颜)异九卿见令不便，不入言而腹非，论死。自是后有腹非之法比。"

(20) 诛鉏，诛灭。鉏，同"锄"。

(21) 艾杀(yì 义—)，诛杀。艾，同"刈"。

(22) 鹄，目标，目的。

(23) 簿书筐箧，满筐、满箱的律令和案例。此指张汤等用《春秋》决狱，造成律令和案例的烦琐。

(24) 深文，用法严苛。《史记·酷吏列传》："(张汤)与赵禹共定诸律令，务在深文，拘守职之吏。"

(25) 汲黯(?～前 112 年)，西汉大臣。字长儒。西汉濮阳(今河南濮阳西南)人。武帝时任东海太守。常直言切谏，说武帝"内多欲而外施仁义，奈何欲效唐虞之治乎!"也曾讥讽张汤，见《汉书·汲黯传》。

(26) 直指，指汉武帝时朝廷设置的专管巡视、处理各地政事的官员。《汉书·武帝纪》："天汉二年，泰山琅邪群盗徐勃等，阻山攻城，道路不通，遣直指使者暴胜之等，衣绣衣，杖斧，分部逐捕，刺史郡守以下皆伏诛。"

(27) 狴狱(bì 毕—)，监狱。狴，传说中的野兽，形状似虎，古代把它画在监狱的大门上。

(28) 刀笔吏，指主办文案的官吏。《史记·汲黯传》："天下谓刀笔吏不可以为公卿。"

【译文】

至于张汤，专以汉律中的见知之法、腹诽，使臣下惊恐，诛杀谏诤之士，斩除豪杰，以迎合天子专制的意愿。可见他的目的只在于刑罚，而刑罚又在于满筐、满箱的律令和案例，对五官之大法弃置不用，任凭天子征收更重的赋税、征调更多的兵谷财物。有违背天子意愿的，他就为天子用严厉的刑罚来惩治，而不是严格遵循刑法。所以商鞅行法而秦国日益富强，张汤行法而汉朝日益贫弱，再看汲黯对张汤的讥讽之语，就明白了。实行张汤所谓的刑法，最终导致盗贼满山，官员四处巡察，结果却是上下蒙蔽，以有名无实的刑律来治国。为何他与商鞅相差如此之大？是因为商鞅知道尚有大法在，而张汤只知道有牢狱。法家与刀笔吏，二者的优劣高下实在是无法相比啊！

且非特效之优绌而已(29)，其心术亦殊绝矣。迹鞅之进身与处交游，诚多可议者，独其当官，则正如檠榜而不可紾(30)。方孝公以国事属鞅，鞅自是得行其意；政令出内，虽乘舆亦不得违法而任喜怒。其贤于汤之窥人主意以为高下者，亦远矣。辱大子，刑公子虔(31)，知后有新主能为祸福，而不欲屈法以求容阅(32)。乌乎！其魁垒而骨鲠也。庸渠若弘、汤之徒，专乞哀于人主，藉其苛细以行佞媚之术者乎(33)？

【注释】

(29) 效，效用。效果。

(30) 檠榜(qíng 轻—)，亦作“榜檠”。矫正弓弩的器具。《韩非子·外储右下》：“椎锻平夷，榜檠矫直。”紾(zhěn 诊)，扭，转。

(31) 辱大子、刑公子虔，指商鞅执政时太子犯法，商鞅刑太子傅公子虔。见《史记·商君列传》。

(32) 容阅，逢迎以取悦于上。

(33) 苛细，苛察细密。

【译文】

不仅是效果有优劣的不同，其心术也绝然不同。考量商鞅在秦国入仕及相交之人，确实有许多可议之处，唯独在做官这方面，他如矫正弓弩的檠榜一般不可动摇。当时秦孝公将国事委托给商鞅，商鞅由此可施展自己的抱负；政令公布后，即使君主也不能违背法度而恣意妄为。他这种做法，远远胜过张汤先揣度君主的心意再决定如何执法的做法。商鞅执政时太子犯法，于是处罚了太子傅公子虔，他明知以后新君主影响其祸福，但仍不愿违背法律取悦于上。唉！他是多么光明磊落而又刚正不阿。岂是公孙弘、张汤之流，一心乞怜君主，凭着对臣下苛察严密徵以行谄媚君主之术呢？

夫鞅之一日刑七百人以赤渭水，其酷烈或过于汤，而苛细则未有也。观其定令，如列传所言，略已具矣。吾以为酷烈与苛细者，则治乱之殊，直佞之所由分也。何者？诛意之律，反唇之刑[34]，非有所受也。汤以为不如是不足以媚人主，故瘁心力而裁制之，若鞅则无事此矣。周兴、来俊臣之酷烈也[35]，又过于鞅，然割剥之憯乱越无条理。且其意亦以行媚，而非以佐治，则鞅于此又不屑焉。嗟乎！牛羊之以族蠡传者[36]，虑其败群，牧人去之而无所怜。刑七百人，盖所以止刑也。俄而家给人足，道不拾遗矣！虽不刑措，其势将偃齐斧以攻榱桷[37]。世徒见鞅初政之酷烈，而不考其后之成效，若鞅之为人，终日持鼎镬以宰割其民者，岂不缪哉！余观汉氏以降，刀笔吏之说，多傅《春秋》。其义恣君抑臣，流貤而及于民。汤之用“决事比”[38]，其最傲矣[39]。自是可称道者，特旌旗之以文无害之名[40]，而不能谓之有益于百姓。是其于法家，则犹大岩之与壂也[41]。今缀学者不能持其故[42]，而以“抑民恣君”蔽罪于商鞅。乌乎！其远于事情哉，且亦未论商鞅之世矣。

【注释】

(34) 诛意之律，根据动机定罪。《后汉书·霍谞传》：“《春秋》之义，原情定过，赦事诛意。故许止虽弑君而不罪，赵盾以纵贼而见书。”反唇之刑，如前面的腹诽之法。

(35) 周兴，唐代酷吏。武则天时掌管刑狱，专以严刑逼供，以残暴著称。来俊臣，唐代酷吏。武则天使任侍御史，办理刑狱，贪暴残酷，后因得罪武氏诸王和太平公主，被处死。

(36) 族蠡(cù 促—)，瘯蠡。畜病名。传，传染。

(37) 齐斧，用于征伐之斧，又名黄钺斧。榱桷(cuī 崔 jué 决)，椽子。

(38) 决事比，即《春秋决狱》。参见《儒法》第五注(9)。

(39) 俶(chù 畜)，始，最早。

(40) 旌旗，犹表彰。文无害，亦作“文毋害”。《汉书·萧何传》：“(萧何)以文毋害为沛主吏掾。”苏林曰：“毋害，若言无比也。一曰，害，胜也，无能胜害之者。”指文吏之事无与伦比。

(41) 大岩之与壑，高山与山谷。比喻相差悬殊。

(42) 缀学者，缀集闻见以为学。《大戴礼记·小辨》：“缀学之徒，安知忠信?”

【译文】

至于商鞅一天刑杀七百人，染红了渭河水，其残暴程度或过于张汤，但苛察严密则是没有的。观其所制定的法令，如《史记·商君列传》所记载的，大体已经具备了。我认为酷烈残暴与苛察严密，关系到治乱的差别，耿直与谗佞可以依次加以区分。为什么呢？根据动机定罪，根据唇动定刑，在法律上没有依据。但张汤认为不这样做不足以取悦君主，所以苦心劳神地制作之，如果是商鞅就不会这样做。周兴、来俊臣的残暴程度又超过了商鞅，而且残忍毒辣且混乱没有条理。况且他们的本意也是要逢迎君主，而不是为了国家治理，商鞅对此是不屑的。唉！考虑到染病的牛羊会危及整个畜群，牧人会毫不怜惜地除掉它们。商鞅刑杀七百人，也是为了最终停止刑罚。所以不久就达到了家家富足、人人饱暖，道不拾遗的境地！虽然没有到废弃刑罚的地步，但其趋势已是置刑罚于不用了。世人只看到商鞅施政之初的残暴，而不考量其后的成效，如果说商鞅的为人只是终日持鼎镬以宰割百姓，岂不荒谬吗？依我之见，自汉代以后的刀笔吏之说，多附会《春秋》。其义是纵容君权而抑制臣子，以至于延及百姓。张汤参照《决事比》来断案，这是最早的。其可称道者，可以给予其“文无害”，也就是擅长吏治之名，然而不能称其有益于百姓。这与法家相比，就如同山峰与山谷的差距。如今那些缀集旧文以为学的人，不能探究其本，而把抑制民权、放纵君权的罪责归于商鞅。唉！这就远离了事情的真相，没有考虑到商鞅所处的时代。

夫使民有权者，必其辩慧之士可与议令者也(43)。今秦自三良之死(44)，后嗣无法，民无所则效，至鞅之世，而冥顽固以甚矣。后百余岁，荀子犹曰“秦无儒”，此其蠢愚无知之效也。以蠢愚无知之民，起而议政令，则不足以广益，而只以淆乱是非，非禁之，将何道哉？后世有秀民矣，而上必强阏之(45)，使不得与议令。故人君尊严若九天之上，萌庶缩朒若九地之下(46)。此诚昉于弘、汤之求媚，而非其取法于鞅也。

【注释】

(43) 议令，议政。

(44) 三良，三个贤良的人。《诗·秦风·黄鸟》序：“黄鸟，哀三良也。”指秦穆公的臣子奄息、仲行、鍼虎三人。

(45) 阏(è恶)，阻塞，压制。

(46) 萌庶，指百姓。缩朒(—nǜ)，退缩。《汉书·五行志》：“当春秋时，侯王率多缩朒不任事。”

【译文】

为使民众拥有权利，一定是指那些聪明智慧可以议政者。秦国自从奄息、仲行、鍼虎三位贤人死后，后世没有了法度，民众没有可效法的，到商鞅的时候，已极其愚昧顽固的程度。百年之后，荀子仍说“秦国没有儒者”，可见其愚昧无知的程度。以愚昧无知之民，起而议论政治法令，不能增添益处，而只会混淆是非，不禁止他们，又怎么能管理民众呢？后世有了德才优异之民，而上层必强行压制他们，使其不得参与议政。所以君主尊贵如在九天之上，而百姓退缩如在九地之下。这其实是始于公孙弘、张汤之流刻意逢迎君主，而不是效法商鞅的结果。

藉弟令效鞅(47)，鞅固救时之相而已。其法取足以济一时，其书取足以明其所行之法，非若儒墨之著书，欲行其说于后世者也。后世不察鞅之用意，而强以其物色效之(48)，如孙复、胡安国者(49)，则谓之愚之尤；如公孙弘、张汤者，则谓之佞之尤。此其咎皆基于自取，而鞅奚罪焉？

【注释】

(47) 藉弟令，假使。

(48) 物色效之，指从表面仿效。物色，形状相貌。

(49) 孙复，北宋学者。参见《学蛊》第九注(56)。胡安国(1074～1138年)，南宋学者、经学家。字康侯。建宁崇安(今属福建)人。著有《春秋传》三十卷。讥权臣，尊王权。

【译文】

假使效法商鞅，商鞅本就是救世之相而已。取其法足以救一时，取其书足以明白其所行之法，他并不像儒家、墨家著书，想要在后世推行其学说。后世之人不明白商鞅的用意，而只是从表面上勉强效法，像孙复、胡安国这样的，则可称为愚蠢至极；像公孙弘、张汤这样的，则可称为奸佞至极。他们的罪过都是自己招致的，而商鞅何罪之有呢？

吾所为灡鞅者[50]，则在于毁孝弟、败天性而已。有知其毒之酋腊而制之，其勿害一也[51]。昔者蜀相行鞅术[52]，至德要道弗踣焉[53]。贾生亦好法矣[54]，而非其遗礼义、弃仁恩。乃若夫輓近之言新法者，以父子异财为宪典[55]，是则法乎鞅之秕稗者也[56]。宝其秕稗而于其善政则放绝之[57]，人言之戾也，一至是哉！

【注释】

(50) 灡(yàn 厌)，评议，议罪。

(51) 酋腊，酒之极毒者。《国语·郑语》："毒之酋腊者，其杀也滋速。"

(52) 蜀相，指诸葛亮。

(53) 至德要道，指孝弟仁义。踣(bó 搏)，破、灭。

(54) 贾生，贾谊。

(55) 以父子异财为宪典，指近代法律允许成年子女拥有私有财产。

(56) 秕稗，秕谷和稗草。指无价值之物。

(57) 放绝，弃绝。

【译文】

我认为批评商鞅的地方，在于毁孝悌、败天性而已。知其有害之处而能制止，就同样可以做到无害。从前蜀相诸葛亮施行商鞅之法，并不否认至德要道。贾谊也喜好效法，但批评商鞅遗礼义、弃仁恩。至于晚近以来称说新法者，以父子分财作为法典，可谓是学到了商鞅的糟粕。将糟粕当宝物，而对于他善政却废弃不用，人言之乖谬，竟然到如此地步！

夫民权者，文祖五府之法[58]，上圣之所以成《既济》也[59]。有其法矣，而无其人，有其人矣，而无其时，则三统之王者起而治之[60]。降而无王，则天下荡荡无文章纲纪，国政陵夷，民生困敝，其危不可以终一餔[61]。当是时，民不患其作乱，而患其骀荡姚易[62]，以大亡其身。于此有法家焉，虽小器也，能综核名实，而使上下交蒙其利，不犹愈于荡乎？苟曰：吾宁国政之不理，民生之不遂，而必不欲使法家者整齐而撙诎之(63)；是则救饥之必待于侊饭(64)，而诫食壶飧者以宁为道殣也(65)。

【注释】

(58) 文祖五府之法，指明堂之法。《隋书・牛弘传》："今检明堂必须五室者何？《尚书帝命验》曰：'帝者承天立五府，赤曰文祖，黄曰神斗，白曰显纪，黑曰玄矩，苍曰灵府。'郑玄注曰：'五府与周之明堂同矣。'"章氏这里认为明堂制度体现了古代民主议政的传统。

(59)《既济》，易卦名。离下坎上。章氏认为《既济》即体现了圣王的民权思想。

(60) 三统之王，指夏、商、周三个王朝。

(61) 荡荡，放纵邪僻。终一餔，吃完一顿饭。指时间较短。

(62) 骀荡（dài 殆—），放纵。姚易，同"姚冶"。妖艳貌。

(63) 撙诎，谦抑。《管子・五辅》："整齐撙诎，以辟刑戮。"

(64) 侊饭（guāng 光—），丰盛的菜肴，盛馔。

(65) 壶飧，用壶盛的饭食。《国语・越语下》："谚有之，曰：觥饭壶飧。"道殣，饿死路上的人。

【译文】

至于民权，也存在于古代的明堂之法，也体现在圣人撰写的《既济》卦。有其法，而无其人，有其人，而无其时，则夏、商、周三代之王者起而治理天下。之后没有了王，则天下放纵，没有了礼仪法度，国家衰落，民生困苦，有瞬间灭亡的危险。当时，民不患其作乱，而患其放纵无约束、轻佻，以至于深思过往。这时出现了法家，虽然器量狭小，但能综核名实，而使上下都得其利，岂不胜过毁灭吗？如果说：我宁可国政混乱，民生困苦，也不希望法家来整顿、治理；这就好比虽然救人饥饿必定要准备用丰盛的菜肴，但却因为没有丰盛的菜肴，就拒绝食用粗茶淡饭，而宁可成为路上的饿死鬼。

悲夫！以法家之鸷(66)，终使民生；以法家之刻(67)，终使民膏泽。而世之仁人流涕洟以忧天下者，猥以法家与刀笔吏同类而丑䛓之[68]，使九流之善，遂丧其一，而莫不府罪于商鞅[69]。嗟乎！鞅既以刑公子虔故，蒙恶名于秦，而今又蒙恶名于后世。此骨鲠之臣所以不可为，而公孙弘、张汤之徒，宁以佞媚持其禄位者也。

【注释】

(66) 鸷，凶猛。

(67) 刻，苛刻。

(68) 丑䛓(—qī 欺)，诋毁，丑化。

(69) 府，同"附"。府罪，怪罪。

【译文】

可悲啊！因为法家的凶猛狠戾，最终使百姓得以生存；以法家的严酷刻薄，最终使百姓得享恩惠。而世间的仁人君子流着眼泪、抹着鼻涕担忧天下，轻率地将法家与刀笔吏视为同类而诋毁之，使九流之善，遂丧失了其中一家，而把一切都怪罪到商鞅头上。唉！商鞅已经因为刑罚公子虔的原因，在秦国蒙受了恶名，而今又蒙受恶名于后世。这正可谓刚正之人不好做，所以公孙弘、张汤之流，宁可用谄媚来保住其官位俸禄了。

正葛第三十六

[**说明**]章太炎十分欣赏法家的政治观点,并常用它来分析评价历史人物。本文他提出一个大胆见解:关羽非死于吴人,而是死于诸葛亮之手。诸葛亮借刀杀人的目的,是怕关羽功高盖世,权柄下移。这也是法家的一贯策略。

本文收入《訄书》初刻本,《检论》有《思葛》一文,上半篇文字全异,下半篇首谓"章炳麟少时为《正葛篇》,论之曰",下即引用本文,但文字已删改,后又附以对诸葛亮的批评,将诸葛亮过失归于刘备,旨意已与此篇不同。

临沮之败(1),葛氏不以一卒往援(2)。昧者讥其无远略,而或解以败问之未通(3)。苟罗骑斥候之疏如是(4),则政令愈慢矣!皆窥闇者也(5)。

【注释】

(1) 临沮之败,建安二十四年(219年),吴蜀交战。孙权利用关羽后备空虚,派吕蒙袭取荆州。关羽兵败,与子关平逃至临沮被杀。见《三国志·蜀书·关张马黄赵传》。

(2) 葛氏,诸葛亮。

(3) 败问之未通,失败求援的消息未传达到。

(4) 罗骑,传递消息的骑使。斥候,负责侦察、探问消息的人。

(5) 窥闇,没有看到真相。闇,同"暗"。

【译文】

关羽兵败于临沮被杀，诸葛亮不派一兵一卒去救援。愚昧的人讥讽他没有深远的谋略，而有的认为是因为失败求援的消息没有送达。假若送信的士兵疏忽到这种程度，那么政令就只会更加懈怠！这些都没有看到问题的真相。

法家之所患，在魁柄下移[(6)]。移者成于纵横之辩言，其上则雄桀难御，不可以文法约束者为特甚[(7)]。故韩非所诛，莫先于务朋党、取威誉。其在蒿莱明堂之间[(8)]，皆谓之侠。

【注释】

(6) 魁柄，权柄。
(7) 文法，法令。
(8) 蒿莱明堂之间，指草野与朝廷之间。

【译文】

法家担忧的，是大权下移。权力下移是纵横家的巧辩之言所造成，影响最大的是难以驾驭的枭雄，尤以不可用法令条文约束的最为严重。所以韩非所要诛杀的，最先就是那些结党营私者和极力获取威望、声誉的人。这类人在民间与朝廷之间，皆谓之侠。

葛氏亦法家也，行诛于纵横，而彭羕、李严丽于流辟[(9)]。夫刘封雄桀之次耳[(10)]，夺孟达鼓吹[(11)]，守山郡不发兵，罪也。而葛氏特以刚猛难任，不可用于易世之后[(12)]，劝先主除之。是杀之以其罪，杀之之情则不以其罪也。

【注释】

(9) 彭羕、李严，三国时蜀国大臣，因反对刘备、诸葛亮，先后被处死或流放。章氏认为其二人为纵横家之“魁桀”。详见《论诸子学》。丽于流辟，指遭受流放和诛杀。丽，附着。流辟，流放和诛杀。

(10) 刘封,三国蜀刘备养子。本罗侯寇氏之子。任副军中郎将,迁副军将军。会关羽守荆州被困,求助不赴,又与孟达忿争不和,致关羽败死。后被刘备赐死。

(11) 孟达,三国蜀将领,字子敬,扶风(治今陕西兴平东南)人。任宜都太守,因不发兵救关羽,惧罪,率部曲归魏。后诸葛亮伐魏,欲诱之为援,招其反叛。后被魏明帝所杀。鼓吹,军乐。汉代规定,万人将军给鼓吹。

(12) 易世,换主。指刘备去世,刘禅继位。

【译文】

诸葛亮也是法家人物,要杀掉那些纵横家,因而彭羕、李严遭到流放和诛杀。而刘封是枭雄之次,夺孟达的军乐,守偏僻的郡县不发兵,因此获罪。而诸葛亮特因其刚强勇猛、难以任用,不可用于易主之后,劝刘备除掉他。杀掉刘封是以他所犯的罪,但诛杀的原因则与他所犯之罪无关。

如羽(13),世之虎臣,又非封等伦也。功多而无罪状,除之则不足以厌人心,不除则易世所不能御,席益厚而将掣挠吾大政(14)。故不惜以荆州之全土假手于吴人,以陨关羽之命,非媢之也(15)。一国之柄,无出于二孔(16),出于二孔,其所举虽是,而宰相因以不能齐人心,壹法令,则国已分裂矣。虽杀之而疆易侵削,终不以易内讧(17)。《韩非·内储说上》七术:卫嗣君之时,有胥靡逃之魏,乃以左氏易之(18)。群臣左右谏曰:"夫以一都买胥靡,可乎?"王曰:"夫治无小,而乱无大。法不立而诛不必,虽有十左氏无益也;法立而诛必,虽失十左氏无害也。"诸葛立意,盖亦同兹。大氐法家之旨,宪令为重,而都邑为轻,古今一也。

【注释】

(13) 羽,蜀汉大将关羽,河东解县(今山西临猗县西南)人,字云长。

(14) 席益厚,指势力坐大。掣挠,牵制、搅乱。

(15) 媢,嫉妒。

(16) 二孔,二门。

(17) 终不以易内讧,以上两句意为,虽然杀了关羽疆域容易受到侵削,但却不容易发生内讧。

(18) 胥靡，服劳役的刑徒。原文下有“因为(魏)襄王之后治病”，则此胥靡会医术。左氏，都邑名。

【译文】

而关羽是世间罕有的勇武之臣，不是刘封所能比的。若除掉功劳多而无罪状的关羽则不足以服人心，若不除掉他则易主之后又不能控制，势力坐大将干扰国家政务。所以诸葛亮不惜失掉整个荆州，借吴国人之手以除掉关羽，并不是出于对关羽的嫉妒。一个国家的权柄，不能出于二门，若出于二门，所实施的政令即使正确，宰相也不能整齐人心、统一法令，那么国家也难保不分裂。虽然杀了关羽而疆域容易受到侵削，却不容易发生内讧。(《韩非子·内储说上》七术：卫嗣君的时候，有个服劳役的刑徒逃到魏国，卫君于是用左氏都邑来交换这个刑徒。群臣左右进谏说：“用一个都邑来换一个囚徒，这值得吗？”王说：“治国无小事，而混乱不一定非由大事引起。法度不立而诛罚不能依法必行，即使有十个都邑也没什么用；法度确立而诛罚必行，即使失掉十个都邑也没什么大不了的。”诸葛亮的用意，大概与此相同。一般来说法家的宗旨，以宪令为重，而都邑为轻，古今是一致的。)

其故事则有萧何之戮韩信(19)。何公用之于韩信，而葛氏阴用之于关羽。法家之竭忠亦瘁矣，亦其所以为小器焉尔(20)。

【注释】

(19) 萧何，西汉大臣。参见《儒法》第五注(20)。韩信，西汉大臣。参见《儒侠》第六附《上武论征张良事》注(3)。

(20) 小器，器量狭小。

【译文】

类似的先例则有萧何杀韩信。萧何用之于韩信，而诸葛亮暗用之于关羽。法家为国君尽忠可谓鞠躬尽瘁,这也是其器量狭小的原因。

吾读《梁父吟》言“二桃杀三士”(21)。事见《晏子春秋》。《梁父吟》云:“一朝被谗言,二桃杀三士。”称谗言者,特婉辞尔。终云:“谁能为此谋?国相齐晏子。”是嘉晏子之杀三士。明矣。葛氏少时盖诵习之(22)。大史公曰:陈平宰割天下之志,见于俎上(23)。乌乎!若葛氏者,其志亦见于诵诗矣。

【注释】

(21)《梁父吟》,乐府楚词曲名。也称“梁甫吟”。梁父,山名,在泰山下。《梁父吟》盖言人死葬此山,为挽歌,歌词悲凉慷慨。今所传歌词相传为诸葛亮作。二桃杀三士,齐景公时,有公孙接、田开疆、古冶子三勇士,恃功自傲。晏婴劝景公除去三人,于是设计让景公送去两个桃子,要他们论功大小领取桃子。三人互不相让,争论起来,先后自杀。

(22)少时盖诵习之,《三国志·蜀志·诸葛亮传》:“(亮)躬耕南亩,好为梁父吟。”

(23)陈平,西汉大臣,封曲逆侯。惠帝时为左丞相,后与太尉周勃合力,尽诛诸吕。见于俎上,《史记·陈丞相世家》:“里中社,平为宰,分肉食甚均。父老曰:‘善,陈孺子之为宰!’平曰:‘嗟乎!使平得宰天下,亦如是肉矣!’”

【译文】

我读《梁父吟》说“二桃杀三士”。(事见于《晏子春秋》。《梁父吟》记载:“一朝被谗言,二桃杀三士。”说是谗言,其实是委婉的言辞。最后说:“谁能想出这样的谋略?齐国的相晏子。”这是在嘉许晏子杀三士,很明显了。)诸葛亮年少时大概背诵学习过。太史公说:陈平治理天下的理念,已体现在案板上了。哎!若说诸葛亮,他的志向也已体现在背诵的诗歌上了。

刑官第三十七

[**说明**]本文主要讨论司法独立问题。

章太炎论及政体改革,向来赞同孟德斯鸠的三权分立理论,所不同意的只是其将立法权归属于议会的做法。他认为西方议会制度已弊窦丛生,不如照黄宗羲的设想,把制定法律和监督政府的权力交给学者会议。他尤其强调在法律面前应该人人平等,认为只要有一人超越法律之上,这个平等便会受到破坏。所以,他断言司法权是否独立的关键,就要看法律能否制裁国家元首的违法行为。本篇还批评了西方一些国家法律中关于国家元首神圣不可侵犯的规定,认为这同他们关于司法权必须独立的理论相矛盾。作者指出,中国古代很多政治家和思想家,曾提出君主不得干涉法官的职权,君主及其亲属犯法要与民同罪,这些都应该予以重视。本文只强调中国古代有限制君主为非作歹的思想,对保护君主专制的设计却避而不谈,这种片面性无疑会导致将封建法学理想化。

本文收入《訄书》初刻本,经增删后收入《检论》。

西方之言治者,三分其立法、行政、司法,而各守以有司。惟刑官独与政府抗衡(1),苟傅于辟(2),虽达尊得行其罚(3)。

【注释】

(1) 刑官,指负责司法的官吏。

(2) 傅于辟,指犯法。辟,《说文》:"法也。"

(3) 达尊,显贵之人。《孟子·公孙丑下》:“天下有达尊三:爵一,齿一,德一。”

【译文】

西方的政治学者,将权力三分为立法、行政、司法,各有相关的官吏负责。只有负责司法的官吏可以与政府抗衡,假若有人犯法,即使是达官显贵也必须受到惩罚。

昔者周公以《立政》为宪法(4),其言曰:庶言、庶狱、庶慎(5),“文王罔敢知于兹”(6)。卒事而告大史曰:“司寇苏公,式敬尔由狱,以长我王国。兹式有慎,以列用中罚。”(7)此其刑官殊于百工之征也(8)。欧洲法家之训曰(9):“王者无恶,神圣而不可侵。”王者无恶,以有事则与大臣分署也(10)。神圣而不可侵,以其严威深閟也(11)。今是卒暴小忿,奋佩刀而刃人,及其略夺妇女以为嬖御(12),法国柏尔奔朝多有之(13)。大臣所不署,严威所不扶。此谓匹夫之恶(14),其训不可用。而法律不著其条(15),独以侵人田器,予其请求。西方人以田器兴讼者,若讼君则曰“请求”。此虽立宪,犹恣人君,使得以一身为奸盗不轨也。

【注释】

(4)《立政》,《尚书》篇名。《史记·鲁世家》:“成王在丰,天下已安。周之官政未次序,于是周公作《周官》,官别其宜。作《立政》,以便百姓。”

(5) 庶言,众人毁誉之言。庶狱,各种狱讼案件。庶慎,各种应谨慎之事。章太炎释为“僚佐辅殷”。参见《官统上》第三十二注(20)。

(6) 文王罔敢知于兹,文王不敢过问这些。

(7) 苏公,苏忿生。《左传·成公十一年》:“苏忿生以温为司寇。”杜预注:“苏忿生,周武王司寇苏公也。”

(8) 百工,百官。

(9) 欧洲法家,指欧洲君主立宪国的法律制定者。当时欧洲保存君主制的国家,在法律上都规定国君神圣不可侵犯,凡抨击国君都要受到法律制裁。

(10) 有事则与大臣分署也,有事情则与大臣,分别署名,过错由大臣承担。

(11) 深闳,幽深神秘。

(12) 嬖御,犹嬖幸。《礼记·缁衣》:“毋以嬖御人疾庄后。”注:“嬖御,爱妾。”

(13) 柏尔奔朝,即法国波旁王朝。

(14) 匹夫,一夫,独夫。《孟子·梁惠王下》:“闻诛一夫纣矣,未闻弑君也。”

(15) 法律不著其条,指法律中没有惩处违法国君的条文。

【译文】

古时周公以《立政》作为宪法,其中记载:众人毁誉之言,各种狱讼案件,各种应谨慎之事,“文王不敢过问这些”。事毕而告诉太史说:“司寇苏公规定要认真地处理狱讼案件,使我们的王国长治久安。要非常谨慎,依据常例使判罚得当。”这是负责司法的官吏与百官的不同之处。欧洲的法律制定者有这样的训言:“国王没有罪恶,神圣不可侵犯。”国王没有罪恶,因为有事情则与大臣分别署名,过错由大臣承担;神圣不可侵犯,因其有威严而神秘深沉。若是突然爆发怒火,猛然用佩刀杀人,及其掠夺妇女来作为他的爱妾(法国波旁王朝有不少此类事情),大臣并无责任,也无益于他的威严。这是独夫的罪恶,而“国王没有罪恶”的训言对此是不适用的。然而法律没有注明对违法的国王实施惩处的相关条文,单单以侵占他人的农具类似的案件,承认其诉讼请求。(西方人若因为农具打官司的,如果诉讼君主会说“请求”。)如此,虽已立宪,仍纵容国君,使国君一人可以作奸犯科。

申无宇陈《仆区》之法[16],而楚子谢罪。孟轲陈古义[17],瞽叟杀人,则咎繇得执之。夫以大上之尊,而犹不免于五咤[18],使舜妄杀人,则治之等是矣[19]。中国以专制名,尚制是术,彼欧洲则阙者[20],何也?

【注释】

(16) 申无宇,楚大臣,官芋尹。据《左传·昭公七年》,楚灵王筑华章之宫,“纳亡人以实之”。无宇的看门人也逃于此,无宇前来索要,“有司弗与”,并执无宇以见楚王,无宇说以《仆区》之法,楚王遂赦之。《仆区》,春秋楚刑书名。《左传·昭公七年》:“吾先君文王作《仆区》之法。”释文:“服(虔)云:仆,隐也;区,匿也。为隐匿亡人之法。”

(17) 孟轲陈古义,《孟子·尽心上》:“桃应问曰:‘舜为天子,皋陶为士,瞽瞍杀人,则如之何?’孟子曰:‘执之而已矣。’”瞽瞍,舜父。

(18) 咤,同“叱”。叱责。此指惩罚。五咤,五刑之罚。

(19) 则治之等是,谓同样治罪。

(20) 阙者,指没有惩罚违法国君的法令。《检论》此句改为“彼独为是屈法者,何也?”

【译文】

申无宇陈述《仆区》之法,而楚王谢罪。孟子直陈古义,若舜的父亲瞽瞍杀人,那么皋陶也得拘捕他。以君上这样的尊贵身份,仍不免于惩罚,若舜随意杀人,那么也同样要治罪。中国向来有专制之名,尚且有对君主的制裁,而欧洲却缺失惩罚违法国君的法令,这是为什么?

凡法至于辞穷[(21)],不欲其避忌区盖[(22)],宁颂言之而变其治[(23)]。是故司市之令[(24)],“国君过市则刑人赦[(25)],夫人过市罚一幕,世子过市罚一帟[(26)],命夫过市罚一盖[(27)],命妇过市罚一帷[(28)]”。注:“此王国之市,而说国君以下过市者。诸侯之于其国与王同,以其足以互明之。”释曰:“此王国之市,若直见王后、世子过市,则不见诸侯以下。今以王国之市而见诸侯以下过市,足得互见王以下过市,故云互明之也。”据此,是王后过市,亦加罚也。自夫人以下,皆行其罚,而国君独贳贷乎[(29)]?赦刑人者,非谓其肆大眚也[(30)]。以国君之故,而使鸱义矫虔者得以不诛,则君之与于鸱义矫虔甚矣[(31)]!其行罚又甚也。

【注释】

(21) 法至于辞穷,指法律存在漏洞、不足。

(22) 避忌区盖,忌讳隐藏。区盖,掩盖。

(23) 颂言,公开言说。

(24) 司市之令,管理市场的法令。以下引语见《周礼·地官·市》。

(25) 过市,郑玄注:"市者,人之所交利而行刑之处,君子无故不游观。"刑人赦,赦免刑人。郑注:"异尊卑也。"

(26) 世子,太子。帟(yì 意),小帷幕,贾公彦疏:"帟承尘。"

(27) 命夫,卿大夫。盖,贾公彦疏:"障暑雨之盖。"

(28) 命妇,卿大夫之妻。帷,贾疏:"上曰幕,旁曰帷。"

(29) 贳贷,赦免。

(30) 肆大眚,纵容罪过。

(31) 鸱义矫虔,指违法乱纪触犯刑律。矫虔,杀戮。《尚书·吕刑》:"夺攘矫虔。"与于,参与。

【译文】

若法律存在漏洞,谁也不希望忌讳隐瞒,宁可公开说明以求改变。因此管理市场的法令,"国君经过市场则赦免刑人,国君的夫人经过市场则罚一幕,太子经过市场则罚一小帷幕,卿大夫经过市场则罚一盖,卿大夫的夫人经过市场则罚一帷。"(注:"这是在王国的市场,所以说的是天子以下经过市场者。诸侯在自己的诸侯国内则与天子同,因为他们互相能够说明。"疏:"这是在王国的市场,若只见王后、太子过市场,则不见诸侯以下。今以王国的市场而见诸侯以下过市,足可以见国王以下过市者的处罚情况,所以说互明之。"据此,王后经过市场,也是要加以处罚的。)自夫人以下,都要施以处罚,而唯独国君可以赦免吗?赦免刑人,并不是说要纵容罪过。由于国君的身份,而使得违法乱纪者得以不受惩罚,那么,国君就参与、支持了违法活动!对他这种行为的处罚应当更重。

难者曰:望夷之事(32),二世见当以重法者(33),投鼠而不忌器之效也。今子陈是则奈何？

【注释】

(32) 望夷，秦宫名。望夷之事，前207年，赵高命其婿咸阳令阎乐发兵，攻入望夷宫，迫使秦二世自杀。

(33) 二世，秦二世。见当以重法者，受到重法惩处的原因。

【译文】

责难者说：望夷宫之事，秦二世受到重法惩处的原因，在于投鼠而不忌器。而今你说这些又能怎么样？

曰：夫秦以不能自守其宪度，使二世得恣己意以族大臣，故赵高得报之[34]。报之者，赵高起于熏宦[35]，非刑官之行法也。使刑官得夙行其法，纠帝之小愆，则二世必不得恣睢以陷于弑，何高之足患？且奸劫之臣，加刃于乘舆者[36]，彼庸必有辞乎[37]？自《周官》之法废，而谴呵不行于上[38]。吾则与之莎随以道古[39]。

江标曰[40]："古有象刑[41]，意者专以惩人主与？"

【注释】

(34) 赵高，秦二世宠幸的宦臣。报之，指赵高借口秦二世无道而杀之。

(35) 熏宦，宦官。

(36) 乘舆，国君。

(37) 庸必有辞乎，何必一定要有借口。

(38) 谴呵，谴责呵斥。

(39) 莎随，相持不进不退。《吕氏春秋·不广》："古善战者，莎随贲服。"高诱注："莎随，犹相守不进不却。贲，置也，服，退也。"

(40) 江标，清江苏元和(今属苏州)人，字建霞。光绪进士，提倡新学，刊《湘学报》。

(41) 象刑，《尚书·益稷》："方施象刑惟明。"《汉书·刑法志》："谓'象刑惟明者'，言象天道而作刑。"一说上古尧舜时无肉刑，以特异的服饰象征五刑，以示耻辱。

【译文】

回答说：秦朝因不能自守其法度，使得秦二世得以恣意族杀大臣，所以赵高得以报负他。报复的人赵高是一个宦官，并不是由刑官去执法。假若刑官在平时就能够执法，纠正皇帝的小过错，那么秦二世必定不会暴戾恣睢以至于被杀，否则赵高何足为患？况且奸邪之臣，行弑于国君，何必一定要有借口？自《周礼》之法度废置后，谴责呵斥不再行于上。我则举出古代的情况与之争辩。（江标说："古时候有象刑，大概是专门为惩罚君主的吧？"）

定律第三十八

[**说明**]本文主要讨论了制定刑律的问题。

中国历史上儒家主张轻刑，法家提倡重刑。近代以来，由于人道主义的影响，西方一些国家提出减轻刑罚，甚至主张废除死刑。作者不同意这一观点。他认为评定一项法律的标准并不在它的轻重，而在于处罚是否得当，如果得当，即使重刑也无妨。他举例说明制定刑律并无统一标准，而是要根据具体情况作出选择。作者视法律为调节社会矛盾、维护社会稳定的手段，而不以法律自身为最高目的，这一观点同中国传统的法治思想是一致的。

本文收入《訄书》初刻本及《检论》。

杀一人不以其罪，圣王有向隅之痛(1)，是故持仁恕之说者，必曰省刑(2)。西人效之，几于刑措(3)。虽然，殃咎者(4)，人主与执法之吏所宜任也。苟诛杀而当，虽少憯酷，犹足以庇民，何取于省？夫中国所患，非刑重之失也，特其米盐琐细(5)，罪不致死，而必致之弃市磬首者(6)，为可减耳。

【注释】

(1) 向隅，面向堂屋角落。表示不快。

(2) 省刑，减轻刑罚。

(3) 刑措，置刑罚于不用。

(4) 殃咎，过失，过错。

(5) 米盐琐细,繁杂琐碎。《汉书·酷吏传》:"咸宣,其治米盐,事小大皆关其手。"颜师古注:"米盐,细杂也。"

(6) 弃市,死刑。磬首,绞死。

【译文】

杀人不符合其罪,圣明的君王都会感到痛心,所以持仁爱思想的人,必定主张减轻刑罚。西方国家仿效这一主张,几乎废置刑罚不用。即使如此,对于犯了过错的人,君主与执法的官吏还是应该惩罚的。假如诛杀坏人用刑得当,即使刑罚稍显残酷,但可以保护人民,又何必减轻刑罚呢?中国担忧的,并不是刑罚太重导致的弊端,而是一些繁杂琐碎的小过失,罪不致死,却要判处死刑,这是可以减轻的。

若夫贼杀略人之辟,吾伏以质(7),而美人震之以雷霆之气(8),非有殊也。昔之人,狃于肉刑者(9),以笞箠不足征(10);狃于笞箠者,虑肉刑之憯毒,其害于民无既(11),黥首刖足而愈无所耻(12)。夫笞箠与肉刑,特以为轻重之剂;而民之惩与不惩,非笞箠肉刑之所能与也。病至于髓理,饮以乌喙、大黄(13),使人瞑眩而病已;刺以长针,灼以槁艾(14),使人财有汗而病亦已(15)。故病之赖以治者,非药石之轻重为之也,中其害气也。刑亦有中。

【注释】

(7) 伏以质,指砍头。质,杀人用的砧板。

(8) 美人,美国人。震之以雷霆之气,指枪毙。

(9) 狃,习惯。肉刑,残害肉体的刑罚。有墨、劓、刵、宫等。

(10) 笞箠,棍棒拷打。

(11) 无既,无尽。《广雅·释诂一》:"既,尽也。"

(12) 黥首,在额上刺字,即"墨"。刖足,砍脚。即"刵"。

(13) 乌喙,有毒植物。即乌头。《淮南子·缪称训》:"天雄乌喙,药之凶毒也,良医以活人。"大黄,草药名。多年生草本。根茎入药,其性能攻集导滞，泻火解毒。

(14) 槁艾，草药名。晒干以火熏烤，使人发汗祛病。

(15) 财，通“才”。

【译文】

对于杀人犯、掠夺人口者的刑罚，我们的做法是让犯人趴在砧板上砍头，而美国人的做法是用枪械击毙，这并没有本质的差别。从前的人，习惯于残害肉体刑罚的，认为用棍棒拷打的方法不足取；习惯于用棍棒拷打来处罚的，认为残害肉体太残忍狠毒，对人的危害无穷尽，在面额上刺字、砍掉脚会让受刑人更加没有羞耻。棍棒拷打与残害肉体，只有刑罚轻重的区别；而民众惩戒或不惩戒，并不是棍棒肉刑所能达到的。病入于髓理，喂以乌喙、大黄，使人头晕目眩而病痊愈了；扎针，熏艾灸，使人才出点汗病就痊愈了。所以治疗疾病的关键，并不在于用药的轻重，而在于切中病因。刑罚也应切中。

昔明之制律也，请爵文臣以公侯者死(16)。今灋仍之，曰文臣无大勋，请爵以公侯者死。夫《明律》之所惎于公侯者(17)，虑其拥柄震人主耳。今因袭其旧，而独弛禁于大勋之文臣(18)。若虑其震主，则大勋者愈益甚也；若其不虑，则今可剟也(19)。畔违本意，使名实相贸(20)，如是者众。故有司持法则失情，持情则失法，进退无所持，则迁延以缓其事，故法之不足以惩民者，非轻重为之也，紾戾之使必不可行耳(21)。儒者不究其实，而慕泰西轻刑之名，欲并断斩去之(22)，谓可以仁恩感下民，斯已过矣。

【注释】

(16) 请爵文臣以公侯者死，请求给予文臣公侯爵号的处以死罪。

(17) 惎(jì 技)，怨恨。

(18) 弛禁，犹解禁。

(19) 剟(duō 多),削,删除。

(20) 贸,混杂,错乱。

(21) 紾戾,扭转。指使刑律混乱。

(22) 断斩,断首和腰斩。

【译文】

从前明朝制定的法律,请求给文臣加封公侯爵位的要处以死刑。至今仍在沿袭,称文臣没有大功业,请求加封公侯爵位的要处死。《明律》之所以忌恨公侯,是怕他们权势过大而威胁到君主。如今因袭这一旧制,而只是对有大功勋的文臣解除禁令。如果担忧会威胁到君主,那么对有大功勋者更应加以防范;如果不再担忧,那么如今可以废除这一条了。背离本意,使名与实相错乱,这样的情况有很多。所以会有官吏秉公执法却违于情理,顾及情理却失于法度,进退没有固定的准则,以至于拖延而缓其事,故而法律不足以惩戒民众,并不在于刑罚的轻重,而在于刑律的混乱使其不可执行。儒者不探求其实情,而单单追慕西方轻刑罚之名,想要把砍头和腰斩的刑罚一并废除,说如此可以用仁恩来感化民众,这样做就过分了。

虽然,律令则不可以不定。夫减死一等,即为军流(23),其重者乃入于胥靡(24)。胥靡非义也,且不恒有。以军流治罪人,不过出乡,其为患苦也浅,不足以惩,故稍重者不得不入于死。愚以为古有圜土(25),今律与西法皆有监禁。监禁者,绝阴阳之气,违日月之明,若入幽谷,其愀戚过军流远矣(26)。军流可以狃忕为奸慝(27),而监禁绝之。且当其禁时,穷无余思,吟呻以求反本,斯其悔过也亦易。是则不伤肌肤,不折筋骨,而可以使民惩创。故大辟之科条(28),冗滥者宜代以是。此革重而之轻也。

【注释】

(23) 军流,充军流放。

(24) 胥靡,古代服劳役之刑徒。一说刑名。

(25) 圜土,监狱。《竹书记年》上:"夏帝芬三十六年作圜土。"《释名·释宫室》:"狱,確也……又谓之圜土。"

(26) 愀戚,忧愁悲伤。

(27) 狃忕(—shì 逝),习惯。奸慝,邪恶。

(28) 大辟,死刑。

【译文】

即使如此,法律也不可以不确定。死罪减一等,即为充军流放,其中罪行重的可判为服劳役。服劳役不合乎道义,并且不常有。以充军流放来惩治罪犯,不过是迫使他迁出本土,对他造成的痛苦也少,不足以达到惩戒的效果,所以罪行稍重的不得不判为死刑。我认为古代有监狱,而今天我们的法律和西方的法律也都有监禁这一惩罚。监禁,就是要隔绝阴阳之气,避开日月的光明,如同困在幽谷,造成的忧愁悲伤要远比充军流放多。罪犯习惯于充军流放之后仍会作恶,而处以监禁就可以杜绝了。并且在罪犯监禁期间,穷困无聊没有什么想法,痛苦呻吟以求返归本性,这样也易于他们悔过自新。这样可以不损伤肌肤,不折断筋骨,而又可以使犯人得到惩戒。所以死刑的不同名目,庞杂而泛滥者不如以监禁取而代之。这是改重罪为轻罪。

今兵律虽设,军中科罪,皆制于大将,虽上亦许以便宜从事。何者?不如是不足以肃士卒也。愚以为士卒之骚扰,非合群不足以成。其在胥役[29],则藉一人之力,骩更文法[30],以罗织人罪。其戕贼下民,百倍于士卒。若卒设曹掾也则已[31],曹掾未设,则胥役之生死,宜制命于长官。虽一邑之令,皆得以便宜论决。此革轻而之重也。

【注释】

(29) 胥役,胥吏和差役。此指具体办案的下级官吏。

(30) 骫(wěi 委),曲,枉。

(31) 曹掾,分曹治事的属吏。

【译文】

如今军队的法律虽然已经设定,然而军队中定罪,都由将领决定,即使皇帝也准许其相机行事。为什么呢?不这样做不足以整肃士兵。我认为士兵的骚乱,不成群结队地联合起来不足以成事。而胥吏和差役,则是凭借一己之力,扭曲或变更法律,以罗织他人的罪名。其对下民的摧残,百倍于士兵。如果能够设置专门负责的曹掾还好,若没有设立,那么胥吏和差役的生死命运,应当由其长官掌握。即使是一个县城的县令,都可以根据情况定其死罪。这是改轻罪为重罪。

通商之岸,戎夏相捽(32),一有贼杀,则华人必论死,而欧美多生。制律者欲屈法以就之,以为罪从下服(33),则吾民可以无死。乌乎!以一隅之事,变革域中,吾未睹其便也。愚以为震旦之地(34),隃迩若一家(35),而濒江犹有以不讞戮者(36),其附塞则有蒙古律焉(37)。今宜与诸邻国约,于通商之地,特定格令,参中西之律以制断,而不以概域中(38)。此轻重互相革也。

【注释】

(32) 相捽(—zuó 昨),相互冲突,抵触。参见《序种姓下》第十八注(163)。

(33) 下服,指减等服刑。

(34) 震旦,古代印度对中国的称呼。

(35) 隃迩,远近。隃,同“遥”。

(36) 讞(yàn 厌),议罪。不讞戮者,指不进行法律审判就处以死刑。

(37) 附塞,边塞。

(38) 不以概域中,指不对于中国的情况一概而论。

【译文】

通商口岸,中外民众相互冲突,一旦有伤害事件,那么华人必定会被判处死刑,而欧美人多不会。制定法律者想要放宽刑罚以屈就这一状况,减轻刑罚,那么我国的人民就可以不被判死刑。可悲啊!因为一个狭小区域的特殊情况,变革整个中国的法律,我看不出这样做有什么益处。我认为以中国之大,不论远近都如同一家,而濒江仍有不进行法律审判就处以死刑的,边疆地区尚且还有蒙古律法呢。如今应当与各个邻国约法,在通商地区,特为制定法令,参照中西的法律来裁决定罪,而不是对于中国的情况一概而论。这是轻罪、重罪互相改革。

若是,则惩民者卒在轻重之剂乎?曰:否。减死以去苛,授正长以权以肃吏,定通商之律以平怨。若夫惩民,则固在必行也(39),非轻重之剂所能与也。且今世矫虔之民众矣(40)!其尤黠者,盖怯于犯吏而勇于陵人,拙于公盗而巧于私取,短于斗力而长于詈言,其情可诛。顾遁于律令之外,虽欲必行,且有所不得行焉(41),而况其不行与?

【注释】

(39) 固在必行也,指对于违法一定要追究。

(40) 矫虔,劫杀,略夺。

(41) 有所不得行焉,以上几句意为,狡黠之人钻法律的空子,虽然想追究,也无法实现。

【译文】

即便如此,惩戒民众的关键在于刑罚的轻重吗?应当说:不是的。死刑减等以去除法律的严苛,授权主管官吏以整顿吏治,制定通商地区的法律以平民怨。至于惩戒民众,关键在于对违法者一定要追究责任,并不仅仅是刑罚的轻重所能解决的。何况今世敲诈掠夺之人太多了!更狡猾的是那些不敢冒犯官吏却勇于欺压平民,拙于公然盗窃却长于私下掠取,短于斗力却擅长空言的,这种类型的人该杀。只是这样的狡黠之人逃脱于律令之外,即使想去处罚,尚且有无法实现的情况,何况是不去惩罚呢?

不加赋难第三十九

[说明]本文揭露了清廷“衒不加赋以示恩”的丑恶行径。指出清朝统治者表面宣称“不加赋”,实际却利用各种借口加收赋税,更有甚者,他们把国库当私库,巧取豪夺,使国家赋税白白流入自己口袋,他们这种公开的盗窃行为比强盗有过之而无不及,所谓的不加赋根本就是骗人的鬼话,是掩盖不了他们自私、贪婪的本性的。

本文收入《訄书》初刻本,收入《检论》时改题《谴虚惠》,文字略有改动。

珠申之帝(1),衒不加赋以示恩,而赋固所以龚甲米也(2),加之则孰不张楚于大泽者乎(3)?既椎脂髓以自肥其族,及势格不可加(4),而嗥曰“吾泽厚矣”,若伛偻而钓者,果敬其鱼乎哉?且耗羡者(5),令长所私索,而缩取之以入县官(6),其卒又使令长得公取平余于民(7),其加赋二矣。大兵起,门关蹊梁(8),于是乎有厘金(9),曰:是征之商贾也。使商贾不因是以厚鬻而返取之农圃(10),则是诚惠政尔。不然,其犹曰羖非羊(11),羊非羖也。

【注释】

(1) 珠申,满语音译,即女真,满族的前身。

(2) 龚,“供”的本字。甲米,交纳赋税之米。

(3) 张楚,秦末农民起义领袖陈胜国号。大泽,乡名。陈胜于此起义。张楚于大泽,谓造反起义。

(4) 格,至。

(5) 耗羡，古代官府征收赋税时，以弥补损耗为名，额外加征的部分。
(6) 缩取，抽取。
(7) 平余，征收赋税正额之外的多余部分。
(8) 蹊梁，道路和桥梁。蹊，小路。梁，桥。
(9) 厘金，清末于水陆关卡征收的货物通过税。
(10) 厚鬻，高价出售。
(11) 羖(gǔ 古)，黑色公羊。

【译文】

满洲的皇帝，夸耀不加赋税以给民恩惠，然而赋税就是供应禄米，再增加不会引起人民起义吗？既已搜刮民脂以确保满人的利益，等到不能再增加时，却大声叫嚷说"我的恩泽多么仁厚啊"，如同佝偻着身体的垂钓者，是果真敬爱水中的鱼吗？况且征收赋税时为弥补损耗加征的部分，是地方官吏所私自索取的，而又抽取这部分进入官府，最终使得地方官吏公开地从百姓那里征收赋税之外的部分，已经又多收了两次赋税。大规模战争爆发时，城门、关卡、道路和桥梁，又征收货物税，说：是向商人征税。若使商人不因政府加税而高价出售商品以转嫁到农民头上的话，那么的确是好政策。否则的话，就好比说黑色的公羊不是羊，羊不是黑色的公羊，但最终羊毛出在羊身上。

校猎之夺禽也[12]，攘人之兔以为乾豆[13]，而发弦者不厌其余蔵[14]，虽少非廉矣。今少之不能，而假借其辞以耀之，信夫民之易愚哉！明愍帝之重敛[15]，非以营驰道[16]，御寇卫民则有焉，而民曰"加赋"。今之薄敛，少半而啖群胡[17]。群胡不能折冲以庇黔首[18]，是黔首无所卫也。窃人之财，犹谓之盗，今其妇人未尝刺韦作文绣、织氀毼[19]，其男子未尝作弓矢鞍勒[20]、锻金铁为兵器，《后汉书·乌桓传》，述其男女所业如是。乌桓即满洲旧域矣。以自澹给[21]，而浮食于民[22]，历八世无酬醋[23]，是恣其劫略而不忧名捕于有司也。于盗甚矣！而民曰“不加赋”。

【注释】

(12) 校猎，设栅栏以便圈围野兽，然后猎取。

(13) 乾豆，祭祠用品。乾，干肉。豆，祭器。

(14) 发弦者，指射箭者。胾(zì 自)，切成大块的肉。

(15) 明愍帝，明朝末代皇帝朱由检，年号崇祯(1628～1644 年)。

(16) 驰道，古代供天子行驶车马的道路。

(17) 群胡，指八旗士兵。

(18) 折冲，摧毁敌人的战车。谓克敌制胜。冲，冲车，用以攻城。

(19) 刺韦作文绣，在毛皮上绣织花纹。韦，柔皮。氀毼(lǘ 驴 hé 曷)，一种毛织品。《汉书·乌桓传》李贤注引《广雅》曰：“氀毼，罽也。”

(20) 鞍勒，马鞍和马辔。

(21) 澹给，即“赡给”。澹，通“赡”。

(22) 浮食，游食，不劳而获。

(23) 酬醋，即“酬酢”。报答。酢，古作“醋”。

【译文】

打猎时抢夺猎物，抢夺他人的兔子以做祭品，而射中兔子者并不嫌自己的猎物多，那么即使抢的少也是贪心。如今减少赋税做不到，却假借其辞以炫耀不加赋税，民众的确是容易被愚弄啊！明朝末代皇帝朱由检征收重税，不是去营建供天子行驶车马的道路，而是去抵御贼寇保卫百姓，百姓尚且说“加收赋税”。如今所谓薄敛，少半用来供养八旗子弟。八旗士兵不能克敌制胜保护百姓，使得百姓得不到卫护。窃取他人的财物，尚且被称为强盗，如今满人的妇女未曾绣花、织布，满人的男人未曾制作弓箭马鞍，锻造兵器，(《后汉书·乌桓传》，记载其男女所从事的劳作就是这些。乌桓就是满洲的故地。)却能以衣食无忧，掠食于民，前后历二百四十年而没有回报被掠食者，这是恣意劫掠而无须担忧被官吏通缉。这更甚于盗贼！而百姓却说“不加赋税”。

嗟乎！岁在鸟咮[24]，而降民仪九万夫[25]，日夜不黔其突以图革政[26]，将求资于大府[27]，而无若八旗之蠹蚀何[28]？使八旗之无饷乾甲米[29]，则岁节五百万而赢。据《光绪会计录》，支八旗兵饷马银四百六十七万五千九百六十九两，支八旗米折银一百十万八千四百四十一两，凡五百七十八万余两，为一岁之数。今几十三万万矣。以是通商惠工而实军府，何功之不成？而何师之不举？其又磬折徒跣以承白人之頩怒也[30]？

【注释】

(24) 鸟，星名。《尚书·尧典》："日中星鸟，以殷仲春。"传："鸟，南方朱鸟七宿。……春分之昏，鸟星毕见。"咮（zhòu 宙），柳星。《尔雅·释天》："咮谓之柳。"柳八星位于朱鸟之口，故名。

(25) 民仪，民之有仪范者。

(26) 黔其突，即黔突。《淮南子·修务》："孔子无黔突，墨子无暖席。"注："黔言其突，灶不至于黑，……历行诸国，汲汲于行道也。"黔，熏黑。突，烟囱。

(27) 大府，太府。掌府藏会计。求资于大府，指增加国库的收入。

(28) 蠹蚀，侵蚀。

(29) 饷乾，行军时的干粮。亦指军饷。

(30) 磬折，弯腰。徒跣，光脚。頩怒（píng 瓶—），怨怒。

【译文】

唉！岁在鸟咮，即使上天降下贤才九万人，日夜辛劳以图革新政治，将增加国库的收入，而又怎奈何八旗子弟的侵占呢？假若八旗子弟无需军饷和禄米，那么一年可节省五百万两以上。（依据《光绪会计录》，支付八旗兵饷马银四百六十七万五千九百六十九两，支付八旗子弟粮米折银一百一十万八千四百四十一两，共计五百七十八万余两，这只是一年的数额。）按二百四十年计，到如今已将近十三亿两了。用它来开展贸易、发展工业及发展军事，什么功绩做不成呢？什么军队攻不克？何至于卑躬屈膝以承受白人的怨怒呢？

夫公府臧以为百官之经用[31]，则多取而不为横[32]。漆林有征，间架有征[33]，船轺有征[34]，津渡有征，一内焉，一出焉，犹大酺而敛者也[35]。今反是侯度[36]，而举岁藉以饷群胡[37]，虽不增矣，其膏泽则不沐浴于小民。且汉氏之三十而取一者[38]，不愈薄乎？譬蛲瘕之蚀人[39]，纵不时髡，其筋力固以日弛。及以厘金捊取，以昭信票乞贷[40]，岂不曰吾以事国家，非少府私之也[41]？亦念夫八旗之蚀蠹于前，而今乃鳆其后邪[42]！遭岁之大漮[43]，攻剽及都会，知不可奈何而振恤之[44]，其于积岁所获，千未抒一焉，又募资于富人以辅其乏。乃自歌舞其德曰："吾节大官之饔、珍裘之饰，以惠尔氓也。"鄉非廪禄其族[45]，而岁取什二以为常平，其安取是惠矣？

【注释】

(31) 公，犹共，共用、共享之意。府臧，国家储存财物的府库。

(32) 横，横征暴敛。

(33) 间架，建筑房屋。

(34) 轺(yáo 摇)，轺车。古代一种轻便的车。

(35) 大酺(—pú 仆)，群聚饮食。敛，聚敛财物。

(36) 侯度，为君的法度。《诗·大雅·抑》："质尔人民，谨尔侯度。"郑玄笺："侯，君也。"

(37) 岁藉，每年征收的赋税。

(38) 三十而取一，指汉代文、景实行三十税一的薄赋。

(39) 蛲瘕(náo 挠 jiǎ 假)，寄生虫。白色。寄生在人小肠下部和大肠里。

(40) 昭信票，清代发行的一种银票，可用于借贷。

(41) 少府，皇帝私人的府库，亦指掌管皇帝府库的人。

(42) 鳆(qiū 秋)，同"緧"。蹴踏。

(43) 大漮(—kāng 康)，大灾荒。《说文·水部》："漮，水虚也。"《释诂》："漮，虚也。"

(44) 振恤，救济。

(45) 鄉，通"向"。假使。廪禄，发给俸禄。

【译文】

将国库所藏作为百官的共用，那么多取也称不上横征暴敛。漆林要征税，建造房屋要征税，船只和轻车要征税，渡口要征税，一方面是收入，一方面是支出，犹如聚餐而收取每人一定财物一般。如今却不是这样，而是用每年征收的赋税来供养八旗子弟，即使不增收赋税，恩泽也不会惠及平民。况且汉代曾实行三十税一，赋税岂不是更轻吗？如同寄生虫侵蚀人，即使不会立刻死掉，人的身体也会日益衰弱。至于用贸易税来聚敛，用昭信股票来借贷，何不说我以此治理国家，并非皇帝的私库所有？曾记八旗子弟侵蚀于前，而今又践踏于后！遭遇灾荒的年头，攻击掠夺波及大都市，知道无可奈何而应付着去赈济，所赈济的相对于一年所征收的，不及千分之一，又募集富人的财物以填补所缺。却鼓吹其德行说："我节制了大官们的饮食用度，以惠及你们老百姓。"假使不是给满族人发俸禄，而一年所征十取其二以建立常平仓，哪里还用得着这种恩惠呢？

乌乎！深宫之酋，离婴保之手(46)，不自知其㥷德(47)，以不加赋诡炫其民者，其职耳。百僚师师(48)，落其朖珠(49)，冠其孔雀，服其韗子(50)，曳其盛髾(51)，厌其淳曆(52)，悬其帛书，无以报之(53)，而剧前世之苛政以美之(54)。甚矣哉！其背本而不知恧也(55)。

【注释】

(46) 离，通"丽"。附着。婴保(ē—)，阿保。古称傅母。以妇道教人。

(47) 㥷德(fèi 费—)，败德。《史记・三王世家》："毋㥷德。"司马贞索隐："㥷，败也。"

(48) 师师，庄敬貌。

(49) 落，通"络"。缠绕。

(50) 鼲子(hún 浑—),鼠类。俗称灰鼠,皮可制裘。此指鼲皮裘。

(51) 鬋(jiǎn 剪),下垂的鬓发。

(52) 淳曆(—lì 历),美味的饭食。曆,《说文解字·甘部》:“曆,和也……调也。”

(53) 无以报之,指百官师僚得到皇帝厚遇,生活得到优待,无以回报皇帝。

(54) 剧,夸大。剧前世之苛政以美之,夸大前世的苛政来美化现在的统治者。

(55) 恧(nǜ),惭愧。

【译文】

唉!长在深宫里的皇帝,生活依赖傅母之手,不自知其败德,而以不增加赋税来欺诈迷惑天下百姓,很正常啊。百官庄严肃敬的样子,缠绕着用珠玉穿成的颈饰,戴着孔雀花翎,穿着鼲皮裘衣,拖着美盛的鬓发,饱食美味的饭食,悬挂其写在缣帛上的诏书,无以回报皇帝,便夸大前世的苛政来美化他。太过分了!他们违背了根本却不知羞愧。

明农第四十

[说明]中国是传统的农业国家，农业在历史上一直受到重视。但自近代以来，随着资本主义的发展，传统的重农抑商政策遭到怀疑和否定，人们在发展工商业的同时对农业却有所忽视。本文即是在这一背景下提出发展农业的问题，其中一些观点至今仍有启发意义。

作者认为农业为经济之本，只有重农、大力发展农业，才能“百货逢涌，不知其所尽，而商旅通矣”。20世纪初，中国对外贸易出现逆差，大量金币流向国外，有人将责任归于商业。而作者认为关键还在于农业落后，由于生产不出价廉物美的产品，“商虽通矣，其何取以连”？更让作者担心的是，由于忽视了农业发展，致使粮价飞涨，“米一石则至万钱矣”，人们的生存都受到威胁，这不能不让人重新认识到农业的重要性。为了改变农业的状况，作者提出设立专门负责农业的农官，对农业生产做统一的规划和管理。

不难看出，作者虽受到传统重农思想的影响，但与后者还是有区别，这主要表现在：一、作者不反对发展商业，而是要农业、商业相互促进，共同发展；二、作者所说的“农”比以往的含义要广泛，包括“工”的一部分。这是作者超越前人的地方。但作者没有看到发展工业的重要性，认为商业完全依赖农业，则是错误的。

本文收入《訄书》初刻本，并收入《检论》有增补。

昔吾尝恨始元文学之与弘羊辩也(1),不如卜式(2)。

【注释】

(1) 始元文学,即贤良文学。汉昭帝始元六年(前 81 年),昭帝征集郡国贤良文学之士,询以治乱,故又称始元文学。弘羊,桑弘羊(前 152～前 80 年)。西汉洛阳(今河地洛阳东)人,出身商人家庭。武帝时任治粟都尉,领大司农。制定推行盐铁酒类的官营专卖,设立平准、均输机构控制全国商品。始元六年召开盐铁会议,贤良文学在盐铁会议上就罢盐铁、榷酤、均输等问题与其展开辩论。

(2) 卜式,西汉河南人。畜牧主出身。屡以家财捐助政府,武帝任为中郎,后封关内侯,官至御史大夫。因反对盐铁专卖,不久被贬为太子傅。

【译文】

从前我曾痛恨贤良文学与桑弘羊辩难,还不如卜式。

夫天地有百昌以资人用(3),待工而成,待商而通。故圣人置舫人之官以通川泽(4),骖服騋牝以达原阪(5),人不极劳,而足以穷泰远,剂其所产,以龚服御。弘羊之均输(6),非苟作也。今之人亦尝以理财之善善刘晏(7),晏式弘羊矣。勿为权首,而怨勿及也(8)。而文学诸生,类欲远法治古(9),民至老死不相往来,以遏贪鄙之俗,醇至诚之风,其议虚憍(10),近于无端崖之辩(11),固不足以服弘羊矣。

【注释】

(3) 百昌,指各种生物。《庄子·在宥》:"今夫百昌,皆生于土,而反于土。"

(4) 舫人之官,指掌管河流船只交通之官。

(5) 骖(cān)服騋(lái)牝(pìn),指车舆交通。骖服,骖马和服马。参见《官统上》第三十二注(23)。騋牝,《诗·鄘风·定之方中》:"騋牝三千。"传:"马七尺以上曰騋,騋马与牝马也。"原阪,平原和山腰小道。

(6) 均输,指在大司农属下置均输令、丞,统一征收、买卖和运输货物,以调剂各地供应。

(7) 刘晏(715～780年),唐代理财家。字士安,曹州南华(今山东东明)人。曾任吏部尚书,领度支盐铁转运租庸使,整顿盐税,行平准法,改善了安史之乱后财政紊乱的状况。

(8) 式,以为榜样。权首,主谋。肇事者。《史记·吴王濞传》:“勿为权首,反受其咎。”

(9) 类欲,似乎想要。类,象,似乎。《战国策·东周·周共太子死》:“王类欲令若(注:周赧王子)为之,此健士也。”治古,《荀子·正论》:“治古无肉刑,而有象刑。”杨倞注:“治古,古之治世也。”

(10) 虚憍,浮华不实。《庄子·达生》:“方虚憍而恃气。”憍,通“骄”。

(11) 无端崖之辩,没有边际的言论。《庄子·天下》:“庄周闻其风而悦之,以谬悠之说,荒唐之言,无端崖之辞,时恣纵而不傥。”

【译文】

天地生万物供人使用,需有工匠使之成器,需有商贾方可流通。所以古代圣人设舫人之官以掌管河流交通,有马匹车舆以交通平原山地,使人不必过于劳顿,便可行万里,凭借所产之物,以供路途所需。桑弘羊所论的均输,不是即兴设计。今天仍有人称赞刘晏善于理财,而刘晏就是效法桑弘羊。只是刘晏不是首倡者,才没有遭到非议。而贤良文学,似乎要效法古代之治,使百姓老死不相往来,以遏制贪婪粗鄙之俗,养成纯朴诚实之风,他们的议论浮华不实,近于不着边际,原不足以说服桑弘羊。

察弘羊之病,在知商而不知农。卜式,农家也,故导之以衣租食税(12),以为本议。租税出于谷,谷出于力耕,力耕出于重农,是为知本。夫通四方之珍异,使五金、百卉、皮革、丹漆,昼夜相转乎前,而上榷税之(13)。民得其养,上得其用,均输之术于是乎两便。然计本量委转输之(14),久而出者必穷。是故终南之山,今无檀柘者(15);会稽之壤,今无竹箭者,取之尽也。然则商非能自通也,孳殖于农,而裁制于工,已则转之。今居大农之官,而不以饬力长财,惠训其民，斯溺职也哉[16]！古之所谓农，非播稼而已，蔬中之丰[17]，园圃毓之[18]；桢干之富[19]，虞衡作之[20]；鸟兽之蕃，鱼蛤之孳，薮牧聚之[21]；麻枲之坚[22]，蚕桑之晠[23]，妇工成之。数者，非三农之职也[24]，而隶于农。故诸农之所隶籍者[25]，一切致筋力以厚其本，则百货逢涌[26]，不知其所尽，而商旅通矣。

【注释】

(12) 导之以衣租食税，《汉书・食货志下》："是岁小旱，上令百官求雨。卜式言曰：'县官当食租衣税而已，今弘羊令吏坐市列，贩物求利。亨弘羊，天乃雨。'"衣租食税，亦作食租衣税。即衣食租税。

(13) 榷税，专卖业之税。榷，专卖。

(14) 计本量委，犹计量本委。本委，积贮的谷物。《管子・国蓄》："然则岂物固寡而本委不足也哉？"尹知章注："委，所积委之物也。"转输，转运。

(15) 檀柘(—zhè 这)，檀木和柘木。均为名贵木材。

(16) 溺职，失职。

(17) 蔬中，蔬菜。中，草的古字。

(18) 园圃，掌场圃之官。《周礼・天官・大宰》："以九职任万民：……二曰园圃，毓草木。"毓，同"育"。

(19) 桢干，筑墙时所用之木柱，竖于两端的叫桢，竖于两旁的叫干。《尚书・费誓》："峙乃桢干。"

(20) 虞衡，掌山泽川林之官。《周礼・天官・大宰》："三曰虞衡，作山泽之材。"

(21) 薮牧，掌畜牧之官。《周礼・天官・大宰》："四曰薮牧，养蕃鸟兽。"

(22) 麻枲(—xǐ 洗)，大麻的雄株，只开雄花，不结果实，也叫花麻。此泛指麻。

(23) 晠，同"盛"。《楚辞・九章・惜往日》："盛气志而过之。"王逸注："盛，古作晠。"

(24) 三农，居住在三类地区的农民。《周礼・天官・大宰》："以九职任万民：一曰三农，生九谷。"郑司农(众)曰："三农，平地、山、泽也。"郑玄谓三农，原、隰及平地。

(25) 隶籍，隶属。

(26) 逢涌，水势盛大貌。《汉书・司马相如列传》："大汉之德，逢涌原泉。"此指物产丰富。

【译文】

桑弘羊的不足之处，在于只知商业而不知农业。卜式，持农家之说，所以用衣食租税引导民众，认为已得其要领。租税以五谷丰收为前提，五谷以力倡耕作为基础，耕作以重农为要，重农才是国之本。流通各地的珍异物产，使得各种金属、花草、皮革、丹漆，时时可供应人所需，而君主可以征税。百姓得物产之养，君主得税收之用，均输法可对国家、民众都有利。然而统计所贮存的物产来转运，时间久了物产总会匮乏。所以今天的终南山，已没有檀木、柘木；会稽的土地，也没有如箭的细竹了，都被取尽了。商人自己不能使商品流通，要靠农民生产，工人加工，然后才能使商品流通。若作为农官，而不能使物产丰饶，惠及民众，那就是严重失职！古代的所谓农业，并不只是播种庄稼而已。丰富的蔬菜，是园圃培育；筑墙的木桩，是虞衡制作；鸟兽和鱼鳖，是薮牧聚养；麻与桑蚕之盛，是妇工完成。这几方面虽非三农的职责，而隶属于农业。所以，隶属农业的几个方面，都是为了努力发展农业，使货物繁盛，商旅于是亨通。

乌乎！今中国金币之泄于异域者，不可画箸计也(27)。议者病夫商旅之不远出，而欲致行之，顾未尝以器之良楛(28)、物之盈绌为计。彼苦荼与丝者(29)，非园夫红女，将曷成者也？逾淮、汉，甫草之地(30)，茡岳大数十(31)，桑麻不殖，牛羊不下括(32)。车陟乎桃林(33)，甫草之地，茡岳大数十，蒲陶不成，牛羊不下括。商虽通矣，其何取以连(34)？

【注释】

(27) 不可画箸计也，不可胜计。箸，筷，此指算具。

(28) 良楛，精良和粗劣。《荀子・王霸》杨倞注："楛，谓器恶不牢固也。"

(39) 苦荼,茶树。

(30) 甫草,甫田之草。《诗・小雅・车攻》:“东有甫草,驾言行狩。”郑玄笺:“甫草者,甫田之草也。”甫田,郑国薮泽名。

(31) 丵岳(zhuó 著—),《说文》:“丵,丛生草也。象丵岳相并出也。”王筠《句读》:“丵岳,叠韵,盖争高竞长之状。”

(32) 括,会合。《诗・王风・君子于役》:“日之夕矣,牛羊下括。”传:“括,会也。”

(33) 桃林,周武王放牛处。在今河南灵宝至陕西潼关之间。《尚书・武成》:“放牛于桃林之野,示天下弗服。”

(34) 其何取以连,拿什么去通商交换。

【译文】

唉!如今中国大量的金银流入他国,不可计数。有人怪罪商人不能远行,而想要大兴商旅,却不去关注器物精良与否、物产多寡与否。如茶叶与丝绸,若没有园丁与女工,将从何而来?淮河、汉河之间,像甫田那样的草地,荒草丛生的约有十处,而桑麻不植,牛羊不下于牧场。车行于桃林,荒草丛生的约有十处,而葡萄不成,牛羊没有牧场。即使商旅能到那里,将取何物来交换?

且吾所病于无农者,有湛是者也(35)。今果窘于耕获,米一石则至万钱矣!自喘耎之虫(36),蝝息之物(37),莫必其命(38)。而明者始思兴农以厌塞之。

【注释】

(35) 湛,深厚。

(36) 喘耎,犹“惴耎”。《庄子・胠箧》:“惴耎之虫。”软体爬虫。耎,古同“软”。

(37) 蝝息,当为“喙息”。喘息。喙,息。

(38) 莫必其命,无法保全生命。《荀子・议兵》:“杀戮无时,臣下懔然莫必其命。”

【译文】

我担忧农业不兴，还有更严重的。假若真到了粮食欠收的地步，米价可能会高到一石值万钱！凡是喘息的生物，哪怕是只虫子，都难以保全性命。那时有见识者才会思考如何振兴农业以充实国本。

吾以为农官不设，农事不能以大举。昔者北方之沙砾，蓟丘之左(39)，自虞集始营度之(40)，至于今二十世。天山之水泉，若古勿导，导之自林则徐(41)，至于今再世。而其效特局促于是也，非设农官无以为也。

【注释】

(39) 蓟丘，今北京。

(40) 虞集(1272～1348 年)，元代四川仁寿人。字伯生，人称邵庵先生，官翰林直学士兼国子祭酒。建言允许民众开垦京东沿海之地，筑堤以捍海潮。

(41) 导之自林则徐，林则徐禁烟失败后发配新疆，在当地做过兴修水利的事业。

【译文】

我认为不设立农官，不足以振兴农业。从前北方沙砾之地，北京城附近，自虞集开始经营此地，到今天已有六百年。天山之泉水，从前无人导引，自林则徐始兴修水利，到今天也已有六十年。而其效用也只是局限于此，不设立农官不足以治理好农业。

禁烟草第四十一

[**说明**]近代以来,主张禁毒的大有人在,主张禁烟的却不多,本文则明确提出了这一问题。

作者认为,烟草与鸦片的危害同样巨大。他分析道,一顷田地,种植烟草的利润是种植谷物的十倍,而种植烟草付出的劳动仅是谷物的十分之一。在巨大利益的诱惑下,农民都改种烟草,使粮食生产受到极大影响。烟草本身含有毒素。几年之后,它所生长的土壤便受到污染,无法耕种,可见烟草既夺民粮又夺民田。它的危害完全不亚于罂粟鸦片。对于如何禁止烟草,作者提出要由政府出面,用法律行政的手段达到禁烟的目的。

本文收入《訄书》初刻本,未收入《检论》。

闽土非甚硗确(1),民亦不绵力薄材(2),而食谷必转于近省(3)。甚哉!烟草之为害烈也。田莱一顷(4),三谷而七烟。市烟之利,逾谷且十倍;树烟之劳,杀谷且十倍(5)。民以呰窳(6),绌与而嬴取。烟叶之苦泽,下毒其壤,数年不能成菜茹(7),虽欲反而树稼,其道无由(8)。殖者滋庶,食者滋众,民利而玩之,监司恬而狎之(9),迥禁不设(10),若天之无凶年也。

【注释】

(1) 硗确(qiāo 敲—),土地坚硬不肥沃。《孟子·告子上》:"则地有肥硗。"注:"硗,薄也。"玄应《众经音义》卷一引《孟子》注:"确,瘠薄地也。"

(2) 绵力薄材，才力薄弱。《汉书·严助传》："越人绵力薄材，不能陆战。"

(3) 食谷必转于近省，指粮食要从附近省份运入。转，转运。

(4) 田莱，正在休耕和耕种的土地。

(5) 杀，少。

(6) 呰窳（zǐ 籽—），亦作啙窳。苟且，懒惰。《汉书·地理志》下："果蓏蠃蛤，食物常足，故啙窳媮生，而亡积聚。"颜师古注："啙，短也。窳，弱也。言短力弱材不能勤作，故朝夕取给而无储偫。"

(7) 菜茹，蔬菜。

(8) 无由，不可能。由，途径。

(9) 监司，官员。恬而狎之，安然置之，不与干涉。

(10) 迥禁，厉禁。

【译文】

福建的土地并非太坚硬贫瘠，百姓也并非才力薄弱，而粮食却必须从附近省份运来。烟草的危害实在是太大了！一顷田地，三成种植谷物而七成种植烟草。卖烟草所得之利，超过谷物的十倍；种植烟草所付出的劳动，却不及谷物的十分之一。百姓变得孱弱、懒惰，付出少而得到的多。烟草的毒素，使土壤受到破坏，几年后就长不出蔬菜了，即使想重新种植庄稼，已无法实现。种植烟草的越来越多，吃饭的嘴也越来越多，百姓种烟草得利而玩忽于种植谷物，官员安然置之，不加禁止，好像上天就没有荒年似的。

嗟乎！天下方穰穰以思罂粟之禁，于此琐且尾者(11)，则何暇议去？夫不审利害之原，而苟以大小权之，固也(12)。罂粟大而烟草细也。树罂粟者使民食而死，树烟草者使民不食谷而死。死一也，何大与细之分？

【注释】

(11) 琐且尾者，琐碎末细者。指上文所列举烟草种种害处。

(12) 固，必然。

【译文】

可叹！天下人正忙着思考如何禁止鸦片，对于这些琐碎的事情，哪有工夫去议论？若不考虑利害之原，只以大小来衡量，这是必然的。罂粟危害大而烟草危害微小。种植罂粟者使民众吸食鸦片就会致死，种植烟草者使民众不吃谷物也会致死。同样是害死人，有何大小的区别呢？

古者萍氏有酒几[13]，今亦禁烧锅[14]。夫酒以成宾嘉之礼，宾主百拜而后敢酬醋以道天命[15]；其下穷民，冬非酒不燠[16]。然而有迥禁者，害谷甚也。今烟草无酒之利，而有酒之害。酒害谷有涘[17]，烟草害谷无涘，无禁，得乎？

【注释】

(13) 萍氏，《周礼·秋官·司寇》属官，掌国之水禁。酒几，《周礼》作“几酒”，郑玄注：“苛察沽买过多及非时者。”

(14) 烧锅，指酿酒。

(15) 百拜，多次交拜。《礼记·乐记》：“是故先王因为酒礼，壹献之礼，宾主百拜，终日饮酒而不得醉焉。此先王之所以备酒祸也。”酬醋，即酬酢。宾主互相敬酒。

(16) 燠(yù 预)，暖、热。

(17) 涘(sì 肆)，边涯。《释文》：“涘，音俟。涯也。”

【译文】

古时候萍氏有酒禁，而今仍禁止酿酒。酒是宾礼、嘉礼所不可缺少的，宾主多次交拜之后才互相敬酒以道天命；社会底层的平民，到了冬天通过喝酒来暖和身体。然而之所以有所禁止，是因为酿酒太浪费粮食。如今烟草没有饮酒那么多的益处，而有酿酒之害。酿酒对粮食的损害还有个限度，而烟草对粮食的损害没有边际，不禁止，能行吗？

或曰:闽民赖是久矣。迮而禁之不能[18],而适为恐猲受赇者地[19],是擅吏资而夺民利也。禁不如榷[20],榷当如洋药[21],十而税其三,无厚利则止矣。

【注释】

(18) 迮,同"乍"。仓促。

(19) 恐猲,恐喝。猲,通"喝"。受赇,接受贿赂。赇,贿赂。地,谓提供场地、途径。

(20) 榷,专卖。

(21) 洋药,鸦片的别称。

【译文】

有的人说:福建的百姓依赖种植烟草很久了。仓促间禁止烟草也不可能,反而给恐吓、收取贿赂者创造机会,这是资助官吏而夺取民利。禁止烟草还不如采取专卖的形式,就像对鸦片,十分而抽取三分的税,没有丰厚的利润买卖就会逐渐停止了。

噫!葸慎怯耎之臣[22],闻益帑则孰敢动[23]?瞭者以为害谷而重困之也[24],瞍者以为利国不可去也[25],则禁不得行,适助之增重耳。且昔之禁罂粟,其病亦足以夺民而擅吏,然忍志禁之者,爱民以政,不以小惠也。夫籍君相之势,诛鉏草茅且不能[26],则何以为政?

【注释】

(22) 葸慎(xǐ 洗—),畏惧谨慎。葸,畏惧。

(23) 帑(tǎng 傥),国库里的钱财。闻益帑则孰敢动,听说种植烟草能增加国库收入,谁还敢禁止?

(24) 瞭者,明白、有见识者。瞭,目明。

(25) 瞍者,无远见者。瞍,目盲。

(26) 草茅,指烟草。

【译文】

可悲！胆小懦弱的官吏，听说烟草可以增加国库收入谁还敢动？明白的人认为烟草损害粮食而加重了百姓的困苦，没有远见的人认为烟草对国家有利就不能禁止，不但禁止烟草推行不下去，反而助其加重了税收。况且从前禁止鸦片时，其弊端也足以夺民财而使官吏擅权，而那些仍坚持禁烟者，为政爱民，不以小的恩惠。凭借国君及大臣的势力，禁止烟草尚且做不到，那么还怎么治理国家？

愚以为烟草之禁，政在守令，而司以耆老、乡先生(27)；吏无得与(28)，与者格无禁(29)，何资之擅？下令之岁，已栽者不芟(30)，明年无莳(31)。莳以番薯蓣(32)，足以代谷；三年而腊毒尽，则壤可稼矣，何利之夺？诏之无谷之害，而动其戒心。犯禁：三亩者，伏通衢(33)；五亩，捶(34)；十亩，罚白金五两；二十亩，官笞之(35)，没其地入里校室(36)。导同畴除烟草者(37)：三亩，一升醴；五亩，一箪羹；十亩，一丈布；二十亩，白金二两。三年以觇闽田(38)，五年以觇闽仓之谷。

【注释】

(27) 司，监督、执行。耆老，年长者。乡先生，乡中有学识、威望者。

(28) 吏无得与，官吏不得干预。

(29) 格，格杀。

(30) 芟(shān 山)，割。

(31) 莳(shì 事)，栽种。

(32) 番薯蓣，今称洋芋、土豆。

(33) 伏通衢，在大街示众。

(34) 捶，古刑罚之一，棒打。

(35) 笞，用鞭或竹板拷打。

(36) 里校室，汉代在里巷设立的检弹民众的机构。此指官府。《公羊传·宣公十五年》:“什一行而颂声作矣。”何休注:“一里八十户,八家共一巷,中里为校室。”

(37) 导,劝导、奖励。

(38) 觇(chān 搀),观看。

【译文】

我认为要禁烟草,当由地方长官亲自主持,由德高望重的长者监督执行;胥吏不得干预,干预者格杀勿论,何至于使其擅权?当年下禁令时,已经栽种烟草的不用割掉,明年不能再种。栽种洋芋、土豆,足以代替谷米;三年之后烟草之极毒基本消失,田地又可以种植庄稼了,能损失百姓多少财利呢?下诏书告知没有谷物的危害,从而触发他们戒除烟草的决心。如若有人犯禁:种植烟草三亩,在大街上罚跪;五亩,罚棒打;十亩,罚银五两;二十亩,官府用鞭或竹板抽打,收其田地没入官府。劝导同伴戒除烟草的:三亩,奖一升酒;五亩,一箪羹;十亩,一丈布;二十亩,白银二两。三年后察看福建的田地状况如何,五年后察看福建粮仓中的粮食多少。

定版籍第四十二

[**说明**]孙中山是“中国最早的革命民主派”，他代表民族资产阶级、城市小资产阶级和乡村农民的利益，提出“平均地权”和“耕者有其田”的主张。章太炎积极拥护这一反封建主张。1902 年春，章太炎与孙中山在东京相识定交，二人讨论了在中国改革土地制度和赋税制度的问题。本文便是他们讨论的记录。

他们主张土地国有，把地租及土地所有权转交给资产阶级革命后建立的国家，“不稼者不得有尺寸耕土”，剥夺地主对农民进行封建剥削的主要手段。本文还设想运用国家政权的力量，在农村实现土地关系的改革，使农民“乐其生”，解放农业生产力。同时，文中还强调在工商业中间不可搞均贫富，强调保留资本主义地租等等，说明这是为发展资本主义扫除道路的反封建方案。

本文首次收入《訄书》重刻本，收入《检讨》时文字有改动，并删去了文末所附的《均田法》。

章炳麟谓孙文曰：“后王视生民之版(1)，与九州地域广轮之数(2)，而衰赋税(3)，大臧则充(4)。

【注释】

(1) 版，户籍。

(2) 九州地域广轮之数，《周礼·地官·大司徒》：“以天下土地之图，周知九州之地域广轮之数。”这里谓土地面积。

(3) 衰赋税，确定赋税的等级。衰，等差。

(4) 大臧,指国库。臧,通藏。

【译文】

章炳麟对孙文说:"革命成功后的当政者审察百姓户籍,计算国家的疆域面积,从而制定税收等级,国库就会充足。

"古之为差品者(5),山林之地,九夫为度(6);九度而当一井(7);迭为九衰(8),至于'衍沃'而止矣(9)。

【注释】

(5) 古之为差品,这里指《左传·襄公二十五年》所记前548年,楚国司马蒍掩"书土用",即登记楚国土地数量,制定的九级军赋制:"度山林,鸠薮泽(沼泽),辨京陵(丘陵),表淳卤(盐碱也),数疆潦(边界积水土地),规偃猪(堰潴,低湿地),町原防(堤防之间空地),牧隰皋(水边草地),井衍沃(平原肥沃地)。"关于度、鸠、辨、表、数、规、町、牧、井九个名词的解释,历来众说纷纭。章氏根据东汉贾逵注,认为从"度"到"井"是各级土地军赋征收法的名称。

(6) 九夫为度,谓山林地区九个劳动力所出的军赋叫做一度。

(7) 井,井田,指平原肥沃土地赋税法。九度而当一井,指山林地区九度所出军赋,等于平原一井所出军赋。

(8) 迭为九衰,据《左传》贾逵注,前548年楚国改革的军赋制,以山林土地赋额最低,平原良田赋额最高,因此把平原"一井"作为其他八级的折算标准,而每级都以九个劳动力作为核算单位:"山林之地,九夫为度,九度而当一井也;薮泽之地,九夫为鸠,八鸠而当一井也";以此类推,七辨、六表、五数、四规、三町、二牧,分别等于一井。

(9) 至于"衍沃"而止矣,上引九级军赋止于"井衍沃"。

【译文】

"古时所制订的等级,山林地区,以九个劳动力作为一度;九度组成一井;迭次形成税收的九个等级,直到肥沃的平原地区为止。

"今之大法(10),自池、井、海堧有盐而外(11),露田稻最长,黍、稷、粱、麦各有品也(12)。居宅与树艺之地次之(13),山及池沼次之，江干沙田次之[14]，以是征税。

【注释】

(10) 今之大法，指清政府的赋税制度。

(11) 池，盐池。井，盐井。海堧，海滩。

(12) 品，指土地自然肥瘠的差别。

(13) 树艺之地，指住宅边果园、菜园一类的土地。

(14) 江干，江边。

【译文】

"清政府的赋税制度，除盐池、盐井、海滩这些有盐的地区外，产粮食的土地，要数稻田最好，种小米、高粱、麦子的田地，各有品差。住宅用地与住宅边果园、菜园一类的土地次一等，山区和池塘再次一等，江边沙田又次一等，应以这个标准来征税。

"观于民间而辨其物。桑田者，其利倍稻。梨、枣、蒲陶、橘、柚、桃、李、竹、漆、梧桐及杂树松、栎，足以给薪者，其利自三[15]。山有植苦荼者[16]，与桑田比，种竹者亦如之，杂莳粮药者为下。粘与文杏[17]，不高冈而有，足以偫宫室械器[18]，其利倍苦荼。楠、黟、丹木者[19]，自四。池沼大者，容鱼或数万头，不作劳而其利加于露田十倍。江干沙田，宜木绵[20]，其衰如桑。

【注释】

(15) 蒲陶，即葡萄。其利自三，指以上出产果树或经济林木的土地，收入是同样面积稻田的三倍。

(16) 荼，茶。苦荼，茶树。

(17) 粘，树胶，指可以取得生漆、松脂、桐油一类工业原料的经济林木；一说为杉树。文杏，银杏，俗称白果树。

(18) 偫(zhì 至)，备用。

(19) 楠，楠木。黟，乌木。丹木，红木。三种都是名贵木材。

(20) 木绵，棉花。

【译文】

“考察民间来辨别农作物。桑田的收入是同样面积稻田的两倍。种植梨、枣、葡萄、橘、柚、桃、李、竹、漆、梧桐以及掺杂种植松树、栎树，足以提供柴火，收入是同样面积稻田的三倍。山上种茶，与桑田等同，种竹的也等同，掺杂种植粮食和草药的为下。杉树和银杏，不高的山脊上所生长的，足以储备宫室器械所用木材，其所获之利是种茶的两倍。楠木、乌木、红木，其利是四倍。池塘水域面积大的，可养殖鱼数万尾，不用劳作而获利可达到的露田的十倍。江边的沙田，适宜种植棉花，征税的等级应等同于桑田。

“然则定赋者，以露田为质，上之而桑茶之地，果漆髹薪之地(21)，桢干之地(22)，至于鱼池，法当数倍稼矣。独居宅为无訾(23)。穷巷之宅，不当蹊隧者(24)，视露田而弱；当孔道者(25)，鱼池勿如，别为差品。以是率之，赋税所获，视今日孰若?”

【注释】

(21) 果漆髹薪之地，指种植果树、漆树和柴木之地。髹(xiū)，深红色的漆。

(22) 桢干之地，指森林地区。桢干，也作“贞干”。

(23) 居宅，城乡中的私人住宅。无訾，不收税。

(24) 蹊隧，道路。

(25) 当孔道者，指位于通途大街的房屋。孔道，大道。

【译文】

“关于制定税制，应以种植谷物的露田为标准，种植桑、茶之地赋税要增加，种植果树、漆树和柴木之地，种植可用作屋梁的大树的地区，以至于鱼池，理应征收数倍于庄稼的赋税。只有住宅的不征税。穷乡的宅地，不对着小路的，按低于露田一级收税；对着大道的宅地，又不如鱼池，另立等级收税。以此来制订税制，所获得的赋税,与今天的相比将会怎样呢?”

孙文曰:“兼并不塞而言定赋,则治其末已。夫业主与佣耕者之利分[26],以分利给全赋[27],不任也。故取于佣耕者,率参而二[28]。古者有言,不为编户一伍之长,而有千室名邑之役[29]。

【注释】

(26) 业主,地主。

(27) 利分,自己不从事生产而坐分他人生产所得的利益为“分利”。一说指佣耕者所分之利。以分利给全赋,指佣耕者用所分之利来交纳国家各种赋税。

(28) 率参而二,指地租一般要达到农民收获的三分之二。

(29) 古者有言,引语见东汉末仲长统《昌言·损益》。意为不做百姓中的一伍之长,而可役使千户人家的大城镇。指富豪虽没有身份地位,却靠财富役使人。一伍之长,古代户籍以五户为伍,一人为伍长。

【译文】

孙文说:“不杜绝土地兼并而谈制订赋税,是不能从根本上解决土地问题的。地主与佣耕者分利,佃农以分利交纳国家各种赋税,将不能承受。所以取自佣耕者的,大概有三分之二。古时有言,不做百姓中的一伍之长,却可以役使千户的城镇。

“夫贫富斗绝者[30],革命之媒。虽然,工商贫富之不可均,材也。杇人为人黝垩[31],善画者图其幅帛,其为龙蛇、象马、草树、云气、山林、海潮、爟火[32]、星辰、人物、舟车,变眩异态,于以缘饰墙壁,一也。然或一日所成而直百钱[33],或一日所成而直赢于万金。挽步辇者[34],与主海船者,其为人将行,一也。一以为牛马,一以为宗主,是岂可同哉?彼工商废居有巧拙[35],而欲均贫富者,此天下之大愚也。

【注释】

(30) 斗绝,坡度极陡。形容贫富悬殊。

(31) 杇人,泥水匠。黝垩,指刷墙。

(32) 爟火,祭祀时所点的火,又指战争时报警的烽火。

(33) 直,同“值”。

(34) 步辇,类似轿子的代步工具。

(35) 废居,贵卖贱买。《史记·平准书》裴骃集解引徐广曰:“废居者,贮蓄之名也。有所废,有所蓄,言其乘时射利也。”

【译文】

“贫富悬殊,是革命的媒介。虽然如此,工商贫富是不能搞平均,是因为人的才能不同。泥水匠为他人刷墙,而善于绘画的在布帛上作画,画龙蛇、象马、草树、云气、山林、海潮、爟火、星辰、人物、舟车,变化莫测,从描绘修饰墙壁来看,是一样的。然而有的人一天的劳作能值一百个铜钱,有的人一天的成果能价值超过万金。拉车的与开海船的,他们同样是为人送行。一个是被当作牛马,一个是被人景仰,这又怎能一样呢?工匠、商贩贱买贵卖各有巧拙之分,而要均贫富,这是极其愚蠢的。

“方土者,自然者也(36)。自然者,非材力。席六幕之余壤(37),而富斗绝于丑类(38)。故法以均人。

【注释】

(36) 自然者也,谓方圆土地是自然的产物。

(37) 六幕,六合,指天地四方,余壤,空地。席六幕之余壤,指占有天下的土地。

(38) 斗绝,悬殊。丑类,同类的多数。《诗·小雅·出车》郑玄笺:“丑,众也。”

【译文】

“各地的风土,是自然形成的。既然是自然形成,就与人的才能、力量无关。凭借天地四方的土地，而财富悬殊于同类。所以要用法律来平均人的财富。

“后王之法：不躬耕者，无得有露田。场圃、池沼，得与厮养比而从事[39]，人十亩而止。露田者，人二十亩而止矣。以一人擅者，畎垄沟洫，非有其壤地也[40]。场圃之所有，杝落树也[41]。池之所有，堤与其所浚水容也[42]。宫室之所有，垣墉栋宇也。以力成者其所有，以天作者其所无，故买鬻者，庚偿其劳力而已，非能买其壤地也。夫不稼者，不得有尺寸耕土，故贡彻不设[43]。不劳收受，而田自均[44]。

【注释】

(39) 厮养，厮役。

(40) 非有其壤地也，谓一个人土地外的田垄沟洫，都不归他所有。

(41) 杝落(zhì 治—)，篱落，篱笆。

(42) 浚水，人工疏通的水流。浚水容，经过人力开挖而扩大的水容量。

(43) 贡、彻，都是古代社会征收的实物税，这里指土地税。

(44) 收受，将不耕种者的土地收回，再分配给应该“受田”的劳动者。孙中山认为，将土地所有权归国家所有，不耕种者不准占有土地，通过商品交换，使土地的使用达到平均。

【译文】

“后王之法：不亲自耕种的，不得占有露田。农家种蔬菜和收打作物的场圃、池塘，能够与厮役一起经营的，每个人最多占有十亩。对于露田，每人最多占有二十亩。一个人的土地之外的田垄沟洫，都不归他所有。场圃的实际面积以篱笆和周围的树为准。池塘的大小，以堤岸与开挖的水容量为准。所拥有的房屋，以墙壁和房屋四垂为准。以劳动所得的归自己所有，天然形成的不归自己所有，所以买卖，只是交换劳力而已，不能买其土地。那些不耕作的人，不能占有半点耕地，所以不征收土地税。将不耕种者的土地收回，再分配给应该‘受田’的劳动者，而土地自然就能达到平均了。

章炳麟曰：“善哉！田不均，虽衰定赋税，民不乐其生，终之发难。有帑廥而不足以养民也(45)。

【注释】

(45) 帑，国库储备的金币。廥(kuài 快)，仓库储存的粮草。

【译文】

章炳麟说：“说得好！土地不均，即使制订赋税等级，百姓也不能安居乐业，最终还会发动革命。有金库和粮食也不足以养民。”

“昔者余在苏州，过冯桂芬祠堂(46)。人言同治时(47)，桂芬为郡人减赋(48)，功德甚盛。余尝闻苏州围田，吴、越沃野，多称“圩田”，本由围田，音误作“圩”，围田多壅遏沼泽为之(49)，今则遍以称水田。皆在世族，大者连阡陌。农夫占田寡，而为佣耕。其收租税，亩钱三千以上。有阙乏，即束缚诣吏，榜笞与逋赋等(50)。中夏兼并最少，惟苏州世族尚有之。桂芬特为世族减赋，顾勿为农人减租，其泽格矣(51)。

【注释】

(46) 冯桂芬(1809～1874 年)，字林一，号景亭，江苏吴县(今属苏州)人，清道光进士，所著有《显志堂诗文集》与《校邠庐抗议》等书。

(47) 同治，清穆宗载淳年号(1862～1875 年)。

(48) 为郡人减赋，1862 年清军围攻苏州期间，冯桂芬建议李鸿章请清政府下令减去苏州、松江二府赋税总额的三分之一，以招纳和鼓励逃亡地主还乡。

(49) 壅，通“壅”，壅遏沼泽，在湖边上筑起防水堤，进行围垦。

(50) 榜笞，鞭笞拷打。逋赋，逃避赋税。

(51) 其泽格矣，他的恩泽是有限度的。格，《汉书·梁孝王传》：“太后议格。”注：“张晏曰，止也。”

【译文】

“从前我在苏州时，路过冯桂芬的祠堂。人们说在同治时期，冯桂芬为乡里人减赋，功德很大。我曾听说苏州的围田，（吴、越地区肥沃的田野，多称为‘圩田’，原本是从围田而来，音误而成了‘圩’；围田多是围垦沼泽而形成的，如今通称为水田。）都在世家大族手中，多者甚至田连阡陌。农夫占有的田地很少，而只能租种地主的土地种。所收的租税，一亩地要三千文以上。有交不上租的，就被绑到官府，按逃避赋税来鞭笞拷打。（中原地区兼并最少，只是苏州的世家大族尚有保留。）冯桂芬为世家大族减赋，却不为农民减租，他的恩泽是有限度的。

“荀悦言(52)：‘汉世田制，官收百一之税，而民输豪强大半之赋；官家之惠优于三代，豪强之暴酷于亡秦，是以惠不下通，而威福分于豪民。’今不正其本，务言复除(53)，适足以资富强也。桂芬于苏州，仕宦为达，诸世族皆姻娅，通门籍；编户百万，号呼之声，未彻于耳，将厚薄殊邪(54)？其闾立祠堂(55)，宦学者为请之。农夫入其庭庑，而后知报功也(56)。

【注释】

(52) 荀悦，东汉末史学家。参见《学变》第八注(80)。引文见《前汉纪》卷八，略有删改。

(53) 复，免除劳役和军赋。除，用钱米买官爵以免除赋役。

(54) 通门籍，即通籍。原指记名于门籍，可以进出宫门。此指可以互相往来。厚薄殊邪，指冯桂芬对待世族和一般的编户态度不同，有厚薄之分。

(55) 闾立，设立。

(56) 报功，报答功德。《孝经纬授神契》：“社，土地之主，……故封土为社而祀之，以报功也。”

【译文】

“荀悦说：‘汉代的田制，官府征收百分之一的税，而民众要向豪强上交过半数的赋税；朝廷对农民的恩惠比三代还多，而豪强的暴虐残酷甚至比秦朝还厉害，因此恩惠并没有到达百姓身上，而威福反倒分给了有财有势的人。’如今不正其本，只是口头上说免除徭役和赋税，恰恰是给有财有势者更多好处。冯桂芬在苏州，仕途发达，与好多世家大族有姻亲关系，把姓名写在门籍上互相往来；编入户籍的有百万户，百姓号呼之声，他听不到，为何对待世族和一般的编户态度如此不同？为冯桂芬设立祠堂，是因为官宦学者得到了冯桂芬的恩泽。而农夫只有得到恩惠后，才会去报答他。”

《均田法》(1)

(1)《均田法》，这是章太炎根据他同孙中山的交谈结果，设计的“平均地权”方案。

凡土：民有者无得旷(2)。其非岁月所能就者，程以三年(3)。岁输其税什二，视其物色而衰征之。

【注释】

(2) 无得旷，不许抛荒。

(3) 程以三年，指民有土地，假如一年不能开成耕地，则限定三年内开垦完毕。

【译文】

凡土地：民众所有的土地不得抛荒。那些短时间内不能开垦的，限期三年。一年收成的十分之二用来交税，视其物产来分等级征收。

凡露田：不亲耕者使鬻之。不雠者鬻诸有司(4)。诸园圃，有薪木而受之祖、父者，虽不亲雍(5)，得有其园圃薪木，无得更买。

池沼,如露田法。凡寡妻女子当户者,能耕,耕也;不能耕,即鬻。露田无得佣人(6)。

【注释】

(4) 不雠者,指买卖没有成交。

(5) 雍,通“用”。

(6) 无得佣人,指不得雇工。

【译文】

凡种植谷物的露田:不能亲自耕种的使其卖掉土地。没有合适买主的就卖给官府。种植果木菜蔬的园地,是从祖父、父亲那继承而长有树木的,即使不能亲自培植,可以拥有林地树木,不得再买入。池塘,依照露田之法。凡是妇女作为户主的,能耕种的就耕种,不能耕种的就卖掉。种植谷物的土地不能雇人耕种。

凡草莱(7):初辟而为露田园池者,多连阡陌,虽不躬耕,得持专利五十年(8),期尽而鬻之,程以十年(9)。

【注释】

(7) 草莱,生荒地。

(8) 专利五十年,谓生荒地开垦出来作为耕地、园圃和池沼的,尽管数量很大,业主不亲自参加生产,也特许他享有专利权五十年。

(9) 程以十年,谓规定十年内将土地出售完。

【译文】

凡杂草丛生的荒地:刚开辟出来成为露田、园地、池塘的,多连着田界,即使不能亲自耕种,可以持有土地五十年,到了期限就要卖掉,出售的期限为十年。

凡诸坑冶(10):非躬能开浚哲采者(11),其多寡阔狭,得恣有之,不以露田园池为比(12)。

【注释】

(10) 坑,指矿井。冶,指金属矿山。

(11) 开浚,开采。砉采(chè—),采掘。

(12) 不以露田园池为比,谓矿山不是个人能够开发采掘的,所以矿山无论多少,占地无论大小,都准许矿主享有全部所有权,不按照露田园地的规定处理。

【译文】

凡各矿藏:不是个人能够开采、冶炼的,其储量多少、占地大小,都准许矿主享有全部所有权,不按照露田园地的规定处理。

制币第四十三

［说明］本文揭露批判了清政府以次充好，滥发货币的丑恶行径，提出改革、完善中国的货币制度。

作者提出“从革而下，皆可以为币”，凡可以根据人意改变形状的都可以充作货币。从货币的发展史来看，最早是用玉币、贝币，后来又用金银币，现在则流行用纸币。作者不同意魏源采用玉币的主张，而赞成使用纸币。但发行纸币前，应首先发行金银币以提高中国货币在国际的信誉，到国库内贮存有足够的金银货币时，便可以正式发行纸币了。

本文收入《訄书》初刻本，《检论》有《征假币》一文，保留了本篇主旨，而文字有了较大改动，是在本文基础重新改写。

陟皇之赫戏(1)，诹素王之眇论(2)。方时困穷，而害金播飞如荧火(3)。白选弗臧(4)，空名之剂(5)，其艰阻如行冰上，所以厚生安在？制币之本，自有蹠无，自无蹠有(6)。从革而下，皆可以为币；从革而上，皆不可以为币(7)。

【注释】

(1) 陟皇，初升之日。陟，升。皇，日，太阳。赫戏，光明炎盛貌。屈原《离骚》：“陟升皇之赫戏兮，忽临睨夫旧乡。”又作“赫羲”“赫曦”。

(2) 诹(zōu 邹)，咨询。眇论，精妙之论，即妙论，眇，通“妙”。

(3) 害金，害民之金。《国语・周语下》：“三年之中，而害金再兴焉。”

(4) 白选，汉代货币名。以白银铸造，故称。《史记・平准书》：“故白金三品：其一曰重八两，圜之，其文龙，名曰‘白选’，直三千。”臧，古“藏”字。

(5) 空名之剂，犹言空头支票。剂，古代买卖时用的契券。《周礼·地官司徒》：“大市以质，小市以剂。”

(6) 蹠(zhí 职)，至。

(7) 从革，《尚书·洪范》：“金曰从革。”郑注：“直金可以改更。”指改变形状。从革而下，指可以顺从人意改变形状之物。从革而上，指不可以顺从人意改变形状之物。

【译文】

初升的太阳是如此光明，古代素王的精妙言论可供咨询借鉴。古时民众穷困，低劣金属制作的货币四处流通。官府不藏有足够的金币，纸币就如同空头支票，其艰险如行走在薄冰上，怎么能使民生充裕呢？制币的根本是从有实际用途的商品到无实际用途的一般等价物，而无实际用途的一般等价物又必须以有实际用途的商品为依据。可以随人意而改变形状之物，都可以作为货币；而不可以随人意改变形状之物，都不可以作为货币。

昔王鎏言纸币之利(8)，而魏源持玉币以相诘难。夫玉不从革者也，因璞为大小，勿能以意壹其形范(9)，其不便一矣；抵触而碎，直千者不当一(10)，其不便二矣；追琢之功(11)，劳于铸金十倍，必有定形，则旷日持久，成币勿能多，若苟取佩环而镌其等直(12)，则贵贱无所准，镕金易，故既铸未铸，其直不相远。斫玉难，故磋琢以后，其直远过于璞。又其贵贱不能以方率、重率之大小为比例(13)，故最无以得准。其不便三矣。古者或用蠙珠与五品之贝(14)，虽不从革，犹无待雕镂，故可资亟耳(15)。若玉，则惟以六瑞为葆臧(16)，或以乞籴，不施于市闾，不赍于化居之贾(17)，故曰“上币”。彼源之迂，其犹黄初之用帛邪(18)？

【注释】

(8) 王鎏(1786～1843 年),清代学者。原名仲鎏,字子兼、亮生,江苏吴县(今属苏州)人。屡试不第,以教书和幕僚为业。注重货币问题,先后刊行《钞币刍言》《钱币刍言》《钱币刍言续刻》《钱币刍言再续》等。

(9) 壹,统一。形范,形制。

(10) 直,假为"值"。

(11) 追琢,雕琢。追,同"雕"。

(12) 镌,雕刻。等直,相等之价值。

(13) 方率,长宽之比。重率,比重。

(14) 蠙珠,亦作璸珠。蚌珠。五品之贝,指大贝、壮贝、幺贝、小贝(以寸二分上下分为二品)。见《汉书・食货志下》。

(15) 资亟,资助急用。亟,通"急"。

(16) 六瑞,古代用玉作朝聘的信物,分六种,叫六瑞。见《周礼・春官・大宗伯》。

(17) 赍,付与、送与。化居之贾,居货之贾。化,古"货"字。

(18) 黄初,魏文帝年号(220～229 年)。用帛,指用布帛作为货币。

【译文】

以前王鎏大谈纸币的好处,而魏源主张玉币的观点来诘难他。玉是不可顺从人意而改变形状的物体,璞玉是有大小之分的,不能以人的意志统一其形制,这是其第一点不便之处;一碰即碎,破碎后价值就完全丧失了,这是其第二点不便之处;雕琢玉器所费的工夫,是铸造金属货币的十倍,而且一定要有固定的形制,那么制作过程就会耗时过久,制成的玉币数量也不会太多,假若只是取来环形玉佩刻上相等的价值,那么贵贱就没有统一的标准,(熔铸金属较为容易,所以既铸与尚未铸的金属,其价值相差不大。雕凿玉石比较困难,所以经过精心雕琢之后,其价值远远超过了当初的璞玉。又因玉器的贵贱不能以长宽、轻重按比例衡量,所以最难有一个统一的估价标准。)这是其第三点不便之处。古代有时使用珍珠与五品之贝作为货币,虽然不是可以顺从人意而改变形状之物,而且不需要雕凿，所以可以资助急用。至于玉，应当作为朝聘的六种信物而储藏在宝库中，或用来购买粮食，不适宜流通于市场，不适宜交给积货售卖的商人，可称为“上币”。魏源的玉币说是多么迂腐，岂不就像魏文帝黄初年间用布帛作为货币吗？

夫谷帛者，于民生为至急，而不可以为币。然则为币者，必至无用者也。故其始以金银赤铜相转，而其极至于用纸币。纸币则数寸之蔺爰耳(19)，而足以奔走食货。何者？绵薄易举，自从革而下，而裁制莫易此；行旅之赍，又便其轻也。且夫唐、宋之飞钱、交、会，必有帑廥以为本(20)。今东西虽异度，其储臧固足以相任。以中国之匮乏，官无见钱(21)，卒然以纸币下行，其无根株也，泛泛如海间、屈龙乎(22)？谁其信之？是故今之制币者，将先取夫有用无用之间(23)。

【注释】

(19) 蔺爰(mán 蛮—)，指等价交换物。蔺，彼此平均，相当。爰，交换。

(20) 飞钱，唐宪宗时商贾富豪使用的汇票。先委钱诸路奏进院及诸军诸使富家，以轻装趋四方，合券乃取之，号为飞钱。交，交子。宋代发行的一种纸币。会，会子。南宋发行的一种纸币。帑廥(—kuài 快)，国库里的钱财。

(21) 见钱，现钱。此指金银等贵金属。

(22) 海间、屈龙，原始水生植物。《淮南子·地形训》：“海间生屈龙，屈龙生容华。”注：“海间，浮草之先也。”

(23) 有用无用之间，指金银货币。

【译文】

谷物和布帛，是民生急需的物品，不可以用作货币。那么用作货币的，定是那最无用的东西。所以一开始是以金银铜相互使用，最后发展到使用纸币。纸币只不过是数寸大小的等价交换物而已，却可以运用于经济活动。为什么呢？纸币轻便易于携带，是可随人意而改变形状的东西中，最易于裁制的一种；旅客出行携带方便又轻快。而且唐、宋时期的飞钱、交子、会子,一定要有储藏金币和粮食的府库作为基础。如今东西方虽有不同,但其府库的储藏应足够使用。以中国当下物资匮乏的处境,短时间内发行大量纸币,其没有根基,如同漂浮着的海闾、屈龙这样的水面浮草一般?有谁会信任这种纸币呢?所以在当今这种情况下制作货币,应先选择有用无用之间的东西。

夫精镠白镣之见锋刃也(24),不若铁;其于以为钟镛,华藻镛鳞之可观(25),而其发声也,不若铜。然则金银者,愈于无用,必其为有用,则犹未也(26)。故铜铁之攻鞷利用者(27),皆俛而听命,而圣王以庄山之金、朱提之银为珍币(28)。

【注释】

(24) 精镠(—liú 留),成色好的金子。白镣(—liáo 辽),成色好的白银。镣,银之美者。

(25) 镛,古乐器,奏乐时表示节拍的大钟。镛鳞,悬钟之横木,上刻鳞属,以金涂饰。

(26) 则犹未也,以上几句意为,金银较一般无实际用途之物显得有用,认为它一定有用,则也不是。

(27) 攻鞷(qiān 歉),坚固。《诗·小雅·车攻》传:"攻,坚也。"《广雅·释诂》:"鞷,坚也。"

(28) 庄山,山名。在四川荥径县北。其地有铜山,汉文帝以赐幸臣邓通,得自铸钱,邓氏钱与五铢钱并行。见《汉书·地理志》。后汉避明帝(刘庄)讳,改庄为严,又称严山。朱提,山名。在云南昭通县境。《汉书·地理志》上犍为郡:"县十二,……朱提,山出银。"

【译文】

精纯的黄金、纯美的白银制作成利器,其坚固程度不如铁;用来制作大钟,华丽鲜亮很是美观,但发出的声音又不如铜质的响亮悦耳。那么黄金白银,比一般的无用之物显得有用,若一定要它发挥某种用处,又未必可用。所以铜铁有坚固锋利之用,都被采来使用，而圣王采庄山之金、朱提之银来制作珍贵的货币。

今龙圜遍铸矣[29]，然惟湖北、广东者独盛，其他犹滞，则杂质之殽者多，而民又时灌药汁以鋊其周郭也[30]。必刑无赦。

【注释】

(29) 龙圜，清代钱币名。光绪十四年(1888 年)造。

(30) 鋊(yù 浴)，铜屑。周郭，指钱的周边。鋊其周郭，指取钱周边之铜屑。

【译文】

如今龙圆币已经大量铸造，然而只有在湖北、广东盛行，在其他省份仍然滞后，且有杂质的混杂钱币居多，百姓又时常用化学制剂浇灌钱币来获取钱周边的铜屑或银屑。政府一定要对这种行为施以刑罚，不可赦免。

及夫铸金之议，则中国方以为大命[31]，非独便于关税国责而已[32]。不铸，则生金日泄，而炼鉼者日贵[33]。西方之金，一两当银十五两，其与吾易，则当三十两，所得倍称[34]。故泰西隐益，而中国隐损，其耗无艺极。既铸金，则以金相易，而欲为抗坠者[35]，无所藉其饶多矣。

【注释】

(31) 大命，重大的事件。贾谊《新书·无蓄》："夫蓄积者，天下之大命也。"

(32) 责，通"债"。

(33) 鉼(bǐng 饼)，金饼。《正字通·金部》："倾金银形似饼者。"

(34) 倍称，加倍偿还。

(35) 抗坠，指抬高和压低金银价。

【译文】

至于建议铸造金属货币，对中国来说是关系国计民生的大事，并不只是为了便于关税国债而已。若不铸造，那么未经冶炼的金砂日益外流，而冶炼的金饼日益昂贵。西方的黄金，一两等于白银十五两，与我国贸易，就涨到一两换算白银三十两，所得的收益翻倍。所以西方国家暗中获益，而中国暗中受损，其损耗之大无法衡量。既已铸造，那就可以以金交易，而有人想要抬高或压低金银价格，也不会有太多余地。

且夫两币既足，则民信官府如刻漏(36)，不待表掇之建(37)，肥胡之立(38)，而所发沛然足以流衍。吾乃陟高丘而宣言曰："纸币行矣！"其行之久，虽卒暂无见钱，顾可以相摄代，若宋之湖会(39)，民给其欲，其旋如磨石，至于九野九千九百九十九隅(40)，轻赍以贾(41)。神州之商，潼滃蔚荟(42)，相集相错，以成大群，而后可与西商格拒(43)。然则所铸于九府者一，而给民之求者二(44)。

【注释】

(36) 刻漏，古代计时器。

(37) 表掇，用于测量的仪器。

(38) 肥胡，古代一种窄长的旗子。《国语·吴语》："建肥胡，奉文犀之渠。"注："肥胡，幡也。"

(39) 湖会，即会子。宋代发行的一种纸币。

(40) 九野九千九百九十九隅，《淮南子·天文训》："天有九野，九千九百九十九隅，去地五亿万里。"

(41) 轻赍以贾，意为只要带少数纸币便可以轻便地四处经商。

(42) 潼滃，云气盛起貌。蔚荟，《诗·曹风·候人》传："荟蔚，云兴貌。"

(43) 格拒，犹言竞争。

(44) 九府，指国库。

【译文】

金银两种货币既已充足，则民众就会信任官府，不需要测量的仪器，不需要树立标志，发行的货币就可以充足而流通广泛。那时我们就可以大声疾呼："纸币可以发行了！"纸币流通久了，即使暂时没有现钱，考虑到能相互替代，如同宋代的会子，可以满足民众的需求，其流通如旋转的磨石遍布全国，又便于携带贸易。中国的商贾，人数众多又交错往来，以组成大群，而后可与西方商贾相竞争。这样铸造于国库的有金子货币一种，而满足民众需求的有金币、纸币两种。

故曰：自有蹠无，自无蹠有，必先取于有用无用之从革，而至无用者从之如形景，则厚生之大衢已(45)。然而非革命者，犹若不能行也。今之政府，侜张为幻于上(46)，铸龙圜者自言十六铢，即三分两之二(47)。及以地丁内税，而不当十二铢，不及二分两之一。以此婪民(48)。故符章刀布之足以明征定保(49)，必俟诸后起者。

【注释】

(45) 大衢，大道。

(46) 侜张为幻，欺骗作假。《尔雅・释训》："侜张（zhōu 周—），诳也。"

(47) 三分两之二，即三分之二两。

(48) 婪民，贪取于民。婪，贪。

(49) 符章刀布，指使货币符合规章。符章，符合规章。刀布，古货币名。明征定保，《尚书・胤征》："圣有谟训，明征定保。"孔传："征，证也；保，安也。"安国定民。

【译文】

所以说：从有用的商品到无实际用途的一般等价物，而无用的一般等价物又必须以有用的商品为依托，必先取那介于有用无用之间的可随人意改变形状之物制为货币，而最无用者从之如影随形，这才是使人民富裕的大道。然而不是革命者，还仍然无法实行这一方案。如今的政府，在上面弄虚作假，铸造龙圆自称是十六铢（即三分之二两），到了征收田赋和丁赋的税银时，却不抵十二铢（不及二分之一两），用这种办法搜刮民财。所以使货币符合规章足以安定国家，还要等待革命成功后的新圣来实现。

弭兵难第四十四

戊戌春作是难时俄罗斯弭兵会未起

[说明]20世纪初,西方列强掀起了瓜分殖民地的狂潮。为了缓和因利益分配不均而产生的矛盾,他们召开了一系列所谓的"和平会议",提出了弭兵的主张。这使有些人产生幻想,以为靠和平的方式就可以阻止西方列强的入侵。章太炎在本文对这一观点进行了批驳。

作者认为国际关系中起决定作用的是实力,而不是道义,"苟无生人杀人之柄,而欲禁人以不己杀,此实难矣!"以中国目前的地位和国力,想要西方列强弭兵,无异于与虎谋皮,是万万不可能的。那么,人类的和平是否就遥遥无期,永远没有可能了呢?并非如此。作者认为将来科学技术有了高度发展,每个国家都可以制造出尖端性的杀伤武器,这样势必使人人心存顾忌,谁也不敢轻易挑起事端,强弱的差别不再存在。这时弭兵的条件就成熟了,人类的和平也就不远了。作者看到西方列强的侵略本质,是正确的,但把实现和平寄托在武器上,则有失片面。

本文撰于1898年春,时唐才常在《湘学报》发表专文谈论"弭兵会",标榜英人罗伯村提出的各国应该遵行的"两法",章氏此文可能就是对此而发。本文收入《訄书》初刻本,《检论》未收入。

祸乱熢燹之既极(1),有一人焉扶义而起,曰:"我必弭兵哉!"

虽含哺之童[2]，必颂之以为上仁，无疑也。是故向戌激而为是[3]，口血未干[4]，陈、蔡之社为京观[5]。宋钘、尹文激而为是[6]，当是时，七国之权力，虽犹有轩轾頫仰[7]，其势足以相御，然而荀卿睹其无成[8]。然则大勇不斗，然后为天下右[9]。苟无生人杀人之柄，而欲禁人以不己杀，此实难矣。

【注释】

(1) 熢燹，战火。熢，同“烽”。《说文》：“燹，火也。”

(2) 含哺，口含食物。《庄子·马蹄》：“含哺而熙，鼓腹而游。”

(3) 向戌，春秋时宋国人。官左师。鲁襄公二十七年(前546年)，倡议诸国弭兵，得到晋、楚、齐、秦的响应，同年，晋、楚两国在宋国都西门外缔结了弭兵之盟。

(4) 口血，指歃血。古人结盟，涂血于口表示诚信。口血未干，指结盟不久。

(5) 京观，古代战争，胜者为了炫耀武功，收集敌人尸首，封土成高冢，称京观。

(6) 宋钘、尹文激而为是，指宋钘、尹文提倡“见侮不辱”，靠退让消弭争斗。

(7) 轩轾，车舆前高后低(前轻后重)称轩，前低后高(前重后轻)称轾，引申为高低、轻重。頫仰，俯仰。頫，同“俯”。

(8) 荀卿睹其无成，《荀子·正论》：“子宋子曰：‘明见侮之不辱，使人不斗。人皆以见侮为辱，故斗也；知见侮之为不辱，则不斗矣。’……夫今子宋子不能解人之恶侮，而务说人以勿辱也，岂不过甚矣哉!”

(9) 右，尚，尊。

【译文】

战乱发展到烽火极限时，有一人仗义而出，说：“我一定要平息战争!”即使是很小的孩童，也必定会赞扬他真是最仁爱的人，这是毫无疑问的。所以向戌发奋要平息战争，歃血为盟不久，而陈国、蔡国尸体已堆成高山。宋钘、尹文也发奋要弭兵，当时的七国势力虽然有强弱之分，但仍足以相互牵制，然而荀子已经看破其弭兵之说不会成功。大勇之人使人不敢与之斗，然后为天下人所尊重。

假若没有掌握生杀的权柄，而想要禁止别人不杀自己，那是很难办到的。

今以中国之兵甲，与泰西诸强国相权衡，十不当一，一与之搏击，鲜不溃靡。是故泰西诸国之兵可弭，而必不肯弭兵于中国。譬之盗，有所劫略，其于群盗之所怀挟婴纕[(10)]，则勿取焉；至于弱人，则不在是列。虽厥角䭫首[(11)]，与之指九天以为誓，其何益哉？

【注释】

(10) 怀挟，携带。婴纕，即缨纕。马的颈带和腹带。

(11) 厥角䭫首，以头叩地。《汉书·诸侯王表》："汉诸侯王，厥角䭫首。"注："厥者，顿也；角者，额角也；䭫首，首至地。"䭫，同"稽"。

【译文】

如今以中国的兵力，与西方列强相比，尚不及人家的十分之一，与其发生军事冲突，极少有不溃败的。所以西方列强之间的战争可以平息，然而必定不肯平息针对中国的战争。例如强盗，想要去抢劫，对于那些执鞭牵马的盗贼群体，是不会去抢的；对于软弱的普通百姓，就会去抢。即使对着盗贼磕头作揖，给他们指天起誓，又有何用呢？

美利加亦寡兵之国也[(12)]。人见弭兵之议出于美利加，而以为不在强弱之形。嗟乎！美之在西半球，邻无虎狼，顾蚕食所不及耳。坎拏大一日自立而为帝[(13)]，巴西一日发愤为天下雄，则美方戒严之不暇，其能与之晏安于酖毒欤[(14)]？今窥中国者，万巴西、坎拏大，公法恒义，且有所不行，而况弭兵乎？必若是，是犹遣将临河以讲《孝经》，而欲以却黄巾也[(15)]。

【注释】

(12) 美利加,美利坚合众国。即美国。

(13) 坎拏大,加拿大。

(14) 酖毒,即鸩毒。《左传·闵公元年》:"晏安酖毒,不可怀也。"酖,通"鸩"。

(15) 临河以讲《孝经》,指东汉向栩事。《后汉书·独行传》:"向栩字甫兴,河内朝歌人,向长之后也。少为书生,性卓诡不伦……会张角作乱,栩上便宜,颇讥刺左右,不欲国家兴兵,但遣将于河上北向读《孝经》,贼自当消灭。"黄巾,指东汉末年黄巾起义军。

【译文】

美国也是兵力薄弱的国家。人们看到停止战争的呼声是出于美国,而以为弭兵不在于国家的强弱。唉!美国在西半球,没有虎狼般的邻国,因此不会有被蚕食的危险。若加拿大一时独立而称帝,巴西也发愤图强而称雄,那时美国加强防备还唯恐不及,又怎能与之相安无事呢?如今伺机图谋中国的,万倍于巴西、加拿大,国际约法和人间正义尚且不能发挥作用,何况是停止战争的呼声呢?如果一定要那样做,真如同派遣将官在河对岸大声宣讲《孝经》,想以此让黄巾起义军退兵。

说者曰:吾岂徒乞盟?将假贷于彼,而要之相率以卫我(16),则是以彼之金币为质子也(17)。弭兵之盟,若则无渝矣(18)。

【注释】

(16) 假贷,借贷。要,要挟。

(17) 质子,人质。古代派往别国作抵押的人。多为王子或世子,故名质子。

(18) 渝,违背,更改。

【译文】

有人说:我难道只是乞求结盟这么简单吗?还要向他国借贷,

胁迫他们保卫我们，这就好比是拿他们的借款来作为人质。弭兵的盟约，如此就可维持了。

夫中国地臧之金币，百倍于异域，即有兵革，彼弃其已贷者，而收其未发者。如是，则以什伯偿一二，其贤于出之内府而寄之外府者[19]，亦远矣。夫何所损焉？苟无损，则不足以是为弭兵之券也。吾以为火器之穷，人人殚精竭思而无所进，万国之强弱，斠若画一[20]。当是时，有衅而斗，如两金相叩，先叩者胜，于是人有惧心，而弭兵之策行矣。今日虽弭兵，于小弱犹无益也。何者？避用兵之名，则尺檄可以得地[21]。古者刀锯不戢[22]，流而为甲兵。今甲兵既穷，则且靡而为鞭箠[23]。故中外有衅，则持哀的迈敦书以索地[24]，而踵之以警察千人，以分布其邑落，则是鞭箠而天下定也。犹有不率者[25]，则火器固可以用也，曰："是征吾属地，非犯邻国矣。"然则今日之弭兵，特假强国以攘夺之柄，而弱国海隅之苍生，终勿能完其首领焉，懿何瘳乎[26]？

【注释】

(19) 内府，皇室内库。外府，国家府库。

(20) 斠若画一，校正画一。斠(jiào 较)，通"校"。

(21) 尺檄可以得地，意为通过外交檄文就可以得到土地。尺檄，指外交檄文。

(22) 刀锯，古代刑具。戢，止息。《左传·隐公四年》："夫兵，犹火也，弗戢，将自焚也。"

(23) 靡而为鞭箠，此段意为，古代人们以战争解决争端，而现在由于强弱悬殊，不用战争，用皮鞭就可以了。

(24) 哀的迈敦书，英语 ultimatum(最后通牒)的音译。北图《訄书》修改本作"尺书"。

(25) 不率，不服从。

(26) 懿，抑。何瘳(—chōu 抽)，有何减损。指减损灾祸。瘳，损。

【译文】

中国地下蕴藏的金银财富，比外国借贷来的多百倍以上，假若有战争，列强就会放弃已贷给中国的借款，而去掠夺中国未开发的财富。如此，就相当于以十倍、百倍的利益来补偿一、二分的损失，其远胜过将皇室内库的财物而寄存于外库。列强有什么损失呢？假若列强没有损失，则不足以作为弭兵的筹码。我认为兵器发展到极致，人人殚精竭虑也无法再发展时，各国的军事实力就基本相当了。到那时，若有争端而发起战争，犹如两个金属物相撞，先发力的胜，于是人人都有忧惧之心，这样平息战争的策略才能得以实施。今日即使可以平息战争，对于小国与弱国而言仍是不利的。为什么？不必背上发动战争的恶名，而通过外交檄文仍可以掠夺土地。古时候刀兵不止，转化为战争。如今强弱悬殊，不必用战争解决争端，用皮鞭就可以了。因此中外之间有争端，拿着通牒去索要土地，随后派千余名警察，分布在各区域，这便是用皮鞭安定天下。若仍有不顺从的，枪炮等武器便可派上用场，说："这是在管理我们的领土，并不是侵犯邻国。"所以今日所谓的弭兵，只是白白地给强国以掠夺的借口，而弱国的百姓，最终还是不能保全自身，又能减少多少灾祸呢？

昔者冈本监辅尝欲置天讨府矣(27)，以为据险阻之地，以直隶于上帝，列国有罪，则遣将征之，是近于弭兵矣。吾以为主天讨者，其氏族不能出于五洲之表也(28)，虽命曰帝臣，其始亦一国之氓而已矣。使故国无事则止(29)，苟有事也，不恸哭以念其里闾之榆柳，其人情乎哉？庇其所昵，而诛其所憎，中人之志也(30)。不然，伉厉守高(31)，矫节操以饰名誉，则故国虽直，必务与之以枉桡之名(32)，苟灭亲而已，又非义也。夫等之食息于行星者，其用意必不能至公[33]。则六师所临[34]，其以无罪死者众矣，又况于贿赂市鬻之师乎[35]？今言弭兵者，其弊盖犹是也[36]。

【注释】

(27) 冈本监辅，日本学者。著有《万国史记》等。天讨府，指以上天的名义进行讨伐之府。

(28) 出于五洲之表也，以上两句意为，执行天讨的，不能是居住于五洲中的具体的氏族。

(29) 故国，母国。

(30) 中人，一般人。

(31) 伉厉守高，高傲凌厉。《史记·汲黯传》："黯时与(张)汤论议……黯伉厉守高，不能屈。"

(32) 枉桡，枉屈。

(33) 食息，生活。行星，指地球。以上两句意为，生活在地球上的人，他的判罚一定不能公正。

(34) 六师，周制，天子六军，称六师。此指国家统率的军队。

(35) 市鬻，收买。

(36) 獘，通"弊"。弊端。

【译文】

从前冈本监辅曾想设立天讨府，认为应设置在险要之地，直接隶属于上帝，列国有罪的话，就派遣军队去征讨，这接近于弭兵了。我认为主宰天讨者，不能是居住于五洲的具体的氏族。不然的话，虽然自称上帝的臣属，但实际也只是一国之民。假使他的祖国没有战争还可，若有战争，不痛哭思念故国家乡，这合乎人之常情吗？庇护他亲近的，而诛杀他憎恶的，这是一般人的做法。不然的话，故作刚正以守高节，矫饰品德以邀名誉，祖国即使是有理，也定会给他一个违法之名，纵使做到了灭亲，又不合于义。只要是生活在地球上的人，他的判罚一定不能公正。国家统率的军队所到之处，无罪而死的人就会有很多，又何况是那些雇佣军呢？如今倡导弭兵之说者，其弊端大概如此。

抑吾又有订焉(37)。自北宋之中叶至于明季,士大夫多喜言兵事。其说不务训练,而好崇诡道,纷拏错出(38),流宕而无所薄(39),至于揭暄之《兵法百言》(40),而鄙愈甚矣。学者知谈兵之为腐儒,则思以弭兵之说廓之(41)。盖一质一文,丁世运之变(42),而以是为琦辞焉(43)。

【注释】

(37) 订,评议。

(38) 纷拏,杂乱貌。

(39) 流宕,即流荡。薄,止。

(40) 揭暄,明末清初学者,字子宣。《兵法百言》,原作《兵经百篇》,三卷。

(41) 廓,廓清、清除。

(42) 丁,遇到,遭逢。

(43) 琦辞,怪异之辞。《荀子·非十二子》:"好治怪说,玩琦辞。"

【译文】

还有一点需要说明。自北宋中叶到明朝末年,士大夫多喜欢谈论军事。他们不看重实际训练,而喜好兵家的诡诈之术,杂乱无章、错误频出,飘忽不定而无所停息,至于揭暄的《兵法百言》,就更加鄙陋了。学者知道谈论兵法的是浅陋儒生,于是就想用弭兵之说来改变风气。时代的发展大概是一质一文,遇到时运的变化,便将其视为怪异的言论。

今夫祓彗日用于人,而不得臧于箧者(44),其道固不足贵也。物之贵者,必大璋青龟(45),然于世无所用,用之则以崇饰视听(46)。言之贵者,必深微玄眇,如弭兵之说,且近于仁术矣。不竱其本而肇其末(47),其说亦未可行也。

【注释】

(44) 祓彗,扫除秽物的扫帚。祓,扫除。彗,也作"篲"。扫帚。《吕氏春秋·勿躬》:"祓篲日用,而不藏于箧。"高诱注:"祓篲,贱物也。日用扫除,故不藏于箧。"

(45) 璋,玉器名。其形如圭之上端斜削去一角,而形制大小厚薄长短因所事不同而异。有大璋、中璋、边璋、牙璋等。

(46) 崇饰,夸饰。

(47) 竱其本而肇其末,即竱本肇末。《国语·齐语》:"比缀以度,竱本肇末。"韦昭注:"竱,等也;肇,正也。谓先等其本,以正其末也。"

【译文】

扫除秽物的扫帚每天都在使用,而不能藏在箱子里,这一道理也没什么可贵的。事物中可贵者,当数大璋和宝龟,然而对于世人并没有实际用处,只是用来夸饰观瞻。可贵的言论,必定深微玄妙,如弭兵之说,就接近仁道。不整齐其根本而想要正其末端,弭兵之说也是不可行的。

经武第四十五

[说明]本文批驳了当时社会上尚文轻武的观点，认为文武互为本末，没有定准，在一定条件下，武比文更为重要。这对于立志光复的章太炎来说，显然是有感而发。

本文可能与《弭兵难》撰于同时，是章氏批驳"弭兵说"后的正面论述。收入《訄书》初刻本及《检论》，未作改动。

正今之世，释菜为本(1)，而受成献馘为末(2)。虽然，末不固，则治本者且不及其年而夭殇。是故其末又腾跞以先于本(3)。

【注释】

(1) 释菜，释菜礼。谓以芹藻之属礼先师。古始入学，行释菜礼。此借指文治。

(2) 受成，接受已定的谋略。《礼记·王制》："天子将出征……受命于祖，守成于学。"注："定兵谋也。"献馘(—góu 国)，古时作战杀敌，割取敌人左耳，以计功论赏。此借指武功。

(3) 腾跞，跨越。

【译文】

当今之世，以文治为本，而以武功为末。即使如此，若末不稳固，追求本也会半途夭折。所以末又会先于本。

吾观于《易》之象，至"密云不雨"，"其血将出穴"(4)，于是知本末之无定程也(5)。

【注释】

(4) 密云不雨,《易·小畜》:“密云不雨,自我西郊。”其血将出穴,《易·需》:“六四:需于血,出自穴。”

(5) 定程,固定的程式。

【译文】

我观看《易》的象辞,至“密云不雨”,“其血将出穴”,于是知道本末之间没有一定的程式。

夫家有梐枑[6],而国有甲兵[7],非大同之世,则莫是先矣。苟释其利,而倚簟席,以谋天下,以交邻国,则徐偃王已[8];以临禁掖[9],则李训、郑注已[10]。

【注释】

(6) 梐枑,古代官署前拦住行人的东西,用木条交叉制成。

(7) 甲兵,铠甲和兵械。

(8) 徐偃王,相传周穆王时徐国国君。《韩非子》称其行仁义而失国。

(9) 禁掖。皇宫。

(10) 李训,唐大臣。陇西成纪(今甘肃秦安)人。郑注,唐大臣。绛州翼城(今山西翼城)人。二人得文宗重用,支持文宗杀宦官陈弘志、王守澄,后事泄被杀。

【译文】

家有栅栏,而国有坚甲利兵,既然并非太平盛世,那么就应以此为先。假如放弃利益,而倚在竹席上,以谋求天下,结交邻国,那就成了徐偃王;以临宫廷,就是李训、郑注了。

乌乎,哀哉!内政之有萌[11],志士之始基[12],鲜不见惎于外内者。爪牙不具,而使人制之,是以知“需之为贼”[13]。

【注释】

(11) 有萌,有了初步成效。萌,萌芽。

(12) 始基,始谋有所作为。《尚书·康诰》:“周公初基。”郑玄注:“基,谋也。”

(13) 需之为贼,《左传·哀公十四年》:“需,事之贼也。”杜预注:“言需疑则害事。”

【译文】

可悲啊!内政有了初步成效,革命志士开始谋划起义,很少有不遭内外势力忌恨的。如果没有武将勇士,就会受制于人,由此可知“懦弱迟疑就会坏事”。

乌乎,哀哉!商鞅闟戟而出(14),齐桓以犀甲鞼盾而立国也(15)。

【注释】

(14) 闟戟而出,指秦孝公死后,商鞅失去兵权欲逃离秦国,未果。闟戟,长戟名。

(15) 齐桓,齐桓公。春秋霸主。犀甲,犀牛皮制成的铠甲。鞼盾(guì贵—),有纹的皮革制成的盾。

【译文】

可叹啊!商鞅手持长戟而出逃,齐桓公则以坚甲利盾来立国。

议学第四十六

[说明]随着科举制度的废除、新式学校的出现,传统的教育制度面临着巨大的变革,对于这一变革,作者在本文发表了自己的看法。

作者认为新式学校以算术、化学、力学等为主要内容,讲授的主要是工艺技能性的知识,但忽视了对学生政治实践能力的培养,而后者在当时更为急迫和重要,这样便产生了种种不良的后果。作者认为靠学校来培养治国之才是不可能的,最好的办法是恢复古代的教育传统,让学生在具体的实践中学习治国的经验和方法。

本文原名《改学》,收入《訄书》初刻本,文字与本篇不尽相同,其中最后一段称:"学校之制,校三而科四,一曰政治,再曰法令,三曰武备,四曰工艺。政法必兼治,备艺必分治。"《检论》未收入本篇。

陈胡公以陶器事周室(1),爵之于宛丘,而十乱勿与焉(2)。由此观之,利器用者,形之下者也;上乎形者,必十乱之道(3)。

【注释】

(1) 陈胡公,陈国的始封祖。曾为周陶正。事见《左传·襄公二十五年》及《昭公三年》。

(2) 十乱,指周武王的治理之臣十人。《论语·泰伯》:"武王曰:'予有乱臣十人。'"乱,治。十乱勿与焉,指陈胡公不列于十乱之中。

(3) 必十乱之道,十位治臣的治理之道。

【译文】

陈胡公以执掌陶器制作事奉周王室，受封于宛丘之地，但没有列入周武王的十位治臣之内。由此观之，利用器具的，是形而下者；超乎形器的，必定是治理国家之道。

曩者学校以算术、化、力为臬极(4)，三十年以设精横(5)，而共工氏不出(6)。虽出，能议政乎？政治之学不修，使僝功审曲者议之(7)，其势将妄凿垣墙而殖蕿莩。故东游者代之以明法(8)。法明矣，京师首恶于上，终为蝮蛇。治官之守，宁亡国不以畀夏人(9)。而诸明法者，方不悉中朝隐曲(10)，冀一昔用事，少得扶持阽危(11)；或期借权，又主调和(12)，焉知大命之不假人(13)，与执志坚缦者之不可转也(14)？

【注释】

(4) 化、力，化学与力学。臬极，准的。

(5) 精横，学舍。横，通“黉”。

(6) 共工氏，古代掌管百工之官。《尚书·舜典》：“帝曰：‘俞！咨垂，汝共工。’”孔传：“共，谓供其职事。”此指专门的技术人才。

(7) 僝功(zhuàn 转—)，布功，表现功业。《尚书·尧典》：“共工方鸠僝功。”孔传：“共工，官称。鸠，聚；僝，见也。”审曲，工匠营造时审度材料的曲直。

(8) 东游者，指游学日本的维新改良派。明法，谓明习政治、法律。

(9) 畀，给，给与。夏人，华夏之人。此指慈禧太后“宁与洋人不与家奴”的观点。

(10) 中朝，朝中。隐曲，隐私，难言之隐。

(11) 阽危，危机。

(12) 调和，指调和维新改良与革命。

(13) 大命，国命。指国家政权。

(14) 执志坚缦者，指主张武装反对清廷的革命派。坚缦，坚定而舒缓。不可转，不可改变。

【译文】

过去的学校以算术、化学、力学的教育作为目标，三十年以来设立了各类新式学堂，而专门的技术人才却没培养出来。即使培养出来，能参政议政吗？政治之学不去修习，而使一些技术人才去议论政治，这种情况就好比穿凿垣墙而去种植芦苇。所以游学日本的维新派，转而学习政治、法律。政治、法律搞清楚了，然而京城身居高位的恰恰是罪魁祸首，终于露出狠毒的面目。官位官职宁可亡国也不给汉人。然而那些学习政治、法律的维新派，还不知道清廷的真实想法，希望一夜之间被任用，得以挽救清廷的危机；或者想借助清廷的权力，又主张调和改良与革命，怎不知国家政权不能假手于人，主张武装“排满”的革命派是不可改变的呢？

且物不用而朽蠹生于其肤理。为工艺者不用，犹以废著自给(15)；明法不用(16)，转徙于沟壑(17)。中人以下，不自激卬(18)，而从谀权贵人，以伺斗升之禄；不乃媻娑海堧都市间(19)，相诳耀以文采艺能致钱刀者(20)，众矣。

【注释】

(15) 废著，储藏货物。《史记·货殖列传》：“子贡废著鬻财于曹、鲁之间。”

(16) 明法，指明法者。即明习政治、法律者。

(17) 转徙于沟壑，指饿死于道路。

(18) 激卬，激昂。卬，同“昂”。

(19) 媻娑(pán 盘—)，即婆娑。游荡。海堧都市，海边城市。海堧(—ruán)，海边土地。

(20) 钱刀，钱币。致钱刀，指换取厚禄。

【译文】

器物不使用就会腐朽生虫。有技艺的人不被任用，仍能卖卖货物养活自己；通晓法令者不被任用，只能流落饿死在野外。中等以下的人，不自己去振奋激励，而是去奉承权贵之人，以供其使唤来获得微薄的收入，岂不是相当于游荡于海边城市，吹嘘自己的文章、技艺以骗取钱财者，这类人太多了。

谈者猥谓兴学教育以俟后来(21)，而题桢可得(22)，理平可致(23)。阔矣夫(24)！如古之言曰："天子视学，大昕鼓徵"(25)；退致珍具于国老(26)，以命诸侯；诸侯返而帅之，则"大夫勤于朝，州里蹪于邑"也(27)。此《礼记·文王世子》及《孝经援神契》语。

【注释】

(21) 猥，多。《长笛赋》："山水猥至。"注："多也。"

(22) 题桢，意同"桢干"。指栋梁、骨干之才。参见《明农》第四十注(19)。

(23) 理平，治平。

(24) 阔，迂阔。

(25) 大昕鼓徵，《礼记·文王世子》注："早昧爽击鼓以召众也。"大昕，日将出之时，黎明。

(26) 珍具，珍羞。《礼记·文王世子》："遂设三老五更群老之席位焉。适馔省醴，养老之珍具。"

(27) 蹪，通"觊"。企望。

【译文】

议论者多说要兴学办教育以待后来，从而国之栋梁可得，天下治平可达到。多么迂阔的言论！犹如古话所说："天子亲临学校，黎明时分击鼓召唤众人"；退而给国老献上珍美的酒食，以命诸侯；诸侯返回各自国中遵行天子之命，从而"大夫勤于朝，州里企望于邑"。（这是《礼记·文王世子》和《孝经援神契》中的语句。）

原教上第四十七

[**说明**]章太炎的宗教研究经历了前后两个阶段。早期他主要学习西方社会学、人类学，以科学实证的态度探讨宗教的性质和作用。后期他则受佛学、西方哲学尤其是康德哲学的影响，试图建立哲学宗教。《訄书》重刻本中收录的《原教》上下两篇即属于章氏早期的作品。

本文着重分析批判了西方教会在宗教问题上污蔑贬低其他民族的错误做法。西方一些传教士从其宗教偏见出发，把基督教看作文明的标准，攻击其他不同信仰的民族为“无神论者”，是“野蛮人”。作者针对这种错误观点指出，宗教是随着人类社会的产生而产生的，在古代各个民族都有自己信奉的宗教，以后由于文明进步、学术发展，宗教势力受到限制。到了今天，有人甚或认为中国没有宗教，但了解了宗教的历史，就可以明白“无教非诟，有教非宠也”。作者着重分析了传教士否认其他民族宗教的原因，指出一是他们观察不仔细，二是“专己黜人”，把宗教的标准定得过于狭窄。

本文首次收入《訄书》重刻本，《检论》有《原教》一文，系由重刻本中《原教下》《封禅》《通谶》《订实知》等文组成，而与本文不同。

一方部成而有政教[(1)]。“教者，摽然若秋云之远[(2)]，动人心之悲，蔼然若夏之静云[(3)]，乃及人之体”，“荡荡若流水，使人思之”。本《管子·侈靡》语。学术申，宗教诎，至于今世，或言中国无教。教者，人目能视火而具，掭遍庶虞[4]。无教非诟，有教非宠也。余闻姉崎生言教，齐物论而贵贱泯[5]，信善哉！

【注释】

(1) 方部，犹言州郡。此指早期部落国家。

(2) 摽，《管子·侈靡》尹知章注："高举貌。"

(3) 蔼，《管子·侈靡》尹知章注："油润貌。"

(4) 庶虞，众虞。即众人，众民。

(5) 姉崎生，日本学者。齐物论而贵贱泯，齐同万物而泯灭贵贱的差别。

【译文】

当一个早期部落国家形成之时就有了政治和教化。"教化，好像秋云那般高远，能激起人的悲情，又好像夏天的静云，能润及人的身体"，"荡荡如流水，使人思之"。（依据《管子·侈靡》中的话语。）学术得以伸张，宗教便受到压制，到如今，仍有人称中国没有宗教。宗教，是有正常视力的人都能看得到的，分布遍及庶民。称没有宗教并非指责，称有宗教也不必觉得荣宠。我听过姉崎生讲宗教，齐同万物而泯灭贵贱的差别，讲得非常好！

观诸宣教师所疏录[6]，多言某种族无宗教者，若非洲内地黑人，脱拉突非古野人，新基尼亚野人。亦名穆托。著于拉备科所上文牍[7]，辄言建国时未有宗教，而后稍事幽灵崇拜[8]。然人类学诸大师，往往与是说党拒[9]，威知以宗教者人类特性之一端也。梯落路曰：言民有无教者，由其说解宗教过狭小矣。《原始人文》第一卷。而载路亦言：格以人种学说[10]，必无无教之民。《民教学·序论》。西尼突尔亦云[11]。然则虽在犷顽至愚之伦，而其征伀于神也[12]，如璋圭埙篪取携矣[13]。

【注释】

(6) 宣教师，传教士。

(7) 拉备科,当为传教士名。

(8) 幽灵崇拜,灵魂崇拜,认为万物有灵,皆当崇拜。

(9) 党拒(chēng 撑—),相左,抵触。党,"牚(撑)"的本字。《考工记·弓人》:"维角党之"。孙诒让《正义》:"弓限捧曲,恐其力弱,故以角党距之,以辅其力也"。

(10) 格,衡量。

(11) 威知、梯落路、载路、西尼突尔,均西方人类学家名。

(12) 征伀(zhēng 征 zhōng 中),同"怔忪"。警惧。《方言》第十:"征伀,遑遽也"。

(13) 如璋圭埙篪取携矣,《诗·大雅·板》:"天之牖民,如埙如篪,如璋如圭,如取如携。"毛传:"牖,道也。如埙如篪,言相和也;如璋如圭,言相合也,如取如携,言必从也。"埙,古代土制乐器,形状像鸡蛋,有六孔。篪,古代竹管乐器,像笛子,有八孔。

【译文】

察看传教士的记述,常称某一种族没有宗教,如非洲内地黑人,脱拉突非古野人,新基尼亚野人(又名穆托)。在拉备科上陈的文书中,则说建国时没有宗教,而后逐渐有了灵魂崇拜。然而人类学研究的诸位大师,往往与这一说法相对立,威知认为宗教是人类的一大特性。梯落路说:认为有的民族没有宗教的,是因为把宗教的范围看得太狭小了。(《原始人文》第一卷)而载路也说:用人种学说来衡量,必定没有无宗教的民族。(《民教学·序论》)西尼突尔也这样认为。那么即使是粗野顽劣、愚昧无知之辈,而他们敬畏神灵,听命于神,跟随于神。

诸言无宗教者,其讹谬有两因。

因于视察之疏,一矣。凡宗教,其外声形色彩,深结于内容。藉令旅人观以感忽之间[14],而断其宗教然不,此固不足任也。且未开人种[15],惎畏异族特甚,其见也必不达其内情。重以宗教神圣,在义宜有墨匿[16],故南洋之佗步与其脱披[17],断。米科乃西亚之泡马利[18]，希腊之哀斯配克，皆以神圣严惮[19]，谨僟之[20]，口不可语，笔不可画，若支那之讳、日本之斋矣[21]。吾尝问亚伊努人以轮回之事[22]，伤其感情，墨不应也。大氐欲谍知宗教者，宜入其乡井，观其翁妪，则浸知其神圣所以谨僟。夫宣教师则不然，涂见负贩，而遽问以信造物之有工宰不[23]？以是定宗教有无。彼野人未受教者，故不识造物何义，则多以消极之辞雠对，即其为无宗教一成矣。故有初至言无教，后又言其有教且复杂者。若火国野人亚夫甘种[24]，始见者以为语言不具，绝无宗教；及达尔文视之，得其语言发达状，其宗教亦信有神灵在天，事之威仪复繁，品式严重，或呼死者之名，而信其魂魄必来，毛发堕地必举火爇烧之[25]，不即谓召疠疫[26]。其崇信神灵至矣。之非洲西鄙者，初识其人，以为裁知猥劣邪法也[27]，后乃知其趋乡惟一神教[28]，有近于上国者。瓦伊知《天然民族之人类学》第二卷。是故校计中失[29]，而近取二者观之，则前至者疏于视察，皞然也。

【注释】

(14) 感忽，恍惚。此指时间短。

(15) 未开，未开化。

(16) 墨匿，隐匿。

(17) 南洋，即东南亚。佗步，今译塔布。英语 taboo 的音译，意为禁忌。其脱披，神灵名。与，谓，称作。

(18) 米科乃西亚，即密克罗尼西亚(Micronesia)，西太平洋的岛屿群，意为“小岛群岛”。其居民原信万物有灵，现多改奉基督教和佛教。泡马利，神灵名。

(19) 严惮，惧怕畏惧。

(20) 谨僟，非常谨慎。僟，精详；谨严。《说文》：“僟，精谨也”。

(21) 讳，对君、尊长辈的名字避开不直称。斋，斋戒。祭祀前沐浴、节食。

(22) 亚伊努人，即阿伊努人。一称“虾夷”。日本的古老居民。信仰多神，有崇拜熊的习俗。轮回，佛教用语。认为世界众生均展转生死于六道之中，如车轮旋转，惟成佛之人始能免受轮回之苦。

(23) 工宰,主宰。

(24) 火国,当指火地岛。南美洲大陆最南端的岛屿,隔麦哲伦海峡同大陆相望。原居民为印第安人。达尔文曾到此考察。亚夫甘种,当地印第安人中的一支。

(25) 爇(ruò 若),点烧。

(26) 疠疫,瘟疫。

(27) 裁,通“才”。𠷺法,即咒法。𠷺,同“咒”。

(28) 趋乡,趋向。乡,同“向”。

(29) 中失,得失。

【译文】

那些称无宗教者,其错误的原因有二。

疏于考察,这是第一个原因。但凡宗教,其外在的声形色彩,与其内容密切关联。假使外来的旅行者匆忙间观察一番,就判断是否有宗教,这本是不足信的。况且未开化的民族,十分憎恶畏惧异族,他们看到异族人定会手足无措而不能显露实情。再者宗教本是神圣的,按道理说应该有所隐匿,如南洋人的禁忌称其脱披,米科乃西亚的泡马利,希腊的哀斯配克,都是神圣令人畏惧的,对其虔诚敬慎,口不能说,笔不能画,犹如中国人对君父的避讳、日本人在祭祀神灵前的斋戒。我曾问亚伊奴人关于轮回的事,伤了他们的感情,默不应声。大抵想要探知宗教者,应深入当地居民的生活,观察其老翁、老妇,从而知晓他们对神灵的虔敬。而传教士则不是如此,路上碰见一些商贩,就急忙前去问是否相信有造物主主宰世界,以此来判定是否有宗教。那些未开化的人没有受过教化,不知道造物主是什么意思,就往往以消极的言辞应对,因此没有宗教的看法就形成了。还有就是初次接触一个民族称其无宗教,后又说他们有宗教并且复杂。如火地岛未开化的亚夫甘种人,起初被发现时认为他们连语言都没有,绝对不会有宗教;等到达尔文看到后,发现他们的语言也发达得很,他们的宗教也相信上天有神灵，事奉神灵的礼仪繁复，法度仪式隆重，或呼喊死者的名字而相信其灵魂必定会到来，头发掉落在地必定用火焚烧掉，不然就认为会招来瘟疫。其崇信神灵达到了极致。到非洲西部者，起初接触当地人，认为他们才智鄙陋、使用咒法，而后才知其趋向于一神教，这一点与欧美等发达国家相近。（瓦伊知《天然民族之人类学》第二卷）所以考量其得失，将二者相比较，可知前到的疏于考察，这是很明白的了。

因于专己黜人，二矣。宣教师者，皆以造物为人格之神，以是表旗[30]，故凡信屰物屰法者，必排摈以为无教，虽祖祢崇拜，犹黜之。诸言日本无教者，语嚣庶不胜条[31]，何者？彼以崇祀人鬼、信诸仪式为最贱[32]，其摈之也则宜。于新基尼亚之穆托人也，则谓之绝无宗教，或言守形式，信游魂，荧惑于祭仪。于利海诸夫与非洲之加迈伦人也，亦不著其有教与不，而言其民常事门基，断。夫伦古二神，夜行携其偶像，妇人臧获即不得携。于品托、断。皮海诸人也，即云无丝发宗教观念，独信屰法及不死术；又记其神号有加伦伽者，若是而止。斯土来记瓦夫马人曰[33]：是土教迹冥冥，其民谓形体有神力，神力宅于芦苇池沼间，投牢醴则获之[34]，故猎者得兽必祭，若豢猎狗然；入其里门，则颂祝之声外彻，其户外常置鸟卵，巴那羔皮，以为常。此斯土来所记。其他言野人信谶记[35]，畏屰师，缠屰物于项下者，不可胜原[36]。要之，惑于秘怪神力，与信屰法有效，虽群予之为宗教，犹将夺而废之。守其一师，形谍成光[37]，猗欤那欤[38]！拉备科为渠帅，而是为其钲铎鼓角也[39]。

【注释】

(30) 表旗，作为标准。

（31）嚣庶，声多嘈杂。《国语·楚语上》："以金石匏竹之昌大嚣庶为乐。"

（32）仪式，指偶像崇拜。

（33）斯土来，传教士名。瓦夫马人，宗族名。

（34）牢醴，祭祀用的牛羊。

（35）谶记，预言未来事象的文字图录。

（36）原，计。

（37）形谍成光，谓形宣渫于外有光仪。《庄子·列御寇》："夫内诚不解，形谍成光，以外镇人心。"谍，通"渫"。

（38）猗欤那欤，很多。《诗·商颂·那》："猗与那与，置我鞉鼓。"毛传："猗，叹辞；那，多也。"

（39）渠帅，首领，先导。钲铎，铙和铃。行军时用以指挥步伐节奏。

【译文】

固守己见而贬斥别人，这是第二个原因。传教士往往以造物主为人格化的神，以此为宗教标准，所以凡是信咒物咒法的，必定排除在外而认为其没有宗教，即使是祖先崇拜，也被排除在外。那些说日本没有宗教的，说法众多不能分条列出。为什么？他们以崇拜奉祀祖先神灵、崇信各种祭祀仪式为最低下，传教士排斥之也就理所当然了。对于新基尼亚的穆托人，传教士认为他们绝没有宗教，或称他们守仪式，信奉游魂，迷信祭祀仪式。对于利海诺夫与非洲的加迈伦人，传教士也不明言他们有无宗教，只说其民众时常事奉门基、夫伦古两位神灵，夜间行走携带两位神灵的神像，妇女和奴婢不能携带。对于品托、皮海诺人，则说他们没有丝毫的宗教观念，唯独信奉咒法和不死之术；又记他们的神灵有加伦伽者，如此而已。斯土来记述瓦夫马人说：此地宗教的痕迹昏暗不明，其民众称身体可有神力，而神力处于芦苇池沼之间，掷入祭祀用的牲畜和醴酒便可获得，所以猎人获得猎物一定要去祭祀一番，如豢养猎狗那样；进入到他们居住的村落，颂扬及祝福的祈祷声远远就能听到，门外常放置鸟卵、巴那羔皮，成为一种风俗。（这是斯土来所记载的。)其他的称未开化的民族崇信谶记,畏惧施咒的法师,在脖颈处佩戴咒物,不可计数。总之,迷惑于神秘鬼怪及无所不能的力量与崇信咒法有效的,即使大家都认为这也是宗教,仍将被传教士排斥在宗教之外。固守其一神,必然会在行为中表现出来。这样的人有很多!以拉备科为首,其后的传教士也跟着摇旗呐喊,一同否认其他民族有宗教。

天下凡从生而不毛者(40),其所趋乡无问为贞信荧惑,其事无问为㸚法鬼神不也。人心不能无嗜欲祈冀,思之至于热中,饮冰不寒,颖然征伀,若有物焉,灵运而能直接于形躯者,则爱之任之,惮之敬之,犹其在人格则有社会交际也(41)。有求而遇人,则凄怆也,悲泣也,欣凯也,鞠䐴也(42),跽拜也,此亦情之至也。凡有血气心知者,孰不具斯机能矣!人乍遇者谓之遌(43),鬼彪被发乍遇者谓之𩮗(44),欸诒而始(45),倪视而中,感接而终,客之有无情伪亡足论,而主必受其湍触也(46)。

【注释】

(40) 从生而不毛者,指人。从生,纵生。《逸周书·文传解》:"故诸横生尽以养从生。"孔晁注:"横生,万物也;从生,人也。"

(41) 犹其在人格则有社会交际也,好像它有人格能与人交往。

(42) 鞠䐴,《史记·滑稽列传》:"髡帣韝鞠䐴。"裴骃集解引徐广曰:"鞠,曲也。䐴……又与跽同,谓小跪也。"

(43) 遌(è 恶),遇到。

(44) 𩮗(bàng 棒),忽然相遇。后作碰。

(45) 欸诒(è 厄—),惊恐失声。

(46) 湍触,水流冲击。

【译文】

但凡天下之人,其志向不论是否信仰迷信,其行为也不论有无咒法鬼神。人心不能没有嗜好希望,思索以至于内心急躁,饮冰也不觉得寒冷，悲伤忧郁之中，隐约似有物在眼前，神灵能直接作用于身体，则爱之信之，怕之敬之，犹如其有人格而能与人交往一般。有所祈求而有应，则悲由心生，或哭泣，或欣喜，或曲身，或跪拜，这也是情之所至。凡有血气心智的人，有谁不具有这样的机能呢？人乍遇到的称为遇见，鬼魅灵怪乍遇到的称为忽见，开始时神魂不宁、口出呓语，接着是斜视之，最终是互相感受接触，作为客体的神灵有无，暂且不论，而作为主体的人一定能感受到它的存在。

苟以荧惑者为最贱邪？泡利步之在动物亦最贱矣(47)。然学者求贱物与脊椎所以系联(48)，方赖泡利步之异形于鸟兽，以征其特性相属、发达相从尔。今于人文史间求宗教孰发达者，贞信荧惑，辨其氐卬哉(49)，亦求发达相从之征而已矣！

【注释】

(47) 泡利步，珊瑚虫(Polyp)的旧译。

(48) 脊椎，指脊椎动物。

(49) 氐卬，低昂。高低。卬，同“昂”。

【译文】

假如以迷信为最低级会？珊瑚虫在动物中是最低级的。然而学者探求低等动物与脊椎动物之间的联系，正是凭借珊瑚虫与鸟兽的形体差异，以定位其特有属性、发达的程度。而今在人类文明史中探求哪种宗教最发达，对于信仰迷信，鉴别其高下，也如同定位动物的发达程度一般！

且荧惑者，劣民所特具，及其文明而自磨灭。今宗教文明者，其根本皆自外来，章章也(50)。如堪德云(51)：道德所因，或因美术，或因政治家之奇策，或如正统家云有一定之圣人。然其始幽灵之崇拜，与一神之崇拜，则不可辨章已。况其内容与民间宗教附丽者，往往而有。若景教以使徒为守护神[52]，或为驱除疠疫者，中夏之所谓禓也[53]；马利亚者[54]，乃以守护小儿为神。浮屠之末，杂祀诸妄鬼神亦众。以是知宗教虽有高下，亦时有并出同流者。夫组织宗教[55]，与民间宗教，非宣教师所谓贞信荧惑者邪？观其气类濡染，亦可以见其相因互通也。

【注释】

(50) 章章，同“彰彰”。

(51) 堪德，法国十九世纪实证主义哲学家孔德的旧译。

(52) 景教，唐代传入中国的基督教聂斯脱利派。此指基督教。

(53) 禓(shāng 伤)，强死鬼。亦指驱逐强死鬼之祭。《礼记·郊特性》：“乡人禓。”郑玄注：“禓，强鬼也。谓时傩，索室驱疫，逐强鬼也。”

(54) 马利亚，即圣母玛丽亚。耶稣基督之母。

(55) 组织宗教，有正式教会组织的宗教。

【译文】

况且迷信，是未开化民族特有的，等到他们步入文明时就会自行消失。如今的宗教文明，根本是从外部传入，是非常清楚的。(如堪德说：道德所依托的，或依托于美术，或依托于政治家的奇策，或如正统家所说的有一定的圣人。)然而其初始对幽灵的崇拜，与一神的崇拜，就不那么容易辨别清楚了。何况其内容往往与民间宗教相依附，是常有的事。如景教以使徒作为守护神，或为驱除瘟疫者，如同中国所谓的驱逐厉鬼者；马利亚，则因守护小儿为神。佛教的末流，杂乱祭祀诸多虚妄的鬼神。由此可知宗教虽有高下，也时有类似的地方。有组织的宗教，与民间宗教，难道不也是传教士所说的信仰迷信吗？考察其气质类型、沾染的风气，也可以看出彼此相因袭、互通的地方。

且文明者，多重宗义神之智力[(56)]，必撢索窥伺之，心知其意，以是为宗教要领。及夫巴斯托人，自言素不省神，而见于梦寐之间。是虽荧惑，复与组织宗教相类，若浮屠之禅定[(57)]，与近世之神智学，美人奥尔廓德倡神智会，以说佛教，要在神秘不可思议，与新披佗告拉斯派之神秘观[(58)]，及欧洲诸接神术相通。实瑜伽之变形也。其形想皆如是矣[(59)]。

【注释】

(56) 义神，善神、理想化的神。

(57) 禅定，佛教的一种修行方法，后为禅宗所发展。要求静坐敛心，专注一境，久之达到身心安稳，观照明净的境界。

(58) 新披佗告拉斯派，即新毕达哥拉斯学派。指重新活动的公元前5世纪毕达哥拉斯学派。

(59) 瑜伽，古代印度的一种修行方法。意为相应。形想，用心、想法。

【译文】

且文明者，重视善神的智力，必定去探索窥伺，心知其意，以此为宗教的纲领。至于巴斯托人，自称向来未见过神灵，而只是偶见于睡梦之中。这虽为迷信，又与组织宗教相似，如佛教所谓的禅定，与近世的神智学，(美国人奥尔廓德提倡神智会，以是说佛教，其主旨在于神秘不可思议，与新毕达哥拉斯学派的神秘观，以及欧洲各种接神术相通。其实是瑜伽的变形。)其用心都是如此。

嗟乎！宗教之有栅除[(60)]，高高下下，其自为也，终于犬牙相错，无奈之何！吾故曰：舸法鬼神之容式，芴漠不思之观念，一切皆为宗教；无宗教意识者，非人也。高下之殊，盖足量乎哉[(61)]！

【注释】

(60) 栅除，古代建筑时的脚手架。《九章算术·商功》："负土往来七十步，其二十步上下栅除。栅除二当平道五。"刘徽注："栅，阁；除，斜道；有上下之难，故使二当五也。"此指仪式法规等。

(61) 盖，通"盍"。

【译文】

唉！宗教有仪式法规，上上下下，是自然形成的，终于如犬牙般交错，令人无可奈何！所以我说：咒法鬼神的形式，寂静冥思的观念，这一切都可称为宗教；是人，都会有宗教意识。其高下之分，何足考量！

原教下第四十八

[**说明**]本篇承接上文继续讨论与宗教有关的问题。

作者分析了宗教产生的原因，认为上古民智低下，见到离奇怪异无法理解的现象，便以为“有鬼神以司之”，由此产生了“神怪魃头”等人类最早的宗教信仰。其实鬼神是根本不存在的，作者根据他所掌握的科学知识对此作了论证。作者虽然否认了鬼神的存在，但并不否认宗教的作用，他认为祭祀祷告虽然不能被死者感知，但它所表达的思虑怀念之情却是真实的。因此他主张保留宗庙之享，而摈弃“上天及神怪祇鬼”。作者的这一观点同儒家“敬鬼神而远之”的思想是基本一致的。

本文首次收入《訄书》重刻本，后收入《检论》，作为《原教》一文的一个部分。

生民之初，必方士为政。是故黄帝相容区(1)，而禹、益以庪县治山(2)。日本之天孙(3)，印度之仙人(4)，西方犹太之礼金牛(5)，此五洲上世之所同也。

【注释】

(1) 容区，又称鬼臾区。相传为黄帝之臣。会医术，擅于五行之说。

(2) 庪县(guǐ 鬼—)，《尔雅・释天》：“祭山曰庪县。”邢昺疏：“庪，谓埋藏之。”县，同“悬”。

(3) 天孙，亦称“琼琼杵命”。日本神道教说是天照大神之孙(“天孙”或“皇孙”)，奉天照大神之命从天上来统治日本。

(4) 仙人,梵文 Rsi 的意译。婆罗门教和印度教用以指吠陀颂诗的作者,后泛称一般的圣人。

(5) 礼金牛,礼拜金牛神。事见《旧约·出埃及记》。

【译文】

人类社会的初期,一定是方士执政。因此黄帝以容区为相,而大禹、伯益或埋藏或悬挂祭品来祭山。日本有天孙,印度有仙人,西方犹太有礼拜金牛神的做法,可见这是五大洲远古时代相同的。

自夏、殷以往,其民则椎鲁无勰理(6),而圣人亦下渐之以为吾用(7)。何者?眇论之旨(8),非更千百年,固不能以闿怿(9),时为之也。当是时,见夫芜荑之萎于燕(10),鲸鱼、彗星之迭相为生死(11),与其佗之眩不可解者,而以为必有鬼神以司之,则上天之祭,神怪魌头之裼裓(12),自此始矣。今社会学家有言:上古信鬼,由日中视影始,盖以为行止坐卧,是物皆随之,则形体之外,必有一神我矣。是说合当时情事,征之释典,《涅槃经》言:"善男子,譬如因树则有树影。迦叶菩萨白佛(13),言:'世尊,譬如闇中有树无影。''迦叶,汝不应言有树无影,但非肉眼之所见耳。'善男子,如来亦尔。其性长住,是不变易。无智慧眼,不能得见,如彼闇中不见树影。凡夫之人,于佛灭后,说言如来是无常法,亦复如是。"此虽设喻,然可知彼意直谓影本自有,不关明闇。闇中人不能见影,犹不能见微生物也。噫!以彼深识玄鉴,而犹不免于上古野人之说,何哉?

【注释】

(6) 椎鲁,鲁钝。勰理,理智,理性。

(7) 下渐之以为吾用,以上两句意为,百姓愚钝无知,圣人也不得不降低自己以适应大众。

(8) 眇论,精妙之论。即妙论。

(9) 闿怿,和乐。《汉书·司马相如传》:"昆虫闿怿,回首面内。"

(10) 芜荑,木名。即姑榆,又名无姑。《春秋繁露·郊语》:"芜荑生于燕,橘枳死于荆。"此言物性之相感也。

(11) 鲸鱼、彗星之迭相为生死,《淮南子·天文训》:"鲸鱼死而彗星出。"

(12) 魌头,古代驱疫时所蒙的面具,形状很丑恶。裼裓,驱逐强鬼之祭。

(13) 迦叶，释迦牟尼的十大弟子之一。后成为菩萨。白，告白。

【译文】

自夏、商以后，百姓愚钝无知，圣人也不得不降低自己以适应大众。为什么呢？精妙的言论，若没有经历很长的时期，很难为世人通晓的，这是时代使然。在当时，人们看到燕国的芜荑枯萎，鲸鱼死继而彗星出，与其他使人迷惑不解的现象，就认为必定有鬼神在掌控着这一切，从而祭祀上天、驱除恶鬼，从此开始出现。（如今的社会学家认为：上古时期人们迷信鬼神，始于在正午看到影子，人们认为日常起居、一举一动，这个阴影都跟随着身体，以为人的身体之外必定还有一个神我。这种说法符合当时的情形，验证于佛经，《涅槃经》说："信奉佛法的男子，譬如因树则有树的影子。迦叶菩萨对佛祖说：'世尊，譬如黑暗中有树但没有影子。''迦叶，你不应当说有树无影这样的话，只是因为那影不是肉眼所能看到的。'善男子，佛祖也是如此。其本性就是如此，这是不变易的。若无智慧眼，就看不到，如同在黑暗中看不到树的影子一样。人世间的俗人，在佛陀涅槃之后，说如来是没有固定法度的，同样也是如此。"其中的表述虽然是打个比方，然而可知其意认为影子本来就是有的，与明暗无关。黑暗之中人们看不到物体的影子，就如同人的眼睛看不到微生物一样。唉！以彼深识明察，而仍不免于上古时期蒙昧之人的看法，这是为何？）

冯蠵者，大龟也，以为河伯(14)。海若者，右倪之龟也，以为瀛之神(15)。河海之物，安知无蠵若若者(16)，其力胜民，其居成郡县？七行星之间(17)，其所生人，安知无蠵若若者，其材胜民，其居成洲国？苟有智者曰：彼不吾睹，而吾亦勿之睹也。民之朱愚(18)，望祀之(19)，又取蛇蛩之相似者而事之(20)，而圣人亦下渐之以行吾教。是故伏曼容曰(21):"万事之始生,必由于蛊。"《周易集解》引。人死而为枯骼,其血之转粼(22),或为茅蒐(23);其炭其盐,或流于卉木;其铁在丱(24);其肌肉或为虫蛾蛰豸:曰"精气为物"。其智虑非气也。所从受者,胎卵之成,成于牝牡之感,而子姓受之(25)。感有交错,以成智虑;及死,则若波之复。乃夫气则畿淖于水土也(26):曰"游魂为变"。《御览》八百八十三引《韩诗外传》曰:"人死曰鬼。鬼者,归也。精气归于天,肉归于土,血归于水,脉归于泽,声归于雷,动则归于风,眼归于日月,骨归于木,筋归于山,齿归于石,膏归于露,发归于草,呼吸之气复归于人。"案:精气归天,呼吸归人,一也。谓精气归于天空,而仍为人所呼吸,非谓轮回也。精气即指气。易之精气,则统数者言,名同实异。然《易》义尽此矣。《艺文志》有《易韩氏》二篇,名婴(27)。此虽其说《诗》义,亦即其所以说《易》也。

【注释】

(14) 冯蠵(—xī 西),《汉书·礼乐志》:"冯蠵切和疏写平。"晋灼曰:"冯,冯夷,河伯也;蠵,觜蠵,龟属也。"以上三句意为,冯蠵原是一种大龟,却被当作了河神。

(15) 海若,又称北海若,传说中北海的海神。《庄子·外篇·秋水》:"北海若曰:井蛙不可语于海者。"右倪,北龟。《尔雅·释鱼》:"左倪不类,右倪不若。"郝懿行义疏:"右倪者,北龟也。"瀛,瀛海。

(16) 蠵若若,冯蠵及海若。若,及,与。

(17) 七行星,指太阳系七大行星:水星、金星、火星、木星、土星、天王星、海王星。

(18) 朱愚,愚钝。《庄子·庚桑楚》:"不知乎,人谓我朱愚。"

(19) 望祀,遥望而祝祭。

(20) 蛩,蛩蟺。即曲蟺、蚯蚓。

(21) 伏曼容,字公仪,南朝梁安丘(今山东省潍坊市南)人。有《周易》《毛诗》集解等。唐李鼎祚的《周易集解》引其说。

(22) 转粼,转为燐火。《列子·天瑞》:"马血之为转粼也。"粼,通"燐"。

(23) 茅蒐,草名。即茜草。可作深红色染料。

(24) 丱,"矿"的古体字。《周礼·地官·丱人》:"丱人掌金玉锡石之地。"

(25) 子姓,子孙。

(26) 瀸淖(jiān 尖 nào 闹),淹渍而成烂泥。
(27) 婴,韩婴。参见《儒道》第四注(10)。

【译文】

冯蠵,原是一种大龟,却被当作了河神。海若,是北海的乌龟,却被当作是瀛海之神。在大河大海之中,怎知就没有像冯蠵及海若那般的生物,其力量胜过常人,其居住的地方犹如郡县呢?太阳系的七大行星中,若有生物生活在上面,怎知就没有像冯蠵及海若那般的生物,其能力胜过地球上的人类,所居住的地方犹如洲国那么大呢?假如有智者说:它们看不到我们,而我们也看不到它们。愚昧迟钝的人,遥望祭祀它们,又选取蛇、蚯蚓等与之相像的生物来奉祀着,而圣人也屈从于世俗以推行其教化。因此伏曼容认为:"万事之始生,必始于蛊。"(《周易集解》引)人死后就会成为枯骨,血液生出飘忽不定的磷火,有的生出茜草;其炭其盐,或流于草木中;其铁存在于矿物中;其肌肉或成为虫蛾及潜藏过冬的虫子:此谓"精气化为物"。其智虑不是气,受之于胎卵形成之时,由阴阳二气的感应而成,遗传给子孙后代。感应有所交错,就形成了人的智虑;等到人死后,如同波流往复,从而气浸渍于水土之中:此谓"游魂流散变化"。(《太平御览》八百八十三卷引《韩诗外传》记载:"人死后称为鬼。鬼,即归。精气归于天,肉体归于土,血液归于水,经脉归于泽,声音归于雷,动则归于风,眼睛归于日月,骨骼归于木,筋归于山,牙齿归于石,膏归于露,头发归于草,呼吸之气复归于人。"案:精气归天,呼吸归人,是一回事。称精气归于天空,而仍然是被人呼吸去,这并非轮回。精气即指气。《易》中所说的精气,则涵盖以上数层意思,名同而实异。然《易》义尽于此。《艺文志》中记有《易韩氏》二篇,名字为婴。他虽是在解说《诗经》之义,也是在解说《易》。)

夫一朝而丧其亲戚,匍匐皋复卒不得其处[28],之死而不忍致死之,荐祭之设,情也。谓其馨香之气,屑然呹然[29],足以感魂魄,诬矣。虽然,此又五洲之所同也。

【注释】

(28) 皋复,即号复。还魂。《礼记·礼运》:"及其死也,升屋而号,告曰:'皋某复!'"

(29) 屑然呹然,倏忽,很快的样子。呹,同"佚"。

【译文】

忽有一天父母亲属中有人去世了,人们匍匐着身体、悲伤地哭喊死者还是不能复生,亲属已逝又不忍心接受,因而祭奠逝者,敬献祭品,也是人之常情。人们认为祭品的芳香气息迅速散发,足以使魂魄感应到,尽管这不现实。即使如此,五大洲的人们又做着相同的事情。

夫黄流之祼[30],郁金百叶,酹之以达黄泉[31]。舍菜者[32],或曰采芬香也,焚膋者[33],或曰以达臭也。梁武帝始令祭天用沈香,祭地用上和香,事见《通典》。意亦同此。而南美利加之鄙人,亦自醉以当葛[34],而梦其祖,其效若莛鼓[35]。然则馨香之果足以感魂魄乎?夫可以感之使至者,必其莽苍之气也。今精气被于水土卉木以成物矣,其游魂则散乎无形埒之宇[36],归乎野马[37],其智识则未尝有气也。成物者不能至,无气者不可感而致。两不得致,则当葛之效也何由哉?

【注释】

(30) 黄流,酒名。即秬鬯。用黑黍和郁金香叶酿制。祼,古代帝王以酒祭奠祖先。

(31) 酹,以酒沃地,表示祭奠。

(32) 舍菜,即释菜。古者入学,执菜以为贽。一说以菜祭先师。

(33) 膋(liáo 辽),脂膏。

(34) 当葛,植物名。其根可入药,有麻醉作用。

(35) 莛鼓,以莛击鼓。莛,同"挺"。欧阳修《钟莛说》:"以莛叩钟,则铿然而鸣。"

(36) 埒(liè 烈),界限。

(37) 野马,田野间蒸腾浮游的水气。《庄子·逍遥游》:"野马也,尘埃也。"

【译文】

用秬鬯酒灌地,郁金百酒,以达黄泉。释菜之礼,有的说是采集芳香,焚脂膏,有的说是使气味达于神灵。(从梁武帝开始令祭天用沉香,祭地用上和香,事见于《通典》中。其意也与此相同。)而南美洲的初民,会以当葛来麻醉自己,而梦到祖先,其效用如同以莛击鼓。那么芳香之果足以感应魂魄吗?可以使之感应而到来的,必定是空旷迷茫之气。若精气覆盖于水土草木以化成万物,其游魂则消散没有了踪影,归于野外蒸腾的云气之中,其智识则未尝有气。成就万物的是不可能到来,而无气者又不可感应而致。两者都不可以得到,那么当葛的效用又是怎么产生呢?

章炳麟曰:生人之志念,必振肸于钜棻郁烈而后壮[38]。彼致斋者[39],其志凝矣,从而鼓之以钜棻郁烈,则足以发扬光景,而见其所为斋者,非魂之果至也。吾之智虑,尝蜕于先人;精于自见,而先人在矣。故曰:"知于善深则来善物","知于恶深则来恶物"。《礼记·大学》注。物不必来,而吾形备之,谓之"致知以格物"[40]。必若责以祖祢之享尝[41],商旅之寿其君者,张权火于万里之外[42],缀而成文字,旌旃扤风[43],鸣籥吹角,便旋百卉,规之以为容阅[44],此皆去王庭远矣,其君宁能视听之哉!于彼不责,于此则责之,亦见其颇也。颇与滥者[45],君子皆不为。故董无心、王充之祭宗祢[46]，重之矣；其于上天及神怪祇鬼者，则皆摈之，以为椎愚之言。

【注释】

(38) 振肸(—xī 西)，振奋。菜，香木。郁烈，香气浓烈。

(39) 致斋，祭祀前沐浴、节食，以洁净身心。

(40) 致知以格物，《礼记·大学》："欲诚其意者，先致其知。致知在格物。"郑玄注："格，来也。物犹事也。其知于善深则来善物，其知于恶深则来恶物。"

(41) 享尝，献祭祀。《说文》："享，献也。"尝，秋祭。

(42) 权火，古代祭祀时所举的燎火。

(43) 旌旃，旗帜。㫃，同"偃"。《说文》："㫃，旌旗之游㫃蹇之貌。读若偃。"

(44) 容阅，同"容悦"。逢迎以取悦于上。

(45) 颇，偏颇。

(46) 董无心，战国时儒家学者，曾批驳墨徒敬祭鬼神之论。见王充《论衡·福虚篇》。《汉书·艺文志·诸子略》儒家有"《董子》一篇。注：名无心，难墨子"。宗祢，祖庙与父庙。

【译文】

章炳麟说：人的意念，必定要借助香气浓烈才变得强大。那些沐浴斋戒的人，意志力专注凝聚，从再激发以浓烈的香气，则足以再现某些景象，好像看到了所为祭祀斋戒的先人，并非其魂魄真的到来了。我们的智虑，是从先人那里遗传而来；善于发现自己，因而就看到了先人。所以说："喜好善的事物深则善的事物就来了"，"喜好恶的事物深则恶的事物就来了。"(郑玄注《礼记·大学》)物不必来，而我形备之，称为"致知以格物"。若必责以祖庙父庙的四时之祭，就如同商旅为其君主祝寿，在万里之外举着祭祀时所用的燎火，连缀起来组成文字，旌旗在风中飘舞，鸣炮并吹起号角，摆放着百种花草，看起来就是在取悦君上，然而距离朝廷十分遥远，其君主岂能看到、听到！对于这种情况不加以谴责，而对于祭祀却横加责难，可见是多么偏颇。偏颇与过度的事，君子都不为。所以董无心、王充祭祀祖庙与文庙，是非常重视的；而他们对于上天及神鬼，则都予以排斥，认为那是愚昧无知之言。

由董氏而上，颛顼之圣，绝地天使不通，顾犹立重黎以司神事(47)；大智如周、孔，于巫、方相(48)，故未尽去也，时为之也。祝褶不通(49)，讄祷不举(50)，必始于董氏。董氏者，其圣足以干百王之蛊(51)，于丧躬亡嗣(52)，谓之“不孝之㐬”(53)，其表曰绝祀(54)，其中坚曰丧先人之智(55)；于胪大山、祀爰居(56)，谓之“渎乱”，其名曰僭越，其实曰惷愚而蔑(57)。由董氏之道，行董氏之制，笃于亲者，必无废庙享，无弛祫禘(58)；察于物者，戴天而履地，必无建大圜与群神祇之祭(59)。

【注释】

(47) 颛顼，传说中古代部族首领。号高阳氏。绝地天使不通，《国语·楚语下》：“颛顼受之，乃命南正重司天以属神，命火正黎司地以属民，使复旧常，无相侵渎，是谓绝地天通。”

(48) 方相，古代方士，掌驱除疫疠。见《周礼·夏官·方相氏》。

(49) 祝褶，亦作“祝由”。古代以祝祷符咒治病的方术。

(50) 讄祷(lěi 垒—)，祝祷。讄，《说文·言部》：“讄，祷也。”

(51) 干百王之蛊，承担百王之事业。蛊，《易》卦名。艮上巽下。蛊训事。

(52) 丧躬亡嗣，丧身亡后。

(53) 不孝之㐬，即不孝之子。㐬，古文“子”的倒写。《说文》：“㐬，或从到古文子。”

(54) 表，指正式称呼。

(55) 其中坚，其实质。

(56) 胪，同“旅”。祭祀泰山。爰居，鸟名。《国语·鲁语上》：“海鸟曰爰居，止于鲁东门之外三日。臧文仲使国人祭之。”

(57) 蔑(miè 灭)，《说文·苜部》：“蔑，火(目)不明也。读与蔑同。”

(58) 祫禘(xiá 霞—)，即殷祭。集合远近祖先神主于太庙合祭。

(59) 大圜，古代祭神的土丘。

【译文】

由董无心向上追溯，颛顼之圣，断绝地与天相通，而仍立重与黎掌管神事；周公、孔子有大智慧，对于巫医与驱除瘟疫的方士，也没有尽数去除，这是时代使然。祝祷符咒不再流行，祷神求福不再举行，必始于董氏。董氏之圣足以承担百王之事业，而在他死后却无子孙，被称为“不孝之子”，从表面上看是说他绝祀，而实质上是说他丧失了先人之智；对于祭祀泰山及爰居，称为“混乱”，名义上说是僭越，而实质上是被指责其为愚蠢而暗昧。依照董氏的做法，实行董氏的制度，亲情深厚者，必不会废止立庙祭奠，不会废弃对先祖的祭祀大礼；明察于事物者，屹立于天地之间，必不会建祭天的场所与群神共祭。

争教第四十九

[说明]本文指出，历史上政治与宗教存在密切的关系。政治斗争往往伴随着宗教斗争，如黄帝征讨蚩尤，夏禹攻伐曹、魏、有扈，孔子杀少正卯，都是宗教斗争的表现。作者还提出这样一个观点：夏禹信奉五行教，传播于东方；文王提倡八卦教，流行于西方。随着周人势力向东发展，八卦教与五行教发生激烈冲突，最终以文王取胜，箕子被流放而告终。从此五行教不再流行于域中，但它的影响并没有被完全消除，后世子思、孟轲之徒仍在倡导五行，特别是巫医祝史把五行用于医学和历史中，产生了种种危害和弊端。

本文收入《訄书》初刻本，收入《检论》时有删改。

王者致教而宪政，政不乂则教尊(1)。此以有争，自沙兰生之剑(2)，神彼得之十字军(3)，始伏尸漂骴乎(4)，尚矣！夫禹之攻曹、魏、屈骜、有扈(5)，以行其教也。见《吕氏春秋·召类》。不然，夫五行者，裁制于人而已，何"威侮"之有(6)？

【注释】

(1) 乂(yì 义)，治理。致教，归还教权，指政教分离。

(2) 沙兰生之剑，沙兰生，怀疑是以色列第一代国王扫罗的旧译。扫罗在吉甲立国，东征西讨，战绩辉煌。后为非利士人所败，伏剑而死。

(3) 神彼得之十字军，指第一次十字军东征。彼得为该次东征的鼓吹者。1096 年同一些德意志骑士率领破产农民组成先遣队伍，向东方出发。途中被突厥人击溃。

(4) 骴(cī 疵),肉未烂尽的骸骨。

(5) 曹、魏、屈骜、有扈,皆古部落名。《吕氏春秋·恃君览·召类》:"禹攻曹、魏、屈骜、有扈,以行其教。"

(6) 何"威侮"之有,《尚书·甘誓》:"有扈氏威侮五行,怠弃三正。"章氏认为这是启为行其教而强加之辞,故说何"威侮"之有。

【译文】

王者归还教权就会实行宪政,政治得不到治理宗教就显得重要。因此争斗就会发生,自沙兰生之剑、神彼得的十字军东征始,就已达到尸横遍野的惨烈程度,距今已很久远了!至于禹攻曹、魏、屈骜、有扈,以推行其教。(见于《吕氏春秋·召类》)否则,不过是可以被人利用的五种物质,何以会有《尚书·甘誓》的"威辱五行"之说?

章炳麟曰:黄帝起消息,则设五官(7),利器用财,隶于考工(8)。自禹之衍九洛(9),始以声、味、容、色暨于人事(10),皆笼以五行,以是耀民而擅其威。故五行者,禹之乱教也(11)。有距塞吾教者,一世征之,不能下,则奕世征之(12);奕世征之,必烹灭大戳之,至于萯阳、五柞之间(13),而其民不扰。屈原有言:"该秉季德,厥父是臧(14)。胡终獘于有扈,牧夫牛羊?"《天问》夫该职蓐收(15),以世其官,五行之贵神也。有扈替蓐收以为牧圉(16),威侮其官,而五行之教殆。文命之族(17),父子殉之,竭力致死而不悔者,其教不立,则不足以镇抚黔首,羽畎夏翟(18),将迁于邻国。是以争之,至于击床也(19)。

【注释】

(7) 设五官,《史记·历书》:"盖黄帝考定星历,建立五行,起消息,正闰余,于是有天地神祇物类之官,是谓五官。"消息,一消一长,互为更替。

(8) 考工,官名。汉少府属官有考工,主作兵器弓弩及织绶诸杂工。这里为借指。

(9) 九洛，指洪范九畴。《庄子·天运》："九洛之事，治成德备。"参见《原学》第一注(9)。

(10) 暨于，及于。

(11) 乱教，治教。

(12) 奕世，累世，一代接一代。

(13) 萯阳、五柞，皆为宫殿名。

(14) 厥父是臧，王逸注："该，苞也；秉，持也；父，谓契也；季，末也；臧，善也。言汤能包持先人之末德，修其祖父之善业。"一说该指王亥。

(15) 该，即王亥。亥，一作胲、核、该、垓。商汤的七世祖。相传开始从事畜牧业。他放牧到黄河北岸，被有易(有扈)首领杀死。其子上甲微为其复仇，攻有易，夺回牛羊。替，废。蓐收，《左传·昭公二十九年》："少昊氏有四叔，曰重、曰该、曰修、曰熙，实能金、木及水。使重为句芒，该为蓐收，修及熙为玄冥，世不失职。"

(16) 替，废。牧圉，养牛马的奴隶。

(17) 文命，夏禹名。《史记·夏本纪》："夏禹名曰文命。"

(18) 羽畎夏翟，指贡赋。《尚书·禹贡》："厥贡唯土五色，羽畎夏翟。"注："夏翟，翟雉名。………羽山之谷有之。"羽，羽山。畎，谷。

(19) 击床，屈原《天问》："有扈牧竖，云何而逢，击床先出，其命何从?"王逸注："言启攻有扈之时，亲于其床上击而杀之。"

【译文】

章炳麟说：黄帝受事物盛衰消长的启发，设立五官，利用器材，隶属于考工。自从禹散布洪范九畴，始以声音、气味、仪容、颜色及于人事，都包括于五行中，用它来向民众炫耀而独揽权威。所以五行，就是禹的治乱之教。若有抵抗阻止其宗教的，一代征讨之，一代不能攻克，则累世征讨；累世征讨，必定要杀戮而消灭他，一直攻到萯阳、五柞离宫间，而其民众不扰。屈原曾说："王亥能秉承先人的美德，以之为榜样。到有扈那里去放牧，何以竟被有扈杀害了?"(《天问》)王亥的职位为蓐收，世代承袭其官，为五行之贵神。有扈废蓐收为养牛马的人，陵虐侮慢其官，而五行之教陷于危亡。夏禹之族，禹和他的儿子启殉其事业，竭尽全力到死也不悔，若其教不立，就不足以安抚百姓，羽山之谷所产有五色羽毛的野雉，都将迁于邻国。因此才要争教，以至于夏启亲自在有扈的床上杀死了他。

古今亦孰不争其教？涿鹿之战[20]，用师以相济[21]，惟异德也，争教也。少正卯仕于鲁[22]，仲尼弟子从之者大半，于是执而杀之东观之下[23]，争教也。轩辕、仲尼之所争或韪[24]，而夏氏之所争者独非。是何也？

【注释】

(20) 涿鹿之战，黄帝征伐蚩尤的战争。

(21) 济，通"挤"。《国语·晋语四》："二帝用师以相济也，异德之故也。"韦昭注："济当为挤。挤，灭也。"

(22) 少正卯，春秋时鲁国人。曾任大夫，他聚徒讲学，孔子弟子都到他那里听讲。后被孔子所杀。

(23) 东观，东阙。阙，皇宫门前两边供瞭望的楼。

(24) 轩辕，黄帝的号。韪，是。

【译文】

从古至今又有谁不争教？黄帝与蚩尤战于涿鹿，用军队作战来消灭对方，只因为不同德，就是争教啊。少正卯仕于鲁国，孔子的弟子超过半数去追随他，于是孔子抓了他并将其杀死在东阙之下，也是为了争教。轩辕、孔子争教是对的，而夏氏争教单单就不对，这是为什么？

《明夷》之象[25]，抗衡而言文王、箕子，八卦、五行之相竞也[26]。案：八卦之术亦未是，然与五行固相冲突矣。《易》与五行牾[27]，是以阴阳气无箕子。彼禹之教，横行于东夏，而不西被于关中。文王之在丰、镐、鄠、杜[28]，有扈之虚也[29]，故守《易》千岁，而不言五行。比其厉周南，度黎丘[30]，汜移东渐，而箕子不得不窜于极东玄菟之域矣[31]。周史录《鸿范》[32],以著东西之异教,非尚之也。昔者希腊以地、水、火、风为元素,今所知则流别且赢于六十,五行焉取乎?大弦为宫,小弦为羽,五也[33];文王增和、穆二变以为七,音不耦行矣。萌芽为青,海波为黑,五也[34];杂昊天之玄以为六,色不耦行矣。

【注释】

(25)《明夷》,《周易》卦名。彖,彖辞。

(26)八卦、五行之相竞也,《易·明夷》彖曰:“明入地中,曰明夷,内文明而外柔顺,以蒙大难,文王以之。利艰贞,晦其明也。内难而能正其志,箕子以之。”章氏据此认为文王八卦与箕子五行相竞。

(27)牾,抵牾。

(28)丰,在今西安市西渭水支流沣河西。西周于此建丰京。镐,在今陕西长安县。西周于此建镐京。鄠,在今陕西户县。杜,在今陕西西安东南。皆为文王活动过的地方。

(29)有扈之虚也,有扈氏的故城。章氏认为有扈氏为西部氏族,所传与五行不同。文王处有扈氏故地,故不言五行。

(30)黎丘,在河南虞城县北。

(31)玄菟,今朝鲜咸镜道南。西汉曾在此设玄菟郡。

(32)《鸿范》,又作《洪范》,《尚书》篇名。记录箕子所谈论五行及其他内容。

(33)五也,指宫、商、角、徵、羽五音。

(34)五也,指青、黄、赤、白、黑五色。

【译文】

《明夷》卦的彖辞,提到文王、箕子抗衡,这是八卦与五行相竞争。(案:八卦之术也未必正确,然与五行本就是相冲突的。)《易》与五行相抵牾,所以阴阳气无箕子。大禹之教,广泛流行于东方,而西部关中不受其影响。文王在丰、镐、鄠、杜,是有扈氏的故地,所以守《易》千余年,而不言五行。等到文王到达成周以南的洛阳一带,经过黎丘,向东方广泛迁移,而箕子不得不奔逃到最东方的玄菟地区。周史载有《洪范》,记载东方、西方异教,不推崇这件事。

从前希腊以地、水、火、风为元素，如今所知的种类就已多于六十了，五行又何所取？大弦为宫音，小弦为羽音，是有五音；文王增加和、穆二变音就成了七个，音不能是偶数。萌芽为青色，海波为黑色，是有五色；杂以昊天的赤黑色就成了六个，色不能是偶数。

自周时，五行已不足以自立，然子思、孟轲犹道之(35)，见《荀子·非十二子篇》。至贾、董不能绝(36)。巫医则之，足以杀人；祝史则之，足以蛊人主。禹一唱其术，而其祸民也若是。吾闻大乐之野，夏后启于此舞九代焉(37)，乘两龙，盖三层，佩玉璜，左手操翳(38)，右手操环，《海外西经》。自以宾帝所获(39)，足以贞观颙若也(40)。以此诬民，其教何如哉？处群愚之世，齐圣仁强(41)，而讦巫恒之匿垢者(42)，殃必及身。是故有扈氏为义而亡(43)。《淮南·齐俗训》。仲尼序《甘誓》(44)，大争教也。订其枉直(45)，在彼不在此。

【注释】

(35) 子思、孟轲犹道之，《荀子·非十二子》："略法先王而不知其统，犹然而材剧志大，闻见杂博。案往旧造说，谓之五行，……子思唱之，孟轲和之。"

(36) 贾、董，贾谊、董仲舒。

(37) 九代，《山海经·海外西经》郭璞注："九代，马名。舞，盘旋作之令舞也。"

(38) 翳，舞具。用羽毛做成的华盖。

(39) 宾帝，配帝。

(40) 贞观，《易·系辞》："天地之道，贞观者也。"疏："谓天覆地载之道，以贞正得一，故其功可为物之所观也。"后以贞观指澄清宇宙，恢宏正道。颙若，严肃貌。

(41) 齐圣，聪明睿智。《诗·小雅·小宛》："人之齐圣，饮酒温克。"仁强，仁爱强毅。

(42) 讦，攻击。巫恒，巫师相传的法术。《周礼·春官·司巫》："国有大灾，则帅巫而造巫恒。"

(43) 有扈氏为义而亡，有扈氏与禹的儿子启争夺王位，失败被杀。《淮南子·齐俗训》:“有扈氏为义而亡,知义而不知宜也。”

(44) 仲尼序《甘誓》,《汉书·艺文志》:“书之所起远矣,至孔子纂焉。上断于尧,下讫于秦,凡百篇而为之序。”一说序为排列百篇的次序。《尚书·甘誓序》:“启与有扈战于甘之野,作《甘誓》。”

(45) 订,评定,评议。

【译文】

在周代时,五行就已经不能成立,然而子思、孟子仍称道之(见《荀子·非十二子篇》),到贾谊、董仲舒时仍不绝。巫师、医师效法它,足以杀人;祝官、史官效法它,足以蛊惑君主。禹一倡导五行之术,其祸害民众到如此地步。我听说大乐之野,夏后启在这里舞马,乘两匹骏马,盖三层,佩戴半圆形的玉璧,左手持羽毛做的华盖,右手持圆环形玉璧,(《山海经·海外西经》。)自以为宾客于天帝之所,足以恢弘正道而一副庄严肃穆的样子。用这种方式欺骗民众,他的教化会是什么样子啊?处于群愚之世,聪明睿智、仁爱强毅之人,去攻击巫师相传的法术所隐藏的秽恶,必然招致杀身之祸,所以有扈氏是为义而亡。(《淮南子·齐俗训》)孔子序《甘誓》,以争教为大事。评议其是非曲直,在于为义争教而不在于胜负。

忧教第五十

[**说明**]伴随着鸦片战争的枪炮声，一度曾被禁止的基督教重新传入中国，并与中国本土文化发生激烈冲突，造成一系列教案。有人对此忧心忡忡，担心中国将因此亡于异教。作者则郑重宣布，对于教会的逼迫不必过于担心，相反这倒可能是一件好事。因为教会的胡作非为，倒行逆施，势必激起全国人民的激烈反抗，并由反抗教会而发展到反抗列强政府，教会恰恰成为列强向中国扩张的障碍。真正让作者感到担心的是，如果西方列强吸取了以往失败的教训而改变其策略，宣称其教义本来就源于中国文化，这样他们就可以畅通无阻，并轻而易举瓜分中国；而以西方列强的聪慧狡猾，认识到这一点是并不困难的。因此，这才是中华文明的真正威胁所在。

本文收入《訄书》初刻本，经删改后收入《检论》，作为《争教》的第二节。

志古之大旅之金版(1)，或盗而帝(2)，或乞食无行而帝(3)，或屠城掘冢墓而帝(4)。帝于异教者，则无有非民志之一；不一，不足以行其政也(5)。

【注释】

(1) 大旅之金版，指行大旅之祭时向上帝供奉的金版。《周礼·秋官·职金》："旅于上帝，则共其金版。"郑玄注："鉼金谓之版。"此借指国家政权。

(2) 盗,强盗。指农民起义。此指梁太祖朱温曾参与黄巢农民起义。

(3) 乞食,讨饭。无行,无品行。此指明太祖朱元璋年轻时曾讨饭。

(4) 屠城掘冢墓,指清初扬州、嘉定之屠及"掘冢坏陵"等。前文《〈客帝〉匡谬》言之甚详。

(5) 不足以行其政,以上四句意为,统治不同信仰的人,没有不使民众的思想意志统一的;不统一,就无法推行其政治统治。

【译文】

古代国家政权的更替,有的是因起义而称帝,有的是曾沿街乞食者最终称帝,也有的是曾屠城、盗掘冢墓而称帝。统治不同信仰的人,没有不使民众的思想意志统一的;不能够齐一,就无法推行其政治统治。

自泰西之设礼拜寺也,天津民群聚击(6),圣相论诛十五人(7),而民畏泰西也如雷公(8)。其后有芜湖之难(9),有古田之难(10),皆输币吊恤,罢黜大臣。及曹州难作(11),不及约言,攘胶、即墨以去(12),而民畏泰西也如天帝。

【注释】

(6) 天津民群聚击,指天津教案。1870 年,天津人民因育婴堂虐死婴儿前往法国教堂示威,并打死领事丰大业。后英、法等国派军舰结集天津,迫使清政府查办中方民众。

(7) 圣相,指曾国藩。天津教案发生后,清政府派曾国藩前往查办。

(8) 雷公,雷神。

(9) 芜湖之难,指芜湖教案。1891 年,芜湖群众因传说教堂拐骗幼孩,与教堂发生冲突,并将教堂、育婴堂及教士住宅焚毁。后清政府下令驱散群众,并处理有关人员。

(10) 古田之难,古田教案。1895 年 8 月,福建古田斋教首领刘祥兴率斋会会员进攻英、美教士聚居区,焚烧教堂并杀教士十一人。后在英、美政府的压力下,清政府杀刘祥兴等二十六人,另有六十七人处无期徒刑和永远充军。古田知县王汝霖等被革职。

(11) 曹州难,曹州教案,亦称巨野教案。指 1897 年德国天主教神父能方济和韩·理加略在山东曹州巨野县被杀事件。

(12) 攘,侵夺。胶,胶州湾。即墨,县名。在今山东省青岛市东南。

【译文】

自从西方列强在中国设立教堂以来,天津人民对其发起过攻击,曾国藩处死了十五人,从而使百姓畏惧西方列强犹如雷公一般。之后有芜湖教案,又有古田教案,都以向外国赔款、罢免地方官员而平息。到曹州教案发生时,德国等不及告知,就侵占了胶州湾、即墨,从而使百姓畏惧西方列强犹如天帝一般。

章炳麟曰:吾惧夫彼之不以威詟我(13),而我亦不以彼为畏也。犹有畏也,曰幸矣!何者?景教者,诸科学之所轻,其政府亦未重也,纵之以入支那,使趋于相杀毁伤,而已得挟其名以割吾地,其计画黠矣(14)!吾林麓无鉴之氓(15),睹其恣横,而以为泰西故重神之也,积忿结气,怨之衔骨(16),以及其政府。故地为西守,而念不西乡(17)。审是,则景教者,乃只以梗泰西东竞之道者也(18)。

【注释】

(13) 不以威詟我,不以武力威胁恐吓我。詟(zhé 折),惧怕。

(14) 计画,计谋。黠,狡猾。

(15) 林麓无鉴之氓,指处于旷野没有见识的民众。林麓,山林。

(16) 怨之衔骨,犹恨之入骨。

(17) 而念不西乡,以上两句意为,中国的土地虽然被西方列强占有,但人们的意志并不会服从于它。乡,同"向"。

(18) 梗,阻隔。章氏认为西方传教士进入我国后,由于与我国民众矛盾极大,我国民众由仇恨教会转而仇视西方列强。因而,教会实际成为西方列强东进的障碍。

【译文】

章炳麟说:我所担心的是他们不以武力威胁恐吓我们,而我们也不认为他们可畏。尚且心存畏惧,也可以说是好事。为什么呢?

基督教被科学所轻视，其政府也不重视，听任基督教进入中国，使之渐渐发展到与民众相互残杀、攻击的地步，而列强也得以借机割占我们的土地，他们的计谋是多么狡猾！我国缺乏鉴别能力的山野之民，看到教会骄纵横行，以为列强本来就重视宗教，积累怨气而郁结不畅，甚至恨之入骨，进而又迁怒到他们的政府。故我国的土地虽然被西方列强占有，但人们的意志并不屈服于它。明于此，那么基督教只会阻碍西方列强东进。

昔者元魏尝入鄴矣(19)，辽、金、元据燕矣(20)，满洲入榆关矣(21)，皆不革其三统，而中夏榘法之尚，然后本干固(22)。故曰国姓可易，而中夏不可易。道中夏而宪泰西者，谓之舜之齐斧(23)。与我共舜之齐斧，可荐食我矣(24)。今传景教，未也(25)。不然，其瓜分也，如印度之从佛、回，英吉利亦颂置之，而无与己教相混成。若是，则能植以为外藩部，终不布化焉(26)。是于印度可也。以中国之广沛，不举一官，不议一政，而穷谷于伏处(27)，虽懦夫，忍乎？然则贤桀之士，必踔起致死，以大攫搏于原(28)。若是，则以二万万人一其志也；儒虽弱，必愈马地矣(29)，未可刈矣(30)！

【注释】

(19) 元魏，即北魏。鄴，《检论》改为“洛”，指洛阳。北魏曾定都于此。

(20) 燕，燕京。即今北京。辽、金、元分别曾定都于此。

(21) 榆关，一作渝关，又名临榆关、临闾关等。即今河北东北境山海关。

(22) 三统，参见《〈客帝〉匡谬》注(39)。榘法，法度。

(23) 道，同“导”。齐斧(zhī 资—)，用于征伐之斧，又名黄钺斧。《易·旅》：“得其齐斧。”

(24) 荐食，数次吞食。《左传·定公四年》：“吴为封豕长蛇，以荐食上国。”杜预注：“荐，数也。”

(25) 未也，指传播基督教的人没有声称他们所传播的文化是中国固有的。

(26) 布化,传布教化。此指同化。

(27) 穷谷,幽谷。此指默无声息。伏处,隐匿之处。

(28) 攫搏,搏斗。原,中原。

(29) 愈,胜过。马地,马匹和险地。《左传·昭公四年》:"先王务修德音以亨神人,不闻其务险与马也。"

(30) 刈,灭亡。

【译文】

从前北魏曾定都于洛阳,辽、金、元曾定都于北京,满洲进入山海关以内,都没有革除夏、商、周三代之正统,仍遵从中华法度,因而其统治得到巩固。所以说一国之姓可以变易,而中华正统不可变更。需警惕的是,引导中国取法西方,却说这是中国固有的。把西方文化说成是与中国相同,则可数次吞食中国了。如今传播基督教,还没有声称是中国固有的。不称固有,列强瓜分中国,就如同印度信从佛教、伊斯兰教,英吉利也容许他们这样做,而没有与基督教相混同。这样,就可以将印度变为殖民地,而不需要推行教化了。英对于印度是可以这样做。以中国之广大,如果也被殖民,我们不能举荐官员,不能议论政治,躲避于幽谷之中,即使是懦夫,能忍受吗?而贤能杰出人士,必定奋起抗争不顾性命,以搏斗于中原。这样,以中国的两亿男子齐心合力;儒虽弱,必定会度过险境,是不会灭亡的!

嗟乎!元圣武夫(31),泰西若林焉(32),尽其睿哲,将必有虑于是而思以易之,则可阽危也(33)。且夫辽氏以降(34),其在边皆习彀骑(35),以武怒击杀为故,而不事文教,其卒犹北面于瞽宗之序(36)。匈奴烝后母(37),虐老,兽心,渎禴至矣(38)!及元魏而卒少变也,况多谋如泰西者乎?

【注释】

(31) 元圣武夫,指智谋武艺杰出之人。元圣,大圣。武夫,指军事家。

(32) 泰西若林焉,在西方是很多的。

(33) 则可阽危也,以上几句意为,西方有智谋之人若认识到武力侵略中国行不通,改而为怀柔的策略,那中国就危险了。

(34) 辽氏,指辽朝。

(35) 彀骑(gòu 够—),骑马射箭。彀,使劲张弓。

(36) 北面,古代以坐北朝南为尊位,行礼者需北向表示尊敬。瞽宗,殷代学名。《周礼·春官·宗伯》注:“《明堂位》曰:瞽宗,殷学也;泮宫,周学也。”此指学校。北面于瞽宗之序,指开始重视文教。

(37) 烝,淫乱。

(38) 溃襛,昏乱邪僻。

【译文】

唉!有智谋的政治家、军事家,在西方国家有很多,以他们的睿智,一定有能意识到这点而尝试去做出改变的,到时中国就危险了。辽朝以后,其在边境练习骑马射箭,以勇武击杀为事,而不重视文教,最终仍向学校行礼。匈奴淫于后母,虐待老弱,有野兽一般的心,昏乱邪僻到极致!而到了北魏时最终有所改变,何况是富有智谋的西方人呢?

侗愚之民(39),以争教为故(40),佩带之士(41),以愀忧争教为故。由君子观之,操是二说者,皆訾謷之人也(42)。一昔之闵也,讙于一昔(43),其终将勿能久。庸渠知夫泰西之黠者,其于中国且善厚结之,如桑螵蛸而著之(44),勿易其士,勿变其帖经(45);其举者置以为冗官,或处郡县,则比于领事;又令西士之习于华者,籀读吾《经》《纬》以号于众曰:“吾有仲尼之遗计籍焉(46)!”若是,则西教愈杀也(47),而中国自是终于左衽矣(48)!

【注释】

(39) 侗愚,无知愚蠢。

(40) 为故,为事。

(41) 佩带之士,指统治者。

(42) 訾譽(zī资 wèi卫),毁贤誉恶。《管子·形势解》:“毁訾贤者之谓訾,推誉不肖之谓譽。”

(43) 讙,喧哗。《说文》:“讙,哗也。”

(44) 桑螵蛸,粘在桑树上的螳螂的卵房。

(45) 帖经,唐代科举主要考法之一。由主考官任择经书中一面,遮盖全文,仅留一行,再裁纸为帖,盖上三、五字,令考生念出这三、五字。

(46) 计籍,计薄。指书籍。

(47) 杀,迅疾,凶猛。

(48) 左衽,指被西方文化所同化。《尚书·毕命》:“四夷左衽,罔不咸赖。”

【译文】

无知愚昧的小民,以争教为事,身居要职之人,以担忧争教为事。在君子来看,这两种人,都是使亲痛仇快之人。一时之忧虑,只能喧哗于一时,最终不能持久。怎知狡黠的西方人不会假意善待结交中国,如附着在桑树上的螳螂卵块,不变更华夏之士,不改变科举方式,只要将他们所举荐的官员安排为无专职而待用的冗官,或安置在郡县,如同领事;又令在中国学习的西方人,研读我们的经典并宣称:“我们有孔子所遗传的典籍!”这样,基督教就更加凶猛了,而中国至此就真正被异族同化了!

订礼俗第五十一

[**说明**]本文考订了古代几种习俗礼仪的发展演变。它们分别是：一，古今床几的演变。二，古代旃冕的形制。三，满人服装的优劣。四，古代留指甲等习俗。五，周代礼服之制。六，商屋、夏屋。七，警卫及墙翣。八，贡祭。九，丧葬。

本文首次收入《訄书》重刻本，经修订后收入《检论》。

十祀不同风(1)，百里异教；蹈诸大方(2)，作《订礼俗》。

【注释】

(1) 十祀，十年。风，风俗。

(2) 蹈，踏。大方，大地。

【译文】

十年时间就可能形成不同风俗，百里之外就可能有不同的教化；立足土地，作《订礼俗》一篇。

一事。古者跽拜之礼(3)，施于席地。而今有登倚坐榻(4)，斯古之床几也(5)。余读《天官·掌次》："大旅上帝，则张毡案"；"朝日祀五帝，合诸侯"；"师田，则设重帟重案。"(6)郑君曰："张毡案，以毡为床于幄中"；"重案，床重席也。"(7)以上郑说。此非卧所，皆坐以休息者，固知周初坐有床矣。非独天子，孤卿有邦事(8)，即亦张幕设案。意者王官尊宠，偃息用之，不正施于法礼，故燕则跣升，亦席地不床也[(9)]。大史公言张汤为御史大夫，坐床上，见朱买臣[(10)]，是亦施于贵者。及向栩之坐板床，《后汉书·文苑传》[(11)]。上下通矣[(12)]。胡床亦自汉时有之[(13)]，《风俗通义》曰："灵帝好胡床。"凡坐，大者为床，小者为几。《春官·司几筵》之"五几"，以冯者也[(14)]。《礼记》"乘车必以几"，以登者也。《公羊传》言以鞍为几，以坐者也。而毡案庳者[(15)]，汉世命曰"毾㲪"[(16)]。《通俗文》曰："氍毹[(17)]，小者谓之毾㲪，上音榻，下音登。施大床前小榻上，所以登而坐床也。"《御览》七百八引。《东观记》曰："景丹至广阿，光武下马，坐鞍毡，毾㲪上设酒肉。"引同上。毾音如榻，㲪音如登。近世之言登者，昉于此矣。甲。

【注释】

(3) 跽拜，跪拜。

(4) 登倚，凳椅。登，同"凳"。倚，同"椅"。榻，古代坐具。《释名·释床帐》："人所坐卧曰床，长狭而卑曰榻。"

(5) 古之床几也，章氏认为古代床几同于今天的凳椅坐榻。详见正文。

(6) 师田，征伐和田猎。帟(yì 意)，帷幕。

(7) 重案，床重席也。《周礼·天官》贾公彦疏："重案者，案则床也。床言重，谓床上设重席。"指两重席的床。

(8) 孤卿，指三孤。少师、少傅、少保。

(9) 亦席地不床也，章氏认为床在古代只是用于正式场合，一般不作王官平时休息之用，所以他们退朝后席地而不置床。燕，燕居。退朝后闲居。跣升，光脚升堂。

(10) 朱买臣(？～前 115 年)，汉大臣。字翁子。曾任中大夫侍中、会稽太守等。因与张汤倾轧，被武帝所杀。

(11) 向栩之坐板床，事见《后汉书·独行列传》。章氏误记为《文苑传》。

(12) 上下通矣，上下是通用的。上，地位尊贵者；下，地位卑贱者。

(13) 胡床，亦称交床，可以折叠的坐具。因从西域传入，故称。

(14) 冯，通"凭"。依靠。

(15) 庳(bì)，矮，低。

(16) 毾㲪，毛织的地毯。亦作塌登。

(17) 氍毹(qú 渠 shū 书)，毛织的地毯。

【译文】

第一件事。古人行跪拜之礼,是在地上的席子上行礼。如今有凳椅坐榻,如同古代时的床几。我看到《周礼·天官·掌次》记载:“祭祀上帝用,则张毡案”;“朝日祀五帝,合诸侯”;“征伐与田猎,则设置重帟重案。”郑玄注:“张毡案,在帷幕中用毡作床”;“重案,两重席的床。”(以上为郑玄所说。)床并不是躺卧的地方,都是坐着休息的地方,可知周代初期有坐床。并非只有天子如此,少师、少傅、少保有政事处理,也会张幕设床。大概王官尊宠,休息所用,不在正式的礼法中使用,退朝在家则光脚升堂,席地而坐,也不用床。太史公说张汤做御史大夫时,坐在床上见朱买臣,可见床也适用于尊贵者。到向栩坐板床(《后汉书·文苑传》),已经是社会上层、下层都通用了。(胡床也是从汉代出现的,《风俗通义》记载:“灵帝喜欢胡床。”)凡供人坐的器具,大的称为床,小的称为几。《周礼·春官·司几筵》中“五几”,都是供人倚靠的器具。《礼记》中“乘车必用几”,是供人登车使用的。《公羊传》说以鞍为几,是供人坐的。而低矮的毡床,在汉代称为“榻登”。《通俗文》说:“氍毹,小一点的称为毾㲪,(上一字读音为榻,下一字读音为登。)用于大床前的小榻上,用以登着坐床。”(《太平御览》卷七百零八引)《东观记》说:“景丹至广阿,光武下马,坐在鞍毡上,毾㲪上摆放着酒肉。”(引同上)毾的读音如榻,㲪的读音如登。近代之言登者,开始于此。(甲)

古者设坐曰案,上食之器曰案。设坐如榻上,食器如棜禁[18],皆非以冯倚者也。《东观记》曰:“更始韩夫人见常侍奏事,辄起抵破书案。”案之异状自此始。然《邺中记》言石虎“以玉案行文书”,皆《御览》七百十引。明书案为可持转者[19]。箧椟之伦[20],与今言卓者犹异[21]。王符有言,“负板案以类楯”[22],《潜夫论·实边篇》。是亦非甚小也。《晋东宫旧事》:“皇大子初拜有柏书台,大子妃有漆书台。”《御览》七百三引。则始似今之卓矣。乙。

【注释】

(18) 梳禁(yù 玉—),长方形的木承盘。

(19) 持转,移动,拿走。

(20) 簏椟,箱子和柜子。

(21) 卓,同“桌”。

(22) 楯,同“盾”。

【译文】

古人设坐称为案,献食所用的器具也称为案。设坐如榻上,献食所用的器具如梳禁,都不是供人倚靠的器具。《东观汉记》说:“更始帝的韩夫人见常侍奏事,辄起身击破书案。”案的形制多样化是从这时开始的。然而《邺中记》说石虎“用玉案行文书”(皆为《太平御览》卷七百一十引),可知书案是可以移动的,如竹箱与木柜之类的,与如今的桌子仍有不同。王符曾说,“负板案与盾类似”(《潜夫论·实边篇》),可知案不会太小。《晋东宫旧事》记载:“皇太子初拜有柏书台,太子妃有漆书台。”(《太平御览》卷七百零三引)从这时才开始与如今的桌子类似。(乙)

《礼经》[23],士昏之夕[24],有衽席[25],而不见床,卧无床乎?《士丧记》《既夕》,即《士丧》下篇。言,床笫当牖。以此知昏礼略也。《世本》称“纣为玉床”,《御览》七百六引。而《易》著“剥床以足”,《豳风》歌“十月蟋蟀入我床下”,则卧床先纣为之哉[26]!丙。

【注释】

(23)《礼经》,即《仪礼》。

(24) 昏,同“婚”。

(25) 衽席,卧席。

(26) 卧床,用以睡觉的床。

【译文】

《仪礼·士昏礼》记载,人结婚的晚上,有卧席,而不见床,躺卧能没有床吗?《士丧礼》(《既夕》,即《士丧》下篇。)说,床对着窗户。由此可知士昏礼略去了床。《世本》称"纣为玉床"(《太平御览》卷七百零六引),而《易》著"侵蚀了床腿",《豳风》歌"十月蟋蟀入我床下",那么卧床在纣之前就已经出现了。(丙)

以是三者(27),东校日本,著膝以居(28),庳几以冯,荐土以寝(29),故空首、褒拜悉如旧礼(30)。诸踞榻之国则绝之(31)。古之九拜,今可率者,其惟肃揖与持节、持戟之倚拜乎(32)?

【注释】

(27) 三者,指席、案几和床。

(28) 著膝,指跪。

(29) 荐土,在地上铺草垫,用以休息。

(30) 空首、褒拜,古代行礼九拜中的第三和第八拜。《周礼·春官·太祝》:"辨九拜,一曰稽首,二曰顿首,三曰空首,四曰振动,五曰吉拜,六曰凶拜,七曰奇拜,八曰褒拜,九曰肃拜,以享右祭祀。"

(31) 踞榻之国,指放弃席地而卧,改用床榻的国家。

(32) 肃揖,拱手行礼。肃,肃拜。《周礼·春官·太祝》郑玄注:"肃拜,但俯下手,今时揖是也。"倚拜,即奇拜。《周礼·春官·太祝》郑玄注:"奇读为奇偶之奇,谓先屈膝,今雅拜是也。或云:奇读曰倚,倚拜谓持节持戟拜,身倚之以拜。"

【译文】

以上三种器具,与东邻日本相比较,跪在地上活动,倚靠着矮几,在地上铺草席用来休息,一如古代行九拜大礼。在那些放弃席地而卧、改用床榻的国家,这些礼俗已经没有了。古代的九拜礼,如今可遵行的,也只有拱手行礼与持节、持戟的奇拜了吧?

二事。“黄帝作旃冕”(33),《世本》文。延长而前俛(34),《玉藻》注:“延,冕上覆也。”《汉礼器制度》曰:“凡冕以版,广八寸,长尺六寸。”《夏官·弁师》释曰:“爵弁,前后平,则得弁称(35);冕则前低一寸余,得冕名,冕则俛也。”案,此为弁、冕之别。与今泰西帽制,形范绝异,其趋则同也(36)。

【注释】

(33) 旃冕,由帛制成的冕冠。

(34) 延长而前俛,冕延较长,向前低俯。延,覆盖于冕上的木版。

(35) 爵弁,赤黑色布做的礼帽。吉礼之服用弁,通常礼服用冕。

(36) 其趋则同也,其趋向则是相同的。

【译文】

第二件事。“黄帝制作了帛布冕冠”(《世本》文),冕延较长而向前低俯,(《玉藻》注:“延,就是冕上覆盖的木板。”《汉礼器制度》说:“凡冕所用木板,宽八寸,长一尺六寸。”《夏官·弁师》注释说:“爵弁,帽子的前后水平,从而得弁这一称呼;冕则前面低一寸多,得冕这一名称,冕即俯。”案,这是弁、冕的区别。)这与今天西方人的礼帽,样式完全不同,但趋向是一致的。

先民初载(37),则其颅骨犹长,故旃冕为适形。积二千岁,颅广,而秦始除衮冕之饰(38),惟为玄衣绛裳一具。及汉兴,亦如之。挚虞《决疑》言如此(39),引见《御览》六百九十。然平冕、通天、高山、侧注(40),其实一也。《御览》六百八十五引《独断》曰:“天子冠通天,汉制之。秦礼无文,祀天地明堂,平冕,鄙人不识,谓之平天冠。”又引《三礼图》曰:“通天冠,一曰高山冠,上之所服。”又引董巴《汉舆服志》曰:“高山冠,一曰侧注,如通天。”案,司马彪《后汉·舆服志》曰(41):“高山冠,如通天,不邪却,直竖,无山述展筒(42)。”胡广说高山本齐王冠(43),“秦灭齐,以其君冠赐近臣谒者。”《后汉·舆服志》。当郦生初见(44),亦儒衣而冠侧注。《史记·郦生列传》。此则秦时非无冕服,顾等威废绝(45),以王冠夷于执御云尔(46)。然是时,帝者已斥冕不用，固以形骸不适，冀得渐废。而汉明方更造之(47)，亦其蔽也。

【注释】

(37) 初载，初年。

(38) 衮冕，衮衣和冕。古代天子祭祀先王时穿戴的礼服和礼冠。

(39) 挚虞，西晋学者。字仲洽，长安人。少师皇甫谧。历任光禄勋、太常卿等。有《三辅决疑要注》《文章流别集》。

(40) 平冕、通天、高山、侧注，皆天子礼帽。说解见正文注。

(41) 司马彪，晋史学家。河内温县（今属河南）人。曾任秘书丞、散骑侍郎等。有《九州春秋》《续汉书》等。其中《志》三十卷补入范晔《后汉书》中。

(42) 山述，冠上的文饰。展筩，冠上的饰物。《后汉书·舆服志下》："通天冠……前有山，展筩为述，乘舆所常服。""远游冠……有展筩横之于前，无山述，诸王所服也。""法冠……以纚为展筩。"

(43) 胡广，东汉经学家。字伯始，南郡华容（今湖北潜江西北）人。官至尚书郎、大司农、太尉等。

(44) 郦生，即郦食其（—yì 艺 jī 基），刘邦谋士。

(45) 等威，有等差的威仪。《左传·文公十五年》："训民事君，示有等威，古之道也。"杜预注："等威，威仪之差等。"

(46) 执御，左右近侍，也可指赶马车的人。

(47) 汉明，指汉明帝。方更造之，《太平御览》引挚虞《决疑要注》："秦初六冕之制，明帝永平中，使诸儒案古史，始复造衮冕。"

【译文】

人类的早期，颅骨仍较长，所以旒冕的形状是为了适应这一头形而设计的。经过两千年的进化，人的颅骨变宽，因而秦代开始去除衮衣和冕的饰物，改为一身赤黑色上衣和深红色的裳。到汉朝兴起，也是如此。（挚虞《决疑》中是这样说的，引见《太平御览》卷六百九十。）然而平冕、通天、高山、侧注几种礼帽，其实是相似的。（《太平御览》卷六百八十五引《独断》说："天子戴通天冠，这是汉制。秦礼没有文字记述，祀天地明堂，戴平冕，鄙俗之人不识，竟说成是平天冠。"又引《三礼图》说："通天冠，另一说法为高山冠，是君王戴的。”又引董巴《汉舆服志》说：“高山冠，又称侧注，如同通天冠。”案，司马彪《后汉书·舆服志》说：“高山冠，如通天，不斜削，直竖，没有山述的文饰。”）胡广说高山本是齐王冠，“秦灭齐，将齐君的冠帽赐给近臣谒者”。（《后汉书·舆服志》。）当郦生初见沛公时，也是穿着儒衣、戴着侧注冠。（《史记·郦生列传》。）可知秦时并非没有冠冕礼服，只是等级废绝，将王冠等同于左右近侍所戴之物罢了。然而在当时，帝王已经废弃冠冕不用，本来就是因为与骨形不合，人们希望能够废除。到汉明帝时又重新制作衮冕，这实在是无知啊。

今战国多故，章服诚宜有所张弛(48)，至乃一于毛褐(49)，而缯纨徒以被墙(50)，寒必熏炉，出必复陶(51)，空为蚕绩(52)，违轻暖之本矣。是故后王之制，轻覆利屣以从事(53)，大袑高冠以燕居(54)。燕居之崇者，至乎两梁冠而止矣(55)，其次白帢(56)，其次岸帻(57)。独旃冕无用。如彼大学所冠(58)，上平如弁而正方，足以拟冕，亦犹魏武帝裁白帢以代皮弁者邪？

【注释】

(48) 章服，以图文为等级标志的礼服。有九章（衣五章、裳四章）、七章（衣三章、裳四章）、五章（衣三章、裳二章）、三章（衣一章、裳三章）之别。见《周礼·春秋·司服》注及疏。张弛，兴废。

(49) 至乃，竟至，竟然。一于毛褐，指不分场合，均穿毛褐。毛褐，用兽毛织成的衣服。

(50) 缯纨，丝绸。被墙，覆盖于墙。

(51) 复陶，用毛羽织成的御雨雪的外衣。《左传·昭公十二年》：“雨雪，王皮冠、秦复陶、翠被、豹舄。”

(52) 蚕绩，养蚕和纺织。《说文》：“绩，缉也。从糸，责声。”

(53) 轻覆，犹轻装。利屣，舞屣。小而尖的鞋子。《史记·货殖列传》：“揳鸣琴，揄长袂，蹑利屣。”

(54) 大袑（—shào 绍），裤。《汉书·朱博传》：“敕功曹：官属多褒衣大袑，不中节度。”颜师古注引孟康曰：“袑，音绍，谓大袑也。”

(55) 两梁冠，古时儒生所戴之缁布冠，亦称进贤冠。冠前有梁，根据梁数的多寡区分身份的高低。汉制公侯三梁，中二千石以下至博士两梁，自博士以下至小吏私学弟子皆一梁。

(56) 白帢(—qià 恰)，白色帛制便帽。帢，同“帢”。

(57) 岸帻，推起头巾，露出前额。形容衣着简率不拘。帻，头巾。

(58) 大学所冠，指大学学生毕业时所戴的学士帽。形制类似古代的冕。

【译文】

今各国交战，世事多变，礼服确实应当有所兴废，竟然统一穿兽毛织成的短衣，而丝绸被用来覆盖墙面，寒冷时在家一定要用熏炉，外出一定要穿羽毛制成的外衣，徒劳地养蚕纺织，衣着却违反冷暖的变化。因此后王所应制定的制度，穿着轻装和薄底鞋来处理事务，在家闲居时则穿肥大的裤子、戴高高的帽子。在家闲居时最为崇尚的，是两梁冠，其次是白纱制成的便帽，再次是高帻。唯独旃冕无用。如同西方大学毕业生所戴的学位帽，上面平如弁而呈正方形，十分类似于冕，也就像魏武帝曹操裁白纱来代替皮弁那样吧？

三事。昔诸葛亮造筒袖铠[59]，宋明帝以赐王玄谟。《宋书·王玄谟传》。满洲之服，其筒袖铠之绪也[60]。军容入国，以便趋走，亡咎。若其右方重衽[61]，温暖不均。于左削袂上起，而合手者如拚矣[62]。婴络以效桑门[63]，绛绳以被毡笠，比是观之，将相惊以精魃[64]。物极而移，异服者众，犹曰西服者，苟以随时。诸解辫有常刑[65]，幸其若是，胡汉犹弥以相恶。蒙古朝祭以冠幞[66]，私燕以质孙，质孙，汉言一色服，内庭大宴则服之。勋贵近侍，下至乐工卫士，皆有其服。胡服隐也[67]。满洲游学以短衣，常居以婴绛[68]，胡服著也。人貌荣名，由是相构则可矣[69]。殊徽号，易服色，以俟后王。

【注释】

(59) 铠,铠甲。

(60) 绪,余绪。

(61) 军容,军队仪容,此指军队服饰。《司马法·天子之义》:“古者,国容不入军,军容不入国。”则军容入国指把军队的服饰用于国中,作为普通的服饰。重衽,两层衽。衽,衣襟。

(62) 拚,同“抃”。鼓掌。《集韵·线韵》:“拚,《说文》:‘拊手也。’或从卞。”清雷浚《说文外编》卷十二:“抃为拚之俗。”

(63) 婴络,珠玉缀成的饰物。婴,同“缨”。桑门,僧。梵语“沙门”的异译。僧人多带饰物,故言“以效桑门”。

(64) 精鬽,神怪。鬽,同“魅”。

(65) 诸,于。解辫,剪辫子。章氏有《解辫发》,收入本书,可参看。

(66) 冠幞,幞头。古代一种头巾。

(67) 胡服隐,隐微的胡服。与下文“胡服著”相对。

(68) 短衣,古代平民穿的一种短装。婴绛,婴络和绛绳。

(69) 荣名,荣誉名声。相构,相连结。

【译文】

第三件事。从前诸葛亮发明了筒袖铠甲,南朝宋明帝将它赐给了老将王玄谟。(《宋书·王玄谟传》)满洲人的服饰,正是从筒袖铠甲变化而来。把军队的服饰用于国中,便于人们快步疾走,这没有问题。假若右边有两重衣襟,温暖不均,把左边的衣袖削去放在上面,而两手相合如拍手。戴着珠玉串成的缨络就像僧侣一样,用大红丝绳缠在毡制的笠帽上,让人看上去,惊讶地以为是妖精鬼怪。事物发展到极致就会有所改变,穿奇装异服的人多了,就像穿着西服的人,是顺应世俗。对于剪去发辫,有刑法规定,即使是这样,胡汉之间还是互相憎恨。蒙古人朝祭时戴着头巾,私下宴会时则穿着同一颜色的质孙,(质孙,汉语的意思是指同一颜色的服装,宫廷内大宴时就穿上。功臣权贵及近侍,下至乐工卫士,都有这样的服装。)这是隐微的胡服。满洲人在外游走时穿短衣,在固定的住所则戴缨络用绛绳，这是显著的胡服。人只要把服饰外貌与荣誉名称联系在一起就可矣。至于区分其旗帜名号，改易服色，只有等待以后的王者。

四事。服物[70]，朴者益文，华者益野。庄周曰："为天子之诸御，不爪翦。"[71]明自余皆翦也，流俗蓄爪以为华，异国视之，拟于鸷兽。亦有围玉不给[72]，落以瑸珠[73]；垂珥不给[74]，黄金纽鼻[75]。诸蛮之焜耀，文明者悼笑矣。西方之衣履至牢坚，近质也。若其将校以雀羽毦首[76]，妇人以沙縠罗面[77]，琦谲不衷[78]，亦何择哉！法其朴，不法其华，斯之谓雅。

【注释】

(70) 服物，衣服饰物。

(71) 御，御女。爪，指甲。引语见《庄子·德充符》。

(72) 围玉，玉制腰带。不给，犹不施。

(73) 落，通"络"。缠绕。瑸珠，蚌珠。

(74) 珥，耳饰。

(75) 纽鼻，鼻饰。印度人有此俗。

(76) 毦(ěr 耳)，用羽毛做的装饰物。毦首，在头上戴羽毛饰物。

(77) 縠(hú 斛)，绉纱一类的丝织品。《燕丹子》卷下："罗縠单衣，可掣而绝。"罗面，掩面。

(78) 琦谲，奇异诡怪。不衷，不合适。《左传·僖公二十四年》："服之不衷，身之灾也。"杜预注："衷，犹适也。"

【译文】

第四件事。衣服饰物，过于朴素的应当变得华美一些，过于华丽的应当变得质朴一些。庄子说："做天子嫔妃的，不剪指甲。"可知其余都要剪指甲的，流俗以留长指甲为美丽，在外国人看来，就像猛禽一样。还有围玉腰带仍不满足，再缠绕上蚌珠；戴珠玉做的耳饰尚嫌不足，再以黄金穿鼻。蛮夷民族所炫耀的，只能让文明人嗤笑。西方人的衣履十分牢固，可谓近于质朴。假若西方人用孔雀羽毛做头饰，妇女用薄纱蒙面，奇异怪诞而不恰当，又有何可取之处呢？学习他们的质朴，不效法他们的奢华，这才称得上雅。

五事。毛褐之衣，自周世礼服而有之。《春官·司服》曰：王之吉服，大裘而冕，衮冕(79)，鷩冕(80)，毳冕(81)，希冕(82)，玄冕(83)；公之服，自衮冕而下；侯伯之服，自鷩冕而下；子男之服，自毳冕而下；孤之服，自希冕而下；卿大夫之服，自玄冕而下。郑司农云："大裘，羔裘也；衮，卷龙衣也；鷩，裨衣也；毳，罽衣也(84)。"罽衣之说，后儒所丛疑。康成以为"毳画虎蜼"，指谓"宗彝"(85)，若确实不磨者。宁知司农则综贯于五冕之名义乎？

【注释】

(79) 大裘而冕，古代帝王祭祀昊天上帝及五帝时的礼服礼冠。衮冕，见本篇前注(38)。

(80) 鷩冕，古代帝王享先公及乡射所用之礼服礼冠。鷩，山雉。此指鷩衣。鷩衣有华虫以下七章。华虫为雉。

(81) 毳冕，天子祀四望山川，子男爵及大夫朝聘天子，助祭或巡行决讼时的礼服礼冠。毳，毳衣，用毛布织成，以五采绘绣虎蜼、藻、粉米、黼、黻之属为饰。

(82) 希冕，古代帝王祭社时所穿的用细葛布织成的加刺绣的礼服礼冠。希，本作"絺"。

(83) 玄冕，天子祭群小祀的礼服礼冠。大夫助祭亦服玄冕。《周礼·春官·司服》注："玄者，衣无文，裳刺黻而已，是以谓之玄焉。"

(84) 裨衣，天子六服中，除大裘之外，其余的五种礼服都称裨衣。罽衣，毛织衣。罽，毛织品。

(85) 康成，郑玄的字。蜼(wěi 伟)，兽名。宗彝，《礼记·王制》孔颖达疏："宗彝者，谓宗庙彝器之饰，有虎蜼二兽。"

【译文】

第五件事。兽毛制成的短衣，在周代礼服中就已经出现。《周礼·春官·司服》记载:王的吉服,大裘配礼帽,衮衣配冕,鷩衣配冕,毳衣配冕,絺衣配冕,玄衣配冕;公的礼服,包括除衮冕以下的几种;侯伯的礼服,包括除鷩冕以下的几种;子男的礼服,包括除毳冕以下的几种;孤的礼服,包括除絺冕以下的几种;卿大夫的礼服,包括除玄冕以下的几种。郑众认为:"大裘,是羔裘;衮,为卷龙衣;鷩,指禅衣;毳,指毛织物制成的罽衣。"罽衣之说,后儒分歧最多。郑玄认为"毳画虎蜼",指宗庙彝器上虎与蜼的图案,坚实不可磨灭者。怎么知道郑众就一定能了解五冕的名称与含义呢?

夫鷩者,质言则曰鵕鸃,文言则曰华虫。盖古无鷩名也,用有敝衣,其画鵕鸃,字从声变,而为鷩耳。敝者,何也?《说文》曰:"敝,帗也";"帗,一幅巾也。"一幅巾者,一幅帛也。布、帛皆从巾。敝为幅帛,所谓"幣曰量幣"矣[(86)]。《说文》训幣曰帛。而幣,故敝之或字。敝从㡀,㡀从巾,今幣又从巾,是二巾矣。故知其非古文。盖五冕服,皆以衣名,不以物名也[(87)]。衮为卷龙,不曰龙,而曰衮,其字从衣,可类例也。敝衣者,与毳衣相耦对:敝者,帛也;毳者,罽也。希衣者,与玄衣相耦对:希者,鍼缕所紩衣也[(88)];《说文》训黹字如此,而无希字。希即黹也。玄者,纯玄,不紩以为文也。是故五冕皆玄衣,以希衣受名于紩,而继其下者独称玄衣[(89)]。四冕亦皆帛衣也,以毳衣之削裁,自罽成之,则直其前者,以非罽而专敝衣之名[(90)]。《方言》曰:"帗缕,毳也。陈、宋、郑、卫之间谓之帗缕。"注以为"物之扞蔽也"[(91)]。帗也,缕也,毳也,名物故训绝远[(92)],得并为一语者,以帗者,敝衣也;缕者,鍼缕所紩衣,黹衣也;毳者,毳衣也。衣服以扞蔽形体,故引而伸之,以成是言。兼言曰帗缕,单言曰毳,此犹周世习识冕服者之遗言哉!

【注释】

(86) 量幣,古代祭祀时用的布帛。《礼记·曲礼下》:"凡祭宗庙之礼……玉曰嘉玉,幣曰量幣。"郑玄注:"今河东云幣,帛也。"

(87) 不以物名,不以衣所取之物名。

(88) 紩(zhì 志),《急就篇》:"鍼缕补缝绽紩缘。"注:"纳刺谓之紩。"

(89) 其下者独称玄衣,以上几句意为,与五冕相配的均为玄衣,即不刺绣之衣。但因希衣是因刺绣而得名,故将其后的称为玄衣,以示区别。五冕,指大裘而冕、衮冕、鷩冕、毳冕、玄冕。五者所配之衣均无刺绣,皆为玄衣。

(90) 以非罽而专敝衣之名,以上几句意为,与四冕相配的衣服皆由布帛制成,但因毳衣是由羽毛制成,故专门将其前面的称为敝衣(帛衣),以示区别。四冕,指衮冕、鷩冕、希冕、玄冕。四者所配之衣皆由布帛制成。

(91) 扞蔽,遮蔽。扞,同"捍"。

(92) 故训,即训诂。

【译文】

鷩,质言之就是鵔鸃,用文言表述就是华虫。大概是古代没有鷩这一名称,穿的衣服有敝衣,画上鵔鸃,字随声变,就形成了鷩。敝是什么?《说文》称:"敝,即帔";"帔,即一幅巾。"一幅巾,就是指一幅帛。(布、帛皆从巾。)敝为幅帛,所谓的"幣就是古代祭祀用的币帛"。《说文》将幣解释为帛。而幣,古为敝的别字。(敝从㡀,㡀从巾,如今幣又从巾,其中有两个巾了。可知这不是古文。)大体上五冕之服,都是以衣的名字来称呼的,不以衣服上的图物来命名。衮为卷龙,不称为龙而称为衮,其字从衣,是与衣为一类的。敝衣,与毳衣相对:敝,即帛;毳,即罽。希衣,与玄衣相对:希,就是用针缕缝制的衣服;(《说文》解释黹字如此,而没有解释希字。希就是黹。)玄,纯黑色,不绣以文饰。故而与五冕相配的均为玄衣,即不刺绣之衣;但因希衣以刺绣而得名,故将其后的称为玄衣,以示区别。与四冕相配的衣服皆由布帛制成,但因毳衣是由毛缝制而成,故专门将其前面的称为敝衣(帛衣),以示区别。《方言》记载:"帔缕,即毳。陈、宋、郑、卫之间称为帔缕。"注以为"物之屏藩"。帔,缕，毳，名称训诂相差很远，能够放在一起，是因为帔，即敝衣；缕，针缕所缝制而成的衣服，即黹衣；毳，就是毳衣。衣服是用于遮蔽形体的，所以进行引申，就形成了这些称谓。合起来说就称为帔缕，分开来说称为毳，这是从周代熟知冕服之人留传下来的语言。

夫其四冕皆帛衣，独杂以罽，非好为驳荦也(93)。古者天子冕服，十有二章而已。其服衮而下，兼鷩毳希玄，命以禆冕者(94)，自周始。玄衮以下，本五侯与孤卿大夫之正服。《曲礼》曰："其在东夷、北狄、西戎、南蛮，虽大曰子(95)。"谓虽有侯伯之地，本爵亦无过子也。又曰："庶方小侯，于外曰子。"谓戎狄子男君也。且殷爵初有公、侯、伯三等，异畿内而谓之子(96)；周立五等，增以子、男。本《王制》注。此以知殷世子男，在内则采邑(97)，在外则蛮夷，非诸侯也。夫蛮夷之子男，其数什伯于采邑(98)，则从其多者言之。织皮绲带，本出于四裔，以是其群皆服罽衣。故子男毳衣，殷制也。其在虞夏，習幽不可以质言。其在成周，周公斥大九州(99)，凡殷世为子男于蛮夷者，一切改隶采卫(100)。惟罽衣亦得为中夏命服，天子御之，以为禆冕。故非被发雕题、涅齿贯鼻之饰(101)，虽朴质犹可以礼节文。今其当御毛褐，犹是矣。

【注释】

(93) 驳荦，杂驳。

(94) 禆冕，即五冕。《仪礼·觐礼》注："禆冕者，衣禆衣而冠冕也。禆之为言埤也。天子六服，大裘为上，其余为禆，以事尊卑服之。而诸侯亦服焉。"

(95) 子，爵位。古有公、侯、伯、子、男五等爵位，子为第四等。

(96) 异畿内而谓之子，指子不是王畿内的爵号。

(97) 采邑，大夫的食邑。《礼记·礼运》："大夫有采，以处其子孙。"

(98) 什伯，十倍百倍。

(99) 斥，开拓扩大。

(100) 采卫，采服与卫服，即《周礼》之采畿卫畿。《尚书·康诰》："侯、甸、男邦、采、卫。”注:“采服二千五百里,卫服三千里。”改隶采卫,即不再把子男当蛮夷看待。

(101) 雕题,在额头刺花纹。《礼记·王制》:“南方曰蛮,雕题交趾,有不火食者矣。”涅齿,染黑牙齿。贯鼻,给鼻子穿饰物。

【译文】

其中四冕都是帛衣,唯独杂入一个毛织物,并非刻意追求文采错杂。古时天子的冕服,有十二种颜色花纹。自衮服以下,兼有鷩、毳、希、玄,命名为禅冕,是从周代开始的。玄衮以下,本是五侯与孤卿大夫的正服。《礼记·曲礼》说:“其在东夷、北狄、西戎、南蛮,虽大也只是子。”意思是说即使有侯伯之地,其爵位也不过是子。又说:“庶方小侯,在外也称子。”是说戎狄之君其爵位为子或男。且殷爵最初只有公、侯、伯三个等级,为区别于王畿内的爵号而称子;周代设立五等,增加子、男。(本《王制》注。)由此可知殷代子男,在王畿内则以所受采邑称子,在外则为蛮夷,并不是诸侯。至于蛮夷的子男,其数目几十上百倍于采邑,则从其多者来称呼。用兽毛织成的毡毯,用有颜色的丝织成的束带,本出于四方边裔,所以戎狄之君都穿毛织的衣服。故子男毳衣,为殷制。其在虞夏,昏暗不明不能如实而言。到了成周,周公开拓扩大了九州疆域,凡殷代为子男的蛮夷之君,一切改属于九服中的采服、卫服。毛织物制成的衣服也得以成为华夏的礼服,天子穿着,作为禅冕。所以除非披散着头发、额头刺纹、染黑牙齿、金环穿鼻这类的修饰,即使十分质朴也可以作为礼服。如今穿兽毛制成的短衣,就是这种情况。

虽然,废缯帛者必熏炉,熏炉成而室中宜有灶突[102],不即以燠致疢[103]。人有安寝,改作重烦[104],其势则不可行。故曰,行者、居者宜异服。羔羊之皮,素丝五紽[105],形若端衣[106],而稍狭小其裁制，居者有裕焉(107)。

【注释】

(102) 缯帛，丝绸的总称。这里指丝绸做的棉衣。突，烟囱。

(103) 不，同“否”。燠(yù 遇)，暖。疢，热病。

(104) 重烦，繁难。

(105) 素丝五紽，缝合羊皮为裘。《诗·召南·羔羊》：“羔羊之皮，素丝五紽。”陈奂传疏：“五，当读为交午之午。紽，本作佗。佗，加也。五佗犹交加，言缝裘。”

(106) 端衣，古代祭祀时所穿衣服，形制狭小、贴身。

(107) 居者有裕焉，居家时穿应当足够宽松了。

【译文】

即使如此，人们不穿丝绸棉衣一定是因为有了熏炉，用熏炉的房屋应有烟囱，不致因太热而生病。人有安寝，起床换衣服太过繁琐，就一定行不通。所以说，在外与居家应当有不同的服装。羔羊的皮，经过制作，形状如端衣，但剪裁得更贴身一些，居家时穿应当足够了。

六事。言宫室者，异商屋、夏屋(108)。《韩诗》曰：“殷，商屋而夏门。”《传》曰：“周，夏屋而商门。”崔凯曰(109)：礼，人君为殷屋四夏也。卿大夫为夏屋，隔半以北为正室，中半以南为堂。商、夏者，其义不可知，独四霤、两霤殊耳(110)。四霤而其上正方，故楚有章华(111)，亦商屋也。案：台则无屋，而《史记·蔺相如传》言秦王坐章台，见相如，下言相如因持璧却立倚柱。有柱则有屋，是章台之异于常台者也。盖名之曰台，其实榭尔(112)。《释宫》：“阇谓之台(113)，有木者谓之榭。”注：“台上起屋。”章者，商也。《律历志》：“商之为言，章也。”《释山》曰：“上正，章。”《西山经》曰：“大华之山，削成而四方。”故章华以“上正”、“四方”取义。章华本非地名。《史记》言秦有章台。《登徒子好色赋》言秦章华大夫，盖掌守是台者。《战国策》：苏子自燕之齐，见于章华南门。是秦、齐皆有章华，明为台之形式，而非楚地，明矣。杜预皮傅华容(114)。而陆贾、贾谊、边让皆谓章华台在乾谿(115),则华容之说难信。然据《水经·沔水注》,则华容尚有旧台形迹。盖本以台名地,非以地名台也。今神州为室皆夏屋,欧、美为室皆商屋。商屋之为丽娄闿明至矣(116),其室不庭(117),闭牖而昼然膏镫(118)。比于夏屋,其中失亦相庚也(119)。初据乱者,处以两霤,以四霤游观视瞭(120),高不过望国氛,大不过容宴豆(121),如是则止。

【注释】

(108) 商屋、夏屋,古籍中有"商屋、夏屋",各家解说不同。章氏考证商屋取义为四方之屋,无天井,有四道流水檐沟;夏屋有两道流水檐沟,北面为室,南面为堂。

(109) 崔凯,南朝宋人。著有《丧服难问》。引文见《太平御览·居处部》。

(110) 霤,即"溜"。屋顶流水的檐沟。

(111) 章华,台名。《左传·昭公七年》:楚子"及即位,为章华之宫,纳亡人以实之"。

(112) 榭,在台上盖的高屋。

(113) 阇(dū 督),城门上的台。

(114) 杜预皮傅华容,指杜预解"章华"为华容。华容,在今湖北监利市西北。

(115) 边让,东汉大臣,字文礼,陈留浚仪人,曾任九江太守。辩博能文,作有《章华赋》。

(116) 丽娄,即丽廔。楼壁窗户的疏孔。闿明,开阔明亮。闿,开。

(117) 庭,院落中央的天井。

(118) 然,同"燃"。膏镫,油灯。

(119) 中失,得失。相庚,相抵,相偿。

(120) 视瞭,观看瞭望。

(121) 国氛,国家的吉凶之气。宴豆,宴会上的食具。以上两句见《国语·楚语上》。

【译文】

第六件事。若论宫室,则商屋与夏屋的形制是不同的。《韩诗》记载:"殷代时商屋而夏门。"《传》说:"周代时夏屋而商门。"崔凯认为:依照礼,帝王为殷屋是四厦。卿大夫为夏屋,中间以北为正室，以南为堂。商、夏，其义不可知，只是有四条檐沟、两条檐沟的差别。四条檐沟上面为正方形，所以楚有章华台，也是商屋形制。（案：台则没有屋，而《史记·蔺相如传》说秦王坐在章台上，见蔺相如，下文说蔺相如因持璧后退站立倚着柱子。有柱就会有屋，可见章台与普通的台不同。大概名称为台，实际是榭而已。《释宫》说："阇称为台，有木者称为榭。"注认为："台上建屋。"）章，就是商。（《律历志》说："所谓的商，就是章。"）《释山》说："上正，章。"《西山经》说："大华之山，陡峭而呈四方形。"故章华因上面正、呈四方形而取义。（章华本不是地名。《史记》说秦国有章台。《登徒子好色赋》说秦国的章华大夫，大概是指负责守卫此台的人。《战国策》记载：苏代从燕国到齐国，在章华南门被接见。可知秦国、齐国都有章华，明为台的形式，而不是楚国地名，已经很清楚了。杜预牵强附会地将章华解为华容，而陆贾、贾谊、边让都说章华台在乾谷，那么华容之说难以使人信服。然而据《水经·沔水注》，华容尚且有旧台的形迹。大概原本是以台的名字来命名地名，而不是以地名来命名台的名字。）如今中国建房屋都是夏屋形制，欧美建屋都是商屋形制。商屋墙壁上的窗户玲珑透明、开阔明朗，其室没有院落天井，关闭窗户即使白天也要燃灯。与夏屋相比，其得失也可相抵。起初在乱世，居处就用两条檐沟，而用四条檐沟来游览瞭望，其高度足够望见国中出现的吉凶之气，其面积容得下宴会上的食具，如此就足够了。

七事。王者以警跸扶卫威神(122)。师尹迭减，及县令犹有先马(123)。雍卫之众(124)，无救于揕匈(125)，而空沮滞吏事(126)，又丧游观顾眄之乐。今处事繁者，多已委地不用，然亦不遭掩击。自令而上，递以相师(127)，可也。且人之张盖，避暑潦也(128)，故乘车无盖，潦车有盖，或张衰笠，足以澹用给求矣。今秋冬精明之昼[129]，不暴露人，然尚虚张华盖，华盖，汉世已用之，忘其自来久矣。以覆步辇[130]。语有所谓“无鱼而作罟”者邪！

【注释】

(122) 警跸(—bì 毕)，帝王出行时，开路清道，禁止通行。扶卫，维护。威神，威严。

(123) 先马，县令出行，前有骑马者清道。

(124) 雍卫，护卫。

(125) 揕匈(zhèn 阵—)，用刀剑等行刺。匈，同“胸”。

(126) 沮滞，败坏阻滞。

(127) 令，县令。相师，相互效法、学习。

(128) 潦(lǎo 老)，雨水。

(129) 精明，清明。

(130) 华盖，帝王车驾的伞形顶盖。步辇，用人抬的代步工具，类似轿子。

【译文】

第七件事。帝王出行时要开路清道，维护威严。各级长官的护卫依次递减，到县令出行，仍保留有骑马开道。护卫者虽然众多，仍免不了被行刺，反而白白影响政务，失去了游览的乐趣。如今政事繁多，多已废止不用警卫，也没有遭到袭击。自县令以上，依次相互效法，就可以了。而人们撑伞，是为了避暑防雨，所以乘车没有伞盖，潦车有盖，有的备有蓑笠，足以满足需求。而今秋冬晴朗明亮的白天，并不暴晒，仍会虚张华盖，（华盖，汉代已经出现，忘其由来已久。）以遮盖步辇。正如所谓的“没有鱼却作鱼网”！

古之墙翣[131]，独傅棺椁。传记言屏摄者[132]，云以茅蕝蔽神位，亦非翣扇矣。《楚语》：“屏摄之位。”昭谓[133]：“屏，屏风也；摄，形如今翣扇，皆所以分别尊卑，为祭祀之位。近汉亦然。”案，《左》昭十八年传：“巡群屏摄。”郑司农云：“束茅以为屏蔽，祭神之处草易然，故巡行之。”夫翣扇别位，何以异于墙翣？汉世有之，不足以说古也。今之鄣扇，长柄而上偻句[(134)]，自汉世豪侠为之，亦谓雉尾；贵者乃称五明[(135)]，而猥谓虞舜所作。本《御览》七百二所引崔豹《古今注》语[(136)]。武夫甹侠[(137)]，不足以识礼度，其渐上流[(138)]，遂忘墙翣之象。古者忌讳弘多，亦胡为而遗是乎？遂令鄙笑讫于来兹也[(139)]。

【注释】

(131) 墙翣(—shà 霎)，古代出殡时的棺饰。朱骏声《说文通训定声·谦部》："《世本》：'武王作翣'。汉制，以木为匡(框)，广三尺，高二尺四寸，衣以画布，柄长五尺。柩车行，持之两旁以从。"

(132) 屏摄，祭神之位。各家解说略有异，详见正文注。

(133) 昭，韦昭。三国吴经学家。参见《订文》第二十五附《正名杂议》注(15)。

(134) 偻句，原为地名，因产龟而借称龟。见《左传·昭二十五年》杜预注。此指龟形。

(135) 五明，五明扇。仪仗中的一种掌扇。

(136) 崔豹，西晋渔阳(今北京密云)人。惠帝时官至太傅。有《古今注》三卷。对古今名物制度多有解释考证。

(137) 甹侠(pīng 平—)，任侠。《说文》："甹，使也。"

(138) 上流，地位提高。

(139) 鄙笑，轻视而嘲笑。讫于，至于。来兹，以后。

【译文】

古时的棺饰，只是依附在棺椁上。传记所言屏摄，有的说是指用墙翣束茅来遮蔽神位，并不是佩于腰间的团扇。(《楚语》记载："屏摄之位。"韦昭注："屏，就是屏风；摄，形状如今天的佩于腰间的团扇，都是用来区别尊卑的，表示祭祀之位。汉代也是如此。"案，《左传》昭公十八年记载："巡群屏摄。"郑众认为："用束茅来屏蔽，草易燃，所以祭神的地方要巡行。"那么腰扇用来区别位次，与墙翣有何不同呢？汉代时已经有了，还不足以说明古代也有。)如今的鄣扇，长柄而上部弯曲，自汉代豪强任侠之人使用它，也称为雉尾；

富贵者称之为五明扇，而众人多说是虞舜所作。（本于《太平御览》卷七百零二引崔豹《古今注》中的语句。）武夫有侠义，不足以识礼度，其地位上升，于是忘了墙翣之象。古人忌讳很多，又为何遗忘了它呢？遂使后人轻视讥笑。

八事。祭以三牲鱼腊者[140]，侯王以备物也。下逮庶民，而极啬微矣[141]。古之为祭，不足以为法程。周制，十分经用，而取其仂以奉禘尝[142]。索綝言[143]，汉世贡赋三分之：一共宗庙，一共宾客，一充山陵[144]。案：与桓子《新论》相校，此说有误。贡赋皆充祭、葬、宾客，则经费何出？姑存其事。又奢阔于古，此至反戾也[145]。其后国祭亦弛；贱民之祠祀者，乃稍益备腯[146]。今纵不尽废诸祀，宜豫设条例，凡祀神祇，以盥而不荐为比[147]；凡享人鬼，以舍采荐芬为比[148]。薄祭始乎丘泽、先师，其下则礿壹无等差。典祀倡之，尊富者先之，门外之血食则少减哉[149]！

【注释】

(140) 三牲，牛、羊、豕。鱼腊，干鱼。《礼记·礼器》："三牲、鱼腊，四海九州之美味也。"

(141) 啬微，俭省节约。

(142) 经用，常用。仂（lè 勒），余数。

(143) 索綝，晋敦煌（今属甘肃）人。字巨秀。曾任尚书左仆射。

(144) 山陵，帝王的陵墓。

(145) 反戾，违反常理。

(146) 腯（tú 徒），肥；丰腴。

(147) 盥，灌祭。酌酒浇地降神。荐，供献祭品。《易·观》："盥而不荐，有孚颙若。"比，比类。

(148) 舍采，即释菜。古代祭先师之礼。参见《经武》第四十五注(1)。荐芬，进献馨香。

(149) 血食，古代杀牲取血，用于祭祀。《汉书·高帝纪》："秦侵夺其地，使其社稷不得血食。"注："祭者尚血腥，故曰血食。"

【译文】

第八件事。用牛羊猪三牲及干鱼祭祀，是侯王备办的祭祀之物。至于平民，就十分俭省节约了。上古祭祀，不足以作为法则。周代礼制：将经常使用的经费划分为十份，而取其余数用来禘祭和尝祭。索綝认为，汉代的贡赋分三份：一份用来奉祀宗庙，一份用来供给宾客，一份用来奉帝王陵墓之用。（案：与桓谭《新论》相比较，此说有误。贡赋都用于祭祀、葬礼、宾客，那么其他经费从哪里出？姑且存疑此事。）比古人还迂阔，极其违反常理。之后国家祭祀有所松弛；社会地位低下之人的祭祀，也稍稍变得丰盛了。如今尽管不能全部废止各种祭祀，也应当预先设定条例，凡祭祀神祇，以灌祭不陈设祭品为标准；凡祭祖，以行释菜礼、进献馨香为标准。对于丘泽、先师开始用薄祭，其下则均一而无差等。应提倡正规的祭祀，尊贵富裕的人可先行，门外杀牲取血的做法可以减少。

九事。饰终之制[150]，傅外者易断，周身者难理[151]。

【注释】

(150) 饰终之制，指墓葬制度。《荀子·礼论》："送死，饰终也。"

(151) 傅外者，指墓葬外的各种陈设品。易断，易禁止断绝。周身者，指墓穴内的各种陪葬品。

【译文】

第九件事。墓葬制度，墓外的各种陈设品容易禁绝，墓内的陪葬规格难以控制。

神道石阙[152]，其诬肇于后汉[153]。裴松之陈议禁断[154]，而南朝无碑。泰西以冶铜写形，崇为偶像，落成祝灌[155]，比于生人。

此既异于景教，其鄙倍亦愈甚焉！然非哀思所寄，苟以崇侈外观，故易断也。

【注释】

(152) 神道，古代陵墓前所修的道路，意为神行的道路。石阙，神道两旁所立的石像、石碑等。

(153) 诬，诬夸。肇，始。

(154) 裴松之(372～451年)，南朝宋史学家。字世期，河东闻喜人。官至中书侍郎。元嘉年间，奉诏注晋陈寿《三国志》，注释文字比陈寿原书多出数倍，有重要价值。《宋书・裴松之传》有《请禁私碑表》。

(155) 祝灌，铸灌。指熔金铸像。

【译文】

墓道石阙，其浮夸失实之风开始于东汉。裴松之建议禁止，因而南朝不再有碑。西方人铸造铜像，崇为偶像，金属铸像落成以后，与活人相似。此不同于景教，而更加鄙薄浅陋！那些并不是为了寄托哀思，只是炫耀外观，故应该尽快禁绝。

及其周身厚者，盖子姓之慕也[156]。中世以厚葬发扣[157]。輓近乃有室家乏无，困于营葬，茨棺露处[158]。中人信形法[159]，旷岁求壤，迁殡庳宇[160]，从柩为屯。故令积尸之气传为殗殜[161]，民之渍疫[162]，此其一矣。然则桐棺三寸，衣衾三领，下毋及泉，上毋通臭，墨子之教也，足以抑情流滞。于今笃终者[163]，必引孟、荀以为难[164]，是以难理也[165]。夫礼以文质异时而制。制衡律者，必本于石师[166]。昔者赵岐略识章句[167]，令死日墓中聚沙为床，布簟白衣，散发其上，覆以单被，即日便下，下讫便掩。马融、卢植[168]，皆礼家有方之士也。融虽奢侈，其遗令尚曰：穿中除五时衣[169]，但得施绛绢单衣；《御览》六百九十一引。不得下铜虎、铜唾壶，况佗铜物？《御览》七百三，七百十二引。而植之将死，顾敕其子：葬于土穴，不用棺椁，附体单帛。夫以马、卢博达经礼，赵岐觵觵(170)，亦宗法孟氏，然皆不用经儒之说，而取墨家。五时衣少厚于三领，沙床无棺，于桐棺三寸为甚焉(171)。然则明者作故，以更周公之法，抑何牵于孟、荀，而率情为时病乎(172)？

【注释】

(156) 子姓，子孙。

(157) 发扫，发掘。扫(hú 胡)，本作“搰”。掘。《荀子·尧问》：“深扫之，而得甘泉焉。”

(158) 茨棺，指以茅草、芦苇掩盖棺材。茨，用茅草覆盖。

(159) 中人，平常人。《荀子·非相》：“中人羞以为友。”形法，指堪舆、骨相等方术。

(160) 殡，停柩待葬。《北史·高丽传》：“死者殡在屋内。”庳宇，矮屋。

(161) 殗殜(yè 页 dié 蝶)，《方言》第二：“殗、殜，微也。宋、卫之间曰殗；自关而西秦、晋之间，凡病而不甚曰殗殜。”郭璞注：“病半卧半起也。”此指疾病。

(162) 渍疫，传染瘟疫。

(163) 笃终者，重视父母丧葬的人。

(164) 必引孟、荀以为难，必引孟、荀的观点驳难墨家薄葬的观点。

(165) 难理，难以理论。

(166) 石师，犹“硕师”。大师。石，通“硕”。《庄子·外物》：“婴儿生，无石师而能言，与能言处也。”陆德明《释文》：“石师……又作硕师。”

(167) 赵岐，东汉经学家。原名嘉，字台卿。京兆长陵人。著有《孟子章句》及《三辅决录》。

(168) 马融，参见《清儒》第十二注(42)。卢植，东汉末年经学家。字子干，涿郡涿县(属今河北省)人。少与郑玄俱事马融，不守章句，通古文经学与今文经学。著有《尚书章句》《三礼解诂》等。

(169) 穿中，墓穴。五时衣，古代随时节而服色不同的服装。《后汉书·东平宪王苍传》：“乃命留五时衣各一袭。”注：“五时衣谓春青，夏朱，季夏黄，秋白，冬黑也。衣单复具曰袭。”

(170) 觵觵，同“觥觥”。刚直、壮健貌。

(171) 于，比。

(172) 作故，作为先例。

【译文】

陪葬品众多，大概是子孙过于思慕先人。中古时期因厚葬而有盗掘坟墓的。晚近以来，也有贫困的家庭，没有能力办丧事，只是在显露处用茅草掩盖棺材。中等人家相信风水，长年难寻一块好墓地，只好将灵柩暂时放置于矮屋中，众多灵柩排成了堆。结果尸体的恶臭使人生病，在百姓中传染瘟疫，此其一。至于桐棺厚三寸，装殓死者的衣服与单被有三层，下葬深不及泉，浅不至于未隔绝气味，这是墨家的主张，足以克制情感、疏通郁结。如今主张重视父母丧葬的，必引孟子、荀子的观点来驳难墨家薄葬之说，所以难以理解墨子的主张。礼俗的文质，一定要本于硕儒经师。从前赵岐通晓章句，令人在他即将去世的那天于墓中聚沙为床，铺上竹席白衣，散发其上，覆盖单被，当日便下葬，下棺完毕便埋葬盖土。马融、卢植，都是精通礼学的大家。马融虽奢侈，但他临终前的嘱咐尚且这样说：墓穴中不用五时衣，只用绛绢单衣（《太平御览》卷六百九十一引）；不得用铜虎、铜唾壶陪葬，何况其他铜物（《太平御览》卷七百零三、七百一十二引）。而卢植将要去世时，告诫他的儿子说：葬于土穴，不用棺椁，用单帛覆盖在身体上。马融、卢植博学通达礼仪，赵岐性情刚直，亦宗法孟子，但都不用儒家之说，而是采用墨家薄葬的主张。五时衣稍厚于三领，沙床无棺，相比较来说桐棺三寸还要更甚一些。那么明智者自创先例，以变更周公之礼，又何必拘泥于孟子和荀子的主张，难道从真情出发还是一种弊病吗？

辨乐第五十二

［说明］本文由几段考证文字组成，第一段考证古代五音宫、商、角、徵、羽；第二段考证古代舞蹈的佾列；最后一段考证《纖施》《桑林》《狸首》《崇禹生开》等几种舞蹈。

本文首次收入《訄书》重刻本，收入《检论》时有增补。

民气滞著，筋骨瑟缩，舞以宣导之，作《辨乐》。

皇始葛天氏之乐[(1)]，“三人操牛尾，投足以歌《八阕》[(2)]”。《吕氏春秋·古乐》。《大司乐》存其六代[(3)]，而迁者或见于《尔雅》[(4)]。

【注释】

(1) 皇始，远古三皇时代。葛天氏，古帝王名。参见《序种姓上》第十七注(90)。

(2) 投足，以足投地打拍子。

(3) 六代，指黄帝、尧、舜、禹夏、殷商、周。《周礼·春官·大司乐》：“以乐舞教国子，舞云门、大卷、大咸、大磬、大夏、大濩、大武。”郑玄注：“此周所存六代之乐。”

(4) 或见于《尔雅》，指《尔雅·释乐》保存了古代部分音乐材料。

【译文】

民气阻塞，筋骨蜷缩，需要用舞蹈来疏通，于是作《辨乐》。

远古三皇时代葛天氏的音乐，“三人手持牛尾，用脚踏地打着节拍唱着《八阕》”。（见《吕氏春秋·古乐》）《大司乐》保存有黄帝、尧、舜、禹夏、殷商、周之乐，而其余的或见于《尔雅·释乐》。

古之作乐，各用其宫。如《大司乐》：舞《云门》，则圜钟为宫(5)；舞《咸池》，则函钟为宫(6)；歌九德，舞九磬，则黄钟为宫(7)，是也。因以乐名题识五音(8)。宫谓之重，重，章也，尧之《大章》也。古章、重声通。《汉书·广川惠王越传》“背尊章”，注：“今关中俗，妇呼舅姑为钟，声转也。”商谓之敏，敏，谋也，神农之《下谋》也。《中庸》：“人道敏政，地道敏树。”注：“敏，或为谋。”敏、谋皆在古音“之”部，故得通借(9)。神农乐名《下谋》，见《钩命决》及《御览》载《乐书》引《礼记》文。角谓之经，经，茎也，颛顼之《六茎》也。颛顼乐名《六茎》，见《礼乐志》《白虎通义》。六茎，古或作经。《庄子·养生主》：“合于桑林之舞，乃中经首之会。”经，即六茎。首者，犹言章矣。汉世《古诗十九首》其名本此。徵谓之迭，迭，列也，舜之《六列》也。古音失、佾通。《甘泉赋》“芗昳肸以掍批”，可以叠韵为证。《书·多士》“大淫泆”，马本作“大淫屑”，亦其验。故迭得借为佾。佾、列声义皆通。《广雅·释诂》曰：“佾，列也。”舜乐有《九招》《六列》《六英》，见《吕氏春秋·古乐》。盖上世三人投足，奇零不耦者，至是始成六佾矣。羽谓之柳，柳，流也，大皞之《休流》也。柳、流声通。若璧珋离，《西域传》作璧流离也。《广雅·释乐》乐名首列《休流》，未详何代。从彼文逆推，知是大皞。

【注释】

(5) 圜钟，即夹钟。古乐十二律之一。圜钟为宫，古代以十二律高下的次序定宫、商、角、徵、羽、变宫、变徵为七声，为乐律之本。

(6) 函钟，即林钟。古乐十二律中的第八律。

(7) 黄钟，古乐十二律之一。声音最洪大响亮。

(8) 五音，宫、商、角、徵、羽。《尔雅·释乐》：“宫谓之重，商谓之敏，角谓之经，徵谓之迭，羽谓之柳。”郭璞注：“皆五音之别名。其义未详。”章氏训为上古乐名，下文即对此展开论述。

(9) 故得通借，古人按押韵、同声等关系，把古韵分为十三部(另有十八、二十二、二十五等不同分法)。凡同韵之字，往往可借转。“之”部，古韵部之一。

【译文】

古人作乐，用不同的乐律定宫声，(比如《大司乐》记载：舞《云门》，则以夹钟为宫；舞《咸池》，则以林钟为宫；歌九德，舞九磬，则以黄钟为宫；正是如此。)因以乐名标记五音。宫称为重：重，就是章，如尧时的《大章》。（古时章、重声通。《汉书·广川惠王越传》中“背尊章”，对此注云：“如今关中的风俗，妇女称呼舅姑为钟，是为声转。”）商称为敏：敏，就是谋，如神农时的《下谋》。（《中庸》称：“人道敏政，地道敏树。”注：“敏，或为谋。”敏、谋都在古音的“之”部，所以能够通借。神农乐名《下谋》，见于《钩命决》及《太平御览》记载《乐书》引《礼记》中的语句。）角称为经：经，就是茎，如颛顼时的《六茎》。（颛顼乐名《六茎》，见于《礼乐志》《白虎通义》。六茎，古时或作经。《庄子·养生主》说：“合于桑林之舞，乃中经首之会。”经，就是六茎。首，就如同章。汉代《古诗十九首》，其中的名称就是本于此。）徵称为迭：迭，就是列，如舜时的《六列》。（古音失、肎相通。《甘泉赋》中“芗呹肸以掍批”，可以叠韵为证。《尚书·多士》中“大淫泆”，马融本写作“大淫屑”，也验证了这一点。所以迭可以借为佾。佾、列声与义皆通。《广雅·释诂》说：“佾，就是列。”舜乐有《九招》《六列》《六英》，见于《吕氏春秋·古乐》。大概上古三人踏步，散乱不成步调，到后来才形成六佾。）羽称为柳：柳，就是流，如太皞时的《休流》。（柳与流声通。如壁珋离，《西域传》写为壁流离。《广雅·释乐》，乐名首列《休流》，不清楚是什么时代的。从其文字逆推，可知是太皞时的。）

其行缀佾列(10)，百王不同。《传》曰：“天子用八(11)，诸侯用六，大夫四，士二。夫舞，所以节八音而行八风，故自八以下”；“初献六羽，始用六佾也。”《左》隐五年传。服虔曰(12)：“天子八八，诸侯六八，大夫四八，士二八。”《白虎通义》曰：“天子八佾，八八六十四人；诸公六佾，六六三十六人；诸侯四佾，四四十六人；大夫、士，北面之臣，非专事子民者也，琴瑟而已。”蔡邕《月令章句》引乐容曰：舞，天子八佾，诸侯六，大夫四，士二。《御览》五百七十四引《礼记》曰：“天子宫县四面，舞行八佾；诸侯轩县三面，舞行六佾；大夫判县二面，舞行四佾；士特县一面，舞行二佾。”(13)是谓大夫、士无佾者，公羊一家之私言。钟文烝谓《少牢》《特牲》皆无乐舞(14)，明大夫、士无佾。黄以周曰(15)：“《少牢》《特牲》两篇，名曰《馈食》。食礼无乐，虽天子犹然，不足为难。”二义者，牴牾久不决。杜预从《白虎通义》说。《宋书·乐志》傅隆之驳杜曰(16)：“自天子至士，降杀以两。两者，减其二列。预以为一列，又减二人，至士止有四人，岂复成乐？”《左传正义》申杜曰：“舞势宜方，行列既减，即每行人数亦宜减。”质以董仲舒《三代改制质文》曰：“主天法商而王，用锡舞，舞溢员(17)”；溢即佾字。“主地法夏而王，用纖施舞，舞溢方(18)”；“主天法质而王，用羽籥舞，舞溢椭(19)”；“主地法文而王，用万舞，舞溢衡(20)”。夫佾与人偕降者，其势方(21)；佾降而人自若者，其势衡(22)，重以员椭，其鄭位各异形(23)。汉《郊祀歌》曰：“千童罗舞成八溢。”千童者，侈言其众，然亦以是知八佾之不限剂于六十四人，傥员椭者则然。《春秋说》曰：“天子舞雩，冠者七八人，童子八九人。”《公羊》桓五年疏引。势不得方。故知百王之异制，而牴牾者可无相伐也。

【注释】

(10) 行缀，指舞蹈的行列。《礼记·乐记》：“故其治民劳者，其舞行缀远。”佾列，行列。

(11) 用八，指八佾。古代天子享用的乐舞。《论语·八佾》：“八佾舞于庭，是可忍也，孰不可忍也？”

(12) 服虔，东汉学者。参见《清儒》第十二注(193)。

(13) 宫县，即宫悬。古时钟磬等乐器悬挂于架上，悬挂的形式根据身份地位而不同，帝王悬挂四面，称宫悬。轩县，三面悬。判县，两面悬。特县，一面悬。

(14) 钟文烝(1818～1877年)，清代经学家，字展才，又字朝美，号子勤。嘉善(今属浙江)人。专治《春秋》，认为《谷梁传》独得孔子遗意。历三十余年写成《谷梁补注》，另有《河图洛书解》等。《少牢》《特牲》，即《少牢馈食》和《特牲馈食》，《仪礼》篇名。

(15) 黄以周，清代经学家。参见《清儒》第十二注(95)。

(16) 傅隆，南朝宋灵州(今宁夏灵武)人。字伯祚。曾官御史中丞。

(17) 锡舞，古乐舞名。又称干舞。员，同“圆”。圆形。

(18) 纖施,即咸池,古乐舞名,详见下文。方,正方形。

(19) 羽籥舞,古乐舞名。执羽吹籥以舞。椭,椭圆形。

(20) 万舞,乐舞名。参见《公言》第二十七注(28)。衡,长方形。

(21) 佾与人偕降,舞列和每列人数均减少。如原来每列八人共八列,现减为每列六人共六列。其势方,这样队形便保持为方形。

(22) 佾降而人自若者,舞列减少而每列人数不减少。其势衡,这样队形便成为长方形。

(23) 鄭位,站位。鄭,通“站”。

【译文】

对于舞蹈的行列,不同时期是不一样的。《传》记载:“天子用八列,诸侯用六列,大夫用四列,士用两列。舞蹈,用以节八音而行八风,所以从八向下递减”;“开始向神献奏乐舞,有六列,每列六人,持羽而舞,才开始用六佾。”(《左传》隐公五年记载)服虔认为:“天子用八列、每列八人,诸侯用六列、每列八人,大夫用四列、每列八人,士用两列、每列八人。”《白虎通义》记载:“天子用八佾,八八六十四人;三公用六佾,六六三十六人;诸侯用四佾,四四十六人;大夫、士,只是臣属的身份,不是专门管理百姓的人,只用琴瑟而已。”(蔡邕《月令章句》引乐容所说:舞蹈,天子是八佾,诸侯六佾,大夫四佾,士二佾。《太平御览》卷五百七十四引《礼记》说:“天子四面都悬挂着钟磬等乐器,舞蹈的行列用八佾;诸侯是三面悬挂着乐器,舞蹈行列用六佾;大夫是两面悬挂乐器,舞蹈行列为四佾;士只是一面悬挂乐器,舞蹈行列为二佾。”所谓的大夫、士不用佾舞,只是公羊家的一家之言而已。钟文烝认为《少牢》《特牲》都没有乐舞,可知大夫、士不用佾舞。黄以周认为:《少牢》《特牲》两篇,名称为《馈食》。食礼不设音乐,即使是天子也是如此,依据此条不足以辩驳。)这两种说法,彼此矛盾,相持不下。(杜预认同《白虎通义》的说法。《宋书·乐志》记载傅隆驳斥杜预之说,认为:“自天子以至于士,依次减少两个。这里的两,指两列。杜预认为每一列还要减少两个人，到士阶层只有四个人，这难道还能称得上是乐舞吗？”《左传正义》赞成杜预之说，认为：“舞蹈的阵势，应当成方形，行列既然减少，那么每行的人数也应当相应地减少。”）考以董仲舒《三代改制质文》所说的：“主天效法商代而王，用锡舞，舞溢成圆形”；（溢，就是佾字。）“主地效法夏代而王，用纖施舞，舞溢成方形”；“主天效法质而王，用羽籥舞蹈，舞溢成椭圆形”；“主地效法文而王，用万舞，舞溢成长方形”。行列与人数都相应地减少，那么舞蹈的阵势就呈现方形；行列减少而人数不变，其阵势就呈现长方形，又呈现圆形或椭圆形，只不过站位不同而已。汉《郊祀歌》记载：“千童罗舞成八溢。”千童，就是形容人数之多，由此也可知八佾也不限于六十四个人，至于圆形、椭圆形也是如此。《春秋说》认为：“天子舞雩，成年人有七八个，童子有八九个。”（《公羊传》桓公五年疏引）阵势不可能成方形。所以可知不同时期，舞列是不一样的，而那些不同的观点可以不必互相攻击了。

所谓《纖施》者，《咸池》之故名也。纖，得声于㦰。《说文》：“㦰，古文读若咸。”《乐记》“咸池备矣”注：“池之言施也。”是纖施、咸池同声，故得通借，其实当为纖施。《离骚》言“饮余马于咸池”，《淮南・天文训》言“咸池者，水鱼之囿也”。是古神话习言“咸池”，故讹误不可是正尔。《咸池》为黄帝所作乐，尧增修而用之，见《乐记》注。其在乐师，为旄舞。郑司农曰：旄舞者，氂牛之尾，《周书・王会》所谓“楼烦以星施”矣(24)。孔晁曰：“施，所以为旄羽珥。”舞者莫隆于葛天之牛尾，故入周室而其用不衰。此虽朴鄙，其翕张俛仰，因阳气以达物，使民不呰窳札瘥(25)，足也。及其华者，或浸淫于巫道，故古乐在今则不用，盖《桑林》《狸首》《崇禹生开》为尤害(26)。《吕氏》称汤祷旱于桑林，翦发磨手，以身为牺牲。中古虽鬼魖(27)，未若是甚也。然宋以《桑林》享晋侯，舞师题以旌夏(28)，惧而发疾。《左》襄十年传。令旌为析羽之旗者，卤簿恒物[29]，亡足以惊怖。其独为俶怪[30]，明矣。《地官·舞师》："教皇舞，帅而舞旱暵之事[31]"。郑司农云："皇舞，蒙羽舞，书或为翌，或为義。"《春官·乐师》"有皇舞"，故书皇作翌。郑司农云："皇舞者，以羽冒覆头上，衣饰翡翠之羽。四方以皇。"《说文》曰："翌，乐舞，以羽翿自翳其首，以祀星辰也。""翿，翳也，所以舞也。"然则翌舞者[32]，祀四方星辰与祷旱暵兼举之矣。《桑林》所以祷旱，故知旌夏为翌舞。后郑《乐师》注曰："皇杂五采，羽如凤皇色，持以舞。"而先郑、许说为覆头翳首者，皆本《陈风·宛丘》"值其鹭羽""值其鹭翿"为说。《故训传》云："值，持也。"此后郑所本。值，亦可借为戴。《丧大记》"皆戴绥"注："戴之言值也。"《释地》"北戴斗极为空桐"注："戴，值也。"是由戴、值同在"之"部，一声之转，互得通借。故先郑、许以覆头翳首为说，皆读值为戴也。证诸《左传》"题以旌夏"，当从先郑、许义。题以旌夏：题，额也。《说文》。引申为头，《淮南·本经训》"橑檐榱题"注："题，头也。"《郑风·清人》笺："乔，矛矜，近上及室题。"《释文》："题，头也。"又引申为头所戴。《庄子·马蹄》："齐之以月题。"《释文》引司马、崔云："马额上当颅，如月形者也。"此其谓舞师以旌夏戴头也。翌之称旌夏：夏者，乐舞之大名，若言九夏矣。旌说征于《乡射礼记》曰："以翿旌获，白羽与朱羽糅。"以此知析羽皆得称旌，无必著縿[33]，故翿旌徒有杠，"长三仞，以鸿脰韬上二寻[34]"。翌之为羽翿，复无其杠以析羽，故大共名之曰旌。注"人首"者，与注"旄首"亦不异也。头蒙鸟羽，屏隐其面，形象则不恒，类方相氏之熊皮金目者[35]。故骤睹而惧，至于诶诒为疾矣[36]。《舞师》故书，皇或为義。古文義、犧同用。《穆天子传》"白義"，《列子·周穆王》作"白犧"，是也。而贾侍中说犧非古字。《说文》。明古字自作義也。先郑以皇舞为衣饰翡翠，与其谓"犧尊饰以翡悴"者相推校，《司尊彝》注。明其读故书"義舞"与"犧尊"同字也。《吕览》所述，固《商书》旧文，然竹书本当为"身犧旌"，谓躬翳翌题旌以祷，为恤民之极尔。周秦间古义渐亡，不识“䍐旌”，而从臆增衍其文曰“以身为牺牲”，非理实也。伏生《大传》亦沿其谬。要之，讹谬所始，自以其乐俶怪怵人，其缘起亦偕有文实者。甲。

【注释】

(24) 楼烦，古部族名。春秋时分布在山西一带，以畜牧为生。

(25) 呰窳(zǐ 仔—)，苟且懒惰。札瘥，因瘟疫而死亡。

(26)《桑林》，殷乐名。《左传·襄公十年》：“宋公享晋侯于楚丘，请以《桑林》。”杜预注：“《桑林》，殷天子之乐名。”《狸首》，古逸诗。《周礼·春官·钟师》：“凡射，王奏《驺虞》，诸侯奏《狸首》。”上古行射礼时，诸侯歌《狸首》为发矢的节度。故下文说“《狸首》之为节”。《崇禹生开》，夏乐名。崇禹，崇伯禹。即夏禹。开，禹子启。

(27) 翦发磨手，《吕氏春秋·顺民》作“翦其发，鄽其手”，鄽为磿之讹，磿通“枥”，古代绞首的刑具，这里用作动词。鬼魖，指信奉鬼神。

(28) 题以旌夏，《左传·襄公十年》杜预注：“旌夏，大旌也。题，识也，以大旌表识其行列。”章氏不同意旧注，训题为戴；旌夏为翌舞，即头戴羽毛而舞。下文即对此展开论述。

(29) 析羽，古代装饰在旗杆上散开的羽毛。《周礼·春官·司常》：“全羽为旞，析羽为旌。”卤簿，帝王出驾时扈从的仪仗队。出行之目的不同，仪式亦各别。恒物，常用之物。

(30) 俶怪，怪异。

(31) 旱暵，干旱。暵，热气。旱暵之事，指雩祭。

(32) 翌(huāng 皇)，古代乐舞。以羽覆头而舞。即皇舞。

(33) 縿(xiān 鲜)，旌旗下悬垂的饰物。

(34) 鸿脰，鸿鸟的脖颈。脰(dòu 豆)，颈项。

(35) 方相氏，《周礼》官名。《周礼·夏官》：“方相氏掌蒙熊皮，黄金四目，玄衣朱裳，执戈扬盾，帅百隶而时难，以索室驱疫。”

(36) 诶诒，惊叫声。

【译文】

所谓《䍐施》，是《咸池》的原有名称。(䍐，从𢦏而得声。《说文》：“𢦏，古文读音如咸。”《乐记》中“咸池备矣”注云：“这里的池如施。”所以䍐施、咸池同声，可以通假，其实应当是䍐施。《离骚》说

“我饮马于咸池边”,《淮南子·天文训》说“咸池,是养鱼的园囿”。可知古代神话经常说“咸池”,是因为讹误难以校正了。《咸池》是黄帝所作的音乐,尧增修而用之,可见于《乐记》注。)其在乐师,为旄舞。郑众认为:旄舞,就是用牦牛的尾巴,《周书·王会》所谓“楼烦用绘有星辰的旄”。(孔晁认为:“施,用牦牛尾和雉羽所作的旌旗竿头饰物。”)没有什么乐舞能比葛天氏的牛尾乐舞更兴盛的了,所以到了周代仍然使用不衰。此舞虽然质朴鄙野,但其收缩舒张、前俯后仰,因应阳气以达物,使民众不至于懒惰贫弱、因疾病而死,这就足够了。至于那些华美的乐舞,有的接近于巫道,所以古乐在今天多不流行了,大概在《桑林》《狸首》《崇禹生开》中尤为有害。《吕氏春秋》称汤在桑林祈祷降雨,剪去头发,绞其手指,把自己作为牺牲。中古时期人们虽然也信奉鬼神,但不至于到如此程度。而宋公以《桑林》乐舞宴会晋侯,舞师题以旌夏,晋侯因恐惧而发病。(《左传》襄公十年记载)假使旌夏羽毛装饰的旌旗,古代帝王出驾时扈从仪仗队的常用之物,不足以使人惊恐。其只能是怪异之物,是非常清楚的。《地官·舞师》记载:“教皇舞,率领跳干旱时求雨的舞蹈。”郑众认为:“皇舞,蒙羽舞,书写或为䍿,或为義。”《春官·乐师》中“有皇舞”,故书皇作䍿。郑众认为:“皇舞,就是将羽毛覆盖在头上,衣服上装饰着鹬的羽毛。四方以皇。”《说文》记载:“䍿,乐舞,用羽翳自翳其首,以祭祀星辰。”“翳,就是翳,舞蹈所用。”那么䍿舞,就是兼有祭祀四方星辰和祈祷降雨两种功能。《桑林》用来祈祷降雨,可知旌夏就是䍿舞。(郑玄《乐师》注认为:“皇掺杂五彩,羽毛就如凤皇的颜色,拿着来跳舞。”而郑众、许慎所说的覆头翳首,都是依据《陈风·宛丘》“值其鹭羽”“值其鹭翳”来说的。毛亨的《故训传》认为:“值,手持的意思。”这是郑玄立说的依据。值,也可假借为戴。《礼记·丧大记》“皆戴绥”注为:“戴是值的意思。”《尔雅·释地》“北戴斗极为空桐”注为:“戴,即值。”这是由于戴、值都在“之”部,一声之转,互相可以通借。所以郑众、许慎以覆头翳首为说,都是把值读为戴。证以《左传》“题以旌夏”,当从郑众和许慎之义。)题以旌夏:题,就是额。(见《说文》)引申为头,(《淮南子·本经训》“榱檐榱题”注:“题,就是头。”《郑风·清人》笺注:“乔,矛的柄,近上及室题。”《经典释文》:“题,就是头。”)又引申为头上所戴之物。(《庄子·马蹄》:“齐之以月题。”《经典释文》引司马彪、崔撰云:“马额头上的佩饰,形状如月形。”)这就是说舞师把旌夏戴在头上。翌称为旌夏:夏,就是乐舞的大名,就如同说九夏。旌说征于《乡射礼记》:“以翳旌获,白色羽毛与红色羽毛杂糅。”由此可知用穗状羽毛来装饰的旌旗都可称为旌,不必悬挂饰物,故翳旌只有旗杆,“长三仞,用二寻长的鸿鸟脖颈。”翌为羽翳,同样是没有用羽毛来装饰,所以通称为旌。注“人首”者,与注“旌首”也没什么不同。头上蒙着鸟羽,遮掩面部,形象就不平常了,就如同方相氏披着熊皮、有四个金色的眼睛一样。所以猛一看就感到恐惧,以致发出惊叫而生病。《舞师》古书,皇或为義。古文義与羲同用。(《穆天子传》“白義”,《列子·周穆王》作“白羲”,正是如此。)而贾逵认为羲非古字。(《说文》)可知古字本作義。郑众认为皇舞时衣服装饰着翡翠鸟的羽毛,与其所谓“羲尊饰以翡翠”相推求考校(《司尊彝》注),可知古书“義舞”与“羲尊”是同一字。《吕氏春秋》所述,本是《商书》旧文,然而《竹书纪年》本当为“身羲旌”,意思是亲自披着羽毛的旌夏旌来祈祷,为抚恤百姓的疾苦。周秦之间古义渐渐消亡,不识“羲旌”,而从臆测增衍其文说“以身为牺牲”,是不符合事实的。(伏生《大传》也沿袭了这一错误。)总而言之,错误的产生,是因为喜欢用怪异之论来唬人,而其产生也有文字上的原因。(甲)

《狸首》之为节，亦在乐师。其作乐由丁侯不朝(37)，大公画丁侯射之，丁侯病困。《御览》七百三十七引《六韬》。何以明之？苌弘以方事周灵王(38)，诸侯莫朝，苌弘乃明鬼神事，设射狸首。狸首者，诸侯之不来者，故依物怪，欲以致诸侯。《史记·封禅书》。自后推观，即可以知物始此，益为妖妄也。乙。

【注释】

(37) 丁侯，相传为商周时的一个诸侯。

(38) 苌弘，周大夫。参见《官统中》第三十三注(41)。方，方术。

【译文】

《狸首》用作射箭的节度，也是因为乐师。其作《狸首》乐是因为丁侯不朝见天子，太公画丁侯而射之，丁侯病情严重。(《太平御览》卷七百三十七引《六韬》)何以明之？苌弘以方术事周灵王，诸侯不来朝见天子，苌弘于是明鬼神之事，用箭射狸首。狸首，借指那些不来朝见的诸侯，故倚仗鬼魅精怪，想给诸侯降下灾祸。(《史记·封禅书》)自后世考察，可知《狸首》就是源于此，只是更为怪异荒诞。(乙)

《周书·世俘》曰："克殷谒祀，籥人奏《崇禹生开》，三终。"此夏乐矣。崇禹，崇伯禹也。《周语》称鲧为崇伯。禹嗣其位，故曰崇禹。崇即崇高，今字作嵩。《世本》言禹都阳城。赵岐《孟子注》云：阳城，在嵩山下，故因山以名其国。世谓嵩高之名，起于汉武，古者只曰外方。不知汉武命名亦案图籍，非古书先有是号，宁当以臆创造？《周语》云："夏之兴也，融降于崇山。"韦解："崇，崇高山也。"孰谓汉武冯臆以易名邪！生开，生启也。汉讳启(39)。《白虎通义·三军》："此言开自出伐扈也。"讳启为开。《周书》亦汉人隶字写定，至今遂莫能革。举子恒事，方播为乐歌者，《隋巢子》曰："禹产于𥓓石，启生于石。"《御览》五十一引。《淮南》谓禹化为熊，涂山氏惭而化石(40)，于是生启。《汉书·武帝纪》"朕用事华山，至于中岳，见夏后启母石。"师古引《淮南》此文。今《淮南》无之，佚也。其诗盖《生民》《玄鸟》之伦[41]，而诬罔过于履敏[42]，方士以之。丙。

【注释】

(39) 汉讳启，指汉避景帝（刘启）讳，改“启”为“开”。

(40) 涂山氏，禹妻。为涂山部女。

(41)《生民》《玄鸟》，《诗经》篇名。记叙殷、周先祖感应生育的传说。

(42) 履敏，即履帝武敏。踩上帝足迹的拇指处。《诗·大雅·生民》：“履帝武敏歆。”毛传：“履，践也。武，迹。”郑玄笺：“敏，拇也。”

【译文】

《逸周书·世俘》说：“克殷谒祀，籥人奏《崇禹生开》，奏毕三章音乐。”这是夏乐。崇禹，是崇伯禹。（《周语》称鲧为崇伯。禹继其位，所以称为崇禹。崇即崇高，今字作嵩。《世本》称禹定都在阳城。赵岐的《孟子注》说：阳城，在嵩山下，所以是依据山的名字来命名其国。世人称嵩高之名，起于汉武帝，古时只是称外方。不知汉武帝命名也要根据文籍图书，不是古书先有这一名号，岂可以主观创造？《国语·周语》记载：“夏代兴起，融降于崇山。”韦昭注疏：“崇，崇高的山。”谁说汉武帝是凭空推测来改易名字呢！）生开，就是生夏启。（汉代时讳启字。《白虎通义·三军》记载：“此言开亲自出征伐扈。”讳言启字而说成是开。《周书》也是汉代人用隶书写定的，于是至今也不能改变了。）生育了孩子，通常就是要演奏，《隋巢子》记：“禹产于石昆石，启生于石。”（《太平御览》卷五十一引）《淮南子》称禹化为熊，涂山氏羞愧难当遂化为石头，从石头中生出了启。（《汉书·武帝纪》记载：“朕去祭祀华山，路过中岳，看到了夏启母亲变成的石头。”颜师古引了《淮南子》中的这一句。如今《淮南子》中无之，已佚。）其诗大概与《生民》《玄鸟》类似，而比踩上帝脚印而怀孕更为荒诞，方士却采用。（丙）

观汉世鱼龙含利诸戏，惟以观视四夷。古乃以三事为容舞[43]，今六代之乐不章，举三足以比类。颂以尽美，而动以不轨物[44]，其妍丑不相容。故曰：舞之华者，不可用于今矣。且歌者所以说耳，舞者所以练形。舞不具，其骨体无以廉劲，虽歌则犹无乐。

【注释】

(43) 鱼龙含利，变幻的戏术。《汉书·西域传赞》："作漫衍鱼龙角抵之戏，以观视之。"颜师古注："鱼龙者，为含利之兽，先戏于庭极，毕乃入殿前激水，化成比目鱼。"三事为容舞，即以祷旱作《桑林》，因诸侯不朝作《狸首》，以禹生启的传说作《崇禹生开》。容舞，歌舞。

(44) 六代，指黄帝、唐尧、虞舜、夏、商、周六个朝代。颂，指歌曲。不轨物，不轨不物。指人行为不正，不合法度。

【译文】

想要了解汉代的鱼龙、含利等百戏杂耍，就要去考察四方少数民族。古时以根据干旱求雨、诸侯不朝、禹生夏启三件事创作了乐舞。如今黄帝以来的乐舞大多失传，举出这三个乐舞就可以推想其余。歌曲十分美好，而舞蹈却不合法度，其美丑不相容。所以说：浮华的舞蹈，已不可用于当下。况且歌曲是用来悦耳的，舞蹈是用来锻炼身体的。舞蹈不完备，其身体没法刚直，即使歌唱也不快乐。

今夏人疲癃矣[45]！古之摺舞，既以神怪，不宜于民事，其槃辟折旋，节度亦失，独操牛尾及人舞以手袖为威仪[46]，乐师注。稍倓靖可则效[47]。人舞尚存于日本，余在西京见之。然泰缓不足以扬精脉。优人之舞，悉形象成事为之，既不比律，其倠丑又相若[48]。容舞者，宜何法式？

【注释】

(45) 夏人，中国人。疲癃，衰老残缺。

(46) 人舞,古代徒人舞。《周礼·春官·乐师》:“乐师掌国学之政,以教国子小舞。凡舞,有帗舞,有羽舞,有皇舞,有旄舞,有干舞,有人舞。”

(47) 倓靖(tán 谈—),安静。

(48) 成事,成例,固定的表演模式。倠丑(suī 虽—),丑陋。倠,容貌丑陋。

【译文】

如今中国人经受许多苦难!古时的击刺之舞,既以神怪,不适宜于民众,其盘旋进退、曲折而行,已失了礼节法度,只是手持牛尾及人舞以手袖来显示威仪(乐师注),稍安静还可效法(人舞尚存于日本,我在日本京都见到过)。然而太舒缓又不足以扬精脉。艺人的舞蹈,有统一的扮相和规定的动作,既不合律,形象又丑陋相似。舞蹈,当以什么作为法度?

章炳麟曰:苟大意得,以是宣导滞著,不因于古,惟其道引而止(49)。仰咽以申肺,张臂以广匈(50),踶跃以利蹄足(51),蹲夷以坚髋髀(52)。佗使形体柔和者,犹不一术。过是乃有寻橦、击剑、角觝、旋马(53),皆往往有其法式,止不离局,行不猎部(54),于是具弦匏钟石而已(55)。及其动容以象功德,若古之为《韶》《濩》《象箾》者(56),待事而作,于生民不为亟。其成性易俗,各视其方而异齐。中世阮籍有言:“江淮以南,其民好杀;漳汝之间,漳谓卫,汝近郑。其民好奔。故吴有双剑之节,赵有挟瑟之客。气发于中,声入于耳,手足飞扬,不觉有骇也。”《御览》五百六十五引阮籍《乐论》。今其血气互变,而各未有裁制。后王作者,因其谣俗嗜好,以为度齐(57)。褎矣!吾不得而见之矣。

【注释】

(49) 道引,亦作“导引”。导气引体。参见《学变》第八注(64)。

(50) 匈,同“胸”。

(51) 踶跃(dì 地—),跳跃。

(52) 蹲夷,踞坐。参见《官统下》第三十四注(51)。

(53) 寻橦,汉代杂技名。缘竿演技。橦,竿木。角觝,起源于战国的一种技艺表演,类似今天的摔跤。旋马,马术表演,谓在马背驰骋回旋。

(54) 离局,出局。猎部,出界。猎,踏。部,界。二者皆指违背"法式"。

(55) 弦匏,琴瑟和竹笙。匏,笙。钟石,钟和磬。石,磬。

(56)《韶》《濩》,舜乐和汤乐。《象箾》,文王之乐。

(57) 度齐,度剂。度量。齐,同"剂"。

【译文】

章炳麟认为:若能得其大意,以此来疏通阻塞之气,不必因循于古法,只要能导气引体就足够了。张开喉咙以舒张肺部,张开双臂以扩充胸腔,踢踏跳跃有利于腿脚,屈腿下蹲可以使胯骨与股骨坚固。其他可以使形体柔软的方法,尚有许多。从前还有寻橦、击剑、摔跤、马术表演,往往都有固定的行为动作,不敢跃雷池一步,就像演奏琴瑟钟磬而已。至于要求举止仪容以象功德,就如古时的《韶》《濩》《象箾》,待事而作,对于百姓来说不是最急迫的。对于顺成天性、改变习俗,各视其方法,也能达到不同的程度。中古时阮籍曾说:"长江、淮河以南,人民好战;漳河、汝河之间(漳指的是卫,汝指近于郑),女子好私奔。所以吴国有干将、莫邪双剑之节,赵国有善鼓瑟之客。气发于中,声入于耳,手足飞舞,不知不觉形体发生了变化。"(《太平御览》卷五百六十五引阮籍《乐论》)如今血气互变,而各自没有了风格。后来者兴起时,当因应各地的风俗习惯,制订出规范来。值得称赞啊!只是我在有生之年是看不到了。

相宅第五十三

[说明]1902年春，章太炎东渡日本，与孙中山订交。二人曾就土地改革、建都等问题进行了讨论。前一内容已记录在《订版籍》中，本文记录的则是关于建都问题的讨论。

孙中山认为建都须“相地而宅”，他从分析中国政治和地理形势入手，提出“谋本部则武昌，谋藩服则西安，谋大洲则伊犁”。以后历史虽然没有如孙中山所预测的那样发展，但孙中山作为一名政治家的雄韬大略却深得章太炎的赞叹和敬佩。

本文收入《检论》时，作者在文前增加一段文字，称《相宅》写成“后十年，清主退，南北讲解，孙公不能持前议，将建金陵。而章炳麟亦以蒙古、关东远不受控，且惧清裔复兴，亦释前议，以宛平为大凑……”。

奉駵驹黄牛以郊天于土中(1)，鄠、杜竹林(2)，商山甘木，汧濒牧马(3)，不膴于关中，不可以居。河无鳣鲔(4)，睢涣无文章(5)，洛与大梁(6)，不可以居。周、宋，古之沃衍(7)，而今乎沙砾(8)。非江南之武昌，则无居也。

【注释】

(1) 駵(liú 留)，亦作“骝”。赤身黑鬣的马。土中，王城之中央。

(2) 鄠、杜，今陕西扶风、户县一带。

(3) 汧濒，即汧滨。汧，汧水。千河的古称，源出甘肃省，流经陕西省入渭河。

(4) 鳣鲔(zhān 沾 wěi 伟),鲟鱼和鳇鱼。

(5) 睢涣,二水名,皆流经河南、安徽。

(6) 洛,洛阳。大梁,今河南开封市。

(7) 周、宋,即上文的关中、洛阳与开封。分别为周朝和宋朝的都址。沃衍,肥沃土地。

(8) 而今乎沙砾,即而今沙砾。乎,语气词,无意。沙砾,指贫瘠的土地。

【译文】

在王城的中央供奉骝驹黄牛以祭天,鄠、杜的竹林,商山的佳树,汧水之滨的牧马,关中不盛产,故不可以定都于此。黄河里没有鲟鱼和鳇鱼,睢河、涣河没有水色,洛阳与开封就不适宜定都。周朝、宋朝的都城关中、开封,在古代是肥美平坦的土地,而今却土地贫瘠。除了江南的武昌,都不适宜定都。

孙文曰:"异撰[9]! 夫定鼎者相地而宅[10],发难者乘利而处。后王所起,今纵不豫知所在,大氐不越骆[11]、粤、湘、蜀。不骆、粤、湘、蜀者,近互市之区[12],异国之宾旅奸之,中道而亡,故发愤为戎首[13]。于今奥区在西南[14],异于洪氏[15],所克则以为行在[16],不为中都[17]。中都者,守其阻深,虽狭小可也。何者? 地大而人庶,则其心离;其心离,则其志贼;其志贼,则其言牻犺[18],其行前却[19]。故以一千四百州县之广袤,各异其政教雅颂者,百蹶之媒也[20]。虽保衡治之[21],必乱其节族矣[22]。

【注释】

(9) 异撰,指有不同的看法。《论语·先进》:"异乎三子者之撰。"

(10) 定鼎,建国定都。

(11) 越骆,也作骆越、骆,古族名。百越之一。此指浙江一带。

(12) 互市,通商贸易。互市之区,指通商口岸。

(13) 戎首,指挑起争端者。

(14) 奥区,内地、腹地。

(15) 洪氏,洪秀全。

(16) 行在,即行所在。帝王所至之地。

(17) 中都,首都。

(18) 牻椋(máng 忙 liáng 凉),杂驳。牻,黑白杂色的牛。椋,牻牛,驳色。

(19) 前却,进退不决。

(20) 百蹶,多次失败。蹶,颠仆。

(21) 保衡,阿衡。殷商相伊尹的尊号。此指贤明的统治者。

(22) 节族,节奏。

【译文】

孙文说:"我有不同看法!建国定都要勘察好地利而居住,革命者乘便利而处。后起的革命者,即使不可预知在哪里,大抵不会超出骆、粤、湘、蜀之地。不出浙江、广东、湖南、四川之地,是因为接近通商口岸的话,外国的侵略者会出兵干预,使革命半途而亡,这样起事者反而成为挑起战端的人。如今中国的腹地在西南地区,不能像洪秀全那样。攻占到哪里就住那里,而不营建国都。首都,需要有天险可守,即使狭小也可以。为什么呢?占地广阔而人口众多,就容易有异心;若不同心,意志就会邪僻不正;若意志邪僻,所言就会驳杂,行动上就会进退不决。所以有着一千四百个州县的广袤土地,若各地的政治、教化不同,必然会导致失败。即使有贤明的统治者来管理,也必定会乱了节奏。

"夫景亳以七十里[23],岐以百里[24],古者伯王之主,必起小国。虽席之罗图而不受者[25],非恶大也。士气之齐一,足以策使;周行之苟敕[26],足以遍照,非小焉能?处小者,于愉殷赤心之所[27],撙厉其政[28],笨蓖其水土[29],抚循士大夫,其轻若振羽。从之十年,义声况乎诸侯,则天下自动愿为兄弟,大将焉往?使汤、文之故有大傀畈土[30],其举之亦绝膑[31],吾未知其废易窜殛之不伉于癸、辛也[32]?

【注释】

(23) 景亳,商都三亳之一。《左传·昭公四年》:"商汤有景亳之命。"

(24) 岐,周都城,在今陕西扶风。为文王所居。

(25) 罗图,罗列图籍。《淮南子·览冥训》:"援绝瑞,席萝图。"高诱注:"罗列图籍以为席蓐。"

(26) 周行,《诗·周南·卷耳》:"嗟我怀人,寘彼周行。"毛传:"行,列也。思君子,官贤人,置周之列位。"后泛指朝官。敕,治理。

(27) 愉殷,劳苦忧患。愉,劳苦。殷,忧患。赤心,诚心。《荀子·王制》:"功名之所就,存亡安危之所堕,必将于愉殷赤心之所。"

(28) 撙厉,节约财物,激励民众。撙(zǔn),节制,节俭。

(29) 栞奠(kān 堪—),平定。此指治理。

(30) 傀,通"块"。畈土,版土。

(31) 绝膑,折断膑骨,指失败。

(32) 废易,废黜和易代。窜殛,放逐和诛灭。伉,等,同。癸,履癸,即夏桀。辛,帝辛。即商纣。

【译文】

"商的景亳只有方圆七十里,周的岐山方圆百里,古代能成就霸业的君主,必定是兴起于小国。即使是地域广大也不接受,并不是嫌面积大。士兵意志统一,就容易指挥;官员若得到治理,就能统一整个国家,若不是面积小怎能做到?处在小的都城,操劳用心于这个地方,励精图治,治理其水土,安抚其官员,治理起来轻而易举。这样从事十年,名声传播各国,天下之人愿意主动结交,大又能如何呢?假使商汤、周文王原本就有大块的疆土,想高高举起却折断了腿骨,我怎么知道他们不会被废黜、放逐而与夏桀、商纣一样呢?

"洪氏初以广西一部成义旅,所至斩馘,勤于远略[33],克都邑而不守,跨越江湖以宅金陵[34],内无郡县而瓠落以为大[35]。以此求一统,昆仑、岱宗之玉检[36],未有录焉。故困于边幅者为小丑，狭小边幅不以尺寸系属者为寄君(37)。寄君者，戒矣！虽其案节得地，而扬光明(38)，金陵则犹不可宅。当洪氏时，有上书请疾趋宛平者，洪氏勿从。非其方略不及此也，王者必视士心进退以整其旅。金陵者，金缯玉石、稻粱刍豢之用饶，虽鼓之北，而士不起。夫满洲在者，其势分。异国视势便以为宾仇(39)，此之谓亡徵。及其闭门仰药(40)，始以宅南自悔也。岂不绌于庙算，而诒后嗣之鉴邪？发难之道，既如此矣。定鼎者，南方诚莫武昌若。

【注释】

(33) 远略，经略远方。

(34) 金陵，今南京。

(35) 瓠落，大而稀落。瓠(huà 话)，横大。

(36) 玉检，玉制的书函盖。《汉书·武帝纪》："上还，登封泰山。"注引孟康："王者功成始定，告成功于天。……刻石纪号，有金策石函金泥玉检之封焉。"

(37) 边幅，领土的幅员。系属，归附。寄君，亡国后寄寓他国的君主。

(38) 案节，案辔徐行。《史记·司马相如传》："案节未舒，即陵狡兽。"索隐引司马彪曰："案辔徐行得节，故曰案节。"光明，贤者的仪范、风采。

(39) 势便，形势发展的便利条件。宾仇，宾客或仇敌。

(40) 闭门仰药，指洪秀全吞药自尽。仰药，仰头吞药。

【译文】

"洪秀全最初在广西金田村起义，所到之处英勇杀敌，勤于远略，攻取城池却不固守，跨越长江而定都于南京，辖内无郡县才稀落显得大。想以此来一统天下，昆仑、泰山的玉牒文书，没有记录，是根本不可能的。所以被土地幅员所困的是小丑，一点土地也不占有的是寄君。寄君，足以为戒啊！即使他不急于取得土地，以显风范，南京仍不可定为都城。洪秀全占领南京后，有人上书请求快速向北京进军，洪秀全没有采纳。并不是洪秀全的谋略不及这个建议，而是君王一定会根据军心的进退来整顿军旅。南京一地，金丝玉帛、谷物、牛羊等物产丰饶，即使命令北上，士兵也不积极。况且清廷控制的地区，势力还可以抗衡。西方列强根据形势便利以决定太平天国是敌是友，这都是灭亡的征兆。等到洪秀全闭门服毒之时，才后悔定都南京。这难道不是拙于谋划，而为后世留下的教训吗？起义的道理，即是如此。定立国都，在南方莫过于武昌。

“尚宾海之建都者，必逷远武昌[41]。夫武昌扬灵于大江，东趋宝山[42]，四日而极[43]，足以转输矣。外鉴诸邻国，柏林无海，江户则曰海堧尔[44]。内海虽咸[45]，亦犹大江也。是故其守在赤间天草[46]，而日本桥特以为津济[47]。江沔之在上游[48]，其通达等是矣，何必傅海？夫北望襄、樊以镇抚河、洛[49]，铁道既布，而行理及于长城，其斥候至穷朔者，金陵之绌，武昌之赢也[50]。虽然，经略止乎禹迹之九州，则给矣。蒙古、新疆者，地大隃而势不相临制[51]。

【注释】

(41) 逷，同“逖”。

(42) 宝山，即今上海市宝山区。

(43) 极，到达。《尔雅·释诂》：“极，至也。”

(44) 江户，日本东京旧称。海堧(—ruán)，海边之地。

(45) 内海，指东京湾内海，面积约1320平方公里，东西为半岛，南面一小开口进入太平洋，是天然良港。

(46) 赤间天草，地名。

(47) 日本桥，建立在东京湾上的桥，东西横跨东京湾。津济，渡口。

(48) 江沔，长江和汉水。

(49) 襄、樊，襄阳和樊城。在今湖北省境内。

(50) 斥候，侦察。此指控制。穷朔，极北之地。

(51) 大隃，很遥远。隃，同“遥”。

【译文】

“主张在沿海建都的人，一定会认为武昌离海太远。从武昌沿着长江扬帆起航，向东到上海宝山，四天就能够到达，足够完成运输了。向外借鉴邻国经验的话，柏林不靠近海，东京则为海边之地。东京湾内海虽然也是海，其实与大江相似。其治所在赤间天草，有日本桥作为渡口。长江与汉水上游，同样是十分畅通，何必非要靠近大海？向北可遥望襄阳和樊城以镇抚黄河、洛水，铁道既已铺设，可通行到达长城，控制的可到极北之地，这是南京做不到的，武昌却很容易。虽然如此，经营中原地区，武汉可以做到。对于蒙古、新疆，由于地方太遥远则难以统治。

“夫雍州(52)，本帝皇所以育业，霸王所以衍功，战士角难之场也(53)。地连羌胡(54)，足以笞箠而制其命。其水泉田畦，膏腴不逮南方，犹过大行左右诸国(55)。农事者，制于人，不制于天。且富厚固不专恃仓廪，自终南、吴岳(56)，土厚而京陵高(57)，群卝所韬(58)，足以利用；下通武昌，缮治铁道，虽转输者犹便。虽然，经略止乎蒙古、新疆，则给矣。王者欲为共主于亚洲，关中者，犹不出赤县(59)，不足以驰骤。

【注释】

(52) 雍州，指陕西西安。东汉时于此设置雍州郡。

(53) 角难，角斗死难。

(54) 羌胡，指古代西北少数民族。

(55) 大行，即太行山。

(56) 终南，山名，在陕西西安南。吴岳，又名岳山，在陕西陇县西南。

(57) 京陵，大山丘。

(58) 卝，古“矿”字。韬，贮藏。

(59) 犹不出赤县，指控制的范围不超出中国。赤县，中国。

【译文】

“至于西安，本是帝王成就基业、霸主广建战功、战士交战死难的要地。此地接近西北少数民族，足以靠武力来征服控制他们。

那里的河流泉水田地，肥美程度虽然比不上南方，但也超过了太行山左右的地区。农业生产活动，决定因素在人，而不完全受制于天。况且财富雄厚并不只是靠储藏，自终南、吴岳二山，土厚而山高，蕴藏有丰富的矿产资源，足以开发利用；向东南可通至武昌，铺设铁路，运输也很便利。虽然如此，经营蒙古、新疆，西安可以做到。若要想成为亚洲的共主，定都西安，控制范围不超出中国，则不足以纵横驰骋。

“彼东制鲜卑(60)，西奰乌拉岭者(61)，必伊犁也。古者有空匈奴、县突厥者矣(62)，耽乐于关中，而终不迁都其壤，王灵不远(63)。是以赤帝之大(64)，九州分裂而为数畛。夫为中夏者，岂其局于一隅？固将兼包并容，以配皇天。伊犁虽荒，斩之胡桐柽柳(65)，驱之貙狸，羁之羸、橐佗(66)；草莱大辟而处其氓，出名裘骏马以致商贾；铁道南属，转输不困，未及十年，都邑衢巷斐然成文章矣。

【注释】

(60) 鲜卑，指俄国西伯利亚地区。

(61) 奰(bì 毕)，迫也。乌拉岭，今乌拉尔山。在新疆西部。

(62) 空匈奴，指使匈奴降汉，其所居沦为空地。《汉书·张骞传》：“浑邪王率众降汉，而金城河西，西并南山至盐泽，空无匈奴。”县突厥，在突厥所居之地设立郡县。突厥，南北朝至唐朝生活在我国西北地区的民族。

(63) 王灵，王朝的威德。不远，不能太远。

(64) 赤帝，汉代祀奉之神灵。《史记·高祖本纪》：高祖“拔剑击斩蛇。……妪曰：‘吾子，白帝子也，化为蛇，当道，今为赤帝子斩之。’”集解应劭曰：“赤帝尧后，谓汉也。杀之者，明汉当灭秦也。”此指汉族。

(65) 柽柳(chēng 成—)，一种落叶小乔木。也叫三春柳或红柳。生长于干旱地区。

(66) 羸，即骡。橐佗，骆驼。《汉书·匈奴传》：“其奇畜则橐佗、驴、羸。”

【译文】

“至于可向东控制西伯利亚，向西迫近乌拉尔山，可选之地必定是伊犁了。古时候曾将匈奴的居处沦为空地、在突厥设置过郡县，然而沉溺享乐于关中，最终没有迁都于伊犁，因而王朝的威德不能达到远方。所以汉族的土地如此之大，九州分裂而形成多个区域。我华夏民族，难道要局促于一个狭小的地方？所以要兼容并包，以配皇天。伊犁虽然荒凉了些，斩断那些胡杨和柽柳，驱逐那里的貙虎和狐狸，驯服那里的骡子和骆驼；开辟出大片的荒地以安置百姓，而出产的名贵毛皮和骏马可以吸引商人贸易；铁道向南联接，运输可畅通，不用十年的时间，城市街巷就会错落有致功绩显著。

“故以此三都者，谋本部则武昌，谋藩服则西安(67)，谋大洲则伊犁，视其规摹远近而已。”章炳麟曰：非常之原，黎民惧之，而新圣作者遂焉(68)。余识党言(69)，量其步武先后(70)，至伊犁止，自武昌始。

【注释】

(67) 藩服，古代九服中距离王畿最远的一服。参见《〈分镇〉匡谬》注(74)。
(68) 非常之原，非常之事。原，事。遂，成。
(69) 识，记述，记载。党言，即谠言。正直美善的言论。
(70) 步武，步伐。

【译文】

“所以这三个可选的都城，若谋求内地则可选武昌，谋求边疆则可选西安，谋求整个亚洲则可选伊犁，视其规模远近而定。”章炳麟说：非常之事，其原委难知，一般百姓会感到恐惧，而后起的圣王却能在此取得成功。我记录下这美好的言论，考量步伐的先后，至伊犁为止，自武昌开始。

地治第五十四

[说明]章太炎是中国近现代史上地方自治运动的重要代表人物之一。在章氏看来，中国历史上由于实行中央集权，结果造成种种弊端，给人民生活带来无穷灾难，要消除这一不良传统，就必须还政于民，实行地方自治。本文是作者早期对这一问题的讨论。

作者认为中国可仿效普鲁士、美国的联邦制度，实行地方自治，在具体制度设计上，可参考明代的行省(布政使)制度。作者在文中还考证出古代酋长源于酒官，周代存在“双立君主”的观点，以此说明中国古代也存在限制中央集权，允许地方自治的传统。

本文首次收入《訄书》重刻本，后收入《检论》，仅个别字句有增删。

后王兴，专制立宪之不知，其畿外必以地治(1)。铁道未布，放于普之府县(2)；铁道已布，放于美之联州(3)。联州者，类古封建。

【注释】

(1) 地治，地方自治。

(2) 放，同“仿”。仿效。普之府县，指普鲁士施行的地方行政制度。普，普鲁士。参见《原人》第十六注(15)。

(3) 美之联州，指美国的联邦制度。

【译文】

后王兴起，不知是采取专制还是立宪，但国都之外必实行地方自治。尚未铺设铁路的地方，可效仿普鲁士施行的地方行政制度；

铁路已铺设的地方,可仿效美国的联邦制度。联邦制,类似于古代的封建制。

古者谓人君,酋。《汉书·宣帝纪》:"杨玉、酋非首。"注:"羌胡名大帅为酋。"案,《张敞传》言偷盗酋长数人,则中国自名部长为酋也。酋者绎酒(4)。酒官则曰"大酋"。《月令》。人君以名,何也?生民之嗜欲,始于饱暖,卒于骀荡其形性(5)。以式法授酒材(6),而得火齐者(7),其始不过数人。民归之,若婴儿之求乳于母,则始以材艺登为侯王。印度之言阿修罗者(8),译言"无酒",一曰"非天",谓其酿酒不成而不为天帝也。苏摩者(9),亦祀以为天王。中外之民,嗜欲同,而皆相崇以君长。高位曰"尊"(10),醮尽其材曰"爵"(11),法典曰"彝"(12),皆酒器也。长子嗣位,以为不丧匕鬯(13)。士大夫推其长者,而曰祭酒(14)。故知酒储于府,君亲度齐之,作其民,则以礼飨醽(15),以是流恩,君之养民,不过一国。及周公明大命于妹邦(16),而设酒几(17),则康叔始得一人统治三都(18)。故邶、鄘、卫者,以三政府而戴一主,《诗谱》言康叔子孙,稍并彼二国,混而名之。案,若子孙兼并,则三国不必同风(19);同风即不必分为三国。郑取十邑,其诗犹只称郑,可征也。近世所谓双立君主者也(20)。

【注释】

(4) 酋者绎酒,《说文》:"酋,绎酒也。《礼》有大酋,掌酒官也。"段玉裁注:"绎之言昔也,昔,久也。绎酒谓日久之酒。"

(5) 骀荡,无所局限、拘束。

(6) 式法,制酒之法式。酒材,制酒之材料。

(7) 火齐,指酿酒的火候。

(8) 阿修罗,梵文 Asura 的音译,略称"修罗",意译"不端正""非天"等。天龙八部之一,六道之一。为古印度神话中的一种恶神。

(9) 苏摩,梵文 Soma 的音译。婆罗门教酒神名。

(10) 尊,《说文》:"尊,酒器也。"段玉裁注:"引申以为尊卑字。"

(11) 醮,尽。爵,酒器。引申为官爵。《白虎通·爵》:“爵者,尽也。各量其职尽其才也。”

(12) 彝,宗庙礼器。引申为法典、常法。

(13) 匕鬯,匕勺和香酒。《易·震》:“震惊百里,不丧匕鬯。”孔颖达疏:“匕,所以载鼎实,鬯,香酒也。奉承宗庙之盛者也。震卦施之于人,又为长子。长子则正体于上……可以奉宗庙彝器粢盛,守而不失也。”

(14) 祭酒,古代飨饮时主持酹酒祭神者。战国齐稷下学宫称年长有学识者为祭酒。《史记·孟子荀卿列传》:“齐尚修列大夫之缺,而荀卿三为祭酒焉。”

(15) 醅,通“犒”。

(16) 妹邦,也称“沫邦”。殷代后期都城朝歌的所在地区。《尚书·酒诰》:“明大命于妹邦。”

(17) 而设酒儿,《尚书·酒诰》:“文王诰教小子有正有事:无彝酒。”酒儿,酒禁。参见《禁烟草》第四十一注(13)。

(18) 康叔,名封。周武王弟。初封于康,故称康叔。三都,武王克商,分京师地为三国,即《诗经》中的邶、鄘、卫。武王死,武庚叛,周公以其地封康叔,国号卫,而迁邶、鄘之民于洛邑。故地在今河南汲县境。

(19) 三国不必同风,《汉书·地理志下》引《书序》曰:“故邶、庸、卫三国之诗,相与同风。”章氏由此说明邶、庸、卫并非独立的国家,而是“三政府而戴一主”。

(20) 双立君主,指上下两级君主。西方近世国家中常包括若干君主国,即这种体制。

【译文】

古时称君主为酋。(《汉书·宣帝纪》记载:“杨玉、酋非的首级。”注曰:“羌胡称自己的大帅为酋。”案,《张敞传》记载偷盗酋长数人,则中国称自己的部落首领为酋。)酋是陈年老酒。酒官则被称为“大酋”。(《礼记·月令》)为何称呼君主也用此名?人的嗜好和欲望,始于饱暖,最终追求形体和心性的无拘无束。掌握酿酒的方法,获得酿酒的材料,又懂得酿酒的火候,一开始不过数人而已。人们归服他,如婴儿寻求母亲的母乳一般,因而凭借技艺成为王侯。印度所说的阿修罗,译为“无酒”,一说为“非天”,是说他酿酒不成而不能作为天帝。苏摩，印度人尊其为天王来祭祀。中外的民众，其嗜好和欲望是大体相同的，而都把会酿酒者尊崇为君长。高位称为“尊”，各量其职而尽其才能称为“爵”，法典称为“彝”，这些称呼都来自酒器。长子继位，认为是可以保有祭祀用的匕勺和香酒。士大夫推举其长者，称之为祭酒。故可知酒储藏于府，由君亲量度公平分配，愿意做他的臣民，则依照礼制来犒劳，以此布施恩泽，因此君主之养民，不过一国而已。等到周公明在殷都朝歌发表命令，设立酒禁，则康叔始得以一人统治三都。故邶、鄘、卫，以三个政府共同拥戴一位君主，（《诗谱》称康叔的子孙，兼并了邶、鄘二国，混在一起称呼。案，如果是子孙兼并，那么三国不必同风；同风则不必分为三国。郑取十邑，其诗也只是称郑风，可以证明。）这就如近世国家中常包括若干君主国。

方伯连率(21)，则联邦已。大者谓之“兼霸之壤”，小者谓之“仳诸侯”(22)。《管子·轻重乙》。汉因其义，大者谓之“伦侯”；小者谓之“限诸侯”。《史记·秦始皇本纪》有“伦侯建成侯赵亥，伦侯昌武侯成，伦侯武信侯冯毋择”。《后汉书·邓禹传》注引《汉官仪》曰：“下土小国侯，以肺腑亲，公主子孙，奉坟墓于京师，亦随时朝见，是为限诸侯。”唐仁寿曰：“《贾子·制不定篇》，特赖其尚幼，伦、猥之数也。伦即伦侯，猥即猥诸侯。”今案，《诗·正月》传：“仳，仳小也。”是亦猥琐之意。故“仳诸侯”“猥诸侯”同义。方伯以赐弓矢专征(23)，仳诸侯皆不得擅发(24)。今德意志联邦，内政自治于国，而兵符秉于中央，其类例也。联州者，校以二事(25)，则比于联邦。

【注释】

(21) 连率，率，同“帅”。《礼记·王制》：“千里之外设方伯，五国以为属，属有长；十国以为连，连有帅。”此指诸侯相互结合。

(22) 兼霸之壤、仳诸侯，《管子·轻重乙》：“天子中立，地方千里；兼霸之壤，三百有余里；仳诸侯度百里；负海子男者度七十里。”

(23) 专征,受命自主征伐。
(24) 擅发,擅自发兵。
(25) 二事,指"内政自治于国,而兵符秉于中央"。

【译文】

诸侯相互结合,就如同构成一个联邦。大的称为"兼霸之壤",稍小的称为"仳诸侯"。(《管子·轻重乙》)汉代大体因袭了这一称呼,大的称为"伦侯";小的称为"隈诸侯"。(《史记·秦始皇本纪》记载"伦侯建成侯赵亥,伦侯昌武侯成,伦侯武信侯冯毋择"。《后汉书·邓禹传》注引《汉官仪》说:"四方的小国侯,作为帝王的宗室近亲依附于帝王,公主子孙奉祀祖先坟墓于京师的,也随时朝见,这就是隈诸侯。"唐仁寿称:"《贾子·制不定篇》,特赖其尚幼,伦、猥之数。伦即指伦侯,猥即指猥诸侯。"今案,《诗·正月》传:"仳,是小的意思。"也是指猥琐的意思。所以仳诸侯、猥诸侯意思相同。)方伯被赐以弓箭表示可受命自主征伐,而仳诸侯都不得擅自发兵。如今的德意志联邦,内政自治于国,而兵权统于中央,就是一个类似的例子。地方州县,参考这种内政、军权分治的做法,就如同联邦制了。

中国宜设布政司以专方面(26),如明制。其余诸曹,各以佥事贰司(27)。按察司以法官特立于左(28),下有推官(29),遍于诸县。废道府(30),以县令承布政司,或并诸小县为一区。尊令秩,至正五品(31)。县有乡官(32),各任其文学法律之士。县附司者称府,主府者称守(33),其秩禄权籍如令。凡守令,皆自诸吏次转,任用于司而见于君,名在册府。一司之事,有法者如律令(34),无法者咨于议会而废兴之。一县如司。故经事者上比,事卒起者自专(35)。自政府及司以至府县,守其分职,无相奸也。司所部者,革故以从山水形势(36)。夫内政者欲其地无华离(37)，军事者欲其毋以山水为瓯脱而相諈诿(38)。乃者以督抚主兵，不并包江河不可得。今军民之事异守，故海陆诸镇，其区域与司异形(39)。司以牧民，而地得就其条例。有舍地治，不以版籍正民，而欲庶政无奸欺隐匿者，王史之所未闻。

【注释】

(26) 布政司，是明代国家一级行政单位。明初朱元璋在全国陆续设置了 13 个承宣布政司，置左右布政使，是一省的最高行政长官。参见《〈分镇〉匡谬》注第(17)。方面，指一方的军政职事。

(27) 佥事，宋代设为各州的幕僚，金、元、明沿用。贰司，各司的佐贰之官。

(28) 按察司，唐初仿汉刺史制设立，赴各道巡察、考核官吏，明代复用，称提刑按察司，主管一省司法。立于左，立于辅佐之位。左，同“佐”。

(29) 推官，唐代节度、观察等史下置推官，掌勘问刑狱。此指法官。

(30) 道府，道和府。清代行政区划省下设道，道下设州、府。

(31) 至正五品，指提升县令的官位至正五品。

(32) 县有乡官，县下设有乡官。

(33) 县附司者称府，直接隶属于布政司的县称为府。主府者称守，府的长官称守。

(34) 如律令，按法令执行。律令，法令。

(35) 经事，常事。上比，比照前例类推。自专，自我裁断。

(36) 革故以从山水形势，指改变以前的行政区域，而根据地理环境重新划定其区域。

(37) 华离，指国与国间疆界犬牙交错。《周礼·夏官·形方氏》：“掌制邦国之地域而正其封疆，无有华离之地。”

(38) 瓯脱，汉时匈奴语，双方中间的缓冲地带。《史记·匈奴列传》：“(东胡)与匈奴间，中有弃地莫居千余里，各居其边为瓯脱。”此指边界。諈诿(zhuì 坠—)，推托、嘱托。

(39) 其区域与司异形，以上几句意为，以前总督统领军队，不得不将几个布政司的地形考虑进去，现在由于军事和行政分离，海上和陆上的军事区划就和布政司分开了。

【译文】

中国应设布政司以负责一方的事务，如明朝的制度。其余各部门，各设相应的官员。按察司让法官专门处于辅佐之位，其下设审判官，遍于各县。废除道府，以县令辅佐布政司，或者合并一些小县为一区。提升县官品级，由原来的七品升至正五品。县下设有乡官，各自任用通晓狱讼文书和法律知识的人。直接隶属于布政司的县称为府，府的长官称守，守的品级和权力同于县令。所有的守和县令，都从下级官吏中升迁，由布政司任命而上报于国君，其姓名记录在册府。布政司的事务，有法令的按法令执行，没有法令的可咨询于议会以决定兴废。一县的事务，处理方法如司。故经常性的事务比照前例来类推，突发性的事件可自行裁断。从中央政府到布政司再到府县，各守其分内的职责，不相干预。布政司管辖的范围，改变以前的行政区域，而根据地理环境重新划定。于内政方面管理的范围明确，军事方面不因山水边界而相互推诿。从前是督抚执掌兵权，不得不将几个布政司的地形考虑进去。如今军事、民事有不同的职守，故海上、陆上的军事区域也应与布政司分开。布政司之职在于治民，而地方事务按法律条例行事。不施行地方自治，不用法律来治民，而想要政治不出现错误，历史上从来没有过。

消极第五十五

[**说明**]作者在本文提出，在清政府的腐败统治下，一切有益的事物都会走向它的反面。在这种形势下，与其积极变革，不如消极观望，因为清政府正是利用人们图强变革的心理来维护其反动统治的。因此，完全没有必要对清政府尽忠，只要做到“不肯为害，不肯为利”就行了。作者的观点显然是与康、梁等人鼓励民众“振厉”“自新”针锋相对的。

本文初次收入《訄书》重刻本，收入《检论》时改题《无言》，部分文字作了修改，如将“积极”改为“益道”、“消极”改为“息道”。

章炳麟曰：吾言变革，布新法，皆为后王立制，而虑或阑入于清年(1)。清年与进而从新，不如退而守旧。凡政日益，谓之“积极”；凡政日损，谓之“消极”。消极不足以立事，而事立矣！非审去就，识王化根原者，都不信也。

【注释】

(1) 阑入，掺杂进入。清年，指清廷统治时期。

【译文】

章炳麟说：我所说的变革，施行新法，都是要为革命后的新王创立制度，而对此的思考不得不涉及清王朝统治时期。在清王朝统治时期与其要进取而维新，不如倒退而守旧。但凡政治日益改进，称为“积极”；政治逐渐衰败，称为“消极”。消极不足以成事，而事已成！不审查进退去就，未辨识教化的根源，都不足信。

夫清作伪政，以媚大邦，亦有新军陵轹主人(2)。近岁掊克之尽(3)，赂鬻之彰，誃馆之侈(4)。蚩贱所发愤也(5)，而颇修饰缘缋，妄作名誉，既惠臧吏(6)，又使汉权益衰。夫惎汉人，知不可以镇抚，恐富强则权去，故言变政而无实行。然邻国者以诈相构，因其用诈而施保扞，此以民亡而政府存，故假权于胡种，使积虑以布法者百亡，伪布亦亡(7)。言谈者宁无佗语，而颂说变革，不去于辅颊，如何其自忘邪？

【注释】

(2) 新军，指清末由袁世凯编练的近代陆军。陵轹，践踏。

(3) 掊克，以苛税搜括民财。《诗·大雅·荡》："曾是强御，曾是掊克。"

(4) 誃馆(chǐ 侈—)，离宫别馆。《尔雅·释言》："誃，离也。"

(5) 蚩贱，指来自下层民众中的革新者。

(6) 臧吏，贪官。臧，通"赃"。

(7) 扞，同"捍"。假权，借权。

【译文】

清廷行虚伪的政治，曲意逢迎列强，又有袁世凯的新军僭越清室。近年来清廷大肆搜刮民财，贿赂鬻爵现象严重，离宫别馆建造得极其奢侈。底层发愤革新者，粉饰现实，美其名誉，既使贪官污吏获利，又使汉人的权力越发衰败。满人忌恨汉人，知不可以安抚，又害怕民众富强则自己失去权力，故虽然倡言革新却并不真正施行。又有西方列强用诡计来挑衅，为对抗列强而不得不保卫清廷，这样牺牲了民众，而政府得以保存。所以只要承认清政府的统治，就会使积极变法者遭受失败，而清政府伪装的革新也就不必实行了。议论者难道没有其他可说，而一定要称颂变革，却为何把自己忘却了呢？

且古之行李(8)，所以宣情解谪(9)。乃蜀主与魏文帝治戎不绝，犹有双钩之好，累纸之命。《御览》三百五十四引《魏文帝答刘备书》曰："获累纸之命，兼美之贶，佗既备善，双钩尤妙。前后之惠，非贤兄之贡，则执事之诒也。来若川流，聚成山积，其充匮笥、填府臧者，固已无数矣！"案，《文帝与王朗书》："不爱江汉之珠，而爱巴蜀之钩。"则良钩出蜀，此为得蜀后所赠可知。其臣许靖与王朗，诸葛亮与陈群(10)，盐齑粮药之事皆通问讯(11)，交于竟外，不以是贰心也。今威刑放失(12)，虽适同盟，且与为市(13)，有以燔牛之味，但歌之声(14)，握手之爱，同车之宠投命者矣(15)！又其甚者，金钱交错，关节伏匿而无状(16)，权利销铄而不章，唯政府亦阴从臾之(17)，然拙者犹不免蹴堕暴死。及夫府中外司(18)，怙其权藉(19)，与为奸以持禄，则终甘寝而使国鬻矣！故不如绝交。

【注释】

(8) 行李，使者。《左传・僖公三十年》："若舍郑以为东道主，行李之往来，共其乏困。"杜预注："行李，使人。"

(9) 解谪，消解怨言。谪，责备。

(10) 许靖，蜀臣。曾为太傅、左将军。王朗，魏臣。曾为御史大夫。王朗与许靖信见《三国志・钟繇华歆王朗传》。诸葛亮，蜀臣。陈群，魏臣。曾为尚书。

(11) 盐齑粮药之事，指柴米油盐之事。

(12) 威刑放失，指刑罚失当。

(13) 适，犹是。且，却。为市，进行交易。

(14) 但歌，古乐曲名。《晋书・乐志下》："《但歌》四曲，出自汉世也，无弦节，作伎最先唱，一人唱，三人和。"

(15) 投命，舍命。《吴子・励士》："是以一人投命，足惧千夫。"

(16) 关节，行赂打通关系。伏匿，躲藏。无状，不可名状。

(17) 从臾，从旁劝说、怂恿。臾，同"谀"。奉承、赞扬。

(18) 外司，犹"外私"。里通国外。

(19) 怙，凭借，依仗。权藉，权力。

【译文】

古代的外交使节，是为了国家之间增进的交流、化解矛盾。以前蜀主刘备与魏文帝曹丕交兵不绝，仍还有双钩之好，书信问候。(《太平御览》卷三百五十四引《魏文帝答刘备书》记载说："收到贤兄的长信，及馈赠的礼物，礼物非常好，其中的双钩最妙。前后的馈赠，即使不是贤兄亲赐，也是主管其事者的赠送。礼物源源不断地送来，堆积得像小山一样，放在柜子箱子里，藏在府库中，已经多得数不清了！"案，《文帝与王朗书》记载："不爱江汉之珠，而喜爱巴蜀之钩。"可见良钩出自蜀地，这是刘备得蜀地之后赠与曹丕的。)其臣许靖与王朗，诸葛亮与陈群，日常的一些小事也都互相问询，交往于境外，不会因此而有二心。如今刑罚失当，虽然是同盟国，却与之暗中交易，有人竟然因为美味声乐、私人情谊而铤而走险，为其舍命！有更甚者，金钱往来，暗中行贿不可名状，民众的权利衰微得不到保障，政府又从旁怂恿，然而拙劣者犹不免跌落暴死。至于官府里通外国，凭借手中的权力，作奸犯科以获取俸禄，这样人们在睡梦中而国家被出卖！所以，既如此还不如断交。

通商者，本以两利，废箸利钝(20)，则视其材巧也。今令连山之冶，千里之渠，制于佗人，得恣其爔封(21)，而己顾为从者。又令驵侩得转漕于海外(22)，岁一二百万石。穰岁粳稻(23)，石则八千，中江以北，民有凝土以食者矣！有土曰"观音泥"者，凶年可以救饥。今安庆虽穰亦食之。空中臧以傳商(24)，期绌无盈(25)，九域所不有也。故不如闭关(26)。

【注释】

(20) 废箸，储存货物进行交易。箸，同"著"。利钝，顺利或挫折。

(21) 爔封，爔山封水。《宋书·羊希传》："爔山封水，保为家利。"爔(xī 西)，火烧杂草。

(22) 驵侩，牲畜交易的经纪人。后泛指市场经纪人。

(23) 穰岁，丰收之年。粳稻(jīng 精—)，稻的一种。茎秆较矮，米粒短而粗。

(24) 中臧,指国库。臧,同“藏”。傅商,听任商人。傅,任。

(25) 期绌不盈,希望亏损而不赢余。

(26) 故不如闭关,章氏认为由于中西存在不平等条约,通商只能使西方列强得益,而中国利益却受到损害。因此在没有废除不平等条约前,不如暂时停止与西方通商。

【译文】

通商贸易,本是为了互利,能否获利,要视才能技巧而定。如今使我们的山岭采矿权、内河航运权,皆受制于他人,他人可以随意开采矿藏、封锁水路,我们却要听从于彼。又允许商人到海外,一年达到一二百万石之多。丰年的粳米,每石售价达到八千文,中江以北地区,民众有的收集了土来吃!(有一种土叫作“观音泥”,饥荒时可以用来救饥。而今安庆虽然是丰岁,但还有人吃它。)国库空虚而听任商人逐利,希望亏损而不求赢余,全世界也不会有这样的事了。所以在这种情况下,还不如闭关。

处四战之地,兵以御外,不欲重孰何其民[27]。满洲既与汉人殊种,曾国藩者,渴于富贵,以造鸱枭破镜之逆谋[28];既狃大戾[29],始效泰西船械以自封。輓世讲武,往往就德军符号,督抚才者率有四五千人。今警察又建矣!然不务坚利调良者[30],不以御外,以御其民,给也。民胜者位号亡,外胜者位号存,势也。故不如偃兵[31]。

【注释】

(27) 重,多。孰何,犹谁何。询问、责问。《汉书·卫绾传》:“及景帝立,岁余,不孰何绾。”李奇曰:“孰,谁也。何,呵也。”师古曰:“何即问也。不谁何者,犹言不借问耳。”

(28) 鸱枭,鸟名,食母。破镜,兽名,食父。喻邪恶。

(29) 狃,习惯。大戾,大的屈辱。《左传·文公四年》:“其敢干大礼以自取戾。”

(30) 调良,调训精良。

(31) 故不如偃兵,章氏认为清政府不用军队抵御外国列强,而专门镇压民众。因为若民众胜利,清的地位名号必然失去,而外国列强胜利,清的地位名号还可以暂时保存。故在这种情况下,不如禁兵。

【译文】

处于四面交战之地,应用军队去抗击外敌,而不应多查问民众。满人既与汉人种族不同,而曾国藩渴望富贵,于是制造帮助满人屠杀汉人的叛逆阴谋;既面临丧权辱国的窘境,于是开始效法西方而仅仅以军舰、兵器为限。晚近以来讲习军事,往往是学习德国的学说理论,有才能的督抚可以率领四五千人。如今警察也建立起来!然而不务于坚甲利兵、调训精良,不用来抵御外国列强,反而专门镇压民众,镇压民众是足够了。若民众胜利,清廷的地位名号必然失去,而列强胜利,清廷的地位名号还可以暂时保存,这就势必镇压民众。故在这种情况下,不如禁兵。

夫舍此三事[32],而蠹者犹众矣!其诏旨情伪,无问炳炳,必期于遏绝汉民。迄今十年,百执事之守旧者,与其士民,多能仰屋梁而道之。夫三事既不可餔刻废弛[33],而国家复与比奸,此如头疡不可破矣。佗新政之可破者,会在未行,即有情伪端绪,建言者当议而罢之。而今通达长者,方欲匡违致新,埤增前事[34],又益后端。立宪地治,何其嚣嚣也?今有造酢母者[35],投以百味,苦者亦酸,芳甘者亦酸。彼清政府犹酢母矣!利政入之,从化而害。害柢之不除,空举利者以妄投擿,岂不晻于彼己,而昧得失之数邪?

【注释】

(32) 三事,即前文所言“通使”“通商”“兵武”。

(33) 仰屋梁,卧而仰望屋梁。形容无计可施。《后汉书·寒朗传》:“及其归舍，口虽不言，而仰屋窃叹。”餔刻，立刻，一顿饭的时刻。

(34) 埤增，增加。《说文》：“埤，增也。”

(35) 酢母，酿醋的曲母。酢，通“醋”。

【译文】

除了这三个方面外，祸国殃民的事还有很多！其诏书的内容，无论文辞多么光彩，都以灭绝汉民为目的。距今十年之前，官员中的保守者，与士人民众，多望着房梁议论而无法改变。既然这三个方面不能在短时间内废止，而国家又盛行结党营私之风，这就如同头上长了疮而不可挤破一样。新政中其他可以揭露的，当其尚未施行，弊病就显露出来，建言者当议论而废止之。而今通达长者，才想要挽救时弊以实行新政，想有所作为，反而遗留祸端。倡议立宪、地方自治的言论，是多么喧嚣！如今有制作醋母的，放入百味，苦的变成了酸，甜的也变成了酸。如今清廷就像这醋母一样！即使好的政治引进来，也被同化变得有害了。这罪恶的根源不除，只是徒劳地标举好政治，岂不是分不清亲疏敌友，而昧于得失之数吗？

夫将率鄙夫，杂以辩人，臾曳奏事，以长其淫僻，塞其变更，朝士之责也[36]。求识豪士，为之购利器，视道径，示以法度，使不侪于盗窃，游学之责也[37]。今西边群盗已衡从矣[38]！虽自处污下，不识条法，观古之戎首[39]，皆起自攻剽，而亟更易渠率[40]，以得圣王。诚人智以更事生[41]，故群盗覆，而望其继者，可也。且发难莫窘于作始，攻略城保[42]，恣取金谷，虽异国亦有为满弱汉者矣[43]！稍持缵之[44]，及于得师有法，地跨数道，而清名实偕恶[45]，即与新者为盟会之国耳[46]。积极之政，于是俶载[47]，以辅后王。法家通人，良工异材，既定而尊用也。

【注释】

(36) 将率,率领。臾曳,束缚牵引。《说文》:“臾,束缚捽抴为臾曳。”王筠句读:“臾、曳亦双声,则双单皆可用矣。”

(37) 道径,途径。

(38) 衡从,横纵。

(39) 戎首,战争主谋。

(40) 亟,一再,屡次。渠率,同“渠帅”。

(41) 更事,转而事奉。生,指新的首领。即取代“渠率”的“圣王”。

(42) 保,同“堡”。

(43) 异国亦有为满弱汉者,指西方列强站在清政府一边镇压革命。

(44) 持缵,持续。《说文》:“缵,继也。”

(45) 清,清政府。

(46) 与新者为盟会之国,指西方列强与革命后新建立的政府结盟,转而支持革命党人。

(47) 俶载,开始发生作用。俶,开始。

【译文】

率领凡俗民众,以及能言善辩之人,阻止向上奏事,以此助长其邪恶,阻挠其变革,这是朝廷之士的责任。结识豪杰之士,为他们购买武器,告诉具体的起义方法,以及需要遵守的法度,使其不至于沦为强盗,这是游学之士的职责。如今西方列强已联合起来!我们虽然处于不利的地位,不懂得应敌的方法,然而反观古代的造反者,都是从劫掠开始,而后不断更换首领,以求能遇到圣王。假如人够聪明转而事奉新的首领,当群盗覆灭后,观察其后继者,就可以了。革命最困难、最急迫的时候莫过于开始,攻陷城池,夺取钱谷,即使是西方列强也会站在清政府一边!稍持续一段时期后,等到军队部署得当,掠取数省之后,清政府大势已去,那时的西方列强就会与新政府结盟了。积极之政,于是开始发挥作用,以辅佐兴起的后王。法术之士、通达之人,以及能工巧匠、有才能的人,在社会安定之后就会得到重用。

朱棱曰[48]：以清室丑声彰闻，犹能羁执谊士，芟夷杰侠，而四邻不以为咎者，诚新法翼之，为其刻饰也。案：各国政府遇清，诚有机括张弛，未以是非为衡也。然宾旅之操正论，杂报之平枉直[49]，本不与政府同流。乡令谪言日出[50]，政府亦耻于持护乱君也。今宾旅所论，杂报所陈，徒曰中国不自振厉而已。其于羁执谊士，芟夷杰侠，则未有一言弹射者，或且嘉其果断，非伪作新法以饰耳目，庸足致是？庄周云："田氏盗齐，与其圣智之法盗之。故有盗贼之名，而处尧舜之安。"及夫龙逢斩，比干剖，苌弘胣，子胥靡[51]，皆圣法假人之效也[52]。然校计新法得失，而遣学处其中流[53]。传曰："千金之子，坐不垂堂。"[54]唯学者亦自重其能干禄，故不肯为害，不肯为利。

【注释】

(48) 朱棱曰，《检论·无言》此句作"有故明余裔谓章炳麟曰"。

(49) 杂报，指新闻舆论。

(50) 谪言，责言。指对清政府的批评言论。

(51) 龙逢，夏桀的贤臣。尽诚而遭斩首。比干，商代贵族，纣王的叔父。屡次进谏被剖心而死。苌弘，周大夫。胣(chǐ 齿)，裂腹，剖肠。子胥，伍子胥。春秋吴大夫。向吴王进谏遭杀，尸首靡烂投于江中。靡，靡烂。

(52) 假人，被人利用。

(53) 遣，使。处其中流，章氏认为由于清政府顽固腐败，所以没有必要像龙逢、比干等人那样为其尽忠，只要做到"不肯为害，不肯为利"就行了。中流，中等。

(54) 传曰，见《汉书·爰盎传》："臣闻千金之子不垂堂，百金之子不垂衡。"颜师古注："言富人之子则自爱也。垂堂，谓坐堂外边，恐坠堕也。"又《汉书·司马相如传》："家累千金，坐不垂堂。"

【译文】

朱棱认为：像清廷这样恶名昭著，尚能拘捕维新义士，杀戮革命志士，而四方列强不以为过，其实是维新变法帮助了它，为其文过饰非。（案：各国政府对待清廷，只是根据利害形势来处理外交关系，不是以是非为标准。而来华者的议论，新闻报刊评论是非曲直，本不与政府同流。假使谴责的言论日益高涨，政府也会耻于袒护昏庸无道之君。如今来华者所论，新闻报刊所评，只是悲叹中国不自觉振作而已。对于囚禁拘捕维新义士，杀戮革命志士，他们没有发一句指责批评的言论，甚至还称赞清廷果断，若不是清廷谎称说要施行新政以掩人耳目，何至于如此?）庄周说：田成子盗取了齐国，连同齐国的圣智之法一起盗去了。所以田成子虽然有盗贼之名，却身处尧舜一般的安稳境地。至于龙逢遭斩首，比干被剖心，苌弘被剖腹挖肠，伍子胥尸首糜烂投于江，都是圣法被人利用的结果。考量清廷新政的得失，使学者处于中流就可以了。传说：“富贵人家的子弟，不坐在堂屋檐下。”学者也要重视仕进之道，只要做到不肯做坏事，也不肯做有利于清廷的事就可以了。

尊史第五十六

[**说明**]钱穆先生曾指出，章太炎学术之精神在于史学。由此可见史学在章太炎思想中所占有的重要地位。作者在删定《訄书》时，专门收录《尊史》《征七略》《哀清史》等一组史学文章，作为全书的一个部分。

本文主要反映了作者的史学观。作者认为治史首先必须重视文明史的研究，他抨击中国旧史学"贵其记事，而文明史不详"。在文明史中，他认为应当首先注意研究氏族进化和包括浚筑、工艺、食货在内的整个经济生活变迁的历史。从这一思想出发，他重新审视了传统典籍，挖掘出以往不被人们重视的《世本》一书，章氏认为《世本》的《帝系》《氏姓》两篇，记录古代帝王的世系和名号，通过它可以了解古代氏族的演变轨迹；《居篇》是了解古代各地风俗的绝好材料；而《作篇》则是一部工艺技术的发明史。在传统典籍中，《世本》保留文明史的资料是最多的。作者因此主张以《世本》与《春秋内外传》相互补充，以克服传统史学的不足。

本文首次收入《訄书》重刻本，收入《检论》时，有删改。

"重言十七，所以已言也，是为耆艾(1)。年先矣，而无经纬本末以期年耆者，是非先也。"谓之"陈人"(2)。《庄子·寓言篇》语。自唐而降，诸为史者，大氐陈人邪！纪传泛滥(3)，书志则不能言物始(4)，苟务编缀，而无所于期赴(5)。何者？中夏之典，贵其记事，而文明史不详(6)，故其实难理。韩非曰："先王之言，有其所为小而世意之大者，有其所为大而世意之小者。"《外储说左上》。非通于物化，知万物之皆出于几(7)，小大无章(8)，则弗能为文明史。盖左丘明成《春秋》内外传(9)，又有《世本》以为胠翼(10)，近之矣。

【注释】

(1) 重言，先哲前辈之言。耆艾，年长者。《礼记·曲礼》："五十曰艾"，"六十曰耆"。

(2) 经纬，纵横。本末，先后。处事贵有经纬，立言贵有本末，经纬本末均指学识能力而言。期，待。或说训限。陈人，陈腐之人。

(3) 纪传，纪和传。均为旧史体裁。"纪"记一代帝王事迹。"传"记帝王以下其他人事迹。泛滥，浮泛，不切实。

(4) 书志，旧史体裁。记载某一类事，如《天文志》《律历志》等。《史记》称书，《汉书》以后多称志。物始，事物的起始。

(5) 期赴，预期达到的目标。

(6) 文明史不详，章氏接受西方社会学观点，认为历史应主要记载为制作、创造等物质文明史。中国典籍对此多记载不详。《检论》此句改作"文质之化不详"。

(7) 几，细微的迹象，事情的苗头或预兆。《易·系辞下》："几者，动之微，吉之先见者也。"

(8) 无章，没有固定的规定、章程。

(9)《春秋》内外传，指《左传》和《国语》。《左传》称《春秋内传》，《国语》称《春秋外传》。

(10)《世本》，古代记录姓氏、谱系的著作。参见《序种姓上》第十七注(47)。胠翼，右翼。古说军队左翼为启，右翼为胠。引申为辅佐、辅翼。

【译文】

"重言占十分之七，是为了中止争辩，因为这是长者的言论。年龄虽长，却没有什么见解，只是徒称年长者，那就不能算是先人了。"而称之为"陈腐之人"。(《庄子·寓言》语)自唐代以后，治史学的人，大多是陈腐之人！纪传浮泛，书志则不能够叙述清楚事物的起始，只是注重于编辑汇集文字，而没能达到预期的目标。为什么这样说呢？中国的典籍，注重于记事，至于文明史则记载不详，所以事实难以弄清。韩非说："古代帝王的言论，有些针对的事情很小而世人将其想象的很大，有些针对事情很大而世人将其想象的很小。"(《韩非子·外储说左上》)若不能通晓事物的变化，深知万物都生于细微之处，大小没有固定的标准，就不能够治文明史。左丘明作《春秋》内外传，又有《世本》作为辅翼，大体接近于文明史了。

《世本》者，不画以《春秋》，其言竟黄、顼(11)，将上攀《尚书》，下侪周典，广《春秋》于八代者也。杂而不越，转一机以持缕，为之于此，成文于彼(12)，此其为有经纬本末，而徵耆艾者哉！

【注释】

(11) 画，限，截止。竟，终，穷。黄、顼，黄帝、颛顼。

(12) 为之于此，成文于彼，《吕氏春秋·先己》："《诗》曰：'执辔如组。'孔子曰：'……谓其为之于此，而成文于彼也。'圣人组修其身，而成文于天矣。"组，编织。手执缰绳御马如同编织花纹一样，丝线在手中编织，而花纹却在手外成形。

【译文】

《世本》，时代不限于《春秋》，所述上至黄帝、颛顼，几乎上攀《尚书》，下至周代的典章制度，将《春秋》延伸至三皇五帝时代。杂而不乱，转动一张纺机编织丝线，丝线在手中编织，而花纹却在手外成形，此正可谓识得大体，可征验于年长者！

生民之纪，必贞于一统，然后妖妄塞，地天绝。故《世本·帝系》《氏姓》之录，贤于《中候·苗兴》无訾程计数矣(13)。夫整齐世系，分北宗望(14)，成而观之，无瑰特。察诸子所说，与著于《楚辞》《山海经》者，后先凌杂，派别挠乱，然后知此其为绳榘也(15)。

【注释】

(13)《中候》,即《尚书中候》,纬书,已佚。訾程,限量、准程。

(14) 分北,犹分背。分别。宗望,宗族地望。

(15) 绳榘,准则、法度。

【译文】

人类社会形成之初,必定于一统,然后才可以绝妖妄,隔天地。故《世本·帝系》《氏姓》的记载,胜过《中候·苗兴》的记载没有标准计算。对于整齐世系,区分宗族的地理位置,表面上看去,并无奇特之处。考察诸子之言,及《楚辞》《山海经》中关于古代世系的记载,前后凌乱错杂,派别纷乱,然后可知《世本·帝系》《氏姓》才是梳理上古世系的准绳。

《山海经》记肦、桑等十一姓,或出神圣之后,而入夷狄,宜足为《世本》增益旧闻。其他冑系名号,棼缪难理矣,及以《世本》为权度,而亦灼然昭彻。帝俊,一名也(16)。帝俊生中容,则高阳也。帝俊生帝鸿,则少典也(17)。帝俊生黑齿,姜姓,则神农也。帝俊妻娥皇,则虞舜也。帝俊生季釐、后稷,则高辛也(18)。及言帝俊竹林与妃羲和、常羲者,其名实尚不可知。老童之子,寔曰吴回,斯祝融矣(19);今言炎帝之妻,赤水之子听訞生炎居,炎居三世而至祝融。驩兜放于崇山,与伯鲧比肩(20),今言鲧妻士敬,士敬二世而至驩头。微《世本》之为绳榘(21),眩者亦众矣。

【注释】

(16) 帝俊,《山海经》及《世本》中所说的上古帝王。一名也,只是一个名号。以下人物及其关系均见《世本·帝系》。

(17) 少典,传说中的古代帝王。相传黄帝出其后。

(18) 高辛,即帝喾。传说中的五帝之一。

(19) 寔,同“实”。吴回,老童之子。曾为火正,命曰祝融。

(20) 驩兜,传说中的四凶之一。《尚书·舜典》:“流共工于幽州,放驩兜于崇山，窜三苗于三危，殛鲧于羽山，四罪而天下咸服。”伯鲧，即崇伯鲧。传说为禹的父亲。因治水不力被杀。比肩，地位相等。这里指属于同一时代。

(21) 微，没有。绳椝，准绳。

【译文】

《山海经》中记载肦、桑等十一姓，有的出于神圣之后，而变为夷狄，也足以为《世本》增添一些旧闻。其他的世系名号，纷乱错杂难以厘清，而当以《世本》作为参照标准时，就会变得清楚明白。帝俊，只是一个名号。帝俊生中容，指的是高阳。帝俊生帝鸿，即少典。帝俊生黑齿，姜姓，指神农。帝俊娶娥皇，生了虞舜。帝俊生季釐、后稷，指的是高辛。至于说帝俊竹林与妃羲和、常羲，其名实尚不清楚。老童之子，就是指吴回，即祝融；如今称炎帝之妻、赤水之子听訞生炎居，炎居三世以后才到祝融。驩兜被流放于崇山，与伯鲧属于同一时代，如今称鲧的妻子为敬，士敬二世以后才到驩头。如果没有《世本》作为参照标准，会有更多令人迷惑不解的地方。

今绳椝已具，与之博观于疑事，而新知又可得也。

古者王伯、显人之号，或仍世循用，不乃摭取先民[22]，与今欧罗巴人亡异。是故商帝称汤，其后亳王亦曰汤也[23]。《史记·秦本纪》及集解、索隐。嬴氏祖曰秦仲，则二世亦号秦中。《郊祀志》：“南山巫祠南山秦中。秦中者，二世皇帝也。”余谓秦中即秦仲；秦世称仲，犹仍世称叔，赵世称孟也[24]。《传》说“帝鸿氏有不才子”[25]，谓之浑敦。《西山经》言浑敦“实为帝江”。江者，鸿之省借。此则孙仍祖号。《山海经》既自著其律，凡仍世循用者，视此矣。

【注释】

(22) 仍世，累世。不乃，无乃，岂不。这里有不只是之意。摭(zhí 直)，取，选择、选取。

(23) 亳王亦曰汤也,《史记·秦本纪》:“遣兵伐荡社。”集解:“徐广曰:荡音汤。社,一作‘杜’。”索隐:“西戎之君号曰亳王,盖成汤之胤。其邑曰荡社。”

(24) 赵世称孟也,《史记·赵世家》:“赵氏之先,与秦共祖。至中衍(正义:中音仲),为帝大戊御。其后世蜚廉有子二人,而命其一子曰恶来,事纣,为周所杀,其后为秦。恶来弟曰季胜,其后为赵。”孟,兄弟排行长者。孟子与伯有区别,孟代表庶出的长子,伯代表嫡出的长子。

(25)《传》说,见《左传·文公十八年》。

【译文】

如今已经具备参照标准,用它来广泛考察那些存疑之事,就能获得更多新的认识。

古代王霸、显人的名号,有的甚至世代继承使用,不只是古人如此,与今天的欧洲人也没有差别。所以商帝称汤,之后西戎之君亳王也称汤。(《史记·秦本纪》及集解、索隐)嬴氏的先祖称秦仲,而秦二世也号秦中。(《汉书·郊祀志》记载:“南山巫祠南山秦中。秦中,就是秦二世皇帝。”我认为秦中就是秦仲;秦世称仲,就如同累世称叔,而赵氏的先人为庶长子,故称孟。)《左传》文公十八年曾说“帝鸿氏有个不成器的儿子”,天下人称他为浑敦。《西山经》说浑敦“实为帝江”。江,当是鸿字减省笔画而来的。这些都是子孙沿袭先祖名号的例子。《山海经》既然定下这一规则,凡世代继承使用的,类似于此。

《世本》称:巫咸,尧臣也,以鸿术为帝尧之医。《御览》七百二十一引。而《书序》言伊陟赞于巫咸[26]。其后郑有神巫曰季咸,与列御寇同时[27]。《庄子·应帝王》。又巫咸祒者,《庄子·天运》。不知何世人也。夏后启者,禹之子,承父之道者也。禹济江,黄龙负舟,禹仰视曰:“生,性也;死,命也;余何忧于龙焉!”其后邹有公子,亦曰夏后启,与白圭言“生不足以使之”[28],“死不足以禁之”。并见《吕氏春秋·知分》。羿杀凿齿[29]，在喾、尧之代。其后有穷则有夷羿[30]。《隋巢子》曰："幽、厉之时，奚禄山坏，天赐玉玦于羿，遂以残其身，以此为福而祸。"《御览》八百五引。即周时复有羿也。秦之孙阳，字伯乐[31]。察《晋语》，言伯乐与尹铎有怨；伯乐则邮无正[32]。韦解："伯乐，无正字。"即晋末复有伯乐也。是数名也，一曰明天道，一曰达性命，一曰善射，一曰工御，而同术者复茵席重荐之[33]。固知其乐相慕用，故采以自号矣。若则汉祖之治法服，使赵尧举春，李舜举夏，儿汤举秋，贡禹举冬[34]；与向栩弟子有颜渊、子贡、季路、冉有之辈[35]，古今一量，曷足怪乎！凡摭取先民者，视此矣。

【注释】

(26) 鸿术，高超的方术。伊陟，商王太戊之臣。赞，辅佐，帮助。

(27) 列御寇，战国时郑人。一作列圄寇、列圉寇。《庄子》中有关于他的传说。

(28) 白圭，战国时水利家。曾任魏惠王大臣。

(29) 羿，传说古代东夷族首领，曾射十日。凿齿，兽名。

(30) 夷羿，有穷氏首领。周时人。

(31) 伯乐，《史记·司马相如传》索隐引"张揖云：阳子，伯乐也。孙阳字伯乐，秦缪公臣，善御者也。"

(32) 邮无正，《国语·晋语九》韦昭注："邮无正，晋大夫邮良伯乐也。"

(33) 复茵席，指重重叠叠地铺设席垫。茵席，垫席。重荐，郑重推荐。

(34) 贡禹举冬，《汉书·魏相丙吉传》："臣请法之。中谒者赵尧举春，李舜举夏，儿汤举秋，贡禹举冬，四人各职一时。"

(35) 向栩，东汉人，字甫兴。《后汉书·独行传》："(向栩)不好语言而喜长啸。宾客从就，辄伏而不视。有弟子，名为颜渊、子贡、季路、冉有之辈。"

【译文】

《世本》称：巫咸，为尧臣，因方术高超而成为帝尧之医。(《太平御览》卷七百二十一引)而《书序》称伊陟辅佐于巫咸。之后郑国有神巫称为季咸，与列御寇同时代。(《庄子·应帝王》)还有个叫巫咸祒的，(《庄子·天运》)不知是哪一时期的人。夏后启，是大禹的儿子，继承父之道。大禹渡江时，有黄龙负舟，大禹仰视说："生，性也；死，命也；我对于龙有什么可怕的啊！"其后邹有公子，也叫作夏后启，对白圭说："生不足以使之"，"死不足以禁之"。（皆见于《吕氏春秋·知分》。）羿杀掉凿齿，在喾、尧时期。之后有穷国则有夷羿。《隋巢子》说："周幽王、厉王时，奚禄山崩坏，天赐给羿一块玉玦，坠下竟然砸伤了他，这是因福而成祸。"（《太平御览》卷八百零五引）可知周代仍有羿。秦之孙阳，字伯乐。察看《国语·晋语》，说伯乐与尹铎有仇怨。伯乐就是邮无正。（韦昭注解："伯乐，是无正的字。"）可知晋末还有伯乐。以上几个名号，一个是明天道，一个是达性命，一个是善于射，一个是工于御，而与他们志趣相投的又郑重推荐。可知他们喜好相互使用，故采用作为自己的名号。如汉高祖依照礼法而制定不同等级的服饰，让赵尧负责春服，李舜负责夏服，儿汤负责秋服，贡禹负责冬服；又如向栩的弟子中，名字有颜渊、子贡、季路、冉有等，古今名字一样，有什么可奇怪的？凡选取古人名号的，类似于此。

用是数者，知《山海经》所记，名不一主，号不一臣。传说者或傅合之，即大紾盭，不缘于绳墨(36)。自《世本》取中以齐量，则诪张变眩(37)，皆辐凑于一极(38)。视其书不逾旁行邪上(39)，及夫贯穿中外，骋骤古近，其微言宁不在札牒之表者乎？

【注释】

(36) 紾盭，乖戾，错误。盭，同"戾"。不缘于绳墨，不符合法度。缘，《广雅·释诂四》："循也。"绳墨，规则、法度。

(37) 诪张（zhōu 周—），欺骗，作伪。

(38) 辐凑于一极，指统一到一起。

(39) 不逾，不越。旁行邪上，又作"旁行斜上"，原指《史记》中的《三代世表》《十二诸侯年表》等。后泛指以表格排列的系表、谱牒。《梁书·刘杳传》：

“桓谭《新论》云:太史《三代世表》,旁行邪上,并效周谱。”

【译文】

由上述几种情况,可知《山海经》所记,名、号都不是只指一个人。辗转述说者附会比合,以致出现错误,不符合道理。从《世本》取标准以衡量,则各种虚幻不实的说法都得到统一。若看待其书不过是用表格记载世系、谱牒之类,至于通达中外,考察古今,其微言难道不见于札牍簿册的表格中吗?

又曰:左氏以《内传》为纪年,《外传》为国别,此与纪传异流而同用。《世本》非表,故其志也。后之史,独魏收能志《官氏》(40),顾专述录索虏而已。其他族史,未有能为中夏考迹者也。欧阳修《宰相世系表》,甄综华胄,于单门寒庶则阙焉。斯门地之簿录,非氏族之典章也。故刘子玄讨论书志(41),尝发愤于斯。其言曰:“自刘、曹受命(42),雍、豫为宅,世胄相承,子孙蕃衍。及永嘉东渡,流寓杨、越;代氏南迁(43),革夷从夏。于是中朝江左,南北混淆,华壤边民,虏汉相杂。隋有天下,文轨大同,江外山东,人物殷凑。其间高门素族,非复一家,郡正州曹,世掌其任。凡为国史者,宜各撰氏族志,列于百官之下。”案:甄别华夷之说,自金、元至今,尤为切要。氏族作志,非以品定清浊,乃以区分种类。斯固非流俗所能知也。后来作者,有述斯篇,其以补迁、固之阙遗焉。述《帝系》《氏姓》二篇。

【注释】

(40) 魏收(506～572年),北齐史学家。字伯起,下曲阳(今河北晋州市西)人。奉诏编撰《魏书》。《官氏》,指《魏书·官氏志》。记录北魏鲜卑各氏族分布及改汉姓情况。

(41) 刘子玄,即刘知几。唐史学家。字子玄。彭城人。著《史通》内外四十九篇。

(42) 刘、曹,指刘备和曹操。

(43) 代氏,十六国时期鲜卑族拓跋部所建政权。为北魏的前身。

【译文】

又称：左氏是《春秋内传》为纪年体，《国语》是《春秋外传》为国别体，此与纪传体裁不同而功用相同。《世本》并非表，故为志。其后的史籍，唯独魏收能作《官氏志》，专门记录北魏鲜卑各氏族分布及改汉姓情况。其他民族的历史，不能被中原人士所了解。（欧阳修《宰相世系表》，综合鉴别显贵者的后代，对于寒门家族则没有记录。这是门第之簿录，而非宗族谱系之典章。）所以刘知几在《史通·书志》篇讨论书志，曾发愤要努力于此。（他说："自刘备、曹操确立其统治地位，居于雍州、豫州之地，世代相承，子孙繁盛。到永嘉东渡，流落在扬、越之地；北魏政权迁都洛阳，改从汉姓。于是中原及江东地区，南北混淆，中原及边境地区百姓，胡汉混杂。隋朝得天下，文字与道路，得以统一，江南及中原，人物汇集。其间世家大族及寒门人家，不再是一家，郡正州曹，世代官居其位。凡为国史者，应各撰《氏族志》，列于百官之下。"案：甄别华夷之说，从金、元到今天，尤为紧要。氏族作志，不能以品级来定高下，应以种族来区分。这本不是凡俗之人所能理解的。）后来撰写历史的人，有叙述此篇的，以补司马迁、班固的遗漏。上述的是《帝系》《氏族》二篇。

仲尼作《春秋》，而取于周室者，百二十国宝书。《公羊》卷一疏："案，《闵因叙》云：昔孔子受端门之命(44)，制《春秋》之义，使子夏等十四人求周史记，得百二十国宝书，九月经立。"《感精符》《考异邮》《说题辞》具有其文，是也。宝书剂以百二十国也，何故？侯国之祝宗卜史，皆自天子赐之(45)。本《左》定四年传。虽楚则有周大史(46)。《左》哀六年传。惟晋董氏，亦以辛有之二子出于成周(47)。《左》昭十五年传。春官有御史，掌邦国都鄙及万民之治令，以赞冢宰。其史百二十人，盖乘轺而出，分趋于邦国，以书善败，归而臧诸册府，所谓周大史也。此犹三监(48)，本非侯国陪臣，然其国赖以作史。御史所不至者，其书不登。故宝书之数，视其员矣(49)。然皆记述国政，下不通于地齐萌俗(50)。

【注释】

(44) 端门之命，天子之命。端门，宫殿南面正门。春秋公羊学者认为孔子受天之命，为后世制法。

(45) 皆自天子赐之，《左传·定公四年》："分之土田陪敦、祝宗卜史、备物典策、官司彝器，因商奄之民。"

(46) 楚则有周大史，《左传·哀公六年》："是岁也，有云如众赤鸟夹日以飞，三日。楚子使问诸周大史。"

(47) 晋董氏，指晋良史董狐。辛有之二子出于成周，《左传·昭公十五年》："及辛有之二子董之晋，于是乎有董史。"辛有，平王时人。二子，次子。章氏据此认为董狐即为辛有次子之后。

(48) 三监，天子派往诸侯国负责监督的三人。参见《通法》第三十一注(14)。

(49) 员，人员之数。《说文》："员，物数也。"

(50) 地齐，地理环境。萌俗，民俗。

【译文】

孔子作《春秋》，而取于周室的，涉及一百二十个诸侯国的史书。(《公羊》卷一疏："案，《闵因叙》记载：从前孔子受天子之命，制《春秋》之义，让子夏等十四位弟子搜寻周史记，得到一百二十个诸侯国的史书，用了九个月的时间就完成了经书。"《感精符》《考异邮》《说题辞》，也有这样的文字，是可信的。)要裁剪来自一百二十个诸侯国的史书，为什么？侯国的祝宗、卜史，都是由天子所赐。(本于《左传》定公四年。)即使是楚国也有周太史。(《左传》哀公六年)惟晋国良史董狐，亦出自成周辛有的次子之后。(《左传》昭公十五年)《春官》有御史，掌管邦国的京城和边邑疆界及万民之政令，以辅佐冢宰。其史官有一百二十人，大概是乘轻车而出，分头到各个邦国，以记载善恶，归来则将所记藏于册府，此所谓周太史。

（这就如同天子派往诸侯国负责监督的三监，本不是侯国的卿大夫，然而所在诸侯国要依靠他来作史。）御史所不到的诸侯国，该国的史书就会空缺。所以从诸侯国的史书数目，可考察御史的人员数目。然而各诸侯国的史书都是记述国家的政事，没有关于地理形势、民情风俗的记载。

下通者，此谓之《行》。《管子》曰："《春秋》者，所以记成败也；《行》者，道民之利害也。"《山权数》。小行人以万民之利害为一书[51]，名从其官。然则《世本·居篇》自此作。

【注释】

(51)《行》，古代小行人对民众利害的记录，根据其官号称《行》。小行人，官名。《周官·秋官·小行人》："小行人掌邦国宾客之礼籍，以待四方之使者。"

【译文】

下通民情者，称为《行》。《管子》记载："《春秋》一书，用以记载成败之事；《行》者，记录民之利害之事。"（《山权数》）小行人以万民之利害作成一书，名称依照其官名而来。那么，《世本·居篇》就是这样写成的。

夫古者有分土，无分民。曩令民皆州处，至于老死不相往来，按版而识姓，稽籍而辨族，百姓与能[52]，则大司徒与行人不劳也[53]。

【注释】

(52) 与能，推举贤能。

(53) 大司徒，官名。《周官·夏官·大司徒》："大司徒之职，掌建邦之土地之图，与其人民之数。"行人，官名。又称大行人。掌朝觐聘问。属秋官。

【译文】

古时有分封土地，而不授予人口。从前民众聚居生活，老死不相往来，查验户口簿籍而识姓，考核户口簿籍而辨族，百姓推举有才能之人，则大司徒与行人不致过于操劳。

丘壤世同，宾萌世异[54]，而民始不袀壹[55]。《记》曰[56]："广谷大川异制，民生其间者异俗，刚柔、轻重、迟速异齐，五味异和，器械异制，衣服异宜，修其教不易其俗，齐其政不易其宜。"自邹衍言裨海[57]，独能道其人民禽兽莫能相通，如迁徙变革，盖阙如也。

【注释】

(54) 宾萌，客民。《吕氏春秋·高义》："墨子曰：翟度身而衣，量腹而食，比于宾萌，未敢求仕。"

(55) 袀壹，齐一，均一。袀，服装一色。

(56)《记》曰，见《礼记·王制》。

(57) 裨海，小海。邹衍倡大九州说，认为九州间有裨海绕之。

【译文】

土地世代相同，居民世代不同，于是民众不再单一。《礼记·王制》记载："山谷大川各有不同，民众生长于其间风俗也随之不同，刚柔、轻重、缓急不一致，五味调和不同，器械形制有差异，服装打扮有区别，修其文教不变易其风俗，齐其政事不改其习惯。"自邹衍说大九州之间有裨海环绕，只说人民禽兽不能往来，至于如何迁徙往来，则没有涉及。

及夫同在九土，时有动静，函其旧风，因其新俗，杂糅以成种性，则延陵季子之观乐[58]，见微而知清浊。朱赣因之[59]，以为条别。其说秦地，上道《车辚》《驷驖》《小戎》之篇[60]，而下道汉世新徙田、昭、屈、景诸家[61]，五方杂厝，风俗不纯；其说韩地，先举颍川、南阳，本夏旧国，其俗朴鄙，后述秦徙天下不轨之民于南阳[62]，则始夸奢，上气力，好商贾渔猎，臧匿而难制御。可谓昭识本末者矣。

【注释】

(58) 延陵季子，即季札。春秋吴王寿梦少子，因先后封于延陵、州来，称延陵季子、延州来季子。鲁襄公二十九年(前544年)，奉使鲁国，在观赏周代诗歌和乐舞时，加以分析，借此评论周朝及诸侯盛衰大势。

(59) 朱赣，西汉颍川人，曾受丞相张禹之命考究各地风俗。见《汉书·地理志》。

(60)《车辚》《驷驖》《小戎》，皆为《诗·秦风》篇名。

(61) 田、昭、屈、景诸家，指汉高祖刘邦平定天下后，徙齐楚大姓田氏、昭氏、屈氏、景氏、怀氏于关中，给予田宅。见《汉书·高帝纪》。

(62) 秦徙天下不轨之民于南阳，指秦始皇统一全国后，徙各地豪强于南阳，进行集中管理。见《史记·秦始皇本纪》。

【译文】

至于同在九州，时有变化，包容旧风俗，顺应新风俗，混合以形成民族特性，那么就像吴公子季札到鲁国观周乐好坏，从微小之处就能看到政治的好坏。朱赣承袭之，进一步作区分辨别。他说秦地，向上论《诗经·秦风·车辚》《驷驖》《小戎》等篇，向下论汉初迁徙的齐楚大姓田、昭、屈、景各家，五方交错混杂，风俗不纯正；他论韩地，先举颍川、南阳，本为夏朝旧国，当地风俗质朴鄙野，之后论述秦将天下豪强迁徙到南阳，而风俗变得浮华奢侈，崇尚气力相争，喜好商贾渔猎，隐匿而难以统治。这可以称得上是清楚世事原委之人。

夫《国风》者，见异风；《居篇》者，见异居。自《居篇》而后，惟《货殖列传》与《地理志》夫！斯学既丧[63]，故殖民之地，以逋逃罪人弃之，以戎狄斥远之。述《居篇》。

【注释】

(63) 斯学既丧，指后世除《史记》《汉书》中的《货殖列传》《地理志》外，很少有像《世本·居篇》专门叙述风俗地理内容的著作。

【译文】

由《诗经·国风》，可见各诸侯国风俗不同；由《世本·居篇》，可见帝王诸侯都城所在及迁移情况。自《居篇》之后，就只有《货殖列传》与《地理志》了！此学既已丧失，所以对于殖民的土地，因为逃亡的罪犯汇聚而放弃它，因为戎狄居住排斥疏远它。以上讲述的是《世本·居篇》。

洋洋乎九功之歌(64)，以利用厚生者，岂不大哉！故曰："古曰在昔，昔曰先民，先民有作，有所作也。"《毛诗·商颂》故训传。《训方》以正岁观新物(65)，而《考工》记三代异上(66)，进化有形。其后史官乃不为工艺作志。君子以为，钟律量衡之设官，《律历志》述刘子骏说(67)，述铜律则云"职在大乐"，述概量则云"职在大仓"，述权衡则云"职在大行"是也(68)。陶匠梓舆之相变，《史通·叙事篇》："昔《礼记·檀弓》，工言物始。夫自我作故，首创新仪，前史所刊，后来取证。是以汉初立槽，子长所书(69)；鲁始为髽，丘明是记(70)。河桥可作，元凯取验于《毛诗》(71)；男子有笄，伯文远征于《内则》(72)；即其事也。"案，此虽非专指工艺，而萌俗尚器，必有最先，亦《考工》之意也。一切可以比类成籍。此作志者所宜更始乎？

【注释】

(64) 九功，六府三事之功。《尚书·大禹谟》："水、火、金、木、土、谷，惟修；正德、利用、厚生，惟和。九功惟叙，九叙惟歌。"疏："养民者使水、火、金、木、土、谷六事惟当修治之；正身之德，利民之用，厚民之生，此三事唯当谐和之。"

(65)《训方》，训方氏。《周礼》官名。《周礼·夏官》。"训方氏掌道四方之政事，与其上下之志，诵四方之传道。正岁，则布而训四方，而观新物。"

(66) 三代异上，《周礼·冬官·考工记》："有虞氏上陶，夏后氏上匠，殷人上梓，周人上舆。”上，同“尚”。

(67) 刘子骏，即刘歆。

(68) 大乐，大仓，大行，皆官名。

(69) 汉初立槥，《汉书·高帝纪》：“(八年)十一月，令士卒从军死者为槥，归其县，县给衣衾棺葬具，祠以少牢，长吏视葬。”槥(huì 慧)，小而薄的棺材。子长，司马迁的字。此当为孟坚(班固的字)之误。

(70) 鲁始为髽，《左传·襄公四年》：“冬十月，邾人、莒人伐鄫。臧纥救鄫，侵邾，败于狐骀。国人逆丧者皆髽。鲁于是乎始髽。”髽(zhuā 抓)，古代妇人的丧髻，用麻线束发。丘明，左丘明。

(71) 河桥可作，《晋书·杜预传》：“预又以孟津渡险，有覆没之患，请建河桥于富平津。议者以为殷周所都，历圣贤而不作者，必不可立故也。预曰：‘“造舟为梁”，则河桥之谓也。’及桥成，帝从百僚临会，举觞属预曰：‘非君，此桥不立也。’”元凯，西晋经学家杜预的字。

(72) 男子有笄，《魏书·刘芳传》：常侍王肃之来奔也，寓于华林，肃语次曰：“古者唯妇人有笄，男子则无。丧服男子冠而妇人笄。”芳曰：“冠尊，故夺其笄称也，非男子无笄。《礼·内则》称子事父母，鸡初鸣，栉纚笄总。男子有笄明矣。”笄，《仪礼·士冠礼》郑玄注：“今之簪。”伯文，北魏刘芳的字。彭城(今江苏徐州)人。曾任中书令、太常卿，定律令及朝仪。《内则》，《礼记》篇名。

【译文】

九功之歌是如此之美，使物尽其用，使人民生活殷实，多么伟大！故曰：“古曰在昔，昔曰先民，先民有作，有所作为。”(见《毛诗·商颂》故训传)《训方》在农历正月观新物，而《考工记》记述了三代的不同风尚，使得事物的演进发展有迹可循。之后的史官竟然不再为工艺作志。君子已为音律、量器、衡器而设置官职爵位，(《律历志》记载刘歆的话说，述铜制乐器的定音则说“职在大乐”，述斗斛等量器则说“职在大仓”，述称量物体轻重的器具则说“职在大行”，正是如此。)陶工木匠及制作车箱的工艺变化，(《史通·叙事篇》记载：“从前《礼记·檀弓》，是善于记述事物的开端。自创先例，确立新的标准，前代史书所记载，为后代史书所采用。因此汉初死亡士卒设立的小棺材，班孟坚有记载；鲁国开始用麻绳束起头发，左丘明有记载。桥梁可建，杜元凯预验之于《毛诗》；男子也有簪，刘伯支征验于《内则》；正是此事。”案，这里所说的虽然不是专指工艺，但民俗重视器用，一定有最先的发明，也正是《考工》之意。）一切可以整理成典籍。这说明作史志者应有所变化更新？

今是世系之书，则以奠昭穆，丽派别[73]，勿录其彝物章典。独《世本》有《作篇》，所道者不封于姬氏[74]，奔轶泰古，上穷无始矣。

【注释】

(73) 丽，附着。

(74) 不封于，不限于。姬氏，指周朝。

【译文】

如今世系之书，就为确定宗族关系，附着派别分支，而不录其礼器章典。唯独《世本》有《作篇》，所记述不限于周代，直指远古，甚至上溯到亘古。

此其义何也？以为古者“烝民始生，未有形政[75]，人人异义；父子兄弟离散，不能和合，天下之百姓皆以水火毒药相亏害。至有余力，不能以相劳；腐朽余财，不以相分；隐匿良道，不以相教”。《墨子·尚同上篇》语。作力剧而器用匮。民所歌吟，不怨王者，然尽《大东》《北山》之辈也[76]。今文、武既王，泽人足乎木[77]，山人足乎鱼[78]，农夫不斫削不陶冶而足械用，工贾不耕田而足菽粟。上观作者，皆弗知其权舆[79]。故《作篇》者，所以统纪是也。

【注释】

(75) 形政，即刑政。

(76)《大东》《北山》，《诗·小雅》篇名。《诗序》称其分别为“刺乱”与“大夫刺幽王”之诗。辈，类。

(77) 泽人,生活于河泽之人。

(78) 山人,生活于山陵之人。

(79) 权舆,起始。

【译文】

此为何义?认为在古代"人类社会刚形成,还没有刑罚政治,人们各自都有自己的主张;父子兄弟离散,不能和睦相处,天下的百姓都用水、火、毒药相互残害。以致有余力的人,也不愿意帮助别人;家里有腐烂掉的多余财物,也不愿意分给别人;藏匿好的技艺,不愿意传授给别人。"(《墨子·尚同上》中的语句。)社会的生产能力逐渐提升,然而财物器具却变得匮乏。民众歌唱吟咏的,不怨恨王者,但也多是《大东》《北山》之类的诗歌。如今周文王、武王既已成圣王,生活在河湖地区的人有足够的木材,生活在山区的人有足够的鱼类水产,农夫不必砍削、不用烧制陶器和冶炼金属就能有足够的器械用具,工匠和商贾不必耕田就能有足够的粮食。看以往的作者,皆不知器物从何时起始。故《作篇》,是为了理清这一头绪。

其言曰:"牟夷作矢,挥作弓。"(80)一器相倚依以行,而作之者二人,故郭璞眩之。见《海内经》"少皞生般,般是始为弓矢"注。余读《胡非子》曰:"一人曰:'吾弓良,无所用矢。'一人曰:'吾矢善,无所用弓。'羿闻之曰:'非弓何以往矢?非矢何以中的?'令合弓矢,而教之射。"《艺文志》墨家有《胡非子》三篇,《御览》三百四十七引此条。以此知古之初作弓者,以土丸注发,古之初作矢者,以徒手纵送。两者不合,器终不利。此所谓隐匿良道,不以相教,由民不知群故也。夫民别而听之则愚,合而听之则圣。故羿合之而械用成矣。惠施有言:"城者或操大筑乎城上,或负畚而赴乎城下,或操表掇以善睎望(81)。"

《吕氏春秋·不屈》。三者亡一，城不可就。《作篇》明大上之弗能善群，故其说若踸踔不情，萌俗则亡所遁于其表(82)。

【注释】

(80) 牟夷，传说为黄帝臣。由音转亦作浮游。挥，亦作倕。传说为尧舜时的工匠。《荀子·解蔽》："倕作弓，浮游作矢，而羿精于射。"

(81) 大筑，大的筑土杵。畚，畚箕。即簸箕。表掇，仪表、仪度。晞望，瞭望。

(82) 若，象，如同。踸踔（chěn 碜 chūo 戳），跛行跳跃貌。踸，同"趻"。踸踔不情，杂乱不合情理。萌俗，民俗。亡所遁，无所遁。无处隐藏。表，表述。指上古之民的说法。

【译文】

《世本·作篇》记载："牟夷制作了箭，挥制作了弓。"弓箭相互依靠才能使用，而制作者是两个人，故郭璞感到困惑。（见《海内经》"少皞生般，般是最早制作弓箭的"一句的注中。）我读到《胡非子》记载："一个人说：'我有良弓，不需要用箭。'另一个人说：'我有利箭，不需要用弓。'羿听到之后说：'利箭若没有弓怎么能够射出去？良弓若没有箭怎么能够射中目标？'羿让他们合在一起使用，教他们射箭。"（《汉书·艺文志》记载墨家有《胡非子》三篇，《太平御览》卷三百四十七也引用了此条。）由此可知古代最早制作弓的人，是用土丸来发射的；古代最早制作箭的人，是徒手投掷的。弓与箭不合在一起，器械就不能发挥最佳效用。正所谓藏匿好的技艺，不愿意传授给别人，是由于民众不知合群所导致的。对于民众的意见只听取个别的就显得愚蠢，综合起来听取就成为圣人了。所以羿将其合在一起而器械用具就完备了。惠施曾说："修筑城墙时，有的人手持大的筑土杵在城上捣土，有的人则是背着簸箕向城下运土，有的人拿着仪器仔细观察城墙方位的斜正。"（见《吕氏春秋·不屈》）这三类人如果缺少任何一个，城墙都筑不成。由《作篇》可知上古之人不能很好地合群，故他们的说法常不合情理，明白了这一点，古代的民俗就无法隐藏在古人的表述中了。

自弓而外，犹有数事。

古者椎轮(83)，《作篇》曰："奚仲作车。"《海内经》曰："番禺生奚仲，奚仲生吉光，吉光是始以木为车。"此则作车者，且非一人也。周人上舆，而其工聚(84)：轮人为毂辐牙(85)，舆人为轸(86)，辀人为辕(87)。各致其艺，然后成大路(88)。始即为舆者，或以人舁(89)；为轮者，或以臂輓尔(90)。"相土作乘马(91)，韩哀作御。"韩哀亦作寒哀，盖古有其人，非七国之韩哀侯也。数物咸具，而后驾被备也(92)。

【注释】

(83) 椎轮，原始的无辐车轮。

(84) 工聚，指聚合轮人、舆人、辀人等共同为器。《周礼·冬官考工记·总叙》："故一器而工聚焉者，车为多。"

(85) 毂辐牙，指车轮。毂，车轮中心的圆木。辐，车轮的辐条。牙，车轮的外周部分。《周礼·冬官考工记·轮人》："毂也者，以为利转也。辐也者，以为直指也。牙也者，以为固抱也。"

(86) 轸，车后的横木。

(87) 辕，车前驾牲畜的两根直木。

(88) 大路，天子所乘车。

(89) 舁(yú 鱼)，共同抬东西。

(90) 輓，拉。

(91) 相土，殷人先祖。《诗·商颂·长发》："相土烈烈，海外有截。"

(92) 驾被，驾车和饰物。《汉书·郊祀志》："驾被具。"颜师古注："驾车被马之饰皆具也。"

【译文】

除了弓箭以外，还有几个例子。

古代的无辐车轮，《作篇》记载："奚仲作车。"《海内经》说："番禺生奚仲，奚仲生吉光，吉光最早用木料制作车。"由此可知制作车的人，并不是一个人。周人崇尚用车，从而聚合了众多工匠：轮人制作车轮中心圆木、辐条及车轮外围，舆人制作车后及车底部四周横木，辀人制作车前驾牲口用的直木。每个工种各司其职，然后才能做成天子所乘的车。起初舆人制作车后横木，或许是供人抬东西用；轮人制作的物件，或许是供人用臂膀拉东西用。“相土制作了四马拉的车，韩哀发明驾驭之术。”（韩哀也作寒哀。大概是古代确有其人，并不是七国的韩哀侯。）几种事物都有了，然而马车才算完备的饰物才出现。

“胡曹作衣”，“黄帝作旃冕”(93)，《御览》六百八十六引宋均注，通帛为旃。案：旃当为端之借，犹端蒙作旃蒙矣(94)。“不则作履屝”(95)。始即衣者或魁头(96)，冕者或徒跣(97)。三物咸具，而后采章备也(98)。

【注释】

(93) 胡曹，相传为黄帝臣。旃冕，即端冕。古代祭服和祭帽。

(94) 端蒙，天干中“乙”的别称。又作旃蒙。见《尔雅·释天》。

(95) 不则，当作“于则”。黄帝臣。履屝，草、麻编织的鞋。

(96) 魁头，以发萦绕成结，露头而不戴冠。

(97) 徒跣，光脚。

(98) 采章，有文采的服饰。

【译文】

“胡曹制作了衣服”，“黄帝造出了旃冕”，（《太平御览》卷六百八十六引宋均注，说纯色丝帛为旃。案：旃当借为端，如同端蒙作旃蒙一样。）“于则制作了草鞋”。起初穿着上衣的人或许露着头；而戴帽的人或许光着脚板。这三种事物都有了，然后服饰才算完备。

“尧使禹作宫”，“高元作室”。“高元作室”，乃《吕氏春秋·勿躬篇》文，宜亦取于《世本》也。始即为宫者，直有垣墉[99]，及高元乃备其栋宇。“鲧作城郭”，“祝融作市”[100]，“伯夷作井”[101]。五物咸具，而后居处邑里备也。

【注释】

(99) 直有，只有。垣墉，指围墙。

(100) 祝融，即重黎，为帝喾火正。

(101) 伯夷，即伯益。古代嬴姓各族的祖先。井，水井。

【译文】

“尧使禹建造宫殿”，“高元建造房屋”。（“高元建造房屋”，是《吕氏春秋·勿躬篇》中的语句，应当也是取自《世本》。）起初建造宫殿的，只有围墙，等到高元建造房屋的屋顶才算完备。“鲧创建城廓”，“祝融建造市场”，“伯夷挖掘水井”。这五个方面都有了，然后居处乡邑才完备。

“容成作历，大挠作甲子，隶首作算数，羲和占日，常仪占月，臾区占星气，泠纶造律吕。”[102]《大荒西经》：“下地是生噎，处于西极，以行日月星辰之行次。”《海内经》：“后土生噎鸣，噎鸣生岁十有二[103]。”案：《大荒南经》“羲和生十日”，《大荒西经》“常羲生月十有二”，皆占日占月者。则此生岁十二，即占岁者。《吕氏春秋·勿躬》云“后益作占岁”。益即噎，一声之转，非伯益也。始即占日者弗能定朔、望[104]，占月者弗能步分、至[105]，占星者弗能测景[106]，作算者弗能偃榘[107]。四物咸具，而后天官调历备也。

【注释】

(102) 容成，黄帝臣。历，历法。大挠、隶首，皆黄帝史官。羲和，即羲氏、和氏。常仪，即尚仪。二者并参见《官统中》第三十三注(17)。臾区，即鬼臾区。相传为黄帝相。参见《原教下》第四十八注(1)。泠纶，黄帝乐师。

(103) 生，占测、规定。十有二，指一年十二月。

(104) 朔、望，农历每月初一和十五。

(105) 分、至，节候名。指春分、秋分、冬至、夏至。

(106) 测景,测量日影。
(107) 偃榘,测量高度、长度等。榘,同“矩”。量具。

【译文】

“容成创制历法,大挠发明甲子,隶首发明算数,羲氏、和氏观测太阳的运行,常仪观测月亮的运行,臾区占星望气,泠纶创建乐律。”(《山海经·大荒西经》记载:“黎下到地上生了个儿子叫噎,噎居于大地的西极,观测太阳、月亮、星辰运行的次序。”《海内经》记载:“后土生噎鸣,噎鸣规定一年十二个月。”案:《大荒南经》“羲和规定十天干之日”,《大荒西经》“常羲规定十二个月”,都是观测日月的。那么这里所谓生一年十二月,就是占岁者。《吕氏春秋·勿躬》说“后益作占岁”。益就是噎,一声之转,并不是指伯益。)起初观测太阳的人不能确定朔、望,观测月亮的人不能测算分、至,观测星辰的人不能测量日影,作算数的人不能测量高度、长度等。这四个方面都有了,然后天官调历才得以出现。

故輓近视以为一器一事者,皆数者相待以成。古者或不能给其相待,而匮乏已甚,虽一人之巧,什伯于倕(108),无益。由是揖其民力,相更为师。苟史官之无《作篇》,而孰以知合群所自始乎?

【注释】

(108) 什伯,十倍百倍。倕,古之巧匠。

【译文】

晚近以来人们所认为的一器一物,往往都是有几个事物整合而成。古代不能彼此整合,因而器物十分匮乏,即使一个人的技巧,强于倕十倍百倍,也没有用处。因此需要集合民力,彼此取长补短。假若史官没有《作篇》传世,怎能知道古人何时开始合群的呢?

抑吾闻之，耕稼始于神农，犁镈用矣；今曰“咎繇作耒耜”(109)。鸾车造于有虞，和铃具矣；《世本》已言黄帝臣“胲作服牛”，是则黄帝时已有牛车。至鸾车，则始虞氏。今曰：“奚仲始作车。”(110)皮弁通于三王，綦会陈矣；今曰“鲁昭公作弁”(111)。埙篪掌于笙师，陶竹鸣矣；今曰“苏成公作篪”，“暴新公作埙”(112)。鼓延者，始为钟者也；《海内经》。今曰“垂作钟”。帝俊生晏龙。晏龙者，为琴瑟者也。引同上。今曰“伏羲作琴”，“神农作瑟”。淫梁生番禺。奚仲之父。番禺者，始为舟者也。引同上。今曰“共鼓、货狄作舟”。《初学记》二十五引此，云：“共鼓、货狄，黄帝二臣。”黄帝者，始穿井者也；《御览》一百八十九引《周书》。今曰“伯夷作井”。且左氏为襄公传，自著季武子之有玺书；而今曰“鲁昭公作玺”(113)。《小雅》之言“发曲局”而“归沐”，沐者生有颠顶则知之(114)；晋竖有言，“沐则心覆”，亦其自记也；而今曰“秦穆公作沐”(115)。繄岂激而泰远，宕而失后者邪？夫古器纯朴，后制丽则(116)，故有名物大同，形范改良者，一矣。若古自有笛，汉丘仲亦作笛，京房乃备五音也(117)。礼极而褫(118)，乐极而崩，遗器坠失，光复旧物者，二也。若前汉衮冕已亡，明帝始作。此既冠带，彼犹毛薪(119)，则其闭门创造，眇与佗会者(120)，三矣。泰古关梁不通。故合宫、衢室，黄、唐犕备(121)。及古公迁岐，犹陶复陶穴(122)，未有家室。此见质文变革，远及千年，禹域一隅，自为胡越(123)。今时床几由来久矣。而席地之仪，犹在日本。古之九州，亦若神州、东国(124)，进化异时，谅无多怪者也。三者非始作，然皆可以作者称之。左氏于开物成务之世，特为错互，或举其始，或扬其中，或述其季，所以见“东夏之命，古今之法，言异而典殊”。《吕氏春秋·察今》语。“喾、尧之时，混吾之美在下”；兴时化者，“莫善于侈靡”也(125)。《管子·侈靡篇》语。然则天子为国，图具树物，以视天材异同(126)，民用因革。赤刀夷玉，兑戈和弓，胤之舞衣，垂之竹矢(127)，杂陈于路寝者，非直以是观美，其用则与今世博物院等。故亦素臣作书之志也(128)。

【注释】

(109) 犁镈，皆耕田农具。耒耜，皆木制农具。今曰，指《世本·作篇》。下同。

(110) 鸾车，有鸾铃的车。有虞，有虞氏。即舜。奚仲，夏禹时车正。

(111) 綦会，玉饰冠纽。《文选》汉张衡《东京赋》注引郑玄曰："会，缝中；琪如綦，綦谓结。皮弁于缝中，每贯结五采玉十二为饰，谓之綦会。"

(112) 苏成公，周平王时诸侯。篪，古代用竹管制成的乐器，像笛，有八孔。暴新公，亦作暴辛公，平王时诸侯。埙，古代用陶土烧制的一种吹奏乐器，大小如鹅蛋，六孔。

(113) 季武子之有玺书，季武子，春秋鲁国大夫。《左传·襄公二十九年》："公还及方城，季武子取卞，使公冶问，玺书追而与之。"

(114) "发曲局"而"归沐"，《诗·小雅·采绿》："予发曲局，薄言归沐。"毛传："局，卷也。妇人夫不在则不容饰。"谓妇人夫不在，头发卷曲不梳，若丈夫归则沐以待之。章氏解作沐浴时将头发卷曲在头顶。颠顶，覆顶。谓沐浴时头发卷曲在头顶，像头顶颠倒过来一样。

(115) 晋竖，指竖头须，晋文公小臣。竖，小臣。《国语·晋语四》："竖头须……谓谒者曰：沐则心覆。"韦昭注："覆，反也。沐低头，故言心覆。"

(116) 丽则，华丽而不失于正。汉杨雄《法言·吾子》："诗人之赋丽以则，辞人之赋丽以淫。"

(117) 京房，汉代《易》学家。参见《通谶》第十五注(35)。

(118) 褫，废弛。

(119) 毛薪，以兽皮作衣，以燃木取暖。喻原始粗陋。

(120) 眇与，暗合。

(121) 黄、唐，黄帝和尧。唐，陶唐氏，即尧。

(122) 古公，古公亶父。周先王。率周族迁于岐山，开始了翦商的事业。陶复陶穴，挖土穴穿窑洞。陶，借为掏。复，借为寝。从旁掏的洞叫寝，类似窑洞；向下挖的洞叫穴。

(123) 胡越，犹言南北。

(124) 神州，赤县神州，即中国。东国，指日本。

(125) 侈靡，多费曰"侈"，分散为"靡"。章氏曾作《读〈管子〉书后》一文，提出消费是衡量社会生产的尺度。可参看。

(126) 图具树物，树，指封树。如夏后氏以松，殷人以柏，周人以栗。物，指文章服色。《管子·侈縻》："鼠(应)广之实，阴阳之数也。华(若)落之名，祭之号也。是故天子之为国,图具其树物也。"章氏有自己的理解。天材,天然的资源物产。

(127) 赤刀,《尚书·顾命》孔氏传:"宝刀。"夷玉,常用之玉。孔氏传:"夷,常也。"兑戈和弓,孔氏传:"兑、和,古之巧人。"胤之舞衣,孔氏传:"胤国所为舞者之衣。"垂之竹矢,孔氏传:"垂,舜共工,所为皆中法。"竹矢,竹制之箭。

(128) 素臣,左丘明的尊称。晋杜预《春秋左传序》:"说者以仲尼自卫返鲁,修《春秋》,立素王,丘明为素臣。"

【译文】

而且我听说,耕种庄稼始于神农,犁锄于是使用;而《世本·作篇》说"咎繇制作耒耜"。天子所乘的鸾车造于虞舜,车铃也具备了;(《世本》已说过黄帝的大臣胲作服牛,可知黄帝时已经有了牛车。至于鸾车,则始于舜。)而《世本·作篇》说"奚仲开始造车"。白鹿皮做成的皮弁在三王时期已经使用,皮冠上的玉饰冠纽也出现了;而《世本·作篇》说"鲁昭公制作皮弁"。埙、篪乐器由笙师掌管,陶制、竹制乐器已经使用;而《世本·作篇》说"苏成公作篪","暴新公作埙"。鼓延最早铸造钟(《山海经·海内经》);而《世本·作篇》说"垂制作钟"。帝俊生晏龙。晏龙制作琴瑟(引同上);而《世本·作篇》说"伏羲制作琴","神农制作瑟"。淫梁生番禺(奚仲的父亲)。番禺最早建造舟(引同上);而《世本·作篇》说"共鼓、货狄作舟"。(《初学记》卷二十五引此句,说:"共鼓、货狄,是黄帝的两位大臣。")黄帝是最早凿井的(《太平御览》卷一百八十九引《周书》);而《世本·作篇》说"伯夷作井"。且左丘明作《襄公传》,自著季武子之有玺书;而《世本·作篇》说"鲁昭公作玺"。《诗·小雅·采绿》中记载"头发卷曲"而"夫归沐发",洗头发则会将头发卷曲在头顶,像头顶颠倒过来一样;晋侯的小吏说,"低头洗发时,心就倒过来",亦其自记;而《世本·作篇》说"秦穆公作沐"。难道是时间隔得太久远而有所偏差吗?古代器物较为纯朴,后来的形制渐渐变得华丽典雅，所以有的器物名称及特征大体相同，而模式有所改良，这是其一。（如古代原本就有笛子，西汉时的丘仲也作笛，京房于是备五音。）礼仪发展到了极端就会废弛，乐律发展到了极端就会崩坏，古代器物荒废了，后人可能会恢复旧物，这是其二。（如西汉时衮衣和冕已经消失，汉明帝时又重新制作。）这里已经有帽子和腰带，那里还披兽皮、烧火取暖，这是因为古人闭门创造，极少与他人交流，这是其三。（远古时水陆交通不畅。所以合宫、衢室，分别是黄帝、唐尧所居，宫室已经粗略具备。到古公亶父迁至岐山时，仍然挖土穴穿窑洞，没有房舍。由此可见社会文质变化，有的相隔千年，中国一个很小的地区，都可呈现南北的差异。到如今床几早就形成，然而席地而坐的礼俗，仍在日本流行。古代的中国，也如同今天的中国与日本，进化历程不同，料想也没有什么好奇怪的。）上述三者并不是最早创造的人，然而也都可以称得上是创造者。左丘明处于一个实现器物更新的时代，有意交错记录，有的是列举创始者，有的是褒扬改进者，有的是叙述完成者，所以出现“东夷与华夏对事物的称呼，言词不同；古代与现代的法度，典制有异”。（《吕氏春秋·察今》中的语句。）“帝喾、尧的时代，昆吾山的宝物埋藏在地下无人开采”；导致时势发生变化的，“莫过于奢靡的消费”。（《管子·侈靡》中的语句）那么天子管理天下，用图绘出各地的封界和物产，以考察资源物产的异同，民用器物的因革。宝刀夷玉，兑戈和弓，胤国的舞者之衣，垂所作的竹箭，错杂陈列在古代天子或诸侯的正厅中，并不是只为了欣赏，其功用和当天的博物馆相似。这也正是左丘明作《左传》的志向所在。

世儒或喜言三世[129]，以明进化。察《公羊》所说，则据乱、升平、太平，于一代而已矣[130]。礼俗革变，械器迁讹，诚弗能于一代尽之。《公羊》三统指三代，三世指一代。三统文质迭变，如连环也。三世自乱进平，如发镞也。二者本异，妄人多混为一。淮南书曰："周政至，注："至于道也。"殷政善，注："善施教，未至于道也。"夏政行，注："行尚粗也。"行政[未必]善，善[政]未必至也。至至之人，不慕乎行，不惭乎善。"《缪称训》。其夺文从《读书杂志》说补(131)。道器自形以上下(132)。道之"行""至"，器亦从之。由夏而往愈"行"，可知也。由周而降愈"至"，可知也。独其殊方绝域，或后或先，以有行至，则不可知。如左氏《作篇》之学，乃足以远监宙合，存雄独照，不言金火之相革，而文化进退已明昭矣。斯亦所谓贯穿中外，骋骤古近，而微言见于札牒之表者也。述《作篇》。

【注释】

(129) 三世，公羊学家认为，孔子将《春秋》十二公的历史分为三世，即所见世、所闻世、所传闻世。又根据三世推演出据乱世、升平世、太平世。

(130) 一代，一个朝代。此指《春秋》十二公的历史。

(131)《读书杂志》，清王念孙撰。八十二卷。为校勘经史之作。此书校《逸周书》《战国策》《史记》《汉书》《管子》《荀子》《晏子春秋》《墨子》《淮南子》九种书的文字，于音训异同及句读错乱，一一加以辩证。

(132) 道器自形以上下，《易·系辞上》："形而上者谓之道，形而下者谓之器。"

【译文】

当今学者喜欢谈论春秋三世说，以阐明人类社会的进化历程。考察《公羊》所说，则据乱世、升平世、太平世，只在一代而已。礼俗变革，器械随时间迁移而失真，实在不是一代所能完成的。(《公羊》三统指三代，三世指一代。三统文质更替变化，如同连环一般。三世从据乱世进到太平世，就如同射出的箭一般。二者原本不同，无知妄为之人多将混为一谈。)《淮南子》记载："周代政治达到了至，(注："至于道。")殷代政治称得上善，(注："善，施教还未至于道。")夏代政治可称为行，(注："行，尚粗疏。")行未必达到善，善未必能至于道。达到至的人，不羡慕行，不羞愧于善。”（见《淮南子·缪称训》。其中脱漏的文字依据《读书杂志》补齐。）形而上者谓之道，形而下者谓之器。道达到“行”“至”等不同境界，器也随之变化。由夏代而上，其政治仅限于“行”，可以推知；由周代而下，其政治越发接近于“至”，也可以推知。只是在异域远方，或后或先，政治达到“行”还是“至”，就不可知了。如左氏《作篇》之学，足可以远观天地古今之道，怀有雄心又眼光独到，不言五行相生相克之说，然而文化进退已经清楚明了。此正可谓通达中外，考察古今，其精微言论见于札牍簿册。在此论述的是《世本·作篇》。

征七略第五十七

[说明]章太炎对刘歆十分推崇，自称其私淑弟子。在他看来，刘歆著《七略》，对古代典籍作了系统整理，其贡献可与孔子删定六艺相提并论。故孔子为第一任良史，而刘歆为第二任良史。刘歆所著《七略》今已失佚，班固著《汉书·艺文志》保留了《七略》的基本书目，但删除了刘歆等在书前所作的提要。为了一窥先师的学术规模，章太炎曾广泛搜罗《七略》佚文，并辑录成册。本文即是对此事的记载和说明。

本文初次收入《訄书》重刻本，并收入《检论》。

《艺文志》称：成帝时，求遗书于天下。诏刘向校经传[1]、诸子、诗赋，任宏校兵书，尹咸校数术，李柱国校方技。每一书已，向辄条其篇目，撮其旨意，录而奏之。会向卒，哀帝复使歆卒父业。"歆于是总群书，而奏其《七略》"[2]，此则《别录》先成[3]，《七略》后述之明文也。然《歆传》言：河平中[4]，受诏与父向领校秘书，其后卒业。则《山海经》之录，亦署"臣秀"[5]。向时虽未著《七略》，其与任宏、尹咸、李柱国分职校书，业有萌芽。故《隋志》已称《七略别录》。隋《经籍志》史部簿录篇，有《七略别录》二十卷，署刘向撰；又有《七略》七卷，署刘歆撰。此非二书，盖除去叙录奏上之文[6]，即专称《七略》耳。固知世业联事，侪于公羊五世之传[7]，谈、迁，彪、固二世之史。举一事以征作者，孰因孰革，无以质言矣[8]。

【注释】

(1) 刘向(约前 77～前 6 年),原名更生,字子政,汉宗室。成帝时改名向,任光禄大夫,校阅经传、诸子、诗赋等书籍,写成《别录》一书,为我国最早的分类目录。另著有《新序》《说苑》《列女传》《洪范五行传》等。

(2) 歆,刘歆。刘向之子,字子骏。《七略》,刘歆著。参见《订孔》第二注(57)。

(3)《别录》,刘向与任宏等分职校书,于每篇"撮其旨意,录而奏之",书成而称《别录》。参见《官统中》第三十三注(27)。章氏根据《艺文志》引文推断,刘向先写成《别录》,刘歆在此基础上又编定《七略》。

(4) 河平,汉成帝刘骜年号(前 28～前 25 年)。

(5) 秀,刘歆于西汉末年改名秀。

(6) 叙录,指刘向等校书时,在每本书前作的提要,如今存《管子叙录》《战国策叙录》等。

(7) 公羊五世之传,指公羊学五代相传。《春秋公羊注疏》徐彦疏引戴宏《序》:"子夏传于公羊高,高传于其子平,平传于其子地,地传于其子敢,敢传于其子寿,至汉景帝时,寿乃与齐人胡毋生都著于竹帛。"

(8) 谈、迁,指司马谈、司马迁父子。彪、固,指班彪、班固父子。皆史学家。质言,如实而言。

【译文】

《汉书·艺文志》称:汉成帝时,向天下广泛寻求散佚的典籍。下诏令刘向校订经传、诸子、诗赋,任宏校订兵书,尹咸校订天文、历法、占卜类书籍,李柱国校订医药类书籍。每校订完一部书之后,刘向就列出此书的篇目,摘取主要内容,记录下来并上奏皇帝。在刘向去世后,汉哀帝又使刘歆继续完成父业。"刘歆汇集群书,上奏其《七略》",这是《别录》先已写成,《七略》后又有所补充的明确证据。然而《刘歆传》记载:河平年间,刘歆受诏与父亲刘向总领校订宫廷藏书,并最终完成。所以《山海经》之录,也署名"臣秀"。因为刘歆后来改名刘秀。刘向时虽然《七略》还没有成书,他与任宏、尹咸、李柱国各司其职、分别校书,已经有所萌芽。所以《隋志》已称《七略别录》。(《隋书·经籍志》史部的簿录篇,有《七略别录》

二十卷，署名刘向撰；又有《七略》七卷，署刘歆撰。这不是两部书，大概除去叙录上奏之文，即专称《七略》了。）所以可知世代相传的事业往往父子联合来做，类于公羊学五世相传，司马谈司马迁父子、班彪班固父子二世皆著史。要考订某一事的具体作者，谁在前谁在后、哪个为因哪个为果，已经无法说清楚了。

略者，封畛之正名(9)。《传》曰："天子经略。"所以标别群书之际，其名实砉然(10)。《御览》引刘氏书，或云《刘向别传》，或云《七略别传》。今观诸子叙录，皆撮举爵里事状，其体与《老韩》《孟荀》《儒林》诸传相类。盖淮南王安为《离骚传》(11)，大史公尝直举其文以传屈原，在古有征。班孟坚《离骚序》引淮南《离骚传》文(12)，与《屈原列传》正同，知斯传非大史自撰也。而輓近为"学案"者(13)，往往效之，兼得"传"称，有以也。

【注释】

(9) 封畛，疆界。《小尔雅》："略，界也。"

(10) 砉然，界限分明。砉，通"画"。

(11) 淮南王安，淮南王刘安。为《离骚传》，事见《汉书·淮南王传》。

(12) 班孟坚，班固，字孟坚。

(13) 学案，以传记的形式记录学派源流及思想学说的著作，如《宋元学案》《明儒学案》等。

【译文】

略，是疆界的正名。《左传》记载："天子经略。"所以用"略"标识区别群书，其名实界限分明。《太平御览》引刘氏父子的书，有的称《刘向别传》，有的称《七略别传》。若看其中的诸子叙录，都是撮要举出官爵、乡里及其行状，其体例与《老韩》《孟荀》《儒林》等列传相类似。淮南王刘安作《离骚传》，太史公曾直接引用其文来为屈原作传，古代就有这种情况。（班固《离骚序》引淮南王刘安《离骚传》的文字，与《屈原列传》正相同，可知此传并非太史公自己撰写的。）而晚近作《学案》者，往往仿效这一做法，兼得“传”之称，是有来源的。

其书领录群籍，鸿细毕备，推迹俞脉[14]，上傅六典。异种以明班次[15]，重见以著官联[16]，天府之守[17]，生生之具，出入以度，百世而不惑矣。

【注释】

(14) 俞脉，人身上的穴道。此指文理。

(15) 异种以明班次，指《七略》把书籍分为“辑略”“六艺略”“诸子略”“诗赋略”“兵书略”“术数略”“方技略”七种类别，以区别书籍的等次。

(16) 重见，指一部著作被同时收入不同的略中。官联，官吏联合治国。《周礼·天官·大宰》：“以八法治官府……三曰官联，以会官治。”郑玄注：“官联，谓国有大事，一官不能独长，则六官共举之。”

(17) 天府，《周官》官名。掌祖庙的守护保管。凡民数的登记册、邦国的盟书、狱讼的簿籍，都送天府保存。

【译文】

《七略》总领群籍，大小皆备，考察其文理，可上附六典。用不同的类别以区分书籍排列的次序，一部典籍同时收入不同的略中类似于官吏联合治事，天府之守藏，养生之用具，出入都遵照一定法度，虽历时久远也不会疑惑。

独萧何之《九章》，见《刑法志》。叔孙通之《礼器制度》[18]，王官所守，布在九区[19]。及秦氏图籍，高祖以知地形厄塞、户口多少强弱者，皆阙不著。《律历志》所述和声、审度、嘉量、权衡[20]，职之大乐、内官、大仓、大行者[21]，今在《历谱》十八家以否[22]，无文可知。及夫大尊桂酒，征于元帝时大宰丞李元之记。见《礼乐志》晋灼注引。此则官宿其业，业举其簿[23]。今于刘《略》，亦俄空焉。盖其大者，国之典章，刊剟一字[24]，罪至殊死，固不待校[25]。其细者，边豆之事，佐史之职，官别为书，与周时赞、大行相似[26]，蘩而瓶也[27]，亦不暇校雠缮写，是以不著于录也。

【注释】

(18) 叔孙通，西汉薛人。曾为秦博士。后投刘邦，采古礼，结合秦制，定立朝仪。

(19) 九区，九州，泛指全国。

(20) 和声、审度、嘉量、权衡，《汉书·律历志》："一曰备数，二曰和声，三曰审度，四曰嘉量，五曰权衡。"分别指音乐、尺度、容量、重量。

(21) 大乐、内官、大仓、大行，官府名，分别管理和声、审度、嘉量、权衡。

(22)《历谱》十八家，《汉书·艺文志》有《历谱》十八家，六百六卷。

(23) 晋灼，东汉学者，曾注《汉书》。在应劭、服虔二家之外，又增加如淳、苏林、郑氏等十四家。《汉书·礼乐志》："尊桂酒，宾八乡。"晋灼曰："尊，大尊也。元帝时大宰丞李元记云'以水渍桂，为大尊酒'。"宿，久。举，登记、记录。

(24) 刊剟(—duō 多)，删削。《广雅·释诂》："剟，削也。"

(25) 殊死，斩首。《汉书·高帝纪》："今天下事毕，其赦天下殊死以下。"韦昭曰："殊死，斩刑也。"颜师古注："殊，绝也，异也。言其身首离绝而异处也。"不待，不想，不愿意。

(26) 赞，助礼之人。大行，大行人。负责接待宾客。见《周礼·秋官》。

(27) 蘩而瓶也，即蘩瓶，亦作"丛碎"。繁杂零碎。

【译文】

唯独萧何的《九章律》(见于《汉书·刑法志》)，叔孙通的《汉礼器制度》，王官所守，施行于全国。凭借着秦朝的地图和户籍记录，汉高祖刘邦得以知道地形的险要处、户籍的多少和人丁的强弱，现在都已缺失不明。《律历志》所记载的和声、审度、嘉量、权衡，以及负责管理大乐、内官、大仓、大行等官职，如今尚在《历谱》十八家与否，没有文献可考。至于大尊桂酒，取于汉元帝时大宰丞李元的记载。(见《汉书·礼乐志》晋灼注中所引。)这就是官吏长久地从事这一职业，职业的工作记录在簿籍中。刘歆的《七略》，也有空缺内容。那些重大的方面，国家的法令制度，若删削一个字，罪至于斩首，所以就不想校对。那些琐碎的方面，祭祀及宴会之事，书佐、曹史的职责，官别为书，与周代的赞礼之人、接待宾客的大行人相类似，繁杂零碎，也来不及校勘抄写，所以也没有记载下来。

然自班氏为十《志》[28]，多本子骏，其法式具在。及隋，遂有旧事、仪注、刑法、地理诸目[29]，皆自子骏启之。郑君有言："教者开发头角而弗洞达，则受之者其思深[30]。"非子骏，孰与知此乎？

【注释】

(28) 十《志》，指《汉书》所列《律历志》《礼乐志》《刑法志》《食货志》《郊祀志》《天文志》《五行志》《地理志》《沟洫志》《艺文志》十志。

(29) 旧事、仪注、刑法、地理诸目，指《隋书·经籍志》把史部分正史、古史、杂史、旧事、职官、仪注、刑法、地理等十三小类。

(30) 郑君，郑玄。《礼记·学记》"开而弗达"。郑玄注："开，为发头角。"孔颖达疏："开，谓开发事端。但为学者开发大义头角而已，亦不事事使之通达也。""使学者用意思念，思得必深。"章氏实际转引孔颖达语。头角，端绪。

【译文】

班固作十《志》，多本于刘歆，其法度都还在。到了隋时，于是又有旧事、仪注、刑法、地理诸名目，都得益于刘歆开其风气。郑玄曾说："教者只是讲个大概而不必使学者事事通晓，这样学者就会深入思考。"若不是刘歆，谁能知道这些呢？

始班氏为《艺文志》，删要备篇[31]。南宋至今，奏录既不可睹，而佚者往往见于佗书。历城马国翰综辑其文，繁省不斠[32]，时有夺漏。

【注释】

(31) 删要备篇，指班固编《艺文志》时，删除刘氏父子所著提要，而仅存篇目。

(32) 马国翰,清山东历城人,道光进士。有《玉函山房辑佚书》,辑佚书六百二十九种。其中有《七略》佚文。斠,古通“校”。校正。

【译文】

当初班固作《汉书·艺文志》,删去刘氏父子所著提要而仅保留篇目。从南宋至今,奏录已经见不到了,而佚失的内容又往往散见于其他书籍中。历城马国翰整理编辑其佚文,繁与省不加校正,文字多有脱误和遗漏。

余旧乐史官秘文之学(33),窃省《春秋》,孙卿以为“乱术”。《解蔽》篇。注:“乱,杂也。”《法言》亦云左氏“品藻”(34)。《重黎》。众庶曰品,《说文》。杂采曰藻。《玉藻》注。刘氏比辑百家,方物斯志,其善制割、綦文理之史也。亦以余暇,虑缀佚文,用父子同业不可割异,故仍题《七略别录》。佗书或引向,或引歆,或引《七略别录》,或引刘向《七略》,或引刘歆《别录》,既糅杂不可分析,亦不更施标识。凡《艺文志》所录书目及其子注(35),非班氏省出新入(36),其辞皆刘氏旧文,与《管》《晏》《列》《荀》《山海经》《说苑》诸书叙录具在者,虽佗书征引,皆不疏录。独取韦昭、颜籀所引(37),与佚文当举书目以起本者(38),始一二迻书之。自省嵬琐,多有阙略,过而存之,窃比于我五原大守(39)。所辑如别(40)。

【注释】

(33) 史官秘文之学,指古文经学。因出自史官之秘文,故名。

(34) 左氏,《左氏春秋传》。即《左传》。品藻,《法言·重黎》:“或问……左氏?曰:品藻。”对于品藻,后人或解为“品第善恶,藻饰其事”(司马光),或认为“品藻犹云多文采”(汪荣宝《法言义疏》),一般多解为“品评鉴别”。章氏解为多杂采。

(35) 子注,书中正文下的小字分注。

(36) 省出,指班固省略《七略》的内容。新入,指班固《艺文志》新增加的内容。

(37) 韦昭,三国吴经学家。见《订文》第二十五附《正名杂议》注(15)。颜籀,即颜师古。唐经学家。参见《订文》第二十五注(267)。

(38) 佚文当举书目以起本者,指需要举出书名以指其归属的佚文。起本,述说由来。

(39) 五原太守,指刘歆。曾任五原太守。

(40) 所辑如别,章氏辑录《七略》佚文收入《章太炎全集》第一册,名《七略别录佚文征》。

【译文】

我曾喜好史官秘文之学,曾研治《春秋》,荀子以为"乱术"。(《荀子·解蔽》篇。注:"乱,是杂的意思。")杨雄《法言》也说《春秋左传》"品藻"。(《法言·重黎》)众庶曰品(《说文》),杂采曰藻(《玉藻》注)。刘氏比次辑合百家,辨别事理,可谓是善于裁切损益、极有条理的史家。我也曾用闲暇时间,编辑缀录佚文,因刘氏父子同业而难以区别,所以仍题名为《七略别录》。(其他书有的引刘向,有的引刘歆,有的引《七略别录》,有时引刘向《七略》,有时引刘歆《别录》,既然杂糅不可区分,也就不另作标识。)凡《汉书·艺文志》所录书目及正文下小注,除去班固省出或新入的内容,其余都是刘氏旧文,保存在《管子》《晏子春秋》《列子》《荀子》《山海经》《说苑》等书中的叙录,即使其他书籍征引,也不著录。只选取韦昭、颜师古所引,与应当举出书目以说明由来的佚文,才誊写一二。我自觉浅陋,多有缺漏,虽然有过错依然保存,私自将自己比作五原太守刘歆。(所辑录的内容见别本。)

哀焚书第五十八

[说明]在清末,人们说起康、雍、乾三朝的文字狱,便辫发指栋,但提及乾隆年间所修《四库全书》,却俯首致敬,而不悟二者正是清政府实行封建文化专制主义的不同表现。章太炎此文,着重揭露了乾隆开四库馆,目的不在于繁荣学术,而在于歪曲历史,尤其是毁灭各种揭露清朝统治者如何靠劫掠与杀人起家的历史记录,以使被压迫民族人民"莫能恶己以阶革命"。此举看似要比秦始皇焚书愚民显得高明,其实却愚民适足以自愚。慈禧太后一伙最后愚蠢到企图焚烧"庚子挞伐之诏",以掩盖他们对外宣战的罪责,正是历史对这帮专制者的惩罚和嘲弄。

本文首次收入《訄书》重刻本,收入《检论》时,文字略有增删。

章炳麟读《违碍书籍目录》(1),书凡二册,首列上谕、条款,后载书目。曰:乌乎!昔五胡、金、元,宰割中夏,其毒滔天,至于逆顺之分,然否之辨,未敢去故籍以腾奸言也(2)。自满洲乾隆三十九年既开四库馆,下诏求书,命有触忌讳者毁之。四十一年,江西巡抚海成献应毁禁书八千余通,传旨褒美,督佗省摧烧益急。自尔献媚者蜂起。初下诏时,切齿于明季野史。谕曰:"明季末造野史甚多,其间毁誉任意,传闻异词,必有抵触本朝之语,正当及此一番查辨,尽行销毁,杜遏邪言,以正人心,而厚风俗。"其后,四库馆议(3):"虽宋人言辽、金、元,明人言元,其议论偏缪尤甚者,一切拟毁。"及明隆庆以后(4),诸将相献臣所著奏议文录[5]，若高拱、《边略》[6]。张居正、《太岳集》[7]。申时行、《纶扉简牍》[8]。叶向高、《四夷考》《籧编》《苍霞草》《苍霞余草》《苍霞续草》《苍霞奏草》《苍霞尺牍》[9]。高攀龙、《高子遗书》[10]。邹元标、《邹忠介奏疏》[11]。杨涟、《杨忠烈文集》[12]。左光斗、《左忠毅集》[13]。缪昌期、《从野堂存稿》[14]。熊廷弼、《按辽疏稿》《书牍》《熊芝冈诗稿》[15]。孙承宗、《孙高阳集》[16]。倪元璐、《倪文正遗稿》《奏牍》[17]。卢象昇、《宣云奏议》[18]。孙传庭、《省罪录》[19]。姚希孟、《清閟全集》《沆瀣集》《文远集》《公槐集》。《公槐集》中有《建夷授官始末》一篇[20]。马世奇《澹宁居集》[21]。诸家，丝帙寸札，靡不然爇[22]。虽茅元仪《武备志》不免于火[23]。《武备志》今存者，终以诋斥尚少，故弛之耳。厥在晚明，当弘光、隆武[24]，则袁继咸、《六柳堂集》[25]。黄道周、《广百将传注》[26]。金声；《金大史集》[27]。当永历及鲁王监国[28]，则钱肃乐、《偶吟》[29]。张肯堂、《寓农初议》[30]。国维、《抚吴疏草》[31]。煌言；《北征纪略》[32]。自明之亡，一二大儒，孙氏则《夏峰集》[33]，顾氏则《亭林集》《日知录》[34]，黄氏则《行朝录》《南雷文定》[35]，及诸文士侯、魏、丘、彭所撰述[36]，皆以诋触见烬。其后纪昀等作《提要》[37]，孙、顾诸家，稍复入录。或曰，朱、邵数君子实左右之[38]。然隆庆以后，至于晚明，将相献臣所著，靡有孑遗矣！其他遗闻轶事，皆前代逋臣所录，非得于口耳传述，而被焚毁者不可胜数也。由是观之，夷德之戾，虽五胡、金、元，抑犹有可以末减者邪[39]！

【注释】

(1)《违碍书籍目录》，四库全书馆编，书首列乾隆三十九至四十三年有关诏书，正文列各种应当禁毁的书籍目录，有浙江、河南、江宁、四川等多种刻本，其中以四川刻本最为详备。

(2) 腾，传播。

(3) 四库馆议，指四库馆所定《查办违碍书籍条款》。

(4) 隆庆，明穆宗年号(1567～1572 年)。隆庆以后，努尔哈赤逐渐统一建州女真各部，从这时开始，明朝文献关于建州女真及其与中央政权冲突的记载日益增多，反映这段历史的著作，是清朝禁毁书籍的重点。

(5) 献臣，贤臣。

(6) 高拱，字肃卿，明河南新郑人，嘉靖进士，穆宗时曾任首辅，兼领吏部。所著《边略》，包括《防边纪事》《伏戎纪事》《挞虏纪事》《靖夷纪事》《绥广纪事》五种，有明刊《纪录汇编》本和《高文襄公集》本等。

(7) 张居正，字叔大，号太岳，明湖广江陵（今属湖北）人。明万历时曾当国十年。《太岳集》亦作《张太岳文集》，四十七卷，明万历壬子刊行。

(8) 申时行，字汝默，明长洲（今江苏苏州）人。张居正死，以礼部侍郎入阁参与机务。著有《纶扉简牍》十卷，明天启间刊行。

(9) 叶向高，字进卿，号台山，明福清（今属福建）人。万历时累官吏部尚书兼东阁大学士，光宗时为首辅。屡与魏忠贤相争，被阉党指为东林党魁。所著《四夷考》八卷，明万历间刊。《籧编》已佚。《苍霞草》二十卷、诗八卷，《苍霞余草》十四卷，《苍霞续草》二十二卷。

(10) 高攀龙，字存之，又字云从、景逸，明无锡（今属江苏）人。万历进士，熹宗时官左都御史。与顾宪成在无锡东林书院讲学，时称“高顾”，为东林党首领之一。《高子遗书》，包括诗集八卷，文集五卷及《周易孔义》等专著五种，明崇祯五年刊，清康熙、乾隆间屡有重刻本。

(11) 邹元标，字尔瞻，别号南皋，明吉水（今属江西）人。万历进士，累官至吏部左侍郎，拜左都御史。母死后，家居讲学近三十年，为东林党首领之一。《邹忠介奏疏》，五卷，约天启间刊，属“全毁”著作。

(12) 杨涟，字文孺，号大洪，明应山（今属湖北）人。万历进士，官至左副都御史，天启四年(1624 年)上疏弹劾魏忠贤二十四大罪，次年，为魏忠贤诬陷而死。《杨忠烈文集》，六卷，清顺治间刊，属“全毁”著作。

(13) 左光斗，字遗直，明桐城（今属安徽）人。万历进士，官至御史，与杨涟一起反对魏忠贤，亲劾魏忠贤三十二斩罪。次年，与杨涟同被诬陷，死于狱中。《左忠毅集》，五卷，有顺治、康熙等刻本。

(14) 缪昌期，字当时，明江阴（今属江苏）人。天启间官左赞善。《从野堂存稿》，八卷，崇祯间刻，属“全毁”著作。

(15) 熊廷弼，字飞百，明湖广江夏（今湖北武昌）人。万历、天启间两次任辽东经略。《按辽疏稿》《书牍》《熊芝冈诗稿》，多述后金事，均见《熊襄愍公集》，清同治间姚莹等刊《乾坤正气集》收入。

(16) 孙承宗，字稚绳，明高阳（今属河北）人。万历进士，天启初任兵部尚书经略蓟辽，清兵入关后，在高阳率众拒守，城破而死。《孙高阳集》，二十卷,清同治间刊《乾坤正气集》收入。

(17) 倪元璐,字玉汝,明上虞(今属浙江)人,崇祯间累官至户部尚书。李自成陷京师,自缢而死。《倪文正遗稿》,二卷,顾予咸选,唐九经评,顺治八年刊,因"诗内有违碍语句"被禁。

(18) 卢象昇,字建斗,明宜兴(今属江苏)人。天启后曾任湖广巡抚,总督宣大山西军务,多次抵抗清兵,镇压农民起义,最后与清兵力战而死。《宣云奏议》,即《卢忠肃公奏议》六卷,约顺治间刻。

(19) 孙传庭,字伯雅,明代州振武卫(今山西代县)人。万历进士,崇祯九年(1636 年),出任陕西巡抚,总督陕西军务,镇压农民起义,参与抵抗清兵。《省罪录》,系孙传廷的督师奏议。

(20) 姚希孟,字孟长,明吴县(今属江苏)人。崇祯初为南京少詹事。所著《清閟全集》《沆瀣集》《文远集》《公槐集》"语多悖谬",属全毁著作。

(21) 马世奇,字君常,明无锡(今属江苏)人。崇祯时官至左庶子,京城陷时自缢而死。《澹宁居集》,文集十卷,诗集三卷,顺治、雍正,乾隆间均有刻本。

(22) 然爇(—ruò 弱),燃烧。

(23) 茅元仪,字止生,号石民,明归安(今浙江吴兴)人。崇祯间佐孙承宗军务,官副总兵,留心边务,所著《武备志》二百四十卷,内有女真史的系统记录,天启元年刻。

(24) 弘光,南明福王朱由崧年号;隆武,南明唐王朱聿键年号。

(25) 袁继咸,字季通,明江西宜春人。天启后累官兵部左侍郎,总督江西、湖广等处军务,后被清军所执,不屈而死。《六柳堂集》,亦名《未优轩诗草》,三卷,顺治间刊。

(26) 黄道周,字幼平,明福建漳浦人。南明弘光时为礼部尚书,后拥立隆武帝,自请北伐,为清兵所俘杀。《广百将传注》,陈元素原著,黄道周注,周亮辅增补。

(27) 金声,字正希,明安徽休宁人。曾于家乡起兵抗清,后遇害死。《金太史集》,九卷,亦名《金太史稿》,清初刻。

(28) 永历,南明桂王朱由榔年号。鲁王,南明鲁王朱以海。1645 年由张国维等拥立,称监国。

(29) 钱肃乐,字希声,明浙江鄞县人。清兵破杭州,在浙东抵抗,拥立鲁王监国,官至兵部尚书,后忧愤卒。《偶吟》,崇祯十三年作,属"销毁"著作。

(30) 张肯堂,字载宁,明华亭(今属上海市松江县)人。唐王入闽后,被任命为吏部尚书,左都御史,后兵败被缢死。《寓农初议》,清初刻。

(31) 国维,张国维,字玉笥,浙江东阳人。崇祯时为应天巡抚,兵部尚书。南明时拥立鲁王监国。兵败自杀。《抚吴疏草》,为张国维巡抚应天等处的奏疏,崇祯间刻,十二册,不分卷。

(32) 煌言,张煌言。参见《〈分镇〉匡谬》注(79)。《北征纪略》,一卷,记录其与郑成功进攻江宁的史实。

(33) 孙氏,孙奇逢,明末清初学者。字启泰,号钟元,河北容成人。崇祯间结寨于易州山中抗拒农民军,明亡后隐居于河南辉县百泉夏峰村讲学,人称夏峰先生。《夏峰集》,十四卷,补遗二卷。

(34) 顾氏,顾炎武。参见《学蛊》第九注(37)。《日知录》,康熙四十三年刊,属于"全毁"的著作。

(35) 黄氏,黄宗羲。参见《王学》第十注(44)。《南雷文定》,黄宗羲著。十卷,外集一卷。其中反映了黄氏反对君权的民主思想。

(36) 侯,侯方域,明诸生。字朝宗,商丘人。著有《壮海堂文集》《回忆堂诗集》,俱被禁毁。魏,指魏际瑞、魏禧、魏礼三兄弟。明诸生。江西宁都人。三人著作合称《三魏文集》,亦名《宁都三魏集》《魏氏全集》,因"书中有感愤之词","多有悖逆"而遭禁毁。丘,指丘维屏,字邦士,宁都人,明诸生。有《邱邦士先生文集》十七卷,康熙年间刊,因"议多狂诞"而遭禁毁。彭,彭士望。字躬庵,江西南昌人,明亡后与魏禧兄弟一同隐居于翠微峰。所著《耻躬堂诗文集》,一名《彭躬庵集》,因"多愤激之词","语多违悖"而遭禁毁。

(37) 纪昀,字晓岚,一字春帆,直隶献县(今属河北)人。乾隆间累官礼部尚书、协办大学士、任四库馆总纂官,编定《四库全书总目提要》。《提要》,即《四库全书总目提要》,永瑢、纪昀主编。共200卷,收入库书3470种,存目书6819种。

(38) 朱,朱筠,字东美,号笥河,河北大兴人,乾隆年间为安徽学政时,奏言翰林院贮《永乐大典》,内多世未见古书,清开局搜辑校阅,为设四库全书馆发端。后在四库馆任校办各省送到遗书纂修官。邵,邵晋涵,字与桐,一字二云,浙江余姚人。乾隆间任四库馆校勘《永乐大典》纂修官,《八旗通志》、国史馆及三通馆纂修官。

(39) 末减,减轻刑罚。《左传·昭公十四年》:"三数叔鱼之恶,不为末减。"杜预注:"末,薄也;减,轻也。"

【译文】

章炳麟读《违碍书籍目录》,(此书分两册,前面列诏书、条款,后面记载所收书目。)感叹说:唉!从前五胡、金、元宰割压迫中原时，其罪恶极大，但对于逆、顺的判断，对于是、非的辨别，尚不敢销毁古籍以传播其奸邪之言。自从清乾隆三十九年开设四库馆，下达诏令寻求书籍，并命令销毁那些触犯朝廷忌讳的书籍。乾隆四十一年，江西巡抚海成献上应销毁的禁书共八千余种，朝廷传旨对他大加褒奖，督促其他省份焚毁禁书更加急迫。自此以后向朝廷献媚的人纷纷而起。起初朝廷下诏时，只是痛恨于明末兴起的野史。（朝廷诏令说："明朝末年产生了众多野史。这些野史记载对世事妄加褒贬，传闻说法不一，必有毁谤触犯本朝的话语，正应当趁此机会进行一番考查并加以惩处，对违禁者予以全部销毁，杜绝邪言，以正人心，敦厚世风民俗。"）此后，四库馆议："即使是宋人言辽、金、元，明朝人指责元，所发议论偏颇不公的，也都要销毁。"到明隆庆以后，众多将相贤臣所著述的奏议文录，如高拱（著《边略》）、张居正（《太岳集》）、申时行（《纶扉简牍》）、叶向高（《四夷考》《籧编》《苍霞草》《苍霞余草》《苍霞续草》《苍霞奏草》《苍霞尺牍》）、高攀龙（《高子遗书》）、邹元标（《邹忠介奏疏》）、杨涟（《杨忠烈文集》）、左光斗（《左忠毅集》）、缪昌期（《从野堂存稿》）、熊廷弼（《按辽疏稿》《书牍》《熊芝冈诗稿》）、孙承宗（《孙高阳集》）、倪元璐（《倪文正遗稿》《奏牍》）、卢象昇（《宣云奏议》）、孙传庭（《省罪录》）、姚希孟（《清閟全集》《沆瀣集》《文远集》《公槐集》。《公槐集》中有《建夷授官始末》一篇）、马世奇（《澹宁居集》）诸家，他们的片言只语，无不焚毁。即使是茅元仪的《武备志》也不免于焚毁。（《武备志》如今尚存的，终因谴责之言不是太多，所以稍放松了审查。）到了晚明，在弘光、隆武时，则有袁继咸（《六柳堂集》）、黄道周（《广百将传注》）、金声（《金太史集》）；在永历及鲁王监国时，则有钱肃乐（《偶吟》）、张肯堂（《寓农初议》）、张国维（《抚吴疏草》）、张煌言（《北征纪略》）；到明朝灭亡后，当时的几位大儒，如孙奇逢有《夏峰集》，顾炎武有《亭林集》《日知录》，黄宗羲有《行朝录》《南雷文定》，以及几位文士侯方域、魏禧、丘维屏、彭士望所撰述，皆因诋触而被烧毁。之后纪昀等人作《四库全书总目提要》，孙奇逢、顾炎武等人，逐渐又进入到著录中。有人认为，这是朱筠、邵晋涵等人发挥了作用。然而明隆庆以后，直到晚明，将相贤臣们的著述几乎没有能保存下来的了。其他遗闻轶事，都是前代逃亡之臣记录下来的，非得于口耳传述，而且被焚毁的是不可胜数。由是观之，相较于清朝的残忍暴戾，五胡、金、元，或可以从轻论罪了。

大史公曰(40)："秦既得意，烧诸侯史记尤甚，为其有所刺讥也。"乾隆焚书，无虑二千种，畸重记事，而奏议、文献次之，其阴鸷不后于秦矣。今夫血气心知之类，惟人能合群。群之大者，在建国家，辨种族。其条列所系，曰言语、风俗、历史。三者丧一，其萌不植(41)。俄罗斯灭波兰而易其言语，突厥灭东罗马而变其风俗(42)，满洲灭支那而毁其历史。自历史毁，明之遗绪，满洲之秽德，后世不闻。斯非以遏吾民之发愤自立，且划绝其由蘖邪(43)？自是以后，掌故之守(44)，五史之录(45)，崇其谀佞，奖餍虚美(46)，专以驾言诳耀(47)，使莫能罪状己以阶革命(48)。伟哉！夫帝王南面之术，固鸷于秦哉。

【注释】

(40) 大史公曰，引文见《史记·六国年表序》，有节略。

(41) 萌，通“氓”。民众。植，通“殖”。生存。

(42) 俄罗斯灭波兰而易其言语，十八世纪末十九世纪初，沙皇俄国勾结奥地利、普鲁士瓜分吞并波兰后，推进大俄罗斯沙文主义政策，禁止波兰人民使用民族语言，禁印波兰文书籍，禁用波兰语教学，禁唱波兰民族歌曲。突厥灭东罗马而变其风俗，十五世纪奥斯曼帝国灭亡东罗马帝国后，强迫推进民族同化政策，凡不改信伊斯兰教和接受阿拉伯风俗习惯的居民，都被课以苛重的人头税。

(43) 刬,同“铲”。由蘖,萌芽。《尚书·盘庚》:“若颠木之有由蘖。”

(44) 掌故,汉代太常属官,《汉书·晁错传》颜师古注引应劭说:“掌故,六百石吏,主故事。”

(45) 五史,《周礼》谓史官有大史、小史、内史、外史、御史。《隋书·经籍志》遂谓殷、周天子之史有五。

(46) 奖饜,奖励,成全。

(47) 驾言,腾驾空言。

(48) 阶,引发,为阶梯。

【译文】

太史公说:“秦既得志,焚烧各诸侯国的史记尤甚,因为这些记载有所讥刺。”乾隆所焚毁之书,约略有二千种,偏重于那些记事的,其次是那些奏议文献,其阴险狠毒不亚于秦!有夫血气心智的生物,只有人类能合群。群之大者,在于建立国家、区分种族。维系国家、种族的,是语言、风俗和历史。三者中缺少任何一方面,则百姓都无法生存下去。俄罗斯灭波兰而改变其语言,突厥灭东罗马而变易其风俗,满洲灭华夏而毁灭其历史。自从历史被毁灭之后,明朝的遗绪,满洲的罪恶,后世无从得知。这不是要遏制我华夏发愤自立,铲平再生的枝芽吗?从此以后,史官的职守,史书的记载,推崇献媚之风,奖励不实之美,专门用空话来欺骗迷惑,使人不能揭露清廷的罪恶而引发革命。伟哉!帝王南面之术,比秦朝还要凶猛!

且乾隆之世,伪复明孝安等三帝年号(49),于前代谊士,方赠谥树表(50),扬厉而不厌。及一夕焚其书,不曰“狂吠”,则曰“悖逆”。何一人之言,而前后驳异如是也?夫患臣僚之携贰,则褒遗忠以炫之;惧汉族之怀旧,则毁故书以窒之。二者相违,而皆以愚民。惟民也卒受其愚,哀哉!昔者秦始皇帝功德瑕衅(51),粲然在中夏,其法式诒于后嗣,焚史隐恶,至今而弥甚。攘除胡貉,数世而不行。及授胡貉以柄，使烝报杀略者[52]，得善自隐讳，以为臧身之固，虽秦亦不意是也。

【注释】

(49) 三帝年号，指南明福王年号弘光、唐王年号隆武、桂王年号永历。乾隆曾上谕，谓恢复三王年号，“以福王偏立江左，尚可比宋代建炎之例”，“唐、桂二王自不等于福王，但为明室宗支，与宋之昰、昺相同，未可概从僭伪之例”。

(50) 方赠谥树表，乾隆四十一年(1776年)下诏在忠义祠祭祀明代建文、崇祯二朝死难诸臣及士民，记姓名事迹于《胜国殉难诸臣录》。

(51) 瑕衅，瑕疵。

(52) 烝报，《尔雅·广义》：“上淫曰烝，下淫曰报。”这时泛指乱伦。

【译文】

乾隆年间，虚伪地恢复明孝安等三帝的年号，对于前代的义士，一并追赠谥号、竖立门表，一味地宣传赞扬。等到一朝下令焚毁其书，不是斥责为“狂吠”，就是骂为“悖逆”。为什么同是一人之言，前后矛盾到如此地步？担心臣僚怀有二心，则褒奖忠臣遗老以迷惑他们；忧惧汉族怀旧，则焚毁故籍以阻碍他们。二者相违背，但都是为了愚民。百姓最终受到愚弄，可悲啊！从前秦始皇帝的功德与罪过，明白展现在华夏人面前，其制度遗留给后世。焚毁史籍以隐藏罪恶，到如今反而更严重。为推翻满洲政权，道光、咸丰以来数次起义都不成功。等到满洲人获得权柄后，使得淫乱、残暴、掠夺者，能够很好地隐藏自己的罪恶，得以安身稳固，纵使当年秦统治者也不会想到会这样。

乌乎！长国家者不务子孙万世之计，而肆忿悁于一眴[53]。方是时，则诚满志矣。数世而衰，而斧柯之伐，其则不远[54]。《中西纪事》《海国图志》之属[55]，尝指斥欧人，欧人亦欲以严令督毁之。至于庚子挞伐之诏[56]，且躬自燔除[57]，以奄其咎[58]。悲夫，昔人著书，皆异代见焚，今斧扆图籍之未丧，而先不能保其诏令乎！

【注释】

(53) 肆，放纵。忿悁，愤恨。眴(xuàn 炫)，目摇。一眴，形容时间极短。

(54) 斧柯之伐二句，见《诗·豳风·伐柯》："伐柯伐柯，其则不远。"郑玄笺："则，法也。伐柯者必用柯，其小大长短，近取法于柯，所谓不远求也。"柯，斧柄。章氏的理解与旧说不同。

(55)《中西纪事》，清夏燮(化名江上蹇叟)著，二十四卷。记录两次鸦片战争的史实，主旨在反侵略，初刊本曾被清政府毁版。《海国图志》，清魏源撰，一百卷，近代早期改良主义的先驱名著，主张"以夷攻夷"，"以夷款夷"，"师夷长技以制夷"。

(56) 庚子挞伐之诏，1900 年 6 月 21 日，清慈禧太后以光绪皇帝名义发布的对列强宣战上谕，内谓："朕今涕泣以告先庙，慷慨以誓师徒，与其苟且图存，贻羞万古，孰若大张挞伐，一决雌雄。"

(57) 躬自燔除，指义和团失败后，清政府对以前发表的宣战诏令暗自否认。

(58) 奄，覆盖。

【译文】

唉！统率国家者不追求子孙万世之长计，而恣意发泄愤恨于一时。当时，真是志得意满。几代之后就衰败了，人们起兵讨伐，原因就在于清廷自身。《中西纪事》《海国图志》之类的书籍，曾斥责欧洲人，欧洲人也想严令加以销毁。到了庚子年所下发的征讨诏书，清廷要亲自焚烧销毁，以掩盖其过失。可悲啊！古人著书，都是改朝换代以后才有被焚毁的，如今政权尚存、疆土人民尚在，就已经不能保全所下发的诏令了！

哀清史第五十九

[说明]本文分正文和附论两个部分。正文揭露了清廷为了一己私利，广织罗网，大兴冤狱，致使《清史》严重失实的丑行。附论则是作者关于写作《中国通史》的想法和思考。

1899年，章太炎从日本返回国内时，曾计划编纂一部《中国通史》，“以发明社会政治进化衰微之原理为主”，兼用以“鼓舞民气，启导方来”。后因各种原因，这一计划未能实现，只留下《中国通史》目录和《中国通史略例》一文，作者在文中分析了传统史学的优劣，探讨了《中国通史》应遵循的方法和原则。他指出，传统史学长于具体记述，短于抽象原理的探讨，这是它的一个不足。因为治史的主要任务在于掌握历史发展的趋势和规律，了解“社会政治盛衰蕃变之所原”。因此，他主张学习新思想、新理论，“镕冶哲理，以祛逐末之陋”。但传统史学也并非一无是处，“西方作史，多分时代；中国则惟书志为贵”。以时代划分，优点是脉络清晰，适宜于编写教科书，而书志分类法则利于记述一类事物的发展变化，可用于专门的学术著作，二者是可以相互补充的。章氏的《中国通史》在体例上分表、典、记、考纪、别录，即充分吸取了传统史学的记叙方法。可见，作者一方面从西学的角度批判传统史学的不足，另一方面对传统史学合理部分给予充分肯定，力求作到新与旧、中与西的融会结合。这可以说是章太炎治史的一个重要特点。

本文初次收入《訄书》重刻本，经修订后收入《检论》。

乌乎！自黄帝以逮明氏[1]，为史二十有二矣。除去复重《旧唐书》《旧五代史》二种。自是以后，史其将斩乎！何者？唐氏以上，史官得职，若吴兢、徐坚之属[2]，奋笔而无桡辞[3]。宋、明虽衰，朝野私载，犹不胜编牒[4]，故后史得因之以见得失。作者虽有优绌，其实录十犹四五也[5]。

【注释】

(1) 明氏，明代。

(2) 吴兢，唐史学家。汴州浚仪(今河南开封)人。武周时，入史馆，编修国史。与刘知几等撰《武后实录》，所述张昌宗诱张说陷害魏元忠事，直书不讳，后张说为相，屡求更改，予以拒绝。撰《贞观政要》等书。徐坚，唐学者。字元固，唐湖州长城人。为文典实，以文学著称。

(3) 桡辞，屈枉之辞。

(4) 编牒，编入史册。

(5) 实录，符合实际的记录。

【译文】

呜呼！上自黄帝下至明代，已作有二十二部史籍。(除去重复的《旧唐书》《旧五代史》两种。)自此以后，史书将要断绝了！为什么这样说呢？唐代以前，史官能得其职守，如吴兢、徐坚之辈，皆能秉笔直书而绝不在语辞上委曲顺从。宋、明两朝史官虽然趋于衰落，朝野上下的私人记载，仍有很多，所以后来的史官可以凭借其材料考察其得失。各位作者虽然有优劣，但符合实际的记录能达到十之四五。

自清室滑夏，君臣以监谤为务[6]。当康熙时，戴名世以记载前事诛夷矣[7]。雍正兴诗狱，乾隆毁故籍。姗谤之禁[8]，外宽其名，而内实文深[9]。士益媮窳，莫敢记述时事以触罗网。后虽有良史，将无所征信。悲夫！天子之将崩，便房、题凑、璠玙、玉匣之属[10]，宿成于考工[11]，无所吝讳，虽讳亦不得不豫。今清室之覆亡,知不远矣！史于亡国,亦大行之具[12],不于存时宿储跱之[13],人死而有随之赍送以赗襚者[14],国死而赍送亦绝,可不哀邪？大凡纪传,财成于史馆,直载其事,顾不详其所因缘。私传碑状,虽具道委曲,大氐谀诬也。且贞信以婴戮[15],则国史不列;便辟以遇主[16],则草野不讥;朱紫玉石,贸然淆矣。

【注释】

(6) 监谤,监察谤言。

(7) 戴名世,安徽桐城人。康熙四十八年进士,任翰林院编修。搜罗明末史实,著《南山集》,宣称明末弘光年号不可废。以"大逆"罪被杀。此案株连数百人之多。

(8) 姗,同"讪"。《说文》:"讪,谤也。与姗略同。"

(9) 文深,深文周纳。苛刻周密地援用法律条文,陷人于罪。泛指不根据事实而罗织罪名。

(10) 便房,古代帝王和贵族坟墓中供吊祭者休息用的小室。题凑,黄肠题凑。西汉帝王陵寝椁室四周用柏木堆垒成的框形结构。璠玙,鲁之美玉。此指陪葬之玉。玉匣,亦作"玉柙"。古代帝王的葬服。

(11) 宿成,预先做成。考工,西汉官名,负责制造兵器弓弩等,兼主织绶诸杂工。

(12) 大行,汉以后称皇帝去世为大行。大行之具,指送葬之具。

(13) 跱,同"峙"。储备。《书·费誓》:"峙乃糗粮。"

(14) 赗襚(fèng 奉—),助葬用的车马布帛及衣被等财物。

(15) 婴戮,遭戮。婴,同"撄"。遭遇。

(16) 便辟,奉迎谄媚貌。

【译文】

自清廷侵扰华夏,君臣以监察谤言为要务。在康熙年间,戴名世因记载之前的明末史事而遭到杀戮。雍正时大兴诗狱,乾隆时焚毁古籍。对讥讪毁谤的禁忌,在外徒有宽大的名义,实际上却深文周纳。士人愈加苟且懒惰,不敢记述时事以免触犯法网。后世即使有能秉笔直书的史官,也没有可信的史料。可悲啊！天子将要驾崩时,供吊祭者休息的小屋、黄肠题凑、陪葬的美玉、葬服之类的，都要提前准备好，没有什么可忌讳的，即使有所忌讳也不得不事先准备。如今清廷的覆灭，可知不远了！史籍对于将亡之国而言，也就相当于是送葬的器具，不在活着时提前准备好，人死后还有人来送葬，国家灭亡了送葬也就断绝，能不悲哀吗？大凡本纪、列传，编撰于史馆，直接记载其事，对事件的原委则语焉不详。私人刻制的碑传，虽然详细记载原委，但大多是阿谀不实之言。而正直诚实遭到杀戮的，国史反而不列；奉迎谄媚以投合君主的，民间野史也不讥讽非议；正与邪、好与坏，杂乱混淆了。

清室始滑夏，崇拜浮屠以奖其奸，烝报尊亲以盈其欲。故世祖大行[(17)]，暗冒之事，吴伟业诗彰之[(18)]。而张煌言为《满洲宫词》[(19)]，著文皇后之婚睿王[(20)]。张苍水《奇零草》有《满洲宫词》云："春官昨进新仪注，大礼恭逢大后婚。"此当时事证。然皆家人事，米盐琐细，不著于惇史无损[(21)]。史之枉桡，曰"圣祖至仁也"[(22)]。滇都沦丧[(23)]，天保既定[(24)]，而明之宗室诛夷残破，不记于史官。仁和宋氏者，自言明裔，康熙世惧搜戮，改氏曰宋。凤皇朱氏者，自言明裔，清初逃之镇筸山中，戒子姓不出山。亦足以见其戕虐三窸[(25)]，惨毒无道，视蒙古之遇宋裔，绝矣！且延恩之封[(26)]，不建于六十一年，而待世宗[(27)]，明明裔彫零破覆尽也。高宗者[(28)]，威谋若神，善御将帅，每用兵，诸将必禀承庙算，违者辄败。以成事诊之[(29)]，福康安、柴大纪之狱[(30)]，功罪易知，犹乱于名实，若万里之外何？薛莹《汉纪》有言[(31)]："古者师不内御。而光武命将，皆授以方略，使奉图而进。其违失无不折伤。意岂文史之过乎？不然，虽圣人其犹病诸[(32)]？"《御览》九十引。莹，吴人，与韦昭同时。

【注释】

(17) 世祖，清世祖福临。年号顺治。顺治二十四岁去世，野史中对他的去世有种种猜测。

(18) 吴伟业,明末清初人。字骏公,号梅村,江苏太仓人。崇祯四年进士,明亡家居。康熙时出仕清朝,任国子监祭酒。长于诗。著有《梅村集》,对清政府多有讥讽。

(19) 张煌言,字苍水,明末抗清将领。参见《〈分镇〉匡谬》注(79)。

(20) 文皇后,顺治(福临)的生母孝庄文皇后。睿王,即多尔衮。太宗时封和硕睿亲王。

(21) 惇史,信史。《方言·七》:"惇,信也。燕曰惇。"

(22) 圣祖,清圣祖玄烨。年号康熙。

(23) 滇都,云南昆明。吴三桂在此带头发动三藩之乱。

(24) 天保,同"天祚"。引申为皇统、国运。

(25) 三窓,同"三恪"。古代新的统治王朝为笼络人心,巩固统治,往往封前代三个王朝的子孙,给以王侯名称,称三恪。此指明遗民。

(26) 延恩之封,指清廷为笼络人心而对明代遗臣进行加封。

(27) 六十一年,康熙六十一年(1722年)。此年玄烨去世。世宗,清世宗胤禛,年号雍正。

(28) 高宗,清高宗弘历,年号乾隆。

(29) 成事,已完成之事。《论语·八佾》:"成事不说。"诊,察。

(30) 福康安、柴大纪之狱,福康安,满洲镶黄旗人。清军机大臣,任封疆大吏。柴大纪,台湾提督。因见福康安时礼节不周,遂以奸诈难信、纪律不明等罪,解至北京处死。

(31) 薛莹,三国吴史学家。字道言,沛郡竹邑(今属江苏)人。为左图史。著有《东观汉纪》。

(32) 意,通"抑"。表转折。病诸,患之。

【译文】

满人侵扰华夏,崇拜佛教以助长其邪恶,奸淫尊亲以满足其淫欲。所以顺治帝去世后,宫内的隐秘之事,在吴伟业的诗中有所揭露。而张煌言作《满洲宫词》,记述了孝庄文皇后与睿王多尔衮事。(张苍水所作《奇零草》中引《满洲宫词》记载:"春官昨进新仪注,大礼恭逢太后婚。"这是当时之事的凭证。)但这是其家事,烦杂琐碎,不记载于信史中也没有什么问题。史籍的歪曲不实之处,是说"圣祖玄烨最有仁德"。昆明沦陷以后,皇统已安定,而明宗室被杀戮殆尽，不记于史官。仁和宋氏，自称是明宗室后裔，康熙年间惧怕被搜捕杀戮，改姓氏为宋。凤皇朱氏，也自称为明宗室后裔，在清初时逃到镇箪山中，告诫子孙后代不许出山。这足以表明清廷屠戮明宗室子孙，残忍无道，相较于当年蒙古对待宋之宗室后裔，可谓天壤地别！并且清廷对明朝遗臣的加封，不是在康熙朝六十一年之中，而等到雍正即位，表明明宗室后裔已经凋零殆尽。乾隆帝威严、谋略如神，善于统御将帅，每当用兵，每个将官必定听命于他对战事的谋划，违背者就会战败。从事后来看，军机大臣福康安处罚台湾梯度柴大纪的案件，功过很容易辨别，尚且是非不分，更何况万里之外的事呢？薛莹所著《汉纪》有言："自古军队在外则不可由朝内直接统御。而光武帝刘秀任命将领，都要给他们计划、策略，命他们依照计划行军。凡没有按照命令去做的没有不失败的。难道是史官的记录有误吗？不然的话，像光武帝这样料事如神，即使是圣人也难以做到。"(《太平御览》卷九十引。薛莹，吴人，与韦昭同时代。)

田文镜之陗核(33)，天下称其酷吏。赵申乔者(34)，以清方被主知(35)，善为句稽(36)，布政有绩，及其发《南山集》以诛名世，余螫被于方苞诸良(37)，钳语丑正(38)，伤志士之心。清世以文字成狱者，自此始。豺虎所不食，有北所不受(39)，其恶超趺于文镜矣！比迹彭鹏(40)，声为惠吏，国史无讥，而草野亦莫之讥也。乃者宋之徐爰(41)，谙识朝章，大礼仪注(42)，非爰不定。其学业精博，终身亦未有大过也。徒以豫参顾问，能得人主微旨，既善傅会，又饰以典文，遂与阮佃夫等同列于《恩幸传》(43)。今之徐乾学、高士奇(44)，非爰之亚佐邪？国史无讥，而草野亦莫之讥也。钱谦益与冯铨(45)，其贰心一也，一思明，一忘明，其恶名归于思明者；肃顺与奕䜣(46)，其辅主一也，一骨鲠，一夸毗(47)，则美名归于夸毗者。且李绂、孙嘉淦，若遽受大辟，则百岁不雪矣(48)。讷亲、张广泗，诚得减死，贳贷前事而复用之，其褒颂载涂又可知也(49)。

【注释】

(33) 田文镜，清汉军正黄族人。为雍亲王(即世宗)的心腹。曾任山西布政使、河南总督等，在任时，匿灾不报，致百姓流离。陗核，严峻苛刻。

(34) 赵申乔，清大臣。字慎旃，江苏武进人。康熙九年进士，曾劾奏戴名世《南山集》《孑遗录》有逆语，造成《南山集》案。

(35) 清方，清廉方正。

(36) 句稽，考核文书簿籍。

(37) 方苞，清散文家。参见《清儒》第十二注(104)。

(38) 钳语，钳制言论。丑正，厌恶正直之人。《左传・昭公二十八年》："《郑书》有之：'恶直丑正，实蕃有徒。'"

(39) 有北，北方严寒荒野地区。《诗・小雅・巷伯》："豺虎不食，投畀有北。"

(40) 彭鹏，清大臣。字奋斯，号古愚，清福建莆田人。顺治进士。三蕃之乱时，耿精忠逼其就职，坚不受。三藩平定后，授三河知县。著有《古愚心言》八卷。

(41) 徐爰，南朝宋大臣。字长玉，开阳(今山东临沂)人。累官至游击将军，巧于奉迎，能得人主微旨。

(42) 大礼仪注，对朝廷各种礼仪的解释。

(43) 典文，记载典章制度的文献。阮佃夫，南朝宋大臣。浙江诸暨人。明帝为世子时曾为其傅。后明帝被拘于殿中，为前废帝所疑，与王道隆等谋杀前废帝，明帝即位，封建城县侯。《恩幸传》，指《宋书・恩幸传》。

(44) 徐乾学，清大臣。字原一，号健庵，江苏昆山人。康熙进士。任内阁学士，奉命编纂《清一统志》《清会典》及《明史》。另曾搜集唐、宋、元、明学者解经著作，汇为《通志堂经解》。高士奇，清大臣。字澹人，号江村，钱塘人。康熙时，由监书充书写，直南书房，为帝所宠信。官至礼部侍郎。著有《天禄识余》《春秋地名考略》《左传记事本末》等。

(45) 钱谦益(1582～1664 年)，明及清大臣。字受之，号牧斋，常熟人。明万历三十八年进士，授编修。顺治三年，清兵定江南，谦益迎降，命以礼部侍郎兼管秘书院事。参见《别录甲》第六十一杨颜钱。冯铨，明及清大臣。字振鹭，顺天涿州(治今河北涿县)人。万历进士。天启中官至户部尚书、武英殿大学士，与魏忠贤勾结，杀害杨涟、熊廷弼等。清军入关，被征用，累任弘文院大学士等职。

(46) 肃顺，清大臣。字豫庭。文宗去世后，为顾命八大臣之一。后为慈禧所杀。奕䜣，文宗之弟。封恭亲王。与慈禧发动政变，杀肃顺等顾命大臣。

(47) 夸毗，谄媚，卑屈。《诗·大雅·板》："天之方懠，无为夸毗。"

(48) 李绂，清江西临川人。曾因参劾田文镜入狱，日读书饱啖熟眠，后得赦。孙嘉淦，清代学者。字锡公，一字懿斋，山西太原人。康熙进士。雍正时任顺天府尹。直言敢谏，曾因进谏触怒雍正，论斩，后赦免。精研理学，以躬行为本，编有《近思录辑要》等。大辟，死刑。雪，昭雪。

(49) 讷亲，清大臣。遏必隆之孙。乾隆时，以首辅经略金川军务，失机，被斩于军前。张广泗，清大臣。清汉军镶红旗人。监生出身，历任贵州巡抚川陕总督，乾隆初镇压苗民起义，后以进攻大金川（今四川大金川流域）失误军机，被乾隆处死。贳贷，赦免。涂，同"途"。

【译文】

田文镜严厉苛刻，世人称其为酷吏。赵申乔，以清廉正直而被朝廷赏识，善于考察文书簿籍，施政多有功绩，等到他举发《南山集》而诛杀了戴名世，其祸害殃及方苞等多位贤良之士，钳制言论，厌恶正直，伤害仁人志士之心。清廷大兴文字狱，就是从此时开始的。赵申乔这种人，猛兽都不吃，北方严寒之地都不接受，其恶远远超过了田文镜！与彭鹏相比，却有惠吏的名声，国史没有非议，而民间同样没有非议。从前宋代的徐爰，对朝廷章法十分熟悉练达，朝廷上大的仪式、礼节，没有徐爰就不能确定。他学业精深博大，一生也没有犯过大的过错。只是参与顾问以备帝王咨询，能明白君王的内心想法，既善于附会，又能够引经据典加以文饰，于是与阮佃夫等人同列于《恩幸传》。如今的徐乾学、高士奇，岂不是连徐爰都不及？然而国史中没有非议，民间同样也没有非议。钱谦益与冯铨，都是有异心的贰臣，一个怀念明朝，一个背叛明朝，然而恶名却落在了怀念明朝的人身上；肃顺与奕䜣，同样都是辅佐君主，一个刚直不阿，一个卑屈媚主，然而美名却归在了卑屈媚主的人身上。李绂、孙嘉淦，若仓猝间被处死，虽百年亦不足以洗刷名声。讷亲、张广泗，假若能得以减免死刑，赦免罪行重新启用，对他们的赞美也是可想而知了。

夫国史诎于人主，首施俛仰[(50)]，无奈之何！而私著者复逐游尘以为褒贬，如之何其明枉直也？又辽左旧臣[(51)]，起自草昧，而传者辄加文饰，推其学术，多仿佛洛闽[(52)]。斯与魏收、牛弘之记索虏何异[(53)]？《史通·浮词篇》云："如《魏书》称登国以鸟名官[(54)]，则云'好尚淳朴，远师少皞'；述道武结婚藩落，则曰：'招携荒服，追慕汉高'。奢言无限，何其厚颜？"又《杂说篇》云："周齐二国，俱出阴山，必言'类互乡[(55)]'，则宇文尤甚[(56)]。而弘载周言，文雅若此，动遵经典，多依《史》《汉》。此何异庄子述鲋鱼之对而辩类苏、张[(57)]，贾生叙鵩鸟之辞而文同屈、宋[(58)]？施于寓言则可，求诸实录则否矣。"案：世儒载满洲事迹，多有类此，不独学似洛闽而已。至于淫秽之迹，墨贼之状[(59)]，故老相传，十口不殊，而不著于竹素者，尚将千万。易世以后，其事湮沦矣。欲求信传，盖其难哉！

【注释】

(50) 诎，通"屈"。首施，犹"首尾"。进退无据。

(51) 辽左，辽东。指后金。

(52) 洛闽，指洛学和闽学。分别指宋代二程和朱熹所创学派。

(53) 魏收，北齐史学家。参见《遵史》第五十六注(40)。牛弘(545～610年)，字里仁，本姓尞，魏时赐姓牛，安定(今甘肃泾川北)人。隋初为秘书监，上表请开献书之路，使典籍稍备。后拜吏部尚书。

(54) 登国，北魏道武帝年号(386—395年)。此指道武帝。

(55) 互乡，地名。《论语·述而》："互乡难与言。"而有童子来见，孔子门人怪孔子见之。

(56) 宇文，指北周的创建者宇文氏。

(57) 鲋鱼之对，指《庄子·外物》记录庄周与鲋鱼问答。苏、张，苏秦、张仪。战国时纵横家。

(58) 鵩鸟之辞，指西汉贾谊著《鵩鸟赋》借鵩鸟申"齐生死，等荣辱"之旨。屈、宋，屈原，宋玉。

(59) 墨贼,贪冒嗜杀。《左传·昭公十四年》:"贪以败官为墨,杀人不忌为贼。"

【译文】

国史屈服于君主,所作的记述随人摆弄,是多么无奈啊!而私人著述又往往依据世俗流言来褒贬人事,又如何能明白其是非曲直?清朝的旧臣,多兴起于蒙昧,而记述者往往给他们加以文饰,赞扬他们的学术甚至接近于二程和朱子。这与魏收与牛弘记述北朝时有何区别?(《史通·浮词》记载:"如《魏书》记述北魏道武帝以鸟来命名官名,则措词为'好尚淳朴,效法上古之少皞';记述道武帝与边远的藩邦结婚,则措词为'招安边远之民,思慕效仿汉高祖'。过分地夸赞溢美,是多么厚颜无耻!"又《杂说下》记载:"北周、北齐二国,皆出于阴山,必言'类似《论语》中的互乡',而北周文帝宇文泰尤甚。而牛弘记载北周之语言,如此文雅,动辄遵法经典,多依照《史记》《汉书》之例。这又何异于庄子记述与鲋鱼的问答却说其辩论类似苏秦、张仪,贾谊记叙鹏鸟之言却说其文辞如同屈原、宋玉?用于记述寓言故事是可以的,用来记载史实就欠妥了。"案:如今的人记载清朝的事迹,多数也是这样,不仅仅是夸赞学术像二程、朱子而已。)至于那些下流污秽的事迹,贪冒嗜杀的丑态,年长而多识者相传述,所言大多相同,而不记载于史籍的,几乎达千万数。改朝换代以后,这些事迹将沦没不见。到时想要找到可信的传记,将是多么困难!

书志者,受成于官书者也(60)。前世上下非甚鬲越,所施法令,惟礼乐等秩,县其文具(61),而民不率行(62);其他每下一令,虽有邕滞,大氐见诸施行矣。故苟有练习制度者(63),上观法式,下览计簿,无必清问下民(64),而优于作志。蔡邕之《十意》是也(65)。

其后有空文不行者，私录具在，犹可句校[66]。

【注释】

(60) 受成于官书者也，指根据官府的文件编定而成。

(61) 县，同“悬”。文具，具文，徒有形式。

(62) 率行，遵照执行。《诗·大雅·假乐》：“率由旧章。”率，循。

(63) 练习，熟悉谙习。

(64) 清问，详细讯问。

(65)《十意》，即律历意、礼意、乐意、郊祀意、天文意、车服意、朝会意、五行意、地理意、艺文意。见《全上古三代秦汉三国六朝文·蔡邕·戍边上章》。

(66) 空文，有名无实的法律规章。句校，亦作“钩校”。钩稽考核。

【译文】

书志，是依据官府的文书编订的。与前世相距并非久远，而所施行的法令，只有礼乐等级品秩，徒有形式，而民不遵行；其他每下一个法令，虽然稍有壅塞阻滞，大都可实施执行。所以，若有熟悉礼法制度的，上观其法度，下阅览其所登记的簿籍，无须详细讯问百姓，即可悠闲作志。蔡邕所作的《十意》就是如此。那些虽然公布却没有执行的法律规章，私下的记载还在，仍可以钩稽查考。

自清室布政，不综名实，筐箧猥积[67]，而细民弗知；期会迫亟[68]，而吏有余裕。奏记文牍，是非贞伪，成于赇赂。兵制、刑法，不胜其弊。

【注释】

(67) 猥积，聚集。此指政令繁多。

(68) 期会，在指定期限内完成政令。《汉书·王吉传》：“其务在于期会簿书，断狱听讼而已。”

【译文】

自从清廷施政以来，不去顾及名实，政令积聚繁多，而平民百姓不知其详；要求下民完成政令的期限十分急迫，而官吏却仍有宽裕的时间。奏记案牍，是非真伪，可左右于贿赂。兵制、刑法，弊病更是无数。

至食货，益羕羕无可稽[69]：法令之所需，官司之所内，农商之所输，数各乖异。曩者独有盐、漕、河三政，詑谩泰甚[70]，俊民党言以陈其弊[71]，大吏下问，始播扬之，更制新法。今又四五十年矣，惟河北流少事。盐、漕之政，隐疵伏瘢，又参半于昔者，下无良书[72]，则不得彰闻也。又官书称民数四万万，比伍而阅，必无四万万矣；称釐金岁二千万[73]，贾人所赋，必再倍二千万矣。昔康熙中祀，名为家给人足。谀者直者，雷同无异辞。独唐甄生其时[74]，则曰："清兴五十余年，四海之内，日益困穷。中产之家，尝旬月不睹一金，不见缗钱，无以通之，故农民冻馁，丰年如凶。良贾行于都市，列肆焜耀，冠服华膴，入其家室，朝则囱无烟，寒则蝟体不申[75]。吴中之民，多鬻男女于远方，遍满海内。"《潜书·存言篇》。由此言之，宽假之令，免赋之诏，皆未施行也。众谀之言，仰戴仁帝以为圣明，虽直者犹倾之。惟甄发其覆蒙[76]，然尚不能详其时粟布、帛币、械用盈拙之大齐[77]，后史无所依据，以为实录。食货之条，又有万此者，当何所取酌以为国典邪？

【注释】

(69) 羕羕(yàng样—)，长久。《说文》："羕，水长也。"

(70) 詑谩(tuó驮—)，欺诈。詑，《说文·言部》："沇州谓欺曰詑。"

(71) 俊民，贤明之人。《尚书·洪范》："俊民用章，家用平康。"党言，直言。

(72) 下无良书，指民间无人上书言盐、漕之弊端。

(73) 釐金，即厘金。清末于水陆关卡征收的货物通过税。

(74) 唐甄(1630～1704年)，清初思想家。字铸万，号圃亭，四川达州(今达县)人。宗阳明良知之学，反对理学家空谈心性，不讲事功。抨击君主专制："自秦以来，凡为帝王皆贼也。"著有《衡书》，后改名为《潜书》。

(75) 猬体不申,像刺猬一样蜷缩身体,不敢伸直。

(76) 覆蒙,蒙盖掩蔽。

(77) 大齐,大剂。大体的限度。

【译文】

至于财政经济,更是长久以来无从查考:法令规定所需的数目,官府有司实际收入的数目,农民、商贩所上缴的数目,各不一致。从前只设盐运、漕运、河道三政,欺瞒太甚,有识者直言上陈其弊病,朝廷大臣下来查询,才使得问题被公开,遂重新制定新法。到如今已四五十年了,只有黄河北方河道问题较少。盐运、漕运的政务,其中隐藏的问题和祸患,几乎达到以往的半数了,民间没有人上书,这些问题也就无法被普遍地了解和知道。又如官府的文书声称人口数为四亿,而从乡里的基层编制来看,一定没有四亿之多;声称水陆关卡征收的厘金一年有二千万两,而商贾缴纳的数目,必定有二千万的两倍以上。从前在康熙中期,声称家家生活富足。不论是阿谀之人还是正直之人,大都随声附和,没有不同的说法。只有生活在当时的唐甄,记载说:"大清之兴已有五十多年了,四海之内,一天比一天穷困。衣食略有宽裕的人家,时常是一个月不见一两银子,不见一贯铜钱,没有渠道流通,故农民饥寒交迫,丰年也如同凶年。善于经营的商人行走于都市,成列的商铺十分辉煌,衣帽华丽,但到其家中,时常是早晨烟囱不冒烟,寒冷时蜷缩身体不敢伸直。吴地的百姓,许多人把儿女卖到远方,遍布海内。"(见于《潜书·存言篇》)由此而言,那些貌似宽松的政令,免除赋税的诏书,都没有落实执行。众人阿谀奉承之言,敬仰拥戴康熙帝以为圣明,即使正直的人也都钦慕他。只有唐甄揭露了真相,然而尚不能知道粟布、钱币、器用盈亏的大体情况,后世治史者没有依据,便以为那些阿谀奉承的是实录。清朝关于财政经济的具体内容,又万倍于此，应当如何判断选择以作为国家实际实行的典章制度呢？

若乃清之礼乐，胡汉杂用。其发端多鄙倍，深自讳匿。至于今，堂子之神怪(78)，达赖之尊礼(79)，名实缘起，不可得而详也。兼是数者，虽欲为志，而风俗蕃变之故，政事棼理之迹(80)，文之与实，一切相缪，宁得不谢短乎(81)？

【注释】

(78) 堂子，清帝祭神之所。在旧北京长安门外玉河桥东。相传取古明堂会祀群神之义。其制详见《清朝通志》三七《礼略》二，《清朝续文献通考》一五三《郊社》七。

(79) 达赖，达赖喇嘛的简称。达赖，蒙语 dalai 的音译，意为"大海"；"喇嘛"，藏语 blama 的音译，意为"上师"。为西藏喇嘛教格鲁派的活佛。

(80) 棼理，治乱。棼，纷乱；理，治理。

(81) 谢短，回护短处。

【译文】

至于清朝的礼乐，胡风与汉俗掺杂而用。立国之初本多浅陋背理，之后愈加忌讳隐匿。到如今，堂子里的神怪，达赖喇嘛被厚待，名实的起因原委，都不得其详。综括以上几个方面，即使想要作书志，而风俗演变的原因，政事治乱的轨迹，文辞记载与实际情况，一切都互相矛盾，怎能不歪曲事实，回避其短处？

传曰(82)："防民之口，甚于防川。"当清氏御世也(83)，岂不欲褒扬其祖考，滂沛令闻(84)，菜香无穷？故示之意旨，使杜塞其姗谤者。终然清议寝息(85)，而浮虚之颂，牣于宇甸(86)。及其弄臣酷吏，配享在下，相引以为华，语繁听厌，虽有实美，诚伪不辨，一切无以自别。孰与纵民之哗嚣，恣其载笔，令美恶俱著，异时纪传书志得所因袭？其恶，诚蒙谯让于后[87]；其美者，人亦乐谈而不厌。以校今兹[88]，孰修孰短也？夫瘢夷者恶燧镜[89]，伛曲者恶绠绳[90]，将奄其咎，必憎其表，事之理矣。卒使一家之史，捇焉以斩[91]，遗美往恶，黯默而同尽[92]，亦无算也哉！

【注释】

(82) 传曰，引语见《国语・周语上》。

(83) 御世，统治天下。

(84) 滂沛，弘大，张扬。

(85) 清议，对时政的议论。

(86) 牣(rèn 刃)，充满。宇甸，宇内，即天下。

(87) 异时，以后，他时。谯让，谴责。《史记・樊哙传》："是日微樊哙奔入营谯让项羽，沛公事几殆。"

(88) 以校今兹，与现在的做法相比较。

(89) 瘢夷，疮伤好了以后留下的痕迹。

(90) 伛曲，驼背。绠绳，直绳。《说文》："绠，汲井索也。"

(91) 捇(huò 或)，《说文・手部》："捇，裂也。"

(92) 遗美，指遗留下来的美好风尚、德行等。往恶，过往的罪恶。黯默，乌黑一片。

【译文】

《国语》说："堵住老百姓的嘴，比堵塞江河还要难。"当清室统治天下时，难道不想颂扬他们的祖先，夸大其美名，万世流芳？因此授意臣子，使其堵塞、杜绝那些讥讪毁谤者。最终导致士人停止对时政的议论，而空泛不实的赞颂，充满天下。等到那些宠臣酷吏，祔祀于帝王宗庙之下，并引以为荣耀，言语繁琐而听者烦倦，既使偶尔有实言美意，也真伪难辨，一切都已无从鉴别区分。还不如让人民自由议论，任意记录，使得美与恶都彰显于世，以后纪传书志能够得以因袭传承？其丑恶，能够谴责于后世；其美善，人们也能乐于谈论不倦。相较于今日，孰优孰劣呢？那些生疮而留下伤疤的人厌恶镜子，驼背的人厌恶笔直的绳索，想要掩盖其不足，必定会憎恶显露其不足的东西,就是这个道理。最终使得清廷一家的史官,裁剪断裂,善行与罪恶,泥沙俱下,丧失殆尽,也就无法区别计算了!

或曰:西方哲人之史[93],种别为书[94]。若汉之十《志》,与《儒林》《货殖》诸传,述其委悉,皆可令各为一通,与往者二十二家异其义法[95]。今作史者,方欲变更,虽斩焉无忧也。抑吾未闻事迹不具,而徒变更义法者[96]。夫近事闻其省,不闻其敕[97],故骋而上襄[98],以造《中国通史》。

【注释】

(93) 哲人,白人。
(94) 种别为书,根据事情的类别写史。
(95) 往者二十二家,即二十二史。
(96) 义法,义理法则。
(97) 敕,完备。
(98) 上襄,上举。

【译文】

有人说:西方白人的历史,是根据史实的类别来写的。如《汉书》中的十《志》,与《儒林》《货殖》诸传,记述其详细原委,都可各自作为一个典范,与过去的二十二史义法不同。如今的作史者,方欲变更体例,纵使断绝传统也不担心。而我没听说过不详载其事迹,而只变更义理法则的。对于近来的事稍加省略,不务求详备,特向上追溯,作此《中国通史》。

附:中国通史略例

中国秦汉以降,史籍繁矣。纪、传、表、志肇于史迁[1],编年建于荀悦[2]，纪事本末作于袁枢[3]，皆具体之记述，非抽象之原论[4]。杜、马缀列典章[5]，阊置方类，是近分析法矣。君卿评议简短，贵与持论鄙倍[6]，二子优绌，诚巧历所不能计[7]，然于演绎法，皆未尽也。衡阳之圣[8]，读《通鉴》《宋史》，而造论最为雅驯，其法亦近演绎；乃其文辩反覆，而辞无组织，譬诸织女，终日七襄，不成报章也[9]。若至社会政法盛衰蕃变之所原，斯人闇焉不昭矣。王、钱诸彦[10]，昧其本干，攻其条末，岂无识大，犹愧贤者。今修《中国通史》，约之百卷，镕冶哲理，以祛逐末之陋；钩汲眢沈[11]，以振墨守之惑，庶几异夫策锋、计簿、相斫书之为者矣[12]！

【注释】

(1) 史迁，司马迁。

(2) 荀悦，东汉史学家。参见《学变》第八注(80)。

(3) 袁枢(1131～1205年)，南宋史学家。字机仲，建安(今福建建瓯)人。将《资治通鉴》分事立因，钞辑成书，称《通鉴纪事本末》，创立了纪事本末的体裁。

(4) 原论，原理，原则。

(5) 杜、马，杜佑和马端临。杜佑，唐代史学家。字君卿，京兆万年(今陕西西安)人。著有《通典》。参见《官统上》第三十二注(48)。马端临(约1254～1340年)，宋元之际史学家。字贵与，乐平(今属江西)人。宋相马廷鸾之子。著《文献通考》，为记述历代典章制度的重要著作。

(6) 君卿，杜佑的字。贵与，马端临的字。

(7) 巧历，精于计算的人。

(8) 衡阳之圣，指王夫之。著有《读通鉴论》《宋论》等。参见《序种姓上》第十七注(73)。

(9) 七襄，自卯至酉为昼，共七辰，每辰更移一次，因称七襄。襄，驾，移动。报章，织而成章。《诗・小雅・大东》："虽则七襄，不成报章。"

(10) 王、钱，王鸣盛和钱大昕。分别著有《尚书后案》和《廿二史考异》。参见《清儒》第十二注(71)。

(11) 钩汲眢沈，即钩沈汲眢。指搜集失散的史料。眢(yuān 渊)，井水枯竭。沈，同"沉"。

(12) 策锋，指专记朝廷策问的史书。计簿，指主要记录人口、钱粮等方面的史书。相斫书,指主要记载统治集团内部互相残杀的史书。

【译文】

中国自秦、汉以来,史籍繁多。纪、传、表、志创始于司马迁,编年体始建于荀悦,纪事本末体创作于袁枢,都是具体的记述,而不是抽象的原理。杜佑、马端临整理罗列典章制度,设立门类,接近于分析法。杜佑评议简短,马端临持论浅陋,二人之优劣,即使是精于历算的人也难以判别,然而在演绎推理方面,都有所不足。王夫之《读通鉴论》《宋论》,议论最为典雅纯正,他的方法也最接近于演绎推理;然而他的文章思路反复无常,文辞没有组织,譬如天上织女星,从早到晚移位七次,却织不出好图案。至于社会政治法度盛衰变化的根原,此人并不明了。王鸣盛和钱大昕等人,昧于根本,纠缠于枝节,岂止是不识大体,更是有愧于贤者。现编修《中国通史》,约计一百卷,熔铸哲理,去除弃本逐末之陋;搜集散失的史料,救治墨守成规的迷惑,希望能与那些专记朝廷策问、记录人口钱粮以及记载战争的史书有所不同!

西方作史,多分时代;中国则惟书志为贵,分析事类,不以时代封画,二者亦互为经纬也。彪蒙之用(13),斯在扬搉大端(14),令知古今进化之轨而已。故分时者适于学校教科;至乃研精条列,各为科目,使一事之文野,一物之进退,皆可以比较得之,此分类者为成学讨论作也。亦犹志方舆者(15),或主郡国(16),则山水因以附见,其所起讫,无必致详;或主山川(17),记一山必尽其脉带,述一水必穷其出入,是宁能以郡国封限矣!昔渔仲麤觕(18),用意犹在诸"略"(19);今亦循其义法,改命曰"典",盖华峤之故名也(20)。

【注释】

(13) 彪蒙,彪,文彩。蒙,幼稚无知。谓变愚蒙为明智。《易·蒙》:"九二，苞蒙，吉。”《释文》引汉郑玄：“苞，当作彪，彪，文也。”

(14) 扬搉，列举引述。

(15) 志，记载。方舆，地理。

(16) 主郡国，指以行政区划为主。

(17) 主山川，指以自然区划为主。

(18) 渔仲，即郑樵(1104～1162年)。南宋史学家。字渔仲，兴化军莆田(今属福建)人。著有《通志》。觕，为“粗”的异体。

(19) 诸“略”，郑樵《通志》设有二十“略”。

(20) 华峤，西晋高唐(今山东禹城)人。字叔骏，博识多闻，有良史之志。以《东观汉记》烦秽，采各家之长，撰为《汉后书》(一称为《后汉书》)。

【译文】

西方人修史，多分时代来写；中国则以书、志为贵，分析同类史事，不以时代划定界限，二者应互为经纬。若开导蒙昧，最好是列举史事，使知晓古今进化的轨迹。因此分年代的史书适用于学校教学；至于精研条列，分别科目，使得一件史事的文与野，一个事物的进与退，都可以通过比较而得出，这种分类法有助于学术研究讨论。又如记载地理之书，有的主张以郡国来划分，则山川、河流只能附于郡国，其所起止，没有办法详细体现；有的主张以山川来划分，记载一座山则必弄清其山脉，记述一条河则必弄清其流向，岂能以郡国来划定界限！从前郑樵著书粗略，用意尚在诸“略”；如今欲遵循其义法，更名为“典”，这也是华峤曾用过的名称。

诸典所述，多近制度。及夫人事纷纭，非制度所能限，然其系于社会兴废，国力强弱，非眇末也[21]。会稽章氏谓后人作史[22]，当兼采《尚书》体例，《金縢》《顾命》就一事以详始卒。机仲之《纪事本末》[23]，可谓冥合自然，亦大势所趋，不得不尔也。故复略举人事，论撰十篇，命之曰《记》。

【注释】

(21) 眇末,细小。

(22) 会稽章氏,指章学诚(1738～1801 年)。清代史学家。参见《清儒》第十二注(91)。

(23) 机仲,袁枢的字。参见本篇前注。

【译文】

各典记述的,多近于制度。至于人事纷纭,不是制度所能限定的,然而又关系到社会的兴废,国力的强弱,并非细小不足观。会稽章学诚称后人写史,应当兼采《尚书》的体例,《金縢》《顾命》就一件史事详述其始末。袁枢的《纪事本末》,可谓暗中契合,也是大势所趋,不得不如此。故而再略举人物、事件,论撰十篇,命名为《记》。

西方言社会学者,有静社会学、动社会学二种(24)。静以臧往,动以知来。通史亦然,有典则人文略备,推迹古近,足以臧往矣;若其振厉士气,令人观感,不能无待纪传。今为《考纪》《别录》数篇。非有关于政法、学术、种族、风教四端者,虽明若文、景(25),贤若房、魏(26),暴若胡亥(27),奸若林甫(28),一切不得入录,独列《帝王》《师相》二表而已。昔承祚作《益部耆旧传》(29),胪举蜀才,不遗小大;及为《蜀志》,则列传亡几。盖史职所重,不在褒讥,苟以知来为职志,则如是足也。案:大史公引《禹本纪》、杨子云作《蜀王本纪》(30),皆帝者之上仪也(31)。然《汉·艺文志》儒家有《高祖传》十三篇,《孝文传》十一篇,而刘縚《圣贤本纪》亦列子产(32),见于《文选·王文宪集序》注所引,是知纪传本无定称(33)。今亦聊法旧名,取孟坚《考纪》、子政《别录》(34),以为识别云尔。

【注释】

(24) 社会学,研究社会运动、形态的学科。19 世纪法国实证主义哲学家孔德最早提出社会学一词,主张分研究社会结构的社会静力学和研究社会运动的社会动力学两种。

(25) 文、景,汉文帝和汉景帝。史称文景之治。

(26) 房、魏,指唐代贤相房玄龄、魏征。

(27) 胡亥,秦始皇之子秦二世名。

(28) 林甫,唐代奸臣李林甫。

(29) 承祚,晋代史学家陈寿(233～297 年)的字。著有《三国志》《古国志》《益部耆旧传》等。

(30) 杨子云,汉代思想家杨雄的字。

(31) 上仪,最高典范。

(32) 刘縚,南朝梁高唐(今属山东)人。字言明。著有《先圣本纪》。

(33) 纪传本无定称,古代史书中"纪"记录帝王之事,"传"记录将相之事。章氏举例说明,二者的区别并不严格。

(34) 孟坚,东汉史学家班固的字。子政,西汉学者刘向的字。

【译文】

西方所论社会学,有静态社会学、动态社会学两种。静以记述往事,动以预知未来。通史也是如此,有典则人文礼乐略为齐备,根据史实推求古今,足以记藏往事;若要振奋士气,使人有所感想,则不能不依靠纪传。现计划作《考纪》《别录》数篇。凡是与政法、学术、种族、风俗教化四个方面无关的,即使是像汉文帝、景帝那样贤明,像房玄龄、魏征那样贤良,像秦二世胡亥那样残暴的,像李林甫那样奸佞,一切都不得入录,只列《帝王》《师相》二表而已。从前陈寿作《益部耆旧传》,列举蜀地才俊,不遗大小;等他作《蜀志》时,列传就没有多少了。大体而言,著史所看重的,不在于褒贬人物,若以知来为宗旨,这样就足够了。(案:太史公引《禹本纪》、杨雄作《蜀王本纪》,都是记录帝王的最高典范。而《汉书·艺文志》儒家有《高祖传》十三篇,《孝文传》十一篇,而刘縚的《圣贤本纪》也列有子产,见于《文选·王文宪集序》注中所引,由是可知纪传本没有固定的名称。在此也姑且用旧名,取班固的《考纪》、刘向的《别录》,作为标识吧。)

列表五篇：首以《帝王》，以省《考纪》(35)；复表《师相》，以省《别录》。儒林、文苑，悉数难尽，其撰述大端，已见于《文言》《学术》二典，斯亦无待作传，故复列《文儒表》，略为第次，从其统系而已。方舆古今沿革，必为作典，则繁文难理；职官亦尔。孟坚《百官公卿》止于列表，一代尚然，况古今变革，可胜书邪？故于《帝王表》后，即次《方舆》《职官》二表，合后《师相》《文儒》，为《表》凡五云。

【注释】

(35) 以省《考纪》，指减省列入《考纪》中的人物。

【译文】

列表五篇：首先是《帝王》，以减省《考纪》；再是《师相》，以减省《别录》。儒林、文苑，难以一一列举，只是撰述大体，已见于《文言》《学术》二典，也就无需再作传，因此再列《文儒表》，略为排列顺序，保持其原有统系。古今地理沿革，若必须作典，则繁杂而难以整理；职官也是如此。班固作《百官公卿》也只是列表而已，一个朝代尚且如此，何况是古今变革，怎能写尽呢？所以在《帝王表》后，列《方舆》《职官》二表，之后再列《师相》《文儒》，共为五《表》。

史职范围，今昔各异，以是史体变迁，亦各殊状。上世瞽史巫祝，事守相近；保章、灵台(36)，亦官联也(37)，故作史必详神话。降及迁、固，斯道无改。魏、晋以来，神话绝少，律历、五行，特沿袭旧名，不欲变革，其义则既与迁、固绝异。然上比前哲，精采黯黮，其高下相距则远。是由一为文儒，一为专职尔。所谓史学进化者，非谓其霾清尘翳而已，已既能破，亦将能立。后世经说古义，既失其真，凡百典常，莫知所始，徒欲屏绝神话，而无新理以敹彻之(38)，宜矣其肤末茸陋也(39)。要其素知经术者，则作史为犹愈。允南《古史》(40)，昔传过于子长(41)，今不可见。颜、孔《隋书》，亦迁、固以后之惇史[42]。君卿《通典》，事核辞练，绝异于贵与之仓陋者。故以数子皆知经训也。近世如赵翼辈之治史[43]，戋戋鄙言，弗能钩深致远，由其所得素浅尔。惜夫身通六艺之士，滞于礼卑而乏智崇之用，方之古人，亦犹倚相，射父而已[44]。必以古经说为客体，新思想为主观，庶几无愧于作者。

【注释】

(36) 瞽史，乐师与史官的并称。巫祝，事鬼神者为巫，祭主赞词者为祝。保章，《周官》官名。《周官·春官·保章》："保章氏掌天星以志星辰日月之变动。"灵台，祭神的建筑。参见《封禅》第二十二注(25)。此似指官名。

(37) 官联，官吏联合治事。

(38) 敹彻，贯穿。敹(liáo 辽)，穿缀。

(39) 肤末，肤浅微末。茸陋，冗杂浅陋。

(40) 允南，三国蜀经学家谯周的字。《古史》，指谯周所作的《古史考》。参见《学变》第八注(72)。

(41) 子长，司马迁的字。

(42) 颜、孔，颜师古、孔颖达。今《隋书》是由魏征与他们二人合著。惇史，值得效法的史书。《礼记·内则》："有善则记之为惇史。"孔颖达疏："言老人有善德行则纪录之，使众人法则，为惇厚之史。"

(43) 赵翼(1727～1814年)，史学家。字云崧，一字耘崧，号瓯北，江苏阳湖(今常州)人。乾隆进士，著有《廿二史劄记》。

(44) 倚相，人名。春秋鲁国左史。《左传·昭公十二年》："左史倚相趋过，王曰：'是良史也。子善视之。是能读《三坟》《五典》《八索》《九丘》。'"射父，观射父。春秋楚大夫。《国语·楚语下》："楚之所宝者，曰观射父，能作训辞，以行事于诸侯，使无以寡君为口实。又有左史倚相，能道训典，以叙百物。"

【译文】

史职的范围，古今不同，于是史书体裁的变化，也有不同体现。上古时代乐师、史官与巫师、巫祝，他们的职责相近；保章和灵台，也是官吏联合办事的地方，所以作史必须详知神话。到司马迁、班固时，这一做法仍然如此。再到魏、晋以来，神话越来越少，乐律、历法及五行之说，只是沿袭旧名，不欲变革，然而其义已经与司马迁、班固时完全不同。与前代哲人相比，文采黯淡，其高下差距已经很大。原因在于前者是文儒，后者是专职史官而已。所谓史学的进化，并不只是廓清尘埃，既要能破，也要能立。后世经书解说古义，已经失其本真，一切通常法则，不知其所始，只是想要排除神话，而又没有新的义理足以贯穿其中，无怪乎只是些肤浅、冗杂的内容。那些一向熟知经学的人，作史也能胜任。谯周作《古史考》，过去相传超过了司马迁，如今已经不可见。颜师古、孔颖达作《隋书》，也是司马迁、班固之后之值得效法的史书。杜佑的《通典》，记事真实、文辞练达，绝不同于马端临之浅陋鄙俗。因为这几个人都熟知经义。（近世如赵翼之辈治史，多是些细微的俚俗言词，不能探索深奥的道理，是因为他所学本来就浅陋而已。）可惜身通六艺之士，受限于礼遇卑微而没能发挥其智慧之用，比之古人，也只是倚相、观射父之类的人物罢了。必须以古经说作为客体，以新思想为主观，或许可无愧于创始者之称。

今日治史，不专赖域中典籍。凡皇古异闻，种界实迹，见于洪积石层，足以补旧史所不逮者，外人言支那事，时一二称道之，虽谓之古史，无过也。亦有草昧初启，东西同状，文化既进，黄白殊形，必将比较同异，然后优劣自明，原委始见，是虽希腊、罗马、印度、西膜诸史(45)，不得谓无与域中矣(46)。若夫心理、社会、宗教各论，发明天则，烝人所同，于作史尤为要领。道家者流，出于史官，庄周、韩非，其非古之良史邪！

【注释】

(45) 西膜，参见《序种姓上》第十七注(175)。

(46) 无与域中，与中国无关。

【译文】

今日治史，不能只依赖华夏的传世典籍。凡远古的异闻，各种族之间的各种史迹，可见于洪积纪石层的考古资料，足以填补旧史之不足的，外人说到中国之事，时常称道一二，虽然称其为古史，也不为过。也有当蒙昧初开之时，东西方形态相同，文化既进之后，黄种人、白种人呈现出不同的形态，必将比较二者的异同，然后优劣自明，事物的始末也得以体现，即使是希腊、罗马、印度、西膜诸史，也不能说与中国无关。至于心理、社会、宗教诸论，发现、阐明自然法则，众人所同，对于著史者尤为重要。道家者流，出于史官，庄周、韩非子深识进化之理，他们不也是古代的良史吗？

设局修史，始自唐代。由宋逮明，监修分纂，汗漫无纪。《明史》虽秉成季野(47)，较《宋》《元》为少愈，亦集合数传以成一史云尔。发言盈廷，所见各异，虽有殊识，无由独著。孟德斯鸠所谓“古事谈话”(48)，实近史之良箴矣。今修《通史》，旨在独裁，则详略自异。欲知其所未详，旧史具在，未妨参考。昔《春秋》作而百国宝书崩(49)，《尚书》删而《三坟》《穆传》轶(50)，固缘古无雕版，传书不易，亦由儒者党同就简，致其流亡。然子骏《七略》，《尚书》家犹录《周书》(51)；《周官》而外，《周法》《周政》(52)，亦且傍见儒家；固非谓素王删定以后，自余古籍，悉比于吐果弃药也。《通史》之作，所以审端径隧，决导神思。其佗人事浩穰，乐胥好博之士(53)，所欲知者何既(54)，旧史具体，自不厌其浏览。苟谓新录既成，旧文可废，斯则拘虚笃时之见也已(55)。

【注释】

(47) 季野，即万斯同(1638～1702 年)。清代史学家，字季野。学者称石园先生，浙江鄞县(今属宁波)人。万斯大之弟。黄宗羲的学生。参加修撰

《明史》，不署衔，不受俸，前后十九年。另著有《历代史表》等。

(48) 孟德斯鸠(1689～1755年)，法国启蒙思想家。著有《波斯人信札》《罗马盛衰原因论》和《论法的精神》等。

(49) 百国宝书，《公羊传》称孔子著《春秋》曾参阅了收藏在各国的史书。崩，坠失。

(50) 三坟，传说我国最古的书籍。《左传·昭公十二年》："是能读《三坟》《五典》《八索》《九丘》。"杜预注："皆古书名。"伪孔安国《尚书序》："伏羲、神农、黄帝之书，谓之三坟。"《穆传》，即《穆天子传》。原书失传，晋武帝太康二年，汲人不准盗发魏襄王墓，发现该书。六卷。前卷记周穆王西巡之事，后二卷记在王畿田猎游宴之事。

(51) 犹录《周书》，《汉书·艺文志·六艺略》："《周书》七十一篇。周史记。"

(52)《周法》《周政》，《汉书·艺文志·诸子略》："《周政》六篇。周时法度政教。《周法》九篇。法天地，立百官。"

(53) 乐胥，喜好。《诗·小雅·桑扈》："君子乐胥，受天之祜。"胥，语助词。

(54) 何既，何尽。

(55) 拘虚笃时，比喻见识狭小。《庄子·秋水》："北海若曰：井蛙不可以语于海者，拘于虚也；夏虫不可以语于冰者，笃于时也。"虚，通"墟"。

【译文】

设局修史，始自唐太宗时。由宋代至明代，监督编修、分别纂辑，漫无边际。《明史》虽成于万斯同，略胜过宋、元之史，也只是集合数传以成一史而已。众人纷纷发言，所见各异，虽然有卓识，也无法独著。孟德斯鸠所谓"古事谈话"，对当今著史者而言实在是有益的借鉴。如今编修《通史》，意在独自裁断，其中详略自不相同。想要知道其中不详的内容，先前的史书尚且都在，不妨去查阅参考。从前《春秋》成而其他诸侯国的史书就废弃了，《尚书》删定而《三坟》《穆天子传》就散失了，由于古代没有雕版，典籍传播不易，又由于儒者党同伐异、删繁就简，致使典籍亡佚。然而刘歆《七略》中，《尚书》部分尚录有《周书》；《周官》之外，《周法》《周政》，也依托于儒家出现;所以说并不是孔子删定六经之后,其余的古籍都成了无用之物。《通史》的写作,是为了反思修正治史的路径,疏导精神。其他人事浩繁,喜好广博之士,想要知道的哪有穷尽,先前的史书尚在,自可以勤加阅览。假若说新作既成,旧史可废弃了,可谓是见识狭小。

中国通史目录

表　帝王表　方舆表　职官表　师相表　文儒表

典　种族典　民宅典　浚筑典　工艺典　食货典　文言典　宗教典　学术典　礼俗典　章服典[1]　法令典　武备典

记　周服记[2]　秦帝记　南胄记[3]　唐藩记[4]　党锢记　革命记　陆交记　海交记　胡寇记　光复记

考纪　秦始皇考纪　汉武帝考纪　王莽考纪　宋武帝考纪　唐大宗考纪　元大祖考经　明大祖考纪　清三帝考纪　洪秀全考纪

别录　管商萧葛别录[5]　李斯别录　董公孙张别录[6]　崔苏王别录[7]　孔老墨韩别录　许二魏汤李别录[8]　顾黄王颜别录[9]　盖傅曾别录[10]　王猛别录[11]　辛张金别录[12]　郑张别录[13]　多尔衮别录[14]　张鄂别录[15]　曾李别录[16]　杨颜钱别录[17]　孔李别录[18]　康有为别录　游侠别录　货殖别录　刺客别录　会党别录　逸民别录　方技别录　畴人别录[19]

叙录[20]

【注释】

(1) 章服，以图文为等级标志的礼服。

(2) 周服，指周代疆域。《诗·大雅·文王》："商之孙子……侯于周服。"

(3) 南胄，指南方地区。

(4) 唐藩，指唐代藩镇。

(5) 管商萧葛，指管仲、商鞅、萧何、诸葛亮。皆法家人物。

(6) 董公孙张，董仲舒、公孙弘、张汤。皆西汉大臣。

(7) 崔苏王，崔浩、苏绰、王安石。崔浩，北魏大臣。因主张辨别姓族门第，发展汉族地主势力，被鲜卑贵族灭门。苏绰，西魏大臣。曾奉宇文泰命依《周礼》改官制，未成而卒。王安石，北宋大臣。于宋神宗时推行青苗、均输等新法。

(8) 许二魏汤李，许衡、魏象枢、魏裔介、汤斌、李光地。参见《别录乙》第六十二许二魏汤李。

(9) 顾黄王颜，顾炎武、黄宗羲、王夫之、颜元。皆清初思想家。

(10) 盖傅曾，盖饶宽、傅干、曾静。盖饶宽，西汉大臣。宣帝时任负责治安的司隶校尉，以法办事，京师清宁。傅干，三国魏大臣。曾任参军。曾静，清湖南永兴人。受吕留良影响，派弟子劝川陕总督岳钟琪反清，后被杀。

(11) 王猛，十六国时期前秦大臣。后为苻坚谋士。

(12) 辛张金，辛弃疾、张名振、金声。分别为南宋抗金及明末抗清义军首领。

(13) 郑张，郑成功、张煌言。皆为抗清将领。

(14) 多尔衮，清太祖努尔哈赤的第十四子。世祖即位时年幼，他以皇叔执政，独揽大权。

(15) 张鄂，张廷玉、鄂尔泰。二人同为雍正时军机大臣。

(16) 曾李，曾国藩、李鸿章。二人同为清代洋务大臣。

(17) 杨颜钱，杨雄、颜之推、钱谦益。参见《别录甲第》六十一杨颜钱。

(18) 孔李，孔融、李绂。孔融，东汉大臣，孔子二十世孙。参见《学变》第八注(46)。李绂，清代学者。

(19) 畴人，古代精通天文、数学的人。

(20) 叙录，指叙述写作《中国通史》的文字，犹今之后记。

【译文】

表　　帝王表　方舆表　职官表　师相表　文儒表

典　　种族典　民宅典　浚筑典　工艺典　食货典　文言典

宗教典　学术典　礼俗典　章服典　法令典　武备典

记　周服记　秦帝记　南胄记　唐藩记　党锢记　革命记　陆交记　海交记　胡寇记　光复记

考纪　秦始皇考纪　汉武帝考纪　王莽考纪　宋武帝考纪　唐太宗考纪　元太祖考经　明太祖考纪　清三帝考纪　洪秀全考纪

别录　管商萧葛别录　李斯别录　董公孙张别录　崔苏王别录　孔老墨韩别录　许二魏汤李别录　顾黄王颜别录　盖傅曾别录　王猛别录　辛张金别录　郑张别录　多尔衮别录　张鄂别录　曾李别录　杨颜钱别录　孔李别录　康有为别录　游侠别录　货殖别录　刺客别录　会党别录　逸民别录　方技别录　畴人别录　叙录

杂志第六十

[**说明**]本文是作者一组读史的札记，内容涉及李光地、辛弃疾、曾国藩等。

本文原名《杂说》，收入《訄书》初刻本，经修订后收入《检论》。

管仲镂簋朱纮(1)，而有三归之家(2)。仲尼曰(3)：微斯人，吾其被发左衽矣！盗嫂如叔术(4)，犹有为之烦浣者(5)。吾观近世李光地之事(6)，何其反也？成功之奉明朔(7)，自拟以共和，谓敌"索虏"(8)，而人亦"岛夷"之(9)。降隶如施琅(10)，光地因其逋逃(11)，以为大用，卒蹈郑氏。明之衣冠正朔，自是斩也。其伐高矣(12)！全绍衣顾责之以夺情、背交与寄豭之戮(13)。功名在壶鉴(14)，而以三疵成罪，岂不琐哉？嗟乎！使后世之称光地者，果无以异于管仲、叔术也，则绍衣之责之诚过矣！

【注释】

(1) 镂簋，雕刻有花纹的簋。簋，古代祭祀宴享时盛黍稷的器皿，内方外圆。朱纮，红色的帽带。纮，帽子上的带子。《说文》："纮，冠卷也。"镂簋朱纮皆为天子使用之物。

(2) 三归之家，《论语·八佾》："管氏有三归。"关于三归，有不同的解释：一说为国君娶三女。一说为地名，指管仲的采邑。还有称为交纳的租税。

(3) 仲尼曰，引语见《论语·宪问》。原文为"微管仲，吾其被发左衽矣"。

(4) 叔术，春秋时邾娄(邹)国人。时其兄邾娄颜为政，欲杀鲁孝公。鲁孝公告到周天子处，天子派人杀颜。颜夫人貌美，曰有为之报夫仇者便为之妻，叔术即位，杀杀颜者，遂取嫂为妻。事见《公羊传·昭公三十一年》。

(5) 烦浣，清洗污垢。烦，污。

(6) 李光地，清初学者。官吏部尚书、文渊阁大学士等。

(7) 成功，郑成功。

(8) 索虏，指清人留有辫发，像被执索俘虏。参见《序种姓下》第十八注(25)。

(9) 岛夷，时郑成功居台湾，故清人称其为“岛夷”。

(10) 施琅(1621～1696年)，清初大臣。字琢公，福建晋江人。初为郑芝龙部将，降清后任水师提督。康熙二十二年(1683年)率兵攻灭台湾的郑氏政权。

(11) 因，依靠，凭借。逋逃，逃亡。指施琅背叛郑成功而归清。

(12) 伐，功劳。

(13) 全绍衣，全祖望。清代史学家，字绍衣。学者称谢山先生。曾续修黄宗羲《宋元学案》。夺情，丧期未满而出仕。寄豭，寄放在别家传种的公猪。借以比喻入别人家淫乱的男女。羞辱。

(14) 壶鉴，壶和盆。皆日用之器。《吕氏春秋·慎势》：“功名著乎盘盂，铭篆著乎壶鉴。”

【译文】

管仲有雕刻花纹的簋，冠冕上的带子为红色，且有三归之家。孔子说：若没有此人，我们都会披散着头发，衣襟向左边敞开。像叔术那样私通其嫂，尚还有为他洗刷污名的人。我看近世之人李光地的遭遇，又为何这样不同呢？郑成功奉行明之历法、拥护明政权，自比为周召共和以辅周政，称清室为“带发辫的野蛮人”，而对方反过来轻蔑地称其为“岛上的蛮夷”。对于降清之臣施琅，因其逃离郑成功而降清，李光地认为此人可堪大用并举荐他，最终剿灭了郑氏。明朝的礼教、历法，自此断绝了。对于清廷来说，李光地的功劳很大。全祖望反斥责他减少服丧时间是不孝，背弃朋友是不义，在别人家淫乱是无耻。他的功劳、名声是显著的，然而却因这三方面的缺失而成罪，岂不是很琐碎吗？唉！假若后世对李光地的评价，能像对待管仲、叔术那样的话，那么全祖望的责备之言的确是苛刻了。

宋绍兴三十二年(15),辛弃疾以耿京之命(16),率中原义兵归宋。是时,弃疾年二十三。其生在金世,曰践其土、食其毛,倒雕戈之矜以反创之(17)。其诸寄食无所(18),以从于叛者欤?抑与旃裘居(19),其义固异于恒也(20)?世或传弃疾与党怀英筮(21),得卦异象,以是定南北之仕。噫!枯骨朽蓍,其神灵不逾人矣。必有神灵,天弗助逆也,其受命也如响(22)。

【注释】

(15) 绍兴三十二年,公元 1162 年。绍兴,宋高宗赵构年号。

(16) 辛弃疾,南宋历城(今山东济南)人,字幼安,号稼轩。少时参加抗金义军,为掌书记,后率师归南宋,历任大理寺少卿。善为词,与苏轼齐名,并称“苏辛”。耿京,南宋抗金义军领袖。

(17) 矜,矛柄。

(18) 其诸,语气词。表猜度。《论语·学而》:“夫子之求之也,其诸异乎人之求之与?”寄食,依赖他人生活。

(19) 抑,还是。与旃裘居,指与北方少数民族长期生活在一起。

(20) 其义固异于恒也,他坚持的道义本来就不同于常人。恒,常。

(21) 党怀英,金朝大臣,字世杰,冯翊(今陕西大荔)人。大定十年进士,善文章。他曾与辛弃疾占筮,决定去留南北,结果辛弃疾归南宋,他留在金。见《宋史·辛弃疾传》。

(22) 助逆,辅助违背常理之事。逆,违背常理。《荀子·非十二子》:“言辩而逆。”杨倞注:“逆者,乖于常理。”如响,如回声之响应。响,回声。此指灵验。

【译文】

宋绍兴三十二年,辛弃疾奉耿京的命令,率领中原的义兵归附南宋朝廷。那年,辛弃疾只有二十三岁。他出生在已经被金兵统治的北方,是居金国之土地、食金国之所产,却反戈一击给金国以重创。或是因为辛弃疾寄食于他人而居无定所,所以加入了反叛金人的义兵?抑或他虽然与北方少数民族生活在一起,但持守的道义本就不同于常人?世人传说辛弃疾与党怀英去占筮,占得不同的卦象，以此来决定谁仕于南方、谁仕于北方。唉！卜筮的甲骨与蓍草，其神灵怎能超过人类呢？如果真的有神灵，上天就不会辅助违背常理之事，人所受的命也一定是很灵验的。

曾国藩者，誉之则为“圣相”，谳之则为“元凶”(23)。要其天资，亟功名善变人也。始在翰林，艳举声律书法，以歆诸弟(24)。稍游诸公名卿间，而慕声誉，沾沾以文辞蔽道真。金陵之举，功成于历试(25)，亦有群率张其羽翮(26)，非深根宁极(27)，举而措之为事业也。所志不过封彻侯，图紫光(28)。既振旅(29)，未尝建言持国家安危，诚笃于清室之宗稷者邪？方诸唐世王铎、郑畋之伦(30)。世传曾国藩生时，其大父梦蛟龙绕柱(31)，故终身癣疥如蛇蚹，其征也。凡有成勋长誉者，流俗必傅之神怪。唐人谓郑畋之生，妊于死母。见唐尉迟偓《中朝故事》。其夸诬盖相似。死三十年，其孙广钧曰：“吾祖民贼。”悲夫！虽孝子慈孙，百世不能改也。

【注释】

(23) 谳(yàn 厌)，议罪。

(24) 以歆诸弟，使诸弟羡慕。诸弟，指曾国荃、曾国葆等。

(25) 历试，屡试，多次尝试。

(26) 群率，指同党。羽翮(—hé 河)，羽翼。

(27) 深根宁极，谓根底深厚。《庄子·缮性》：“不当时命而大穷乎天下，则深根宁极而待，此存身之道也。”

(28) 紫光，紫光阁。在北京西苑太液池(今中南海)西岸。清时于阁前殿试兵部中试武举。

(29) 振旅，整顿部队。此指操练湘军。

(30) 王铎，唐大臣。字昭范，太原(今属山西)人。乾符六年(879 年)自请督军镇压北上的黄巢起义军，后因遇义军不战而遁，被免职。郑畋，唐大臣。字台文，荥阳(今属河南)人。黄巢起义军占领长安时，他为凤翔节度使，战败黄巢部将尚让，并纠合藩镇包围长安。

(31) 大父，祖父。《韩非子·五蠹》：“大父未死而有二十五孙。”

【译文】

对于曾国藩,赞扬的人称他为"圣相",声讨的人称他是"罪魁"。总括而言,他的天性是个热心功名而善变的人。当初他在翰林院时,卖弄诗歌书法,使几位弟弟心生羡慕。后逐渐结交行走于公卿名臣之间,而又贪慕声望名誉,以文辞沾沾自喜而掩盖道义。他攻取了南京,成功于屡败屡试,又有同党辅佐其左右,并非真正根底深固,举而措之成就了事业。他的志向不过是封得至高的爵位,将自己的画像留存于紫光阁。从操练湘军始,他未尝对国家安危有所建议和陈述,是真正地效忠于清朝的宗庙社稷吗?其实不过是唐代的王铎、郑畋之辈。世人传说曾国藩出生时,他的祖父梦到有蛟龙缠绕在柱子上,故而他终生有疥疮,像蛇身上的鳞片一样,这就是征兆。但凡有功业、声誉的人,流俗往往会给他附加上神灵鬼怪的传说。唐朝人说郑畋是在已去世的母亲体内并出生的。(见于唐尉迟偓所作《中朝故事》。)这些说法的荒诞是相似的。曾国藩去世后三十年,他的孙子曾广钧说:"我的祖父是残害人民的人。"可悲啊!纵然有孝子慈孙,百代也无法改变。

后唐明宗夜祝天曰(32):"臣本蕃人(33),岂足以临天下?"乌乎!载其玄德,贤于菟裘(34),其违务光不远(35)。惜乎未闻五始之义也(36)!丧有无后,无无主(37)。族姓皆绝,则里尹主之(38)。《易》称"群龙无首""其血玄黄"(39)。自素王之兴,吾以知诸夏之无是患也(40)。王者代替而孔不代丧(41),当其无君,则褒成之胄为里尹(42)。虽有戎狄以盗我九鼎,诚无若共主何?明宗弗知,而觇鄹于天(43),其未闻道者欤?虽然,苟志于仁,无恶也。尚得推贤(44),不失其序夫?

【注释】

(32) 后唐明宗,即李嗣源,五代后唐皇帝。沙陀部人。本名邈佶烈。公元926至933年在位。祝天,问天祷告。

(33) 蕃人,古代对少数民族的泛称。

(34) 菟裘,春秋鲁隐公营造的退隐之地。此借指鲁隐公。《左传·隐公十一年》鲁隐公曰:"使营菟裘,吾将老焉。"

(35) 务光,古代隐士。相传汤要把天下让与他,不受,自投水而死。见《战国策·秦策》及《庄子·让王》。

(36) 五始之义,《公羊》家所说的《春秋》章法。《汉书·王褒传·圣主得贤臣颂》:"共惟《春秋》法五始之要,在乎审己正统而已。"颜师古注:"元者,气之始;春者,四时之始;王者,受命之始;正月者,政教之始;公即位者,一国之始。是为五始。共,读曰恭。"

(37) 丧有无后,无无主,丧有没有后代的,但没有没有国君的。

(38) 里尹,古代地方官吏,掌一里之事。《礼记·杂记下》:"夫若无族矣,则前后家、东西家;无有,则里尹主之。"亦称里吏、里正、里君、里长等。

(39)《易》称,引语见《易·乾卦》《坤卦》。

(40) 吾以知诸夏之无是患也,以上两句意为,由于素王孔子出现,中国便不必担心没有国君。

(41) 王者代替而孔不代丧,意为王者互为更替,而孔子的后代却没有绝丧。

(42) 褒成,汉平帝对孔子及其后代所封的爵号。《汉书·平帝纪》:元始元年,"(封)孔子后孔均为褒成侯,奉其祀。追谥孔子曰褒成宣尼公"。

(43) 共主,共同崇奉的宗主。此指以孔子后裔为中华的共主。《检论》此句改为"诚无若汉主何?"觚鄆(gū 孤—),祭祀,祷告。《汉书·地理志》:"越巫觚鄆祠三所。"孟康曰:"觚,音辜磔之辜,越人祠也。"鄆,通"禳"。

(44) 尚,同"倘"。倘若。

【译文】

后唐明宗在夜晚祷告上天说:"我本是胡人,岂足以君临天下?"唉!假若他施行德行,将贤于鲁隐公,可比于古代隐士务光。可惜他不知道《春秋》的五始之义!人死后可以没有后代,但国家不能没有国君。一个族姓灭绝了,地方的里正为其主持丧事。犹如《易经》称"群龙无首""流出的血如天地之色"。自从有了素王孔子之后,我便知道华夏民族不再有没有国君的担忧。王者不断更替，而孔子的后代没有断绝，当其无君之时，孔子后裔则为里正。即使有异族盗取了华夏政权，怎奈孔子后裔才是中华共同崇奉的宗主！后唐明宗不明白这个道理，而祷告于上天，他真是不明白吗？虽然如此，一个人立志行仁，终不会有什么恶行。倘能推举贤能，不也是未失秩序吗？

闻女主、群盗、十国、八贝勒(45)，未闻旷年无君也。元定宗没(46)，而委裘三年(47)，未有压纽之主(48)。《元史·定宗纪》三年“戊申，春三月，帝崩于杭锡雅尔之地”，下书“己酉年”“庚戌年”，系之曰“定宗崩后，议所立，未决。”当是时，已三岁无君。其行事之详，简策失书，无从考也。是时中原之黎庶，则谁隶乎？苟曰元百年有君，三年暂无之，民犹隶元也。乌乎！诸夏之有君，四千年矣，二百年暂无君，民犹隶诸夏矣！

【注释】

(45) 女主，女皇。如武则天。群盗，指农民起义政权。十国，同时出现若干政权，如五代十国。八贝勒，指满族历史上的贵族政治。贝勒，满族贵族的称号。

(46) 元定宗，元太宗长子，名库裕克。在位三年崩。

(47) 委裘，先帝的遗衣。《汉书·贾谊传》：“植遗腹，朝委裘，而天下不乱。”指虚设帝位。

(48) 压纽，身体压着璧纽。春秋楚共王卒，埋璧于庭中，令五子入拜，以压璧而拜者为王。“平王弱，抱而入，再拜，皆压纽。”(《左传·昭公十三年》)后指做国君的预兆。

【译文】

听说过女皇、共同盗国、十国并存、八贝勒共治国政，而没有听说过多年没有君主的。元定宗死后，虚设帝位三年之久，竟没有做国君的合适人选。(《元史·定宗纪》定宗三年为“戊申年，春三月，定宗驾崩于杭锡雅尔之地”，下面记载“己酉年”“庚戌年”，在这一年记着“定宗崩后，所议立君之事，尚未决定。”当时，已经三年没有君主。其间一些事件的具体情况怎样，史籍并无记载，无从考证了。）那时中原的黎民百姓，附属于谁呢？如果说元朝一百年间都有君主，只是三年暂时没有而已，故百姓还是隶属元朝。唉！华夏民族有君主已经四千多年，清朝统治这二百多年间暂时无君，人民还是隶属于华夏！

儒阬于骊山(49)，而伏生、叔孙生独脱(50)。及秦之废，通履汉朝焉。其违于守节欤？当其前，则有夏大史终古(51)，与受之臣挚矣(52)。踵是，则有陆元朗、孔冲远矣(53)。夫以身卫礼乐儒术，不恤其污(54)，此诚非沟渎之小谅所能跂也(55)。及身弗能卫，幸犹有肤敏逸民(56)，以守善道。而世又鏖之(57)，则弗恤其污，以卫是人。如冯道、钱谦益者(58)，亦尽瘁矣哉！不然，革命之际，收良以填沟壑(59)，而天地之纪绝矣。孔子曰(60)：师挚之始，关雎之乱也，盈耳哉！

【注释】

(49) 阬，通“坑”。骊山，在今西安临潼。秦始皇在此坑儒。

(50) 伏生，汉初儒生。参见《清儒》第十二注(25)。叔孙生，即叔孙通。汉初大臣。参见《征七略》第五十七注(16)。

(51) 大史终古，传说为夏桀内史。桀凿地为夜宫，男女杂处，三旬不朝，终古执图往泣谏，不听，遂奔商。参阅《通志》之《三王纪夏》。

(52) 受，商纣名。挚，即殷内史向挚。《吕氏春秋·先识览》：“殷内史向挚见纣之愈乱迷惑也，于是载其图法，出亡之周。”

(53) 陆元朗，即陆德明。唐代学者。参见《学隐》第十三注(9)。孔冲远，即孔颖达。唐代学者。字冲远，一字仲达，冀州衡水（今属河北）人。曾受太宗之命撰《五经正义》。融合南北经学家的见解，代表了唐代经学的成就。陆、孔二人皆曾仕隋、唐二朝。

(54) 不恤其污，不怕受到误解。

(55) 沟渎之小谅，指固陋缺乏权变的小的信用。《论语·宪问》：“岂若匹夫匹妇之为谅也，自经于沟渎而莫之知也。”谅，小信。跂，通“企”。

(56) 肤敏，品德优美，言行敏捷。《诗·大雅·文王》："殷士肤敏，祼将于京。"毛传："肤，美；敏，疾也。"逸民，避世隐居的人。

(57) 蹙，逼迫。

(58) 冯道(882～954 年)，五代瀛州景城(今河北沧州)人。字可道。唐末为幽州掾。曾历事后唐、后晋、后汉、后周四朝。事十君，三入中书，在相位二十余年，自号长乐老。新、旧《五代史》皆有传。钱谦益，参见《哀清史》第五十九注(45)及《别录甲》第六十一杨颜钱。

(59) 收良，拘捕贤能。

(60) 孔子曰，引语见《论语·泰伯》。师挚，古乐师。

【译文】

秦始皇坑儒于骊山，而伏生、叔孙通却得以逃脱。到秦灭亡以后，叔孙通仕于汉朝。这与坚守臣节相违背吗？在此之前，有夏桀的太史终古，和商纣王的内史向挚。在此之后，则有陆德明、孔颖达。他们以身捍卫礼乐儒术，不惧玷污名声，这不是那种守着小节在山沟中自杀的人所能企及的。到了自己不能捍卫时，幸而还有品德优美、言行敏捷、避世隐居的贤人，得以守卫正道。当世事更加窘迫时，则不怕背上恶名，去保护这些守卫正道的人。如冯道、钱谦益等人，也算竭尽劳苦了。不然的话，改朝易代之际，搜捕贤良之人掩埋于沟壑，天地的纲纪岂不是要断绝了。孔子说：从太师挚演奏序曲开始，到演奏《关雎》收尾，优美的乐曲在耳边回荡！

孰使以焚如之子受鞶带者(61)？魏大子问曰(62)："君父皆笃疾，适有一丸，将谁救？"邴原勃然曰(63)："父也！"参是，子之于父，视其君孰重？非特上视也，下视且然(64)。是故王莽杀其子宇，逢萌闻之(65)，叹曰："三纲绝矣！"彼因心之痛，发于死亡，而赍咨涕洟以道之(66)，其哀厉如是。知其绝者，乃不绝也。自孙复、胡安国以至今(67)，重所主，抑所生(68)，使申胥隐轸(69)，而嵇绍之徒重得志(70)。其绝乎？则诚绝矣！

【注释】

(61) 焚如，古代把人烧死的酷刑。《汉书・匈奴传》："(王)莽作焚如之刑。"焚如之子，指受冤狱之人。鞶带，大带。《易・讼》："或锡之鞶带，终朝三褫之。"《象》曰："以讼受服，亦不足敬也。"此指争讼获胜，赐以命服。

(62) 魏大子，指魏文帝曹丕。

(63) 邴原，字根矩，北海朱虚(今山东临朐东南)人。曾任曹魏五官将长史。问药事见《三国志・魏志・邴原传》裴松之注引《原别传》。

(64) 下视且然，以上几句意为，儿子对于父亲，与君主相比哪个更重要？不仅儿子对于父亲，父亲对于儿子也一样。

(65) 逢萌，即逢子庆。参见《明独》第二十九注(90)。

(66) 赍咨，叹词。《易・萃》："赍咨涕洟。"王弼注："赍咨，嗟叹之辞也。""涕洟，流泪。"

(67) 孙复，宋初学者。参见《学蛊》第九注(56)。胡安国，宋代学者。参见《商鞅》第三十五注(49)。

(68) 重所主，抑所生，尊崇君主，轻视父母。

(69) 申胥，即伍子胥。吴与之申地，故称申胥。曾鞭楚王尸泄恨。参见《〈客帝〉匡谬》注(95)。隐轸，心怀悲痛。轸，悲痛。

(70) 嵇绍，西晋谯国铚(今安徽宿州西南)人。字延祖。嵇康之子。永安元年(304年)，陈眕挟晋惠帝与成都王颖交战，在荡阴大败，他以身卫帝被杀，血溅帝衣。史书称其为忠君的典范。

【译文】

是什么使得受冤狱之人争讼获胜并赐以命服？魏太子曹丕问："君与父都得了重病，恰巧只有一颗药丸，将救谁？"邴原愤怒变色说："当然是救父！"由是可知，儿子面对父亲，与君主比哪个更重要呢？并不只是儿子看待父亲，父亲看待儿子也是一样。所以当王莽杀了他的儿子宇时，逢萌听说后，叹道："君臣、父子、夫妇三纲要断绝啊！"那是因心之痛，冒死而发声，悲伤流涕地说出来，哀痛到这种程度。知三纲将要断绝，反而不至于断绝。自孙复、胡安国以至今，尊崇君主的地位，抑制父母的地位，使伍子胥那样的人心怀悲痛，而嵇绍之徒重又得志。三纲断绝了吗？如此真的是要断绝了！

别录甲第六十一　杨颜钱

［说明］章太炎曾计划撰写《中国通史》，但因故未能完成，收入《訄书》重刻本的《别录甲》《乙》即是其中的部分内容。从这里我们可以看到章氏治史的两个鲜明特点：一是理想人格主义。章氏认为史学的一个重要作用在于培养道德、塑造人格，故他对历史上那些维护民族大义、保持人格独立的人物，如辛弃疾、颜之推等人物给予讴歌和赞扬，而对那些出卖国家利益、卖友求荣的人物，如李光地等则给予揭露和批判。二是历史主义。章太炎并非简单地从抽象的道德原则对历史人物进行评判，相反，他从具体的历史环境中去探求人物的行为动机，对人物性格的复杂性也作出分析。这看似与前一点相矛盾，实际却是对前者的发展和深化，并由道德批判上升为社会批判。

本文首次收入《訄书》重刻本，收入《检论》时改题《杨颜钱别录》。

章炳麟曰：逃空虚者(1)，闻足音而悲。故箕子过殷虚，则流雅声(2)；魏武帝睹关东荒梗，而赋"千里无鸡鸣"(3)。易代小变，犹憯凄不忍视，况挈圻甸而傅之异族者乎(4)！荐绅在朝，无权藉，或有著位，遭易姓则逐流而徙，其间虽俛仰异趣，然眷怀故国，情不自挫，悲愤发于文辞者，故所在而有。至如重器授受，适在同胤(5)，无益损于中夏豪发，然卒不能持其怨慕，此亦情之至也。

【注释】

(1) 空虚，墟墓旁空地。虚，同“墟”。《庄子·徐无鬼》：“夫逃虚空者，藜藋柱乎鼪鼬之径，踉位其空，闻人足音跫然而喜矣。”王先谦《集解》：“司马云：‘故坏冢处为空虚也。’案，谓墟旁有空处也，故下云‘位其空’。”

(2) 殷虚，殷墟。在今河南安阳。则流雅声，《史记·宋微子世家》：箕子朝周，过故殷墟，感宫室毁坏，生禾黍。箕子伤之，乃作麦秀之诗以歌咏之。

(3) 魏武帝，曹操。赋诗见《蒿里行》。

(4) 圻甸，指国土。圻，天子周围千里之地。甸，都城郊外的地方。

(5) 重器授受，指江山易主。适在同胤，还在同族，即政权在华夏族内部传授。

【译文】

章炳麟说：来到墟墓旁的空地，听到脚步声便心生悲凉。故箕子过殷墟，作《麦秀歌》；魏武帝看到关东地区荒芜阻塞，而赋诗“千里无鸡鸣”。朝代更替小的变化，尚且悲痛凄惨不忍视之，何况是将土地拱手送给异族呢？官吏在朝，没有权力，还有官位，遭遇朝代变更则要流放迁徙，其间虽然会去往不同的地方，然而眷恋故国，情不自抑，悲愤发于文辞，这种情况不难看到。至于江山易主，政权还在同族内部，对于华夏来说并无多少损失，然而也不能不心生怨慕，这是情感的必然啊。

杨雄(6)，字子云，成都人也。少好学，不为章句。为人简易佚荡，口吃不能剧谈，默而好深湛之思，不修廉隅以徼名当世(7)。家产不过十金，乏无儋石之储，晏如也(8)。自有大度，非圣哲之书不好也，非其意，虽富贵不事也。顾尝好辞赋，作《反离骚》《甘泉》《河东》《羽猎》《长杨》诸篇。仕汉成、哀间，直丁、傅、董贤用事(9)，诸附离之者或起家至二千石，而雄方草《大玄》(10)，位不过黄门郎(11)。郎官散秩千人，无印绶，非命吏也。侍郎比四百石，秩不逮大县丞、尉。汉谷至贱，此即与今之举贡入馆从事者何异(12)？

《百官公卿表》：郎与期门、羽林，皆属光禄勋(13)。郎掌守门户，出充车骑。期门掌执兵送从，比郎，无员，元始元年更名虎贲郎。羽林掌送从，次期门，初名建章营骑，后更名羽林骑。是郎位之贱，下等骑士也。故去就新故，不为携贰(14)。

【注释】

(6) 杨雄，亦作扬雄。

(7) 廉隅，棱角。比喻人的行为、品行端正不苟。《礼记·儒行》："近文章，砥厉廉隅。"徼名，邀名。徼，同"邀"。

(8) 晏如，安逸貌。

(9) 丁、傅、董贤，丁，丁明，西汉哀帝时大臣，任大司马骠骑将军，封安阳侯。傅，傅晏，哀帝时大臣，任大司马卫将军，封孔乡侯。董贤。哀帝宠臣，官至大司马封高安侯。

(10)《大玄》，即《太玄》，西汉杨雄著。共十卷。体裁仿《周易》，内容上混合儒、道、阴阳思想。

(11) 黄门郎，秦官名，汉因之。因给事于黄门，故名。东汉并给事中与黄门郎为一官，始设专职，故或称给事黄门侍郎，出入禁中，省尚书事。

(12) 举贡入馆，指明清科举制中，获得贡生资格而入京师国子监读书。

(13) 光禄勋，官名。秦称郎中令，汉武帝时改称光禄勋。东汉末复称郎中令，掌领宿卫侍从之官。

(14) 去就新故，即"去故就新"。谓去故主，就新主。携贰，犹言离心。携，离。贰，二心。

【译文】

杨雄，字子云，成都人。他年少好学，不为章句之学。为人平易，不拘礼节，因口吃无法讲话流畅，沉默寡言而喜好深思，不磨炼节操以邀名于当世。家产不过十金，家中仅有少量的粮食，却依然安逸满足。他有大志，非圣贤之书不好，不合其意，虽可至富贵也不从事。曾喜好辞赋，作《反离骚》《甘泉》《河东》《羽猎》《长杨》等篇。杨雄仕于汉成帝、哀帝之间，正值丁明、傅晏、董贤当权，依附于他们的人一起用就出任郡守之职。而杨雄当时正撰写《太玄》，官位不过黄门郎。郎官属于闲散无一定职守的官位，人数有千人，没有印绶，并非朝廷任命的官吏。侍郎的品级为比四百石，尚不及县丞和尉。汉代的官俸低，这与今日科举入国子监的贡生又有多少区别呢？（《百官公卿表》：郎与期门、羽林，都属于光禄勋。郎负责守卫门户，出充车骑。期门负责执兵器护卫并随从皇帝出行，近于郎，没有固定的官员数额，元始元年更名为虎贲郎。羽林的职责是护送随从皇帝，稍次于期门，最初称为建章营骑，后更名为羽林骑。可见郎的官位之低贱，即下等的骑士而已。）因此去故主、就新主，也称不上是有二心。

及王莽代汉为新帝，雄以耆老久次，转为大夫。尝为《剧秦美新》以献，外示符命，内实以亡秦相风切(15)。是时莽置羲和，雄为《法言》，以羲和拟重黎(16)，卒藉巫步以明其雠伪(17)。究观莽变法反古，当世百姓不堪命，然卒为光武、明、章导师(18)，所以荡亡秦之毒螫者，至后汉始效。雄识短，时有非议，然其本徒在汉新革命。故曰汉兴二百一十载而中天，明其命胙方半，将中兴，复旧物。且亟称两龚之絜(19)，而自比于蜀庄沈冥(20)，愀夫！其辞之志微憔悴也。雄以天凤五年卒(21)。

【注释】

(15) 风切，风刺。

(16) 羲和，官名。重黎，古代司天地之官，一说为巫师。《尚书·吕刑》：“乃命重黎绝地天通。”

(17) 巫步，又称禹步。禹治水，涉山川，病足跛行。后巫师多效禹步。雠伪，出售巧伪。雠，同“售”。《法言·重黎》：“夫欲雠伪者必假真。”汪荣宝义疏：“《说文》无‘售’，古止作‘雠’。”

(18) 究观，仔细观察。反古，返回古代。反，同返。不堪命，负担沉重，痛苦得活不下去。《左传·桓公二年》：“宋殇公立，十年十一战，民不堪命。”为光武、明、章导师，章氏认为王莽变法虽然没有成功，但其抑兼并的思想为以后光武、明帝、章帝所继承，其功效也在以后得到实现。

(19) 两龚，指西汉龚胜和龚舍，二人均为楚地人，以名节见称，时人称为楚两龚。汉杨雄《法言·问明》：“楚两龚之絜，其清矣乎！”两龚事迹见《汉书·两龚传》。

(20) 蜀庄,汉时蜀人严君平。姓庄名遵,字君平。东汉人避明帝刘庄讳,改庄为严。著有《老子指归》。沈冥,寂默深沉。沈,同"沉"。杨雄《法言·问明》:"蜀庄沈冥,蜀庄之才之珍也。"

(21) 天凤五年,公元18年。天凤,王莽年号。

【译文】

及王莽取代汉室而为新帝,杨雄因年老而仍然久居卑位,升为大夫。曾作《剧秦美新》献上,表面上是说上天受命的符兆,而其实是以亡秦讽喻。当时王莽设置羲和之官,杨雄作《法言》,以羲和比拟重黎,借议论禹步揭露王莽篡汉的阴谋。仔细考察王莽改变法度,返回古代的百姓虽然痛苦不堪,然而其举措影响到东汉的汉光武帝、明帝、章帝,所以扫除亡秦的毒害,到东汉才开始见效。杨雄见识短,经常非议王莽,其根本原因就在于他只是关心西汉与新莽政权的更替。所以他说汉代兴起并延续了二百一十年,如今如日中天,其命数只过了一半,将要中兴,恢复昔日的典章文物。他屡次称道龚胜、龚舍的高洁,自比于蜀人严君平寂默、幽居,令人悲叹!他的文辞让人感到意志微弱,软弱无力。杨雄于天凤五年去世。

有相人桓谭者(22),字君山,与雄友善,仕新为掌乐大夫。光武时,为议郎,至六安郡丞。是时,新室旧臣,争诋娸故主(23),务极丑恶。而谭为《新论》,上之世祖(24),犹称莽曰"王翁"。初,高祖令故楚臣名项籍(25),时有郑君者(26),独不奉诏,由是尽拜名籍者为大夫,而逐郑君。如谭,可以亚矣(27)!

【注释】

(22) 相,县名。在徐州符离县西北。桓谭,汉代学者。参见《学变》第八注(23)。

(23) 诋娸,诋毁、辱骂。《汉书·枚皋传》:“故其赋有诋娸东方朔。”颜师古注:“诋,毁也。娸,丑也。”

(24) 世祖,指光武帝刘秀。

(25) 名项籍,不避项羽之讳。顾炎武《日知录》:“谓奏事有涉项王者,必斥其名曰‘项籍’也。”项羽,名籍,号羽。

(26) 郑君,指郑当时的祖父,曾事项羽,后归汉。事见《史记·汲郑列传》。

(27) 亚,列于次位。

【译文】

有相县人氏桓谭,字君山,与杨雄亲近友好,仕于新朝为掌乐大夫。汉光武帝时,桓谭为议郎,后出任六安郡丞。那时,新朝的旧臣,争相诋毁丑化旧君,无所不用其极。而桓谭作《新论》,呈献给光武帝刘秀,仍称王莽为“王翁”。从前,汉高祖刘邦命楚的旧臣直接称呼项籍之名,当时有位郑君,唯独他不接受刘邦的命令,于是刘邦将楚旧臣中直接称呼项籍者封为大夫,而驱逐了郑君。如桓谭,可以位列郑君之后了。

其行事若反杨雄。要之,同在禹域,则各为其主,无伤也。若元时闵本、黄哻、郑玉、赵弘毅之伦(28),以文学食禄,或绝意仕进,不受征币。及明师举徽州,至入京,诛胡元,天下昭苏,而方牵帅妇稚系组自殒(29)。此则所谓悖德遁天,以训则逆者邪(30)?

【注释】

(28) 闵本、黄哻、郑玉、赵弘毅,皆元遗民,元亡时殉国而死。

(29) 系组,上吊。

(30) 以训则逆,顺从贼逆。训,顺。则逆,贼逆。

【译文】

桓谭的行事风格与杨雄相反。总之,同是在中国,各为其主,倒也无妨。如元朝时的闵本、黄哻、郑玉、赵弘毅之辈,靠文章博学享受俸禄,他们拒绝出仕,不接受征召。等到明朝的军队起于徽州，攻入京师，诛灭元政权，天下恢复生机，此时他们却带领妇人幼子上吊自尽了。这不是违背常理，顺从贼逆吗？

颜之推[31]，字介，临沂人也。博览书史，善为文辞。好饮酒，不修边幅。事梁元帝[32]，为散骑侍郎奏舍人事。周师破江陵，入弘农[33]，为李远掌书记[34]。之推志不欲事仇国，遇河水暴长，具船，将妻子奔齐[35]，经砥柱之险[36]，时人称其勇决。

【注释】

(31) 颜之推(531—?)，南北朝及隋时人。初仕梁为湘东王参军，后投北齐，领中书舍人。齐亡入周，为御史上士。隋开皇中，太子招为文学，深见礼重。著有《颜氏家训》等。

(32) 梁元帝，南朝梁皇帝。名绎。

(33) 周师，指北周军队。弘农，郡名。在今河南灵宝。

(34) 李远，北周成纪(今甘肃秦安县北)人，授武骑常仕。时镇守弘农。书记，官名。负责草拟笺奏。

(35) 齐，指北齐。公元550年高欢子高洋代东魏称帝，国号齐，建都邺。

(36) 砥柱，三门山。参见《方言》第二十四注(63)。

【译文】

颜之推，字介，山东临沂人。他博览群书，精通史籍，擅长写作文章。喜好饮酒，不修边幅。他事奉梁元帝，为散骑侍郎掌舍人。北周的军队攻破江陵后，迁入弘农郡，为李远负责草拟笺奏。颜之推决意不再事奉仇国北周，适逢河水暴涨，他备好船只，带领妻子儿女投奔北齐，历经三门山之险，当时之人称赞他勇敢而果断。

仕齐，累官黄门侍郎。周师侵齐，陷晋阳[37]，后主轻骑走[38]，到邺[39]，计困甚。之推以陈氏因国于梁[40]，神州旧族，与故主无以异。自元帝殒命，江左尽衰，今因势便，得北齐为附庸[41]，外有淮、岱、梁、宋之蔽，庶几得自存立。乃因宦者邓长颙进奔陈策，仍劝募吴士千余人以为左右，道青、徐赴陈[42]。后主内之，丞相高阿那肱弗欲，遂罢其议。

【注释】

(37) 晋阳，今山西太原西南。

(38) 后主，北齐后主高纬。

(39) 邺，今河北临漳西南。

(40) 陈氏，指南朝陈国。梁，指南朝梁国，后被陈所灭。

(41) 得北齐为附庸，让北齐做陈的附庸。

(42) 道，取道。

【译文】

颜之推仕于北齐，升迁至黄门侍郎。北周的军队进攻北齐，攻破晋阳，北齐后主高纬轻骑逃跑，到了邺城，生活十分困难。颜之推因南朝陈国继承了梁朝的国土，都是华夏民族，与故主梁元帝没有太大差别。自从梁元帝死后，长江下游以东地区已经衰落，若因势乘便，使北齐成为陈国的附庸，外有淮河、泰山、梁、宋之地作为屏障，或许能够得以存立。于是通过宦官邓长颙献上投奔陈国的计策，又招募吴地勇士千余人护卫左右，欲取道青州、徐州前往陈国。北齐后主高纬采纳了颜之推的建议，丞相高阿那肱却表示反对，于是废除了这一计划。

齐亡，再入周，为御史上士。隋开皇中，大子召为文学，以疾卒。

之推在齐，有二子，命长曰思鲁，次曰敏楚，示不忘本。其《家训》有言："齐朝一士夫，尝谓吾曰：'我有一儿，年已十七，颇晓书疏，教其鲜卑语及弹琵琶，稍欲通解，以此伏事公卿，无不宠爱。'吾时俛而不答。异哉！此人之教子也。若由此业自致卿相，亦不愿女曹为之。"顾炎武闻之曰："嗟乎！之推不得已而仕于乱世，犹为此言，尚有《小宛》诗人之意[43]，彼奄然媚于世者，能无愧哉！”

【注释】

(43)《小宛》，《诗经·小雅·节南山之什》中的一篇。《诗序》说是“大夫刺幽王”，郑玄以为是讽刺厉王之诗。

【译文】

北齐亡国后，颜之推又入于北周，为御史上士之官。隋文帝开皇年间，太子杨勇召为文学，后颜之推因病去世。

颜之推在北齐时，有两个儿子，名长子为思鲁，名次子为敏楚，以示不忘本。他所著《颜氏家训》记载：“齐朝有一个人，曾对我说：‘我有一个儿子，年龄已经十七岁了，颇通晓奏疏信札，又教会他鲜卑语和弹奏琵琶，稍稍点拨与训练，以此服侍公卿，无不宠爱。’我那时低头没有回应他。真是奇怪！此人竟然这样教育儿子。即使通过如此途径能够做到卿相，我也不愿意你们这样做。”顾炎武看到这段话，说：“唉！颜之推是不得已而仕于乱世，尚且能说出这样的话，真是有《小宛》诗人一般的胸怀，那些曲意逢迎的人，怎能不惭愧啊！”

钱谦益[44]，字受之，常熟人也。仕明，及清，再至尚书。

【注释】

(44) 钱谦益，江苏常熟人。明万历进士，官至礼部侍郎。后降清，授礼部侍郎，兼管秘书院事。

【译文】

钱谦益，字受之，常熟人。仕于明，到了清代，再次官至尚书。

初，明中世，自李梦阳、王世贞[45]，务为诘诎瑰异之辞以相高，其失模效秦汉而无情实。谦益与艾南英讼言排拒[46]，学者风靡，然其体最𢫬嚂[47]。

【注释】

(45) 李梦阳(1473～1530 年)，明代诗人。字献吉，号空同子。善诗文，反对明初台阁体浮华的文风，倡言“文必秦汉，诗必盛唐”。王世贞(1526～1590 年)，明代文学家。字元美，号凤洲，江苏太仓人。与李攀龙同为后七子首领，主张文必秦汉，诗必盛唐，倡导复古摹拟。

(46) 艾南英(1583～1646 年)，明代文学家。字千子，江西东乡人。与章世纯、罗万藻、陈际泰以兴起斯文为己任。清兵陷南京，响应益王朱由本起兵建昌，事败，南奔于闽。

(47) 𢫬嚂(huà 画 làn 烂)，浮夸窳滥。嚂，通“滥”。窳滥，粗劣。

【译文】

起初，在明中叶，自从李梦阳、王世贞始，致力于晦涩艰深的文辞并以此相比高，这种做法的弊端在于模仿秦汉却没有实际内容。钱谦益与艾南英公开表示反对，在当时的学者风行一时，然而文体最为浮夸粗劣。

谦益为人，徇名而死权利[48]。江南故党人所萃，己以贵官擅文学，为其渠率[49]，自憙也。

【注释】

(48) 徇名而死权利，舍身求名，为权利而死。权利，权势利益。《荀子·劝学》:“是故权利不能倾也，群众不能移也。”

(49) 渠率，同“渠帅”。魁首。

【译文】

钱谦益的为人，舍身求名，为权势利益而死。江南为东林党人聚集之地，他以高官显爵又擅长文学，为文人的首领，自以为得意。

郑成功尝从受学，既而举舟师入南京，皖南诸府皆反正。谦益则和杜甫《秋兴》诗为凯歌，且言新天子中兴，己当席槀待罪[50]。

当是时，谓留都光复在俾倪间[51]，方偃卧待归命，而成功败。

【注释】

(50) 席稾，坐卧于草席之上。稾，稻麦秆编成的席。

(51) 留都，旧都。指南京。

【译文】

郑成功曾追随钱谦益学习，不久他发动水军攻入南京，皖南的几个府纷纷倒戈。钱谦益和杜甫《秋兴》诗作为胜利的凯歌，并且说将有新天子中兴，而自己当坐于草席之上谢罪待刑。那时，以为收复旧都南京指日可待，正仰等待归顺，然而郑成功却失败了。

后二年，吴三桂弑末帝于云南[52]。谦益复和《秋兴》诗以告哀。凡前后所和几百章，编次为《投笔集》。其悲中夏之沈沦，与犬羊之俶扰[53]，未尝不有余哀也。康熙三年卒。

【注释】

(52) 弑末帝，指吴三桂 1662 年杀明永历帝朱由榔。

(53) 犬羊，此指满人等异族。俶扰，扰乱。

【译文】

两年之后，吴三桂在云南杀死明朝最后一个皇帝朱由榔。钱谦益又和杜甫《秋兴》诗以表达哀思。前后所和的诗总计有几百章，编辑成《投笔集》。其中因中华的沉沦、异族的骚扰而悲愤感慨，未尝不伤心欲绝。钱谦益于康熙三年去世。

初，明之亡，有合肥龚鼎孳、吴吴伟业[54]，皆以降臣，善歌诗，时见愤激，而伟业辞特深隐，其言近诚。世多谓谦益所赋，特以文墨自刻饰，非其本怀。以人情恩宗国言，降臣陈名夏至大学士[55]，犹拊顶言不当去发，以此知谦益不尽诡伪矣[56]！

【注释】

(54) 龚鼎孳,清江南合肥(今属安徽)人。字孝升,号芝麓。明崇祯进士。后降清,官刑部尚书。有《定山堂集》。吴伟业,清江南太仓(今属江苏)人。字骏公,一字梅村。明崇祯进士。后降清,授秘书院侍讲,迁国子监祭酒。

(55) 陈名夏,明清之际江南溧阳(今属江苏)人。字百史。明崇祯进士。李自成攻克北京后,降大顺农民政权。顺治二年降清,因倡言"留发复衣冠,天下即太平"被议罪处死。

(56) 诡伪,伪装。

【译文】

当初,明朝灭亡时,有合肥人龚鼎孳、吴人吴伟业,都是降臣,擅长诗歌,时常抒发愤激之情,而吴伟业文辞尤其深沉精微,所言真诚恳切。世人多认为钱谦益所赋之诗,只是以文墨修饰,并不是出于真心。以怀念故国为人之常情而言,降臣陈名夏官至大学士,尚且用手抚摩着头顶说不可剃去头发,以此可知钱谦益并不全是伪装的。

是时萧山毛奇龄[(57)],当南都倾覆,以布衣参西陵军事。军败,走山寺为浮屠。永历六年,人或构之清率[(58)],亡命为"王士方",展侧山谷间,卒得脱。乃遍游齐、楚、梁、宋、郑、卫,作《续哀江南赋》万余言。过禹州[(59)],寓故怀庆王邸,作《白云楼歌》。事侵寻闻于顺天怨家[(60)],欲陷之,亡去,匿土室。康熙时,禁网解,奇龄竟以制科得检讨[(61)]。吴世潘死[(62)],为《平滇颂》以献。君子惜其少壮苦节,有古烈士风,而晚节不终,媚于旃裘[(63)]。全祖望籍学术以谴诃之[(64)],其言特有为发也。

【注释】

(57) 毛奇龄,清代学者。参见《述图》第二十六注(42)。

(58) 构,陷害。清率,即"清帅"。

(59) 禹州,明万历二年(1574年)改钧州置,治所在阳翟县(今河南禹县)。

(60) 侵寻,逐渐。怨家,仇家。

(61) 制科,即制举。封建王朝临时设置的考试科目,始于两汉,清代亦曾沿设。检讨,官名,掌修国史。

(62) 吴世潘,吴三桂之孙。三桂死后由其即位。后兵败被杀。

(63) 旃裘,借指满族权贵。

(64) 全祖望,清史学家。参见《清儒》第十二注(90)。谴诃,谴责呵斥。事见全祖望《鲒埼亭集外编》卷十二《萧山毛检讨别传》。

【译文】

那时萧山毛奇龄,当南京沦陷时,以平民之身参与西陵军事。军事失败之后,他前往山间古寺当了和尚。永历六年,有人向清军统帅举报他,于是改名为王士方而流亡,辗转山谷间,最终得以逃脱。于是他遍游齐、楚、梁、宋、郑、卫等地,作《续哀江南赋》万余言。路过禹州时,他住在已故怀庆王的府邸,作《白云楼歌》。事情逐渐被顺天的仇家得知,想要陷害他,他又逃走,藏匿在土屋中。康熙年间,禁网解除,毛奇龄竟以科举得翰林院检讨一职。当吴世潘死时,毛奇龄为他作《平滇颂》以进献。君子惜其年少时坚持节操,有古代烈士之风,而晚节不保,献媚于满族权贵。全祖望借学术之名呵责他,也是有缘而发。

自是以后,士大夫争以献谀为能事,神圣之号溢于私家记录。然犹有戴名世、吕葆中、查嗣庭、汪景祺、胡中藻等(65),虽仕满洲为侍从,笔语及诗,时时有所弹射。名世推明末帝为共主,意至狠款(66)。其佗或为失职怨望而作,然观其所诋娸,犹明于种类之大齐者。自乾隆中年以后,士益媕娿(67),《变风》绝矣(68)。

【注释】

(65) 戴名世,参见《哀清史》第五十九注(7)。吕葆中,清代浙江荣德(今桐乡)人,为吕留良之子。他将其父遗稿交与曾静门生张熙,引发震动一时的

"吕留良明史案",受牵联被杀。查嗣庭,浙江海宁人。康熙进士,官至内阁学士兼礼部侍郎。雍正四年(1726 年)主持江西乡试,以"维民所止"为题,被人告发"维止"为雍正去头,世宗因此兴文字狱,下狱病死。汪景祺,清浙江钱塘(今杭州)人,康熙举人,入年羹尧幕府。著《读书堂西征随笔》,为年鸣不平。后年羹尧犯案,受牵联被枭首示众。胡中藻,清代江西新建人。曾任翰林学士,广西学政等职。文辞险怪,以韩愈自命,乾隆时因"一把心肠论浊清"等句,被指为悖逆,下狱处死。

(66) 豤款,恳切忠诚。豤,同"恳"。《广雅·释诂一》:"款,诚也。"

(67) 媕婴(ān 安 ē 婀),依违随人,没有主见。

(68)《变风》,指《诗经》中十五国风中的讽刺诗篇。

【译文】

自那以后,士大夫争相以阿谀奉承为能事,私家记录里也频频出现清朝帝王的名号。然而尚有戴名世、吕葆中、查嗣庭、汪景祺、胡中藻等人,虽然出仕清廷作侍从,但笔记诗赋中还时时对清廷有所影射。戴名世推重明末帝为天下共同崇奉的宗主,意愿极为恳切忠诚。其他人有的只是因失职怨恨之意而作,然而看他们对清廷的诋毁,还是明白民族大义的。自乾隆中期以后,士大夫愈加依违奉承,没有主见,可惜《变风》断绝了。

章炳麟曰:杨雄宁靖怀旧[69]。谦益虽荏染[70],其迷犹复。之推仇周而亲陈,知中国昵于梁室,江左士人之知类,尚矣哉!

【注释】

(69) 宁靖,清静寡欲。

(70) 荏染,柔弱貌。《诗·大雅·抑》:"荏染柔木,言缗之丝。"

【译文】

章炳麟说:杨雄清静寡欲、怀念过去。钱谦益虽柔弱,然而迷失后尚能改悔。颜之推仇视后周而亲近南朝的陈国,知道梁朝更近于中国,江东士人分得清族类,多么高尚!

墨子曰："买鬻，易也；霄即消。尽，荡也"。《经说上》。同族迭主谓之"易"[71]，异族入主谓之"荡"。荡与易，孰悲？宜户知之[72]。

【注释】

(71) 迭主，更换君主。

(72) 户知之，家家知之。

【译文】

墨子说："买进卖出，称为易；消失殆尽，称为荡。"(《经说上》)同族之内更换君主称为"易"，异族入主中原称为"荡"。荡与易，哪个更可悲？应是人人都知晓的道理。

然今学者，言攘斥满洲，或徒以旦莫蜕化[73]。清道光时，有仁和龚橙[74]，人传馆试《正大光明殿赋》，忘其韵。橙曰："吾知之：'长林丰草，禽兽居之。'"此其狂而时中者邪[75]？后以汉文授巴夏礼[76]，为谋主。圆明院之火，橙单骑先士卒，入取玉石重器以出。及清率乞西师陷苏、松，断洪氏下游，橙与有力焉。世皆多其奇气，观其出入欧、满，一彼一此，坎廪以求逞者[77]，于中夏何有[78]？近世归安钱恂[79]，十应乡试，不中式，怨怼，以随使得知府，常言："均之异族，宁事欧洲，不事清！以其政法犹调整故。"此其言近正，而卒偏盭[80]，将籍名于愤激以趣势利者哉[81]？且所为攘除异族者，为同种自主也，政法固次之，均之异族，则政法昏明何择？重政而亵种，故自昔有右沙陀、左后梁者[82]。

【注释】

(73) 旦莫，即旦暮。蜕化，指死亡。

(74) 龚橙，字公襄，号孝拱。为龚自珍之子。

(75) 时中，合乎中道。

(76) 巴夏礼(1828～1885年)，英外交官，曾代理广州领事。任上海领事等，支持英军侵华，迫使清政府签订中英《北京条约》，因侵华有功，受封爵士。

(77) 坎廪,不平,喻遭遇不顺利。宋玉《九辨》:“坎廪兮,贫士失职而志不平。”求逞,求得志。

(78) 何有,何取。

(79) 钱恂,清代浙江归安(今湖州市)人。曾出使英、法、意、比等国,著有《中外交涉类要表》。

(80) 偏盭,偏颇。盭,古“戾”字。

(81) 籍名,借名。趣,同“趋”。

(82) 沙陀,西突厥的别部。五代建立后唐王朝的李存勖、后晋王朝的石敬瑭、后汉王朝的刘知远,皆出于沙陀族。后梁,五代之一。汉人朱温于907年建立。右沙陀,左后梁,意为尊崇沙陀所建的后唐、后晋、后汉,贬低汉人所建的后梁。

【译文】

今天的学者,说到驱除满洲,或只是希望它早日灭亡。清道光年间,有仁和人龚橙,传闻馆试命题为《正大光明殿赋》,忘记了韵。龚橙说:“我知道:‘长林丰草,禽兽居之。’”这是因为他性格狂傲而被说中了吗?其后龚橙教巴夏礼学习中文,是为其出谋划策的主要人物。圆明园遭遇火烧,龚橙独自骑马赶在人前,到园内取出玉石宝器。后来清军统帅借助洋人军队攻陷苏州、松江,切断洪秀全的下游退路,龚橙也有很大功劳。世人多称赞他气象不凡,然而从他出入欧、满,仅仅是因为不如意而逞一时之气,对于华夏又有何可取之处?近世归安人钱恂,多次参加乡试,均未考取举人,遂生怨恨,以追随出使而后得补知府,曾说:“都是异族,宁可事奉欧洲,也不事奉清朝!因为欧洲的政治、法度多少得到了调整治理。”他所说近乎正确,但还是偏激,只是借激愤之词获取权势利益吧?并且驱除异族,是为了本族能够自主,政治、法度倒在其次,都是异族的话,那么政治法度的优劣又有何区别?看重政治、法度而轻视民族,故古代就有尊崇沙陀、而贬抑后梁的例子。

别录乙第六十二 许二魏汤李

[说明]本文分别记录了元朝的许衡，清朝的魏象枢、魏裔介、汤斌和李光地。他们都生活在异族南下、改朝换代的时期，在民族大义和个人私利之间作出了不同选择。作者对那些卖身投靠、助纣为虐的人进行了批判揭露，对人物思想行为的复杂性和矛盾性也作了揭示。

本文未收入《訄书》初刻本及《检论》。

许衡(1)，字仲平，河内人。少遭金、元之乱，尝避地过河阳，当暑，渴甚，众争啖道旁梨。衡荫树自若，曰："世乱，梨无主，吾心其无主邪?"乱少定，游河、洛间，从柳城姚枢得宋二程、朱熹书(2)。遂居苏门(3)，遍求礼乐、星历、兵刑、食货、水利诸典，而敢为大言，以道自何(4)，凡丧祭昏嫁，必以礼倡乡人，学者浸盛。

【注释】

(1) 许衡(1209～1281年)，元代学者。字仲平，号鲁斋，元河内(今河南沁阳)人。与姚枢、窦默等讲程朱理学，以维护孔孟之道为己任。在关中办学校，官至集贤大学士兼国子祭酒。有《鲁斋遗书》等。

(2) 姚枢(1203～1280年)，元代学者。字公茂，元柳城(今河南西华西)人。宗奉理学，忽必烈为亲王时，请他教授世子经书，并备顾问。官至翰林学士承旨。

(3) 苏门，山名。在河南辉县西北。

(4) 何，通"荷"。承担。

【译文】

许衡，字仲平，河内人。他年少时遭逢金、元之乱，曾避难经过河阳，正值酷暑，十分口渴，众人争先恐后去吃道路旁的梨子。许衡在树荫下而不为所动，说："世道混乱，梨没有主人，难道我们的心也没有主人吗？"世道稍稍安定后，在黄河与洛水之间游历，从柳城姚枢那里获得宋代二程、朱熹的书。遂定居于苏门山，遍求与礼乐、星历、兵刑、食货、水利相关的典籍，而敢说宏大深远之言，自觉有道义在肩，但凡乡间有丧祭婚嫁之事，必定对乡人倡导礼法，跟他学习的人逐渐兴盛。

元世祖忽必烈王秦[(5)]，召为京兆提学；既践位，授大子大师，改国子祭酒。至元二年[(6)]，上疏言："前代北方有中夏者，必行汉法，乃可长久。故后魏、辽、金，历年最多。佗不能者，皆乱亡相继。夫陆行宜车，水行宜舟，反之则不能行；幽燕食寒，蜀汉食热，反之则必有变。以是论之，国家当行汉法，无疑也。"书奏，忽必烈嘉内之。六年，与大常卿徐世隆定朝仪[(7)]，与大保刘秉忠、左丞张文谦定官制[(8)]。七年，授中书左丞。八年，改集贤大学士，兼国子祭酒。十三年，以故官领大史院事。十八年，卒，谥文正。

【注释】

(5) 元世祖忽必烈(1215～1294 年)，成吉思汗之孙。尊称薛禅皇帝。1260 年即位，定都燕京。至元八年定国号为元。秦，指秦国所在的陕西关中。

(6) 至元二年，公元 1265 年。至元，元世祖忽必烈年号。

(7) 徐世隆，元大臣。字威卿，西华(今属河南省)人。曾为集贤院学士，元朝典章制度多出其手。有《瀛洲集》。

(8) 大保，太保。刘秉忠，元大臣。字仲晦，邢州(今河北邢台市)人。拜太保，领中书省事。元朝颁章服，举朝仪，定官制，皆秉忠发之。有《藏春集》《玉尺经》等。张文谦，元沙河(今河北省西南部)人，字仲谦。累官左丞，封魏国公。

【译文】

元世祖忽必烈统治关中，召许衡任京兆提学一职；就职之后，又被授予太子太师，后改任国子监祭酒一职。至元二年，许衡上疏说："之前占领华夏的北方民族，必实行汉法，国运才可以长久。所以后魏、辽、金，持续的时间最长。其余不能实行汉法的朝代，都相继灭亡。陆路行走以车为宜，水路交通以船为宜，二者反过来是行不通的；幽燕之地食性偏寒，蜀汉之地食性偏热，二者反过来就容易生病。以此而论，国家当实行汉法，这是毫无疑问的。"奏言呈上之后，得到忽必烈的嘉许并被采纳。至元六年，许衡与太常卿徐世隆拟定朝廷礼仪，又与太保刘秉忠、左丞张文谦拟定官制。七年，许衡被授中书左丞一职。八年，改任集贤大学士，兼任国子监祭酒。十三年，以故官掌太史院事务。十八年，许衡去世，谥号文正。

衡在朝二十余岁，进退不恒。一代度制，略出其议，奏事亦数以古义责难。然退辄毁其草(9)，故其言多秘不闻。元将伐宋，衡请修德以怀远，无轻黩武(10)，弗听。及死，遗令以浮屠服敛。世以比汉荀彧弗能阻九锡而仰药也(11)。

【注释】

(9) 古义，古书的义理。退辄毁其草，退朝则毁掉奏折的草本。

(10) 黩武，滥用兵力、好战。

(11) 荀彧，三国时曹操谋士。阻九锡而仰药，指荀彧反对曹操称魏公未果，服毒自杀。九锡，古代帝王赐给大臣的九种器物：车马、衣服、乐则、朱户、纳陛、虎贲、弓矢、鈇钺、秬鬯。

【译文】

许衡在朝二十余年，职位或升或降并不固定。元代的制度，多出于其议，其上奏也根据儒家经典的义理多有责难。退朝后则焚毁奏折的底稿，所以他的言论多不为人知。元将要伐宋时，许衡上书请求修德怀柔，不要滥用武力，没有被接受。临死时，留下遗言要求用僧侣衣服收殓安葬。世人比于汉代的荀彧因不能阻止曹操称魏公而服毒自杀。

魏象枢(12)，字环极(13)，蔚州人。清顺治三年进士。以刑科给事中，转处诸科八年，廉劲敢言事。大学士陈名夏得罪，言官坐不先事纠发(14)，六科长皆被议(15)。象枢降补詹事主簿，稍迁光禄丞。十六年，乞养归，家居讨论性命天道之说。遭母忧(16)，丧葬号为遵迹古礼。

【注释】

(12) 魏象枢(1617～1687 年)，清代山西蔚州(今河北蔚县)人。字环溪，号庸斋。顺治进士，累官至刑部尚书。吴三桂发动叛乱时，他主张不必用兵，“抚之自定”。治程朱理学，有《儒宗录》《知言录》等。

(13) 环极，当为“环溪”之误。

(14) 言官，谏官。坐不先事纠发，犯不事先举报之罪。

(15) 六科长，指吏、户、礼、兵、刑、工六科给事中。职责为辅助皇帝处理奏章，稽案驳正六部之违误。

(16) 母忧，居母丧。

【译文】

魏象枢，字环极，蔚州人。清顺治三年的进士。以刑科给事中一职，辗转又在吏、户、礼、兵、工诸部八年，廉洁刚直敢于言事。大学士陈名夏获罪之后，谏官因为不事先纠发被追责，六科给事中都被定罪。魏象枢被降职补詹事主簿，稍后又迁任光禄丞。顺治十六年，请求回家休养，在家闲居时讨论性命天道之说。他的母亲去世后，为母服丧，丧葬被称为遵循古礼。

康熙初，征授御史，累迁顺天府尹。会吴三桂以湘、蜀、滇、黔拒命，欲割地，称帝号。仁帝玄晔问象枢。象枢曰：“尧、禹之师，舞干羽于两阶，七旬而有苗格[17]。本谋撤藩者，明珠、米思翰[18]。今势糜烂，当诛二臣以谢诸藩。"不省[19]。后以刑部尚书终于家，康熙二十五年也。谥敏果。

【注释】

(17) 有苗格数语，见《古文尚书·大禹谟》。有苗，古代南方氏族。格，至。

(18) 明珠(1635～1708年)，清代满洲正黄旗人，纳刺氏。官至武英殿大学士。他坚持主张撤削三藩，为清圣祖所倚重。米思翰(1633～1675年)，清代大臣，满洲镶黄族人。与兵部尚书明珠等力主并撤三藩，移于山海关外。吴三桂起兵反，他整治军需，平乱，不久病死。

(19) 不省，不理会，未察觉。

【译文】

康熙初年，魏象枢被征召授御史一职，累迁至顺天府尹。当时吴三桂据守湘、蜀、滇、黔以抗拒清廷，想要割地，称帝号。康熙帝询问象枢。象枢说："尧、舜之师，在宫廷的东西两阶舞动盾牌和雉羽，七十天后就有三苗前来归顺。本谋撤藩的人，是明珠、米思翰。如今形势危急，当诛杀这两个臣子来向诸藩谢罪。"康熙帝没有察觉。魏象枢后以刑部尚书之职终老于家，于康熙二十五年去世。谥号敏果。

谭献曰[20]：三桂虽乱臣，然本汉种。汉种有分地，则王土幸无全制于满洲，故象枢假为阔语以谲上[21]。盖汉董卓议大发卒讨山东义兵[22]，郑泰曰[23]："政在德，不在众也。"刘表僭窃[24]，郊祀天地，孔融以为"宜且隐忍，以崇国防"[25]。和光同垢[26]，与象枢而三。不然者，滇府之师[27]，非甚椎愚，不求其扰而狎也[28]。

【注释】

(20) 谭献，清代浙江仁和(今杭州)人，字仲修，号复堂。同治举人。有《复堂类稿》。

(21) 谲,欺诈。

(22) 董卓(? ～192 年),东汉临洮人。字仲颖。受大将军何进之召,引兵入朝。废少帝,立献帝,自任相国。后山东诸侯起兵讨伐,挟献帝逃往长安。为吕布所杀。

(23) 郑泰,东汉末大臣。字公业,河南开封人。何进辅政时,任泰为尚书侍。与荀攸等谋诛董卓,未成,投奔袁术,任扬州刺史。

(24) 刘表(142～208 年),东汉山阳高平人。字景升。任荆州刺史,为当时割据诸侯之一。

(25) 孔融,东汉末人。孔子二十世孙。参见《学变》第八注(46)。引语见《后汉书·孔融传》。

(26) 和光同垢,同"和光同尘"。把光荣和尘浊同等看待。《老子》:"和其光,同其尘。"王弼注:"无所特显,则物无所偏争也。无所持贱,则物无所偏耻也。"

(27) 滇府之师,指吴三桂军队。

(28) 扰而狎,扰狎,驯服。

【译文】

谭献说:吴三桂虽然是乱臣,然而本属汉人。汉人子弟有部分疆土,则华夏之地就有幸没有全部受制于满洲,因此魏象枢故意用疏阔之言来欺骗皇上。汉代时董卓商议大规模发兵讨伐山东义兵,郑泰说:"为政在于德,不在于兵多势众。"刘表僭越窃位,于郊外祭祀天地,孔融认为"应当隐忍,重视国防"。若不加细分,他们与魏象枢可看作三个类似的例子。不同的是,吴三桂的军队,并不十分愚笨,不想被清廷安抚怀柔。

魏裔介(29),字石生,柏乡人。自清顺治三年成进士,十一岁至左都御史,又二岁加大子大保。

【注释】

(29) 魏裔介,清大臣。直隶柏乡(今属河北)人。顺治进士,累官至保和殿大学士。清圣祖亲政后,被解职。治宋明理学,有《圣学知统录》《知统翼录》《希贤录》等。

【译文】

魏裔介，字石生，直隶柏乡人。自清顺治三年成为进士，十一年后任左都御史，又过两年加官太子太保。

当是时，明师数入讨。裔介上言："今刘文秀复起于川南(30)，孙可望窃据于贵竹(31)，李定国伺隙于粤西(32)，张名振流氛于海岛(33)，连年征讨，尚逋天诛(34)。为目前进取计，蜀为滇、黔门户。蜀既守，而滇、黔之势蹙，故蜀不可不先取。粤西稍弱，桂林之役未大创(35)，必图再犯，以牵湖南之师。宜令藩镇更番迭出，相机战守。此三方者，攻瑕(36)，先粤西。粤西溃，则滇、黔亦瓦解。若海上当严斥候，修战舰，诸路合剿，弗使事久生变。"其后诸道进兵，卒如裔介所规，竟以亡明。云南定，裔介言："滇、黔、川、楚间，不以满兵镇守，恐戎寇生心。荆、襄天下腹心，宜择大将领满洲兵数千，常驻其地，无事则控扼形势，以销奸萌；有事应援，据水陆之胜。"议虽不行，其为满洲谋宰割汉人，可谓社稷臣矣。

【注释】

(30) 刘文秀，明清之际农民将领。初为张献忠部下，与李定国、孙可望、艾能奇合称"四将军"。李定国进攻湖南时，他收复四川大部，后在云南病死。

(31) 孙可望，陕西米脂人。原为张献忠部将，后联明抗清。永历十一年(1657 年)降清，受封为"义王"。

(32) 李定国，明清之际农民将领。字宁宇，陕西榆林人。原为张献忠部将，献忠死后，与孙可望等移屯云贵，联明抗清。永历六年(1652 年)攻克桂林。又入湖南，斩清帅尼堪于衡州。后因孙可望叛变，不得已退回广西，病死军中。

(33) 张名振，南明将领。字侯服，江宁(今江苏南京)人。南明鲁王加封富平将军，封定西侯。从鲁王航海，屡率水军出击。

(34) 逋，逃。天诛，上天的诛伐。

(35) 桂林之役，永历六年(1652 年)，李定国进军广西，攻克桂林，清将孔有德穷蹙自杀。

(36) 攻瑕,攻其瑕隙。

【译文】

当时,明朝军队屡次来征伐。魏裔介上疏说:“如今刘文秀又起事于川南,孙可望割据在贵竹县,李定国在粤西伺机而动,张名振在海岛到处流窜,连年征讨,还是逃避了上天的诛伐。从当下形势考虑,蜀地是滇、黔的门户。若占领了蜀地,则滇、黔的形势就紧迫了,故不可以不先攻取蜀地。粤西的势力稍弱,桂林之战没有给予重创,明军必然会试图再犯,以牵制湖南的兵力。应当命令藩镇轮番出击,根据形势或战或守。对于这三方势力,应攻其瑕隙,先取粤西;粤西溃败,则滇、黔也会随之瓦解。对于海上的形势,应当严加防范,修战舰,诸路势力一同去剿灭,不要事久生变。”之后清廷诸路进兵,皆如魏裔介所谋划的那样,竟至于灭了明朝政权。云南平定后,魏裔介说:“滇、黔、川、楚之间,若不以满洲士兵镇守,恐会导致戎寇生叛。荆州、襄阳为天下的中心,应当选派大将领数千满洲士兵,常年驻守其地,没有事则控制形势,去除奸民;有事则呼应支援,占据水、陆形势要地。”魏裔介的这一奏议虽然没有实行,但他为满洲谋划宰割汉人,可谓是“社稷之臣”。

康熙元年,转吏部尚书。三年,授保和殿大学士。二十五年,卒,谥文毅。

裔介先后所建白(37),于满汉间时有诎申控纵(38),其归皆以便满洲政府,为子孙帝王万世计。性檠辟(39),善应事,先魏象枢得志,其骨鲠弗如。然著《圣学知统录》《论性书》《希贤录》数种,自以为得性命之情云。

【注释】

(37) 建白,建言表白。

(38) 诎申，屈伸。控纵，止马和发矢。意同屈伸。
(39) 椝辟，灵活，圆滑。

【译文】

康熙元年，魏裔介改任吏部尚书。康熙三年，授保和殿大学士。康熙二十五年，去世，谥号文毅。

魏裔介前后的建言，在满汉之间有所屈伸，最终都是服务于满洲政府，为其帝业长久考虑。魏裔介灵活、圆滑，善于处理事务，先于魏象枢而得志，但刚直不如象枢。他的著述有《圣学知统录》《论性书》《希贤录》数种，自以为体认得性命之情。

汤斌[40]，字孔伯，睢州人。母赵，明季骂流贼死。斌少避乱衢州。清顺治九年，成进士，出为潼关道，徙岭北道。方郑成功经略长江，而雩都山有明旧将李玉庭，戏下万人，阳诣斌约降[41]。成功已围南京，遣谍抵赣州。斌获谍，斩之，策玉庭且中变[42]，即移兵守南安；玉庭果至，击走之；分兵要其归路，卒斩玉庭。寻乞病归。

【注释】

(40) 汤斌，清大臣。
(41) 戏下，麾下。戏，通"麾"。阳，通"佯"。假装。约降，约定投降。
(42) 策，猜测，谋断。

【译文】

汤斌，字孔伯，睢州人。母亲赵氏，于明朝末年因为痛骂流寇而死。汤斌少年时为躲避战乱到了衢州。清顺治九年，成为进士，出任潼关道，后转任岭北道。当时正值郑成功经营谋划长江，而雩都山有明朝旧将李玉庭，麾下有上万人，假装到汤斌处约定投降。郑成功已围南京，派遣暗探到赣州。汤斌截获了暗探，并斩杀之，猜测李玉庭会中途变卦，随即派兵去守南安；李玉庭果然前来，击溃了他；又分兵拦截李玉庭的归路，最终斩杀了李玉庭。不久，汤斌请求归乡养病。

斌既有吏才，而知取与之术，欲托方闻大儒以自华(43)。闻孙奇逢讲学夏峰(44)，往从受业十年。又尝与黄宗羲问对，则曰："黄先生论学，如大禹导山水，脉络分明，吾党之斗杓也(45)。"然本意欲以此养高(46)，出而缘饰吏事，故终身无自得。特工为剽取，调和朱陆间以自文(47)。而流俗遂相扇为大儒，稍稍忘其拒义师战功矣。

【注释】

(43) 方闻，博洽多闻。自华，自我炫耀。

(44) 孙奇逢，明末清初学者。参见《哀焚书》第五十八注(33)。

(45) 斗杓，即北斗柄。北斗七星，四星象斗，三星象杓。杓即柄。

(46) 养高，培养高名。

(47) 朱陆，朱熹和陆九渊。分别为南宋理学派和心学派代表人物。自文，自我文饰。

【译文】

汤斌有为官之才，知道欲取先与之术，想依托博洽多闻的大儒以自我炫耀。听说孙奇逢在夏峰讲学，他便前往追随孙奇逢学习十年。他又曾与黄宗羲问答，说："黄先生论学，如大禹疏导山川，脉络分明，是我辈所敬仰的北斗。"然而他的本意是想沽名钓誉，粉饰官场事务，因此终身并无所得。尤其善于抄袭窃取，调和朱熹、陆九渊以自我文饰。流俗遂吹嘘他是大儒，稍稍忘其抵御明朝义军的所谓"战功"了。

康熙时，以制科授侍讲，累迁江南巡抚。斌故善饰俭，及在官，惟枲帐一(48)，采野荠和豆羹而食之；闻子市鸡，怒箠其仆。虽公孙弘御布被、脱粟饭(49)，不能绝也；亦以此为佞臣明珠、王鸿绪所中(50)，卒皆无恙。顷之，以礼部尚书辅皇大子，尝奏对仁帝玄晔前，面谩(51)，出曰："平生未尝欺罔人至此！"玄晔闻之而不罪也，但曰："理学诚为贵，今贵谩邪？"

【注释】

(48) 制科，又称大科、特科，是古代为选拔"非常之才"而举行的不定期非常规考试。枲帐(xǐ 喜—)，麻帐。《尔雅·释草》："枲，麻也。"

(49) 公孙弘，西汉大臣。参见《商鞅》第三十五注(10)。脱粟饭，粗米饭。

(50) 王鸿绪，清代江南华亭(今上海松江)人，字季友，号横云山人。官户部尚书。有《明史稿》《赐金园集》。所中，所中伤。

(51) 面谩，当面说谎欺骗。

【译文】

康熙时，他以科举授予侍讲一职，后升迁至江南巡抚。汤斌本来就喜欢假装节俭，等做了官，只有粗麻帐子一顶，采摘野菜和在用豆煮成的面糊里吃下；听说儿子买了一只鸡，便愤怒地鞭打仆人。纵是公孙弘盖粗布被、吃粗米饭，也不能超过他；他也曾因此而遭到奸佞之臣明珠、王鸿绪的中伤，最终没有受到伤害。不久，汤斌以礼部尚书辅佐皇太子，曾在奏对仁皇帝玄晔时，当面说谎，出来之后说："平生从来没有欺骗人到这个地步！"玄晔听说后也没有怪罪他，只是说："理学以诚为贵，如今以欺骗为贵吗？"

然斌最善吏事，抚江南，请蠲明万历时所加饷(52)，及免苏松赋数十万两。又言"国有大庆，或水旱形见，不肖者反急征以待复除(53)。必豫免次年田租，然后民不可欺"。免租先一岁颁谕，自此始。其在潼关，听讼无留狱(54)，环治五十里，待质者不赍宿粮(55)。尝出，遇雨，止宿大树下，民藩其树识之(56)。故所在有声，此其所长也。

【注释】

(52) 蠲，通“捐”。除去，减免。

(53) 除，指免除赋税。

(54) 无留狱，没有拖延的案例。

(55) 待质者不赍宿粮，等审判者不用准备隔夜的粮食。质，审判。

(56) 藩，用篱笆围起来。

【译文】

然而汤斌最善于处理政事，为江南巡抚时，请示朝廷免除明万历年间所加的饷银，又免去苏州、松江两地赋税数十万两。说：“当国家有大的庆典，或者有水旱灾害时，不正派的官员反而会急于征收再等待免除赋税；所以必须预先免除第二年的田租，然后百姓才不会被欺骗。”预先免租一年颁发谕旨，就是从这时开始。汤斌在潼关时，审理案件没有拖延的，治所五十里范围内，等审判者不用准备隔夜的粮食。曾有一次出行，路上遇到大雨，停下来在大树下避雨，之后有民众用篱笆围起这棵树以作标识。不论在何处任职都留下名声，这是他所擅长的。

康熙二十六年，改工部尚书。以度材，卒于通州，谥文正。道光时，遂从祀孔子庙庭矣。汤斌，循吏也(57)，豢养忘旧，惟所任使(58)。

【注释】

(57) 循吏，奉职守法的官吏。《史记·太史公自序》：“奉法循理之吏，不伐功矜能，百姓无称，亦无过行，作《循吏列传》第五十九”。

(58) 惟所任使，此两句意为，一经豢养，便忘记旧主，只为任命他的人使用。

【译文】

康熙二十六年，汤斌改任工部尚书。他督办砍伐木材时，死于通州，谥号文正。道光时，他得以配享于孔庙东西两庑。汤斌，是奉职守法的官吏，受清廷的豢养，便忘记了自己本为汉人，只为任命他的人所用。

章炳麟曰："非其人而教之，赍盗粮，借贼兵也。"孙卿是言(59)，有味哉！乌乎，孔子已失诸宰予(60)，世传与田常作乱。孙、黄于汤斌(61)，亦少弛矣。

【注释】

(59) 孙卿，荀卿。引语见《荀子·大略》。

(60) 宰予，孔子弟子。据《史记·仲尼弟子列传》，宰予曾参与田常作乱，被夷其族。

(61) 孙、黄，孙奇逢、黄宗羲。

【译文】

章炳麟说："教了不该教的人，就相当于把粮食送给了强盗，把武器借给了贼寇。"荀子这句话，很值得玩味啊！唉，孔子当年已失之于宰予，世传宰予曾参与田常作乱。孙奇逢、黄宗羲对于汤斌，也是有失管教啊。

李光地(62)，字晋卿，安谿人。治漳浦黄道周之术(63)，善占卦。会康熙朝尊朱学，故以朱学名。其习业因时转移，闻时贵律历，即为章算几何；贵训诂，即稍稍理故书(64)；贵文言幽眇也，即皮傅《周易》与《中庸》篇，为无端崖之辞(65)。然惟算术为通明，卒以是傅会得人主意，称为名相。

【注释】

(62) 李光地，清代学者。参见《学隐》第十三注(10)。

(63) 黄道周，明代学者。参见《通谶》第十五注(37)。

(64) 故书，古代典籍。

(65) 无端崖之辞,没有边际的言词。《庄子·天下》:“庄周闻其风而悦之,以谬悠之说,荒唐之言,无端崖之辞,时恣纵而不傥。”

【译文】

李光地,字晋卿,福建安溪人。他研治漳浦黄道周之术,善于占卦。适逢康熙朝尊崇朱熹的学说,故以朱熹理学闻名。他攻习学业因时而变,听闻世人重乐律、历法,便学习算术和几何;世人重视训诂之学,他便稍稍整理古代典籍;重视语言的精深微妙,便强附会《周易》与《中庸》,说一些无边际的话。他只是通晓算术,最终以此附会获得皇帝的赏识,称其为名相。

康熙九年,成进士。三岁,以编修乞假归。耿精忠据福建[66],与郑经并遣人招之[67],皆不至。会编修陈梦雷为精忠迫胁[68],常托病支吾,以其形势扼塞,密示光地。光地遣使间道入京,以蜡丸上封事。仁帝玄晔下其疏。会康亲王杰书已自衢州陷仙霞关,进陷建宁、延平,精忠降。授光地侍读学士。郑经将刘国轩击拔海澄、漳平、同安、惠安诸县,进逼泉州,断万安、江东二桥,南北援绝。光地使其叔父日煌将乡兵百余,度石珠岭,支木桥以济;而别令其弟光垤、光垠,以乡兵千度白鸽岭,迎巡抚吴兴祚军于永春。师至泉州,大破国轩军。迁翰林学士。是时,闽率有一王一贝子一公一伯[69],将军、都统以下,各开莫府,所将皆禁旅[70],传食于民[71],时系累丁壮役作之,劫略妇女无算,闽民驱而北者数万,皆光地赞师力也。

【注释】

(66) 耿精忠(? ～1682 年),耿仲明孙,清汉军正黄旗人。为靖南王,三藩之一。三藩平定后被处死。

(67) 郑经,郑成功子。1662 年嗣位,趁三藩之乱之机进兵福建、广东。1681 年病死台湾。

(68) 陈梦雷(1650～1741 年),清代学者,字则震,又字省斋。闽县(今福建闽侯)人。康熙十三年(1674 年),耿精忠响应吴三桂叛乱,与李光地一起秘密收集情报,呈送朝廷。但李光地后来将功劳独据,得青云直上,他却反以参与叛乱罪论死。后经人援救减为流放。主持编纂《古今图书集成》,另有《周易漫述》等。

(69) 贝子,爵位名,满语为贝勒的复数,有王或诸侯的意思。

(70) 莫府,即幕府。禁旅,禁军。

(71) 传食,辗转受人供养。

【译文】

康熙九年,李光地得进士。三年后,以编修请求归乡省亲。耿精忠据守福建,与郑经同时派人去招抚李光地,他都没有答应。恰逢编修陈梦雷被耿精忠胁迫,时常以称病来应付,把地形要塞秘密地告知李光地。李光地派人从小路进京,用蜡丸封好密信送给朝廷。仁皇帝玄晔把他的奏疏下发到兵部。又当康亲王杰书已经从衢州攻陷仙霞关,进而又攻陷建宁、延平,耿精忠投降。朝廷授予李光地侍读学士一职。郑经部将刘国轩攻陷海澄、漳平、同安、惠安诸县,进逼泉州,切断万安、江东两座大桥,造成南北隔绝。李光地令他的叔父李日煌率领百余名乡勇,越过石珠岭,架起木桥渡河;又令他的弟弟光垤、光垠,率领千余乡勇穿过白鸽岭,到永春去接应巡抚吴兴祚的军队。大军到泉州之后,击败了刘国轩的军队。李光地迁任翰林学士。那时,福建的将领有一王、一贝子、一公、一伯,将军、督统以下,各开幕府,所统率的都是禁军,取食于民,时常捆绑一些青壮年男子役使劳作,劫掠的妇女不可计数,福建民众被驱赶迁往北方的数以万计,都是李光地帮助清军的缘故。

顷之,郑经卒,子克塽幼弱,诸将内争。胡汉皆以台湾风波险恶,无主用兵者。而光地适至京师,力言亟取,毋诒患,且荐降臣施琅可用状(72)。玄晔内其言。二十二年,卒下台湾。自是明氏子孙，与奉中国年历冠带者，无遗育矣。

【注释】

(72) 施琅(1621～1696年)，明及清大臣。号琢公，福建晋江人。初为郑芝龙部将，降清后隶汉军镶黄旗，任水师提督。康熙二十二年(1683年)攻灭台湾的郑氏政权。封靖海侯。

【译文】

不久，郑经去世，他的儿子克塽年少，诸位将领开始斗争。满、汉大臣都认为台湾风大浪急、地势险恶，没有主张用兵的。而李光地恰好到了京师，力主应当尽快攻取台湾，不要遗留后患，并且举荐降臣施琅可用。玄晔采纳了他的主张。康熙二十二年，最终攻下台湾。直到这时明朝子孙，与奉行中国正朔、服汉人服饰的人，一个都不剩了。

光地既以智谋绝中国由蘖(73)，功高，蒙殊遇，而陈梦雷方以降贼坐斩，光地微白之，得不死。梦雷以光地欲攘己功，故不素白杰书(74)，令己下狱，发愤作书绝交，天下称光地卖友。

【注释】

(73) 由蘖，倒木和被砍树木发出的新芽。《尚书・盘庚》:“若颠木之有由蘖。”中国由蘖，指恢复汉人统治的企图。

(74) 素白，如实告白。杰书，指康亲王杰书。

【译文】

李光地既以智谋断绝了恢复中国的可能，立下了很大功劳，受到清廷的厚遇，而陈梦雷又正值因降贼而定罪当斩，李光地稍微说明详情，使其得以不死。陈梦雷因为李光地想要抢夺自己的功劳，不如实告白康亲王杰书，使自己遭遇牢狱之灾，发愤作书与其绝交，天下士人皆称李光地出卖朋友。

自光地在朝，君臣相顾，欢甚，累官至文渊阁大学士。玄晔通八线诸术[75]，又好闽学[76]，而光地能料量雠对。故玄晔命录札记进御，又时时令参订朱熹书，常曰："知光地者莫若朕，知朕者亦莫光地若也。"

【注释】

(75) 八线诸术，指数学。八线，古代数学名词。即三角函数之正弦、余弦、正切、余切、正割、余割六线及正矢、余矢二线。

(76) 闽学，宋明理学中的朱熹之学。

【译文】

自从李光地在朝，君臣间相互顾念，十分友好，屡次升迁至文渊阁大学士。玄晔精通数学，又喜好朱熹之学，而李光地又能揣摩应答。故玄晔命他抄录所作札记进呈御览，又时时令他参校修订朱熹的著述，时常说："知李光地者莫如朕，知朕者也莫如李光地了。"

光地虽厚颜，以大儒自襮[77]，然文深弗能如魏、汤[78]，吐言或绝鄙倍。其为《榕邨语录》曰："周、程、张、邵[79]，不得朱子，虑不若是炫赫。"至今学者传以为笑。以杨名时、李绂、陈鹏年、蔡世远、惠士奇、何焯[80]，皆用名德尔雅，为光地识拔，故死后称誉得无衰。然惟何焯醉心于光地，其他皆能识之。

【注释】

(77) 自襮(—bó 勃)，自我表露。襮，暴露。

(78) 文深，思虑周密。魏、汤，魏象枢、汤斌。

(79) 周、程、张、邵，周敦颐、程颢、程颐、张载、邵雍，皆为宋代理学代表人物。

(80) 杨名时(1661～1737 年)，江苏江阴人。字宾实，号凝斋。康熙进士，出李光地门下。曾任云南巡抚等。素治理学，著有《易义随记》《诗义记讲》等。李绂，参见《王学》第十注(45)。陈鹏年(1663～1723 年)，湖南湘潭人，字北溟，号沧州。康熙进士。为官清廉，有政声。被总督阿山诬陷下狱，为李光地所救，世宗即位任河道总督，夜宿堤上，后病亡。蔡世远（1683～1734年），福建漳浦人，字闻之，号梁村。康熙进士。佐李光地修《性理精义》。惠士奇，参见《清儒》第十二注(64)。何焯，参见《清儒》第十二注(62)。

【译文】

李光地虽然厚颜无耻，以大儒自居，然而思虑周密不如魏象枢、汤斌，言语谈吐更是浅陋。他所作《榕邨语录》说："周敦颐、程颢、程颐、张载、邵雍，若后来没有朱熹，他们恐怕不会如此光耀显赫。"至今学者仍将之传为笑谈。以杨名时、李绂、陈鹏年、蔡世远、惠士奇、何焯，都因为名望德行雅正，为李光地所赏识提拔，故而李光地死后称赞之声不断。然而只有何焯衷心钦慕李光地，其他人都能识破他。

光地少无行，后尝督顺天学政，遭母忧，有旨夺情[81]。光地请给假九月治丧。给事中彭鹏者[82]，亦福建人，劾光地忘亲贪位，且自陈雅素知其奸伪状。又好色，尝盗良家子，全祖望志之[83]。五十六年，卒，谥文贞。

【注释】

(81) 夺情，居丧未满，朝廷令出仕。

(82) 彭鹏，清大臣。参见《哀清史》第五十九注(40)。

(83) 全祖望，清代史学家。

【译文】

李光地年少时无善行，后为顺天府学政时，遇到母亲的丧事，守丧未满，朝廷令其出仕。李光地请求准予休假九个月去为母亲治丧。给事中彭鹏，同是福建人，弹劾李光地不顾念母亲而贪图官位，并且陈述自己平时所知李光地的奸佞虚伪之行。又好色，曾掠来良家女子，全祖望对此有记载。李光地于康熙五十六年去世，谥号文贞。

章炳麟曰：庄周有言："儒以《诗》《礼》发冢。"(84)自宋人言道学，宋人本称道学，其后分言理学，最后复分心学。道学本该心理、修身、伦理三科，其名较二者为合。近世通言理学者，失之。明儒述之。宋、明诸儒多迂介(85)，明末王学亦多披倡者(86)，然只心学一部。而清儒多权谲(87)。元、清惟衡、象枢，尚惨怛思反本，自裔介而下，思不义以覆宗国，其公山不扰所耻也(88)。唯行己亦仍世益庳(89)。裔介恃齐给，而斌诈谖饰俭，至于光地外淫。何宋、明诸儒行谊之修，而今若是沽薄也(90)？夫孙卿死而儒术绝，自明季五君之丧，谓孙奇逢、王夫之、黄宗羲、颜元、李颙也(91)。道学亦亡矣。

【注释】

(84) 发冢，掘墓。引语见《庄子·外物》。

(85) 迂介，迂腐、耿介。

(86) 披倡，又作"披猖"。猖狂。

(87) 权谲，权变、诡谲。

(88) 公山不扰，春秋时鲁人。曾以"费畔"。为当时的乱臣贼子。

(89) 益庳(—bì 币)，更加卑下。

(90) 外淫，散逸游移。行谊，品行、道义。沽薄，轻薄。

(91) 王夫之，明清之际思想家。参见《序种姓上》第十七(73)。颜元，明末清初学者。参见《颜学》第十一注(4)。李颙，明末清初学者。参见《颜学》第十一注(48)。

【译文】

章炳麟说：庄周有言："儒生以《诗》《礼》盗掘坟墓。"自宋人言说道学，(宋人本来就称道学，其又称言理学，最后又分心学。道学本包括心理、修身、伦理三科，其名比理学、心学更准确。近世一概称理学，有所偏失。)明代儒生又进而发挥。宋、明诸儒多迂腐耿介，(明末王阳明之学也多任意横行者，然而也只是心学一部。)而清儒多权谋诡诈。元代、清代只有许衡、魏象枢，尚忧伤悲痛，想着能返回根本，自魏裔介而下，只是想着以不义的方式倾覆故国，即使是公山不扰也是会对其感到羞耻。只是立身行事亦累世更加卑下。魏裔介倚仗言辞敏捷，而汤斌俭朴，到了李光地则散逸游移，品行更差。为何宋、明诸儒倡导的品行修养，到了今天这种鄙薄的地步呢？孙卿死而儒术断绝，自明末的五位君子去世后（指孙奇逢、王夫之、黄宗羲、颜元、李颙五人），道学也不复存在了。

解辫发第六十三

[**说明**]1900 年，义和团运动兴起，愚蠢之极的清政府竟然对外宣战，觊觎已久的西方列强借机侵入中国，中华民族陷入一场空前灾难。8 月 3 日，在目睹了清政府的种种丑恶行径后，章太炎毅然剪去作为对清王朝忠顺标记的长辫，表示与以往的保皇思想决裂。章太炎的这一行为在当时引起很大反响，他的好友宋恕曾写诗表示不理解："削发欲何之？区中（注：人世间）不可为。劝君无别语，莫作稼轩词！"为了表明自己的立场态度，章太炎写下本文，连同其他文章寄给侨居海外的孙中山，要求在香港刊行的《中国旬报》上公开发表。章太炎的行动得到了孙中山和《中国旬报》的热烈欢迎，《中国旬报》很快发表了该文，并附以后记，对章太炎表示支持和理解。

本文初次收入《訄书》初刻本，未收入《检论》。

《后汉书·西南夷传》：哀牢夷(1)，"种人皆刻画其身，象龙文，衣著尾。"尾者，其今满洲之辫发乎？《汉书·终军传》："解编发，削左衽。"师古曰："编读曰辫。"斯其来远矣！

【注释】

(1) 哀牢夷，汉代分布在今云南一带的少数民族。

【译文】

《后汉书·西南夷传》记载：哀牢族，其"族人都有纹身，刻画着龙纹，衣服上系着尾”。所谓尾，不就像今天满洲人的发辫吗？《汉书·终军传》记载：“剪去发辫，除去左衽夷服。”颜师古注解说：“编读为辫。”剪去发辫可谓由来已久！

支那总发之俗(2)，四千年亡变更。满洲入，始鬄其四周(3)，交发于项下，及髋髀。一二故老，以为大辱，或祝发著桑门衣以终(4)。《通典·乐六》：天竺乐“乐工，皂丝布，幞头巾，白练襦，紫绫袴，绯帔。舞，二人辫发，朝霞袈裟，若今之僧衣也。行缠碧麻鞋。”据此，是天竺亦有辫发。其言若今僧衣者，只指朝霞袈裟耳。又今印度人皆幞头而不辫发，然则舞时偶一用之，平日则否。故乐工仍不辫发也。盖冠簪高髻之饰(5)，既不可复，则宁尽毁之，以章吾志，其情隐矣(6)！

【注释】

(2) 总发，束发。《说文》：“总，聚束也。”此泛指中国传统的发型。

(3) 鬄（tì 替），剃发。满人在额角两端取一直线，剃去直线处的发，是女真、满族独有的风俗。

(4) 祝发，断发。《谷梁传·哀公十三年》：“吴，夷狄之国也，祝发文身。”桑门衣，指僧侣所穿的衣服。桑门，即沙门。

(5) 髻，发髻。《广雅·释诂四》：“髻，髻也。”

(6) 隐，痛。

【译文】

中国人有束发的习俗，四千年没有变更过。满人进入中原之后，才剃除四周散发，束成发辫垂在脑后，长度可及臀部。有少数遗老，认为这是奇耻大辱，就剪发穿着僧侣的衣服而终老。（《通典·乐六》记载：天竺国之乐，“乐工，着黑色的丝布，幞头巾，白色的短衣，紫绫裤，红色的肩帔。舞动时，二人辫发，朝霞袈裟，如同今天的僧衣。行走时穿碧麻鞋。”依据这一记载，可见天竺人也有发辫。其中说如今天的僧衣，只是指朝霞袈裟而已。另外今天的印度人都是着幞头巾而不辫发，只是在跳舞时才偶尔这样做，平时不如此。所以，乐工也是不辫发的。)贯发的簪子、高高的发髻这类装束，既然不可恢复，还不如全部毁弃，以彰显我辈志向，以抒发悲痛之情！

其后习夷俗久，耏鬓垂鬣[7]，以为当然，亡所怪咢[8]。日本人至，始大笑悼之。欧罗巴诸国来互市者，复蚩鄙百端[9]，拟以豭豚[10]，旧耻复振。然士人多要幸儋石之禄[11]，犹前却持两可，未尽芟夷也。

【注释】

(7) 耏鬓，剃去鬓发。耏，又作“耐”。古代剃去鬓须的刑罚。鬣，胡须。

(8) 咢，通“愕”。

(9) 蚩鄙，嗤笑鄙视。蚩，通“嗤”。

(10) 拟以豭豚，指西方人常将清人所留辫发比作猪尾。豭（Jiā 加），公猪。

(11) 要幸，徼幸。希望获得意外收获。儋石（dān 丹一），儋，通“甔”。盛器。儋容一石，故称儋石。《史记·淮阴侯传》：“守儋石之禄者，阙卿相之位。”

【译文】

其后人们习惯于满人的习俗，剃鬓发垂胡须，以为是理所当然，反而不感到惊愕了。日本人看到后，始大声耻笑。欧洲诸国来通商、外交，又百般地鄙夷讥笑，将其比作是猪的尾巴。国人心中的旧耻重又燃起。然而士人多顾及米粟俸禄，持模棱两可的态度，没有全部剪掉。

共和二千七百四十一年[12]，秋七月，余年三十三矣。是时满洲政府不道，戕虐朝士，横挑强邻，戮使略贾[13]，四维交攻。愤东胡之无状，汉族之不得职[14]，陨涕涔涔，曰：“余年已立，而犹被戎狄之服，不违咫尺，弗能剪除，余之罪也！”将荐绅束发[15]，以复近古。日既不给，衣又不可得，于是曰："昔祁班孙、释隐玄(16)，皆以明氏遗老，断发以殁。《春秋谷梁传》曰'吴祝发'，《汉书·严助传》曰'越劗发。晋灼曰：劗，张揖以为古剪字也。余故吴越闲民，去之，亦犹行古之道也。"会执友以欧罗巴衣笠至，乃急断发易服。欧罗巴者，在汉则近大秦，与天毒同柢(17)。其衣虽迮小，方袷直下，犹近古之端衣(18)，惟吾左辅之日本(19)，亦效法焉。服之盖与著桑门衣无异趣云。

【注释】

(12) 共和二千七百四十一年，即公元1900年。

(13) 戕虐朝士，指清政府诛杀主张禁止义和拳的朝臣袁昶、许景澄。戮使，指清政府指使义和团攻打东交民巷洋人使馆。略贾，义和团提出"灭洋货"的口号，对商贾洋货打击尤力。

(14) 无状，罪大不可言状。得职，得其所。

(15) 荐绅，士大夫有官位者，此指古代儒生的服装。束发，古代男子成年后，将头发束成一结，以便外面戴官帽。

(16) 祁班孙，清浙江山阴人。字奕喜。明亡后秘密谋事，事泄被捕。后削发为僧，主昆陵马鞍山寺。称咒林明大师。释隐玄，或疑为隐元法师。福建福清人。本姓林。为黄蘖山万福寺主持。

(17) 大秦，罗马的古称。天毒，即天竺。印度的古称。

(18) 方袷，方形的交领。直下，衣服周摆贴身。端衣，古代祭祀时的衣服。

(19) 左辅，左邻。

【译文】

一九〇〇年秋七月，我时年三十三岁。是时满洲政府无道，诛杀主张禁止义和拳的朝臣，恣意挑战西方列国，打击洋人使馆，抢掠西洋商贾，致使八国联军入侵中国。我憎恨清廷罪大恶极不可言状，而汉族士人又不得其所，常痛哭流涕，说："我已过而立之年，而仍然穿着满人的服饰，不离于身，不能剪除，这是我的罪过啊！"我将身穿古代的儒服、束起头发，以恢复古风。只是我日用并不富足，衣服又不可得，于是说："从前的祁班孙、释隐玄，都是明朝的遗老，削发为僧以终老。《春秋谷梁传》说‘吴国人断发’，《汉书·严助传》说‘越国人剪发’。（晋灼说：劗，张揖认为是古翦字。）我本是吴越之地的闲民，去发，也是践行古代的礼法。”适逢有志同道合的朋友送来欧洲人的衣物服饰，于是我急忙剪去发辫，改换服装。欧洲，在汉代时称为大秦，与印度同根。欧洲人的衣服虽然窄小，有方形的交领，衣服周摆贴身，接近于我国古代的礼服，我们的左邻日本，亦效法于此。我穿上它，就相当于是穿上僧侣服了。

《传》曰[(20)]：“齐一变，至于鲁；鲁一变，至于道。”由是萌芽，令佗日得端委以治周礼[(21)]，固余之志也。昔者《小雅》诗人[(22)]，闵宗周危乱，发愤而作，始之以流水之朝宗于海，而终之以邦人诸友，谁无父母。乌乎！余惟支那四百兆人，而振刷是耻者[(23)]，亿不盈一。钦念哉！

【注释】

(20)《传》曰，引语见《论语·雍也》。汉代常将诸子著作称作《传》《记》《语》等，看作是六经的传记。

(21) 端委，古代礼服和礼帽。

(22)《小雅》诗人，指《诗·小雅·沔水》：“沔彼流水，朝宗于海。……嗟我兄弟，邦人诸友。莫肯念乱，谁无父母？”

(23) 振刷，扫除，洗刷。

【译文】

《传》记载说：“齐国一变革，便达到鲁国的样子；鲁国一变革，便达到道。”由此作为起点，若他日能以古代的礼服、礼帽恢复周代的礼制，这正是我的志向所在。从前《小雅》诗人，忧心于周王朝的危乱，发愤而作，以河水东流入海开始，而以“邦人诸友”“谁无父母”结束。唉！我们中国有四亿人，而能够洗刷这一耻辱的，亿万人中尚无一人。值得深思！

图书在版编目(CIP)数据

尯书译注 / 梁涛，魏忠强译注. -- 上海 : 上海人民出版社，2024. -- (蓟汉丛书). -- ISBN 978-7-208-19115-0

Ⅰ. B259.2

中国国家版本馆 CIP 数据核字第 2024N2M284 号

责任编辑 高笑红
封面设计 陈绿竞

蓟汉丛书
尯书译注
梁涛　魏忠强 译注

出　版 上海人民出版社
（201101　上海市闵行区号景路 159 弄 C 座）
发　行 上海人民出版社发行中心
印　刷 苏州工业园区美柯乐制版印务有限责任公司
开　本 890×1240　1/32
印　张 28.5
插　页 10
字　数 654,000
版　次 2024 年 11 月第 1 版
印　次 2024 年 11 月第 1 次印刷
ISBN 978-7-208-19115-0/K・3411
定　价 198.00 元(全二册)